Índice

Como usar este libro?

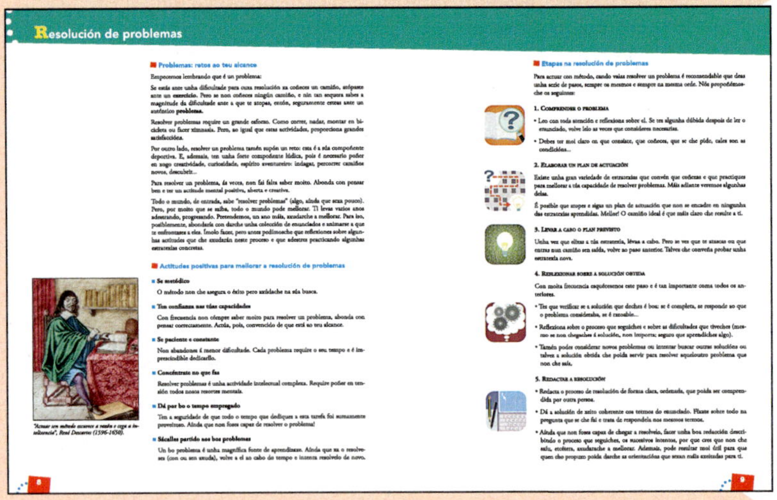

Resolución de problemas

O primeiro que atoparás ao empezar o libro é unha unidade dedicada á resolución de problemas.

Nela dámosche, en primeiro lugar, unhas cantas pautas e pasos que cómpre ter en conta á hora de te enfrontares cun problema.

Despois, mostrámosche distintas estratexias moi útiles para a resolución de problemas. Atoparás tanto problemas resoltos mediante a aplicación destas estratexias como problemas propostos para que os resolvas e comprobes se estás adquirindo as habilidades presentadas.

Ao final, propoñémosche unha gran cantidade de problemas para que ensaies estas estratexias.

Inicios de bloque

O libro está dividido en tres bloques, que se corresponden con distintos campos das matemáticas:

Aritmética e álxebra, Análise, Estatística e probabilidade.

Cada un destes bloques iníciase cun eixe cronolóxico no que se sinalan os principais avances no campo das matemáticas tratado xunto cos feitos históricos e inventos máis relevantes da época na que se produciron.

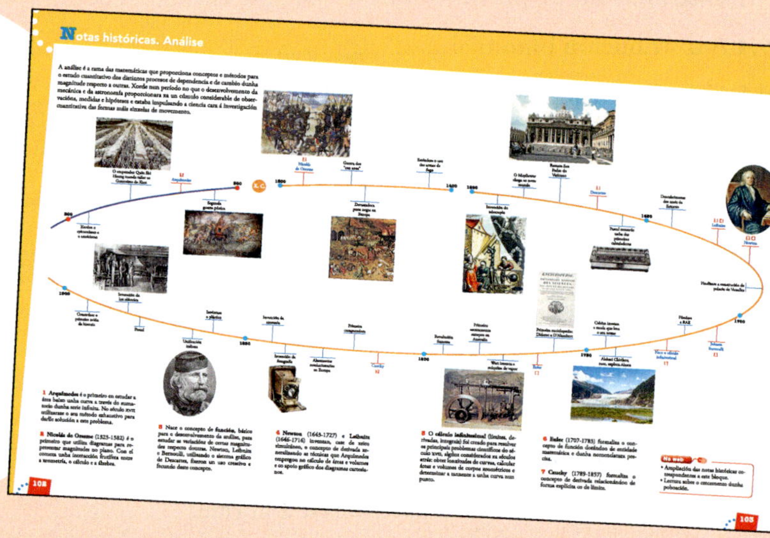

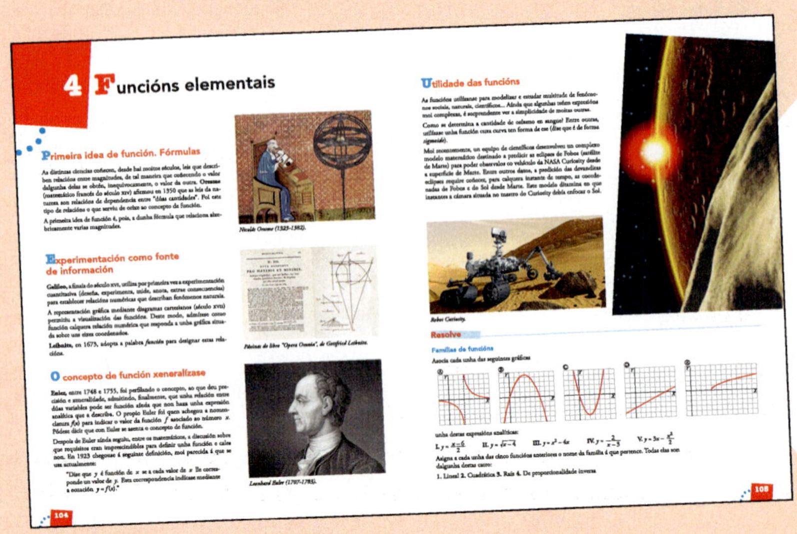

Inicios de unidade

As dúas primeiras páxinas de cada unidade están dedicadas a introducir os contidos máis importantes que se tratan nesta. A través dos descubrimentos máis destacados nun determinado campo das matemáticas e dos personaxes históricos que os protagonizaron faise unha breve presentación das orixes, a evolución e a situación actual destes contidos.

A introdución finaliza sempre co apartado "Resolve". Nel proponse unha actividade con cuxa resolución pretendemos activar os teus coñecementos previos sobre a materia que se vai traballar ao longo da unidade.

Desenvolvemento de cada unidade

As unidades divídense en epígrafes e subepígrafes, nas que mostramos os conceptos e ferramentas que debes aprender.

En cada epígrafe, como norma xeral, atoparás exercicios resoltos que te ilustrarán sobre a forma en que se utilizan as ferramentas que estás aprendendo nese momento e exercicios propostos que che axudarán a comprobar os teus avances.

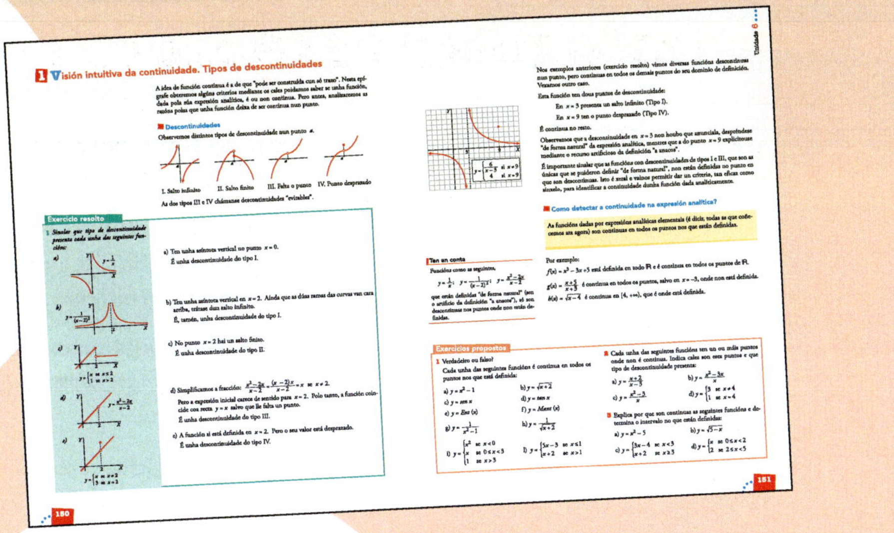

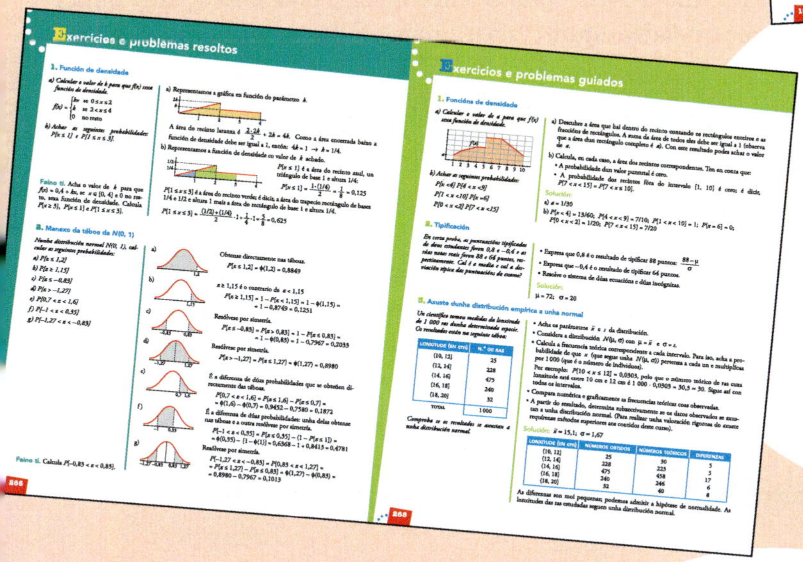

Exercicios resoltos e guiados

A presentación teórica dos contidos complétase en cada unidade con:

- Varias páxinas de exercicios resoltos colocados por contidos. Intentan cubrir todos os conceptos e ferramentas que aprendiches ao longo da unidade, aínda que, ocasionalmente, se presentan algúns novos.
- Unha páxina de exercicios guiados para que os resolvas seguindo uns pasos e unhas breves indicacións que che ofrecemos no libro para facilitarche este labor. Tamén che damos a solución destes exercicios.

Exercicios propostos e autoavaliacións

Ao final de cada unidade atoparás unha gran cantidade de exercicios que che propoñemos para que os resolvas ti mesmo. Están secuenciados por contidos e por dificultade. Estes exercicios rematan cunha autoavaliación que che axudará a comprobar os teus avances no estudo da unidade.

Ademais, ao final de cada bloque propoñémosche unha longa autoavaliación con exercicios para repasar os contidos relacionados coas unidades que compoñen o bloque.

As solucións de todas as autoavaliacións atoparalas ao final do libro, e as resolucións completas, en **www.anayaeducacion.es**.

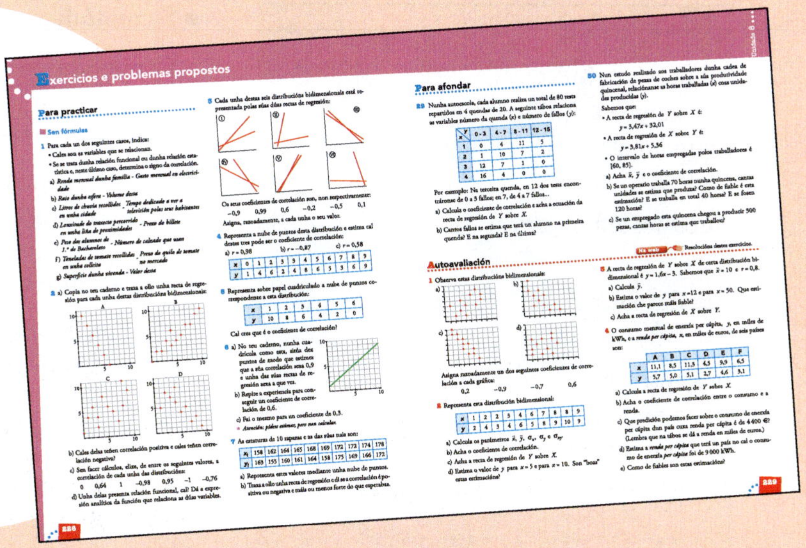

A web do alumnado e da familia en anayaeducacion.es

Que é? Un espazo cheo de recursos dixitais para mellorares a túa aprendizaxe.

Como accedo? Rexístrate na nosa web e introduce o número de licenza que atoparás ao abrir este libro.

Cando accedo? Cando vexas a icona indica que en **www.anayaeducacion.es** dispós de recursos relacionados co contido que estás estudando. E, por suposto, visita a web sempre que queiras descubrir e aprender máis.

Problemas: retos ao teu alcance

Empecemos lembrando que é un problema:

Se estás ante unha dificultade para cuxa resolución xa coñeces un camiño, atópaste ante un **exercicio.** Pero se non coñeces ningún camiño, e nin tan sequera sabes a magnitude da dificultade ante a que te atopas, entón, seguramente esteas ante un auténtico **problema.**

Resolver problemas require un grande esforzo. Como correr, nadar, montar en bicicleta ou facer ximnasia. Pero, ao igual que estas actividades, proporciona grandes satisfaccións.

Por outro lado, resolver un problema tamén supón un reto: esta é a súa compoñente deportiva. E, ademais, ten unha forte compoñente lúdica, pois é necesario poñer en xogo creatividade, curiosidade, espírito aventureiro: indagar, percorrer camiños novos, descubrir...

Para resolver un problema, ás veces, non fai falta saber moito. Abonda con pensar ben e ter un actitude mental positiva, aberta e creativa.

Todo o mundo, de entrada, sabe "resolver problemas" (algo, aínda que sexa pouco). Pero, por moito que se saiba, todo o mundo pode mellorar. Ti levas varios anos adestrando, progresando. Pretendemos, un ano máis, axudarche a mellorar. Para iso, posiblemente, abondaría con darche unha colección de enunciados e animarse a que te enfrontases a eles. Ímolo facer, pero antes pedímosche que reflexiones sobre algunhas actitudes que che axudarán neste proceso e que adestres practicando algunhas estratexias concretas.

Actitudes positivas para mellorar a resolución de problemas

"Actuar sen método escurece a razón e cega a intelixencia", René Descartes (1596-1650).

- **Se metódico**

  O método non che asegura o éxito pero axúdache na súa busca.

- **Ten confianza nas túas capacidades**

  Con frecuencia non cómpre saber moito para resolver un problema, abonda con pensar correctamente. Actúa, pois, convencido de que está ao teu alcance.

- **Se paciente e constante**

  Non abandones á menor dificultade. Cada problema require o seu tempo e é imprescindible dedicarllo.

- **Concéntrate no que fas**

  Resolver problemas é unha actividade intelectual complexa. Require poñer en tensión todos nosos resortes mentais.

- **Dá por bo o tempo empregado**

  Ten a seguridade de que todo o tempo que dediques a esta tarefa foi sumamente proveitoso. Aínda que non foses capaz de resolver o problema!

- **Sácalles partido aos bos problemas**

  Un bo problema é unha magnífica fonte de aprendizaxe. Aínda que xa o resolveses (con ou sen axuda), volve a el ao cabo do tempo e intenta resolvelo de novo.

Etapas na resolución de problemas

Para actuar con método, cando vaias resolver un problema é recomendable que deas unha serie de pasos, sempre os mesmos e sempre na mesma orde. Nós propoñémosche os seguintes:

1. Comprender o problema

- Leo con toda atención e reflexiona sobre el. Se tes algunha dúbida despois de ler o enunciado, volve lelo as veces que consideres necesarias.
- Debes ter moi claro en que consiste, que coñeces, que se che pide, cales son as condicións...

2. Elaborar un plan de actuación

Existe unha gran variedade de estratexias que convén que coñezas e que practiques para mellorar a túa capacidade de resolver problemas. Máis adiante veremos algunhas delas.

É posible que atopes e sigas un plan de actuación que non se encadre en ningunha das estratexias aprendidas. Mellor! O camiño ideal é que máis claro che resulte a ti.

3. Levar a cabo o plan previsto

Unha vez que elixas a túa estratexia, lévaa a cabo. Pero se ves que te atascas ou que entras nun camiño sen saída, volve ao paso anterior. Talvez che conveña probar unha estratexia nova.

4. Reflexionar sobre a solución obtida

Con moita frecuencia esquécesenos este paso e é tan importante coma todos os anteriores.

- Tes que verificar se a solución que deches é boa: se é completa, se responde ao que o problema consideraba, se é razoable...
- Reflexiona sobre o proceso que seguiches e sobre as dificultades que tiveches (mesmo se non chegaches á solución, non importa; seguro que aprendiches algo).
- Tamén podes considerar novos problemas ou intentar buscar outras solucións ou talvez a solución obtida che poida servir para resolver aqueloutro problema que non che saía.

5. Redactar a resolución

- Redacta o proceso de resolución de forma clara, ordenada, que poida ser comprendida por outra persoa.
- Dá a solución de xeito coherente cos termos do enunciado. Fíxate sobre todo na pregunta que se che fai e trata de respondela nos mesmos termos.
- Aínda que non foses capaz de chegar a resolvelo, facer unha boa redacción describindo o proceso que seguiches, os sucesivos intentos, por que cres que non che saíu, etcétera, axudarache a mellorar. Ademais, pode resultar moi útil para que quen cho propuxo poida darche as orientacións que sexan máis axeitadas para ti.

Análise dalgunhas estratexias

Facer un esquema

Con frecuencia, para entender mellor o enunciado convén facer un esquema. Vexamos algúns tipos.

Bosquexos

Serven para situar e relacionar mellor os datos.

Problema resolto

A PIRAGUA E A CARPA

Un piragüista avanza por un lago de augas tranquilas cando, a certa distancia, diante del, salta unha carpa. En 15 padas alcanza a onda creada polo salto e, noutras 15, volve alcanzala para abandonar o círculo de expansión. A cantas padas se atopaba a piragua da carpa cando esta saltou?

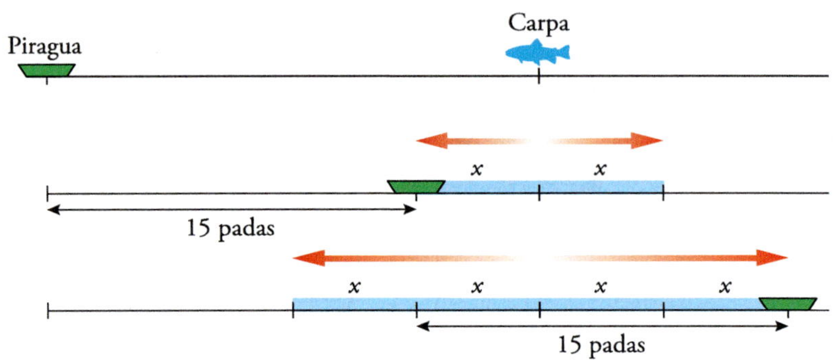

Vemos no esquema que 15 padas equivalen a $3x$, polo tanto, x equivale a 5 padas.

Como a carpa saltou a 15 padas mais x, entón saltou a 20 padas do piragüista.

Debuxos xeométricos

Se o problema é xeométrico, é imprescindible unha boa representación.

Problema resolto

A CABRA

Unha cabra está atada, cunha corda de 30 m, a unha esquina dunha casa de campo de planta rectangular de 20 m × 10 m. Cal é a superficie da porción de parcela na que pode pastar a cabra?

Axudámonos do seguinte esquema:

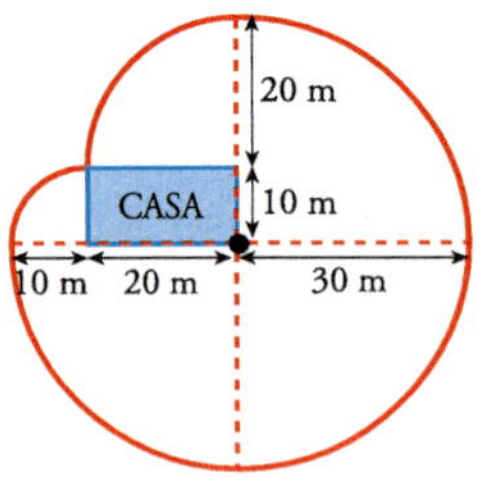

$$\text{Área} = \frac{3}{4}\pi \cdot 30^2 + \frac{1}{4}\pi \cdot 20^2 + \frac{1}{4}\pi \cdot 10^2 =$$

$$= 800\,\pi \approx 2\,513 \text{ m}^2$$

Aplica a estratexia e resolve

1 Un motorista sae da súa casa ás cinco da tarde para acudir a unha cita. Decátase de que se viaxa a 60 km/h chegará un cuarto de hora tarde, pero que se o fai a 100 km/h chegará un cuarto de hora antes. A que hora é a cita? A que distancia está o seu destino?

2 No segundo problema de arriba, supoñamos que a cabra está atada a unha casa de planta cadrada de 10 metros de lado e que a corda atada a unha das esquinas mide 20 metros. Calcula, neste caso, a superficie na que pode pastar a cabra.

■ Diagramas de Venn

Son esquemas usados na teoría de conxuntos que axudan a visualizar os datos en certo tipo de problemas.

Problema resolto

A ENTREVISTA

Nunha entrevista de traballo, dos 300 candidatos seleccionados, 180 saben idiomas, 136 teñen experiencia e 76 realizaron un máster. Ademais, hai 21 con idiomas e máster, 24 con experiencia e con máster e 61 con idiomas e experiencia. Hai 34 candidatos que só teñen máster. Se non hai candidatos que non teñan ningunha das tres cousas, cantos teñen as tres? Cantos hai só con idiomas? E só con máster?

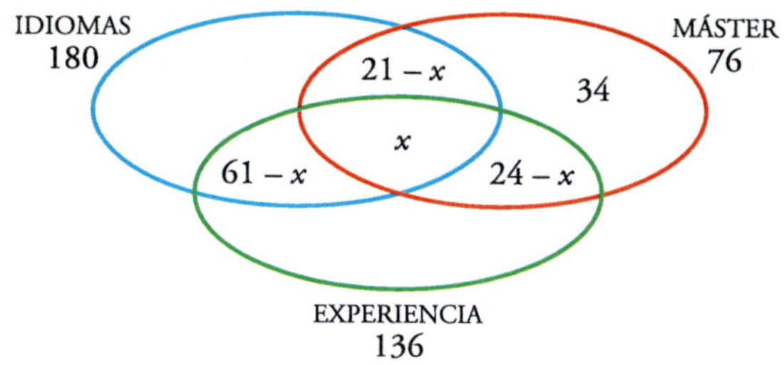

$(21 - x) + x + (24 - x) + 34 = 76 \rightarrow x = 3$

Hai 3 candidatos coas tres características.

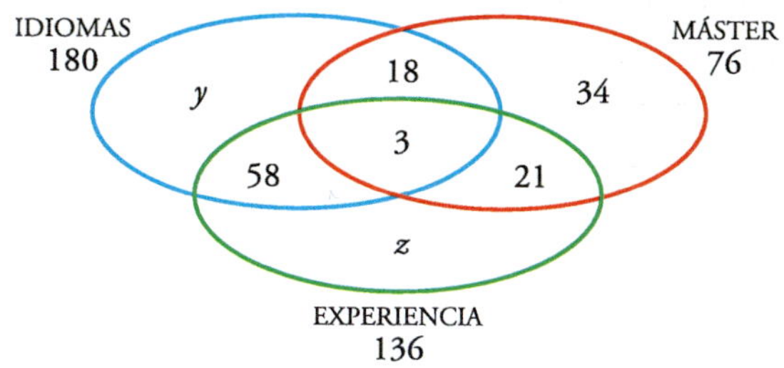

$58 + 3 + 18 + y = 180 \rightarrow y = 101; \quad 58 + 3 + 21 + z = 136 \rightarrow z = 54$

Hai 101 candidatos só con idiomas e 76 só con máster.

■ Diagramas en árbore

Serven para facilitar a realización de recontos.

Problema resolto

O PARTIDO

Dous equipos de fútbol enfróntanse nun partido. De cantas posibles formas se puido chegar a un resultado de 3-1?

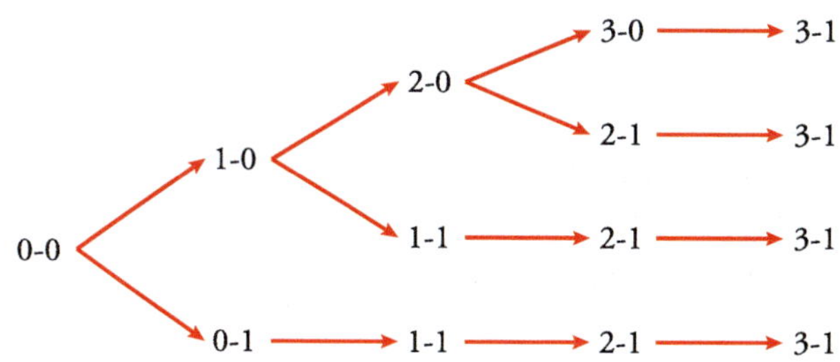

Polo tanto, hai catro formas distintas de obter un 3-1.

Aplica a estratexia e resolve

3 Nun club deportivo con 1 500 socios hai 513 que utilizan o ximnasio, 696 que xogan ao pádel e 677 que van á piscina. Usan as pistas de pádel e o ximnasio 89 socios; o ximnasio e a piscina, 124, e as pistas de pádel e a piscina, 162. Se hai 254 socios que só usan o ximnasio, cantos socios usan todas as instalacións?

4 a) Nun partido de fútbol, de cantas formas se pode chegar ao resultado 5-0? E ao resultado 4-1? Polo tanto, de cantas formas se pode chegar ao 5-1?

b) Se ademais de saber que un partido rematou 4-4, sabemos que pasou por 3-1, de cantas formas puido evolucionar o resultado?

Resolución de problemas

Tentear. Describir os distintos casos

Nalgúns problemas hai que tentear todos os posibles casos para ver cal responde á solución buscada. Pero esta busca debe complementarse co achado dalgún indicio que nos delimite o número de posibilidades.

Problema resolto

O PANADEIRO

Un panadeiro mete no forno seis bandexas, unhas con madalenas e outras con bolos suízos. Nas bandexas hai 37, 15, 20, 8, 29 e 17 pezas. Por un descoido, quéimanselle todas as pezas dunha das bandexas. Fai un reconto e observa que ten o dobre de bolos suízos que de madalenas. Que bandexa se lle queimou? Entre as bandexas que lle quedan, cales son as de madalenas e cales as de bolos suízos?

Se despois de eliminar unha bandexa resulta que hai o dobre de bolos suízos que de madalenas, pódese concluír que a suma das pezas das cinco bandexas que quedan debe ser múltiplo de 3.

Ao principio había 37 + 15 + 20 + 8 + 29 + 17 = 126 pezas. Este número é múltiplo de 3. Se despois de suprimir un sumando o resultado segue sendo múltiplo de 3, o sumando suprimido debe ser, tamén, múltiplo de 3. A única bandexa que tiña un número de pezas múltiplo de 3 é a de 15 unidades. Esta é, pois, a que se queimou.

Das que quedan, 37, 20, 8, 29 e 17, probamos diversas combinacións e obtemos só dúas posibles descomposicións nas que se verifica que unha suma é dobre que a outra:

- $20 + 8 + 29 + 17 = 2 \cdot (37)$
- $37 + 20 + 17 = 2 \cdot (8 + 29)$

Destas posibles solucións, cal é a válida? Calquera. A frase na que se pregunta por "as bandexas de madalenas" non obriga a prescindir da posibilidade de que só haxa unha.

ATENCIÓN! Antes diciamos "probamos diversas combinacións e...". Vexamos como a busca pode simplificarse se caemos na conta dun detalle: se o número de madalenas é a metade do de bolos suízos, as madalenas son a terceira parte do total.

Polo tanto, como había 37 + 20 + 8 + 29 + 17 = 111 pezas, podemos concluír que 111 : 3 = 37 son madalenas. E esta cantidade conséguese ben cunha soa bandexa, a de 37 unidades, ou ben sumando as unidades de dúas bandexas (29 + 8).

Aplica a estratexia e resolve

5 Resolve o problema anterior pero con estes números de madalenas e bolos suízos nas seis bandexas: 18, 19, 21, 23, 25 e 34.

6 Ramiro ten sete botes de bólas con 39, 46, 22, 14, 25, 18 e 12 unidades. As bólas de seis deles son vermellas e as bólas do outro son amarelas. Regala todas as bólas vermellas a Horacio e a Arturo, dándolle a cada un varios botes completos. Se se sabe que Arturo recibe a cuarta parte das bólas que recibiu Horacio, cantas bólas amarelas hai no único bote con bólas desta cor? Que botes recibiron Horacio e Arturo?

7 Colléronse dúas fichas de cartón e escribiuse un número en cada unha das catro caras.

Tirándoas ao aire e sumando os números que quedan á vista, poden obterse os seguintes resultados: 36, 41, 50, 55.

Observa os seguintes números obtidos nunha das tiradas e descubre os números que quedan ocultos:

Elixir a incógnita axeitada

Elixindo unha boa notación, un problema pódese simplificar notablemente. O obxectivo é relacionar os datos coas variables elixidas e tratar de que os cálculos sexan o máis sinxelos posible. Para elixir unha boa notación, debemos ter presente que esta sexa clara, concisa e sen ambigüidades.

Problemas resoltos

AS ESCALEIRAS

Eva sobe as escaleiras dun edificio de 2 en 2 e báixaas de 3 en 3, co que dá un total de 100 saltos. Cantos saltos dá ao subir e cantos ao baixar?

Se chamamos x ao número de chanzos que hai no edificio:

- Dá $\frac{x}{2}$ saltos cando sobe.
- Dá $\frac{x}{3}$ saltos cando baixa.

$\frac{x}{2} + \frac{x}{3} = 100 \rightarrow x = 120$ chanzos

Polo tanto, dá 120 : 2 = 60 saltos ao subir e 120: 3 = 40 saltos ao baixar.

COCHE E CAMIÓN

Un coche tarda en realizar o traxecto AB dúas horas menos do que tarda un camión en realizar o traxecto contrario, BA. Saíndo simultaneamente, tardan 2 horas e 55 minutos en se cruzaren. Canto tarda cada un en completar o seu percorrido?

2 h = 120 min

2 h 55 min = 175 min

Chamamos x ao tempo (en minutos) que tarda o coche en realizar o traxecto AB. Entón:

- O coche en 1 min fai $\frac{1}{x}$ do traxecto.
- O camión en 1 min fai $\frac{1}{x+120}$ do traxecto.
- Entre os dous en 1 min fan $\frac{1}{175}$ do traxecto.

$\frac{1}{x} + \frac{1}{x+120} = \frac{1}{175} \rightarrow x = 300$ min = 5 h

Polo tanto, o coche tarda 5 horas e o camión, 7 horas.

PROPOSTA: Tendo en conta que 2 h e 55 min son $\frac{35}{12}$ de hora, resolve o problema sen pasar o tempo a minutos.

Aplica a estratexia e resolve

8 Un grupo de amigos vai comer a un restaurante chinés. Cada dous comparten un prato de arroz; cada tres, un de salsa, e cada catro, un de carne. Se en total se serviron 65 pratos, cantos amigos foron a comer?

9 Nunha excursión á montaña, organizada por un club alpino, cada tres membros comparten unha mochila; cada catro, un compás, e cada seis, un mapa. Se entre mochilas, compases e mapas hai 27 obxectos, cantos membros do club participan na excursión?

10 Un pintor tarda 3 horas máis que outro en pintar unha mesma parede. Sábese que traballando xuntos pintarían esa parede en 2 horas. Calcula canto tardou cada un en facer o traballo en solitario.

11 Unha billa tarda en encher unha piscina 3 horas menos que o seu desaugadoiro en baleirala. Se se abren ambos os dous á vez, estando baleira, a piscina tarda 36 horas en encherse. Canto tardará cada un en cumprir a súa tarefa se o outro permanece pechado?

Considerar casos particulares. Experimentar

Nalgunhas ocasións, experimentar con casos particulares vén ben. Adóitanse obter ideas moi interesantes e proveitosas.

Problema resolto

SUMA DE IMPARES

Descubrir a que é igual o resultado de sumar os n primeiros números impares.

Probamos cos casos máis sinxelos. Observamos e elaboramos unha conxectura:

$$1 = 1 = 1^2$$
$$1 + 3 = 4 = 2^2$$
$$1 + 3 + 5 = 9 = 3^2$$
$$1 + 3 + 5 + 7 = 16 = 4^2$$

Parece razoable conxecturar que:

$$\underbrace{1 + 3 + 5 + 7 + (2n - 1)}_{\text{suma dos } n \text{ primeiros números impares}} = n^2$$

Será certo? Como comprobalo? Un xeito elegante de proceder é este:

$$1 + 3 + 5 + 7 + \ldots + 2n - 1 = n^2$$

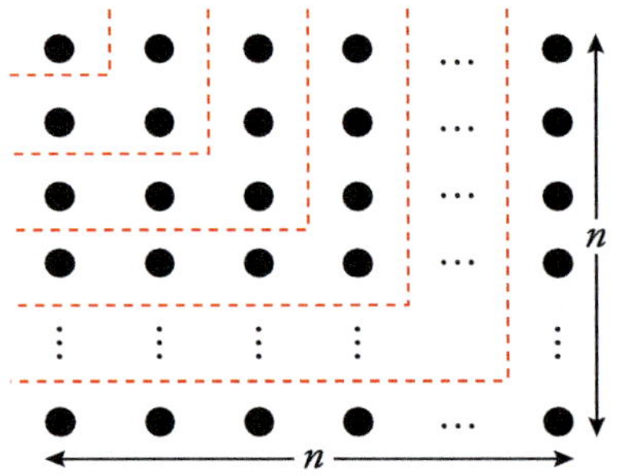

Como ves, existe unha disposición xeométrica en forma de cadrado.

Aplica a estratexia e resolve

12 O conserxe dun hotel pecha e abre as portas dos cuartos segundo o seguinte criterio:

- O primeiro día pecha todas as portas.
- O segundo día abre as pares.
- O terceiro día cambia as múltiplos de 3 (se unha porta estaba aberta, péchaa; e se estaba pechada, ábrea).
- O cuarto día cambia as múltiplos de 4.
- Etcétera.

Que portas son as que quedarán pechadas ao final do proceso?

Axuda: observa, segundo o número da porta, a cantidade, par ou impar, de divisores que ten. Por exemplo, a porta 14 ten un número par de divisores 1, 2, 7 e 14. É dicir, 1-pechada, 2-aberta, 7-pechada, 14-aberta. Sigue probando con outras portas.

13 Observa como se pasa dunha figura á seguinte:

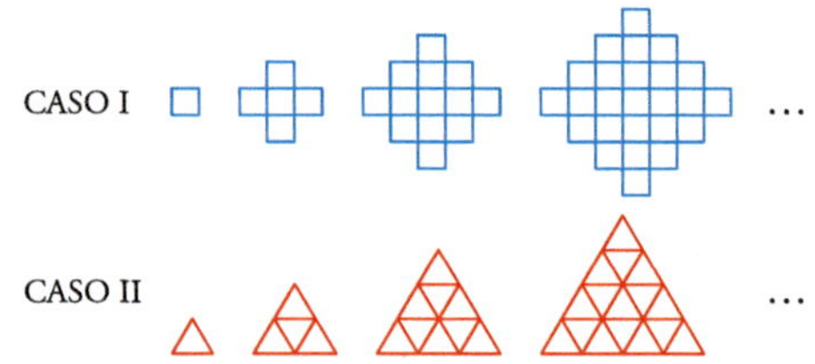

a) Cantos cadradiños contén a figura que ocupa o lugar 20 no CASO I?

b) Cantos trianguliños contén a figura que ocupa o lugar 20 no CASO II?

c) Cantos cadradiños contén a figura que ocupa o lugar n no CASO I?

d) Cantos trianguliños contén a figura que ocupa o lugar n no CASO II?

Cambiar o punto de vista

Hai problemas que parecen imposibles de resolver aínda que a ferramenta matemática necesaria para resolvelos sexa alcanzable. Este tipo de problemas está deseñado de tal xeito que ao abordalos parezan moi complicados, pero un pequeno cambio de punto de vista fai que a súa resolución sexa trivial.

Problemas resoltos

MÁIS ESCARVADENTES

Con tres escarvadentes iguais podemos formar un triángulo equilátero.

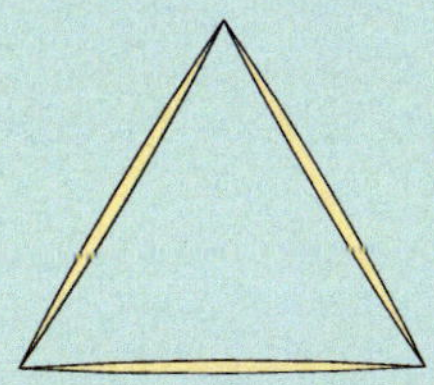

Saberías formar con seis escarvadentes catro triángulos equiláteros cuxos lados sexan a lonxitude do escarvadentes?

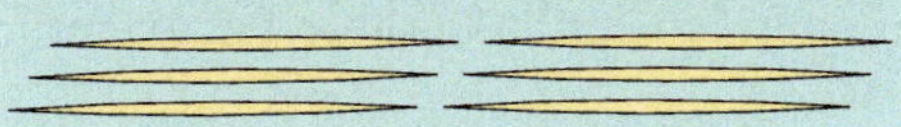

Por moitas voltas que lle deas, se segues poñendo os escarvadentes nunha mesa (no plano), poderás chegar a unha solución como a da dereita.

Pero non vale, xa que os lados do triángulo deben ter a lonxitude dun escarvadentes e estes son a metade de longos.

A solución é moi sinxela se tomas como posibilidade levantar os escarvadentes do plano. Podes formar un tetraedro regular cos seis escarvadentes, co cal xa terás os teus catro triángulos equiláteros.

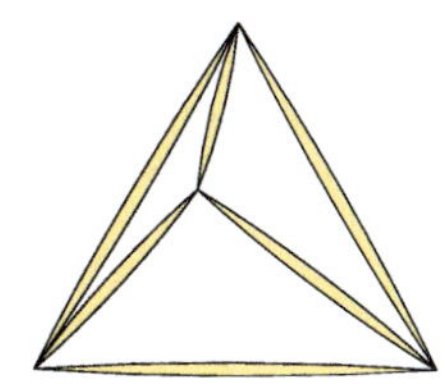

PUNTOS E SEGMENTOS

Pasar por riba destes nove puntos cunha liña quebrada de catro segmentos.

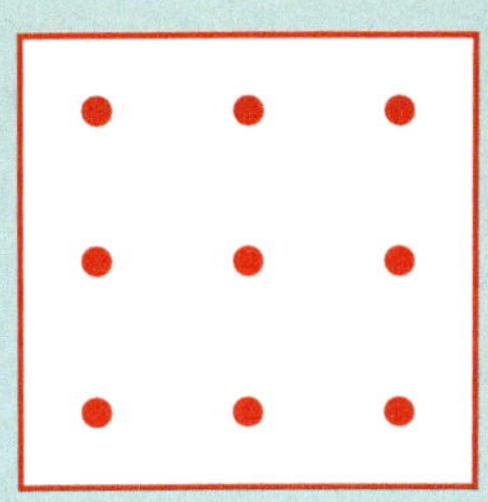

En primeira instancia un tende a tratar de trazar a liña quebrada dentro do cadrado vermello e non é capaz de abranguer os nove puntos con só catro segmentos. Ese cadrado fai que, dunha primeira ollada, pareza que non se pode saír un del. Pero se te saes, a solución é tan simple como esta:

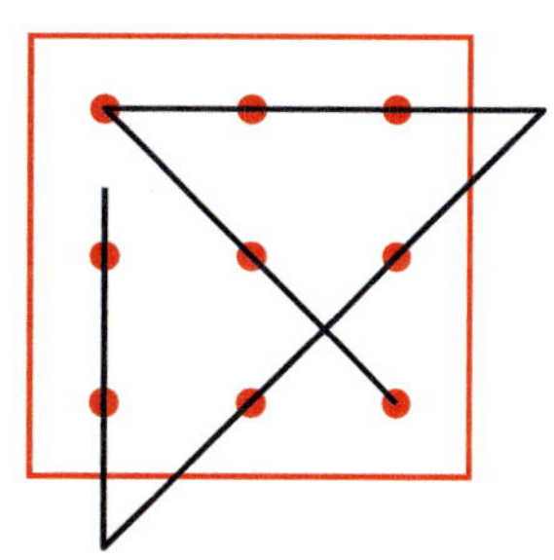

Aplica a estratexia e resolve

14 Calcula a lonxitude do segmento *d*.

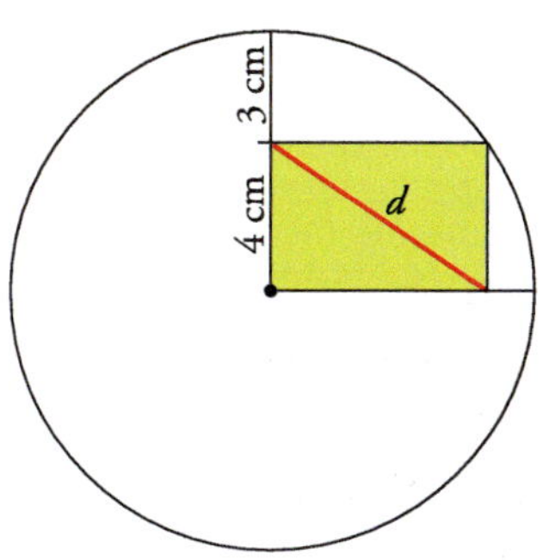

15 Sabendo que o punto *C* é o centro do cadrado pequeno, que superficie ten a zona sombreada?

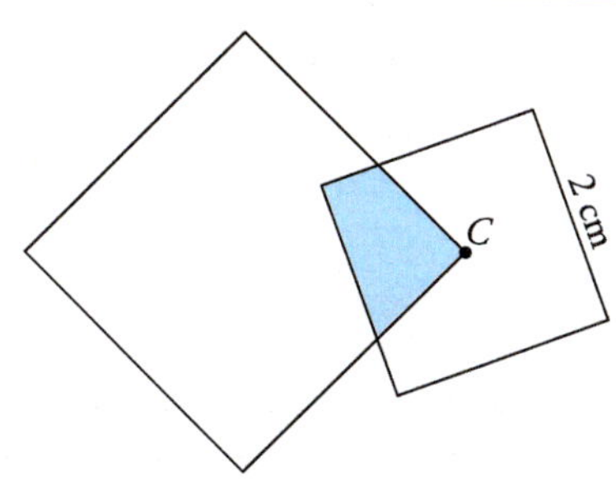

16 Como poden colocarse dez alumnos de tal maneira que formen cinco filas de catro alumnos cada unha?

A demostración matemática

O proceso dedutivo

Dende os primeiros tratados matemáticos, o razoamento dedutivo é o razoamento por excelencia. En esencia, consiste en que, a partir de verdades xa demostradas (ou ben, admitidas como válidas), se obteñen novos resultados.

O razoamento dedutivo garante, pola súa mesma natureza, que o que deducimos é verdade se o punto de partida tamén o é. Imos analizalo con detalle.

Proposicións

Unha **proposición** é unha afirmación efectuada en termos inequívocos que pode ser **verdadeira** o **falsa.**

Por exemplo:

"O 6 é un múltiplo de 2" é unha proposición verdadeira.

"O 6 é un número primo" é unha proposición falsa.

Con frecuencia utilízanse proposicións que dependen dunha variable. Por exemplo:

"x é un número par"

Dependendo do valor de x, a proposición é verdadeira ou falsa. As proposicións que dependen dunha ou máis variables son, en realidade, familias de proposicións. Para cada valor concreto das variables tense unha proposición concreta que, agora si, será verdadeira ou falsa.

Hai proposicións complicadas cuxa veracidade custa comprobar. Por exemplo:

Se n é un número natural, $n^3 - n$ é, con seguridade, múltiplo de 6"

Para descubrir se unha proposición deste tipo é verdadeira, recórrese ao razoamento dedutivo. Neste proceso é fundamental usar correctamente as **implicacións.**

A implicación

Se unha proposición, A, trae como consecuencia outra, B, dise que A **implica** B e exprésase así: $A \Rightarrow B$

En tal caso, se A é verdadeira, entón B tamén o é.

Por exemplo:

A: "x é múltiplo de 6" B: "x é múltiplo de 2"

É claro que $A \Rightarrow B$, pois "se x é múltiplo de 6, entón x é múltiplo de 2".

Expresar unha implicación

Hai distintas formas:

- $A \Rightarrow B$
  .Se A, entón B.
- A é unha condición suficiente para que aconteza B.
- Sempre que acontece A, acontece B.

Aplica a estratexia e resolve

1 Sendo a proposición A: "x é múltiplo de 10", para cal ou cales destas proposicións se cumpre $A \Rightarrow B$?

a) B: "x é múltiplo de 2"
b) B: "$x/10$ é un número primo"
c) B: "x^2 é múltiplo de 100"
d) B: "x^2 é múltiplo de 10"

■ **CADEA DE IMPLICACIÓNS**

Se $A \Rightarrow B$ y $B \Rightarrow C$, entón $A \Rightarrow C$.

Por exemplo:

A: "a expresión decimal do número x remata en 0"

B: "o número x é múltiplo de 10"

C: "o número x é múltiplo de 5"

$A \Rightarrow B$, pois "se x remata en 0, entón x é múltiplo de 10".

$B \Rightarrow C$, pois "se x é múltiplo de 10, entón x é múltiplo de 5".

Polo tanto, $A \Rightarrow C$, o cal quere dicir que "se un número remata en 0, entón é múltiplo de 5".

Encadear proposicións

Se se encadean n proposicións, chegarase á conclusión de que a primeira implica a última:

Se $A_1 \Rightarrow A_2$ y $A_2 \Rightarrow A_3$ y $A_3 \Rightarrow A_4$ y …
… y $A_{n-1} \Rightarrow A_n$
entón:

$A_1 \Rightarrow A_n$

■ **O MÉTODO DEDUTIVO COMO FORMA DE DEMOSTRACIÓN**

Desexamos demostrar que unha proposición X é verdadeira. Para iso, podemos proceder do seguinte modo:

Partimos dunha proposición A, que sabemos que é verdadeira. Mediante unha implicación, chegamos á veracidade doutra proposición B. (Se A é verdadeira e $A \Rightarrow B$, entón B é verdadeira). E así, sucesivamente, mediante unha cadea de implicacións chegamos á proposición X. Deste modo terase demostrado que X é verdadeira.

Problema resolto

1 *Sabemos que n é un número natural.*

Demostrar que $n^3 - n$ é múltiplo de 6.

$n^3 - n = n(n^2 - 1) = n(n + 1)(n - 1) = (n - 1)n(n + 1)$

Obviamente $n - 1$, n y $n + 1$ son tres números naturais consecutivos, polo que algún deles é múltiplo de 2 e algún é múltiplo de 3. Polo tanto, o seu produto é múltiplo de 6.

Imos repetir o razoamento anterior explicitando as proposicións e as implicacións entre elas:

A: "$n^3 - n = n(n + 1)(n - 1)$"

B: "$n^3 - n$ é o produto de tres números naturais consecutivos"

C: "$n^3 - n$ é o produto de tres números, algún $\dot{2}$ e algún $\dot{3}$"

D: "$n^3 - n$ é $\dot{6}$"

$A \Rightarrow B \Rightarrow C \Rightarrow D$. Polo tanto, $A \Rightarrow D$. Como A é certa, D é certa.

Aplica a estratexia e resolve

2 O número p é un número primo maior que 3. Demostra que $p^2 - 1$ é múltiplo de 12.

3 Demostra que cada ángulo dun polígono regular de n lados mide $180° - \dfrac{360°}{n}$.

Método de redución ao absurdo

O razoamento dedutivo ten unha vertente moi interesante que describimos a continuación:

> A implicación $A \Rightarrow B$ é equivalente a esta outra: non $B \Rightarrow$ non A.
>
> Por iso, se queremos demostrar unha proposición X, podemos facelo negándoa (non X) e deducindo de aí unha falsidade, un absurdo: non $X \Rightarrow$ non verdade.
>
> De aquí dedúcese (por ser equivalente a ela) que: verdade $\Rightarrow X$
>
> Polo tanto, X é verdadeira.

Problema resolto

1 *Demostrar que o número $\sqrt{2}$ é irracional.*

Supoñamos que non é certo; é dicir, que $\sqrt{2}$ é racional. En tal caso, existirían dous números enteiros a y b tales que:

$$\sqrt{2} = \frac{a}{b} \Rightarrow 2 = \frac{a^2}{b^2} \Rightarrow a^2 = 2b^2$$

Sabemos que na descomposición factorial dun cadrado perfecto, distinto de 1, todos os factores que aparecen o fan un número par de veces:

$$6^2 = 36 = 2 \cdot 2 \cdot 3 \cdot 3;\ 8^2 = 64 = 2 \cdot 2 \cdot 2 \cdot 2 \cdot 2 \cdot 2;\ 10^2 = 100 = 2 \cdot 2 \cdot 5 \cdot 5; \ldots$$

Como b^2 é un cadrado perfecto, o factor 2 ou non aparece ou aparece un número par de veces. Pero entón, o factor 2 aparecería un número impar de veces na descomposición do cadrado perfecto a^2 xa que obtivemos que $a^2 = 2 \cdot b^2$. Polo tanto, a^2 non pode ser igual a $2b^2$. Posto que se chega a unha falsidade, a igualdade inicial é falsa. Polo tanto, $\sqrt{2}$ é irracional.

Aplica a estratexia e resolve

4 Demostra que se n^2 é múltiplo de 5, entón n é múltiplo de 5.

5 Demostra que $\sqrt{3}$ é irracional.

6 Tres dos ángulos dun cuadrilátero miden 30°, 130° e 140°. Demostra que non se pode inscribir nunha circunferencia.

Ten en conta que os ángulos dun cuadrilátero suman 360° e que se un cuadrilátero está inscrito nunha circunferencia, os seus ángulos opostos son suplementarios.

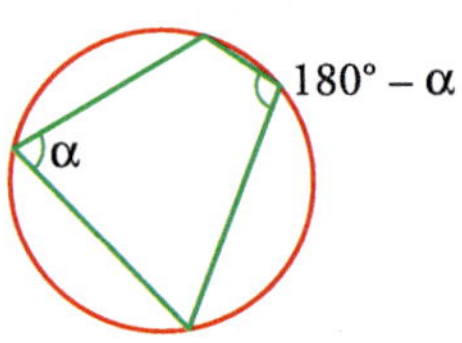

7 Temos un taboleiro de xadrez e moitas fichas de dominó de tamaño exactamente igual a dúas das casas do taboleiro. É claro que con 32 desas fichas podemos "tapar" as 64 casas. Non obstante, se prescindimos da casa dunha esquina non podemos tapar o resto coas fichas, pois son un número impar de casas e cada ficha tapa dous.

Demostra que se prescindimos das casas de dúas esquinas opostas, as restantes 62 casas non poden taparse con 31 fichas.

Método de indución completa

Imaxina unha fila de fichas de dominó situadas en vertical e á mesma distancia cada unha da seguinte.

— Comprobamos que a distancia entre elas é tal que **se cae unha, tira a seguinte.** (*)

— Facemos caer a primeira.

É claro que caerán todas pois, ao aplicar a propiedade (*), a 1.ª tira á 2.ª, a 2.ª á 3.ª e así sucesivamente, ata que todas caesen.

O método de indución completa é algo parecido.

Desexamos demostrar que unha propiedade $P(n)$ é válida para calquera número natural n. Para iso, procedemos así:

a) Probamos que se verifica para $n = 1$: $P(1)$ é certa.

b) Probamos que, se fose verdadeira para certo valor de n, entón tamén sería verdadeira para o seguinte, $n + 1$. É dicir, probamos que:

$$\text{“}P(n) \text{ é certa”} \Rightarrow \text{“}P(n+1) \text{ é certa”}$$

[Obsérvese que non se di que $P(n)$ sexa certa, senón que se o fose, tamén o sería $P(n + 1)$].

$$P(n) \text{ verdadeira} \Rightarrow P(n+1) \text{ verdadeira}$$

$$P(1) \text{ verdadeira} \Rightarrow P(2) \text{ verdadeira} \Rightarrow P(3) \text{ verdadeira} \Rightarrow \dots$$

Problema resolto

1 *Demostrar que $n^3 + 5n$ é múltiplo de 6 sempre que $n \in \mathbb{N}$.*

Aplicamos o método de indución para probar a propiedade $P(n)$: “$n^3 + 5n$ é múltiplo de 6”.

a) $n = 1 \to 1^3 + 5 \cdot 1 = 1 + 5 = 6$. Polo tanto, $P(1)$ cúmprese.

b) Supoñemos que $P(n)$ é certa; é dicir, que $n^3 + 5n$ é múltiplo de 6. Probemos que $P(n+1)$ é certa; é dicir, que $(n + 1)^3 + 5(n+1)$ é múltiplo de 6.

$$(n+1)^3 + 5(n+1) = n^3 + 3n^2 + 3n + 1 + 5n + 5 =$$
$$= \underbrace{(n^3 + 5n)}_{(1)} + \underbrace{(3n^2 + 3n)}_{(2)} + \underbrace{6}_{(3)}$$

(1) $n^3 + 5n$ é múltiplo de 6 porque así o supuxemos.

(2) $3n^2 + 3n = 3n(n + 1)$. Como n y $n+1$ son números naturais consecutivos e, polo tanto, un deles é múltiplo de 2, entón $3n(n+1)$ é múltiplo de 6.

(3) 6, obviamente, é múltiplo de 6.

E como a suma de tres números múltiplos de 6 é outro número múltiplo de 6, acabamos de probar que $P(n+1)$ é múltiplo de 6. Polo tanto, a propiedade de partida, $P(n)$, queda demostrada polo método de indución.

Aplica a estratexia e resolve

8 Demostra, aplicando o método de indución, que $n^3 - n$ é múltiplo de 6.

9 Demostra, aplicando o método de indución, que:

$$1 + 2 + \dots + n = n(n + 1)/2$$

Problemas para practicar

Todos os problemas que propoñemos a continuación están resoltos en www.anayaeducacion.es. Ademais, en moitos ofrécense axudas previas que orientan na súa resolución. Cando te enfrontes con cada un deles, suxerímosche que, en primeiro lugar, poñas empeño en resolvelo pola túa conta. Se se che resiste, acude á axuda. E, finalmente, contrasta a resolución ofrecida coa túa.

Todos estes problemas veñen agrupados cun ou máis similares a el. O primeiro de cada grupo ten un número en vermello e os seguintes en azul. Por exemplo, os problemas 10, 11 e 12 forman un grupo; a resolución do 10 axudarache a resolver o 11 e o 12.

1 Un automobilista que conduce 90 km/h ve un tren que se achega en sentido contrario por unha vía paralela á estrada pola que circula. O tren está composto, entre vagóns e máquina, por 18 unidades. Cada unidade ten unha lonxitude de 15 m. O tren tarda en pasar ante os ollos do automobilista, desde a locomotora á cola, 6 s. Saberías, con todos estes datos, calcular a velocidade do tren?

2 Un tren avanza 90 km/h por un tramo recto de vía. Por unha estrada paralela, e na mesma dirección, avanza un coche a 120 km/h. Cal é a lonxitude do tren sabendo que o coche tarda 18 s en superalo?

3 Un ciclista sobe un porto a unha velocidade de 8 km/h. E báixao pola mesma vertente a 24 km/h. Cal foi a media de velocidade en todo o percorrido?

4 Unha ambulancia recibe o aviso dun accidente de tráfico e sae do hospital cara ao lugar do suceso a unha velocidade de 60 km/h. Se a volta ao hospital a fixo escoltada por un coche de policía a 100 km/h, cal foi a velocidade media do percorrido?

5 Se subo un outeiro a unha velocidade de 4 km/h e pretendo que a velocidade media entre o ascenso e o descenso sexa de 7 km/h, a que velocidade debo descender?

6 Unha lebre avantaxa en doce dos seus saltos o galgo que a persegue. Dous saltos do galgo equivalen, en lonxitude, a tres da lebre. O galgo tarda en dar tres o mesmo que a lebre en dar catro. Cantos saltos dará a lebre antes de ser alcanzada?

7 Ana e a súa irmá pequena, Marta, botan unha carreira. Marta dá 7 zancadas en 6 segundos e Ana, 9 zancadas en 4 segundos. Se Ana sae despois de que Marta dea 318 zancadas, en canto tempo a alcanza, sabendo que 3 zancadas de Marta equivalen a 2 zancadas de Ana?

8 Un barco fai un servizo regular entre dúas cidades, A e B, situadas na mesma beira dun río. Cando vai de A a B, no sentido da corrente, tarda 3 horas; e á volta, tarda 4 horas. Canto tardará un obxecto que flota en ir desde A ata B?

9 Un remeiro vai desde un punto A ata outro B e volve outra vez á en 10 h. A distancia entre A e B é de 24 km. Acha a velocidade da corrente da auga sabendo que rema 2 km augas arriba no mesmo tempo que rema 3 km augas abaixo.

10 Temos dúas candeas. A máis estreita mide 14 centímetros e consómese totalmente en 3 horas e media. A outra, moito máis ancha, tarda 5 horas en consumirse. Se as deixamos arder, ao cabo de dúas horas terán a mesma altura. Que altura ten agora a candea máis ancha?

11 Tiña dúas candeas da mesma calidade e grosor, unha o dobre de longa que a outra. Hai media hora acendinas simultaneamente e agora unha mide un quinto da altura da outra. Canto tardará aínda cada vela en consumirse?

12 Dúas candeas da mesma altura acéndense simultaneamente. Unha consómese en 4 horas e a outra en 10 horas. Cantas horas deberán arder ata que a lonxitude dunha delas sexa a metade que a lonxitude da outra?

13 Vas a un piso que se atopa na sexta planta dunha casa sen ascensor. Hai tres interruptores, I, II e III, na planta baixa, un dos cales acende a luz do teu relanzo. Como descobres cal é o interruptor correcto se só sobes unha vez a facer comprobacións? (É dicir, manipulas os interruptores, sobes, observas e deduces, sen ningunha dúbida, cal deles é o que corresponde á túa planta).

14 Sábese que unha candea ilumina durante unha hora e que coas sobras de 10 candeas se fabrica unha nova:

a) Cantas horas de luz teremos con 442 candeas?

b) Cantas velas se necesitan para garantir 1 000 horas de luz?

15 As idades dun pai e do seu fillo suman 100. Cando o pai tiña a idade que hoxe ten o fillo, as súas idades sumaban 56. Cal é a idade de cada un?

16 Ramón dille ao seu sobriño David: "A miña idade é o triplo da idade que ti tiñas cando eu tiña a idade que ti tes. Cando teñas a miña idade, a suma das nosas idades será 70". Que idade ten cada un neste momento?

17 Calcula a área das partes do cadrado ocupados por cada cor.

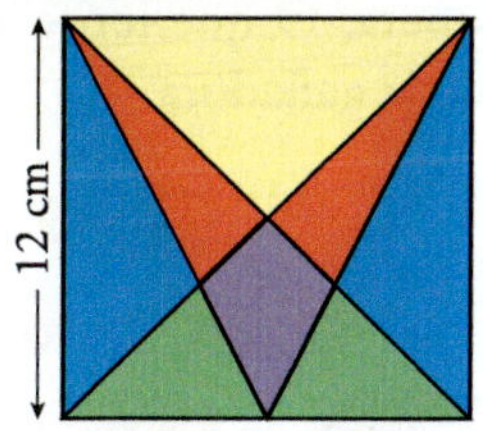

18 Calcula a superficie ocupada por cada cor.

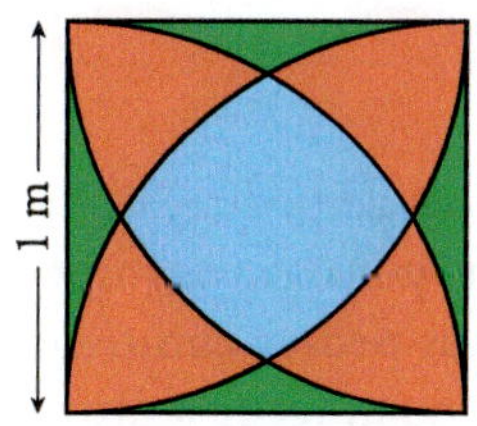

19 Calcula a superficie da zona coloreada se se sabe que os centros das circunferencias están sobre os lados do cadrado.

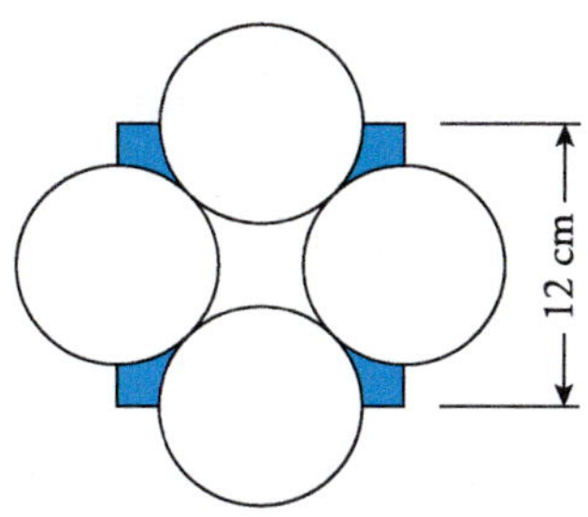

20 A área do rectángulo *R* é de 4 m^2, a do rectángulo *S* é de 13 m^2 e a do rectángulo *T* é de 5 m^2. Cal é a área do rectángulo *ABCD*?

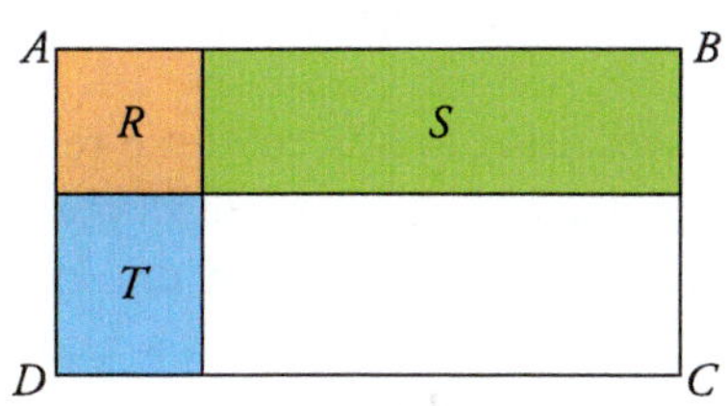

21 Estas catro pezas de plástico son ortoedros:

Sábese que:

O volume da peza azul é de 225 cm^3.

O volume da peza vermella é de 120 cm^3.

O volume da peza verde é de 90 cm^3.

Cal é o volume da peza amarela?

22 Unha lagarta estaba tomando o sol sobre este bloque de pedra, no punto A; pero ao oírnos chegar, correu a esconderse en B. Desde logo, non seguiu o camiño máis curto. Cal é o camiño máis curto entre A e B? Acha a súa lonxitude.

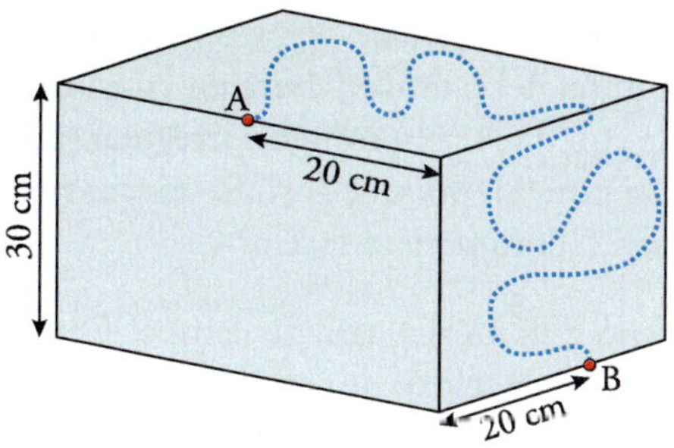

23 Describe e acha a lonxitude do traxecto máis curto que debe percorrer unha lagarta para ir de *A* a *B* en cada caso. (No terceiro caso, *A* e *B* son centros de dúas caras nunha pirámide recta cuadrangular cuxas arestas miden, todas, 2 m).

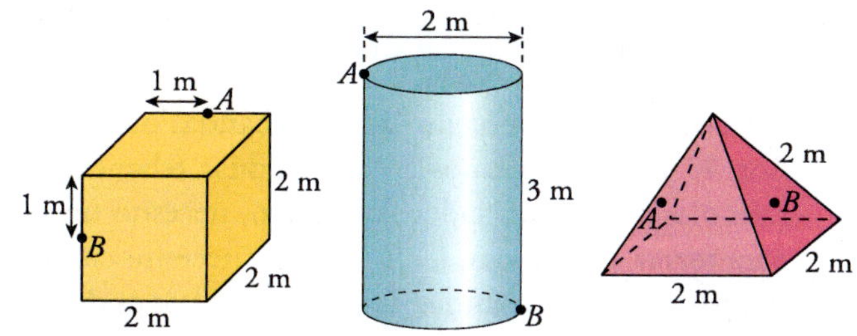

24 Colle unha folla e fai con ela o seguinte:

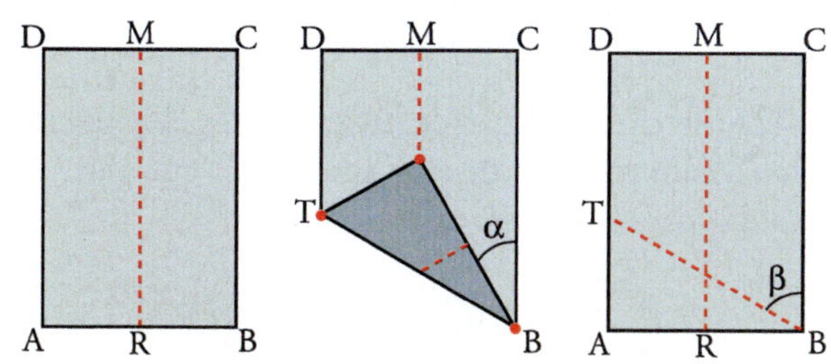

a) Canto valen os ángulos α e β?

b) Poderías construír coa folla de papel un triángulo equilátero?

25 Indica por que con este procedemento podemos obter un rectángulo formato DIN a partir dun cadrado:

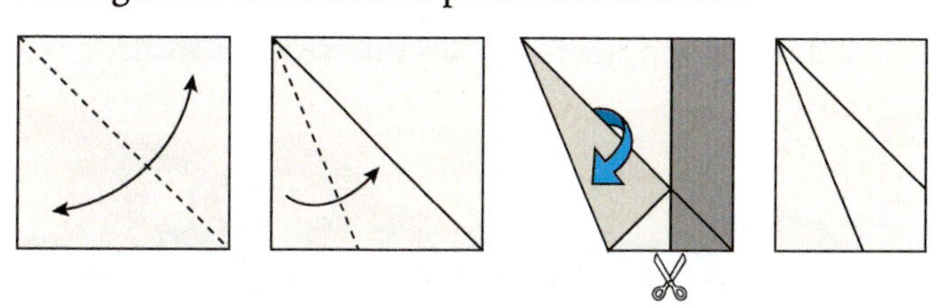

* *Lembra que un rectángulo ten formato DIN se o cociente entre as lonxitudes dos seus lados é* $\sqrt{2}$.

26 Anselmo debe ter no forno un polo durante 15 minutos exactos. Pero estragóuselle o reloxo. Dispón de dous reloxos de area que miden 11 minutos e 7 minutos. Como cronometrará con eles os 15 minutos?

27 Agora Anselmo debe cronometrar os 45 minutos que tarda en facerse unha potaxe. Para iso, dispón de dúas mechas. Cada unha delas tarda 1 hora en consumirse. Pero a velocidade con que se consomen é irregular (é dicir, nun cuarto de hora non ten por que gastarse un cuarto da lonxitude da mecha). Como poderá facelo?

28 Anselmo está na súa casa de campo. Quere saber a hora e só dispón dun reloxo de parede que se lle parou, pero pode poñelo en marcha dándolle corda. Vai á casa da súa amiga, a uns 3 km, na que hai outro reloxo coma o seu. Pasa un anaco parolando con ela e, á volta, pon o reloxo en hora con razoable precisión. Para iso, que outras cousas fai que non se describen aquí?

29 Divide o contido dunha xerra de 24 *l* en tres partes iguais, utilizando a xerra orixinal e outras tres de 5 *l*, 11 *l* e 13 *l*.

30 Un torrador tosta por un lado 2 rebandas de pan xuntas. Aos 30 segundos damos a volta ás dúas rebandadas e torrámolas polo outro lado. Polo tanto, necesito un minuto para torrar 2 rebandas. Canto tempo necesito como mínimo para torrar 3 rebandas de pan por ambos os dous lados?

31 Un cirurxián debe operar tres persoas, pero só ten dous pares de luvas. Como debe facelo se nin el nin os pacientes poden tocar o sangue dos demais?

32 Téñense cinco anacos de cadea de tres elos cada un. Cal é o número mínimo de elos que haberá que abrir e se volver soldar para construír unha soa cadea?

33 Un viaxeiro pacta nunha pousada pagar cada día un dos sete elos da súa pulseira de prata, pero non desexa estragala demasiado, pois desexa recuperala cando teña diñeiro. Cal é o mínimo número de elos que necesita abrir?

34 Colócanse 15 fichas sobre a mesa. Dous xogadores, alternándose, retiran, segundo a súa elección, unha, dúas ou tres fichas calquera. O que retire a última, perde. Intenta atopar a estratexia gañadora.

35 Hai dúas moreas de pedras, unha con 7 pedras e outra con 6 pedras. Dúas persoas xogan de xeito alternativo, podendo retirar tantas pedras como desexen, pero só dunha das moreas. Gaña quen retire a última pedra. Quen ten vantaxe, o xogador que comeza ou o outro?

36 En ambas as dúas beiras dun río hai unha palmeira. A máis alta mide 30 m; a máis baixa, 20 m, e a distancia entre ambas as dúas é de 50 m. Na copa de cada palmeira hai un paxaro. Ao descubrir os dous paxaros un peixe na superficie do río, lánzanse a por el rapidamente, alcanzándoo ao mesmo tempo. A que distancia do tronco da palmeira máis alta apareceu o peixe?

37 Dúas localidades A e B encóntranse ao mesmo lado dunha autoestrada recta, da cal distan 14 km e 5 km, respectivamente. Deséxase construír unha estrada o máis curta posible que una ambas as dúas localidades pasando pola autoestrada. Sabendo que a distancia entre A e B é de 15 km, acha a lonxitude da estrada.

38 Héctor é afeccionado aos coches e ten unha gran morea de cromos deles. Leticia é afeccionada ás motos e ten moitos cromos de motos. Un día Héctor, compracente, regálalle 40 dos seus cromos a Leticia. Como son do mesmo tamaño, ela mestúraos cos seus. Máis tarde pelexan e Héctor pídelle que lle devolva os seus cromos. Leticia, moi digna, conta 40 cromos calquera e dállos. El mestúraos cos seus. Hai máis cromos de motos entre os de coches de Héctor ou máis cromos de coches entre os de motos de Leticia?

39 Tes dúas xerras, unha con zume e outra con auga, e un vaso baleiro. Enchemos o vaso con zume da primeira xerra e vertémolo na xerra de auga. Unha vez mesturado, vólvese encher o vaso con mestura da segunda xerra e vértese na primeira. Hai máis zume na auga que auga no zume? É ao contrario? Hai, acaso, a mesma cantidade de zume na auga que de auga no zume? Ou depende das cantidades de cada unha que tivésemos ao principio?

40 Tres exploradores e tres caníbales deben cruzar un río cunha soa barca. Ademais:

Na barca só poden viaxar unha ou dúas persoas e polo menos un debe saber remar.

Saben remar os 3 exploradores e un caníbal.

En ningunha beira os caníbales poden superar en número os exploradores, pois comeríanos.

Como conseguirán cruzar o río?

* *Distingue o caníbal que sabe remar dos demais.*

41 Óscar quere pasar ao outro lado do río coa súa ovella, o seu lobo e a súa col xigante. Na barca só cabe el cunha das tres cousas. O problema é que o lobo non pode quedar só coa ovella, porque a comería, e a ovella tampouco pode quedar soa coa col.

Que pasos debe dar Óscar?

42 Anxo, Ben, Cris e Dora queren cruzar un río nunha canoa que só pode cargar 100 kg. Anxo peso 90 kg; Ben, 80 kg; Cris, 60 kg; Dora, 40 kg, e as provisións, 20 kg. Como poden cruzar?

43 Como intercambiarías entre si os vagóns A e B deixando a locomotora na súa posición orixinal? Ten en conta que a locomotora pode actuar sobre os vagóns empurrando ou tirando deles. Ademais, na vía morta que mide 10 m non pode dar a volta.

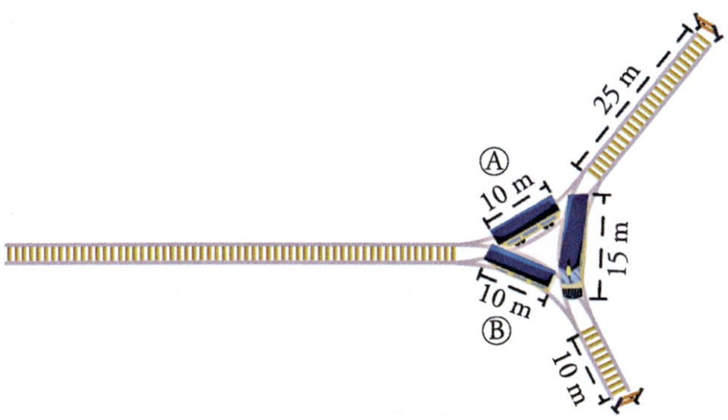

44 En que número remata 2^{83}?

* *Observa en que cifra rematan as sucesivas potencias de base 2 e busca unha regra.*

45 Saberías dicir en que cifra remata a potencia 7^{70}? E $2^{103} + 3$?

46 Se escribimos os números naturais seguidos do seguinte xeito:

1 2 3 4 5 6 7 8 9 10 11 12 13 14 15 …

que díxito ocupará o lugar cen mil?

47 Descubre en cantos ceros remata o número 125!.

* *Lembra que 125! = 1 · 2 · 3 · … · 123 · 124 · 125.*

48 Cantos limóns equilibran a balanza?

49 Que habería que colocar no prato baleiro para equilibrar a última balanza?

50 Observa e resolve.

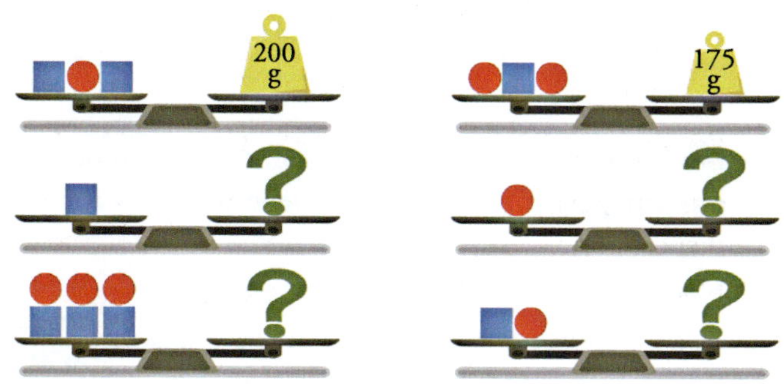

51 Nunha mesa hai cinco cartas:

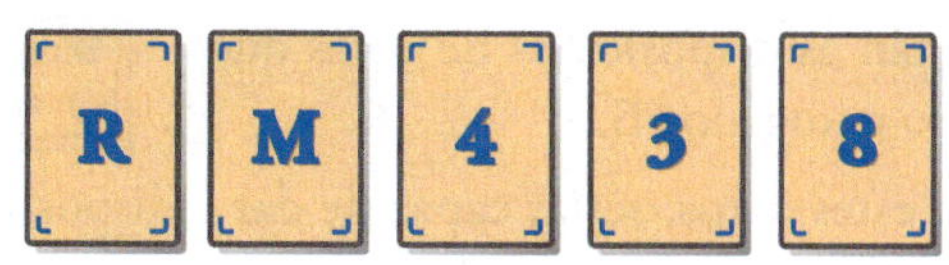

Cada carta ten, nun lado, un número natural, e no outro, unha letra.

Enrique afirma: "Calquera carta que teña nun lado unha vogal, ten un número par no outro lado".

A que cartas tivo que dar a volta Pedro para convencerse de que Enrique dicía a verdade?

52 Se no exercicio anterior houbese estas cartas, cales tería que levantar Pedro para saber que Enrique dicía a verdade?

Resolución de problemas

53 Nunha clase hai 30 alumnos, dos cales 22 estudan inglés e 15 estudan informática. Se todos estudan inglés ou informática, cantos estudan só inglés? E só informática? Cantos estudan as dúas cousas?

54 Presentáronse 300 persoas a unha oposición, das cales 123 non aprobaron ningún exame. Se 100 aprobaron o exame teórico e 85 o práctico, cantos candidatos superaron os dous exames?

55 Este xogo consiste en atopar un número de catro cifras que non empeza por cero.

Escrito un número na táboa, na columna B indícase cantos díxitos ten en común co número buscado e na mesma posición; e na columna R indícase cantos díxitos ten ese número en común co buscado, pero en posición incorrecta.

Cos datos da seguinte táboa, serías capaz de atopar o número oculto?

	B	R
3476	0	2
3965	0	2
4269	0	1
1057	2	1

56 No xogo *MasterMind* un xogador, A, debe colocar 4 cores en certa posición e o outro, B, debe acertar as cores e a súa disposición.

Neste taboleiro, a columna da esquerda indica con negras as fichas de cor ben colocadas e con brancas as que teñen cor correcta pero están mal colocadas. Na columna da dereita están as disposicións de cores que proba o xogador B.

Con estes datos, serías capaz de dar a disposición de cores correcta?

57 Nun partido de baloncesto vaise polo resultado 8-0. Se sabemos que non se marcou ningunha tripla, de cantas formas se puido chegar a ese resultado? (Comproba que son 34).

58 Descubre de cantas formas se pode chegar ao resultado 4-4 nun partido de baloncesto sen triplas. (Por asombroso que pareza hai 556 formas. Compróbao).

59 Verifica que se nun partido de baloncesto se chegou en certo momento ao resultado 4-4, isto puido ser de 784 formas distintas (ten en conta que se puideron marcar canastras de 1, 2 e 3 puntos).

60 Observa esta cuadrícula:

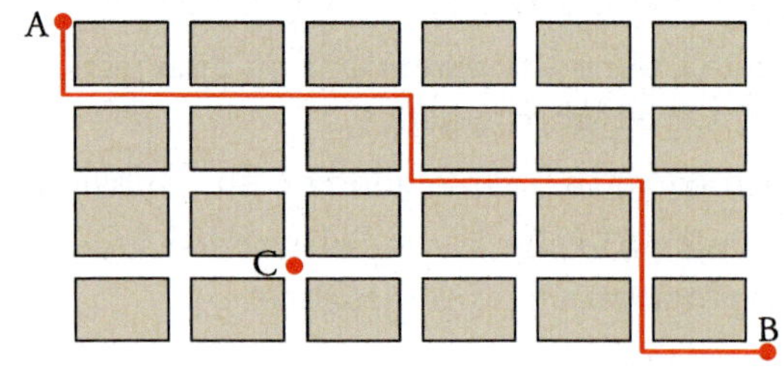

a) Cantos camiños de lonxitude mínima hai para ir de A a C?

b) Cantos hai para ir de C a B?

c) Cantos hai para ir do punto A ao B, pasando por C?

d) Cantos hai para ir de A a B?

61 Serxio sabe que Lupe vai ir de P a R. Decide esperala en Q. Cal é a probabilidade de que se atopen?

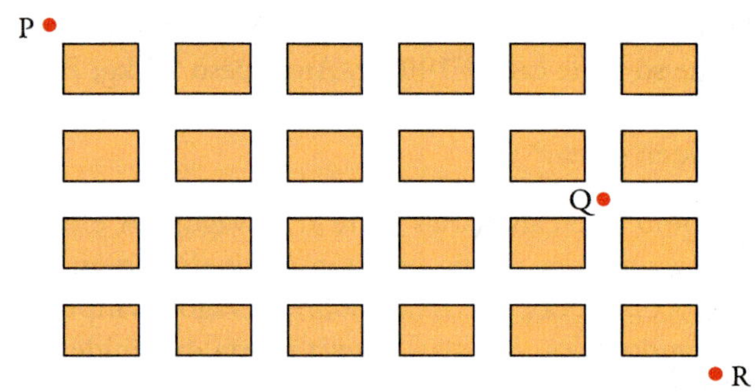

62 María vai de A a B seguindo o itinerario marcado en vermello. Pero podería seguir outros moitos. Cantos? E se quere pasar, primeiro, polo quiosco Q para comprar o diario?

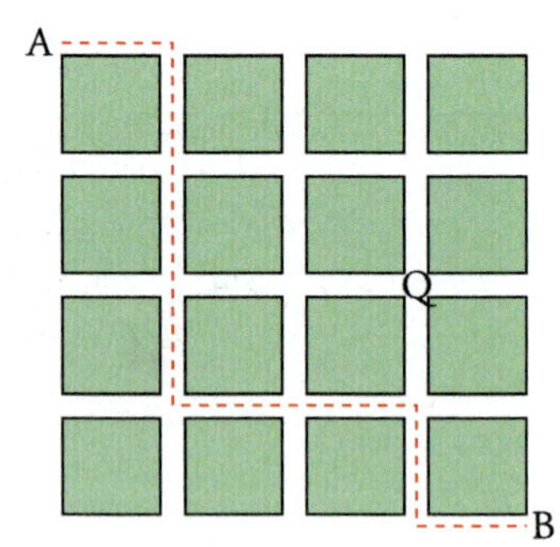

63 De cantas formas se pode formar a palabra MATES unindo letras contiguas nesta figura?

M
A A
T T T
E E E E
S S S S S
E E E E
T T T
A A
M

I Aritmética e Álxebra

Notas históricas. Aritmética e Álxebra

Co comezo da agricultura, xorden problemas como contar as estacións, calcular superficies de terreos, etc. Isto fixo preciso darlles nome aos números e contar máis alá de "un" e "moitos". Ao contar, descubríronse relacións entre os números e estableceronse gradualmente certas leis xerais que permiten e facilitan o cálculo (aritmética significa "arte de calcular").

A álxebra iniciou a súa andaina, en paralelo coa aritmética elemental, desenvolvéndose en dúas direccións básicas: a substitución dos números por letras, e a utilización de fórmulas para a resolución de ecuacións.

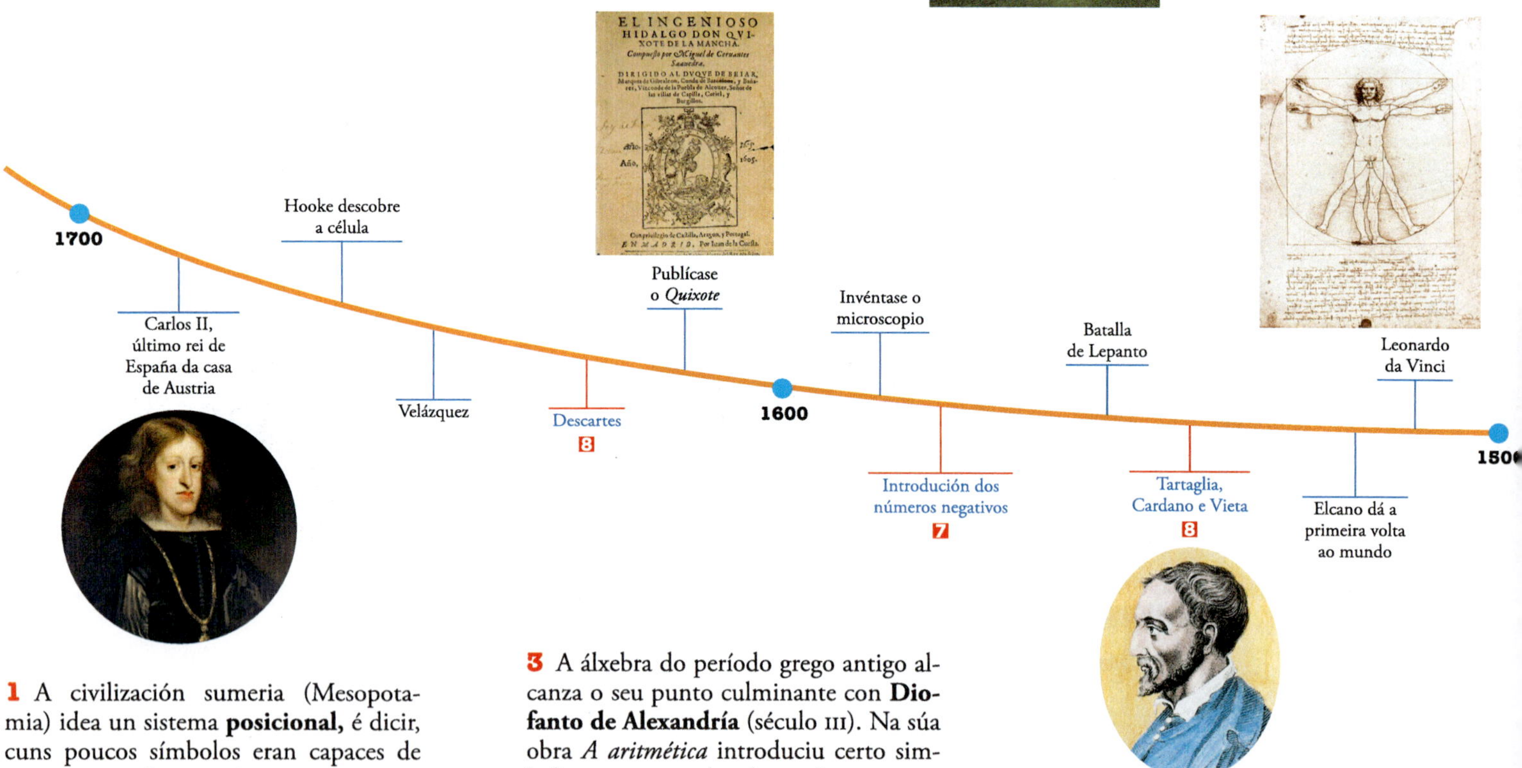

1 A civilización sumeria (Mesopotamia) idea un sistema **posicional,** é dicir, cuns poucos símbolos eran capaces de representar calquera número.

2 Os **pitagóricos** atópanse cos números irracionais. Estes números formuláronlles, tanto a eles mesmos coma aos matemáticos de épocas posteriores, importantes problemas que non foron resoltos ata o século XIX.

3 A álxebra do período grego antigo alcanza o seu punto culminante con **Diofanto de Alexandría** (século III). Na súa obra *A aritmética* introduciu certo simbolismo para poder domesticar os problemas aritméticos. Empeza así a xurdir a linguaxe alxébrica.

4 Xorde a **álxebra** propiamente dita de man dos árabes (século IX). Na Península xogouse un importante papel para a súa difusión e desenvolvemento.

5 Leonardo de Pisa, matemático italiano máis coñecido como **Fibonacci** (1180-1250), contribuíu, coa súa obra *Liber abaci*, a introducir o sistema de numeración decimal que aprendera dos árabes nas súas viaxes comerciais polo norte de África.

600

Tales de Mileto

2 Pitágoras

500

Nabucodonosor II saquea Xerusalén

Argantonio, último rei de Tartessos

Os cartaxineses chegan á península ibérica

X C.

200

Constrúense as termas de Caracalla

3 Diofanto

Crise do imperio romano

Xorde o arianismo

300

4 Desenvolvemento da ciencia árabe

800

Inicio do feudalismo

Carlomagno emperador de Occidente

Descubrimento da tumba do apóstolo Santiago

Batalla das Navas de Tolosa

Invéntanse os lentes

900

1200

Os chineses inventan a pólvora

1300

Marco Polo

Afonso X o sabio 6

Fibonacci 5

6 Na Escola de Tradutores de Toledo, impulsada por Afonso X o sabio, tradúcense todas as grandes obras da ciencia árabe ao latín. Isto permite introducir en Europa a súa álxebra e o seu **sistema de numeración decimal** (procedente da India e usado actualmente).

7 No Renacemento, o desenvolvemento da álxebra conduciu á introdución dos números **negativos,** tan chocantes naquela época que Descartes, no século XVII, os considerou números falsos.

8 A álxebra alcanza a súa maioría de idade en Italia e en Francia (séculos XVI e XVII): métodos para a resolución xeral de ecuacións de distintos tipos, consecución dunha simboloxía adecuada (**Cardano, Tartaglia, Vieta**), chegando ao seu punto culminante con **Descartes** (século XVII) que combina xeometría e álxebra.

Na web
- Ampliación das notas históricas correspondentes a este bloque.
- Lectura sobre aritmética electoral.

1 Números reais

Orixe dos números

Desde a prehistoria, o home viuse na necesidade de contar e, por iso, todas as civilizacións desenvolveron algún sistema de numeración. Como os dedos das mans sempre foron instrumentos moi útiles para levar as contas, moitos destes sistemas foron decimais (con dez díxitos). Por certo, a palabra díxito vén de dedo.

A concepción dun método para designar números no cal o valor de cada cifra dependese do lugar que ocupa (sistema posicional), foi determinante para que un sistema de numeración resultase máis útil e operativo que outros. Neste proceso, houbo que inventar o 0 para ocupar as posicións baleiras.

Os hindús, no século VI, completaron así o seu práctico sistema decimal posicional, que empezou a chegar a occidente a partir dos séculos IX e X proveniente da ciencia árabe, que á súa vez o tomara destes.

Primeira representación coñecida do cero nunha parede dun templo situado en Gwalior (India).

Como se designan os decimais?

A notación decimal aplicada aos números naturais, como acabamos de ver, estendeuse por Europa durante os últimos séculos da Idade Media, pero, curiosamente, non se aplicaba ás partes da unidade, que ata ese momento e durante algúns séculos máis, se expresaron mediante fraccións sesaxesimais. Por exemplo, o número 27,56 escribíase así:

27; 33, 36 o que significaba $27 + \frac{33}{60} + \frac{36}{60^2}$

A finais do século XVI, grazas ao impulso do francés **Francisco Vieta** e do flamenco **Simon Stevin,** xeneralizouse o uso da notación decimal tamén para as fraccións da unidade.

Barco terrestre deseñado por Simon Stevin en torno a 1600.

Os números reais

Os irracionais foron descubertos polos pitagóricos aproximadamente no século V antes da nosa era. Non obstante, máis que como números foron tomados como magnitudes xeométricas. Esta forma de tratalos estendeuse durante case dous milenios. É moi recente, pois, a idea de que todos estes números, xunto cos racionais, forman un único conxunto con estrutura e características moi interesantes.

O concepto de *número real,* como agora o manexamos, foise concibindo e construíndo ao evolucionar o estudo das funcións. A súa formalización debémoslla ao alemán **Georg Cantor,** que a realizou en 1871.

Georg Cantor (1845-1918).

Os números reais na actualidade

O conxunto $\mathbb{R}$ é o ámbito natural no que actualmente se desenvolven as matemáticas teóricas.

Non obstante, para o cálculo numérico abonda con moverse nun conxunto moito máis humilde: o dos números decimais cun número finito de cifras. Este conxunto, chamado $\mathbb{D}$, é un subconxunto dos racionais ($\mathbb{D} \subset \mathbb{Q}$) e nel tanto as sinxelas calculadoras coma os potentes ordenadores móvense con todo confort.

O número ϕ, un irracional histórico

Os gregos pitagóricos (século V a. C.) crían que todo o universo se rexía polos números naturais e as súas relacións (fraccións). Formaban unha especie de seita místico-matemática, cuxo símbolo era a estrela de cinco puntas (pentágono estrelado).

Pentagrama pitagórico nun rosetón mudéxar da igrexa de San Andrés de Calatayud.

Pois ben, cando os pitagóricos descubriron que a relación que existe entre o lado do pentágono estrelado e o lado do correspondente pentágono convexo non se pode expresar como cociente de dous números naturais, sufriron unha enorme conmoción nas súas crenzas.

Tan contraria a toda lóxica lles parecen a existencia dunha relación así, que o número correspondente o consideraron irracional (contrario á razón).

Pitagóricos celebrando o amencer no cadro "Himno ao sol nacente" de Fyodor Bronnikov.

Resolve

O pentágono estrelado

Observa o pentágono estrelado que se mostra a continuación:

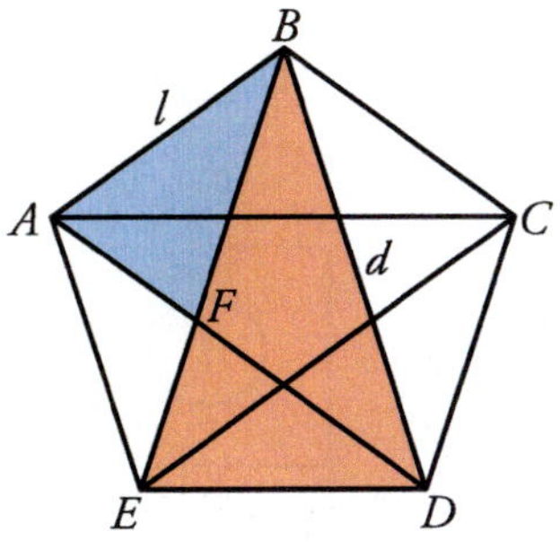

1. Demostra que os triángulos ABF e EBD son semellantes (é dicir, demostra que os seus ángulos son respectivamente iguais).

2. Se chamamos l ao lado do pentágono e d á súa diagonal, baseándote na semellanza dos triángulos que acabas de demostrar, acha a relación $\frac{d}{l}$ e comproba que é o número áureo:

$$\frac{d}{l} = \frac{\sqrt{5}+1}{2} = \phi$$

1 Linguaxe matemática: conxuntos e símbolos

Terminoloxía usada nos conxuntos

As matemáticas resultan máis claras, precisas e rigorosas se se apoian na linguaxe dos conxuntos. Ata agora usámola ocasionalmente, pero cada vez recorremos a ela con máis frecuencia. Imos lembrar cousas xa coñecidas e afondar algo nelas.

- Os conxuntos adoitan designarse mediante letras maiúsculas: C, X, Y, A, B..., aínda que algúns conxuntos numéricos moi utilizados teñen unha simboloxía especial que xa coñeces: $\mathbb{N}$, naturais; $\mathbb{Z}$, enteiros; $\mathbb{Q}$, racionais; $\mathbb{R}$, reais.
- Para expresar que x é un **elemento** do conxunto C utilízase o símbolo $\in$ (pertence): $x \in C$ lese "x **pertence** a C"; $y \notin C$ lese "y **non pertence** a C". Por exemplo: 5 é un número natural $\to 5 \in \mathbb{N}$; $\sqrt{2}$ non é natural $\to \sqrt{2} \notin \mathbb{N}$
- Para describir conxuntos utilízanse, habitualmente, os seguintes símbolos:

  { } (chaves), encerran os elementos do conxunto ou a propiedade que os caracteriza.

  / ("tales que"), precede á propiedade que caracteriza os elementos do conxunto. Por exemplo:

  Números enteiros comprendidos entre –3 e 4: $\{x \in \mathbb{Z} \,/\, -3 < x < 4\}$.

  Lese "o conxunto dos x pertencentes a $\mathbb{Z}$ *tales que* $-3 < x < 4$".
- Se todos os elementos de A son tamén elementos de C dicimos que A é un **subconxunto** de C e expresámolo así: $A \subset C$ (A está **contido** en C), ou así: $C \supset A$ (C **contén** a A). Por exemplo:

  $\mathbb{N} \subset \mathbb{Z}$, $\mathbb{Z} \subset \mathbb{Q}$, $\mathbb{Q} \subset \mathbb{R}$, ou ben $\mathbb{Z} \supset \mathbb{N}$, $\mathbb{Q} \supset \mathbb{Z}$, $\mathbb{R} \supset \mathbb{Q}$.

Lembra

Chámase **conxunto baleiro** o que non ten ningún elemento e se denota co símbolo $\varnothing$.

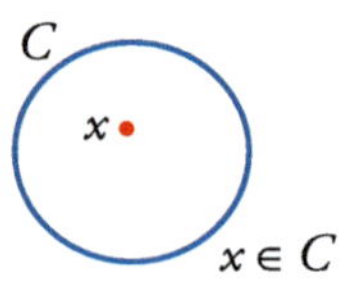

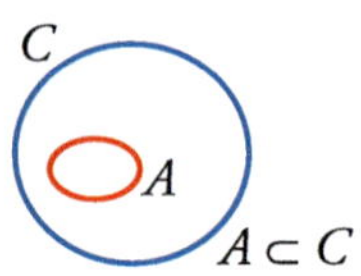

Operacións con conxuntos

- O conxunto formado por todos os elementos doutros dous conxuntos A e B desígnase $A \cup B$. Lese "A **unión** B".

  Se $A \subset B$, entón $A \cup B = B$. Por exemplo, $\mathbb{N} \cup \mathbb{Z} = \mathbb{Z}$.

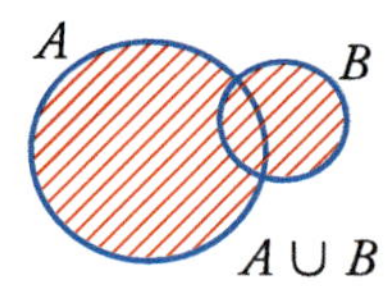

- O conxunto formado polos elementos que pertencen a A e a B (a ambos os dous) desígnase $A \cap B$. Lese "A **intersección** B".

  Se $A \subset B$, entón $A \cap B = A$. Por exemplo, $\mathbb{N} \cap \mathbb{Z} = \mathbb{N}$.

  Se A e B non teñen ningún elemento en común, entón $A \cap B = \varnothing$.

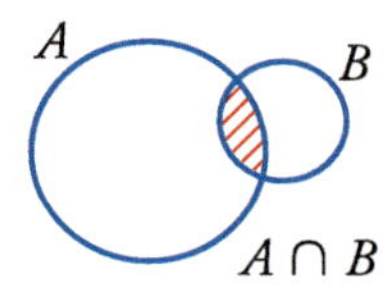

- O conxunto formado por todos os elementos de A que non están en B desígnase $A - B$. Lese "A menos B".

  $A - B$ chámase conxunto **diferenza.** Por exemplo, os números naturais que non son múltiplos de 3: $\mathbb{N} - \{x / x \neq \dot{3}\}$.

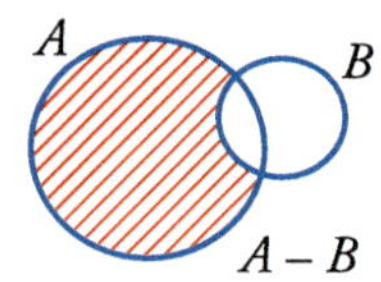

- Se en certo contexto hai un conxunto U no cal están contidos todos os demais conxuntos que se manexen, a U chámaselle **conxunto universal.** Na maioría das aplicacións numéricas deste curso, $\mathbb{R}$ é o conxunto universal.
- Se U é o conxunto universal, $U - A$ chámase **complementario** de A e desígnase A' ou A^c.

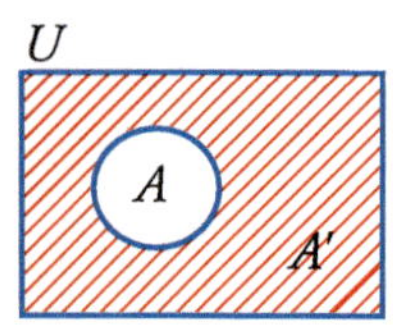

Exemplo

$A = \{1, 2, 3, 4, 5, 6\}$

$B = \{2, 4, 6, 8, 10\}$

Unión

$A \cup B = \{1, 2, 3, 4, 5, 6, 8, 10\}$

Intersección

$A \cap B = \{2, 4, 6\}$

Diferenza

$A - B = \{1, 3, 5\}$

$B - A = \{8, 10\}$

Conxunto universal

$U = \{1, 2, 3, 4, 5, 6, 7, 8, 9, 10\}$

Complementarios

$A' = \{7, 8, 9, 10\}$

$B' = \{1, 3, 5, 7, 9\}$

Frases matemáticas

A expresión "$x \in A$" é unha frase na que se afirma que x *pertence* (é un elemento) do conxunto A. Nesta frase, o verbo é "$\in$".

Os símbolos $\in$, $\notin$, $\subset$, $\supset$, $=$, $<$, $>$, $\leq$, $\geq$ son verbos.

Con eles fórmanse frases que afirman algo. Por exemplo:

$A \cap B \subset A$ O conxunto $A \cap B$ está *contido* no conxunto A.

$(x-1)^2 \geq 0$ O resultado de $(x-1)^2$ *é maior ou igual* que 0.

$l \notin V$ A letra l *non pertence* ao conxunto das vogais V.

Dous símbolos lóxicos, $\Rightarrow$ y $\Leftrightarrow$

A afirmación seguinte

"**Se** x é un número enteiro, **entón** x é un número racional"

relaciona dúas afirmacións:

P: "x é un número enteiro"

Q: "x é un número racional"

As partículas *se... entón...* (*se P entón Q*) serven para expresar unha consecuencia: *sempre que aconteza P acontecerá Q.*

Isto pódese expresar co símbolo $\Rightarrow$ (que se le **implica**):

x é un número enteiro $\Rightarrow$ x é un número racional

$$x \in \mathbb{Z} \Rightarrow x \in \mathbb{Q}$$

Cando ademais de $P \Rightarrow Q$ acontece que $Q \Rightarrow P$, entón poñeremos $P \Leftrightarrow Q$. Este símbolo $\Leftrightarrow$ (que se le **se e só se**) indícanos que as afirmacións P e Q son **equivalentes,** é dicir, sempre que sexa certa unha, ten que ser certa a outra. Por exemplo:

o triángulo ABC é equilátero $\Leftrightarrow$ o triángulo ABC é equiángulo

Exercicio proposto

1 Verdadeiro ou falso?

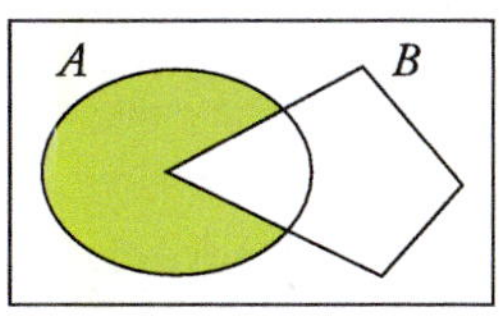

a) O conxunto coloreado da esquerda pódese designar $A - B$.

b) O conxunto coloreado da esquerda pódese designar $A \cap B'$.

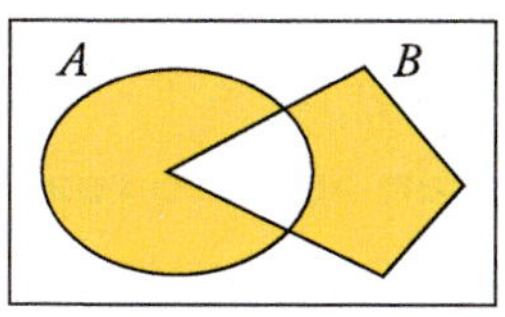

c) O conxunto coloreado da dereita pódese designar:
$(A - B) \cup (B - A)$

d) O conxunto coloreado da dereita pódese designar:
$(A \cup B) - (A \cap B)$

e) O conxunto coloreado da dereita pódese designar $(A \cap B') \cup (A' \cap B)$.

f) $x \in \mathbb{Z} \Rightarrow x \in \mathbb{Q}$

g) $[x \in (\dot{3})$ e $x \in (\dot{2})] \Leftrightarrow x \in (\dot{6})$

$(\dot{n})$ é o conxunto dos múltiplos de n.

h) $(\dot{3}) \cap (\dot{2}) = (\dot{6})$

i) $x \in A - B \Rightarrow x \in A \cap B'$

l) $(x \in A \Rightarrow x \in B)$ é o mesmo que dicir $A \subset B$.

m) $(x \in A \Rightarrow x \in B) \Leftrightarrow A \subset B$

n) $(x \in A \Rightarrow x \in B) \Rightarrow B \subset A$

o) $x \in (0, 1) \Leftrightarrow x \in \mathbb{R}$ e $0 < x < 1$

p) $\sqrt{2} \notin (\mathbb{R} - \mathbb{Q}) \cap (0, 1)$ pero
$\sqrt{2}/2 \in (\mathbb{R} - \mathbb{Q}) \cap (0, 1)$

q) $0{,}5 \in (\mathbb{R} - \mathbb{Q}) \cap (0, 1)$

r) $(\mathbb{R} - \mathbb{Q}) \cap (0, 1)$ é o conxunto dos números irracionais positivos menores que 1.

s) $\{x \in \mathbb{Z} / -2 < x \leq 5\} = \{-1, 0, 1, 2, 3, 4, 5\}$

t) O conxunto dos números enteiros maiores que -5 e menores que 7 é $\mathbb{Z} \cap (-5, 7)$.

u) (x é un número real pero non é racional) $\Leftrightarrow x \in \mathbb{R} - \mathbb{Q}$

2 Números reais. A recta real

Números racionais

Os **números racionais** son os que se poden poñer como cociente de dous números enteiros. Entre eles están os propios **números enteiros,** $\mathbb{Z}$ (positivos **—naturais,** $\mathbb{N}$— e negativos).

Os números racionais pódense expresar mediante decimais exactos ou periódicos.

O conxunto de todos os números racionais desígnase por $\mathbb{Q}$. Ao situalos sobre a recta numérica ocúpana densamente. Isto quere dicir que:

— Entre dous números racionais hai outros infinitos números racionais.

— Se tomamos un punto calquera da recta numérica hai infinitos números racionais tan preto del como queiramos.

Reflexiona e resolve

Observa como se sitúan estes números nos conxuntos numéricos:

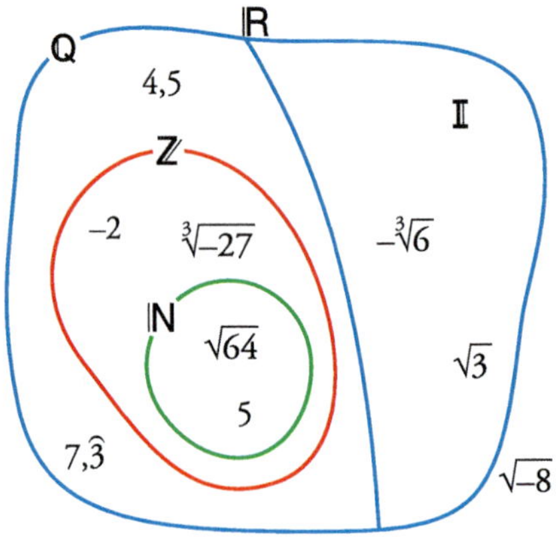

Agora, no teu caderno, sitúa os seguintes números nun diagrama similar:

$-\sqrt[3]{1}$; $4,\widehat{5}$; 6; $\sqrt{10}$; $\sqrt[4]{-16}$; $\sqrt[3]{-2}$; 27/5; 27/3

Números irracionais

Aínda que os números racionais están densamente situados, na recta numérica hai infinitos puntos non ocupados por números racionais. A cada un deses puntos correspóndelle un **número irracional.**

Son números irracionais $\sqrt{2}$, $\sqrt{3}$, $\sqrt[3]{5}$, π, ϕ (número áureo), etc.

Os números irracionais non se poden poñer como cociente de dous enteiros.

A súa expresión decimal ten infinitas cifras non periódicas.

O conxunto dos números irracionais desígnase por $\mathbb{I}$.

Números reais

Tanto os números racionais coma os irracionais chámanse **números reais.** O conxunto dos números reais desígnase por $\mathbb{R}$. É dicir:

$$\mathbb{R} = \mathbb{Q} \cup \mathbb{I} \qquad \mathbb{Q} \cap \mathbb{I} = \varnothing$$

Os números reais enchen a recta numérica. É dicir, se se sinala na recta unha orixe, 0, e se sitúa o punto correspondente ao número 1 (é dicir, concrétase cal é a lonxitude unidade), a cada número real correspóndelle un punto da recta e a cada punto da recta correspóndelle un número real. Por iso á recta numérica chámalla **recta real.**

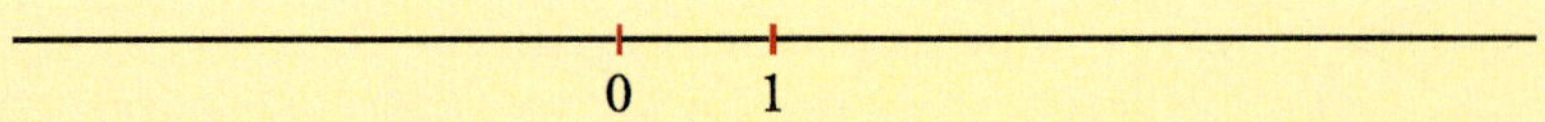

Os puntos da recta e os números reais están en correspondencia biunívoca: a cada punto correspóndelle un número real e a cada número real, un punto.

Atención

Hai operacións cuxo resultado non é un número real. Por exemplo:

$\sqrt{-4}$, $\sqrt{-5}$, $\sqrt[4]{-8}$

Valor absoluto dun número real

O valor absoluto dun número real dános "o tamaño" do devandito número. Así, –8 e 8 teñen o mesmo valor absoluto: 8.

O **valor absoluto** dun número real, a, é o propio número a, se é positivo, ou o seu oposto, $-a$, se é negativo:

$$|a| = \begin{cases} a, & \text{se } a \geq 0 \\ -a, & \text{se } a < 0 \end{cases}$$

Por exemplo, $|1 - \sqrt{3}| = \sqrt{3} - 1$, pois $\sqrt{3} > 1$.

Interpretación gráfica

Graficamente, o valor absoluto dun número é a súa distancia ao 0.

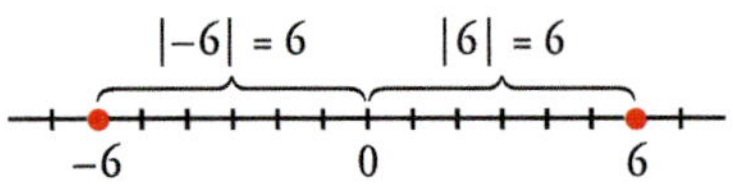

Intervalos e semirrectas

Lembremos a nomenclatura para designar algúns tramos da recta real.

NOME	SÍMBOLO	DESCRICIÓN	SIGNIFICADO	REPRESENTACIÓN
INTERVALO ABERTO	(a, b)	$\{x / a < x < b\}$	Números comprendidos entre a e b, estes non incluídos.	a b
INTERVALO PECHADO	$[a, b]$	$\{x / a \leq x \leq b\}$	Números comprendidos entre a e b, estes incluídos.	a b
INTERVALO SEMIABERTO	$(a, b]$	$\{x / a < x \leq b\}$	Números comprendidos entre a e b; a non incluído, b incluído.	a b
	$[a, b)$	$\{x / a \leq x \;\; b\}$	Números comprendidos entre a e b; a incluído, b non incluído.	a b
SEMIRRECTA	$(-\infty, a)$	$\{x / x \;\; a\}$	Números menores que a.	a
	$(-\infty, a]$	$\{x / x \leq a\}$	Números menores que a e o propio a.	a
	$(a, +\infty)$	$\{x / a \;\; x\}$	Números maiores que a.	a
	$[a, +\infty)$	$\{x / a \leq x\}$	Números maiores que a e o propio a.	a

Exercicios resoltos

1 *Representar os seguintes conxuntos numéricos:*

a) Números maiores que 3.

b) $\{x / 2 \leq x < 5\}$

c) $\{x / 3 \leq x \leq 7\}$

d) Números menores que 1 excluíndo o 0.

e) $\{x / x^2 \geq 4\} =$
$= \{x / x \leq -2\} \cup \{x / x \geq 2\}$

a) $(3, +\infty)$

b) $[2, 5)$

c) $[3, 7]$

d) $(-\infty, 0) \cup (0, 1)$

e) $(-\infty, -2] \cup [2, +\infty)$

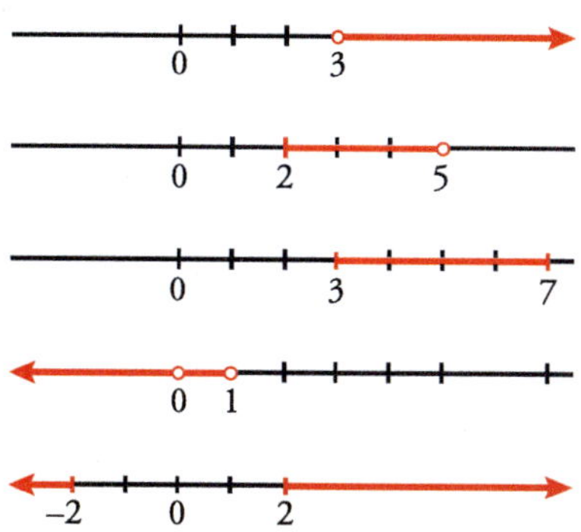

2 *Describir e representar.*

a) $|x| \geq 3$

b) $|x - 2| < 3$

a) $|x| \geq 3 \Leftrightarrow x \leq -3$ ou $x \geq 3$

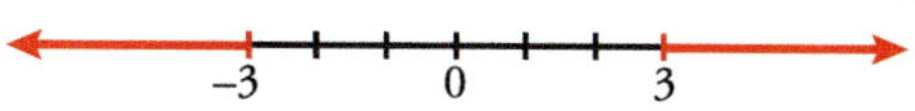

b) $|x - 2| < 3 \Leftrightarrow -3 \leq x - 2 < 3 \Leftrightarrow -3 + 2 < x < 3 + 2 \Leftrightarrow -1 < x < 5$

Exercicios propostos

1 Representa os seguintes conxuntos:

a) $(-3, -1)$
b) $[4, +\infty)$
c) $(3, 9]$
d) $(-\infty, 0)$
e) $\{x / -2 \leq x < 5\}$
f) $[-2, 5) \cup (5, 7]$
g) $(-\infty, 0) \cup (3, +\infty)$
h) $(-\infty, 1) \cup (1, +\infty)$

2 Descubre e representa para que valores de x se cumpren as seguintes relacións:

a) $|x| = 5$
b) $|x| \leq 5$
c) $|x - 4| = 2$
d) $|x - 4| \leq 2$
e) $|x - 4| > 2$
f) $|x + 4| > 5$

3 Radicais. Propiedades

Lembremos que $\sqrt[n]{a} = b \Leftrightarrow a = b^n$, onde n é un número natural maior que 1, e a e b son números reais.

$\sqrt[n]{a}$ chámase **radical,** a **radicando** e n **índice** da raíz.

- Se $a \geq 0$, $\sqrt[n]{a}$ existe calquera que sexa n.
- Se $a < 0$, $\sqrt[n]{a}$ só existe para valores impares de n.

Forma exponencial dos radicais

- $\sqrt[n]{a} = a^{\frac{1}{n}}$, pois $\left(a^{\frac{1}{n}}\right)^n = a^{\frac{n}{n}} = a$
- $\sqrt[n]{a^m} = a^{\frac{m}{n}}$, pois $\sqrt[n]{a^m} = (a^m)^{\frac{1}{n}} = a^{m \cdot \frac{1}{n}} = a^{\frac{m}{n}}$

Potencias e raíces de radicais

① $\sqrt[np]{a^p} = \sqrt[n]{a}$, pois $\sqrt[np]{a^p} = a^{\frac{p}{np}} = a^{\frac{1}{n}} = \sqrt[n]{a}$

Esta propiedade é útil para:

— Simplificar radicais: $\sqrt[4]{9} = \sqrt[4]{3^2} = \sqrt{3}$; $\sqrt[6]{4} = \sqrt[6]{2^2} = \sqrt[3]{2}$

— Conseguir que dous ou máis radicais teñan o mesmo índice (reducir índice común) (véxase o exercicio resolto 1).

② $(\sqrt[n]{a})^p = \sqrt[n]{a^p}$, pois $\left(a^{\frac{1}{n}}\right)^p = a^{\left(\frac{1}{n}\right)\cdot p} = (a^p)^{\frac{1}{n}} = \sqrt[n]{a^p}$

Esta propiedade só é válida cando existen os radicais $\sqrt[n]{a}$ e $\sqrt[n]{a^p}$.

Por exemplo, non podemos poñer que $(\sqrt{-5})^4 = \sqrt{(-5)^4} = 25$, pois o primeiro radical non ten significado numérico.

③ $\sqrt[m]{\sqrt[n]{a}} = \sqrt[mn]{a}$, pois $\left(a^{\frac{1}{n}}\right)^{\frac{1}{m}} = a^{\left(\frac{1}{n}\right)\cdot\left(\frac{1}{m}\right)} = a^{\frac{1}{mn}} = \sqrt[mn]{a}$

Exercicios resoltos

1 *Comparar $\sqrt[3]{103}$ e $\sqrt{22}$ reducíndoos a índice común.*

Expresamos ambas as dúas raíces como raíces sextas:

$$\left.\begin{aligned}\sqrt[3]{103} &= \sqrt[3\cdot 2]{103^2} = \sqrt[6]{103^2} = \sqrt[6]{10\,609}\\ \sqrt{22} &= \sqrt[2\cdot 3]{22^3} = \sqrt[6]{22^3} = \sqrt[6]{10\,648}\end{aligned}\right\}\ \text{Vemos que } \sqrt[3]{103} < \sqrt{22}.$$

2 *Simplificar.*

a) $\sqrt[12]{x^9}$ *b)* $\left(\sqrt[3]{a^2}\right)^6$

c) $\sqrt{\sqrt[3]{a}}$ *d)* $\sqrt[3]{\sqrt{a}}$

a) $\sqrt[12]{x^9} = \sqrt[3\cdot 4]{x^{3\cdot 3}} = \sqrt[4]{x^3}$

b) $\left(\sqrt[3]{a^2}\right)^6 = (a^2)^2 = a^4$

c) $\sqrt{\sqrt[3]{a}} = \sqrt[6]{a}$

d) $\sqrt[3]{\sqrt{a}} = \sqrt[6]{a}$

Exercicios propostos

1 Simplifica.

a) $\sqrt[9]{x^{12}}$ b) $\sqrt[12]{x^8}$ c) $\sqrt[5]{y^{10}}$

d) $\sqrt[6]{8}$ e) $\sqrt[9]{64}$ f) $\sqrt[8]{81}$

2 Cal é maior, $\sqrt[4]{31}$ ou $\sqrt[3]{13}$?

3 Reduce índice común.

a) $\sqrt[12]{a^5}$ e $\sqrt[18]{a^7}$ b) $\sqrt[3]{51}$ e $\sqrt[9]{132\,650}$

4 Simplifica.

a) $\left(\sqrt{\sqrt{\sqrt{k}}}\right)^8$ b) $\sqrt[5]{\sqrt[3]{x^{10}}}$ c) $\sqrt[3]{(\sqrt{x})^6}$

Produto e cociente de radicais

④ $\sqrt[n]{\boldsymbol{a \cdot b}} = \sqrt[n]{\boldsymbol{a}} \cdot \sqrt[n]{\boldsymbol{b}}$, pois $\sqrt[n]{a \cdot b} = (a \cdot b)^{\frac{1}{n}} = a^{\frac{1}{n}} \cdot b^{\frac{1}{n}} = \sqrt[n]{a} \cdot \sqrt[n]{b}$

Por exemplo: $\sqrt{3x^2y} = \sqrt{3} \cdot \sqrt{x^2} \cdot \sqrt{y}$; $\sqrt[5]{32x} = \sqrt[5]{32} \cdot \sqrt[5]{x} = 2\sqrt[5]{x}$

Esta propiedade ten as seguintes aplicacións:

— Sacar un factor fóra da raíz. Por exemplo:

$$\sqrt[3]{32} = \sqrt[3]{8 \cdot 4} = \sqrt[3]{8} \cdot \sqrt[3]{4} = 2 \cdot \sqrt[3]{4}; \quad \sqrt{18} = \sqrt{9} \cdot \sqrt{2} = 3 \cdot \sqrt{2}$$

— Ao contrario, xuntar varios radicais nun só: $\sqrt{15} \cdot \sqrt{20} = \sqrt{300}$

⑤ $\sqrt[n]{\dfrac{\boldsymbol{a}}{\boldsymbol{b}}} = \dfrac{\sqrt[n]{\boldsymbol{a}}}{\sqrt[n]{\boldsymbol{b}}}$, pois $\sqrt[n]{\dfrac{a}{b}}\left(\dfrac{a}{b}\right)^{\frac{1}{n}} = \dfrac{a^{1/n}}{b^{1/n}} = \dfrac{\sqrt[n]{a}}{\sqrt[n]{b}}$

Por exemplo: $\sqrt{\dfrac{3}{x^3}} = \dfrac{\sqrt{3}}{\sqrt{x^3}}$; $\sqrt[3]{\dfrac{x^5}{8}} = \dfrac{\sqrt[3]{x^5}}{\sqrt[3]{8}} = \dfrac{\sqrt[3]{x^5}}{2}$

Esta propiedade, xunto coas propiedades ① e ④, serve para poñer produtos e cocientes de radicais baixo unha soa raíz. Por exemplo:

$$\frac{\sqrt{3} \cdot \sqrt[3]{4}}{\sqrt[6]{24}} = \frac{\sqrt[6]{3^3} \cdot \sqrt[6]{4^2}}{\sqrt[6]{2^3 \cdot 3}} = \sqrt[6]{\frac{3^3 \cdot 2^4}{2^3 \cdot 3}} = \sqrt[6]{2 \cdot 3^2} = \sqrt[6]{18}$$

Suma de radicais

Dous radicais distintos non poden sumarse se non é obtendo as súas expresións decimais aproximadas. Só poden sumarse radicais idénticos.

Por exemplo, $\sqrt{3} + \sqrt{2}$ ou $\sqrt{7} + \sqrt[3]{7}$ só poden realizarse de forma aproximada ou deixándoas indicadas.

Si pode simplificarse $7\sqrt{5} + 11\sqrt{5} - \sqrt{5} = 17\sqrt{5}$.

Hai casos nos que a posibilidade de simplificar unha suma de radicais non é evidente. En tales casos, debemos apañarnos para descubrir esa posibilidade.

Por exemplo:

$$\sqrt{8} + \sqrt{18} + \sqrt[4]{2\,500} = \sqrt{2^3} + \sqrt{3^2 \cdot 2} + \sqrt[4]{2^2 \cdot 5^4} = 2\sqrt{2} + 3\sqrt{2} + 5\sqrt{2} = 10\sqrt{2}$$

Exercicios propostos

5 Reduce.

a) $\sqrt[3]{2} \cdot \sqrt[5]{2}$ b) $\sqrt[3]{9} \cdot \sqrt[6]{3}$

c) $\sqrt{2} \cdot \sqrt[4]{2} \cdot \sqrt[8]{2}$ d) $\sqrt[4]{8} \cdot \sqrt[3]{4}$

e) $\sqrt[4]{125} \cdot \sqrt{5}$ f) $\sqrt[3]{81} \cdot \sqrt{3}$

6 Simplifica.

a) $\dfrac{\sqrt[5]{x}}{\sqrt[3]{x}}$ b) $\dfrac{\sqrt{a \cdot b}}{\sqrt[3]{a \cdot b}}$

c) $\dfrac{\sqrt[6]{a^3}}{\sqrt[3]{a^2}}$ d) $\dfrac{\sqrt[4]{a^3 \cdot b^5 \cdot c}}{\sqrt{a \cdot b^3 \cdot c^3}}$

7 Reduce.

a) $\dfrac{\sqrt[3]{3^2}}{\sqrt{3}}$ b) $\dfrac{\sqrt{9}}{\sqrt[3]{3}}$

c) $\dfrac{\sqrt[5]{16}}{\sqrt{2}}$ d) $\dfrac{\sqrt[4]{729}}{\sqrt{3}}$

8 Suma e simplifica.

a) $5\sqrt{x} + 3\sqrt{x} + 2\sqrt{x}$ b) $\sqrt{9 \cdot 2} + \sqrt{25 \cdot 2} - \sqrt{2}$

c) $\sqrt{18} + \sqrt{50} - \sqrt{2} - \sqrt{8}$ d) $\sqrt{27} - \sqrt{50} + \sqrt{12} + \sqrt{8}$

e) $\sqrt{50a} - \sqrt{18a}$ f) $\sqrt[3]{16} + \sqrt[3]{54} - \sqrt[3]{250}$

Racionalización de denominadores

Ás veces convén suprimir os radicais que hai nun denominador. Para iso, hai que multiplicalo pola expresión adecuada. Naturalmente, o numerador tamén se multiplicará por esa expresión.

Vexamos algúns procedementos para suprimir raíces do denominador:

- Para suprimir unha raíz cadrada, abonda con multiplicar pola mesma raíz.

  Por exemplo: $\frac{7}{\sqrt{2}} = \frac{7 \cdot \sqrt{2}}{\sqrt{2} \cdot \sqrt{2}} = \frac{7\sqrt{2}}{2}$

- Para suprimir unha raíz *n*-ésima, multiplícase por outra raíz *n*-ésima de xeito que se complete no radicando unha potencia *n*-ésima.

  Por exemplo: $\frac{1}{\sqrt[3]{25}} = \frac{1}{\sqrt[3]{5^2}} = \frac{\sqrt[3]{5}}{\sqrt[3]{5^2} \cdot \sqrt[3]{5}} = \frac{\sqrt[3]{5}}{\sqrt[3]{5^3}} = \frac{\sqrt[3]{5}}{5}$

- Nunha suma de raíces cadradas, $\sqrt{a} + \sqrt{b}$, suprímense os radicais multiplicando pola diferenza delas, $\sqrt{a} - \sqrt{b}$, e reciprocamente.

  Por exemplo:

$$\frac{7}{\sqrt{5} - \sqrt{3}} = \frac{7(\sqrt{5} + \sqrt{3})}{(\sqrt{5} - \sqrt{3})(\sqrt{5} + \sqrt{3})} = \frac{7(\sqrt{5} + \sqrt{3})}{(\sqrt{5})^2 - (\sqrt{3})^2} = \frac{7(\sqrt{5} + \sqrt{3})}{2}$$

$$\frac{2}{3 + \sqrt{7}} = \frac{2(3 - \sqrt{7})}{(3 + \sqrt{7})(3 - \sqrt{7})} = \frac{2(3 - \sqrt{7})}{3^2 - (\sqrt{7})^2} = \frac{2(3 - \sqrt{7})}{2} = 3 - \sqrt{7}$$

Por que desexamos "racionalizar" o denominador?

Antigamente, cando non existían instrumentos de cálculo como os actuais, había que esmerarse na busca de métodos que aliviasen as operacións. E é claro que resulta moito máis sinxelo multiplicar por un radical que dividir por el. Por iso conviña "botar fóra" do denominador os radicais.

Actualmente, coas calculadoras, iso é innecesario. Non obstante, séguese considerando que unha expresión con radicais no denominador é antiestética, que a simplificación está inacabada.

Ten en conta

As expresións $\sqrt{a} - \sqrt{b}$ e $\sqrt{a} + \sqrt{b}$ adóitanse chamar **conxugadas.**

Multiplícanse por unha delas numerador e denominador para que neste desaparezan os radicais, pois:

$$(\sqrt{a} + \sqrt{b})(\sqrt{a} - \sqrt{b}) = a - b$$

Que é máis cómodo?

$$\frac{1}{\sqrt{2}} = \frac{\sqrt{2}}{2}$$

```
1,00000   |1,4142...
 01016     0,707...
   ...
```

```
1,4142...  |2
  014       0,7070...
   02
   ...
```

Exercicios propostos

9 Racionaliza denominadores e simplifica canto poidas.

a) $\frac{5}{\sqrt{7}}$ b) $\frac{3}{\sqrt[3]{4}}$

c) $\sqrt{\frac{7}{3}}$ d) $\frac{1}{\sqrt{a^3}}$

e) $\frac{3}{\sqrt{50}}$ f) $\frac{4}{\sqrt{18}}$

g) $\frac{2}{\sqrt[3]{25}}$ h) $\frac{1}{\sqrt[3]{40}}$

i) $\frac{3}{\sqrt[3]{36}}$ l) $\frac{2}{\sqrt[3]{100}}$

10 Racionaliza denominadores e simplifica canto poidas.

a) $\frac{1}{\sqrt{2} + 1}$ b) $\frac{x + y}{\sqrt{x} + \sqrt{y}}$

c) $\frac{a - 1}{\sqrt{a} - 1}$ d) $\frac{\sqrt{x} + \sqrt{y}}{\sqrt{x} - \sqrt{y}}$

e) $\frac{1}{2\sqrt{3} - \sqrt{5}}$ f) $\frac{3\sqrt{2} + 2\sqrt{3}}{3\sqrt{2} - 2\sqrt{3}}$

g) $\frac{1}{\sqrt{2}} + \frac{1}{\sqrt{2} - 1} + \frac{1}{\sqrt{2} + 1}$ h) $\frac{1}{\sqrt{x} - \sqrt{y}} + \frac{1}{\sqrt{x} + \sqrt{y}}$

4 Logaritmos. Propiedades

Logaritmo dun número que non é potencia exacta

Os números que son potencias exactas da base teñen logaritmos enteiros.

Os demais, teñen logaritmos con parte decimal.

Por exemplo:

8	…	11	…	16
$log_2 \downarrow$		$log_2 \downarrow$		$log_2 \downarrow$
3		3,…		4

O log_2 11 é un número decimal cuxa parte enteira é 3.

Se $a > 0$ e $a \neq 1$, chámase **logaritmo en base *a*** de *P*, e desígnase $log_a P$, o expoñente ao que hai que elevar a base *a* para obter *P*.

$$log_a P = x \Leftrightarrow a^x = P$$

Por exemplo:

$log_2 8 = 3$ porque $8 = 2^3$

$log_2 \frac{1}{8} = -3$ porque $\frac{1}{8} = \frac{1}{2^3} = 2^{-3}$

$log_5 25 = 2$ porque $25 = 5^2$

$log_5 \frac{1}{25} = -2$ porque $\frac{1}{25} = \frac{1}{5^2} = 5^{-2}$

$log_{10} 10\,000 = 4$ porque $10\,000 = 10^4$

$log_{10} 0{,}0001 = -4$ porque $0{,}0001 = 10^{-4}$

Na web

Ampliación teórica coas demostracións destas propiedades.

Propiedades dos logaritmos

① Dous números distintos teñen logaritmos distintos.

Se $P \neq Q$, entón $log_a P \neq log_a Q$.

Se $a > 1$ e $P < Q$, entón $log_a P < log_a Q$.

② O **logaritmo da base** é 1: $log_a a = 1$, porque $a^1 = a$

③ O **logaritmo de 1** é 0, calquera que sexa a base:

$$log_a 1 = 0, \text{ porque } a^0 = 1$$

④ O **logaritmo dun produto** é igual á suma dos logaritmos dos factores:

$$log_a (P \cdot Q) = log_a P + log_a Q$$

⑤ O **logaritmo dun cociente** é igual ao logaritmo do numerador menos o do denominador:

$$log_a \left(\frac{P}{Q}\right) = log_a P - log_a Q$$

⑥ O **logaritmo dunha potencia** é igual ao expoñente polo logaritmo da base da potencia:

$$log_a P^n = n \, log_a P$$

⑦ O **logaritmo dunha raíz** é igual ao logaritmo do radicando dividido polo índice:

$$log_a \sqrt[n]{P} = \frac{log_a P}{n}$$

⑧ **Cambio de base.** O logaritmo en base *a* dun número pódese obter a partir de logaritmos noutra base:

$$log_a P = \frac{log_b P}{log_b a}$$

Como verás na páxina seguinte, con esta propiedade, e coa axuda da calculadora, podemos achar logaritmos en calquera base.

Etimoloxía

Logaritmo, do grego *logos* (relación) e *aritmos* (número): números de relación ou de comparación. Pois, cando inventaron os logaritmos (e durante moito tempo), serviron para relacionar, comparar e operar con números de moitas cifras.

Naturalmente, todo isto era antes de que houbese calculadoras.

Nota histórica

A preocupación por atopar recursos que facilitasen as operacións aritméticas enormes fixo que a principios do século XVII os logaritmos fosen inventados case simultaneamente por dous matemáticos:

NAPIER (Neper), escocés, en 1614 e BÜRGUI, suízo, en 1620.

John Napier (1550-1617).

Logaritmos decimais

Os logaritmos en base 10 chámanse **logaritmos decimais** e, en lugar de designarse mediante log_{10}, desígnanse simplemente así: *log*

$$log\,K = log_{10}\,K$$

A tecla (log) da calculadora serve para calcular logaritmos decimais. Grazas á propiedade ⑧ anterior, podemos obter, coa axuda da calculadora, o logaritmo dun número en calquera base.

$$log_a P = \frac{log\,P}{log\,a} \rightarrow \text{(log)}\ P\ (\div)\ \text{(log)}\ a\ (=) \quad \text{obtense } log_a P$$

Por exemplo:

$$log_2 11 = \frac{log\,11}{log\,2} \rightarrow \text{(log)}\ 11\ (\div)\ \text{(log)}\ 2\ (=)\ \boxed{3.459431562}$$

Logaritmos neperianos

Chámanse así aos logaritmos cuxa base é o número *e*, e desígnanse mediante *ln*:

$$ln\,K = log_e\,K \quad \text{lese } \textit{logaritmo neperiano} \text{ de } K$$

O seu nome provén do seu inventor, Neper ou Napier.

O número $e = 2{,}71828182846...$ é irracional. A súa importancia é enorme en matemáticas superiores. Encontrarémonolo, de novo, na próxima unidade.

A tecla (ln) da calculadora serve para calcular logaritmos neperianos. Estes logaritmos, ademais do seu interese histórico, son tamén moi importantes en matemáticas superiores.

Exercicios resoltos

1 *Achar os seguintes logaritmos recoñecendo a potencia correspondente:*

a) $log_3 81$ *b)* $log\,0{,}01$

c) $log_5 0{,}2$ *d)* $log_2 0{,}125$

Expresamos cada número como potencia da base:

a) $81 = 3^4$. Polo tanto, $log_3 81 = 4$

b) $0{,}01 = 10^{-2}$. Polo tanto, $log\,0{,}01 = log_{10} 0{,}01 = -2$

c) $0{,}2 = \frac{1}{5} = 5^{-1}$. Polo tanto, $log_5 0{,}2 = -1$

d) $0{,}125 = \frac{1}{8} = \frac{1}{2^3} = 2^{-3}$. Polo tanto, $log_2 0{,}125 = -3$

2 *Achar a parte enteira dos seguintes logaritmos. Encontrar o seu valor coa calculadora:*

a) $log_2 100$

b) $log\,650$

a) Entre que dúas potencias de 2 está o 100?

$2^6 = 64$, $2^7 = 128$; $2^6 < 100 < 2^7$. Polo tanto, $6 < log_2 100 < 7$.

É dicir, $log_2 100 = 6,...$

Coa calculadora:

$$log_2 100 = \frac{log\,100}{log\,2} \rightarrow log_2 100 = \text{(log)}\ 100\ (\div)\ \text{(log)}\ 2 = 6{,}6438...$$

b) Entre que dúas potencias de 10 está o 650?

$100 = 10^2 < 650 < 10^3 = 1\,000$. Polo tanto $2 < log\,650 < 3$.

É dicir, $log\,650 = 2,...$

Coa calculadora:

Obtense directamente, (log) 650 = 2,8129...

Exercicios resoltos

3 *Sabendo que $log_2 A = 3{,}5$ e $log_2 B = -1{,}4$, calcular:*

a) $log_2 \dfrac{A \cdot B}{4}$

b) $log_2 \dfrac{2\sqrt{A}}{B^3}$

a) Aplicamos as propiedades ④ e ⑤ dos logaritmos.

$$log_2 \left(\frac{A \cdot B}{4}\right) = log_2 A + log_2 B - log_2 4 = 3{,}5 - 1{,}4 - 2 = 0{,}1$$

b) Aplicamos primeiro as propiedades ④ e ⑤; e despois, as ⑥ e ⑦.

$$log_2 \left(\frac{2\sqrt{A}}{B^3}\right) = log_2 2 + log_2 \sqrt{A} - log_2 B^3 = 1 + log_2 A^{1/2} - log_2 B^3 =$$

$$= 1 + \frac{1}{2}\, log_2 A - 3\, log_2 B = 1 + \frac{1}{2} \cdot 3{,}5 - 3 \cdot (-1{,}4) = 6{,}95$$

4 *Descubrir a relación que hai entre x e y, sabendo que se verifica:*

$$ln\, y = x + ln\, 7$$

Como $x = ln\, y^x$, entón $ln\, y = ln\, e^x + ln\, 7$.

Aplicamos a propiedade ④.

$ln\, y = ln\, (e^x \cdot 7) \rightarrow y = e^x \cdot 7$

A relación entre x e y é $y = 7e^x$.

5 *Achar con calculadora:*

a) $log_5 80$

b) $log_{12} 100$

Dar a solución con catro cifras decimais.

En ambos os dous casos aplicamos a propiedade ⑧.

a) $log_5 80 = \dfrac{log\, 80}{log\, 5}$

Con calculadora: [log] 80 [÷] [log] 5 = [2.722706232]

Polo tanto, $log_5 80 = 2{,}7227$.

b) $log_{12} 100 = \dfrac{log\, 100}{log\, 12}$

Con calculadora: [log] 100 [÷] [log] 12 = [1.8532568]

Polo tanto, $log_{12} 100 = 1{,}8533$.

Exercicios propostos

1 Acha.

a) $log_2 16$ b) $log_2 0{,}25$

c) $log_9 1$ d) $log_{10} 0{,}1$

e) $log_4 64$ f) $log_7 49$

g) $ln\, e^4$ h) $ln\, e^{-1/4}$

i) $log_5 0{,}04$ l) $log_6 \left(\dfrac{1}{216}\right)$

2 Acha a parte enteira de...

a) $log_2 60$. b) $log_5 700$.

c) $log_{10} 43\,000$. d) $log_{10} 0{,}084$.

e) $log_9 60$. f) $ln\, e$.

g) $log_{20} 450\,000$. h) $log_{5,4} 900$.

3 Aplica a propiedade ⑧ para obter os seguintes logaritmos coa axuda da calculadora:

a) $log_2 1\,500$ b) $log_5 200$

c) $log_{100} 200$ d) $log_{100} 40$

En cada caso, comproba o resultado utilizando a potenciación.

4 Calcula sabendo que $log_5 A = 1{,}8$ e $log_5 B = 2{,}4$.

a) $log_5 \sqrt[3]{\dfrac{A^2}{25B}}$ b) $log_5 \dfrac{5\sqrt{A^3}}{B^2}$

5 Descubre a relación que hai entre x e y, sabendo que se verifica:

$$ln\, y = 2x - ln\, 5$$

5 Expresión decimal dos números reais. Números aproximados

O conxunto $\mathbb{D}$

Na práctica, para realizar cálculos numéricos utilízanse números decimais cun número finito de cifras. O conxunto de todos eles denominámolo $\mathbb{D}$.

É evidente que $\mathbb{Z} \subset \mathbb{D} \subset \mathbb{Q}$.

Observa que $\frac{1}{3} \notin \mathbb{D}$.

No seu lugar $0{,}3333 \in \mathbb{D}$.

Os números reais reflicten con absoluta precisión resultados teóricos. Por exemplo, $\frac{3\sqrt{5}\pi}{13}$ é un número real cuxo significado é clarísimo. A súa expresión decimal consta de infinitas cifras (1,62111109...). Non obstante, na práctica (ciencia aplicada, economía, ou, simplemente, na vida cotiá), estes números exprésanse en forma decimal e cunha cantidade reducida de cifras. Así, o número anterior quedaría en 1,6; 1,62 ou ben 1,621, segundo a precisión que requira a operación que esteamos a realizar.

Por outra parte, nos problemas reais, os datos que manexamos (medidas, cantidades...) son só aproximados e descoñecemos o seu valor real. Cando utilizamos un valor aproximado en lugar do valor real cometemos un erro. Recordemos as definicións:

$$\text{Erro absoluto} = \text{EA} = |\text{Valor real} - \text{Valor aproximado}|$$

$$\text{Erro relativo} = \text{ER} = \frac{\text{Error absoluto}}{\text{Valor real}}$$

Pero calcular estes erros é, na práctica, imposible pois, como xa comentamos, o valor real é, habitualmente, descoñecido. Polo tanto, o erro cometido ao usar un número aproximado tamén é descoñecido. Non obstante, é imprescindible controlalo. E isto farémolo dicindo: *"Este valor é aproximado. Non sei que erro estou a cometer pero podo asegurar que é menor que..."*. A isto chámaselle *poñer cota ao erro.*

Cotas de erro

Ao dar un número aproximado debemos poder asegurar que:

Erro absoluto < k (k é a **cota do erro absoluto**)

Por exemplo: "O peso destes paquetes é 450 g cun erro menor de 10 g".

A partir da cota do erro absoluto pódese acoutar o erro relativo:

$$\text{Erro relativo} < \frac{k}{\text{Valor aproximado}}$$

No exemplo anterior, 10/450 = 0,0089 < 0,009. Podemos, pois, dicir que 0,0089 é unha **cota do erro relativo.** E pódese simplificar tomando como cota 0,009.

Ten en conta

O erro absoluto exprésase na mesma magnitude que a medición que se efectúa.

O erro relativo é un número abstracto (sen unidades). Pódese expresar en tantos por cento.

Exercicio resolto

1 *a) Calcular o volume, en m³, da esfera circunscrita a un cubo de 4 m de lado.*

b) Aproximar o volume ata os hectolitros.

c) Dar unha cota do erro absoluto e outra do erro relativo.

a)

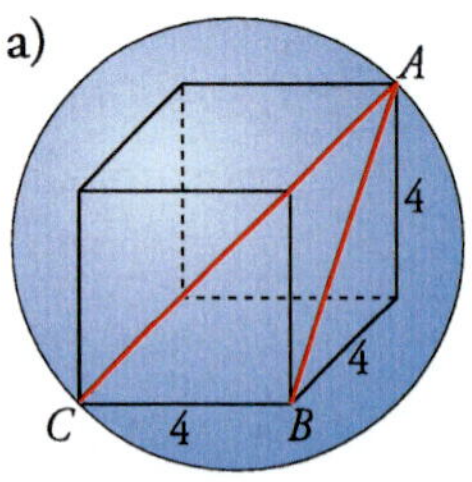

O diámetro da esfera é a diagonal do cubo.

$$\overline{AB} = \sqrt{4^2+4^2} = 4\sqrt{2}\,;\ \overline{AC} = \sqrt{(4\sqrt{2})^2+4^2} = 4\sqrt{3}\text{ m}$$

O raio, R, da esfera é $\frac{\overline{AC}}{2} \rightarrow R = 2\sqrt{3}$ m

$$V_{esfera} = \frac{4}{3}\pi R^3 = \frac{4}{3}\pi(2\sqrt{3})^3 = 32\sqrt{3}\pi\text{ m}^3 \approx 174{,}12474\text{ m}^3$$

b) Como 1 hl = 0,1 m³, para aproximar a hl debemos dar o volume en m³ cunha cifra decimal: $V_{esfera} = 174{,}1$ m³

c) EA < 0,02474 < 0,03 m³ $\qquad$ $\text{ER} < \frac{0{,}03}{174{,}1} = 0{,}00017\ldots < 0{,}0002$

Observamos que o erro absoluto (e a súa cota) se dá na mesma magnitude que a medida (m³ → volume) mentres que o erro relativo é un número abstracto. Pódese dar en tantos por cento. Neste caso diriamos que o erro relativo é menor que o 0,02 %.

Cifras significativas

Na páxina anterior dabamos varias expresións aproximadas do número:

$$\frac{3\sqrt{5}\pi}{13} = 1{,}62111109\ldots$$

EXPRESIÓNS APROXIMADAS: 1,6 1,62 1,621

Os números aproximados exprésanse con varias cifras que sabemos exentas de erro. Chámanse **cifras significativas.** Nas expresións aproximadas anteriores utilizamos, respectivamente, 2, 3 ou 4 cifras significativas.

O **erro absoluto** adoita ser menor que 5 unidades do lugar seguinte ao da última cifra significativa utilizada. No exemplo anterior, os erros absolutos estarían acoutados, respectivamente, así:

COTAS DE ERRO ABSOLUTO: 0,05 0,005 0,0005

O **erro relativo** é menor canto máis cifras significativas se utilicen.

En ocasións utilizamos ceros para poder expresar unha medición. Por exemplo, se dicimos que o número de habitantes dunha cidade é 3 800 000, probablemente só controlemos as dúas primeiras cifras, co cal os últimos ceros non serían cifras significativas. En tal caso sería máis razoable dicir que o número de habitantes é 3,8 millóns ou ben 38 centos de miles.

Exercicio resolto

1 *Dar unha cota do erro absoluto e outra do erro relativo nas seguintes medidas:*

a) 3 millóns de persoas.

b) 0,57 millóns de euros.

c) 0,570 millóns de euros.

a) Se se trata dunha estimación fiable, é admisible que o erro absoluto sexa menor que medio millón de persoas.

Erro absoluto < 0,5 millóns de persoas

Erro relativo $< \frac{0{,}5}{3} = 0{,}1666\ldots < 0{,}17 \rightarrow$ ER < 17 %

b) Se se trata dun número aproximado, entón:

Erro absoluto < 0,005 millóns de euros → EA < 5 000 €

Erro relativo $< \frac{0{,}005}{0{,}57} = 0{,}0087\ldots < 0{,}009 \rightarrow$ ER < 0,9 %

c) Ao ser un número aproximado, o cero final significa que esa cifra (a das milésimas) está controlada. Polo tanto:

Erro absoluto < 0,0005 millóns de euros → EA < 500 €

Erro relativo $< \frac{0{,}0005}{0{,}570} = 0{,}0009 \rightarrow$ ER < 0,09 %

Exercicios propostos

1 Verdadeiro ou falso?

I. O prezo desta vivenda é, aproximadamente, de 390 000 €, cun erro menor que 10 000 €.

II. O prezo do menú do día é, aproximadamente, de 12 €, cun erro menor que 1 €.

En I o erro absoluto é moito maior que en II, pero o erro relativo é menor.

2 Di unha cota do erro absoluto e outra do erro relativo nas seguintes medicións:

a) Daniel dille á súa irmá María que a superficie da súa casa é de 96,4 m^2.

b) Pola gripe perdéronse 37 millóns de horas de traballo.

c) Xoana gana uns 19 000 € ao ano.

Practica

Di o erro absoluto e o erro relativo das seguintes cantidades aproximadas:

a) $3{,}800 \times 10^{16}$ m

b) $2{,}5 \times 10^{0} - 6$ horas

c) $6{,}3 \times 10^{9}$ persoas

d) $2{,}40 \times 10^{-12}$ g

Notación científica

- O volume da Terra é $1{,}08 \times 10^{21}$ m³. Obviamente, trátase dun número aproximado e está dado en **notación científica.**

  Como número aproximado, podemos dicir que:

  $$EA < 0{,}005 \times 10^{21}\ m^3 = 5 \times 10^{18}\ m^3 \ \rightarrow\ EA < 5 \times 10^{18}\ m^3$$

  $$ER < \frac{0{,}005}{1{,}08} = 0{,}0046... < 0{,}005 \ \rightarrow\ ER < 0{,}5\,\%$$

- Certo virus ten un diámetro de $3{,}0 \times 10^{-9}$ m. Tamén se trata dun número aproximado posto en notación científica.

  $$EA < 0{,}05 \times 10^{-9}\ m = 5 \times 10^{-11}\ m \ \rightarrow\ EA < 5 \times 10^{-11}\ m$$

  $$ER < \frac{0{,}05}{3{,}0} = 0{,}01666... < 0{,}02 \ \rightarrow\ ER < 2\,\%$$

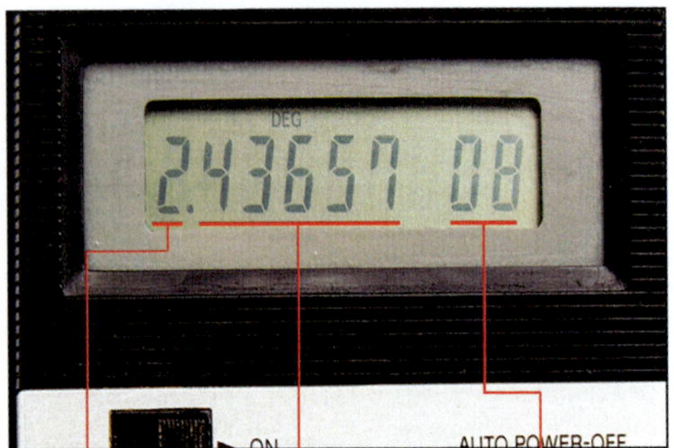

Parte enteira — Parte decimal — Potencia enteira de base 10

Calculadora para a notación científica

Como sabes, a tecla [EXP] axuda a expresar números en notación científica. Pero ademais, a calculadora posúe un modo de actuación (MODE SCI) específico para esta notación:

O modo SCI fai que a calculadora traballe sempre con números en notación científica e, ademais, coa cantidade de cifras significativas que previamente lle indicásemos.

Por exemplo, cunha calculadora na que se accede ao modo SCI mediante a secuencia [MODE] [8], desexamos traballar coa notación científica *utilizando catro cifras significativas.* Faremos:

Preparación da calculadora:

[MODE] [8] [4] {0.000 00}

Multipliquemos $(3\,475\,980\,000) \cdot (1{,}27 \cdot 10^{-5})$.

Introdución do primeiro factor:

3 475 980 000 [×] {3.476 09}

Introdución do segundo factor e execución do produto:

1,27 [EXP] 5 [+/-] [=] {4.414 04}

Observacións

- Cando a calculadora está en modo SCI, admite expresións non científicas, pero ao darlle unha tecla de operación ou ao [=], pon o número en notación científica, coas cifras significativas desexadas, redondeando.
- A calculadora conserva na súa memoria os díxitos que non exhibe na pantalla. Se no exemplo anterior poñemos a calculadora no modo normal (MODE [9]), inmediatamente móstrase na pantalla o resultado con todas as cifras: {44144.946}

Exercicios propostos

3 Calcula en notación científica sen usar a calculadora:

a) $(800\,000 : 0{,}0002) \cdot 0{,}5 \cdot 10^{12}$

b) $0{,}486 \cdot 10^{-5} + 93 \cdot 10^{-9} - 6 \cdot 10^{-7}$

4 Opera coa calculadora:

a) $(3{,}87 \cdot 10^{15} \cdot 5{,}96 \cdot 10^{-9}) : (3{,}941 \cdot 10^{-6})$

b) $8{,}93 \cdot 10^{-10} + 7{,}64 \cdot 10^{-10} - 1{,}42 \cdot 10^{-9}$

Exercicios e problemas resoltos

1. Conxuntos numéricos

Clasificar os seguintes números indicando a cales dos conxuntos ℕ, ℤ, ℚ *ou* ℝ, *pertencen:*

$$\sqrt{7};\ 3;\ -4;\ 2{,}75;\ -5{,}\widehat{6};$$
$$-\sqrt[3]{9};\ \sqrt{16};\ \sqrt[3]{-8};\ \sqrt{-4}$$

Faino ti. Clasifica os seguintes números:

$5;\ -7;\ 0{,}23;\ \frac{5}{4};\ \sqrt{\frac{18}{2}};\ -\sqrt{3};\ \sqrt[3]{-5};\ \sqrt{1{,}\widehat{3}}$

Sabemos que os números naturais son enteiros ($\mathbb{N} \subset \mathbb{Z}$), que os enteiros son racionais ($\mathbb{Z} \subset \mathbb{Q}$) e que os racionais son reais ($\mathbb{Q} \subset \mathbb{R}$). Polo tanto, cada número pode estar en máis dunha casa.

ℝ $-\sqrt[3]{9};\ \sqrt{7}$
ℚ $2{,}75;\ -5{,}\widehat{6}$
ℤ $-4;\ \sqrt[3]{-8}$
ℕ $3;\ \sqrt{16}$
$\sqrt{-4}$

ℕ	$3;\ \sqrt{16}$
ℤ	$3;\ \sqrt{16};\ -4;\ \sqrt[3]{-8}$
ℚ	$3;\ \sqrt{16};\ -4;\ \sqrt[3]{-8};\ 2{,}75;\ -5{,}\widehat{6}$
ℝ	$3;\ \sqrt{16};\ -4;\ \sqrt[3]{-8};\ 2{,}75;\ -5{,}\widehat{6};\ \sqrt{7};\ -\sqrt[3]{9}$
NON REAIS	$\sqrt{-4}$

2. Intervalos e valor absoluto

Explicar cales son os números que cumpren cada unha destas expresións:

a) $|x| = 5$

b) $|x+1| = 3$

c) $|x| \le 4$

d) $|x| > 10$

e) $|x-2| < 5$

f) $|1-x| > -3$

Faino ti. Indica, en cada caso, que números cumpren estas condicións:

a) $|x+2| \ge 5$ b) $|4-x| < 3$

a) Se $|x| = 5$, $\begin{cases} x = 5 \\ x = -5 \end{cases}$

b) Se $|x+1| = 3$, $\begin{cases} x+1 = 3 \rightarrow x = 2 \\ x+1 = -3 \rightarrow x = -4 \end{cases}$

c) $|x| \le 4$ x pode ser calquera número comprendido entre – 4 e 4, ambos os dous incluídos, é dicir, $x \in [-4, 4]$.

d) $|x| > 10$ x pode ser calquera número maior que 10 ou menor que –10. É dicir, $x < -10$ ou $x > 10$, ou ben $x \in (-\infty, -10) \cup (10, +\infty)$.

e) $|x-2| < 5$ $x - 2$ pode ser calquera número maior que –5 ou menor que 5.

$-5 < x - 2 < 5 \rightarrow -3 < x < 7 \rightarrow x \in (-3, 7)$

f) $|1-x| > -3$ $1 - x$ pode ser maior que 3 ou menor que –3.

$$\left.\begin{array}{l} 1 - x > 3 \rightarrow -x > 2 \overset{(*)}{\rightarrow} x < -2 \\ 1 - x < -3 \rightarrow -x < -4 \overset{(*)}{\rightarrow} x > 4 \end{array}\right\} x \in (-\infty, -2) \cup (4, +\infty)$$

(*) Ao cambiar o signo dos dous membros dunha desigualdade, cambia o sentido da desigualdade.

3. Simplificación de radicais

Simplificar.

a) $\sqrt[8]{81}$ *b)* $\sqrt[12]{a^4 \cdot b^8}$

c) $\sqrt[3]{9} \cdot \sqrt[3]{81}$ *d)* $\sqrt[4]{x^{10}} \cdot \sqrt[6]{x^9}$

e) $\dfrac{\sqrt[6]{5^5}}{\sqrt[3]{5^4}}$ *f)* $\dfrac{\left(\sqrt{x}\right)^3}{\left(\sqrt[3]{\sqrt[4]{x}}\right)^6}$

Faino ti. Simplifica.

a) $\sqrt[7]{x^{21}}$ b) $\sqrt[3]{27} : \sqrt[6]{81}$ c) $\sqrt[4]{\sqrt[3]{x^2}}$

a) $\sqrt[8]{81} = \sqrt[8]{3^4} = \sqrt[8:4]{3^{4:4}} = \sqrt{3}$

b) $\sqrt[12]{a^4 \cdot b^8} = \sqrt[12:4]{a^{4:4} \cdot b^{8:4}} = \sqrt[3]{ab^2}$

c) $\sqrt[3]{9} \cdot \sqrt[3]{81} = \sqrt[3]{3^2 \cdot 3^4} = \sqrt[3]{3^6} = \sqrt[3:3]{3^{6:3}} = 3^2$

d) Reducimos a índice común, MCM (4, 6) = 12.

$$\sqrt[4]{x^{10}} \cdot \sqrt[6]{x^9} = \sqrt[12]{(x^{10})^3} \cdot \sqrt[12]{(x^9)^2} = \sqrt[12]{x^{30} \cdot x^{18}} = \sqrt[12:12]{x^{48:12}} = x^4$$

e) Expresamos o denominador como raíz sexta:

$$\frac{\sqrt[6]{5^5}}{\sqrt[3]{5^4}} = \frac{\sqrt[6]{5^5}}{\sqrt[3 \cdot 2]{(5^4)^2}} = \frac{\sqrt[6]{5^5}}{\sqrt[6]{5^8}} = \sqrt[6]{\frac{5^5}{5^8}} = \sqrt[6]{\frac{1}{5^3}} = \sqrt[6:3]{\frac{1}{5^{3:3}}} = \sqrt{\frac{1}{5}}$$

f) $$\frac{\left(\sqrt{x}\right)^3}{\left(\sqrt[3]{\sqrt[4]{x}}\right)^6} = \frac{\sqrt{x^3}}{\sqrt[12]{x^6}} = \frac{\sqrt{x^3}}{\sqrt[12:6]{x^{6:6}}} = \frac{\sqrt{x^3}}{\sqrt{x}} = \sqrt{\frac{x^3}{x}} = \sqrt{x^2} = x$$

4. Operacións con radicais

Operar e simplificar:

a) $\sqrt{125} + \dfrac{\sqrt{54}}{2} - 2\sqrt{45} - \dfrac{2}{3}\sqrt{24}$

b) $5\sqrt[6]{64a^2} - 5\sqrt[3]{27a} + 6\sqrt[9]{a^3}$

c) $\sqrt{ab} \cdot \sqrt[3]{a^2b^2} \cdot \sqrt[4]{ab^3}$

d) $\left(1 - \dfrac{\sqrt{3}}{1+\sqrt{3}}\right)\left(1 + \dfrac{\sqrt{3}}{1-\sqrt{3}}\right)$

a) Descompoñemos os radicandos en factores e extraemos os que se poida:

$\sqrt{125} = \sqrt{5^3} = 5\sqrt{5}$; $\sqrt{54} = \sqrt{2 \cdot 3^3} = 3\sqrt{6}$; $\sqrt{45} = \sqrt{3^2 \cdot 5} = 3\sqrt{5}$; $\sqrt{24} = \sqrt{2^3 \cdot 3} = 2\sqrt{6}$

$$\sqrt{125} + \frac{\sqrt{54}}{2} - 2\sqrt{45} - \frac{2}{3}\sqrt{24} = 5\sqrt{5} + \frac{3}{2}\sqrt{6} - 6\sqrt{5} - \frac{4}{3}\sqrt{6} = -\sqrt{5} + \frac{1}{6}\sqrt{6}$$

b) Extraemos factores dos radicais:

$5\sqrt[6]{64a^2} = 5\sqrt[6]{2^6a^2} = 5 \cdot 2\sqrt[6]{a^2} = 10\sqrt[3]{a}$

$5\sqrt[3]{27a} = 5\sqrt[3]{3^3a} = 5 \cdot 3\sqrt[3]{a} = 15\sqrt[3]{a}$

$6\sqrt[9]{a^3} = 6\sqrt[3]{a}$

Polo tanto: $10\sqrt[3]{a} - 15\sqrt[3]{a} + 6\sqrt[3]{a} = \sqrt[3]{a}$

c) Reducimos os radicais a índice común: MCM (2, 3, 4) = 12

$$\sqrt[12]{(ab)^6} \cdot \sqrt[12]{(a^2b^2)^4} \cdot \sqrt[12]{(ab^3)^3} = \sqrt[12]{a^6b^6a^8b^8a^3b^9} = \sqrt[12]{a^{17}b^{23}} = ab\sqrt[12]{a^5 \cdot b^{11}}$$

d) $$\left(\frac{1+\sqrt{3}-\sqrt{3}}{1+\sqrt{3}}\right)\left(\frac{1-\sqrt{3}+\sqrt{3}}{1-\sqrt{3}}\right) = \frac{1}{1+\sqrt{3}} \cdot \frac{1}{1-\sqrt{3}} = \frac{1}{1^2-(\sqrt{3})^2} = -\frac{1}{2}$$

Faino ti. Opera e simplifica:

a) $\sqrt{32} + \dfrac{1}{2}\sqrt{50} - \dfrac{5}{6}\sqrt{2}$

b) $\sqrt{8ab} \cdot \sqrt[3]{a^2b}$

5. Racionalización de denominadores

Racionalizar e simplificar.

a) $\dfrac{6}{\sqrt[4]{3}}$ *b)* $\dfrac{\sqrt{8}}{3\sqrt{2}-2}$

c) $\dfrac{5\sqrt{2}-4\sqrt{3}}{5\sqrt{2}+4\sqrt{3}}$

a) Multiplicamos numerador e denominador por $\sqrt[4]{3^3}$.

$$\frac{6\sqrt[4]{3^3}}{\sqrt[4]{3}\sqrt[4]{3^3}} = \frac{6\sqrt[4]{3^3}}{\sqrt[4]{3^4}} = \frac{6\sqrt[4]{27}}{3} = 2\sqrt[4]{27}$$

b) Multiplicamos numerador e denominador por $3\sqrt{2}+2$.

$$\frac{\sqrt{8}(3\sqrt{2}+2)}{(3\sqrt{2}-2)(3\sqrt{2}+2)} = \frac{3\sqrt{16}+2\sqrt{8}}{(3\sqrt{2})^2-2^2} = \frac{12+2 \cdot 2\sqrt{2}}{14} = \frac{6+2\sqrt{2}}{7}$$

c) Multiplicamos numerador e denominador por $5\sqrt{2}-4\sqrt{3}$.

$$\frac{(5\sqrt{2}-4\sqrt{3})(5\sqrt{2}-4\sqrt{3})}{(5\sqrt{2}+4\sqrt{3})(5\sqrt{2}-4\sqrt{3})} = \frac{25 \cdot 2 + 16 \cdot 3 - 2 \cdot 5 \cdot 4\sqrt{6}}{(5\sqrt{2})^2-(4\sqrt{3})^2} = \frac{98-40\sqrt{6}}{50-48} = 49 - 20\sqrt{6}$$

Faino ti. Racionaliza:

a) $\dfrac{2}{\sqrt[4]{5^3}}$ b) $\dfrac{11}{2\sqrt{5}+3}$

6. Problemas con radicais

O volume dun tetraedro regular é $18\sqrt{2}$ cm³. Achar a lonxitude da súa aresta.

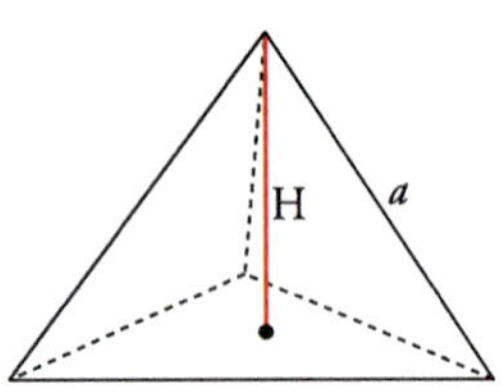

- Área da base: expresámola en función da aresta.

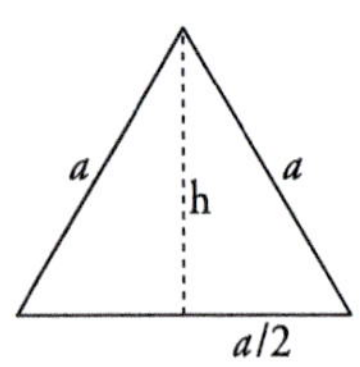

Achamos a altura do triángulo equilátero:

$$h^2 = a^2 - \left(\frac{a}{2}\right)^2 \rightarrow h = \sqrt{\frac{3a^2}{4}} = \frac{a}{2}\sqrt{3}$$

$$A_{BASE} = \frac{1}{2} \cdot a \cdot \frac{a}{2}\sqrt{3} = \frac{\sqrt{3}}{4}a^2$$

- Altura do tetraedro, H:

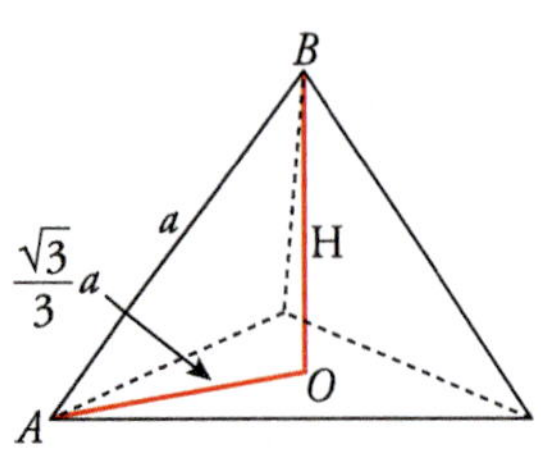

O triángulo AOB é rectángulo. O cateto AO mide $\frac{2}{3}$ da altura dunha cara.

$$\overline{AO} = \frac{2}{3} \cdot \frac{a}{2}\sqrt{3} = \frac{\sqrt{3}}{3}a$$

$$H^2 = a^2 - \left(\frac{\sqrt{3}}{3}a\right)^2 \rightarrow H = \sqrt{\frac{2a^2}{3}} = a\sqrt{\frac{2}{3}}$$

- Volume do tetraedro: $V_{TETRAEDRO} = \dfrac{1}{3}A_{BASE} \cdot H = \dfrac{1}{3} \cdot \dfrac{\sqrt{3}}{4}a^2 \cdot a\sqrt{\dfrac{2}{3}} = \dfrac{\sqrt{2}}{12}a^3$

Polo tanto: $\dfrac{\sqrt{2}}{12}a^3 = 18\sqrt{2} \rightarrow a^3 = 216 \rightarrow a = \sqrt[3]{216} = 6$

Faino ti. O volume dunha pirámide cuadrangular regular é $\dfrac{256}{3}\sqrt{2}$. Acha a lonxitude da súa aresta.

7. Definición de logaritmo

Calcular x, en cada caso, utilizando a definición de logaritmo.

a) $\log_x 0{,}04 = -1$ b) $\log_x \sqrt{27} = \frac{3}{2}$

c) $\ln \frac{1}{x} = \frac{1}{2}$ d) $\log x^3 = -3$

Faino ti. Calcula x:

a) $\log_x 5 = 1/2$ b) $\log x^2 = -4$

Sabemos que $\log_a P = x \Leftrightarrow a^x = P$. Polo tanto:

a) $\log_x 0{,}04 = -1 \rightarrow x^{-1} = 0{,}04 \rightarrow \frac{1}{x} = \frac{4}{100} \rightarrow 100 = 4x \rightarrow x = 25$

b) $\log_x \sqrt{27} = \frac{3}{2} \rightarrow x^{3/2} = \sqrt{27} \rightarrow \sqrt{x^3} = \sqrt{27} \rightarrow x^3 = 27 \rightarrow x = 3$

c) $\ln \frac{1}{x} = \frac{1}{2} \rightarrow e^{1/2} = \frac{1}{x} \rightarrow \sqrt{e} = \frac{1}{x} \rightarrow x = \frac{1}{\sqrt{e}}$

d) $\log x^3 = -3 \rightarrow 10^{-3} = x^3 \rightarrow x = \sqrt[3]{10^{-3}} \rightarrow x = 10^{-1}$

8. Logaritmos sen calculadora

Achar o valor dos logaritmos seguintes sen utilizar a calculadora:

a) $\log_3 0{,}\widehat{1}$

b) $\log_4 \frac{1}{8}$

c) $\log_{100} 100\,000$

Faino ti. Acha o valor de $\log_3 0{,}\widehat{3}$ e de $\log_2 \sqrt{\frac{1}{8}}$ sen utilizar a calculadora.

Expresamos cada número como potencia da base.

a) $0{,}\widehat{1} = \frac{1}{9} = 3^{-2}$. Polo tanto: $\log_3 0{,}\widehat{1} = \log_3 3^{-2} = -2$

b) $\frac{1}{8} = 4^x \rightarrow 2^{-3} = (2^2)^x \rightarrow -3 = 2x \rightarrow x = -\frac{3}{2}$. Polo tanto:

$\log_4 \frac{1}{8} = \log_4 4^{-3/2} = -\frac{3}{2}$

c) $100\,000 = 100^x \rightarrow 10^5 = (10^2)^x \rightarrow 5 = 2x \rightarrow x = \frac{5}{2}$. Polo tanto:

$\log_{100} 100\,000 = \log 100\ 100^{5/2} = \frac{5}{2}$

9. Propiedades dos logaritmos

Sabendo que $\ln k = 2{,}74$, calcular:

a) $\ln \sqrt{k}$ b) $\ln \frac{1}{k^3}$ c) $\ln (e^2 \cdot k)$

Faino ti. Se $\ln k = -1{,}8$, calcula:

a) $\ln (k^2 \sqrt{e})$ b) $\ln \left(\frac{k}{e}\right)^3$

Aplicamos as propiedades do logaritmo dunha potencia, dun cociente e dun produto.

a) $\ln \sqrt{k} = \ln k^{1/2} = \frac{1}{2} \ln k = \frac{1}{2} \cdot 2{,}74 = 1{,}37$

b) $\ln \frac{1}{k^3} = \ln 1 - \ln k^3 = 0 - 3 \ln k = -3 \cdot 2{,}74 = -8{,}22$

c) $\ln (e^2 \cdot k) = \ln e^2 + \ln k = 2 + 2{,}74 = 4{,}74$

10. Propiedades dos logaritmos

Calcular o valor de x en cada unha destas igualdades:

a) $4^x = 0{,}02$

b) $\log 5^x = 12$

c) $\ln x + \ln 4 - 2 \ln 5 = \ln 3$

Faino ti. Calcula x nestes casos:

a) $\ln 3^{x-1} = 5$

b) $2 \log x - \log 4 = 2 \log 3$

a) Tomamos logaritmos nos dous membros e aplicamos a propiedade do logaritmo dunha potencia: $\log_a x^n = n \log_a x$

$$\log 4^x = \log 0{,}02 \rightarrow x \log 4 = \log 0{,}02 \rightarrow x = \frac{\log 0{,}02}{\log 4} \rightarrow x = -2{,}82$$

b) Aplicamos a propiedade do logaritmo dunha potencia:

$$x \log 5 = 12 \rightarrow x = \frac{12}{\log 5} \rightarrow x = 17{,}17$$

c) Debemos transformar a expresión nunha do tipo $\ln A = \ln B$, da que se deduce $A = B$. Para iso aplicamos as propiedades do logaritmo dun produto, dunha potencia e dun cociente.

$$\ln x \cdot 4 - \ln 5^2 = \ln 3 \rightarrow \ln \frac{4x}{5^2} = \ln 3 \rightarrow \frac{4x}{25} = 3 \rightarrow x = \frac{75}{4} = 18{,}75$$

Exercicios e problemas resoltos

11. Erros e notación científica

Unha galaxia, que está a un millón de anos-luz da nosa, achégase a unha velocidade de 17 km/s.

a) Cantos quilómetros percorre nun ano?

b) Cantos anos tardará en chegar á nosa galaxia?

Expresar os resultados en notación científica e dar, en cada caso, cotas do erro absoluto e do erro relativo cometidos.

a) Sabemos que $e = v \cdot t$. Como v vén dada en km/s, debemos expresar t en segundos. Poñemos a calculadora en modo SCI con dúas cifras.

$$1 \text{ ano} = 365 \cdot 24 \cdot 60 \cdot 60 = 31\,536\,000 \text{ s} = 3{,}2 \cdot 10^7 \text{ s}$$

$$e = 17 \cdot 3{,}2 \cdot 10^7 = 5{,}4 \cdot 10^8 \text{ km percorre, aproximadamente, nun ano}$$

Unha cota do erro absoluto é media unidade da primeira cifra non utilizada. E unha do erro relativo obtense dividindo a cota do erro absoluto entre o valor aproximado:

$$\text{EA} < 0{,}05 \cdot 10^8 = 5 \cdot 10^6 \text{ km} \qquad \text{ER} < \frac{5 \cdot 10^6}{5{,}4 \cdot 10^8} < 0{,}009 = 0{,}9\,\%$$

A distancia percorrida é, aproximadamente, igual a $5{,}4 \cdot 10^8$ km, cun erro absoluto menor que $5 \cdot 10^6$ km e un erro relativo menor do 0,9 %.

b) Pasamos os anos-luz a quilómetros.

$$\text{Velocidade da luz} = 300\,000 \text{ km/s} = 3 \cdot 10^5 \text{ km/s}$$

$$\text{Un millón de anos-luz} = 10^6 \cdot (3 \cdot 10^5) \cdot (3{,}2 \cdot 10^7) = 9{,}6 \cdot 10^{18} \text{ km}$$

$$t = \frac{e}{v} = \frac{9{,}6 \cdot 10^{18}}{17} = 5{,}6 \cdot 10^{17} \text{ s} \rightarrow t = \frac{5{,}6 \cdot 10^{17}}{3{,}2 \cdot 10^7} = 1{,}8 \cdot 10^{10} \text{ anos tardará}$$

$$\text{EA} < 0{,}05 \cdot 10^{10} = 5 \cdot 10^8 \text{ anos} \qquad \text{ER} < \frac{5 \cdot 10^8}{1{,}8 \cdot 10^{10}} < 0{,}028 = 2{,}8\,\%$$

Os anos que tardará en chegar á nosa galaxia son, aproximadamente, $1{,}8 \cdot 10^{10}$, cun erro absoluto menor que $5 \cdot 10^8$ e un erro relativo menor do 2,8 %.

Faino ti. Expresa o resultado destas operacións en notación científica e acouta o erro absoluto e o erro relativo cometidos:

a) $(15\,000\,000 : 0{,}0003)^2 \cdot (0{,}008)^3$

b) $1{,}5 \cdot 10^{-8} + 2{,}4 \cdot 10^{-7} - (1{,}2 \cdot 10^{-4})^2$

12. Reparticións proporcionais

Nunha carreira de montaña hai que repartir 2 000 € entre os tres gañadores, de forma inversamente proporcional aos tempos empregados, que son 40, 50 e 60 minutos.

Canto corresponde a cada un?

O corredor que empregou menos tempo é o que debe ter un premio maior. Por iso temos que repartir os 2 000 € en partes inversamente proporcionais a 40, 50 e 60. Isto equivale a repartir de forma directamente proporcional a $\frac{1}{40}$, $\frac{1}{50}$ e $\frac{1}{60}$.

Calculamos o que corresponde a cada un utilizando a proporcionalidade.

Sumamos $\frac{1}{40} + \frac{1}{50} + \frac{1}{60} = \frac{37}{600}$

Primeiro premio: $\frac{x}{2\,000} = \frac{1/40}{37/600} \rightarrow x = \frac{2\,000 \cdot 1/40}{37/600} = 810{,}81$ €

Segundo premio: $y = \frac{2\,000 \cdot 1/50}{37/600} = 648{,}65$ €

Terceiro premio: $z = \frac{2\,000 \cdot 1/60}{37/600} = 540{,}54$ €

Faino ti. Reparte 1 500 € en partes inversamente proporcionais a 15, 20 e 25.

13. Regra de tres

Engadimos 125 ml de auga a 250 ml de alcohol de 90°.

a) Cal será a concentración da mestura?

b) Que cantidade de auga debemos engadir de novo para obter un alcohol de 40°?

Un alcohol de 90° significa que ten un 90 % de alcohol puro.

a) Para calcular a concentración necesitamos saber a cantidade de alcohol puro que ten a mestura e o volume desta.

$$\left.\begin{array}{l} 250 \cdot 0{,}9 = 225 \text{ ml de alcohol puro} \\ 250 + 125 = 375 \text{ ml de mestura} \end{array}\right\} \frac{225}{375} = \frac{x}{100} \rightarrow x = 60\,\% \text{ é a nova concentración}$$

b) Chamamos V á cantidade de auga que hai que engadir.

$$\frac{225}{375 + V} = \frac{40}{100} \rightarrow 40\,(375 + V) = 22\,500 \rightarrow V = 187{,}5 \text{ ml}$$

Exercicios e problemas guiados

1. Simplificación de radicais

Simplificar esta expresión:

$$\sqrt{3\sqrt{\frac{\sqrt{12}-\sqrt{3}}{\sqrt{108}}}}$$

- Extrae factores fóra do radical en $\sqrt{12}$ e $\sqrt{108}$.
- Efectúa a operación do numerador e, despois, simplifica a fracción.
- Introduce o 3 na segunda raíz.
- Aplica a propiedade $\sqrt[m]{\sqrt[n]{a}}=\sqrt[mn]{a}$.

Solución:

$\sqrt[4]{\frac{3}{2}}$

2. Valor dun expoñente

Calcular x para que se cumpra a igualdade:

$$3^{x-1}=173$$

- Toma logaritmos nos dous membros e aplica a propiedade do logaritmo dunha potencia para "baixar" o x do expoñente.
- Opera e despexa x.

Solución:

$x = 5{,}69$

3. Extracción de factores dun radical

Extraer fóra do radical os factores que sexa posible.

$$\sqrt{4a^2cd+8abcd+4b^2cd}$$

- Para extraer factores dun radical aplicamos a propiedade $\sqrt{ab}=\sqrt{a}\sqrt{b}$. Polo tanto, temos que expresar o radicando como un produto.
- Para iso, extrae factor común no radicando. Obterás o cadrado dunha suma.

Solución:

$2(a+b)\sqrt{cd}$

4. Propiedades dos logaritmos

Descubrir a relación que existe entre M, x e y se sabemos que:

$$\ln M=\frac{1}{4}(2\ln x+3\ln e-5\ln 2)$$

O obxectivo é conseguir unha expresión do tipo $\ln M=\ln P$ da que se deduce $M=P$.

Para iso, aplica paso a paso as propiedades:

$$n\ln A=\ln A^n;\ \ln A+\ln B=\ln(A\cdot B);\ \ln A-\ln B=\ln\frac{A}{B}$$

Solución:

$M=\sqrt[4]{\frac{x^2y^3}{2^5}}$

5. Cotas de erro absoluto e relativo

Acoutar o erro que se comete ao tomar 1,62 como aproximación do número de ouro, ϕ.

- O erro absoluto adoita ser menor que 5 unidades do lugar seguinte ao da última cifra significativa utilizada.
- Para obter unha cota do erro relativo, divide a cota do erro absoluto entre o valor aproximado e expresa o cociente como unha porcentaxe.

Solución:

EA < 0,005; ER < 0,3 %

Exercicios e problemas propostos

Para practicar

Números racionais e irracionais

1 Clasifica os seguintes números indicando a cales dos conxuntos $\mathbb{N}$, $\mathbb{Z}$, $\mathbb{Q}$ o $\mathbb{R}$, pertencen:

$5;\ -7;\ \frac{5}{4};\ \sqrt{\frac{18}{2}};\ -\sqrt{3};\ \sqrt[3]{-5};\ 4,\widehat{7};\ \frac{\pi}{2}$

2 Cales destes números son irracionais? Expresa como fracción os que sexa posible.

a) $3,181818\ldots$ b) $\sqrt{1,\widehat{7}}$
c) $\sqrt{8}$ d) $1,020020002\ldots$
e) $-4,0333\ldots$ f) $\sqrt[3]{81}$
g) $1,3999\ldots$ h) 2π

3 Que números irracionais representan os puntos: A, B, C e D? Xustifica a resposta.

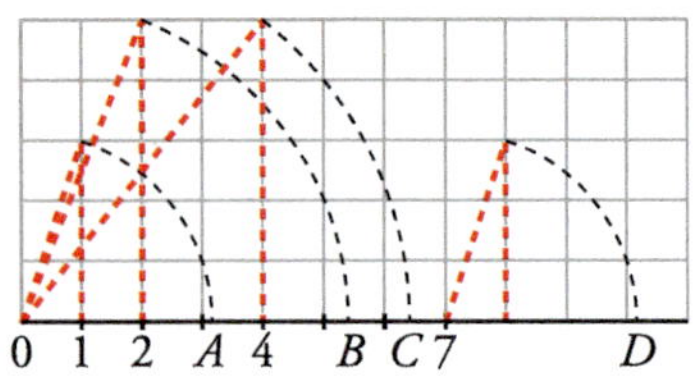

4 Indica cal, de cada par de números, é maior:

a) $\frac{140}{99}$ e $\sqrt{2}$ b) $0,52\widehat{6}$ e $0,\widehat{526}$
c) $4,\widehat{89}$ e $2\sqrt{6}$ d) $-2,098$ e $-2,1$

Redondea ás centésimas os números anteriores.

Intervalos e valor absoluto

5 Representa graficamente e expresa como intervalo ou como semirrecta os números que cumpren a condición dada en cada caso.

a) x é menor que -5.
b) 3 é menor ou igual que x.
c) x está comprendido entre -5 e 1.
d) x está entre -2 e 0, ambos os dous incluídos.
e) x é maior ou igual que -3 e menor que 2.

6 Escribe a desigualdade que verifica todo número x que pertence a estes intervalos ou semirrectas:

a) $[-2, 7]$ b) $[13, +\infty)$ c) $(-\infty, 0)$
d) $(-3, 0]$ e) $[3/2, 6)$ f) $(0, +\infty)$

7 Expresa en forma de intervalo os números que cumpren cada unha destas expresións:

a) $|x| < 7$ b) $|x| \geq 5$ c) $|2x| < 8$
d) $|x-1| \leq 6$ e) $|x+2| > 9$ f) $|x-5| \geq 1$

8 Escribe mediante intervalos os posibles valores de x para que se poida calcular a raíz en cada caso.

a) $\sqrt{x-4}$ b) $\sqrt{2x+1}$ c) $\sqrt{-x}$
d) $\sqrt{3-2x}$ e) $\sqrt{-x-1}$ f) $\sqrt{1+\frac{x}{2}}$

9 Expresa como un único intervalo.

a) $(1, 6] \cup [2, 5)$ b) $[-1, 3) \cup (0, 3]$
c) $(1, 6] \cap [2, 7)$ d) $[-1, 3) \cap (0, 4)$
e) $[-3, 2] \cap [0, 5]$ f) $[2, +\infty) \cap (0, 10)$

10 Chámase contorno de centro a e raio r o intervalo $(a-r, a+r)$.

a) Expresa como intervalos os seguintes contornos: centro 2 e raio 0,25; centro -1 e raio 2.

b) Describe como contornos os seguintes intervalos: $I_1 = (-3, 5)$; $I_2 = (-6, -4{,}4)$.

Potencias

11 Expresa os seguintes radicais mediante potencias de expoñente fraccionario e simplifica:

a) $\sqrt[5]{a^2}\cdot\sqrt{a}$ b) $\frac{\sqrt[3]{x^2}}{\sqrt{x}}$ c) $\frac{1}{\sqrt[4]{a^3}}$

12 Resolve, sen utilizar calculadora:

a) $\sqrt[5]{32}$ b) $\sqrt[3]{343}$ c) $\sqrt[4]{625}$
d) $\sqrt{0,25}$ e) $\sqrt[3]{8^4}$ f) $\sqrt[3]{0,001}$

13 Expresa como unha potencia de base 2:

a) $\frac{1}{\sqrt{2}}$ b) $(-32)^{1/5}$ c) $(\sqrt[8]{2})^4$

14 Calcula utilizando potencias de base 2, 3 e 5:

a) $4\cdot\frac{1}{3}\cdot\left(-\frac{3}{2}\right)^3$ b) $\left(-\frac{1}{2}\right)^4\cdot\left(\frac{2}{9}\right)^{-1}\cdot\frac{1}{8}$

c) $\frac{(-5)^3\cdot(-8)^3\cdot(-9)^2}{15^2\cdot 20^4}$ d) $\frac{(-30)^{-1}\cdot 15^2}{10^3}$

15 Expresa en forma de potencia, efectúa as operacións e simplifica:

a) $\frac{\sqrt[4]{a^3}\cdot a^{-1}}{a\sqrt{a}}$ b) $16^{1/4}\cdot\sqrt[3]{\frac{1}{4}}\cdot\frac{1}{\sqrt[6]{4}}$

16 Simplifica, utilizando as propiedades das potencias:

a) $\frac{3^6\cdot 2^5\cdot 5^2}{9^3\cdot 4^3\cdot 5}$ b) $\frac{3^4\cdot 16\cdot 9^{-1}}{5^{-1}\cdot 3^5}$

c) $\frac{15^2\cdot 8^{-1}}{6^3\cdot 10^2}$ d) $\frac{a^{-3}\cdot b^{-4}\cdot c^7}{a^{-5}\cdot b^2\cdot c^{-1}}$

Radicais

17 Introduce os factores dentro de cada raíz.

a) $2\sqrt[3]{3}$ b) $4\sqrt[3]{\frac{1}{4}}$ c) $\frac{2}{x}\sqrt{\frac{3x}{8}}$

d) $\frac{3}{5}\sqrt[3]{\frac{25}{9}}$ e) $2\sqrt[4]{4}$ f) $\frac{1}{5}\sqrt[3]{15}$

18 Saca da raíz o factor que poidas.

a) $\sqrt[3]{16}$ b) $4\sqrt{8}$ c) $\sqrt{1000}$

d) $\sqrt[3]{8a^5}$ e) $\sqrt{\frac{125a^2}{16b}}$ f) $\sqrt{\frac{1}{4}+\frac{1}{9}}$

g) $\sqrt{\frac{16}{a^3}}$ h) $\sqrt{4a^2+4}$ i) $\sqrt{\frac{a}{9}+\frac{a}{16}}$

19 Simplifica os seguintes radicais:

a) $\sqrt[3]{24}$ b) $\sqrt[6]{27}$ c) $\sqrt[3]{-108}$

d) $\sqrt[12]{64y^3}$ e) $\sqrt[4]{\frac{81}{64}}$ f) $\sqrt[8]{625} : \sqrt[4]{25}$

g) $\sqrt[6]{0{,}027}$ h) $\sqrt[8]{0{,}0016}$ i) $\sqrt[4]{1+\frac{9}{16}}$

20 Reduce índice común e ordena de menor a maior.

a) $\sqrt[4]{5}$, $\sqrt[3]{3}$, $\sqrt{2}$ b) $\sqrt{6}$, $\sqrt[3]{4}$

c) $\sqrt[4]{6}$, $\sqrt[5]{10}$ d) $\sqrt[4]{20}$, $\sqrt[3]{9}$, $\sqrt[6]{100}$

21 Realiza a operación e simplifica, se é posible.

a) $4\sqrt{27}\cdot 5\sqrt{6}$ b) $2\sqrt{\frac{4}{3}}\cdot\sqrt{\frac{27}{8}}$ c) $\sqrt{2}\cdot\sqrt{\frac{1}{8}}$

d) $(\sqrt[3]{12})^2$ e) $(\sqrt[6]{32})^2$ f) $\sqrt[3]{24} : \sqrt[3]{3}$

22 Efectúa e simplifica, se é posible.

a) $\sqrt[3]{2}\cdot\sqrt{3}$ b) $\sqrt[3]{a}\cdot\sqrt[3]{\frac{1}{a^2}}\cdot\sqrt{a}$ c) $\left(\frac{\sqrt[6]{32}}{\sqrt{8}}\right)^3$ d) $\sqrt[3]{2\sqrt{3}} : \sqrt{\sqrt[3]{4}}$

23 Expresa cunha única raíz.

a) $\sqrt[4]{\sqrt[3]{4}}$ b) $\sqrt[3]{2\sqrt[4]{8}}$ c) $\left(\sqrt[4]{a^3}\cdot\sqrt[5]{a^4}\right) : \sqrt{a}$

24 Racionaliza os denominadores e simplifica.

a) $\frac{2\sqrt{3}}{\sqrt{18}}$ b) $\frac{2}{\sqrt[3]{2}}$ c) $\frac{\sqrt{2}-1}{3\sqrt{2}}$

d) $\frac{3}{3+\sqrt{3}}$ e) $\frac{\sqrt{72}-\sqrt{8}}{\sqrt{6}}$ f) $\frac{5}{\sqrt{3}-\sqrt{2}}$

25 Simplifica.

a) $5\sqrt{125}+6\sqrt{45}-7\sqrt{20}+\frac{3}{2}\sqrt{80}$

b) $\sqrt[3]{16}+7\sqrt[3]{2}-\sqrt[3]{54}-\frac{21}{5}\sqrt[3]{250}$

c) $-\sqrt{54}+3\sqrt{24}-\sqrt{150}+\sqrt{294}$

26 Simplifica as seguintes expresións:

a) $\sqrt{18}+\sqrt{12}-\sqrt{27}+\sqrt{72}$

b) $\sqrt{\frac{2}{5}}-4\sqrt{\frac{18}{125}}+\frac{7}{2}\sqrt{\frac{8}{45}}$

c) $\frac{7}{5}\sqrt[3]{81a}-2\sqrt[3]{3a^4}-\frac{\sqrt[3]{3a}}{5}$

27 Efectúa e simplifica.

a) $(\sqrt{2}+\sqrt{3})(\sqrt{6}-1)$ b) $(\sqrt{5}-\sqrt{6})(\sqrt{5}+\sqrt{6})$

c) $(2\sqrt{5}-3\sqrt{2})^2$ d) $(\sqrt{2}-1)(\sqrt{2}+1)\sqrt{3}$

28 Racionaliza e simplifica.

a) $\frac{2\sqrt{3}-\sqrt{2}}{\sqrt{18}}$ b) $\frac{2\sqrt{3}+\sqrt{2}}{\sqrt{12}}$ c) $\frac{1}{2(\sqrt{3}-\sqrt{5})}$

d) $\frac{3}{\sqrt{5}-2}$ e) $\frac{13\sqrt{10}}{\sqrt{5}-3\sqrt{2}}$ f) $\frac{3\sqrt{6}+2\sqrt{2}}{3\sqrt{3}+2}$

29 Efectúa e simplifica.

a) $\frac{3}{\sqrt{3}-\sqrt{2}}-\frac{2}{\sqrt{3}+\sqrt{2}}$ b) $\frac{\sqrt{7}-\sqrt{5}}{\sqrt{7}+\sqrt{5}}-\frac{\sqrt{7}+\sqrt{5}}{\sqrt{7}-\sqrt{5}}$

Logaritmos

30 Expresa como potencia da base e calcula aplicando a definición de logaritmo.

a) $log_2\ 1\,024$ b) $log\ 0{,}001$ c) $log_2 \frac{1}{64}$

d) $log_{\sqrt{3}}\ 3$ e) $log_3 \sqrt{3}$ f) $log_2 \sqrt{8}$

g) $log_{1/2} \frac{2}{\sqrt{2}}$ h) $log_{\pi}\ 1$ i) $ln \frac{1}{\sqrt[3]{e}}$

31 Calcula a base destes logaritmos:

a) $log_x 125 = 3$ b) $log_x \frac{1}{9} = -2$

c) $log_x \frac{1}{4} = 2$ d) $log_x 2 = \frac{1}{2}$

e) $log_x 0{,}04 = -2$ f) $log_x 4 = -\frac{1}{2}$

32 Calcula o valor de x nestas igualdades:

a) $log\ 3^x = 2$ b) $log\ x^2 = -2$

c) $7^x = 115$ d) $5^{-x} = 3$

e) $log_7 3x = 0{,}5$ f) $3^{2+x} = 172$

33 Acha coa calculadora e comproba o resultado mediante potenciación.

a) $log \sqrt{148}$ b) $ln\ (2{,}3 \cdot 1011)$

c) $ln\ (7{,}2 \cdot 10\text{–}5)$ d) $log_3 42{,}9$

e) $log_5 1{,}95$ f) $log_2 0{,}034$

Exercicios e problemas propostos

34 Desenvolve as seguintes expresións:

a) $log \dfrac{a^2 \sqrt[5]{b^3}}{100c^4}$ b) $ln \dfrac{\sqrt[4]{x^3} \cdot e^5}{\sqrt{y}}$

35 Sabendo que $log\, x = 0{,}28$ calcula o valor de:

a) $log \dfrac{\sqrt[3]{x^2}}{100}$ b) $log\, 1\,000x^3$

c) $log \dfrac{1}{\sqrt{x}}$ d) $log\, 10x + log \dfrac{1}{x^2}$

36 Acha o valor de x nestas expresións:

a) $ln\, x = ln\, 17 + ln\, 13$

b) $log\, x = log\, 36 - log\, 9$

c) $ln\, x = 3\, ln\, 5 - 2\, ln\, 10$

d) $log\, x = 3\, log\, 2 - \dfrac{1}{2}\, log\, 25$

37 Se $log\, k = x$, escribe en función de x.

a) $log\, 100k$ b) $log \dfrac{k}{1000}$ c) $log\, k^3$

d) $log \sqrt[3]{10k}$ e) $log \dfrac{1}{k}$ f) $(log\, k)^{1/2}$

38 Descubre, en cada caso, a relación entre x, y, z.

a) $log\, z = 2\, log\, x - log\, y$

b) $log\, z = 2 - log\, x - \dfrac{1}{2}\, log\, y$

c) $log\, z = 1 - \dfrac{1}{2}\, (log\, x - log\, y)$

d) $ln\, z = 1 - 2\, ln\, x + 2\, ln\, y$

Notación científica e erros

39 Efectúa e dá o resultado en notación científica con tres cifras significativas. Determina tamén, en cada caso, unha cota do erro absoluto e outra do erro relativo cometidos.

a) $\dfrac{(3{,}12 \cdot 10^{-5} + 7{,}03 \cdot 10^{-4})\, 8{,}3 \cdot 10^8}{4{,}32 \cdot 10^3}$

b) $\dfrac{(12{,}5 \cdot 10^7 - 8 \cdot 10^9)(3{,}5 \cdot 10^{-5} + 185)}{9{,}2 \cdot 10^6}$

c) $\dfrac{5{,}431 \cdot 10^3 - 6{,}51 \cdot 10^4 + 385 \cdot 10^2}{8{,}2 \cdot 10^{-3} - 2 \cdot 10^{-4}}$

40 Expresa en notación científica e calcula.

$$\frac{60\,000^3 \cdot 0{,}00002^4}{100^2 \cdot 72\,000\,000 \cdot 0{,}0002^5}$$

41 Ordena de maior a menor os números de cada apartado. Para iso, pasa a notación científica os que non o estean.

a) $3{,}27 \cdot 10^{13}$; $85{,}7 \cdot 10^{12}$; $453 \cdot 10^{11}$

b) $1{,}19 \cdot 10^{-9}$; $0{,}05 \cdot 10^{-7}$; $2000 \cdot 10^{-12}$

Para resolver

42 Un depósito de auga ten dúas billas. Se as abrimos á vez, o depósito énchese en dúas horas. Se abrimos só a primeira, énchese en seis horas. Canto tardará en encherse o depósito se abrimos soamente a segunda billa?

43 Nun concurso repártense 20 000 € entre as tres persoas que tardaron menos tempo en realizar unha proba. A primeira tardou 4 minutos; a segunda, 5 minutos, e a terceira, 8 minutos. Canto diñeiro lle corresponde a cada unha se a repartición é inversamente proporcional ao tempo investido?

44 Varios amigos reúnense nun bar, toman 15 refrescos e pagan 18,75 € en total. Un deles tomou só un refresco, outro tomou dous e o resto tomaron 3 refrescos cada un. Cantos amigos foron e canto tivo que pagar cada un?

45 Nunha granxa hai 75 galiñas que consomen 450 kg de millo en 30 días. Para aumentar a produción de ovos, auméntase o número de galiñas a 200 e cómpranse 800 kg de millo. Cantos días se poderá dar de comer ás galiñas?

46 Un empregado pode facer os 2/3 dun traballo en 8 días traballando 5 horas diarias, e outro, os 3/4 do mesmo traballo en 6 días de 7 horas de traballo. Canto tempo tardarán os dous xuntos en facer o traballo, dedicando 6 horas diarias?

47 Dúas amigas, traballando xuntas, empregarían 3 días para facer un traballo. Despois do primeiro día, unha das dúas teno que deixar. Continúa a outra soa e tarda 6 días en rematar o traballo. En cantos días faría o traballo cada unha illadamente?

48 Dúas poboacións A e B distan 350 km. Á mesma hora sae un autobús de A cara a B a unha velocidade de 80 km/h e un turismo de B cara a A a 120 km/h. Cando se cruzarán?

49 Un automóbil tarda 3 horas en ir de A a B e outro tarda 5 horas en ir de B a A. Calcula o tempo que tardarán en atoparse se saen simultaneamente cada un da súa cidade.

50 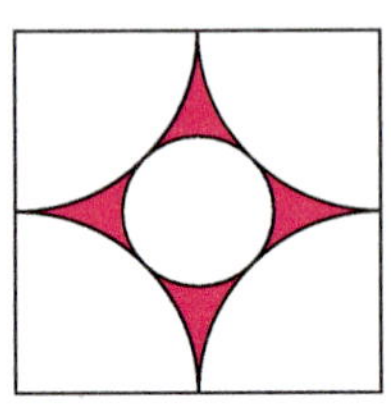

Acha a área da parte coloreada desta figura na que o lado do cadrado mide 1 m. Expresa a área en decímetros cadrados con tres cifras significativas e acouta o erro cometido.

51 A estación espacial Mir estivo en órbita case 15 anos e durante ese tempo deu, aproximadamente, 86 500 voltas arredor da Terra, a unha altura media de 400 km. Calcula a distancia total percorrida pola Mir neses 15 anos. Redondea o resultado ás decenas de millón e dá unha cota do erro absoluto e unha cota do erro relativo cometidos.

52 A lonxitude dunha barra metálica despois de quentala é $l = l_0(1 + kt)$ onde l_0 é a lonxitude a 0 °C, t a temperatura final e k o coeficiente de dilatación lineal. Se unha barra de chumbo mide 1 m a 800 °C, cal é a súa lonxitude a 200 °C? (No chumbo $k = 3 \cdot 10^{-5}$).

53 A estrela R136a1, descuberta recentemente, está a 165 000 anos-luz e ten unha masa actual equivalente a 265 veces a masa do Sol. Expresa a distancia en quilómetros e a masa en quilogramos. Dá, en cada caso, cotas do erro absoluto e do erro relativo.

54 O volume dun cubo é $6\sqrt{6}$ cm³. Acha:

a) A súa aresta.

b) A diagonal dunha cara.

c) A diagonal do cubo.

Dá, en cada caso, o valor exacto.

55 A superficie dun tetraedro é $9\sqrt{3}$ cm². Calcula a súa aresta e o seu volume. Dá o valor exacto.

Cuestións teóricas

56 Explica se estas frases son verdadeiras ou falsas:

a) Hai números irracionais que son enteiros.

b) Todo número irracional é real.

c) Todos os números decimais son racionais.

d) Entre dous números racionais hai infinitos números irracionais.

57 Se $x \neq 0$, explica se estas afirmacións son verdadeiras ou falsas:

a) x^{-2} é negativo se o é x.

b) $\sqrt[3]{x}$ ten o mesmo signo que x.

c) Se $x > 0$ entón $\sqrt{x} < x$.

58 Cales destas igualdades son verdadeiras? Explica por que:

a) $\log m + \log n = \log (m + n)$

b) $\log m - \log n = \dfrac{\log m}{\log n}$

c) $\log m - \log n = \log \dfrac{m}{n}$

d) $\log x^2 = \log x + \log x$

e) $\log (a^2 - b^2) = \log (a + b) + \log (a - b)$

Autoavaliación

Na web — Resolucións destes exercicios.

1 Clasifica os seguintes números indicando a cales dos conxuntos $\mathbb{N}$, $\mathbb{Z}$, $\mathbb{Q}$ o $\mathbb{R}$ pertencen:

$$-\frac{58}{45};\ \frac{51}{17};\ \frac{\pi}{3};\ \sqrt[4]{-3};\ \sqrt[3]{-8};\ \sqrt[5]{2^3};\ 1{,}0\widehat{7}$$

2 Expresa en forma de intervalo.

a) x é maior que -2 e menor ou igual que 5.

b) $|x - 4| < 5$

3 Escribe como potencia e simplifica.

$$(\sqrt[4]{a^3} \cdot a^{-1}) : (a\sqrt{a})$$

4 Calcula e simplifica: $\sqrt{\dfrac{125}{27}} - \sqrt{\dfrac{3}{5}}$

5 Racionaliza.

a) $\dfrac{4 + \sqrt{6}}{2\sqrt{3}}$ b) $\dfrac{2}{3 - \sqrt{3}}$

6 Simplifica: $\sqrt{63} - 2\sqrt{28} + \sqrt{175}$

7 Se $A = 3{,}24 \cdot 10^6$; $B = 5{,}1 \cdot 10^{-5}$; $C = 3{,}8 \cdot 10^{11}$ e $D = 6{,}2 \cdot 10^{-6}$, calcula $\left(\dfrac{A}{B} + C\right) \cdot D$. Expresa o resultado con tres cifras significativas e dá unha cota do erro absoluto e outra do erro relativo cometidos.

8 Aplica a definición de logaritmo e obtén x.

a) $\log_3 x = -1$ b) $\log x = 2{,}5$ c) $\ln x = 2$

9 Calcula x en cada caso.

a) $2{,}5^x = 0{,}0087$ b) $1{,}005^{3x} = 143$

10 Expresa como un só logaritmo e dá o valor de A:

$$\log 5 + 2 \log 3 - \log 4 = \log A$$

11 Se $\log k = 0{,}8$, cal é o valor de $\log 10k^3 + \log \dfrac{\sqrt{k}}{100}$?

12 A área total dun cubo é 12 cm². Cal é a área total do cilindro inscrito no cubo? Dá o valor exacto.

2 Aritmética mercantil

Aritmética mercantil na antigüidade

Canto tempo tardará en duplicarse certa cantidade de diñeiro ao 20 % de xuro anual?

Este problema proponse nunha das miles de táboas que se atoparon en Mesopotamia, procedentes da época da dinastía Hammurabi (cara ao 1800 a. C.).

Ben, o enunciado non é literalmente tal como o puxemos. Na táboa non se di "20 por cento de xuro anual" senón "12 por cada 60 ao ano", que é equivalente ao noso 20 %. Lembremos que os babilonios utilizaban un sistema de numeración sesaxesimal e, loxicamente, a cantidade global de referencia era 60 e non 100.

Pois ben, na mesma táboa resólvese o problema mediante un método moi complexo co que se chega á seguinte solución:

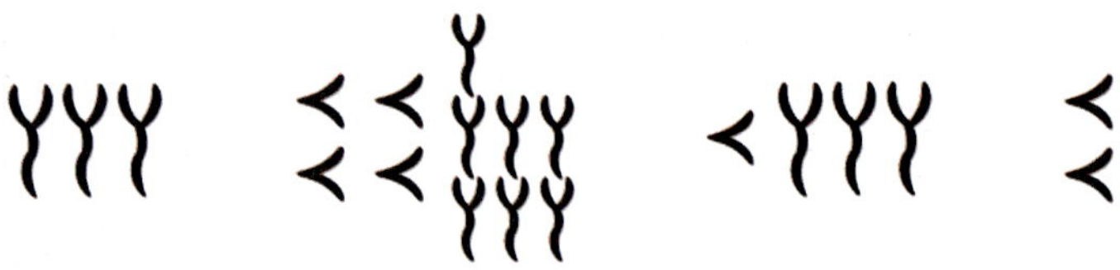

que significa 3; 47, 13, 20 $= 3 + \frac{47}{60} + \frac{13}{60^2} + \frac{20}{60^3}$

o cal equivale a 3 anos, 9 meses e 13 días.

Actualmente este problema resolvémolo así:

$$1{,}20^x = 2 \rightarrow x \log 1{,}20 = \log 2 \rightarrow x = \frac{\log 2}{\log 1{,}20} = 3{,}80178 \text{ anos}$$

que equivale a 3 anos, 9 meses e 18 días.

Como vemos, hai 38 séculos propoñíase este tipo de problemas e resolvíase con notable precisión.

O préstamo con xuro practicouse en todas as antigas civilizacións.

Táboas mesopotámicas de hai 4 000 anos.

Orixe da expresión %

O símbolo de porcentaxe (%) é o resultado dunha evolución que parte da expresión "por cento":

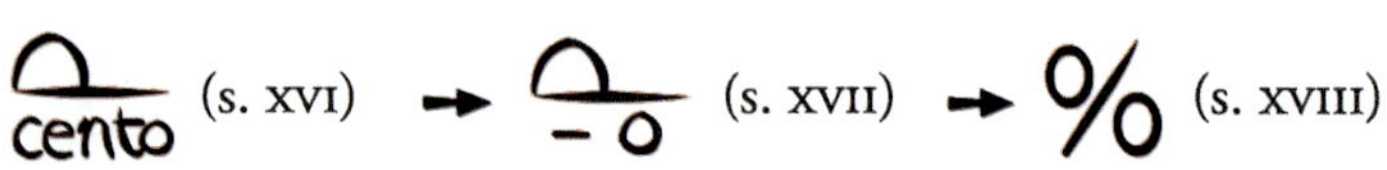

Hai outra hipótese que atribúe o signo % a unha corrupción da abreviatura de cento: cto → c | o → o/o → %

Na web Biografía de Luca Pacioli.

Auxe da aritmética financeira

Na Europa medieval, séculos XIII e XIV, prodúcese unha enorme auxe do comercio. Italia, pola súa posición xeográfica e as súas tradicións mercantilistas, convértese nun lugar de privilexio no comercio internacional. O tamaño dos negocios esixía unha exacta contabilidade e a matemática tiña que dar resposta a multitude de problemas que ata daquela non foran abordados.

Desde o século XIV, os italianos coñecían as regras máis sinxelas da contabilidade, pero hai que esperar a **Luca Pacioli** (final do século XV) para que un matemático se preocupe de engadir á súa aritmética un tratado sobre problemas comerciais. Deste xeito, sentáronse as bases da **aritmética financeira:** a repartición de beneficios, o cálculo de perdas, o intercambio de moedas, etcétera, eran problemas que se podían resolver aplicando convenientemente un pensamento proporcional (regra de tres).

Luca Pacioli (1445-1517).

E xa no século XVI, o maior desenvolvemento das actividades bancarias e comerciais pedían unha mellor aritmética. A resposta a estes intereses faise evidente no *Tratado xeral de números e medidas* de **Tartaglia,** que contén unha gran cantidade de problemas de aritmética mercantil.

"Os cambistas", cadro do século XVI atribuído a un seguidor de Reymerswaele.

Resolve

1 I. Unha cantidade C aumenta un 10 % e, despois, diminúe un 5 %.

II. Unha cantidade C diminúe un 5 % e, despois, aumenta un 10 %.

O resultado final de I, é maior, igual ou menor que o de II ?

2 Se unha cantidade C aumenta un 10 % e, despois, o resultado diminúe un 10 %, o que resulta é... maior, igual ou menor que C?

3 Nunha reunión hai 30 persoas, das cales o 30 % leva lentes. Só o 20 % das mulleres leva lentes, pero o 35 % dos homes úsaos. Cantos homes e cantas mulleres hai?

4 Concedéronnos un préstamo de 20 000 € polo que debemos pagar un 8 % anual. Un ano despois devolvemos 10 000 €. Ao finalizar o segundo ano desexamos saldar a débeda. Canto debemos pagar?

1 Aumentos e diminucións porcentuais

Xa sabemos que:

- Se unha cantidade C aumenta o 12 %, transfórmase en 1,12 C.

  $(1,12 = 1 + 0,12)$

  En xeral, se C aumenta o r%, transfórmase en $\left(1+\frac{r}{100}\right)C$.

- Se unha cantidade C diminúe nun 12 %, transfórmase en 0,88 C.

  $(0,88 = 1 - 0,12)$

  En xeral, se C diminúe nun r % , transfórmase en $\left(1-\frac{r}{100}\right)C$.

Como se transforma unha cantidade ao sufrir sucesivas variacións porcentuais? Vexámolo cun exemplo:

Exercicio resolto

1 *O custo da vida, en certo país, subiu o 15 % un ano e o 6 % ao ano seguinte, e baixou o 5 % durante o terceiro ano. Cal foi a suba total neses tres anos?*

Calculamos en que se transforma o prezo de algo que valía 100 euros ao comezo do primeiro ano:

1.° ANO: $100\ € \xrightarrow{+15\%} 1,15 \cdot 100 = 115\ €$

2.° ANO: $115\ € \xrightarrow{+6\%} 1,06 \cdot 115 = 121,90\ €$

3.° ANO: $121,90\ € \xrightarrow{-5\%} 0,95 \cdot 121,90 = 115,805\ €$

O aumento total $(100 \rightarrow 115,805)$ foi do 15,805 %.

Poderíase calcular máis directamente multiplicando os sucesivos índices de variación: $1,15 \cdot 1,06 \cdot 0,95 = 1,15805$, que corresponde a un aumento do 15,805 %.

Nun **aumento ou diminución porcentual,** o número polo que hai que multiplicar a cantidade inicial para obter a cantidade final chámase **índice de variación** ($C \rightarrow 1,12\ C$; 1,12 é o índice de variación).

Nun aumento porcentual do r%, o índice de variación é $1 + \frac{r}{100}$.

Nunha diminución porcentual do r%, o índice de variación é $1 - \frac{r}{100}$.

Para calcular o valor final, nun aumento ou nunha diminución porcentual, áchase o índice de variación (que convén expresalo en forma decimal) e multiplícase pola cantidade inicial.

Para **encadear aumentos e diminucións porcentuais,** calcúlanse os índices de variación correspondentes aos distintos pasos e multiplícanse. Obtense, así, o índice de variación global.

Exercicio proposto

1 Unha raqueta de tenis valía, ao comezo de tempada, 40 euros. Ao longo do ano sufriu as seguintes variacións: subiu un 20 %, baixou un 25 %, subiu un 5 % e, finalmente, baixou un 12 %.

a) Cal foi o seu índice de variación global?

b) Canto vale ao final de tempada?

c) Que porcentaxe debe subir para volver custar 40 €?

Cálculo da cantidade inicial coñecendo a final

Sabemos que

$$C_{final} = C_{inicial} \cdot \text{Índice de variación}$$

Polo tanto,

$$C_{inicial} = C_{final} : \text{Índice de variación}$$

Exercicio resolto

1 *Un comerciante vende os artigos da súa tenda aumentando un 40 % o prezo de custo.*

Aos seus familiares e amigos íntimos quere vendérllelos ao prezo de custo. Para iso, dálles aos dependentes a orde de que lles rebaixen un 40 % do prezo de venda ao público. (Isto é un caso real).

Demostrar que esta formulación é disparatada e descubrir que rebaixa debería facerlles aos seus familiares.

Descubrimos en canto se transforma o prezo dun artigo que custou 100 € se sobe un 40 % e logo baixa un 40 %:

PREZO CUSTO		PREZO VENDA		PREZO A FAMILIARES
100 €	$\xrightarrow{+40\%}$	$100 \cdot 1,4 = 140$ €	$\xrightarrow{-40\%}$	$140 \cdot 0,60 = 84$ €

PERDE O 16 % EN CADA VENDA

Que debería facer para que o desconto sexa o correcto?

Se para aumentar un 40 % se multiplica por 1,4, para volver á situación inicial haberá que dividir por 1,4.

$$\text{Prezo inicial} = \text{Prezo final}: 1,4 = \text{Prezo final} \cdot \frac{1}{1,4} = \text{Prezo final} \cdot 0,714$$

Debería dicir que se dividise o prezo final entre 1,4, ou ben, que se lles rebaixase un 28,6 % do prezo de venda, pois $\frac{1}{1,4} = 0,714 = 1 - 0,286$.

Conclusión:

- Se a suba é do 40 %, o prezo inicial áchase dividindo o prezo final por 1,4.
- Se a suba é do r%, o prezo inicial áchase dividindo o prezo final por $1 + \frac{r}{100}$.
- Se encadeamos unha suba do r% cunha baixada do r%, non chegamos á cantidade inicial, C, senón a unha cantidade menor que C, máis pequena canto maior sexa r.

Faino ti

1 Descubre en canto queda un artigo de 100 € cuxo valor se aumenta un r% e, a continuación, se rebaixa un r%, para $r = 10$, $r = 20$, $r = 50$ e $r = 80$.

Cal é a perda en cada caso?

2 Calcula cal será o prezo inicial en cada caso:

a) Despois de aumentar un 21 %, un artigo custa 332,75 €.

b) Despois de rebaixar un 16 %, un artigo custa 18,48 €.

Que porcentaxe de aumento ou de rebaixa hai que facer para deixar os artigos co prezo inicial?

Exercicios propostos

2 Despois de subir un 20 %, un artigo vale 45,60 euros. Canto valía antes da suba?

3 Despois de rebaixarse nun 35 %, un artigo vale 81,90 euros. Canto valía antes da rebaixa?

2 Taxas e números índices

Taxas

A taxa de natalidade en Marrocos, durante 2012, foi de 19,20 ‰. Que significa esta afirmación? Vexámolo:

En Marrocos naceron 19,20 bebés por cada 1 000 habitantes (en 2012).

A taxa de natalidade é un *indicador social.* As informacións socioeconómicas cotiás están cheas de referencias a taxas: taxa de paro (ou de emprego), taxa de mortalidade, taxa de alcoholemia... Unha taxa, como indicador social, dá a cantidade que interesa (nacementos, defuncións, empregados, alcohol...) con relación a unha cantidade de referencia (por cada 10, por cada 1 000, por cada gramo, por cada litro...).

TAXA DE PARO: 12 % → 12 parados por cada 100 persoas en idade laboral.

TAXA DE ALCOHOLEMIA: 0,15 → 0,15 cm^3 de alcohol por litro de sangue.

Números índices

Un **número índice** é unha medida estatística que permite estudar a variación dunha magnitude, habitualmente, ao longo do tempo.

Para construír un número índice, establécese unha data de referencia, que se toma como base, e os demais valores calcúlanse como o cambio sufrido respecto a ese ano.

$$\frac{\text{valor da magnitude nun ano determinado}}{\text{valor da magnitude no período base}} \cdot 100$$

Especialmente importante é o **índice de prezos de consumo** (IPC). Mide a evolución no tempo dos prezos dos bens e servizos que consome a poboación dun país.

Máis que o valor do IPC en cada momento, adóitanse encontrar referencias á variación porcentual que sufriu respecto ao mes ou ao ano anterior. Por exemplo, nalgunhas empresas e na administración está pactado que a suba anual dos soldos coincida coa suba do IPC.

Accións e bolsa

O valor das accións dunha empresa ten moito de subxectivo. É o que lle asignan os investidores mediante as poxas diarias nos mercados de valores (**bolsas**).

Por iso sofren flutuacións (subidas e baixadas) moi acusadas.

O índice das bolsas reflicte o valor global das empresas que se cotizan nelas. Máis que o seu valor concreto adóitase poñer atención á súa variación porcentual respecto a unha data anterior:

"O IBEX 35 subiu un 1,37 % esta semana".

O IBEX 35 é un índice asociado ás 35 empresas máis potentes da bolsa de Madrid.

Exercicio resolto

1 *Interpretar as frases seguintes:*

a) A porcentaxe de empregados dentro da poboación activa española entre 18 e 65 anos foi dun 83,7 % para os homes e dun 58,5 % para as mulleres. A taxa total de emprego foi do 71,3 %.

b) O IPC subiu en maio un 0,28 %, co que acumula unha suba anual do 3,56 %.

En todos os casos é fundamental ter en conta cal é a cantidade de referencia en cada tanto por cento que se manexe:

a) Por cada 100 homes en idade laboral, había 83,7 traballando; mentres que, por cada 100 mulleres, só 58,5 estaban empregadas. O resultado total duns e doutras foi de 71,3 empregados dun ou outro sexo por cada 100 persoas en idade laboral.

A partir destes datos, pódese obter a proporción de homes, x, expresada en % e de mulleres, $(100 - x)$ %, en idade laboral:

$$\frac{83,7}{100} \cdot \frac{x}{100} + \frac{58,5}{100} \cdot \frac{100 - x}{100} = \frac{71,3}{100} \to 25,2x = 1\,280 \to x = 50,8$$

Isto significa que, do total de persoas en idade laboral, 50,8 % son homes e, polo tanto, 49,2 % son mulleres.

b) En maio, o global dos prezos ao consumo subiu un 0,28 %; é dicir, os prezos globalmente multiplicáronse por 1,0028.

Desde final de maio do ano pasado ata o 31 de maio deste ano, os prezos subiron un 3,56 %.

3 Xuros bancarios

O diñeiro dos bancos

As entidades bancarias sempre teñen uns fondos de reserva para atender a aqueles que desexan sacar o seu diñeiro. Pero se certo día acudisen todos os aforradores a pedir eses fondos, a entidade bancaria non podería responder sen pedir axuda a outras. Sería un caos.

Como sabes, os bancos non gardan, especificamente, o diñeiro de cada un dos seus clientes, senón que "o negocian", operan con el. Como consecuencia, páganlle ao seu cliente por depositalo alí.

O que se gaña polo diñeiro depositado nun banco son os **xuros.**

O banco tamén presta diñeiro e, nese caso, **cobra xuros.** Naturalmente, cobra máis do que paga. Ese é o negocio dos bancos.

Pagamento anual de xuros

O tanto por cento anual que paga un banco por depositar nel un diñeiro chámase **rédito.**

Se un banco paga o r% anual, un capital C durante un ano transfórmase en $C\left(1+\frac{r}{100}\right)$. Como cada ano o capital se multiplica por $\left(1+\frac{r}{100}\right)$, ao cabo de n anos transformarase en $C\left(1+\frac{r}{100}\right)^n$.

$$C \xrightarrow{n \text{ anos ao } r\% \text{ anual}} C\left(1+\frac{r}{100}\right)^n$$

Exercicios resoltos

1 *Achar en canto se transforma un capital de 20 000 euros ao 8 % anual en:*

a) 1 ano.

b) 4 anos.

c) 10 anos.

O capital, cada ano, multiplícase por $1 + \frac{8}{100} = 1{,}08$. Polo tanto:

a) En 1 ano transfórmase en 20 000 · 1,08 = 21 600 €.

b) En 4 anos transfórmase en 20 000 · $1{,}08^4$ = 27 209,78 €.

c) En 10 anos transfórmase en 20 000 · 1,0810 =43 178,50 €.

CON CALCULADORA: 20 000 ⊗ 1,08 x^y 10 ⊜ [43178.49995]

Faino ti. En canto se transforma un capital de 50 000 €, colocado ao 12 % anual, en 1, 2, 3, 4 e 5 anos?

2 *Por canto se multiplica un capital colocado ao 10 % anual en 1, 2, 3... anos? Cantos anos tarda en duplicarse?*

Un capital colocado ao 10 % anual, cada ano multiplícase por 1,10. Polo tanto, se o mantemos 2, 3..., n anos, o seu valor multiplicarase por $1{,}1^2$; $1{,}1^3$; ...; $1{,}1^n$. O número de anos que tarda en duplicarse áchase descubrindo o menor valor de n para o cal $1{,}1^n > 2$.

Este proceso pódese realizar coa calculadora utilizando o "factor constante", ⊗⊗:

1,1 ⊗⊗ 1 ⊜ [1.1] ⊜ [1.21] ⊜ [1.331] ⊜ [1.4641] ⊜ ...

(1.º ANO, 2.º ANO, 3.º ANO, 4.º ANO)

... ⊜ [2.14358881] Duplícase ao 8.º ano.

(8.º ANO)

Ou tamén se pode resolver mediante a ecuación $C \cdot 1{,}1^n = 2 \cdot C$:

$$1{,}1^n = 2 \rightarrow n \log 1{,}1 = \log 2 \rightarrow n = \frac{\log 2}{\log 1{,}1} = 7{,}27...$$

Duplícase aos 7 anos e pico. Se a solución debe ser un número enteiro de anos, hai que telo 8 anos, e teriamos algo máis do dobre que o capital inicial.

Faino ti. Cantos anos se necesitan para que 50 000 € colocados ao 8 % anual se convertan en 125 000 €?

Pagamento mensual de xuros

Frecuentemente, o banco non tarda un ano en aboar os xuros, senón que o fai en intervalos de tempo distintos (trimestre, mes). O tempo que o banco deixa transcorrer para que un capital produza xuros chámase **período de capitalización.**

Un $r\%$ anual significa un $\frac{r}{12}\%$ mensual. Se un capital C se deposita nun banco ao $r\%$ anual con pagamento mensual de xuros (período de capitalización mensual), cada mes multiplícase por $1 + \frac{r}{1200}$ e, polo tanto, ao cabo de n meses transformouse en $C\left(1+\frac{r}{1200}\right)^n$.

$$C \xrightarrow{n \text{ meses ao } r\% \text{ anual}} C\left(1+\frac{r}{1200}\right)^n$$

Ten en conta

Os bancos adoitan considerar anos de 360 días.

Nós usaremos a súa duración natural: 365 días.

Pagamento diario de xuros

Un $r\%$ anual significa un $\frac{r}{365}\%$ diario. Se os períodos de capitalización son días, por cada un que transcorra, o capital multiplícase por $1 + \frac{r}{36\,500}$. Polo tanto, ao cabo de n días, o capital transformouse así:

$$C \xrightarrow{n \text{ días ao } r\% \text{ anual}} C\left(1+\frac{r}{36\,500}\right)^n$$

Exercicio resolto

1 *Recibimos un préstamo de 50 000 € ao 12 % anual que debemos devolver, xunto cos seus xuros, nun único pagamento 3 anos despois. Descubrir a canto ascendería o pagamento se os períodos de capitalización fosen:*

a) anos

b) meses

c) días

En cada caso debemos descubrir o índice de variación e o número períodos de capitalización.

a) $50\,000 \xrightarrow{3 \text{ anos ao } 12\,\%} 50\,000 \cdot 1{,}12^3$

O pagamento será de $50\,000 \cdot 1{,}12^3 = 70\,246{,}40$ €.

b) Se os períodos de capitalización son meses, o capital multiplicarase cada mes por $1 + \frac{12}{1200} = 1{,}01$. Polo tanto, o pagamento ao final dos 3 anos (36 meses) será:

$$50\,000 \cdot 1{,}01^{36} = 71\,538{,}44 \text{ €}$$

c) Se os períodos de capitalización son días, o capital multiplicarase cada día por $1 + \frac{12}{36\,500} = 1{,}00032877$. Polo tanto, o pagamento ao final dos 3 anos (1095 días) será:

$$50\,000 \cdot 1{,}00032877^{1095} = 71\,662{,}23 \text{ €}$$

Exercicio proposto

1 Descubre en canto se transforma un capital de 100 000 € ao 6 % anual durante 4 anos se os períodos de capitalización son:

a) anos

b) meses

c) días

d) trimestres

4 Que é a "taxa anual equivalente" (TAE)?

Un banco fai a seguinte oferta:

Se pon o seu diñeiro na nosa CONTA DEPÓSITO, dámoslle uns xuros anuais do 12 %, con pagamento mensual de xuros (TAE do 12,68 %).

Vexamos que é a TAE e por que é superior ao rédito declarado.

Ao 12 % anual correspóndelle un 1 % mensual.

Como cada mes se pagan os xuros, nun mes o capital aumentou un 1 %, é dicir, multiplicouse por 1,01.

$$C \xrightarrow{\text{1 mes}} C \cdot 1{,}01$$

Ao cabo dun ano (12 meses) o capital transformouse en $C \cdot 1{,}01^{12} = 1{,}1268\ C$.

É dicir, o capital, nun ano, aumentou un 12,68 %.

$$C \xrightarrow{\text{12 meses}} C \cdot 1{,}01^{12} = 1{,}1268\ C$$

$$1{,}1268 = 1 + \frac{12{,}68}{100}$$

Un 12 % anual, con períodos de capitalización mensuais, convértese nun aumento real do 12,68 %. Esa é a TAE (*taxa anual equivalente*).

Nas contas de aforro, cando os períodos de capitalización son inferiores a un ano, os xuros anuais producidos por certo capital son superiores ao rédito que declara o banco. Chámase **taxa anual equivalente** (TAE) o tanto por cento de crecemento total do capital durante un ano.

Nos préstamos bancarios, a TAE é, tamén, superior ao rédito declarado. Ao calculala inclúense os pagamentos fixos (comisións e gastos) que cobra o banco para conceder o préstamo.

Exercicio resolto

1 *Achar a TAE correspondente a un rédito anual do 8 % con pagamento mensual de xuros.*

Ao 8 % anual correspóndelle un $\frac{8}{12} = 0{,}66666\ \%$ mensual.

Cada mes, o capital multiplícase por 1,0066666.

Nun ano multiplicarase por $1{,}0066666^{12} = 1{,}082999... \approx 1{,}083 = 1 + \frac{8{,}3}{100}$

A TAE correspondente a un 8 % anual con períodos de capitalización mensuais é, polo tanto, do 8,3 %.

8 ÷ 12 = 0.666... | ÷ 100 + 1 = 1.0066... | x^y 12 = 1.0829...

TANTO POR CENTO MENSUAL | ÍNDICE DE VARIACIÓN MENSUAL | ÍNDICE DE VARIACIÓN EN 12 MESES

Exercicio proposto

1 Un banco concédenos un préstamo de 10 000 € ao 12 % anual. No momento da formalización cóbranos uns gastos de 500 €.

a) Se realizamos un só pagamento ao cabo dun ano, cal é a TAE?

b) E se tivésemos que devolver o préstamo íntegro ao cabo de dous anos?

(Para resolvelo, ten en conta que aínda que os pagamentos os facemos sobre un préstamo de 10 000 €, o que realmente recibimos foi 9 500 €).

5 Amortización de préstamos

Un banco concédenos un préstamo de 10 000 euros que debemos amortizar nun ano mediante 12 pagamentos mensuais idénticos. O banco di que cobra un xuro do 12 % anual e fixa unha mensualidade de 888,49 euros.

É correcta esta formulación? Vexámolo.

- A **primeira mensualidade** pagarase un mes despois de recibir o préstamo.

  Durante ese mes dispuxemos de 10 000 euros do banco. Para achar os xuros correspondentes ao primeiro mes teremos en conta que a un 12 % anual lle corresponde un 1 % mensual:

  1 % de 10 000 = 100 €

  Como pagamos 888,49 €, a cantidade amortizada mediante o primeiro pagamento é:

  888,49 – 100 = 788,49 €

  Polo tanto, despois do primeiro pagamento, a débeda pendente co banco é:

  10 000 – 788,49 = 9211,51 €

- **Segunda mensualidade**

  Xuros pola débeda pendente: 1 % de 9 211,51 = 92,12 €

  Cantidade amortizada: 888,49 – 92,12 = 796,37 €

  Débeda pendente: 9 211,51 – 796,37 = 8 415,14 €

- **Táboa resumo cos 12 pagamentos**

MENSUALIDADE	DÉBEDA ANTES DO PAGAMENTO	XUROS PENDENTES	PAGAMENTO	CANTIDADE AMORTIZADA	DÉBEDA PENDENTE
1	10 000	100	888,49	788,49	9 211,51
2	9 211,5	92,12	888,49	796,37	8 415,14
3	8 415,14	84,15	888,49	804,34	7 610,80
4	7 610,80	76,11	888,49	812,38	6 798,42
5	6 798,42	67,98	888,49	820,51	5 977,91
6	5 977,91	59,78	888,49	818,71	5 149,20
7	5 149,20	51,49	888,49	837,00	4 312,20
8	4 312,20	43,12	888,49	845,37	3 466,83
9	3 466,83	34,67	888,49	853,82	2 613,01
10	2 613,01	26,13	888,49	862,36	1 750,65
11	1 750,65	17,51	888,49	870,98	879,67
12	879,67	8,80	888,49	879,69	–0,02

Con cada pagamento de 888,49 € abóanse os xuros que se deben polo capital pendente e amortízase parte da débeda.

Como cada vez a débeda é menor, os xuros son menores e a cantidade amortizada é, pois, maior.

A última débeda pendente debería ser 0. A cantidade insignificante de –2 céntimos de euro débese aos redondeos efectuados. Polo tanto, a mensualidade fixada polo banco é acorde co rédito (12 %) pactado.

Na web

Folla de cálculo para obter anualidades ou mensualidades pormenorizando todos os pagamentos.

Para a **amortización dun préstamo** mediante varios pagamentos aprazados, tense en conta que:

- Cada pagamento salda os xuros que produce a débeda pendente desde o pagamento anterior e, o resto, amortiza parte desa débeda.
- O último pagamento salda os xuros pendentes desde o pagamento anterior e amortiza a totalidade da débeda pendente.
- O habitual é que todos os pagamentos sexan idénticos. O cálculo desa cantidade fixa (mensualidade, anualidade) que permite amortizar o total da débeda nun número prefixado de prazos realízase mediante técnicas que aprenderemos nas próximas páxinas.

Exercicios resoltos

1 *Recibimos un préstamo de 20 000 €, ao 15 % anual, que debemos amortizar en 5 pagamentos anuais idénticos. Comprobamos que a anualidade correspondente é de 5 966,31 €.*

O pagamento de cada anualidade serve para saldar os xuros xerados pola débeda pendente no último ano e para amortizar parte desta débeda.

Describimos ordenadamente cada un destes aspectos ano a ano:

ANOS	DÉBEDA ANTES DO PAGAMENTO	XUROS PENDENTES	PAGAMENTO	CANTIDADE AMORTIZADA	DÉBEDA PENDENTE
1	20 000	3 000	5 966,31	2 966,31	17 033,69
2	17 033,69	2 555,05	5 966,31	3 411,26	13 622,43
3	13 622,43	2 043,36	5 966,31	3 922,95	9 699,48
4	9 699,48	1 454,92	5 966,31	4 511,39	5 188,09
5	5 188,09	778,21	5 966,31	5 188,10	–0,01

Faino ti. Recibimos un préstamo de 25 000 € ao 6 % anual que debemos amortizar en 6 pagamentos anuais de 4 067,25 €. Comproba que a anualidade é a correcta.

2 *Recibimos un préstamo de 50 000 €, ao 10 % anual, e debemos amortizalo en 4 pagamentos anuais. Os tres primeiros son de 15 000 €.*

A canto ascenderá o cuarto pagamento?

Que débeda queda pendente despois do terceiro pagamento? Que xuros xera esa débeda durante 1 ano? Debemos un e o outro.

ANOS	DÉBEDA ANTES DO PAGAMENTO	XUROS PENDENTES	PAGAMENTO	CANTIDADE AMORTIZADA	DÉBEDA PENDENTE
1	50 000	5 000	15 000	10 000	40 000
2	40 000	4 000	15 000	11 000	29 000
3	29 000	2 900	15 000	12 100	16 900
4	16 900	1 690	x	16 900	0

O cuarto pagamento é igual á débeda pendente, 16 900 €, mais o 10 % polos xuros:

$$x = 16900 + 1690 = 18590 \text{ €}$$

Faino ti. Recibimos un préstamo de 120 000 € ao 7,5 % anual. Pagamos 25 000 € ao final de cada un dos catro primeiros anos. Se queremos saldar a débeda ao final do 5.º ano, canto hai que pagar?

Exercicios propostos

1 Comproba que podemos amortizar 10 000 € ao 10 % anual mediante catro pagamentos trimestrais de 2 658,18 € cada un.

2 Imos amortizar un préstamo de 500 000 € ao 6 % anual en 8 meses. Os sete primeiros pagamentos son de 60 000 €. A canto ascende o último pagamento?

6 Progresións xeométricas

Os seguintes números están en progresión xeométrica:

3, 6, 12, 24, 48, 96, 192, 384

Hai oito números, cada un dos cales é o dobre que o anterior. Trátase dunha **progresión xeométrica** de oito termos e de **razón** 2.

Observa estoutras progresións xeométricas:

80; 40; 20; 10; 5; 2,5; 1,25 $\left(7 \text{ termos. Razón } \frac{1}{2}\right)$

2, 20, 200, 2 000, 20 000 (5 termos. Razón 10)

Unha **progresión xeométrica** é unha sucesión de números

$a_1, a_2, a_3, \ldots, a_n$

chamados **termos** da progresión, na cal cada termo se obtén multiplicando o anterior por un número constante, r, chamado **razón** da progresión:

$a_2 = a_1 \cdot r \qquad a_3 = a_2 \cdot r \qquad a_4 = a_3 \cdot r \qquad \ldots \qquad a_n = a_{n-1} \cdot r$

O termo n-ésimo, a_n, obtense multiplicando o primeiro por $n - 1$ veces r:

$a_n = a_1 \cdot r^{n-1}$

Exercicios resoltos

1 *O 1 de xaneiro depositamos 1 000 euros nunha conta bancaria a un xuro anual do 12 % con pagamento mensual de xuros. Cal será o valor do noso diñeiro ao día 1 de cada mes dese ano se os xuros de cada mes se van acumulando ao capital?*

Cada mes o diñeiro multiplícase por $1 + \frac{12}{1200} = 1{,}01$.

Ao comezo do primeiro mes hai $a_1 = 1\,000$.

De agora en diante, hai que ter en conta cantos meses transcorreron desde que se depositaron os 1 000 €:

$a_2 = 1\,000 \cdot 1{,}01; \; a_3 = 1\,000 \cdot 1{,}01^2; \; \ldots; \; a_{12} = 1\,000 \cdot 1{,}01^{11}$

Trátase dunha progresión xeométrica de 12 termos e razón 1,01.

Faino ti. O 1 de xaneiro depositamos 20 000 € ao 6 % anual con pagamento mensual de xuros. Cal será o valor do noso diñeiro o día 1 de cada mes dese ano se os xuros se van acumulando ao capital?

2 *Durante 5 anos, cada ano depositamos 2 000 euros ao 4 %, con pagamento anual de xuros. En canto se converte cada depósito ao final do 5.º ano?*

O primeiro depósito está 5 anos ao 4 %. Transfórmase en $a_1 = 2000 \cdot 1{,}04^5$.

Os seguintes:

$a_2 = 2000 \cdot 1{,}04^4; \; a_3 = 2000 \cdot 1{,}04^3; \; a_4 = 2000 \cdot 1{,}04^2; \; a_5 = 2000 \cdot 1{,}04$

É unha progresión xeométrica de 5 termos e razón $\frac{1}{1{,}04}$.

Faino ti. Durante 6 anos, cada ano depositamos 3 000 € ao 3 % anual con pagamento anual de xuros. En canto se converte cada depósito ao final do 6.º ano?

Exercicio proposto

1 Depositamos 100 000 euros o día 1 de xaneiro nun banco ao 8 % anual. Que valor teñen ao final de cada trimestre do ano? Estas cantidades están en progresión xeométrica. Cal é a razón?

2 Depositamos certa cantidade de diñeiro ao comezo dun ano, nun banco, ao 6 % anual. Cada mes esa cantidade aumenta en progresión xeométrica. Cal é a razón desa progresión?

Suma dos termos dunha progresión xeométrica

A suma dos n termos dunha progresión xeométrica

$$a_1,\ a_2,\ a_3,\ \dots,\ a_n$$

adopta esta sinxela expresión:

$$S_n = \frac{a_n r - a_1}{r-1}$$ **SUMA DOS *n* TERMOS**

Vimos na páxina anterior que o diñeiro depositado nun banco a un xuro constante medra en progresión xeométrica. A fórmula vainos resultar moi útil para achar a cantidade total acumulada ao final de certo período ao facer ingresos fixos a intervalos constantes.

Exercicios resoltos

1 *No exercicio resolto 2 da páxina anterior, calculamos canto diñeiro se acumula, por cada ingreso, ao final do 5.º ano tras os 5 ingresos de 2 000 € ao comezo de cada ano. Vexamos cal é o total, a súa suma.*

As cantidades finais eran:

$$a_1 = 2000 \cdot 1{,}04^5;\ a_2 = 2000 \cdot 1{,}04^4;\ \dots;\ a_5 = 2000 \cdot 1{,}04$$

Posto que é unha progresión decrecente, resultaranos máis cómodo manexala se "lle damos a volta":

$$b_1 = 2000 \cdot 1{,}04;\ b_2 = 2000 \cdot 1{,}04^2;\ \dots;\ b_5 = 2000 \cdot 1{,}045\ \ (r = 1{,}04^5)$$

A súa suma é:

$$S_5 = \frac{b_5 \cdot 1{,}04 - b_1}{1{,}04-1} = \frac{2000 \cdot 1{,}04^6 - 2000 \cdot 1{,}04}{0{,}04} = 11\,265{,}95\ €$$

2 *No inicio do apartado anterior puidemos ver que pagando mensualidades de 888,49 € durante 12 meses amortizábase un préstamo de 10 000 € ao 12 % anual (1 % mensual). Comprobémolo agora de forma máis cómoda que a que utilizamos alí.*

Canto vale cada un dos pagamentos *doce meses despois de recibido o préstamo?*

1.º pagamento $\xrightarrow{\text{11 meses}}$ $888{,}49 \cdot 1{,}01^{11}$ 2.º pagamento $\xrightarrow{\text{10 meses}}$ $888{,}49 \cdot 1{,}01^{10}$

… 11.º pagamento $\xrightarrow{\text{1 mes}}$ $888{,}49 \cdot 1{,}01$ 12.º pagamento $\xrightarrow{\text{0 meses}}$ $888{,}49$

"Dando a volta" a estes valores, obtemos unha progresión xeométrica de razón 1,01:

$$a_1 = 888{,}49;\ a_2 = 888{,}49 \cdot 1{,}01;\ \dots;\ a_{12} = 888{,}49 \cdot 1{,}01^{11}$$

A suma é:

$$S_{12} = \frac{888{,}49 \cdot 1{,}01^{11} \cdot 1{,}01 - 888{,}49}{1{,}01-1} = 888{,}49\ \frac{1{,}01^{12}-1}{0{,}01} = 11\,268{,}28\ €$$

Canto valen 10 000 € doce meses despois de recibidos?

$$10\,000 \cdot 1{,}01^{12} = 11\,268{,}25\ €$$

As dúas cantidades son, en efecto, practicamente iguais (só difiren en 3 céntimos).

Comprobamos, pois, que o valor final das 12 mensualidades (suma da progresión) coincide co valor que tomaría o préstamo se se pagase íntegro ao final do ano (doce meses).

Exercicios propostos

3 Ao comezo de cada ano depositamos 6 000 euros nun banco ao 7 % anual.

Canto diñeiro recolleremos ao finalizar o 10.º ano?

4 Ao comezo de cada mes depositamos 100 € nun banco ao 6 % anual.

Canto recolleremos ao final do 2.º ano?

7 Cálculo de anualidades ou mensualidades para amortizar débedas

Ten en conta

As progresións xeométricas e a fórmula para sumar os seus termos permítennos calcular con comodidade o valor das mensualidades (ou anualidades) coas que saldar unha débeda en certo período.

Amortización dunha débeda mediante pagamentos anuais iguais (anualidades). Un exemplo

Recibimos un préstamo de 20 000 euros, cun tipo de xuro do 12 % anual, e debemos devolvelo en catro anos mediante catro pagamentos iguais. Cal será o valor da anualidade?

Razoemos **que valor terán dentro de 4 anos** tanto o capital recibido hoxe, 20 000, coma as catro anualidades, *a*, que pagaremos en anos sucesivos:

$$20\,000 \xrightarrow{\text{en 4 anos ao 12 \% anual}} 20\,000 \cdot 1{,}12^4 = 31\,470{,}39 \text{ €}$$

$$\left.\begin{array}{l} a \xrightarrow{\text{en 3 anos}} a \cdot 1{,}12^3 \\ a \xrightarrow{\text{en 2 anos}} a \cdot 1{,}12^2 \\ a \xrightarrow{\text{en 1 ano}} a \cdot 1{,}12 \\ \qquad\qquad\quad a \end{array}\right\} \text{Cantidade total pagada}$$

O total pagado consta de catro sumandos en progresión xeométrica de razón 1,12:

$$a \cdot (1 + 1{,}12 + 1{,}12^2 + 1{,}12^3) = a \cdot \frac{1{,}12^4 - 1}{1{,}12 - 1} = 4{,}779 \cdot a$$

Polo tanto, para que o diñeiro recibido sexa igual ao pagado, debe ser:

$$4{,}779 \cdot a = 31\,470{,}39$$

De aquí obtense o valor da anualidade: $a = 6\,585{,}14$ €

Amortización dunha débeda mediante pagamentos mensuais iguais (mensualidades). Un exemplo

Debemos amortizar 20 000 € ao 12 % anual, en catro anos, mediante 48 mensualidades iguais.

Procedemos como antes. Agora consideramos 48 períodos de capitalización mensuais. O 12 % anual significa o 1 % mensual.

$$20\,000 \xrightarrow{\text{en 48 meses ao 1 \% anual}} 20\,000 \cdot 1{,}01^{48} = 32\,244{,}52 \text{ €}$$

$$\left.\begin{array}{l} m \xrightarrow{\text{en 47 meses}} m \cdot 1{,}01^{47} \\ m \xrightarrow{\text{en 46 meses}} m \cdot 1{,}01^{46} \\ \qquad \dots \\ m \xrightarrow{\text{en 2 meses}} m \cdot 1{,}01^2 \\ m \xrightarrow{\text{en 1 mes}} m \cdot 1{,}01 \\ \qquad\qquad\quad m \end{array}\right\} \text{Cantidade total pagada}$$

O total pagado está en progresión xeométrica de razón 1,01:

$$m \cdot (1 + 1{,}01 + 1{,}01^2 + \dots + 1{,}01^{47}) = m \cdot \frac{1{,}01^{48} - 1}{1{,}01 - 1} = 61{,}2226 \cdot m$$

Polo tanto, para que o diñeiro recibido sexa igual ao pagado, debe ser:

$$61{,}2226 \cdot m = 32\,244{,}52$$

De aquí obtense o valor da mensualidade:

$$m = 526{,}68 \text{ €}$$

Obtención da fórmula da anualidade para amortizar un préstamo

Un préstamo, C, debe ser devolto mediante n anualidades de valor a. Se o rédito é do r % anual, como se obtén o valor de a coñecendo C, n e r ?

Calculemos o valor que terá o capital, C, e cada unha das n anualidades no momento en que se paga a última delas e, polo tanto, se amortiza o crédito:

$$\begin{array}{lcl} C & \xrightarrow{\text{en } n \text{ anos}} & C(1+i)^n \\ a & \xrightarrow{\text{en } n-1 \text{ anos}} & a(1+i)^{n-1} \\ a & \xrightarrow{\text{en } n-2 \text{ anos}} & a(1+i)^{n-2} \\ & \dots & \\ a & \xrightarrow{\text{en } 1 \text{ ano}} & a(1+i) \\ & & a \end{array} \left.\vphantom{\begin{array}{l} a \\ a \\ \dots \\ a \\ a \end{array}}\right\} \text{Cantidade total pagada valorada ao final do ano } n\text{-ésimo.}$$

Notación

Chamamos $i = \dfrac{r}{100}$.

Os valores das n anualidades forman unha progresión xeométrica cuxo primeiro termo é a e cuxa razón é $1 + i$. A suma da devandita progresión xeométrica é:

$$a + a(1+i) + \dots + a(1+i)^{n-2} + a(1+i)^{n-1} =$$

$$= \frac{a(1+i)^{n-1}(1+i) - a}{1+i-1} = a\frac{(1+i)^n - 1}{i}$$

A suma do diñeiro pagado debe ser igual ao diñeiro recibido. Como os pagamentos se realizan en distintos momentos, referímolo todo ao final do ano n-ésimo:

$$C(1+i)^n = a\frac{(1+i)^n - 1}{i}$$

Despexando obtense:

$$a = C\frac{(1+i)^n \cdot i}{(1+i)^n - 1}$$

Esta fórmula é válida tamén cando os pagamentos se realizan en períodos non anuais modificando o significado de i e de n. Por exemplo, para amortizar unha débeda mediante pagamentos mensuais, o valor de cada mensualidade obtense coa fórmula anterior, na cal $i = \dfrac{r}{1200}$ e n = número de mensualidades.

Débese amortizar un préstamo, C, a un xuro do r% anual, mediante n pagamentos.

- **Pagamentos anuais**

  Se os pagamentos son anuais, a anualidade correspondente obtense así:

  $$a = C\frac{(1+i)^n \cdot i}{(1+i)^n - 1}, \text{ onde } i = \frac{r}{100}$$

- **Pagamentos mensuais**

  Se os pagamentos son mensuais, a mensualidade correspondente obtense así:

  $$m = C\frac{(1+i)^n \cdot i}{(1+i)^n - 1}, \text{ onde } i = \frac{r}{1200}$$

Na web

Folla de cálculo para obter anualidades ou mensualidades pormenorizando todos os pagamentos.

Exercicios resoltos

1 *Un empresario solicita un préstamo de 500 000 euros. Concédenllo a un xuro fixo do 11%, debendo pagalo en 8 anualidades. De canto será cada anualidade?*

Aplicamos a fórmula para $i = 0,11$ e $n = 8$:

$$a = 500\,000\ \frac{1,11^8 \cdot 0,11}{1,11^8 - 1} = 500\,000 \cdot 0,194321 = 97\,160,53\ €$$

1,11 [x^y] 8 [×] 0,11 [÷] [(] 1,11 [x^y] 8 [−] 1 [)] [×] 500 000 [=] [97160.5271]

Faino ti. Se o xuro fose do 8 % e houbese que pagalo en 11 anualidades, canto sería a contía de cada anualidade?

2 *Un banco concédenos un préstamo de 10 000 euros ao 12 % anual que debemos amortizar nun ano mediante 12 pagamentos mensuais. Comprobar que, como vimos no inicio do apartado 5, a mensualidade correspondente é de 888,49 euros.*

Aplicamos a fórmula tomando $i = \frac{12}{12 \cdot 100} = 0,01$ e $n = 12$ meses:

$$m = 10\,000\ \frac{1,01^{12} \cdot 1,01}{1,01^{12} - 1} = 888,49\ €$$

1,01 [x^y] 12 [×] 0,01 [÷] [(] 1,01 [x^y] 12 [−] 1 [)] [×] 10 000 [=] [888.4878868]

Faino ti. O banco concédenos un préstamo de 25 000 euros ao 6 % anual que hai que amortizar nun ano en 12 pagamentos mensuais. Cal é a mensualidade que hai que pagar?

3 *Deséxase amortizar unha débeda de 70 000 euros, en 3 anos, ao 10 % anual, mediante pagamentos trimestrais. Canto haberá que pagar cada trimestre?*

O xuro trimestral é: $\frac{10\,\%}{4} = 2,5\,\%$. Polo tanto, $i = \frac{2,5}{100} = 0,025$.

O número de pagamentos é: $n = 3 \cdot 4 = 12$ (12 trimestres)

O valor de cada pagamento é, polo tanto:

$$p = 70\,000 \cdot \frac{(1 + 0,025)^{12} \cdot 0,025}{(1 + 0,025)^{12} - 1} = 6\,824,10\ €$$

1,025 [x^y] 12 [×] 0,025 [÷] [(] 1,025 [x^y] 12 [−] 1 [)] [×] 70 000 [=] [6824.09889]

Faino ti. Queremos amortizar unha débeda de 120 000 €, en 5 anos, ao 9 % anual, mediante pagamentos cuadrimestrais. Canto debemos pagar cada cuadrimestre?

Exercicios propostos

1 Descubre a mensualidade que hai que pagar para amortizar en 3 anos (36 pagamentos) unha débeda de 24 000 euros ao 9 % anual.

2 Canto hai que pagar cada trimestre para amortizar en 3 anos (12 pagamentos) unha débeda de 24 000 euros ao 9 % anual?

3 Se compro a prazos unha bicicleta de 3 000 € para pagar en 12 meses ao 15 % anual, canto terei que pagar ao mes?

4 Se teño que pagar 4 092,23 € ao ano durante os tres seguintes anos a un préstamo que me concedeu o banco ao 11% de xuro anual, que cantidade me prestou?

5 Un banco prestoume 15 000 € para devolvelos en 2 anos. Calcula canto foi o que se devolvo o préstamo:

a) Ao final dos 2 anos.

b) En 2 anualidades.

c) En 8 trimestres.

d) En 24 mensualidades.

Explica por que pago cantidades diferentes.

6 A mensualidade que teño que pagar pola compra dunha máquina para a miña empresa é de 1 521,22 €. Se a financeira me cobra o 12 % anual durante tres anos, canto custaba a máquina?

8 Produtos financeiros

Accións

Participacións que outorgan o dereito de propiedade dunha sociedade anónima (SA). Representan, pois, as partes en que se pode dividir o capital social dunha empresa. Os seus posuidores son copropietarios da empresa e reciben unha remuneración (dividendo) que depende dos beneficios.

A compravenda de accións realízase nos mercados de valores (a bolsa).

Bonos e obrigas

Un **bono** é un instrumento de crédito legal mediante o cal se adquire o compromiso de pagar unha cantidade nunha data determinada, cuns xuros concretos. Xeralmente, emítenos grandes empresas ou gobernos. (O termo bono utilízase normalmente para emisións de débeda a curto prazo, mentres que os de longo prazo se denominan **obrigas**).

Os posuidores de bonos ou obrigas son, pois, prestamistas e reciben unha remuneración (xuro) previamente coñecida.

Bolsa de Madrid

Crédito hipotecario

Cantidade recibida para a adquisición dun ben inmoble (piso, casa, parcela...), cuxa devolución queda garantida polo ben adquirido (hipoteca). Habitualmente a amortización faise mediante pagamentos periódicos e está sometida a uns xuros pactados a priori.

Ademais dos xuros, un préstamo hipotecario leva consigo outros gastos: comisión de apertura, peritaxe de taxación, notaría... Estes gastos adicionais cárganselle ao cliente no momento de recibir o préstamo.

Fondos de investimento

É un instrumento de aforro colectivo que consiste en poñer en común capitais privados que se invisten na adquisición de accións, bonos e outros produtos financeiros. Xestiónanos profesionais que buscan eficacia e seguridade.

Son de **renda fixa** cando o investimento se fai en produtos con xuro coñecido —bonos, obrigas—. Co paso do tempo, cancélanse uns e ábrense outros. Por iso, a rendibilidade dos bonos pode sufrir lixeiras variacións.

Son de **renda variable** cando se invisten en activos financeiros sen rendibilidade determinada que dependen dos seus valores nas bolsas.

Os fondos **mixtos** son os que combinan ambos os dous tipos nunha ou outra proporción.

Plans de pensións

Sistema de aforro polo cal unha persoa en idade laboral achega un capital para a súa xubilación. As cantidades que aforran anualmente poden ser diferentes; o capital final, descoñecido; e o ritmo de imposición, irregular.

Exercicio proposto

7 Verdadeiro ou falso?

a) Se recibimos 120 000 € para adquirir un piso, realizamos un fondo de investimento.

b) A diferenza entre bonos e obrigas só depende de que a débeda sexa a longo ou a curto prazo.

c) Os sistemas de aforro para a xubilación son dereitos de propiedade dunha empresa denominados accións.

Exercicios e problemas resoltos

1. Variación do poder adquisitivo dun traballador

Na táboa anexa móstrase a evolución das subas do IPC e do salario mínimo interprofesional (SMI) en España desde o inicio de 2010 ata o inicio de 2013.

Calcular a variación, ao longo deste período de tempo, do poder adquisitivo dun traballador que cobre o SMI.

NOTA. O IPC anual calcúlase como a variación do IPC entre o final de decembro do ano anterior e o final de decembro do ano en cuestión.

Faino ti. Sabendo que a suba do IPC en 2013 foi dun 0,3 % e que durante 2014 o SMI permaneceu conxelado, calcula a variación do poder adquisitivo do mesmo traballador entre os anos 2010 e 2014.

	VARIACIÓN DO IPC (%)	SMI (€)
2010	3,0	633,33
2011	2,4	641,40
2012	2,9	641,40
2013		645,30

Determinamos a suba acumulada do IPC entre comezos de 2010 e final de 2012. Para iso multiplicamos os índices de variación correspondentes ás subas porcentuais anuais:

$$1{,}03 \cdot 1{,}024 \cdot 1{,}029 = 1{,}0853$$

O que corresponde a unha suba do 8,53 %.

Se a suba do SMI fose proporcional á do IPC, o SMI en 2013 debería ser 633,33 · 1,0853 = 687,35 € en lugar de 645,30 €.

Calculamos a porcentaxe de diminución que se produciu no soldo:

$I_v = \dfrac{645{,}30}{687{,}35} = 0{,}9388$, que é o índice de variación asociado a unha diminución do 6,12 % (1 – 0,9388 = 0,0612).

Polo tanto, o poder adquisitivo deste traballador diminuíu nun 6,12%.

2. Depósito con xuro variable

Unha entidade bancaria ofrece un depósito a dous anos con períodos de capitalización mensuais e un xuro crecente que evoluciona segundo o cadro adxunto.

Que beneficio se obterá ao depositar 15 000 € con estas condicións?

Faino ti. Resolve este mesmo exercicio se as TAE asociadas a cada semestre son 1,0046 %, 2,0184 %, 3,0416 % e 4,0742 %, respectivamente.

PERÍODO	PRIMEIRO SEMESTRE	SEGUNDO SEMESTRE	TERCEIRO SEMESTRE	CUARTO SEMESTRE
TAE	2%	3,95 %	4,95 %	5,95 %

Ao cambiar o tipo de xuro antes do ano, debemos calcular o xuro mensual asociado a cada TAE. Para iso, establecemos a relación entre o rédito nun período de capitalización mensual e a TAE:

$$\left(1+\frac{r}{1200}\right)^{12} = 1 + \frac{\text{TAE}}{100} \rightarrow r = \left(\sqrt[12]{1+\frac{\text{TAE}}{100}}-1\right)\cdot 1200$$

Calculamos o xuro asociado a cada TAE.

$$\text{TAE} = 2\,\% \rightarrow r = \left(\sqrt[12]{1+\frac{2}{100}}-1\right)\cdot 1200 = 1{,}9818 \rightarrow 1{,}98\,\%$$

$$\text{TAE} = 3{,}95\,\% \rightarrow r = \left(\sqrt[12]{1+\frac{3{,}95}{100}}-1\right)\cdot 1200 = 3{,}8802 \rightarrow 3{,}88\,\%$$

$$\text{TAE} = 4{,}95\,\% \rightarrow r = \left(\sqrt[12]{1+\frac{4{,}95}{100}}-1\right)\cdot 1200 = 4{,}8411 \rightarrow 4{,}84\,\%$$

$$\text{TAE} = 5{,}95\,\% \rightarrow r = \left(\sqrt[12]{1+\frac{5{,}95}{100}}-1\right)\cdot 1200 = 5{,}7936 \rightarrow 5{,}79\,\%$$

Coñecido o xuro anual correspondente a cada período, podemos calcular o capital final e, polo tanto, o beneficio.

$$C_{\text{final}} = 15\,000\cdot\left(1+\frac{1{,}98}{1200}\right)^6\cdot\left(1+\frac{3{,}88}{1200}\right)^6\cdot\left(1+\frac{4{,}84}{1200}\right)^6\cdot\left(1+\frac{5{,}79}{1200}\right)^6 = 16\,286{,}60\,€$$

O beneficio obtido é de 16 286,60 – 15 000 = 1 286,60 €.

3. Táboa de amortización dun préstamo

Recibimos un préstamo de 20 000 €, ao 12 %, e debemos devolvelo en 4 anos, pagando cada ano os xuros da cantidade debida mais unha cuarta parte do capital.

Calcular os pagamentos anuais.

Cada anualidade é a suma do capital amortizado nela (no noso caso é unha cuarta parte do préstamo total; é dicir, 5 000 €) mais os xuros que xera a débeda pendente.

	CAPITAL PENDENTE	PAGAMENTO DE XUROS	+	PAGAMENTO DE CAPITAL	=	PAGAMENTO ANUAL	DÉBEDA PENDENTE
1.º ANO	20 000	20 000 · 0,12	+	5 000	=	7 400	15 000
2.º ANO	15 000	15 000 · 0,12	+	5 000	=	6 800	10 000
3.º ANO	10 000	10 000 · 0,12	+	5 000	=	6 200	5 000
4.º ANO	5 000	5 000 · 0,12	+	5 000	=	5 600	0

Os pagamentos anuais para a amortización do préstamo serán, nos sucesivos anos, de 7 400 €, 6 800 €, 6 200 € e 5 600 €.

Faino ti. Concédennos un préstamo de 50 000 €, ao 5 %, que debemos devolver en 5 anos, pagando cada ano unha quinta parte do capital pendente mais os xuros da cantidade debida.

Calcula os pagamentos anuais.

4. Comisión de cancelación dun préstamo

Pedimos un préstamo persoal de 10 000 € ao 12 %, que debemos devolver en 1 ano en cotas mensuais. O banco imponnos unha comisión do 5 % por cancelación anticipada do préstamo.

Se transcorridos 3 meses queremos cancelar o préstamo, que cantidade deberemos pagar como comisión?

Análise do problema. *Para saber sobre que cantidade debemos pagar a comisión do 5 %, temos que calcular que capital está pendente de amortizar tras pagar as cotas dos tres primeiros meses.*

Debemos construír a táboa de amortización do préstamo para os tres primeiros meses, onde se detalle que parte de cada cota está destinada ao pagamento da débeda.

Calculamos primeiro a cota mensual que temos que pagar.

$$m = C \cdot \frac{(1+i)^n \cdot i}{(1+i)^n - 1} = 10\,000 \cdot \frac{\left(1+\frac{12}{1200}\right)^{12} \cdot \frac{12}{1200}}{\left(1+\frac{12}{1200}\right)^{12} - 1} = 888{,}49 \text{ €}$$

Elaboramos a táboa de amortización do préstamo.

	CAPITAL PENDENTE	COTA MENSUAL	–	PAGAMENTO DE XUROS	=	PAGAMENTO CAPITAL	DÉBEDA PENDENTE
1.º MES	10 000	888,49	–	10 000 · 0,01	=	788,49	9 211,51
2.º MES	9 211,51	888,49	–	9 211,51 · 0,01	=	796,37	8 415,14
3.º MES	8 415,14	888,49	–	8 415,14 · 0,01	=	804,34	7 610,80

Aos tres meses queda por amortizar un capital de 7 610,80 €. Temos que pagar como comisión de cancelación anticipada un 5 % desta cantidade, é dicir, 7 610,80 · 0,05 = = 380,54 €.

Faino ti. Pedimos un préstamo de 100 000 €, ao 5 % anual, que temos que devolver en 10 anos en cotas anuais. Ademais, impóñennos unha comisión de cancelación anticipada do 2 %.

Cal sería esta comisión se quixésemos cancelalo transcorridos 2 anos?

Exercicios e problemas guiados

1. Aumentos acumulados

No contrato de traballo dun administrativo fíxase unha suba anual do 3 %. Se empeza gañando 1 000 € mensuais, cantos anos teñen que pasar para que o seu soldo sexa de 1 200 €?

- Escribe a expresión que dá o soldo do traballador despois de n anos, tendo en conta que se trata de aumentos porcentuais encadeados.
- Iguala a expresión obtida no paso anterior a 1 200 e despexa n, tomando logaritmos ou por tenteo.

Solución: Deben pasar 7 anos.

2. Cálculo da TAE

Colocamos nun depósito bancario a 2 anos un capital inicial de 10 000 € ao 3 % anual. Acha a TAE asociada e úsaa para obter o capital final se:

a) os períodos de capitalización son mensuais.

b) os períodos de capitalización son cuadrimestrais.

a) • Acha o xuro mensual, i_m, asociado a un xuro anual do 3 % e o índice de variación correspondente a esa suba porcentual, I_{vm}.

- Esta suba prodúcese 12 veces nun ano; trátase dunha suba porcentual encadeada. Calcula o índice de variación correspondente, $I_v = (I_{vm})^{12}$.
- Obtén a TAE como a porcentaxe asociada a este índice.
- Por último, calcula o capital final tendo en conta que o diñeiro permanece dous anos no depósito: $C_{\text{final}} = C_{\text{inicial}} \cdot (I_v)^2$

b) Debes seguir os mesmos pasos que no apartado anterior, pero traballando co xuro cuadrimestral asociado, i_c, (nun ano encadearás tres subas porcentuais).

Solución: a) 10 617,57 € b) 10 615,20 €

3. Plans de pensións

Un traballador contrata un plan de pensións 35 anos antes da súa xubilación, con achegas anuais de 2 400 € ao 4 %.

De que cantidade de diñeiro disporá no momento da súa xubilación?

- Calcula en canto se converterá a primeira anualidade que permanecerá no depósito 35 anos cun xuro anual do 4 % $\rightarrow C_f = C_i \cdot (I_v)^{35}$
- Repite o procedemento para as seguintes anualidades. Observa que se continuases calculando obterías, en orde inversa, os 35 primeiros termos dunha progresión xeométrica de razón $r = 1{,}04$ e primeiro termo $a_1 = 2\,400 \cdot 1{,}04$ (corresponde á última anualidade que permanece unicamente un ano no depósito).
- Acha a cantidade total da que disporá o traballador como a suma dos 35 primeiros termos da sucesión anterior:

$$S_{35} = \frac{a_{35} \cdot r - a_1}{r - 1}$$

Solución: No momento da súa xubilación disporá de 183 835,95 €.

4. Xuro variable

Unha hipoteca está contratada cun xuro anual variable de Euribor + 0,65. No contrato establécese unha cláusula chan que impide que este xuro baixe do 2,9 %.

Cando quedan 239 mensualidades por pagar e un capital pendente de 169 349,20 €, o Euribor ten un valor de 0,528.

Calcula a cota actual da hipoteca e cal sería esa cota se se eliminase a cláusula chan.

- Observa que para calcular a cota actual non é necesario o valor do Euribor, posto que ao sumarlle o diferencial de 0,65, o total queda por debaixo do xuro mínimo do 2,9%.
- Emprega esta fórmula para o cálculo da mensualidade: $m = C \cdot \dfrac{(1+i)^n \cdot i}{(1+i)^n - 1}$, onde $i = \dfrac{2{,}9}{1200}$ e n é o número de mensualidades pendentes.
- Para calcular a cota resultante ao eliminar a cláusula chan, debes usar a fórmula anterior cambiando o valor do xuro: $i = \dfrac{0{,}528 + 0{,}65}{1200}$

Solución: Cota actual: 933,63 €. Cota sen cláusula chan: 795,29 €.

Exercicios e problemas propostos

Para practicar

Porcentaxes

1 Tras subir o IVE cultural do 8 % ao 21 %, o prezo das entradas en dous cines pasou de 8 a 9 euros, e de 6,70 a 7,50 euros, respectivamente. Cal foi a porcentaxe de suba das entradas en cada cine? Correspóndese coa suba do IVE?

2 Se o prezo dun artigo pasou de 35 € a 100 € nuns anos, cal é o índice de variación? Cal foi o aumento expresado en porcentaxes?

3 O número total de hipotecas en España en 2009 ascendeu a 1 082 587. En 2012 houbo 458 937 hipotecas. Calcula o índice de variación e a porcentaxe de baixada.

4 En 2008 había 7 033 filiais de empresas estranxeiras en España. En 2009 o número ascendeu a 8 064. Cal é o índice de variación? Que porcentaxe supón esta suba?

5 Descubre o índice de variación do prezo dun televisor que custaba 450 €, despois de subilo un 15 % e rebaixalo posteriormente un 25%. Cal é o prezo actual?

6 A cantidade de auga dun encoro diminuíu nun 35 % respecto ao que había o mes pasado. Agora contén 74,25 millóns de litros.

Cantos litros tiña o mes pasado?

7 Na táboa seguinte móstrase, en millóns de euros, a recadación en España da AEAT en tres anos distintos:

	2003	2005	2008
TOTAL	28 892	47 721	51 577
ENERXÍA/AUGA	1 150	4 838	3 834
COMERCIO	9 853	18 633	21 245

a) Calcula a porcentaxe da recadación total que supón a procedente do comercio neses anos.

b) Descubre o índice de variación da recadación procedente de enerxía e auga entre os anos 2003 e 2005, 2005 e 2008 e entre 2003 e 2008. Exprésao tamén usando porcentaxes.

8 Entre os anos 2004 e 2012 o número de matrimonios en España diminuíu un 21,89 %. Se en 2012 houbo 168 835 matrimonios, cantos houbo en 2004?

9 Nun centro escolar, por cada 5 alumnos que aproban todas as materias, hai 4 que suspenden algunha. Que fracción e que porcentaxe do total supón cada un dos dous tipos?

Números índices

10 En marzo de 2014 o IPC calculábase con base no ano 2011. Na seguinte táboa móstranse os 12 grupos que formaban a cesta da compra e as súas respectivas ponderacións no cálculo do IPC con base ao ano 2011:

GRUPO	SECTORES	PONDERACIÓNS (%)	ÍNDICE MARZO 2014	% VARIACIÓN MENSUAL
1	Alimentación e bebidas non alcohólicas	18,95	104,7	−0,7
2	Bebidas alcohólicas e tabaco	2,81	113,9	0,1
3	Vestido e calzado	7,61	95,2	4,2
4	Vivenda	12,46	107,6	0,0
5	Enxoval	6,36	101,4	0,2
6	Medicina	3,26	110,9	0,2
7	Transporte	15,33	104,4	0,0
8	Comunicacións	3,74	88,7	0,0
9	Ocio e cultura	7,27	99,8	0,3
10	Ensino	1,54	114,9	0,0
11	Hoteis, cafés e restaurantes	11,22	101,1	0,3
12	Outros	9,45	105,3	0,0
XERAL		100		

a) Cales son os sectores cun maior e cun menor peso no cálculo do IPC? Que porcentaxe representan?

b) Canto aumentou o gasto en transporte desde 2011 ata marzo de 2014?

c) O índice asociado á vivenda neste mes de marzo de 2014 era 107,6 e o do ensino era de 114,9. Que significado teñen estas cantidades?

d) Tendo en conta as ponderacións de cada grupo, calcula o índice xeral do IPC deste mes e a variación porcentual mensual.

Xuros bancarios. TAE

11 En 2008 un banco ofrecía aos seus clientes un depósito a 1 ano a un xuro anual do 5 % con pagamento mensual de xuros. En 2013, o mesmo depósito era ofrecido a un xuro do 2 % anual. Se o produto fose contratado con 50 000 €, cales serían os beneficios en cada un dos anos?

12 En canto se transforma un capital de 3 500 € depositados durante tres meses ao 8,5 % anual? E se se mantén 5 anos con períodos de capitalización trimestrais?

13 Un banco ofrécenos dous tipos de depósitos a 10 anos. O depósito A, cun rédito do 3 % e pagamento mensual de xuros, e o depósito B, cuxo rédito é do 3,5 % e ten pagamento anual de xuros. Que opción é máis vantaxosa? Que beneficio obteremos en cada depósito se colocamos 15 000 euros?

14 Un capital colocado ao 2,5 % anual durante catro anos converteuse en 11 038,13 €. A canto ascendía ese capital?

15 Cantos anos tería que estar depositado un capital de 15 000 €, ao 4,7 % anual, para converterse en 18 000 €?

16 Calcula o tanto por cento anual ao que se deben colocar 600 € para que en dous anos se convertan en 699,84 €.

17 Depositamos 32 500 € nun banco durante un ano e medio e convértense en 32 720 €. Que tanto por cento mensual nos dá o banco?

18 Calcula a TAE para un rédito anual do 10 % con pagamentos mensuais de xuros.

19 Colocamos nun depósito a 3 anos 10 000 € ao 4,5 % anual, sendo os períodos de capitalización mensuais. Calcula a TAE asociada. En canto se transforma o capital inicial?

20 Calcula en canto se transforman 5 000 euros nun ano ao 10 % se os períodos de capitalización son: a) semestres; b) trimestres; c) meses. Di, en cada caso, cal é a TAE correspondente.

* *a) 10% anual → 5 % durante 2 semestres →*
→ TAE: $(1 + 5/100)^2$ → 10,25 %.

Amortización de préstamos

21 Un comerciante pide un préstamo de 5 000 euros para devolver nun só pagamento aos tres meses. A canto debe ascender ese pagamento se o prezo do diñeiro está ao 12 % anual?

22 Recibimos un préstamo de 8 500 € ao 15 % anual, que debemos devolver nun só pagamento. Cantos anos transcorreron se ao liquidalo pagamos 14 866,55 €?

23 Calcula a cota mensual dun préstamo de 6 000 € cun rédito do 8 % que debemos devolver en 1 ano. Se o tempo para a devolución fose de 2 anos, cal sería a nova cota?

24 Debemos amortizar 50 000 € en 5 anos, cun xuro do 15 %, de xeito que cada ano se paguen os xuros do capital pendente mais a quinta parte do capital total. Calcula o que hai que pagar cada ano.

25 Unha entidade bancaria concédenos un préstamo de 20 000 € que amortizaremos en 5 anos cun xuro anual do 9 %. Calcula as cotas do préstamo se:

a) os pagamentos son mensuais.

b) os pagamentos son trimestrais.

c) os pagamentos son anuais.

26 Unha persoa paga un coche en sesenta mensualidades de 333,67 €. Se o prezo do diñeiro está ao 12 % anual, cal sería o prezo do coche se se pagase ao contado?

* *Coñecemos m e hai que calcular C. Substitúe os datos na fórmula e despexa C.*

27 Mercamos un electrodoméstico de 750 € e pagámolo en 24 prazos mensuais cun xuro do 13 %. Cal será a cota mensual?

28 Un banco concédenos un préstamo ao 6 %, que debemos amortizar en 7 anualidades de 14 330,80 € cada unha. Canto diñeiro nos prestou?

Para resolver

29 Nun exame de francés aprobou o 60 % dos estudantes. Na recuperación dos suspensos, aproba o 30 %, que suma 18. Cal é a porcentaxe total de aprobados? Cantos estudantes cursan francés?

* *Ten en conta que só o 40 % se presenta á recuperación. Suma as porcentaxes dos que aproban.*

30 Se o prezo do alugueiro dun apartamento sobe un 10 % cada ano, cantos anos tardaría en duplicarse?

31 A seguinte táboa recolle a evolución do salario mínimo interprofesional (SMI) e o IPC anual en España desde o inicio de 2006 ata o inicio de 2011.

	SMI (€/MES)	IPC (%)
2006	540,90	2,7
2007	570,60	4,2
2008	600,00	1,4
2009	624,00	0,8
2010	633,30	3,0
2011	641,40	

a) Calcula a porcentaxe de suba anual e o acumulado, neste período de tempo, do SMI.

b) Calcula a porcentaxe de suba acumulada do IPC nos 5 anos.

c) Un traballador que cobre o SMI perdeu ou gañou poder adquisitivo neste período de tempo?

* *Fíxate no problema resolto 1.*

32 Calcula a TAE asociada a un rédito anual do 6 % con períodos de capitalización mensuais. Cal sería a TAE se o pagamento de xuros fose trimestral?

33 Un depósito ofrécenos un 5 % TAE. Se os períodos de capitalización son mensuais, cal é o rédito asociado?

* *Se r é o rédito,* $\left(1+\frac{r}{1\,200}\right)^{12} = 1{,}05$.

34 Un banco paga o 2 % trimestral. Cantos anos teñen que estar depositados 2 000 euros para se converteren en 2 536,48 €?

35 Unha familia paga unha cota mensual de 644,30 € pola hipoteca da súa vivenda. Se o préstamo foi a 25 anos cun rédito do 6 %, cal foi o capital inicial solicitado?

36 Quero pedir unha hipoteca para comprar unha vivenda. A miña nómina é de 1 500 € e a miña entidade bancaria non quere que o meu nivel de endebedamento sexa superior a un terzo desta. Se me conceden unha hipoteca a 30 anos cun rédito do 4,5 %, cal é a cantidade máxima que podo pedir ao banco?

37 O banco concédenos un préstamo persoal de 15 000 € ao 12 % anual para devolver en 24 mensualidades. Se nos fixa unha comisión de cancelación anticipada do 1 %, a canto ascendería esta comisión se queremos cancelar o préstamo ao cabo de 6 meses?

38 Ingreso nun banco 3 500 € ao principio de cada ano ao 8 % durante 5 anos. Canto diñeiro terei ao final do quinto ano?

39 Un aforrador mete todos os anos na mesma data 1 500 € nunha conta que lle produce o 6 % anual. Que cantidade terá acumulada ao cabo de 3 anos?

40 Recibín un préstamo dunha financeira polo que teño que pagar 10 anualidades de 1 413,19 €. Cal é a cantidade prestada se o rédito é o 10,5 %?

41 Comproba que se ingresamos ao final de cada ano unha anualidade de 2 500 € durante 8 anos, ao 5 %, acumularemos en total 23 872,77 €.

42 Un traballador aforra 5 000 € anuais que ingresa no banco ao principio de cada ano. Se o banco lle dá un 9,5 % de xuro, que cantidade terá ao cabo de 10 anos?

Para afondar

43 Unha persoa inicia un plan de pensións aos 45 anos, con cotas mensuais de 200 € ao 9 % anual, con períodos de capitalización mensuais. De que capital disporá aos 65 anos?

44 Recibimos un préstamo de 10 000 € ao 12 % anual que debemos pagar nun ano con prazos mensuais. O banco cóbranos 350 € pola xestión do préstamo no momento da súa concesión. Comproba que a TAE correspondente a ese préstamo é dun 16,77 %.

* *O banco cóbranos 10 000 € ao 1 % mensual, pero o que realmente recibimos é 9650 €, que ao r % anual (r = TAE) será igual ao que o banco nos cobra. Formula a ecuación correspondente e despexa r.*

Autoavaliación

Na web — Resolucións destes exercicios.

1 Nun control de calidade realizado nunha fábrica de lámpadas LED, o 5 % non superou as 12 000 horas de vida. Das restantes, un 2 % non pasou das 15 000 horas. Se 13965 lámpadas pasaron o control, que porcentaxe de lámpadas non superou a proba? Cantas lámpadas foron testadas?

2 O soldo dun traballador aumentou, a principios de ano, de 1 450 € a 1 508 €. Cal foi o índice de variación? E a porcentaxe de suba?

3 Uns pantalóns que custan 50 € sofren un desconto de 10 € nas rebaixas. Posteriormente, volven ser rebaixados un 40 %. Calcula o seu prezo final e o seu índice de variación.

4 Poñemos 60 000 € nun banco ao 3 % anual. Cantos anos debemos deixar ese diñeiro no banco para obtermos 33 478,04 € de beneficio?

5 Un banco ofrece un 7 % anual. Ingresamos 12 000 € e mantémolos 2 anos. Calcula o diñeiro que teremos tras os 2 anos se os períodos de capitalización son mensuais. E se son semestrais? Calcula a TAE en ambos os dous casos.

6 Pedimos un préstamo de 5 000 € ao 5 % de xuro semestral, que debe ser devolto ao cabo de 3 anos nun só pagamento. Cal será o importe do devandito pagamento?

7 Debemos amortizar 15 000 € en 3 anos, a un xuro anual do 10 %, de forma que cada ano se paguen os xuros do capital pendente mais a terceira parte do capital total. Calcula o importe que hai que pagar cada ano.

8 Para a compra dun coche de 19 000 €, pedimos un préstamo ao 7 % de xuro anual que pagaremos en cotas mensuais durante 6 anos. Cal será a devandita cota?

3 Álxebra

A linguaxe alxébrica

A álxebra válese da aritmética e é, á súa vez, importantísimo auxiliar seu. Na súa linguaxe, clara e concisa, radica gran parte da súa eficacia.

Á peculiar linguaxe alxébrica chegouse de forma paulatina: exipcios, babilonios, árabes, hindús e chineses resolveron moitas situacións de carácter alxébrico, aínda que utilizaron unha linguaxe próxima ao natural. As ecuacións propoñíanse do seguinte modo:

Canto vale a ***cousa*** *que, se se triplica e se lle engade dez, vale igual que o resultado de multiplicar a* ***cousa*** *pola* ***cousa****?*

Máis adiante simplificaron:

Tres veces a ***cousa*** *mais dez é* ***cousa*** *por* ***cousa.***

O camiño para chegar á sinxela expresión $3x + 10 = x^2$ foi moi longo. O simbolismo alxébrico irrompeu con toda a súa forza a partir do século XVI. As demais ciencias presionaban, de xeito indirecto, para que aumentase a eficiencia das matemáticas. **Vieta,** a finais do século XVI deulle á linguaxe alxébrica unha configuración próxima á actual. Finalmente **Descartes,** no século XVII, acabouna a perfeccionar.

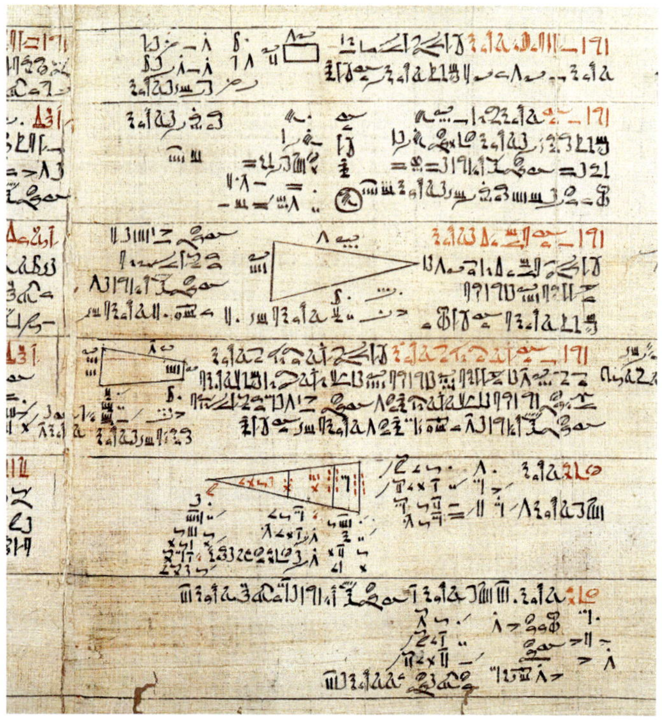

Papiro de Rhind con problemas matemáticos do século XIX a. C.

Resolución de ecuacións

Diofanto de Alexandría (século III) propuxo problemas alxébricos complexos e resolveunos por métodos orixinais e moi interesantes. Pero a súa achega careceu de método e tivo pouco valor pedagóxico.

Selo ruso na honra de Al-Jwarizmi.

Al-Jwarizmi (século IX) foi quen, por primeira vez, realizou un tratamento sistemático e completo da resolución de ecuacións de primeiro e segundo graos. O seu libro *al-jabr wa-l-muqabala*, elemental, didáctico e exhaustivo, foi moi coñecido e estudado e, posteriormente, traducido a todos os idiomas. O comezo do seu título, *al-jabr*, dálle nome a esta ciencia (*álxebra*).

No século XVI, varios alxebristas italianos (**Tartaglia, Cardano, Ludovico Ferrari, Scipione del Ferro, Antonio del Fiore**) mantiveron unhas interesantísimas, axitadas e fecundas discusións sobre a resolución de distintos tipos de ecuacións cúbicas (de terceiro grao) e cuárticas (de cuarto grao).

Niccolo Fontana (1499-1557), máis coñecido como Tartaglia.

Na web — Biografía de Cardano.

Na web Biografía de Diofanto.

Sistemas de ecuacións

Os sistemas de ecuacións formuláronse e resolvéronse de forma simultánea ás ecuacións, xa que o paso dun sistema de dúas ecuacións con dúas incógnitas a unha ecuación cunha incógnita non supón ningún problema especial.

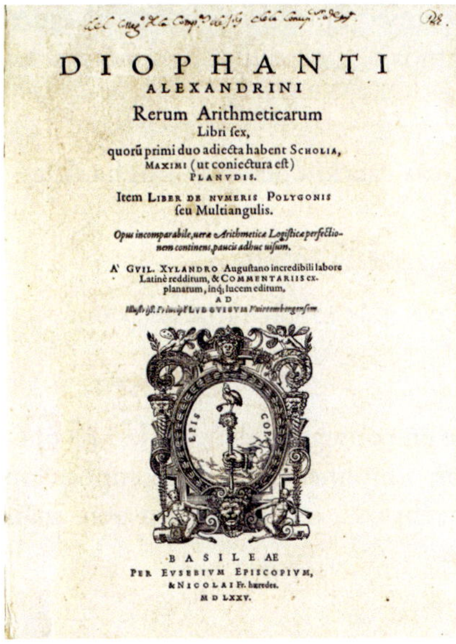
DIOPHANTI
ALEXANDRINI
Rerum Arithmeticarum
Libri sex,
quorũ primi duo adiecta habent Scholia,
Maximi (ut coniectura est)
Planudis.
Item Liber de numeris Polygonis
seu Multiangulis.
Opus incomparabile, veræ Arithmeticæ Logisticæ perfectionem continens, paucis adhuc visum.
A Guil. Xylandro Augustano incredibili labore
Latinè redditum, & Commentariis explanatum, inq; lucem editum,
AD
Illustriss. Principem Ludovicum Wirtembergensem.
BASILEAE
Per Eusebium Episcopium,
& Nicolai Fr. hæredes.
M D LXXV.

Portada da grande obra de Diofanto: "Aritmética".

Diofanto, orixinal e enxeñoso, resolvía os problemas que poderían dar lugar a un sistema de ecuacións mediante unha única ecuación cunha soa incógnita escollida habilmente para conseguir o seu propósito.

Historicamente, os sistemas de ecuacións lineais non foron un reto especialmente difícil. Xa no século II a. C., os chineses resolvían sistemas lineais de varias ecuacións co mesmo número de incógnitas, mediante un método elegante e potente, similares ao que usamos agora.

Álxebra na actualidade

No mundo actual preséntanse problemas alxébricos tremendos non pola súa complexidade matemática senón pola xigantesca cantidade de variables que aparecen. Un sistema con centos de ecuacións e centos de incógnitas (que teoricamente é trivial), aínda valéndose de potentísimos ordenadores, tardaría moitos miles de horas en ser resolto utilizando os métodos habituais. A investigación alxébrica actual pon o seu empeño en deseñar novos camiños que acurten estes procesos para que tales problemas poidan ser abordados con ordenadores nun tempo razoable.

Resolve

Os cadetes que desfilan coa súa mascota

Unha compañía de cadetes, formada en cadro de 20 metros de lado, avanza con paso regular. A mascota da compañía, un pequeno can, parte do centro da última fila, punto A, camiña en liña recta ata o centro da fila de cabeza, punto B, e regresa do mesmo modo ata o centro da última fila. No momento de volver alcanzar A, os cadetes percorreron exactamente 20 metros. Supoñendo que o can camiña con velocidade constante e que non perde tempo nos xiros, cantos metros percorreu?

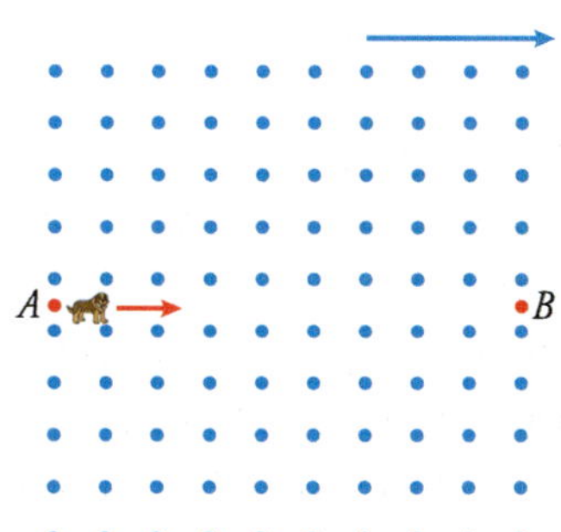

1 As igualdades en álxebra

A palabra álxebra

A obra máis importante do matemático árabe do século IX Al-Jwarizmi levaba o título de *al-jabr wa-l-muqabala*.

A primeira palabra, *al-jabr*, serviu, dese momento en diante, para designar a ciencia que nel se trataba.

En álxebra manéxanse dous tipos de igualdades de significados distintos. Imos analizalas.

Identidades

Cando poñemos $(2x-5)^2 = 4x^2 - 20x + 25$ estamos dicindo que "o cadrado de $2x-5$ coincide co polinomio $4x^2 - 20x + 25$".

Trátase dunha **identidade,** pois desenvolvendo o primeiro membro obtense o segundo membro. Calquera que sexa o valor que lle deamos a x, o resultado numérico dos dous membros coincidirá.

Dise que dúas **expresións alxébricas** son **idénticas** cando operando nunha delas se chega á outra.

Identidade é a igualdade entre dúas expresións alxébricas idénticas.

Se nunha identidade damos valores numéricos á variable (ou ás variables) obtense, sempre, unha igualdade numérica.

Unha gran parte da actividade en álxebra consiste en conseguir identidades. As operacións con polinomios e con fraccións alxébricas, simplificacións, descomposición factorial..., serven para pasar dunha expresión alxébrica a outra idéntica pero máis conveniente para o que pretendemos.

Identidade ou ecuación?

A igualdade $(x-2)^2 = x^2 - 4x + 4$, é evidentemente, unha identidade. Pero podemos tomala como ecuación, en cuxo caso calquera valor de x é solución desta.

Unha identidade pode ser interpretada como ecuación. En tal caso, ten infinitas solucións.

Ecuacións

A igualdade $x^3 + x^2 = 12x$ non é certa se a lemos como identidade entre os dous membros. Trátase dunha **ecuación** na que o que se di é: "Desexamos atopar un valor de x para o cal o polinomio $x^3 + x^2$ tome o mesmo valor que o polinomio $12x$". Ou dito doutra forma: "Para que valor de x se cumpre que $x^3 + x^2$ é igual a $12x$?". A solución "$x = 3$, $x = -4$, $x = 0$" é a resposta á devandita pregunta.

Unha **ecuación** é unha *proposta de igualdade.*

Solución dunha ecuación é un valor da variable (ou un valor de cada variable) co que a igualdade se cumpre.

Resolver unha ecuación é atopar todas as súas solucións ou chegar á conclusión de que non ten solución.

Ao resolver unha ecuación danse "pasos". Por exemplo:

$$(x-2)^2 + 2 = x \rightarrow x^2 - 4x + 4 + 2 - x = 0$$

Cada paso leva consigo unha equivalencia: "a ecuación $(x-2)^2 + 2 = x$ é equivalente (ten as mesmas solucións) que a ecuación $x^2 - 4x + 4 + 2 - x = 0$".

O último paso adoita levar á solución.

$$(x-2)^2 + 2 = x \rightarrow x^2 - 4x + 4 + 2 - x = 0 \rightarrow x^2 - 5x + 6 = 0 \rightarrow$$

$$\rightarrow x = \frac{5 \pm \sqrt{25-24}}{2} \rightarrow x = 2 \text{ o } x = 3$$

Exercicio proposto

1 Verdadeiro ou falso?

a) A igualdade $x = 3$ é unha ecuación porque só se cumpre para $x = 3$.

b) A igualdade $x^2 + 4 = 0$ non é nin ecuación nin identidade, xa que non se cumpre para ningún valor de x.

c) Se unha igualdade se cumpre para $x = 1$, $x = 2$, $x = 3$..., entón é unha identidade.

2 Factorización de polinomios

Para a resolución de ecuacións é fundamental ter destreza no manexo das expresións alxébricas. Supoñemos que neste nivel se dominan as operacións con polinomios, polo que comezaremos o noso repaso coa revisión dos conceptos e técnicas necesarios para a descomposición de polinomios en factores. Comezamos coa regra de Ruffini.

Regra de Ruffini

A regra de Ruffini serve para dividir un polinomio por $x - a$. Vexamos cun exemplo como se leva para efecto e que se consegue con ela:

Dividamos $5x^4 - 12x^3 - 23x + 11$ entre $x - 3$.

COEFICIENTES DO DIVIDENDO

	5	−12	0	−23	11
3		15	9	27	12
	5	3	9	4	23

COEFICIENTES DO COCIENTE — RESTO

Liñas verdes: os números de abaixo obtéñense sumando os de arriba.

Liñas vermellas: o número da dereita obtense multiplicando por 3 o da esquerda.

Obtivemos un cociente, $5x^3 + 3x^2 + 9x + 4$, e un resto, 23.

É dicir: $\frac{5x^4 - 12x^3 - 23x + 11}{x - 3} = 5x^3 + 3x^2 + 9x + 4 + \frac{23}{x - 3}$

Unha propiedade importante

Efectuemos unha división exacta. Por exemplo $(x^3 - 5x^2 + 7x - 78) : (x - 6)$.

	1	−5	7	−78
6		6	6	78
	1	1	13	0

Observa que para que a división sexa exacta, os números da última columna deben ser iguais (salvo o signo). É dicir: $6 \cdot 13 = 78$. O termo independente, −78, é múltiplo de 6.

Reflexiona sobre o resultado obtido: *Para que a división por x − 6 sexa exacta, o termo independente debe ser múltiplo de 6.*

Obtemos así algo parecido a un criterio de divisibilidade de polinomios.

Criterio de divisibilidade por $x - a$, para valores enteiros de a

Se un polinomio ten coeficientes enteiros, para que sexa divisible por $x - a$ é necesario que o seu termo independente sexa múltiplo de a.

Polo tanto, para buscar expresións $x - a$ que sexan divisores do polinomio, probaremos cos valores de a que sexan divisores do termo independente.

Ten en conta

Ao dividir un polinomio por $x - a$:

- o *cociente* é un polinomio dun grao inferior ao dividendo.
- o *resto* é un número.

Na web

Folla de cálculo para traballar a regra de Ruffini.

Atención

Este criterio é válido só para polinomios con **coeficientes enteiros.**

Exercicios propostos

1 Aplica a regra de Ruffini para calcular o cociente e o resto das seguintes divisións de polinomios:

a) $(x^3 - 3x^2 + 2x + 4) : (x + 1)$

b) $(5x^5 + 14x^4 - 5x^3 - 4x^2 + 5x - 2) : (x + 3)$

c) $(2x^3 - 15x - 8) : (x - 3)$

d) $(x^4 + x^2 + 1) : (x + 1)$

2 a) O polinomio $x^3 - 8x^2 + 17x - 10$ podería ser divisible por $x - a$ para os seguintes valores de a: 1, −1, 2, −2, 5, −5, 10, −10. Comproba que o é por $x - 1$, $x - 2$ e $x - 5$.

b) Acha os divisores destes polinomios:

a) $x^3 + 3x^2 - 4x - 12$

b) $x^4 + 5x^3 - 7x^2 - 29x + 30$

Valor dun polinomio para $x = a$

O valor numérico dun polinomio, $P(x)$, para $x = a$, é o número que se obtén ao substituír o x por a e facer operacións. A ese número chámaselle $P(a)$.

Por exemplo, se $P(x) = 5x^4 - 3x^3 - 4x^2 + 6x - 1$, para $x = 2$ obtemos:

$$P(2) = 5 \cdot 2^4 - 3 \cdot 2^3 - 4 \cdot 2^2 + 6 \cdot 2 - 1 = 51$$

$P(2) = 51$ é o resto de *dividir* $P(x)$ entre $x - 2$ (compróbao).

O teorema do resto xeneraliza este resultado.

Teorema do resto

O valor que toma un polinomio, $P(x)$, cando facemos $x = a$, é dicir, $P(a)$, coincide co resto de dividir $P(x)$ entre $x - a$.

É dicir, $P(a) = r$.

Demostración

$$\begin{array}{r|l} P(x) & x - a \\ \hline r & C(x) \end{array}$$

$P(x) = (x - a)\, C(x) + r$

Se facemos $x = a$:

$P(a) = (a - a)\, C(a) + r = r$

Raíces dun polinomio

Un número a chámase **raíz** dun polinomio $P(x)$ se $P(a) = 0$. Evidentemente, as raíces dun polinomio $P(x)$ son as solucións da ecuación $P(x) = 0$.

Se a é raíz de $P(x)$, entón o $P(x)$ é divisible por $x - a$ e pódese poñer:

$$P(x) = (x - a)\, C(x)$$

Para localizar as raíces enteiras dun polinomio, teñamos en conta a xa coñecida e importante propiedade: *se un polinomio ten coeficientes enteiros, as súas raíces enteiras son divisores do termo independente.*

Raíces dun polinomio

2 é raíz do polinomio

$$P(x) = x^4 + 2x^3 - 7x^2 - 8x + 12$$

porque $P(2) = 0$.

As raíces enteiras de $P(x)$ están entre os divisores de 12. É dicir, poden ser 1, –1, 2, –2, 3, –3, 4, – 4, 6 – 6, 12 ou –12.

A divisibilidade nos polinomios

- Un polinomio $P(x)$ é divisible por outro polinomio $Q(x)$ cando $P(x) : Q(x)$ é exacto. En tal caso, $P(x) : Q(x) = C(x)$. E, polo tanto, $P(x) = Q(x) \cdot C(x)$.

  Os polinomios $Q(x)$ *e* $C(x)$ chámanse **divisores** de $P(x)$.

  Por exemplo: $(3x^3 - 14x^2 + 4x + 3) : (3x + 1) = x^2 - 5x + 3$

  Polo tanto: $3x^3 - 14x^2 + 4x + 3 = (3x + 1) \cdot (x^2 - 5x + 3)$

- Dise que un polinomio é **irreducible** cando ningún polinomio de grao inferior é divisor seu.

  Os polinomios irreducibles son:

  — os de primeiro grao: x, $2x - 1$, $\frac{x}{2} + 3, \dots$

  — os de segundo grao sen raíces: $x^2 + 1$, $2x^2 - 3x + 5, \dots$

- Un polinomio de segundo grao con raíces a e b pódese descompoñer en forma de produto: $k(x - a)(x - b)$.

  Por exemplo, o polinomio $5x^2 + 5x - 60$ ten dúas raíces: $x = 3$, $x = -4$ (compróbao resolvendo a ecuación $5x^2 + 5x - 60 = 0$).

  Polo tanto:

  $$5x^2 + 5x - 60 = 5(x - 3)(x + 4)$$

- Calquera outro polinomio se pode descompoñer en produto de polinomios irreducibles.

  Por exemplo:

  $$3x^4 + 3x^3 - 33x^2 + 3x - 36 = 3(x - 3)(x + 4)(x^2 + 1)$$

Atención

A divisibilidade no conxunto dos polinomios é moi similar á divisibilidade entre números enteiros.

- Os polinomios irreducibles desempeñan, na divisibilidade entre polinomios, o mesmo papel que os números primos na divisibilidade entre números enteiros.
- A descomposición dun polinomio en polinomios irreducibles é similar á descomposición dun número en factores primos:

$$\begin{array}{r|l} 3x^4 + 3x^3 - 33x^2 + 3x - 36 & x - 3 \\ 3x^3 + 12x^2 + 3x + 12 & x + 4 \\ 3x^2 + 3 & x^2 + 1 \\ 3 & 3 \\ 1 & \end{array}$$

Reflexiona

Na páxina anterior vimos que todo polinomio se pode factorizar como produto de polinomios irredutibles. Non obstante, unha cousa é que *se poida* e outra que *saibamos facelo*.

Procedemento para factorizar un polinomio

Imos ver en que casos sabemos descompoñer un polinomio en factores e de que procedementos nos podemos valer.

- Sempre que se poida, sacaremos o x factor común.
- A regra de Ruffini axúdanos a localizar con eficacia as raíces enteiras dun polinomio, pois:
  - — Se os coeficientes de $P(x)$ son números enteiros, as raíces enteiras $P(x)$ son divisores do seu termo independente.
  - — Se $P(a) = 0$, entón $P(x) = (x - a)\,Q(x)$. Deste xeito vanse localizando sucesivamente as raíces.
- Se un polinomio de grao maior que 2 non ten raíces enteiras, é pouco probable que poidamos descompoñelo cos coñecementos que posuímos.

Exercicio resolto

1 *Descompoñer en factores irredutibles o seguinte polinomio:*

$$x^6 - 15x^4 - 42x^3 - 40x^2$$

Observamos que x é factor común e extraémolo tantas veces como sexa posible:

$$x^6 - 15x^4 - 42x^3 - 40x^2 = x^2(x^4 - 15x^2 - 42x - 40)$$

Xa extraemos o factor x dúas veces. Agora busquemos as raíces enteiras de $x^4 - 15x^2 - 42x - 40$ aplicando a regra de Ruffini e probando cos divisores de 40 (±1, ±2, ±4, ±5, ±8, ±10, ±20, ±40).

Comprobamos que 1, –1, 2 non son raíces (faino). Probamos con –2:

	1	0	–15	–42	–40
–2		–2	4	22	40
	1	–2	–11	–20	0

–2 si é raíz. Polo tanto:

$x^4 - 15x^2 - 42x - 40 =$

$= (x + 2)(x^3 - 2x^2 - 11x - 20)$

Buscamos as raíces enteiras de $x^3 - 2x^2 - 11x - 20$. Probamos cos divisores de 20 (xa non debemos probar con 1, –1 e 2, pero si con –2).

Comprobamos que –2, 4 e – 4 non son raíces (faino). Probamos con 5:

	1	–2	–11	–20
5		5	15	20
	1	3	4	0

5 si é raíz. Polo tanto:

$x^3 - 2x^2 - 11x - 20 =$

$= (x - 5)(x^2 + 3x + 4)$

Como o factor que queda é de segundo grao, comprobamos se ten raíces resolvendo a ecuación correspondente:

$x^2 + 3x + 4 = 0$ non ten raíces. Polo tanto, $x^2 + 3x + 4$ é irredutible.

A descomposición queda así:

$$x^6 - 15x^4 - 42x^3 - 40x^2 = x^2 \cdot (x + 2) \cdot (x - 5) \cdot (x^2 + 3x + 4)$$

Exercicios propostos

1 Descompón factorialmente os seguintes polinomios:

a) $x^6 - 9x^5 + 24x^4 - 20x^3$

b) $x^6 - 3x^5 - 3x^4 - 5x^3 + 2x^2 + 8x$

c) $x^6 + 6x^5 + 9x^4 - x^2 - 6x - 9$

d) $4x^4 - 15x^2 - 5x + 6$

2 a) Intenta factorizar $x^4 + 4x^3 + 8x^2 + 7x + 4$.

b) Faino agora sabendo que é divisible por $x^2 + x + 1$.

3 Intenta factorizar $6x^4 + 7x^3 + 6x^2 - 1$. Volve intentalo sabendo que $-\frac{1}{2}$ e $\frac{1}{3}$ son raíces súas.

3 Fraccións alxébricas

Lembra

As fraccións de polinomios compórtanse de forma moi parecida ás fraccións numéricas.

Lembra

Para obter o máximo común divisor (MCD) de dous polinomios, descompóñense factorialmente e tómanse os factores que coincidan en ambos os dous cos menores expoñentes que presentan.

Se o MCD de dous polinomios é un número (polinomio de grao cero), entón os dous polinomios son **primos entre si.**

Lembra

Para obter o mínimo común múltiplo (MCM) de dous polinomios, descompóñense factorialmente, e tómanse todos os factores, coincidentes ou non, cos maiores expoñentes que presentan.

Definicións

- Chámase **fracción alxébrica** o cociente de dous polinomios, $\dfrac{P(x)}{Q(x)}$.

- **Simplificación.** Se o numerador e o denominador dunha fracción alxébrica se poden dividir por un mesmo polinomio (de grao maior ou igual que 1), ao facelo simplifícase a fracción.

  Por exemplo: $\dfrac{3x^3 - 2x^2 + 5x}{x^2 - 3x} = \dfrac{(3x^2 - 2x + 5)\,x}{(x-3)\,x} = \dfrac{3x^2 - 2x + 5}{x - 3}$

- Unha fracción cuxos termos (numerador e denominador) son primos entre si chámase **irreducible.**

  Se nunha fracción alxébrica dividimos numerador e denominador polo seu MCD, obtense unha **fracción irreducible.**

  É o que fixemos no exemplo anterior, dividindo por x numerador e denominador.

- Dúas **fraccións alxébricas** son **equivalentes** se:
  - Unha delas se obtén a outra.
  - Ou ben, ambas as dúas, ao simplificarse, dan lugar á mesma fracción.

  Por exemplo, as fraccións $\dfrac{x-2}{x^2+x-6}$ e $\dfrac{x}{x^2+3x}$ son equivalentes porque ao simplificarse ambas as dúas dan lugar a $\dfrac{1}{x+3}$.

  Se dúas fraccións, $\dfrac{P(x)}{Q(x)}$ e $\dfrac{M(x)}{N(x)}$, son equivalentes, entón "os produtos cruzados" coinciden:

  $$P(x) \cdot N(x) = Q(x) \cdot M(x)$$

  Por exemplo, realicemos os produtos cruzados das fraccións do exemplo anterior para comprobar que son equivalentes:

  $$(x-2)(x^2+3x) = x^3 + x^2 - 6x = (x^2 + x - 6)x$$

Redución a común denominador

Ao multiplicar o numerador e o denominador dunha fracción alxébrica por un mesmo polinomio, obtense unha fracción equivalente.

Por exemplo:

$$\frac{2x+1}{3x^2-x} = \frac{(2x+1)(x-1)}{(3x^2-x)(x-1)} = \frac{2x^2-x-1}{3x^3-4x^2+x}$$

son equivalentes.

Se temos varias fraccións alxébricas, podemos obter outras equivalentes ás primeiras que teñan o mesmo denominador. Dise, entón, que se reduciron a **denominador común.**

Por exemplo, se queremos reducir a denominador común as fraccións $\dfrac{1}{x}$ e $\dfrac{x+1}{x-2}$, calcularemos o MCM $[x, x-2] = x(x-2)$ e obteremos $\dfrac{(x-2)}{x(x-2)}$ e $\dfrac{(x+1)x}{(x-2)x}$, que son equivalentes ás iniciais e teñen, ambas as dúas, o mesmo denominador.

Operacións

Para **sumar** fraccións alxébricas, redúcense a común denominador (se non o están xa) e súmanse os seus numeradores.

A **resta** é un caso particular da suma.

Por exemplo, efectuemos $\frac{x+7}{x}+\frac{x-2}{x^2+x}-2x$:

Achamos o MCM dos denominadores. O denominador de $2x$ é 1.

$$\text{MCM}\,[x,\ x^2+x,\ 1]=\text{MCM}\,[x,\ x(x+1)]=x(x+1)$$

Reducimos a fracción a común denominador e operamos:

$$\frac{(x+7)(x+1)}{x(x+1)}+\frac{x-2}{x(x+1)}-\frac{2x\cdot x\cdot(x+1)}{x(x+1)}=\frac{(x+7)(x+1)+x-2-2x^2(x+1)}{x(x+1)}=$$

$$=\frac{x^2+8x+7+x-2-2x^3-2x^2}{x^2+x}=\frac{-2x^3-x^2+9x+5}{x^2+x}$$

O **produto** de dúas fraccións alxébricas é o produto dos seus numeradores partido polo produto dos seus denominadores.

Por exemplo: $\frac{3x+1}{x-1}\cdot\frac{x}{x+1}=\frac{(3x+1)x}{(x-1)(x+1)}=\frac{3x^2+x}{x^2-1}$

A **fracción inversa** de $\frac{x^2-5x}{3x-1}$ é $\frac{3x-1}{x^2-5x}$, pois o seu produto é unha fracción equivalente ao número 1.

O **cociente** de dúas fraccións alxébricas é igual ao produto da primeira pola inversa da segunda.

Por exemplo:

- $\frac{2x}{x+1}:\frac{x-1}{x^2}=\frac{2x}{x+1}\cdot\frac{x^2}{x-1}=\frac{2x^3}{x^2-1}$
- $\frac{x^2}{2}\cdot\left(\frac{1}{x+1}:\frac{x-1}{3}\right)=\frac{x^2}{2}\cdot\left(\frac{1}{x+1}\cdot\frac{3}{x-1}\right)=\frac{x^2}{2}\cdot\left(\frac{3}{(x+1)(x-1)}\right)=$

$$=\frac{3x^2}{2(x+1)(x-1)}=\frac{3x^2}{2(x^2-1)}=\frac{3x^2}{2x^2-2}$$

Exercicios propostos

1 Verdadeiro ou falso?

a) $\frac{x+1}{x^2+1}=\frac{1}{x+1}$ b) $\frac{x-1}{x^2-1}=\frac{1}{x+1}$

c) $\frac{3x-3}{x^2-1}=\frac{3}{x+1}$ d) $\frac{x+1}{x}-1=\frac{1}{x}$

2 Reduce previamente a común denominador as fraccións alxébricas seguintes e súmaas:

$\frac{x+7}{x}$ $\frac{x-2}{x^2+x}$ $-\frac{2x+1}{x+1}$

3 Efectúa:

a) $\frac{1}{x^2-1}+\frac{2x}{x+1}-\frac{x}{x-1}$ b) $\frac{x}{x+1}+5x$

4 Efectúa estas operacións:

a) $\frac{x^2-2x+3}{x-2}\cdot\frac{2x+3}{x+5}$ b) $\frac{x^2-2x+3}{x-2}:\frac{2x+3}{x+5}$

5 Calcula:

a) $\frac{x+2}{x}:\left(\frac{x-1}{3}\cdot\frac{x}{2x+1}\right)$ b) $\frac{x^4-x^2}{x^2+1}\cdot\frac{x^4+x^2}{x^4}$

4 Resolución de ecuacións

Ecuacións de 2.º grao, $ax^2 + bx + c = 0$

As súas solucións obténense aplicando a seguinte fórmula:

$$x = \frac{-b \pm \sqrt{b^2 - 4ac}}{2a} \begin{cases} \text{Se } b^2 - 4ac > 0, \text{ hai dúas solucións.} \\ \text{Se } b^2 - 4ac = 0, \text{ hai unha solución.} \\ \text{Se } b^2 - 4ac < 0, \text{ non ten solución.} \end{cases}$$

Cando $b = 0$ o $c = 0$, a ecuación chámase **incompleta** e pódese resolver de forma sinxela sen necesidade de aplicar a fórmula anterior.

- $ax^2 + c = 0 \rightarrow$ despéxase x^2
- $ax^2 + bx = 0 \rightarrow x(ax + b) = 0$. As súas solucións son $x = 0$, $x = -\frac{b}{a}$.

Ecuacións bicadradas, $ax^4 + bx^2 + c = 0$

Son ecuacións de cuarto grao sen termos de grao impar.

Para resolvelas efectuamos o cambio $x^2 = y$, e, polo tanto, $x^4 = y^2$, co que queda unha ecuación de segundo grao na incógnita y:

$$ax^4 + bx^2 + c = 0 \rightarrow ay^2 + by + c = 0$$

Por cada valor positivo de y haberá dous valores de x: $x = \pm\sqrt{y}$.

Exercicio resolto

1 *Resolver as seguintes ecuacións:*

a) $x^4 - 10x^2 + 9 = 0$

b) $x^4 - 2x^2 - 3 = 0$

c) $x^4 - 5x^2 = 0$

a) $x^4 - 10x^2 + 9 = 0 \xrightarrow{x^2 = y} y^2 - 10y + 9 = 0$

$$y = \frac{10 \pm \sqrt{100 - 36}}{2} = \frac{10 \pm 8}{2} = \begin{cases} 1 \rightarrow x = \pm\sqrt{1} = \pm 1 \\ 9 \rightarrow x = \pm\sqrt{9} = \pm 3 \end{cases}$$

Solucións: $-1, 1, -3, 3$

b) $x^4 - 2x^2 - 3 = 0 \xrightarrow{x^2 = y} y^2 - 2y - 3 = 0$

$$y = \frac{2 \pm \sqrt{4 + 12}}{2} = \frac{2 \pm 4}{2} = \begin{cases} -1 \rightarrow \text{Non dá solución para } x \\ 3 \rightarrow x = \pm\sqrt{3} \end{cases}$$

Solucións: $-\sqrt{3}, \sqrt{3}$

c) $x^4 - 5x^2 = 0 \xrightarrow{x^2 = y} y^2 - 5y = 0$

$$y(y - 5) = 0 \begin{cases} y = 0 \rightarrow x = 0 \\ y = 5 \rightarrow x = \pm\sqrt{5} \end{cases}$$

Neste caso non fai falta facer cambio de variable; con sacar factor común x^2 é suficiente.

$$x^4 - 5x^2 = 0 \rightarrow x^2 \cdot (x^2 - 5) = 0 \begin{cases} x^2 = 0 \rightarrow x = 0 \\ (x^2 - 5) = 0 \rightarrow x = \pm\sqrt{5} \end{cases}$$

Solucións: $0, -\sqrt{5}, \sqrt{5}$

Faino ti. Resolve esta ecuación:

$$x^4 - 2x^2 + 1 = 0$$

Exercicios propostos

1 Resolve as ecuacións seguintes:

a) $x^4 - x^2 - 12 = 0$ b) $x^4 - 8x^2 - 9 = 0$

2 Resolve:

a) $x^4 + 10x^2 + 9 = 0$ b) $x^4 - x^2 - 2 = 0$

Ecuacións con radicais

Ocasionalmente atopámonos con ecuacións nas que x se atopa baixo unha raíz cadrada. Para resolver este tipo de ecuacións:

- illa a raíz cadrada nun membro;
- eleva ambos os dous membros ao cadrado.

Neste proceso (ao elevar ao cadrado) poden aparecer solucións falsas que, naturalmente, hai que rexeitar. Por iso, neste tipo de ecuacións **é fundamental comprobar todas as solucións.**

Exercicio resolto

1 *Resolver as seguintes ecuacións:*

a) $\sqrt{2x-3} + 1 = x$

b) $\sqrt{2x-3} + \sqrt{x+7} = 4$

a) $\sqrt{2x-3} + 1 = x$

$\sqrt{2x-3} = x - 1$ Elevamos ao cadrado ambos os dous membros:

$2x - 3 = x^2 - 2x + 1 \rightarrow x^2 - 4x + 4 = 0 \rightarrow$ *Solución:* $x = 2$

Comprobación: $\sqrt{2 \cdot 2 - 3} + 1 = \sqrt{1} + 1 = 2$ A solución é válida.

b) $\sqrt{2x-3} + \sqrt{x+7} = 4$ Despexamos unha das dúas raíces:

$\sqrt{2x-3} = 4 - \sqrt{x+7}$ Elevamos ao cadrado ambos os dous membros:

$2x - 3 = 16 + (x + 7) - 8\sqrt{x+7}$ Illamos nun membro o termo no que está a raíz:

$x - 26 = -8\sqrt{x+7}$ Elevamos ao cadrado os dous membros:

$x^2 - 52x + 676 = 64(x + 7) \rightarrow x^2 - 116x + 228 = 0 \rightarrow x_1 = 2,\ x_2 = 114$

Comprobación:

$$\begin{cases} x_1 = 2 \rightarrow \sqrt{2 \cdot 2 - 3} + \sqrt{2+7} = \sqrt{1} + \sqrt{9} = 1 + 3 = 4 \rightarrow x_1 \text{ é válida.} \\ x_2 = 114 \rightarrow \sqrt{2 \cdot 114 - 3} + \sqrt{114+7} = 15 + 11 \neq 4 \rightarrow x_2 \text{ non é válida.} \end{cases}$$

A solución da ecuación é $x = 2$ (única).

Faino ti. a) $\sqrt{19 - 6x} - 2 = x$ b) $\sqrt{x-2} + \sqrt{x-3} = 5$

Exercicios propostos

3 Resolve:

a) $-\sqrt{2x-3} + 1 = x$

b) $\sqrt{2x-3} - \sqrt{x+7} = 4$

c) $2 + \sqrt{x} = x$

d) $2 - \sqrt{x} = x$

e) $\sqrt{3x+3} - 1 = \sqrt{8-2x}$

f) $\sqrt{3x+3} - 1 = \sqrt{8-2x}$

4 Resolve:

a) $\sqrt{4x+9} - \sqrt{2x+1} = 2$

b) $\sqrt{3x+4} - \sqrt{1-x} = 1$

c) $\sqrt{x+3} + 3 = x$

d) $\sqrt{x-2} + \sqrt{x+1} = 3$

e) $\sqrt{3x} - \sqrt{x} - \sqrt{2} = 0$

f) $\sqrt{-5-7x} + \sqrt{4+x} = \sqrt{7-6x}$

Ecuacións racionais

Os denominadores alxébricos, ao igual que os numéricos, suprímense multiplicando polo produto de todos eles ou, mellor, polo seu mínimo común múltiplo. Deste modo chégase a unha ecuación que, probablemente, se sabe resolver.

No proceso de multiplicar por expresións polinómicas, ás veces aparecen solucións falsas. Polo tanto, sempre que o fagamos, **deberemos comprobar todas as solucións** obtidas.

Exercicio resolto

1 *Resolver estas ecuacións:*

a) $\frac{6}{x}+\frac{x+1}{x-2}=6$

b) $\frac{2x-3}{x^2-5x}+\frac{x+4}{x}=\frac{3}{4}$

a) Para eliminar os denominadores da ecuación multiplicamos ambos os dous membros por $x(x-2)$.

$$6(x-2)+(x+1)x=6x(x-2)\ \rightarrow$$

$$\rightarrow\ 5x^2-19x+12=0\ \rightarrow$$

$$\rightarrow\ x=\frac{19\pm\sqrt{361-240}}{10}=\frac{19\pm 11}{10}=\begin{cases}3\\ \frac{4}{5}\end{cases}$$

Comprobadas as solucións sobre a ecuación inicial, vese que ambas as dúas son válidas.

Solucións: $x_1=3,\ x_2=\frac{4}{5}$

b) Para suprimir os denominadores da ecuación multiplicamos ambos os dous membros por $4(x^2-5x)=4x(x-5)$.

$$4(2x-3)+4(x+4)(x-5)=3(x^2-5x)\ \rightarrow$$

$$\rightarrow\ x^2+19x-92=0\ \rightarrow$$

$$\rightarrow\ x=\frac{-19\pm\sqrt{361+368}}{2}=\frac{-19\pm 27}{2}=\begin{cases}-23\\ 4\end{cases}$$

Comprobadas as solucións sobre a ecuación inicial, vese que ambas as dúas son válidas.

Solucións: $x_1=-23,\ x_2=4$

Faino ti.

$$\frac{1}{x}+\frac{1}{x-2}=\frac{4}{3}$$

Exercicios propostos

5 Resolve as seguintes ecuacións:

a) $\frac{1}{x}+\frac{1}{x+3}=\frac{3}{10}$

b) $\frac{4}{x}+\frac{2(x+1)}{3(x-2)}=4$

c) $\frac{1}{x}+\frac{1}{x^2}=\frac{3}{4}$

6 Resolve:

a) $\frac{x}{x-1}+\frac{2x}{x+1}=3$

b) $\frac{5}{x+2}+\frac{x}{x+3}=\frac{3}{2}$

c) $\frac{x+3}{x-1}-\frac{x^2+1}{x^2-1}=\frac{26}{35}$

Ecuacións exponenciais

Son aquelas nas que a incógnita está no expoñente.

Por exemplo:

a) $3^{1-x^2} = \frac{1}{27}$

b) $5^{x^2-5x+6} = 1$

c) $2^x + 2^{x+1} = 12$

Para resolver ecuacións do tipo a) e b), hai que expresar o segundo membro como unha potencia da mesma base que o primeiro ($1/27 = 3^{-3}$, $1 = 5^0$). No caso c), necesitarás realizar un cambio de variable.

Exercicio resolto

1 *Resolver as seguintes ecuacións:*

a) $3^{1-x^2} = \frac{1}{27}$

b) $5^{x^2-5x+6} = 1$

c) $2^x + 2^{x+1} = 12$

a) Expresamos $\frac{1}{27}$ como potencia de base 3: $\frac{1}{27} = \frac{1}{3^3} = 3^{-3}$

$$3^{1-x^2} = \frac{1}{27} \to 3^{1-x^2} = 3^{-3} \to 1 - x^2 = -3 \to x^2 = 4 \to x = \pm 2$$

Solucións: $x_1 = -2,\ x_2 = 2$

b) Expresamos o segundo membro como potencia de base 5: $1 = 5^0$

$$5^{x^2-5x+6} = 5^0 \to x^2 - 5x + 6 = 0 \to x = \frac{5 \pm \sqrt{25-24}}{2} = \begin{cases} 2 \\ 3 \end{cases}$$

Solucións: $x_1 = 2,\ x_2 = 3$

c) $2^x + 2^{x+1} = 12$. Facemos o seguinte cambio de variable:

$2^x = y$. Polo tanto, $2^{x+1} = 2^x \cdot 2 = 2y$.

$$y + 2y = 12 \to 3y = 12 \to y = 4 \to 2^x = 4 \to x = 2$$

Solución: $x = 2$

Faino ti.

a) $5^{6-x^2} = \frac{1}{125}$ b) $7^{x^2+2x-15} = 1$ c) $3^x + 3^{x-1} = 36$

Exercicios propostos

7 Resolve as seguintes ecuacións:

a) $2^{3x} = 0{,}5^{3x+2}$

b) $3^{4-x^2} = \frac{1}{9}$

c) $\frac{4^{x-1}}{2^{x+2}} = 186$

d) $7^{x+2} = 5\,764\,801$

8 Resolve:

a) $3^x + 3^{x+2} = 30$

b) $5^{x+1} + 5^x + 5^{x-1} = \frac{31}{5}$

c) $\frac{5^{x^2+1}}{25^{x+2}} = 3\,125$

d) $5^{2x} = 0{,}2^{4x-6}$

Ecuacións logarítmicas

Son aquelas nas que a incógnita está nunha expresión afectada por un logaritmo. Por exemplo:

a) $\log x + \log 50 = 3$ b) $5 \log_2 (x + 3) = \log_2 32$ c) $2 \log x = \log (10 - 3x)$

Resólvense tendo en conta as propiedades dos logaritmos.

Unha vez resoltas, **é necesario comprobar a validez das solucións** sobre a ecuación inicial, tendo en conta que só existe o logaritmo de números positivos.

Exercicio resolto

1 *Resolver as seguintes ecuacións:*

a) $\log x + \log 50 = 3$

b) $5 \log_2 (x + 3) = \log_2 32$

c) $2 \log x = \log (10 - 3x)$

a) Teremos en conta que:

- $\log x + \log 50 = \log (50x)$
- $3 = \log 1\,000$, pois *log* significa $\log_{10}$

$\log 50x = \log 1\,000 \rightarrow 50x = 1\,000 \rightarrow x = \frac{1000}{50} = 20$

b) Teremos en conta que:

- $5 \log_2 (x + 3) = \log_2 (x + 3)^5$ e que $32 = 2^5$.

$\log_2 (x + 3)^5 = \log_2 2^5 \rightarrow (x + 3)^5 = 2^5 \rightarrow x + 3 = 2 \rightarrow x = -1$

c) Teremos en conta que $2 \log x = \log x^2$.

$\log x^2 = \log (10 - 3x) \rightarrow x^2 = 10 - 3x \rightarrow x^2 + 3x - 10 = 0$

Posibles solucións: $x_1 = 2,\ x_2 = -5$

A solución $x_2 = -5$ non é válida porque na ecuación orixinal aparece $\log x$ e non se pode achar o logaritmo dun número negativo.

Polo tanto, a solución única é $x_1 = 2$.

(Se a ecuación inicial fose $\log x^2 = \log (10 - 3x)$, serían válidas as dúas solucións).

Faino ti. Resolve:

a) $\log x - \log 4 = 2$

b) $3 \log_5 (x - 1) = \log_5 125$

c) $2 \ln x = \ln (2x + 3)$

(Lembra: *ln* é logaritmo neperiano ou logaritmo en base *e*).

Exercicios propostos

9 Verdadeiro ou falso?

a) Ao resolver unha ecuación con algún radical cuadrático sempre aparece algunha raíz falsa.

b) 4 e – 4 son solucións da ecuación $\sqrt{5+x} + \sqrt{5-x} = 4$.

c) 4 e – 4 son solucións da ecuación $\sqrt{5+x} - \sqrt{5-x} = 2$.

10 Resolve as ecuacións seguintes:

a) $x^4 - x^2 - 12 = 0$ b) $x^4 - 8x^2 - 9 = 0$

c) $x^4 + 10x^2 + 9 = 0$ d) $x^4 - x^2 - 2 = 0$

11 Resolve as ecuacións seguintes:

a) $\frac{1}{x} + \frac{1}{x+3} = \frac{3}{10}$ b) $\frac{4}{x} + \frac{2(x+1)}{3(x-2)} = 4$

c) $\frac{1}{x} + \frac{1}{x^2} = \frac{3}{4}$ d) $\frac{x}{x-1} + \frac{2x}{x+1} = 3$

e) $\frac{5}{x+2} + \frac{x}{x+3} = \frac{3}{2}$ f) $\frac{x+3}{x-1} - \frac{x^2+1}{x^2-1} = \frac{26}{35}$

12 Resolve:

a) $-\sqrt{2x-3} + 1 = x$ b) $\sqrt{2x-3} - \sqrt{x+7} = 4$

c) $2 + \sqrt{x} = x$ d) $2 - \sqrt{x} = x$

e) $\sqrt{3x+3} - 1 = \sqrt{8-2x}$ f) $\sqrt{5x+1} + 2 = \sqrt{26+2x}$

13 Resolve:

a) $2^{3x} = 0{,}5^{3x+2}$ b) $3^{4-x^2} = \frac{1}{9}$

c) $\frac{4^{x+1}}{2^{x+2}} = 186$ d) $7^{x+2} = 5\,764\,801$

14 Resolve as ecuacións seguintes:

a) $3^x + 3^{x+2} = 30$

b) $5^{x+1} + 5^x + 5^{x-1} = \frac{31}{5}$

c) $2 \log x - \log (x + 6) = 3 \log 2$

d) $4 \log_2 (x^2 + 1) = \log_2 625$

5 Resolución de sistemas de ecuacións

Lembra que:

- Unha **solución** dunha ecuación con varias incógnitas é un conxunto de valores (un para cada incógnita) que fan certa a igualdade. Por exemplo, unha solución da ecuación $x^2 + y - z = 12$ é $x = 2,\ y = 3,\ z = -5$ porque $2^2 + 3 - (-5)$ é igual a 12.

- As ecuacións con máis dunha incógnita adoitan ter infinitas solucións.

- Un **sistema de ecuacións** é un conxunto de ecuacións das que pretendemos atopar a súa solución común (ou as súas solucións comúns). Ou ben, recoñecer que non teñen ningunha solución común (**incompatibles**).

  Por exemplo, a solución do seguinte sistema de ecuacións:

  $$\left.\begin{matrix} x + y = 7 \\ 5x - 2y = -7 \end{matrix}\right\}$$ é $x = 1,\ y = 6$ porque é solución de ambas as dúas ecuacións.

- Para **resolver un sistema de ecuacións** existen varios procedementos que repasaremos nos exemplos que aparecen a continuación. Dominando estes procedementos e as técnicas para resolver ecuacións (que repasamos en páxinas anteriores) pódese afrontar con solvencia unha amplísima gama de sistemas de ecuacións.

Exercicios resoltos

1 *Resolver os seguintes sistemas de ecuacións:*

a) $\begin{cases} 2x - y = 9 \\ \sqrt{x + y} + y = x \end{cases}$

b) $\begin{cases} 2\log x - \log y = 5 \\ \log(xy) = 4 \end{cases}$

a) Resolvámolo polo **método de substitución.**

Despexamos y na 1.ª ecuación: $y = 2x - 9$.

Substituímos na 2.ª:

$$\sqrt{x + 2x - 9} + 2x - 9 = x \rightarrow \sqrt{3x - 9} = 9 - x$$

Elevamos ao cadrado ambos os dous membros e resolvemos:

$$3x - 9 = (9 - x)^2 \rightarrow 3x - 9 = 81 + x^2 - 18x \rightarrow$$
$$\rightarrow x^2 - 21x + 90 = 0 \rightarrow x_1 = 6,\ x_2 = 15$$

Solucións: $\begin{cases} x_1 = 6,\ y_1 = 3 \\ \cancel{x_2 = 15,\ y_2 = 21} \end{cases}$

Comprobadas sobre as ecuacións do sistema inicial, vemos que a primeira solución é válida, pero a segunda non.

b) $\begin{cases} 2\log x - \log y = 5 \\ \log(xy) = 4 \end{cases} \xrightarrow{\log(A \cdot B) = \log A + \log B} \left.\begin{matrix} 2\log x - \log y = 5 \\ \log x + \log y = 4 \end{matrix}\right\}$

Aplicamos o **método de redución.**

Sumamos, membro a membro, as dúas ecuacións:

$$\left.\begin{matrix} 3\log x = 9 \rightarrow \log x = 3 \\ \log y = 4 - \log x = 4 - 3 = 1 \end{matrix}\right\} \rightarrow \begin{matrix} \log x = 3 \rightarrow x = 10^3 = 1000 \\ \log y = 1 \rightarrow y = 10^1 = 10 \end{matrix}$$

Solución: $x = 1000,\ y = 10$

Exercicios resoltos

2 *Resolver este sistema:*

$$\begin{cases} e = \dfrac{1}{4,8}t^2 \\ e = 20(t-18) \end{cases}$$

$$\begin{cases} e = \dfrac{1}{4,8}t^2 \\ e = 20(t-18) \end{cases}$$

Este sistema describe os movementos de dous móbiles, un con aceleración uniforme e outro con velocidade constante. A solución buscada é o lugar e o momento de encontro de ambos os dous móbiles (e en metros e t en segundos).

Resolvémolo polo **método de igualación:**

$$\frac{1}{4,8}t^2 = 20\,(t-18) \rightarrow t^2 = 4{,}8 \cdot 20\,(t-18) \rightarrow t^2 - 96t + 1\,728 = 0 < \begin{matrix} t_1 = 24 \\ t_2 = 72 \end{matrix}$$

Solucións: $\begin{cases} t_1 = 24 \rightarrow e_1 = 120 \\ t_2 = 72 \rightarrow e_2 = 1080 \end{cases}$

Os dous móbiles coinciden en dous momentos: aos 24 s están ambos os dous a 120 m da saída, e aos 72 s, a 1 080 m da saída.

3 *Resolver o seguinte sistema:*

$$\begin{cases} y = x + 2 \\ \dfrac{1}{x} - \dfrac{x}{y} = 0 \end{cases}$$

Substituímos o valor de y da 1.ª ecuación na 2.ª: $\dfrac{1}{x} - \dfrac{x}{x+2} = 0$

Multiplicamos por $x(x + 2)$:

$$(x+2) - x \cdot x = 0 \rightarrow x^2 - x - 2 = 0 \rightarrow x_1 = -1,\ x_2 = 2$$

Solucións: $\begin{cases} x_1 = -1 \rightarrow y_1 = 1 \\ x_2 = 2 \rightarrow y_2 = 4 \end{cases}$

Comprobando no sistema inicial, vemos que ambas as dúas solucións son válidas.

4 *Resolver este sistema:*

$$\begin{cases} \log(x+y) - \log(x-y) = \log 5 \\ 2^x = 4 \cdot 2^y \end{cases}$$

Transformaremos as ecuacións para que desaparezan os logaritmos e as potencias.

1.ª ecuación: $\log \dfrac{x+y}{x-y} = \log 5 \rightarrow \dfrac{x+y}{x-y} = 5 \rightarrow x + y = 5x - 5y \rightarrow$

$\rightarrow 4x = 6y \rightarrow 2x = 3y$

2.ª ecuación: $2^x = 2^2 \cdot 2^y \rightarrow 2^x = 2^{2+y} \rightarrow x = 2 + y$

O sistema queda así: $\begin{cases} 2x = 3y \\ x = 2 + y \end{cases}$

Substituímos a 2.ª na 1.ª: $2(2+y) = 3y \rightarrow y = 4 \rightarrow x = 6$

Solución: $x = 6,\ y = 4$

Exercicios propostos

1 Verdadeiro ou falso?

a) O sistema $\begin{cases} x + y = 5 \\ x - y = 3 \end{cases}$ ten dúas solucións: $x = 4,\ y = 1$

b) O sistema $\begin{cases} x^2 + y^2 = 5 \\ x^2 - y^2 = 3 \end{cases}$ ten só dúas solucións:

$[x_1 = 2,\ y_1 = 1]$ e $[x_2 = -2,\ y_2 = -1]$

c) O sistema $\begin{cases} x^2 + y^2 = 5 \\ x^2 - y^2 = 3 \end{cases}$ ten catro solucións:

$[x_1 = 2,\ y_1 = 1]$; $[x_2 = 2,\ y_2 = -1]$

$[x_3 = -2,\ y_3 = 1]$; $[x_4 = -2,\ y_4 = -1]$

2 Resolve estes sistemas de ecuacións:

a) $\begin{cases} 2x - y - 1 = 0 \\ x^2 - 7 = y + 2 \end{cases}$

b) $\begin{cases} \dfrac{1}{x} + \dfrac{1}{y} = 1 - \dfrac{1}{xy} \\ xy = 6 \end{cases}$

c) $\begin{cases} x = 2y + 1 \\ \sqrt{x+y} - \sqrt{x-y} = 2 \end{cases}$

d) $\begin{cases} y^2 - x^2 = 16 \\ \sqrt{5 - 4y} - x = -(x+y) \end{cases}$

3 Resolve:

a) $\begin{cases} x^2 + xy + y^2 = 21 \\ x + y = 1 \end{cases}$

b) $\begin{cases} \log(x^2 + y) - \log(x - 2y) = 1 \\ 5^{x+1} = 25^{y+1} \end{cases}$

c) $\begin{cases} x - y = 27 \\ \log x - 1 = \log y \end{cases}$

d) $\begin{cases} \log(2x - y^2) = \log(2 - y) + 1 \\ 3^{x-1} = 27^{y+3} \end{cases}$

6 Método de Gauss para sistemas lineais

Para os sistemas lineais de máis de dúas ecuacións e dúas incógnitas existe unha interesante xeneralización do método de redución. Vexámolo para sistemas de tres ecuacións con tres incógnitas.

Sistemas lineais

As ecuacións polinómicas de primeiro grao chámanse *lineais*. Nelas, as incógnitas non están elevadas a ningún expoñente, nin multiplicadas entre si, nin baixo radicais, nin no denominador.

Un sistema formado por ecuacións lineais (todas elas) denomínase *sistema lineal*.

Sistemas graduados

Observa como resolvemos os seguintes sistemas de ecuacións:

a) $\begin{cases} 3x - 5y - 10z = -15 \\ 2y + 5z = 4 \\ 3z = -6 \end{cases}$

A resolución realízase de forma moi sinxela:

3.ª ec.: $z = -\frac{6}{3} = -2$

2.ª ec.: $2y + 5 \cdot (-2) = 4 \rightarrow 2y = 14 \rightarrow y = \frac{14}{2} = 7$

1.ª ec.: $3x - 5 \cdot 7 - 10(-2) = -15 \rightarrow 3x = 0 \rightarrow x = 0$

O proceso para chegar á solución $x = 0$, $y = 7$, $z = -2$ foi moi sinxelo pola *forma graduada* do sistema: cada ecuación ten unha incógnita menos que a anterior.

b) $\begin{cases} y - 2z = -4 \\ 4y = 24 \\ x - 2y + z = -5 \end{cases}$

Aínda que a súa fisionomía sexa menos clara, estoutro sistema tamén é *graduado* e, polo tanto, a súa resolución resulta igualmente sinxela.

2.ª ec.: $y = \frac{24}{4} = 6$

1.ª ec.: $6 - 2z = -4 \rightarrow -2z = -4 - 6 = -10 \rightarrow z = 5$

3.ª ec.: $x - 2 \cdot 6 + 5 = -5 \rightarrow x = -5 + 12 - 5 = 2$

Solución: $x = 2$, $y = 6$, $z = 5$

Un **sistema** de tres ecuacións con tres incógnitas chámase **graduado** se nunha das ecuacións só aparece unha incógnita e noutra das ecuacións falta algunha das outras dúas incógnitas.

De agora en diante intentaremos transformar calquera sistema lineal noutro equivalente graduado, pois estes son moi sinxelos de resolver.

Exercicios propostos

1 Recoñece como graduados e resolve:

a) $\begin{cases} x = 7 \\ 2x - 3y = 8 \\ 3x + y - z = 12 \end{cases}$

b) $\begin{cases} 3x + 4y = 0 \\ 2y = -6 \\ 5x + y - z = 17 \end{cases}$

c) $\begin{cases} 3x = -3 \\ 5y = 20 \\ 2x + y - z = -2 \end{cases}$

d) $\begin{cases} y = 4 \\ x - z = 11 \\ y - z = 7 \end{cases}$

2 Resolve os seguintes sistemas graduados:

a) $\begin{cases} y = -5 \\ 2z = 8 \\ 3x = 3 \end{cases}$

b) $\begin{cases} x + 2y - z = -3 \\ 3x + y = -5 \\ 5y = -10 \end{cases}$

c) $\begin{cases} x - 5y + 3z = 8 \\ 3y - z = 5 \\ 4z = 4 \end{cases}$

d) $\begin{cases} 4x + y - z = 7 \\ 2y = 8 \\ 3x = 9 \end{cases}$

Método de Gauss

Acabamos de ver que os sistemas graduados son moi sinxelos de resolver. O método de Gauss consiste en transformar un sistema de ecuacións lineais calquera nun sistema graduado. Vexámolo cuns exemplos:

Aclaracións I

* Para suprimir o x das ecuacións segunda e terceira.

** Para suprimir o y da segunda ecuación.

I.

$$\begin{cases} x - 3y + 4z = 21 \\ 3x + y - z = -18 \\ 2x - y + 3z = 12 \end{cases} \xrightarrow{*} \begin{matrix} (1.^a) \\ (2.^a) - 3 \cdot (1.^a) \\ (3.^a) - 2 \cdot (1.^a) \end{matrix} \quad \begin{cases} x - 3y + 4z = 21 \\ 10y - 13z = -81 \\ 5y - 5z = -30 \end{cases} \rightarrow$$

$$\xrightarrow{**} \begin{matrix} (1.^a) \\ (2.^a) - 2 \cdot (3.^a) \\ (3.^a) : 5 \end{matrix} \quad \begin{cases} x - 3y + 4z = 21 \\ -3z = -21 \\ y - z = -6 \end{cases}$$

2.ª ecuación $\rightarrow z = 7$

3.ª ecuación $\rightarrow y = 1$ *Solución:* $x = -4,\ y = 1,\ z = 7$

1.ª ecuación $\rightarrow x = -4$

Aclaracións II

* Posto que a segunda ecuación non ten y, suprimímolo tamén da primeira.

** É máis doado eliminar o z que o x debido a que na segunda ecuación o coeficiente do z é -1.

II.

$$\begin{cases} x - 2y + z = 3 \\ 2x - z = 9 \\ 3x + y - 2z = 13 \end{cases} \xrightarrow{*} \begin{matrix} (1.^a) + 2 \cdot (3.^a) \\ (2.^a) \\ (3.^a) \end{matrix} \quad \begin{cases} 7x - 3z = 29 \\ 2x - z = 9 \\ 3x + y - 2z = 13 \end{cases} \rightarrow$$

$$\xrightarrow{**} \begin{matrix} (1.^a) - 3 \cdot (2.^a) \\ (2.^a) \\ (3.^a) \end{matrix} \quad \begin{cases} x = 2 \\ 2x - z = 9 \\ 3x + y - 2z = 13 \end{cases}$$

1.ª ecuación $\rightarrow x = 2$

2.ª ecuación $\rightarrow z = -5$ *Solución:* $x = 2,\ y = -3,\ z = -5$

3.ª ecuación $\rightarrow y = -3$

Aclaracións III

* Para suprimir o z das ecuacións primeira e segunda.

** Para facer máis pequenos os coeficientes da segunda ecuación.

*** Para suprimir o y da primeira ecuación.

III.

$$\begin{cases} 5x + 2y - 3z = -1 \\ 2x + 3y - 4z = -6 \\ 6x - 4y + z = 8 \end{cases} \xrightarrow{*} \begin{matrix} (1.^a) + 3 \cdot (3.^a) \\ (2.^a) + 4 \cdot (3.^a) \\ (3.^a) \end{matrix} \quad \begin{cases} 23x - 10y = 23 \\ 26x - 13y = 26 \\ 6x - 4y + z = 8 \end{cases} \rightarrow$$

$$\xrightarrow{**} \begin{matrix} (1.^a) \\ (2.^a) : 13 \\ (3.^a) \end{matrix} \quad \begin{cases} 23x - 10y = 23 \\ 2x - y = 2 \\ 6x - 4y + z = 8 \end{cases} \xrightarrow{***} \begin{matrix} (1.^a) - 10 \cdot (2.^a) \\ (2.^a) \\ (3.^a) \end{matrix} \quad \begin{cases} 3x = 3 \\ 2x - y = 2 \\ 6x - 4y + z = 8 \end{cases}$$

1.ª ecuación $\rightarrow x = 1$

2.ª ecuación $\rightarrow y = 0$ *Solución:* $x = 1,\ y = 0,\ z = 2$

3.ª ecuación $\rightarrow z = 2$

Exercicios propostos

3 Resolve polo método de Gauss:

a) $\begin{cases} x + y + z = 2 \\ x - y + z = 6 \\ x - y - z = 0 \end{cases}$ b) $\begin{cases} 2x + 3y = 14 \\ x - 2y + z = -3 \\ 2x - y - z = 9 \end{cases}$

4 Resolve:

a) $\begin{cases} 5x - 4y + 3z = 9 \\ 2x + y - 2z = 1 \\ 4x + 3y + 4z = 1 \end{cases}$ b) $\begin{cases} 2x - 5y + 4z = -1 \\ 4x - 5y + 4z = 3 \\ 5x - 3z = 13 \end{cases}$

Sistemas incompatibles (sen solución)

Se un sistema de ecuacións é incompatible (non ten solución), como evoluciona ao intentar resolvelo polo método de Gauss? Como recoñeceremos, finalmente, que é incompatible? Vexámolo:

IV. $\begin{cases} 3x + 2y - 2z = 4 \\ 4x + y - z = 7 \\ x + 4y - 4z = 0 \end{cases} \xrightarrow{*} \begin{matrix} (1.^a) - 2 \cdot (2.^a) \\ (2.^a) \\ (3.^a) - 4 \cdot (2.^a) \end{matrix} \begin{cases} -5x = -10 \\ 4x + y - z = 7 \\ -15x = -28 \end{cases} \rightarrow$

$\rightarrow \begin{matrix} (1.^a) : (-5) \\ (2.^a) \\ (3.^a) - 3 \cdot (1.^a) \end{matrix} \begin{cases} x = 2 \\ 4x + y - z = 7 \\ 0x = 2 \end{cases}$ A terceira ecuación é un absurdo, imposible para calquera valor de x.

Chegamos a un absurdo. Polo tanto, o sistema non ten solución. É incompatible.

Aclaracións IV

* Para suprimir o y das ecuacións primeira e terceira.

Atopámonos cun regalo inesperado: tamén desaparece o z.

Nomenclatura

Sería máis correcto dicir que *as ecuacións que forman o sistema son incompatibles.*

Non obstante, abréviase dicindo que *o sistema é incompatible.*

Se ao aplicar o método de Gauss chegamos a unha ecuación do tipo $0x + 0y + 0z = k$ ($k \neq 0$), entón o sistema é **incompatible.**

Sistemas indeterminados (con infinitas solucións)

Hai sistemas nos que sobra unha ecuación, pois non di nada que non se poida deducir das outras. Imos aprender a recoñecelos:

V. $\begin{cases} 3x + 2y - 2z = 4 \\ 4x + y - z = 7 \\ x + 4y - 4z = -2 \end{cases} \rightarrow \begin{matrix} (1.^a) - 2 \cdot (2.^a) \\ (2.^a) \\ (3.^a) - 4 \cdot (2.^a) \end{matrix} \begin{cases} -5x = -10 \\ 4x + y - z = 7 \\ -15x = -30 \end{cases} \rightarrow$

$\rightarrow \begin{matrix} (1.^a) : (-5) \\ (2.^a) \\ (3.^a) - 3 \cdot (1.^a) \end{matrix} \begin{cases} x = 2 \\ 4x + y - z = 7 \\ 0x = 0 \end{cases}$ A terceira ecuación non achega nada. Suprimímola e quedamos coas outras dúas:

$$\begin{cases} x = 2 \\ 4x + y - z = 7 \end{cases} \rightarrow 8 + y - z = 7 \rightarrow y = z - 1 \rightarrow \begin{cases} x = 2 \\ y = z - 1 \end{cases}$$

Para cada valor de z hai unha solución.

Por exemplo, para $z = 5 \rightarrow x = 2,\ y = 4,\ z = 5$

Se ao aplicar o método de Gauss chegamos a unha ecuación do tipo $0x + 0y + 0z = 0$, suprímese. Se quedan menos ecuacións que incógnitas, o sistema ten infinitas solucións. Chámase **indeterminado.**

Un sistema lineal pode ser...

- Compatible: Con solución.
  - Determinado: Con solución única.
  - Indeterminado: Con infinitas solucións.
- Incompatible: Sen solución.

Exercicios propostos

5 Intenta resolver polo método de Gauss:

a) $\begin{cases} x + y + z = -2 \\ x - 2y - z = 3 \\ 2x - y = 0 \end{cases}$ b) $\begin{cases} x + y + z = -2 \\ x - 2y - z = 3 \\ 2x - y = 1 \end{cases}$

6 Resolve:

a) $\begin{cases} x + z = 3 \\ 2x - y + 4z = 8 \\ x + y - z = 2 \end{cases}$ b) $\begin{cases} x + z = 3 \\ 2x - y + 4z = 8 \\ x + y - z = 1 \end{cases}$

7 Inecuacións e sistemas de inecuacións cunha incógnita

Unha inecuación é unha desigualdade entre expresións alxébricas. Observa estas tres inecuacións e o sistema de inecuacións:

a) $2x + 1 < 7$ b) $x^2 - 5x + 4 \leq 0$ c) $\sqrt{x+3} \geq 5$ d) $\begin{cases} 3x - 9 < 0 \\ 2x + 4 \geq 0 \end{cases}$

Como ves, trátase de desigualdades nas que se usan os signos $<$, $\leq$, $>$ ou $\geq$.

Solución dunha inecuación é un valor de x co cal se cumpre a desigualdade.

Por exemplo: 22, 50, 1 000 son algunhas solucións da inecuación c).

Solución dun sistema de inecuacións é unha solución común a todas as inecuacións que o forman. Por exemplo, $x = 0$ é solución do sistema d), porque é solución das dúas inecuacións.

Resolver unha inecuación ou un sistema de inecuacións consiste en encontrar *todas* as súas solucións. Habitualmente teñen infinitas, que se agrupan en intervalos de $\mathbb{R}$.

Inecuacións lineais cunha incógnita

Para resolver unha **inecuación lineal** cunha incógnita, procédese de forma similar a como se fai coas ecuacións, pero tendo en conta as desigualdades. As súas solucións son todos os puntos dun intervalo infinito.

As solucións dun **sistema de inecuacións lineais** cunha incógnita poden formar un intervalo, finito ou infinito, ou poden non existir.

Exercicios resoltos

1 *Resolver* $-2x + 1 < 7$.

Na inecuación $-2x + 1 < 7$, restamos 1 en cada membro: $-2x < 6$

Ao dividir entre -2, cambia a desigualdade:

$$-2x < 6 \rightarrow x > -3$$

Solucións: $\{x \,/\, x > -3\} = (-3, +\infty)$

Graficamente interprétase así: para valores de x maiores que -3, a recta $y = -2x + 1$ vai por debaixo de $y = 7$; é dicir, $-2x + 1 < 7$.

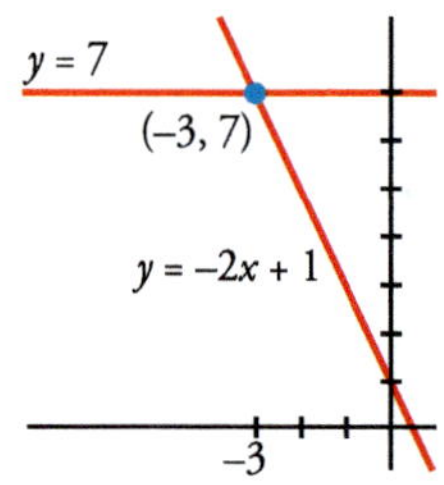

2 *Resolver:*

$\begin{cases} 3x - 9 < 0 \\ 2x + 4 \geq 0 \end{cases}$

Resolvemos cada ecuación por separado:

$$\begin{cases} 3x - 9 < 0 \\ 2x + 4 \geq 0 \end{cases} \rightarrow \begin{cases} 3x < 9 \\ 2x \geq -4 \end{cases} \rightarrow \begin{cases} x < 3 \\ x \geq -2 \end{cases}$$

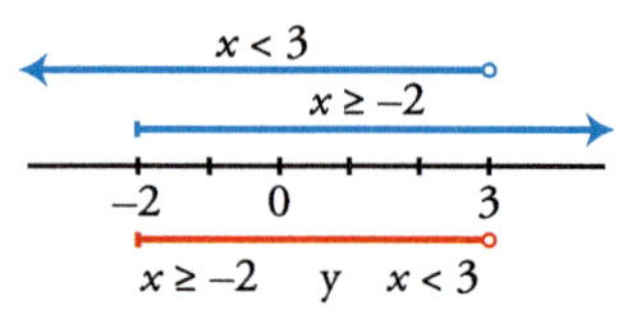

As solucións do sistema son as comúns ás dúas inecuacións:

$$\{x \,/\, x < 3 \;\text{ e }\; x \geq -2\} = \{x \,/\, -2 \leq x < 3\} = [-2, 3)$$

Exercicios propostos

1 Resolve estas inecuacións:

a) $3x - 2 \leq 10$ b) $x - 2 > 1$

c) $2x + 5 \geq 6$ d) $3x + 1 \leq 15$

2 Resolve estes sistemas de inecuacións:

a) $\begin{cases} 3x - 2 \leq 10 \\ x - 2 > 1 \end{cases}$ b) $\begin{cases} 2x + 5 \geq 6 \\ 3x + 1 \leq 15 \end{cases}$

Inecuacións cuadráticas cunha incógnita

As solucións das inecuacións $ax^2 + bx + c < 0$ (ou ben ≤ 0) e $ax^2 + bx + c > 0$ (ou ben ≥ 0) dependen da posición da parábola $y = ax^2 + bx + c$ respecto ao eixe X e de que o signo sexa $<$, $\leq$, $>$ ou $\geq$.

Exercicios resoltos

1 *Resolver as inecuacións:*

a) $x^2 - 5x + 4 \leq 0$

b) $x^2 - 5x + 4 < 0$

c) $x^2 - 5x + 4 \geq 0$

d) $x^2 - 5x + 4 > 0$

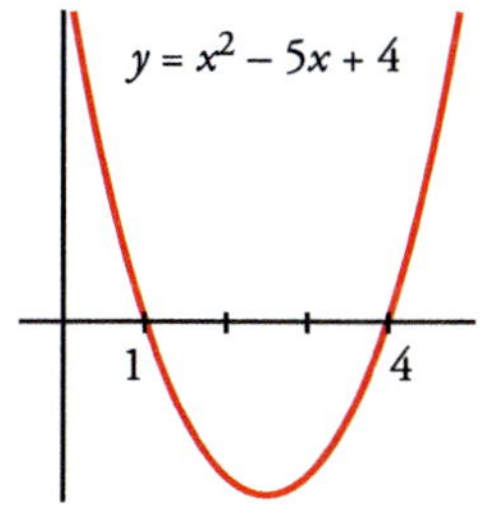

A representación gráfica da parábola $y = x^2 - 5x + 4$ axúdanos a interpretar as catro desigualdades e, polo tanto, a resolver as catro inecuacións.

A parábola $y = x^2 - 5x + 4$ corta o eixe X en 1 e en 4.

No intervalo $[1, 4]$ toma valores negativos ou nulos. Polo tanto:

- As *solucións* da inecuación a) son os puntos do intervalo $[1, 4]$.
- As *solucións* de b) son os puntos do intervalo $(1, 4)$.

As solucións de c) e d) son os valores de x para os cales a parábola está enriba do eixe X. Polo tanto:

- *Solucións* de c): $(-\infty, 1] \cup [4, +\infty)$.
- *Solucións* de d): $(-\infty, 1) \cup (4, +\infty)$.

2 *Resolver as inecuacións:*

a) $x^2 - 5x + 7 \leq 0$

b) $x^2 - 5x + 7 \geq 0$

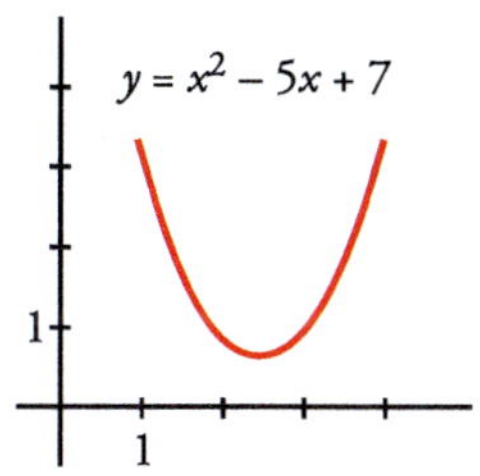

A parábola queda toda ela por riba do eixe X.

Polo tanto, a inecuación a) non ten solución, e calquera número real é solución da inecuación b).

3 *Resolver o sistema:*

$$\begin{cases} x^2 - 5x + 4 \leq 0 \\ 3x - 9 < 0 \end{cases}$$

Resolvemos por separado cada inecuación:

Solucións da primeira inecuación: $[1, 4]$ (ver exercicio resolto 1)

Solucións da segunda inecuación: $(-\infty, 3)$

Quedamos coas solucións comúns:

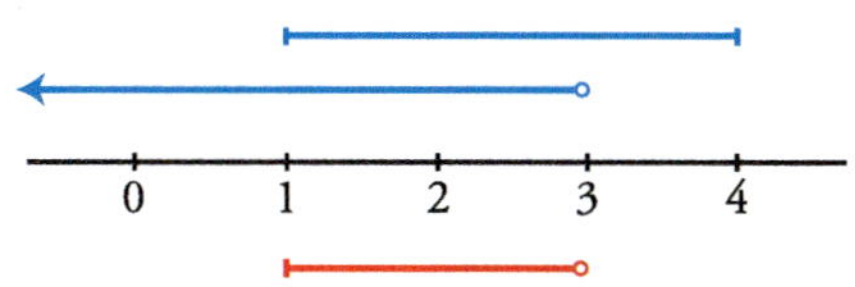

Solucións comúns: $[1, 3)$

Exercicios propostos

3 Resolve as seguintes inecuacións:

a) $x^2 - 3x - 4 < 0$

b) $x^2 - 3x - 4 \geq 0$

c) $x^2 + 7 < 0$

d) $x^2 - 4 \leq 0$

4 Resolve os seguintes sistemas de inecuacións:

a) $\begin{cases} x^2 - 3x - 4 \geq 0 \\ 2x - 7 > 5 \end{cases}$

b) $\begin{cases} x^2 - 4 \leq 0 \\ x - 4 > 1 \end{cases}$

8 Inecuacións lineais con dúas incógnitas

Unha inecuación lineal con dúas incógnitas adopta unha destas formas:

$$ax + by + c < 0 \text{ ou } ax + by + c > 0$$

En lugar dos signos < ou >, poden ter ≤ ou ≥.

En cada unha delas, *o conxunto de solucións é o semiplano que está a un dos lados da recta* $ax + by + c = 0$. Cando na desigualdade está incluído o "igual" (≤ ou ≥), os puntos da recta son tamén solucións. Para expresar graficamente se a recta é solución ou non, debúxase con trazo continuo ou descontinuo, respectivamente.

Exercicios resoltos

1 *Resolver a seguinte inecuación:*

$x + y \leq 6$

$x + y \leq 6$ é o mesmo que dicir $x + y - 6 \leq 0$.

A recta $x + y - 6 = 0$ divide o plano en dúas metades.

En cada unha delas, a expresión $x + y - 6$ toma un signo. En cal é negativo?

Para descubrilo, tomamos un punto calquera, por exemplo, o (0, 0). Nel,

$$0 + 0 - 6 < 0$$

cúmprese a desigualdade no sentido buscado.

Polo tanto, as solucións da inecuación $x + y - 6 \leq 0$ son todos os puntos da rexión sinalada en vermello, incluída a recta.

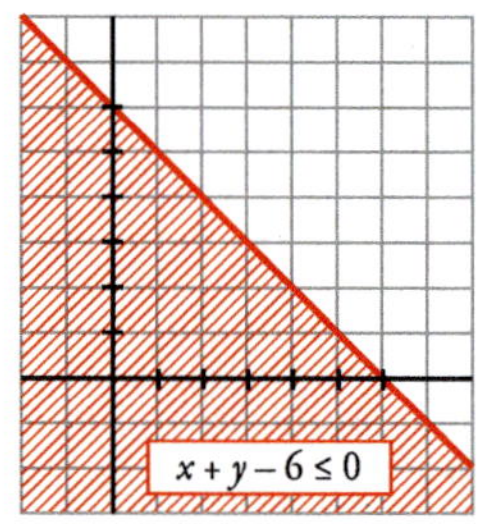

2 *Resolver a seguinte inecuación:*

$3x - 2y \geq -6$

$3x - 2y \geq -6$ é o mesmo que dicir $3x - 2y + 6 \geq 0$.

Razoando de forma similar a como o fixemos no exercicio anterior, obtemos o recinto de solucións destoutra inecuación.

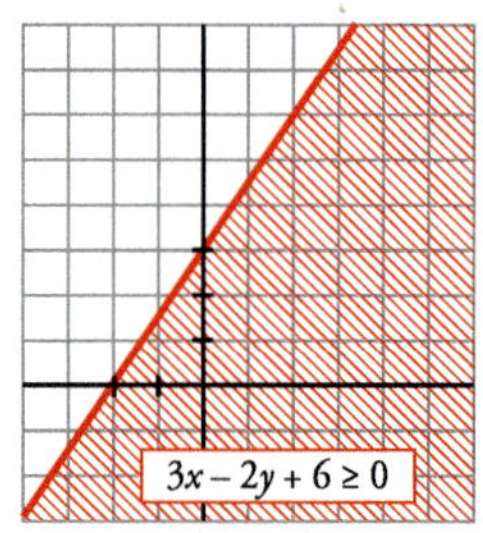

3 *Resolver as seguintes inecuacións:*

a) $x > 0$

b) $y < 4$

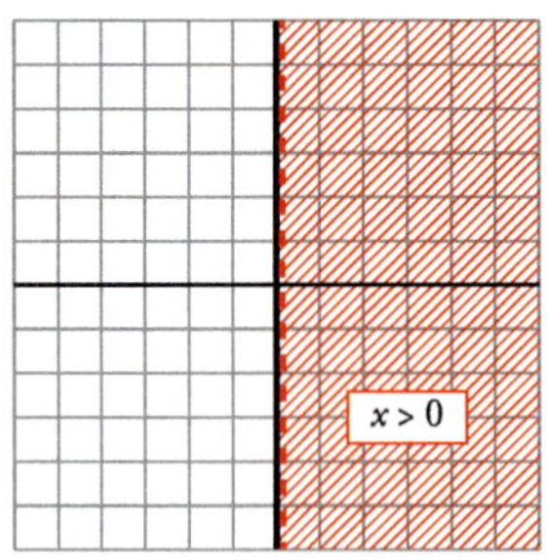

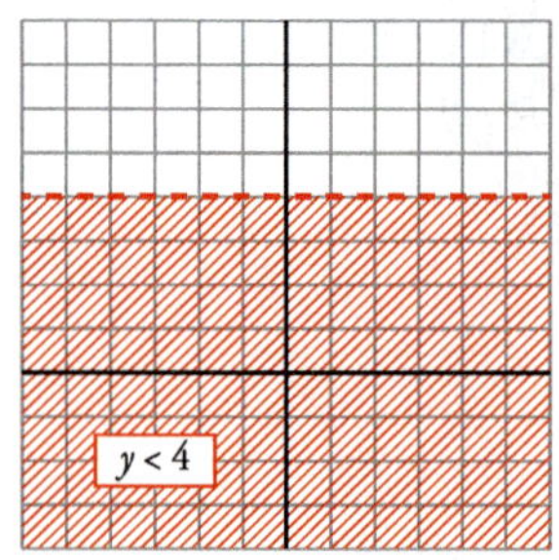

O eixe Y non pertence ao conxunto de solucións, pois nel é $x = 0$.

Exercicios propostos

1 Resolve:

a) $3x + 2y \geq 6$

b) $x - y + 1 \geq 0$

2 Resolve:

a) $x \leq -2$

b) $y > 1$

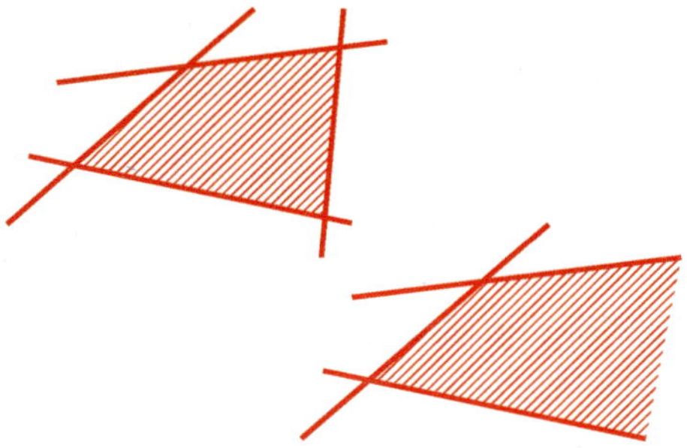

Sistemas de inecuacións lineais con dúas incógnitas

Varias inecuacións forman un sistema cando se buscan solucións comúns a todas elas.

Como o conxunto de solucións dunha inecuación de primeiro grao con dúas incógnitas é un semiplano, o conxunto de solucións dun sistema de inecuacións deste tipo é a intersección de varios semiplanos, é dicir, un **recinto poligonal** ou ben un **recinto aberto.**

É posible que os semiplanos non teñan ningún punto en común. En tal caso, o sistema non ten solución e dise que é incompatible.

Exercicio resolto

1 *Resolver os sistemas de inecuacións seguintes:*

a) $\begin{cases} x + y \le 6 \\ 3x - 2y \ge -6 \end{cases}$

b) $\begin{cases} x + y > 9 \\ -2x + 3y \le 12 \end{cases}$

a) Ambas as dúas inecuacións foron resoltas na páxina anterior. A solución do sistema é a intersección dos dous semiplanos solucións de ambas as dúas inecuacións. (É dicir, as solucións do sistema son todos os puntos do devandito recinto).

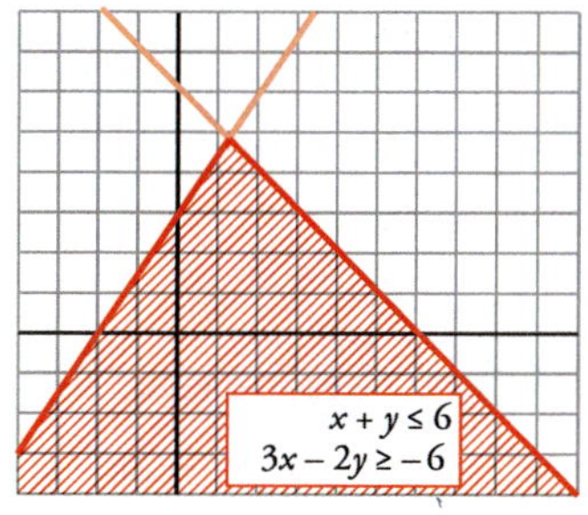

b) Resolvemos cada unha das inecuacións:

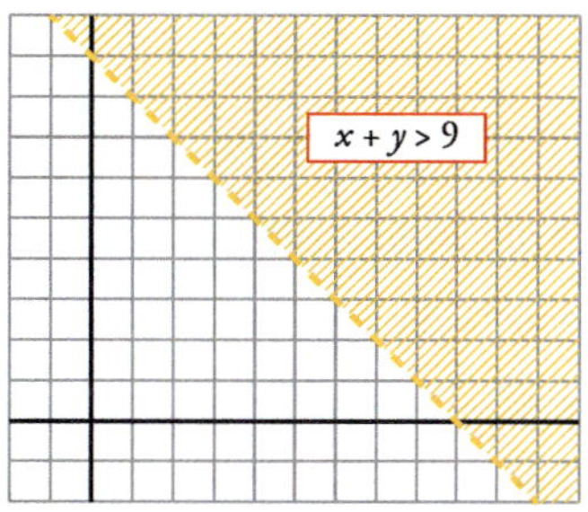

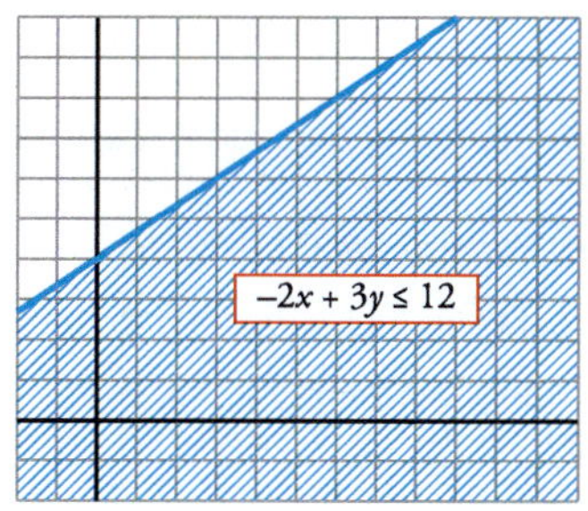

A solución é o recinto intersección de ambas as dúas. Pódese obter representando directamente as dúas rectas sobre os mesmos eixes e sinalando en cada unha delas o semiplano correspondente á desigualdade indicada. O recinto solución obtense tendo en conta a parte común dos distintos semiplanos.

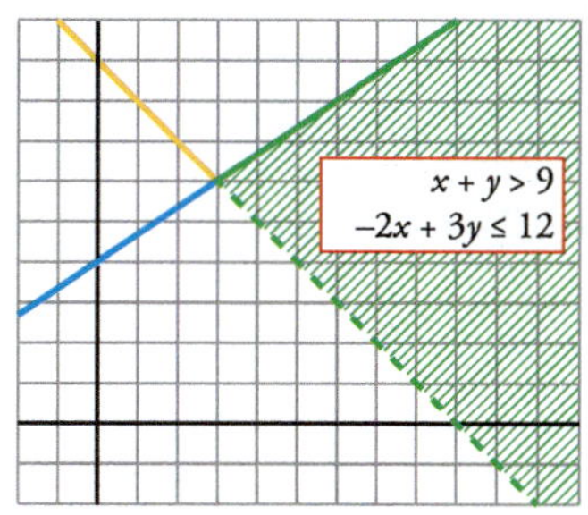

Exercicios propostos

3 Resolve os seguintes sistemas de inecuacións:

a) $\begin{cases} 3x + 2y \ge 6 \\ x - y + 1 \ge 0 \end{cases}$

b) $\begin{cases} x + y > 9 \\ -2x + 3y \ge 12 \end{cases}$

c) $\begin{cases} x \ge 3 \\ y \le 2 \end{cases}$

d) $\begin{cases} x + y \ge 11 \\ -x + 2y \ge 10 \\ y \le 9 \end{cases}$

e) $\begin{cases} x + y \le 11 \\ -x + 2y \ge 10 \\ y < 9 \end{cases}$

f) $\begin{cases} x + y < 11 \\ -x + 2y \le 10 \\ y \ge 9 \end{cases}$

g) $\begin{cases} 2x - 3y \le -3 \\ x + y \le 11 \\ x \ge 2 \end{cases}$

h) $\begin{cases} 2x - 3y > -3 \\ x + y > 11 \\ x \le 2 \end{cases}$

Exercicios e problemas resoltos

1. Ecuacións polinómicas de grao tres ou superior

Resolver a seguinte ecuación:

$$6x^4 + 5x^3 - 2x^2 - x = 0$$

Para resolver ecuacións do tipo $P(x) = 0$, onde $P(x)$ é un polinomio de grao maior ou igual que 3, factorizamos o polinomio $P(x)$.

Empezamos, se é posible, sacando factor común x.

$$6x^4 + 5x^3 - 2x^2 - x = x\,(6x^3 + 5x^2 - 2x - 1)$$

Buscamos agora as raíces enteiras do novo polinomio entre os divisores do termo independente e factorizamos.

	6	5	−2	−1
−1		−6	1	1
	6	−1	−1	0

$$6x^3 + 5x^2 - 2x - 1 = (x + 1)(6x^2 - x - 1)$$

Como non hai máis raíces enteiras, para descompoñer o polinomio de segundo grao resolvemos a ecuación asociada.

$$6x^2 - x - 1 = 0 \rightarrow x = \frac{1}{2},\ x = -\frac{1}{3} \rightarrow 6x^2 - x - 1 = 6\left(x - \frac{1}{2}\right)\left(x + \frac{1}{3}\right)$$

A ecuación inicial é equivalente a: $6x(x + 1)\left(x - \frac{1}{2}\right)\left(x + \frac{1}{3}\right) = 0$

Solucións: $x_1 = 0,\ x_2 = -1,\ x_3 = 1/2,\ x_4 = -1/3$

Faino ti. Resolve esta ecuación:

$$12x^4 + 14x^3 - 2x = 0$$

2. Ecuacións con valores absolutos

Resolver estas ecuacións:

a) $|x^2 + 5x| = 6$

b) $\left|\frac{x - 12}{3}\right| = |x - 4|$

a) Aplicando a definición de valor absoluto, xorden dúas ecuacións, que resolvemos:

- $x^2 + 5x = 6 \rightarrow x^2 + 5x - 6 = 0 \rightarrow x_1 = 1;\ x_2 = -6$
- $x^2 + 5x = -6 \rightarrow x^2 + 5x + 6 = 0 \rightarrow x_3 = -2;\ x_4 = -3$

b) De novo, ao aplicar a definición de valor absoluto, obtemos dúas ecuacións:

- $\frac{x - 12}{3} = x - 4 \rightarrow x - 12 = 3x - 12 \rightarrow x_1 = 0$
- $\frac{x - 12}{3} = -x + 4 \rightarrow x - 12 = -3x + 12 \rightarrow x_2 = 6$

Faino ti. Resolve estas ecuacións:

a) $|x^2 - 2| = 2$

b) $|3x + 1| = |2x + 4|$

3. Inecuacións con fraccións alxébricas

Resolver esta inecuación:

$$\frac{x}{x + 1} \le 0$$

Para que a fracción sexa negativa, numerador e denominador deben ter distinto signo. Calculamos as raíces de ambos os dous polinomios. Elas determinan os intervalos nos que hai que estudar o signo da fracción:

$x = 0;\ x + 1 = 0 \rightarrow x = -1$

	$(-\infty, -1)$	$(-1, 0)$	$(0, +\infty)$
x	−	−	+
$x + 1$	−	+	+
$\frac{x}{x+1}$	+	−	+

Ademais do intervalo $(-1, 0)$, incluímos $x = 0$ que anulan a fracción.

A solución é: $(-1, 0]$.

Faino ti. Resolve esta inecuación:

$$\frac{x - 1}{x} \le 0$$

4. Ecuacións tipo $ax^{2n} + bx^n + c = 0$

Resolver:

$$x^6 - 7x^3 - 8 = 0$$

Faino ti. Resolve esta ecuación:

$$x^8 - 15x^4 - 16 = 0$$

<u>Análise do problema</u>

Unha ecuación do tipo $\boldsymbol{ax^{2n} + bx^n + c = 0}$ *supón unha xeneralización das ecuacións bicadradas e resólvese mediante o cambio de variable:* $\boldsymbol{y = x^n}$

No noso caso, o cambio de variable é $y = x^3$, quedando a ecuación $y^2 - 7y - 8 = 0$.

$$y = \frac{7 \pm \sqrt{7^2 - 4 \cdot (-8)}}{2} = \frac{7 \pm 9}{2} \begin{cases} y = -1 \rightarrow -1 = x^3 \rightarrow x_1 = -1 \\ y = 8 \rightarrow 8 = x^3 \rightarrow x_2 = 2 \end{cases}$$

5. Ecuacións exponenciais

Resolver estas ecuacións:

a) $(0{,}5)^{x+1} = \frac{1}{4}$

b) $2^x \cdot 3^{x+1} = 6$

c) $2^{2x} - 2^{x+2} + 4 = 0$

Faino ti. Resolve as ecuacións:

a) $3^{x^2+1} = 9^x$

b) $2^{x+1} = 5$

c) $2^{2x} - 3 \cdot 2^x + 2^x + 2 = 0$

a) Ambos os dous membros da ecuación poden ser expresados como potencias de base 2:

$$(0{,}5)^{x+1} = \frac{1}{4} \rightarrow \left(\frac{1}{2}\right)^{x+1} = \frac{1}{2^2} \rightarrow 2^{-x-1} = 2^{-2}$$

Igualamos os expoñentes e resolvemos a ecuación obtida: $-x - 1 = -2 \rightarrow x = 1$

b) Obtemos unha expresión da forma $a^x = b$. Entón, $x = log_a\, b$.

$$2^x \cdot 3^{x+1} = 6 \rightarrow 2^x \cdot 3 \cdot 3^x = 6 \rightarrow 3 \cdot 6^x = 6 \rightarrow 6^x = 2 \rightarrow x = log_6\, 2 = \frac{log\, 2}{log\, 6}$$

Outro método: Tomamos logaritmos en ambos os dous membros da ecuación, aplicamos as propiedades dos logaritmos e despexamos x:

$$2^x \cdot 3^{x+1} = 6 \rightarrow log\,(2^x \cdot 3^{x+1}) = log\, 6 \rightarrow log\, 2^x + log\, 3^{x+1} = log\, 6 \rightarrow$$

$$\rightarrow x \cdot log\, 2 + (x+1) \cdot log\, 3 = log\, 6 \rightarrow x \cdot log\, 2 + x \cdot log\, 3 = log\, 6 - log\, 3 \rightarrow$$

$$\rightarrow x(log\, 2 + log\, 3) = log\, 2 \rightarrow x = \frac{log\, 2}{log\, 6}$$

c) Expresamos todas as potencias en función de 2^x:

$$2^{2x} - 2^{x+2} + 4 = 0 \rightarrow (2^x)^2 - 2^2 \cdot 2^x + 4 = 0$$

Facemos o cambio de variable $y = 2^x$: $y^2 - 4y + 4 = 0 \rightarrow (y-2)^2 = 0 \rightarrow y = 2$

Desfacemos o cambio de variable: $2^x = 2 \rightarrow x = 1$

6. Ecuacións logarítmicas

Resolver as seguintes ecuacións:

a) $log\,(x^2 + 1) = 1$

b) $log_x\, 121 = 2$

c) $log\, 2 + log\, x = log\, 5 - log\, 10$

Faino ti. Resolve as ecuacións:

a) $ln\,(2x) = 1$

b) $log_x\, 16 = 2$

c) $log\, 3 + log\, x = log\, 15 - log\, 5$

Podemos resolver as dúas primeiras ecuacións usando a definición de logaritmo.

a) $log\,(x^2 + 1) = 1 \leftrightarrow 10 = x^2 + 1 \rightarrow x^2 = 9 \rightarrow x = \pm 3$

Comprobamos que ambas as dúas solucións son válidas.

b) $log_x\, 121 = 2 \leftrightarrow 121 = x^2 \rightarrow x = \pm 11$

Neste caso, a única solución válida é $x = 11$, posto que a base dun logaritmo debe ser sempre positiva.

c) Aplicamos que $log\, A + log\, B = log\,(A \cdot B)$ e que $log\, A - log\, B = log\left(\frac{A}{B}\right)$.

$$log\, 2 + log\, x = log\, 5 - log\, 10 \rightarrow log\,(2x) = log\left(\frac{5}{10}\right) \rightarrow log\, 2x = log\left(\frac{1}{2}\right)$$

Utilizamos agora que: $log\, A = log\, B \rightarrow A = B$

$$log\, 2x = log\left(\frac{1}{2}\right) \rightarrow 2x = \frac{1}{2} \rightarrow x = \frac{1}{4}$$

1. Resolución dun problema mediante un sistema de inecuacións

A unha exposición asisten menos de 100 persoas e recádanse máis de 260 € con entradas de 2 € e de 4 €. Cantas entradas de cada tipo puideron ser vendidas?

- Define as variables asociadas ás dúas incógnitas do problema: número de entradas vendidas de 2 € (x) e número de entradas vendidas de 4 € (y).
- Considera as inecuacións asociadas ás restricións propostas no enunciado:
  ① Véndense entradas de ambos os dous tipos. Obterás dúas inecuacións distintas.
  ② Asisten menos de 100 persoas, polo que o número total de entradas debe ser menor que 100.
  ③ A suma do diñeiro procedente da venda de ambos os dous tipos de entradas debe ser superior a 260 €.
- Representa as rectas asociadas a cada unha das inecuacións e sinala os semiplanos que determinan (ten en conta que, cando a inecuación contén unha desigualdade estrita, a recta que determina o semiplano non forma parte da solución). A solución é a rexión do plano común a todas as solucións.

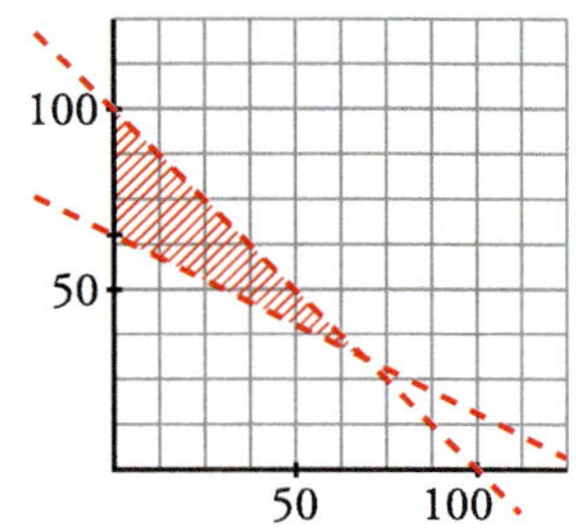

Solución: Calquera punto de coordenadas enteiras da rexión raiada é unha solución.

2. Resolución dun problema mediante un sistema de dúas ecuacións con dúas incógnitas

Un peregrino que percorre o Camiño de Santiago avanza a unha velocidade de 3,5 km/h. Decátase de que, a ese paso, chegará 1 hora máis tarde do previsto ao albergue.

Entón, acelera o paso e percorre o resto do camiño a 5 km/h, chegando media hora antes do tempo fixado.

Que distancia lle faltaba por percorrer ese día ata o albergue?

Análise do problema: *No enunciado relaciónanse espazo, tempo e velocidade. Ao ser a velocidade constante, a fórmula que relaciona estas magnitudes é:* $e = v \cdot t$. *O espazo que hai que percorrer é a incógnita e pode ser percorrido a dúas velocidades distintas diminuíndo o tempo empregado en 1,5 horas nun dos casos.*

- Expresa a distancia que debe percorrer con dúas ecuacións distintas, segundo a velocidade do paso.
- Observa que o tempo, en ambas as dúas ecuacións, está relacionado. Chámalle t cando a velocidade é de 3,5 km/h e $t - 1{,}5$ cando a velocidade é de 5 km/h.
- Resolve o sistema lineal de dúas ecuacións con dúas incógnitas que obtiveches.

Solución: No momento en que acelera o paso fáltanlle por percorrer 17,5 km.

3. Resolución dun problema mediante un sistema de tres ecuacións con tres incógnitas

Un corredor sobe as costas a 8 km/h, báixaas a 16 km/h e marcha en terreo chan a 11,5 km/h.

No seu último maratón tardou 3 horas e media, e se o percorrido chega a ser en sentido inverso, o seu tempo sería de 4 horas e cuarto. Sabendo que un maratón ten un percorrido de 42 km, cal foi a lonxitude do percorrido chan neste maratón?

Análise do problema: *Hai tres incógnitas: tramos de suba (x), parte chá (y) e tramos de baixada (z). Observa que se o maratón fose en sentido inverso, os tramos de subida e baixada intercambiarían os seus papeis. Ao ser a velocidade constante en cada tipo de tramo, o tempo empregado en cada parte calcularase como* $t = e/v$.

- Necesitamos tres ecuacións que obteremos así:
  ① A suma dos tres tramos debe ser igual á distancia total do percorrido.
  ② O tempo que tarda en completar o maratón debe calcularse como a suma dos tempos que tarda en percorrer cada tipo de tramo.
  ③ Repite a formulación da segunda ecuación, agora co tempo para facer o percorrido en sentido inverso.
- Resolve o sistema obtido polo método de Gauss.

Solución: Hai 9,2 km de percorrido chan.

Exercicios e problemas propostos

Para practicar

División de polinomios. Regra de Ruffini

1 Calcula o cociente e o resto en cada caso:

a) $(4x^5 - 4x + 1) : (2x^2 + 1)$ b) $x^6 : (x^3 + x)$

c) $(x^4 + x^2 - 20x) : (x + 2)$ d) $(x^4 - 81) : (x + 3)$

2 Espresa na forma $\frac{D}{d} = C + \frac{r}{d}$.

a) $\frac{x-1}{x+3}$ b) $\frac{3x-1}{x-2}$

c) $\frac{3x^3-2x^2+1}{x^2+2}$ d) $\frac{2x^5-3x^2+1}{x^3-1}$

e) $\frac{x^3+x^2+x+1}{x^2+1}$ f) $\frac{x^5}{x^2+3}$

3 Acha o polinomio $P(x)$ sabendo que:

$$\frac{4x^4-8x^3+4x^2+x-1}{P(x)} = x-1$$

4 Usando a regra de Ruffini di se o polinomio $2x^4 - 3x + 1$ é divisible entre $(x - 1)$ e $(x + 1)$.

Faino tamén empregando o teorema do resto.

5 Calcula o valor de m para que sexa exacta a división $(2x^3 - 9x^2 + 2x + m) : (x - 4)$.

Factorización de polinomios

6 Factoriza cada polinomio e sinala as súas raíces.

a) $2x^2 - 8x - 10$ b) $4x^2 - 9$

c) $x^3 + x^2 - 5x - 5$ d) $x^4 + x^2 - 20$

e) $2x^6 - 14x^4 + 12x^3$ f) $6x^3 + 7x^2 - x - 2$

g) $x^5 - 16x$ h) $2x^4 - 2x^3 - 18x^2 + 18x$

7 Saca factor común e usa as identidades notables para factorizar.

a) $x^7 - 4x^5$ b) $9x^4 - 6x^3 + x^2$

c) $2x^3 - 18x$ d) $12x^3 + 36x^2 + 27x$

e) $98x^3 - 56x^4 + 8x^5$ f) $6x^9 - 54x$

g) $25x\ 15 - 15x^8 + \frac{1}{4}x$ h) $\frac{x^6}{4} - x^4 + x^2$

Fraccións alxébricas

8 Descompón en factores e simplifica as seguintes fraccións:

a) $\frac{x+1}{x^2-1}$ b) $\frac{x^2-4}{x^2+4x+4}$

9 Reduce o mínimo común denominador e opera:

a) $\frac{x+1}{x-1} - \frac{3}{x+1} + \frac{x-2}{x^2-1}$

b) $\frac{1-x}{x+3} + \frac{2x}{x-2} - \frac{x^2+5x-10}{x^2+x-6}$

c) $\frac{x^2}{x^2+2x+1} - \frac{2x-3}{x-1} + 3$

10 Opera e simplifica.

a) $\frac{3}{x} : \frac{x-3}{x}$ b) $\frac{x+1}{3} \cdot \frac{15}{x^2-1}$

c) $\left(\frac{x^3}{6}\right)^2 \cdot \left(\frac{3}{x}\right)^2$ d) $\frac{x-2}{x} : \left(\frac{x-2}{x}\right)^2$

11 Opera e simplifica.

a) $\left(\frac{1}{x-1} - \frac{2x}{x^2-1}\right) : \frac{x}{x+1}$

b) $\left[\left(1-\frac{1}{x}\right) : \left(1+\frac{1}{x}\right)\right] : (x^2-1)$

c) $\left(\frac{1}{x+1} - \frac{1}{x-1}\right) : \left(\frac{1}{x-1} + \frac{1}{x+1}\right)$

d) $\left[\left(x+\frac{1}{x}\right) : \left(x-\frac{1}{x}\right)\right] \cdot (x-1)$

e) $\left(\frac{x-2}{x-3} - \frac{x-3}{x-2}\right) : \left(\frac{1}{x-3} + \frac{1}{x-2}\right)$

Ecuacións de primeiro e segundo grao

12 Resolve as seguintes ecuacións:

a) $(3x + 1)(2x - 3) - (x - 3)(6x + 4) = 9x$

b) $\frac{x^2-1}{4} - \frac{2}{3}(x+1) = \frac{(2x-3)^2-(13x-5)}{16}$

c) $\frac{1}{6}[(13-2x)-2(x-3)^2] = -\frac{1}{3}(x+1)^2$

d) $\frac{x^2-1}{3} + (x-2)^2 = \frac{x^2+2}{2}$

e) $0{,}5(x - 1)^2 - 0{,}25(x + 1)^2 = 4 - x$

f) $(0{,}5x - 1)(0{,}5x + 1) = (x + 1)^2 - 9$

13 Resolve estas ecuacións incompletas de segundo grao sen aplicar a fórmula xeral:

a) $(x + 1)^2 - (x - 2)^2 = (x + 3)^2 + x^2 - 20$

b) $\frac{x^2-2x+5}{2} - \frac{x^2+3x}{4} = \frac{x^2-4x+15}{6}$

c) $\frac{3x+1}{3} - \frac{5x^2+3}{2} = \frac{x^2-1}{2} - \frac{x+2}{3}$

d) $\frac{3x^2-1}{4} + \frac{1}{2}\left[x^2-2-\frac{1}{2}x\right] = \frac{x^2-5}{4}$

Exercicios e problemas propostos

14 Resolve estas ecuacións (unha delas non ten solución e outra ten infinitas):

a) $\frac{(x+1)^2}{16} - \frac{1+x}{2} = \frac{(x-1)^2}{16} - \frac{2+x}{4}$

b) $0{,}2x + 0{,}6 - 0{,}25(x-1)^2 = 1{,}25x - (0{,}5x+2)^2$

c) $(5x-3)^2 - 5x(4x-5) = 5x(x-1)$

d) $\frac{2x+1}{7} - \frac{(x+1)(x-2)}{2} = \frac{x-2}{2} - \frac{(x-2)^2}{2}$

15 Resolve as seguintes ecuacións expresando previamente os decimais en forma de fracción:

a) $0{,}\widehat{3}x^2 - x - 1{,}\widehat{3} = 0$ b) $0{,}\widehat{1}x^2 - 1 = 0$

c) $0{,}\widehat{1}x^2 - 0{,}\widehat{5}x = 0$ d) $0{,}\widehat{1}x^2 - 1{,}\widehat{7} = x - 4$

Ecuacións bicadradas

16 Resolve e comproba as solucións.

a) $x^4 - 5x^2 + 4 = 0$ b) $x^4 + 3x^2 - 4 = 0$

c) $x^4 + 3x^2 + 2 = 0$ d) $x^4 - 5x^2 + 36 = 0$

e) $9x^4 - 46x^2 + 5 = 0$ f) $x^4 - 4x^2 = 0$

g) $4x^4 - 17x^2 + 4 = 0$ h) $9x^4 - x^2 = 0$

17 Resolve estas ecuacións do tipo $ax^{2n} + bx^n + c = 0$ facendo o cambio de variable $y = x^n$:

a) $x^6 + 16x^3 + 64 = 0$ b) $8x^6 - 7x^3 - 1 = 0$

c) $x^8 - 82x^4 + 81 = 0$ d) $x^8 + x^4 - 2 = 0$

18 Acha as solucións destas ecuaciones:

a) $(2x^2+1)(x^2-3) = (x^2+1)(x^2-1) - 8$

b) $\frac{1}{4}(3x^2-1)(x^2+3) - (2x^2+1)(x^2-3) = 4x^2$

Ecuacións con radicais

19 Resolve as seguintes ecuacións:

a) $\sqrt{5x+6} = 3 + 2x$ b) $x + \sqrt{7-3x} = 1$

c) $\sqrt{2-5x} + x\sqrt{3} = 0$ d) $\sqrt{2x} + \sqrt{5x-6} = 4$

e) $\sqrt{3x+4} + 2x - 4 = 0$ f) $x - \sqrt{7-3x} = 1$

g) $\sqrt{x^2+x} - \sqrt{x+1} = 0$ h) $\sqrt{x^2+3} - \sqrt{3-x} = 0$

20 Resolve:

a) $\frac{\sqrt{10+x}}{3} - \frac{\sqrt{1-3x}}{2} = 0$ b) $\frac{\sqrt{x^2+5}}{6} + \frac{x}{4} = x - 1$

21 Resolve e comproba as solucións.

a) $\frac{1}{\sqrt{1-x}} = \frac{1}{2}$ b) $\frac{3}{\sqrt{x+3}} = \frac{6}{\sqrt{10x+6}}$

c) $\frac{1}{\sqrt{x+2}} = \frac{2}{x-1}$ d) $\frac{3}{\sqrt{x+5}} = \frac{\sqrt{5x+5}}{x+1}$

22 Resolve illando o radical e elevando ao cubo.

a) $\sqrt[3]{x^2-28} + 3 = 0$ b) $\sqrt[3]{x+1} - 2 = 0$

c) $\frac{3}{\sqrt[3]{13-5x}} = -1$ d) $\frac{2}{\sqrt[3]{x}} = 4$

Ecuacións factorizadas e factorizables

23 Resolve as seguintes ecuacións factorizadas:

a) $(3x-6)^5 = 0$ b) $4x^2(x+1)^2(x-2) = 0$

c) $(x+2)(x^2+1)(x^2+5) = 0$

24 Resolve estas ecuacións identificando identidades notables:

a) $x^2 + 6x + 9 = 0$ b) $x^4 - 2x^2 + 1 = 0$

c) $x^6 + 2x^3 + 1 = 0$ d) $x^4 - 16 = 0$

25 As seguintes ecuacións teñen todas as súas solucións enteiras. Áchaas usando a regra de Ruffini:

a) $x^3 + 6x^2 + 11x + 6 = 0$

b) $x^3 - 5x^2 - 2x + 24 = 0$

c) $x^4 - x^3 - 7x^2 + 13x - 6 = 0$

d) $x^4 - 3x^3 - 2x^2 + 12x - 8 = 0$

26 Descompón en factores e resolve:

a) $x^3 + x^2 - 6x = 0$ b) $x^4 - 2x^3 + x^2 = 0$

c) $x^3 - 9x = 0$ d) $x^3 + 4x^2 + x - 6 = 0$

e) $2x^3 - 5x^2 + 4x = 1$ f) $-x^3 + 13x = 12$

g) $x^3 - 5x^2 + 7x = 3$ h) $x^3 + 2x^2 - 4x = 8$

Ecuacións racionais

27 Resolve.

a) $\frac{x+2}{x} + 3x = \frac{5x+6}{2}$ b) $\frac{1}{x} + \frac{2}{x} + \frac{3}{x} = \frac{x}{3} - 1$

c) $\frac{600}{x} + 80 = \frac{600}{x-2}$ d) $\frac{8}{x+6} + \frac{12-x}{x-6} = 1$

28 Resolve as ecuacións seguintes:

a) $\frac{10}{3} + \frac{5-x}{x+5} = \frac{x+5}{x-5}$ b) $\frac{x}{x-3} + \frac{2x}{x+3} = \frac{6}{x^2-9}$

29 Resolve.

a) $\frac{x}{x+1} = \frac{4}{x+4}$ b) $\frac{3}{x+3} = \frac{x+2}{2-x}$

c) $\frac{2x}{x+2} = \frac{3x+2}{2x}$ d) $\frac{x^2}{x+1} = \frac{x}{x^2+1}$

30 Resolve esta ecuación simplificando previamente as fraccións alxébricas que aparecen. Comproba as solucións:

$$\frac{x^2+4x+4}{x+2} + \frac{x^4-1}{x^2+1} = \frac{x^2+3x+2}{x+1}$$

Ecuacións exponenciais e logarítmicas

31 Acha a solución das seguintes ecuacións tomando logaritmos en cada membro:

a) $7^x = 20$ b) $1{,}2^x = 10$

32 Resolve expresando ambos os dous membros de cada ecuación como potencias da mesma base.

a) $2^{x^2-1} = 64$ b) $3^{x+2} = 6\,561$

c) $(0{,}2)^x = 25$ d) $\sqrt{2^x} = 0{,}25$

33 Resolve as ecuacións seguintes mediante un cambio de variable:

a) $2^{2x} - 5 \cdot 2^x + 4 = 0$

b) $3^x - 3^{x-1} + 3^{x-2} = 21$

c) $3^x - 3^{-x} = \dfrac{728}{27}$

34 Resolve aplicando a definición de logaritmo.

a) $lox_x\, 25 = 2$ b) $log\, x = -1$

c) $lox_x\, 27 = 3$ d) $lox_2\, x = 3$

35 Acha a solución das seguintes ecuacións:

a) $log\, x = log\, 9 + log\, 2$ b) $ln\, x = 2\, ln\, 10$

c) $\dfrac{1}{2} log\,(x+1) = log\, 3$ d) $\dfrac{1}{3} log_2\, x = -3$

Sistemas de ecuacións

36 Resolve os seguintes sistemas:

a) $\begin{cases} 2x - 11y = -11 \\ 23x + y = 1 \end{cases}$ b) $\begin{cases} 3x + 5 = 2y + 1 \\ x - 9 = 1 - 5y \end{cases}$

c) $\begin{cases} \dfrac{x+1}{3} + y = 1 \\ \dfrac{x-3}{4} + 2y = 1 \end{cases}$ d) $\begin{cases} \dfrac{x}{3} - \dfrac{y}{2} = 4 \\ \dfrac{x}{2} - \dfrac{y}{4} = 2 \end{cases}$

37 Resolve.

a) $\begin{cases} x \cdot y = 15 \\ \dfrac{x}{y} = \dfrac{5}{3} \end{cases}$ b) $\begin{cases} \dfrac{1}{x} + \dfrac{1}{y} = \dfrac{5}{6} \\ 2x + 3y = 2 \end{cases}$

38 Resolve por substitución:

a) $\begin{cases} x - y = 6 \\ x^2 + y^2 = 20 \end{cases}$ b) $\begin{cases} x + y = 2 \\ xy = 1 \end{cases}$

c) $\begin{cases} (x^2 + 1)\, y^2 = 5 \\ 4x - y = 0 \end{cases}$ d) $\begin{cases} x^2 - y^2 = 5 \\ xy = 6 \end{cases}$

39 Resolve por redución:

a) $\begin{cases} 3x^2 - 5y^2 = 30 \\ x^2 - 2y^2 = 7 \end{cases}$ b) $\begin{cases} x^2 + y^2 + xy = \dfrac{3}{4} \\ x^2 - y^2 - xy = -\dfrac{1}{4} \end{cases}$

40 Resolve os seguintes sistemas:

a) $\begin{cases} \dfrac{2x-1}{x+1} + \dfrac{y+3}{y+1} = 3 \\ x(x-2) = y(1-y) \end{cases}$ b) $\begin{cases} x^2 + y^2 = 65 \\ xy = 28 \end{cases}$

c) $\begin{cases} x^2 + y^2 - 5x - 5y + 10 = 0 \\ x^2 - y^2 - 5x + 5y + 2 = 0 \end{cases}$ d) $\begin{cases} (x+y)(x-y) = 7 \\ 3x - 4y = 0 \end{cases}$

41 Resolve.

a) $\begin{cases} y^2 - 2y + 1 = x \\ \sqrt{x} + y = 5 \end{cases}$ b) $\begin{cases} \sqrt{3(x+y)} + x = 12 \\ 2x - y = 6 \end{cases}$

42 Resolve por substitución.

a) $\begin{cases} x - y = 1 \\ 2^x + 2^y = 6 \end{cases}$ b) $\begin{cases} x + y = 5 \\ log\, x + log\, y = log\, 6 \end{cases}$

Método de Gauss

43 Resolve polo método de Gauss:

a) $\begin{cases} x - y - z = -10 \\ x + 2y + z = 11 \\ 2x - y + z = 8 \end{cases}$ b) $\begin{cases} x + y + z = 3 \\ 2x - y + z = 2 \\ x - y + z = 1 \end{cases}$

c) $\begin{cases} x + y + z = 18 \\ x - z = 6 \\ x - 2y + z = 0 \end{cases}$ d) $\begin{cases} x + y + z = 2 \\ 2x + 3y + 5z = 11 \\ x - 5y + 6z = 29 \end{cases}$

e) $\begin{cases} x + y - 2z = 9 \\ 2x - y + 4z = 4 \\ 2x - y + 6z = -1 \end{cases}$ f) $\begin{cases} 2x - 3y + z = 0 \\ 3x + 6y - 2z = 0 \\ 4x + y - z = 0 \end{cases}$

44 Resolve aplicando o método de Gauss:

a) $\begin{cases} x - y = 1 \\ 2x + 6y - 5z = -4 \\ x + y - z = 0 \end{cases}$ b) $\begin{cases} x + 2y + z = 3 \\ x - 2y + 5z = 5 \\ 5x - 2y + 17z = 1 \end{cases}$

c) $\begin{cases} x + y + 3z = 2 \\ 2x + 3y + 4z = 1 \\ -2x - y - 8z = -7 \end{cases}$ d) $\begin{cases} 2x - y - z = 2 \\ 3x - 2y - 2z = 2 \\ -5x + 3y + 5z = -1 \end{cases}$

e) $\begin{cases} x + y + z = 3 \\ -x + 2y + z = 5 \\ x + 4y + 3z = 1 \end{cases}$ f) $\begin{cases} -2x + y + z = 1 \\ 3x + 2y - z = 0 \\ -x + 4y + z = 2 \end{cases}$

* *Atoparás sistemas compatibles (determinados e indeterminados) e sistemas incompatibles.*

Exercicios e problemas propostos

Inecuacións

45 Resolve as seguintes inecuacións:

a) $2x - 3 < x - 1$ b) $\frac{3x-2}{2} \le \frac{2x+7}{3}$

c) $-3x - 2 < 5 - \frac{x}{2}$ d) $\frac{3x}{5} - x > -2$

46 Resolve os seguintes sistemas de inecuacións:

a) $\begin{cases} 4x - 3 < 1 \\ x + 6 > 2 \end{cases}$ b) $\begin{cases} 3x - 2 > -7 \\ 5 - x < 1 \end{cases}$

c) $\begin{cases} 5 - x < -12 \\ 16 - 2x < 3x - 3 \end{cases}$ d) $\begin{cases} 2x - 3 > 0 \\ 5x + 1 < 0 \end{cases}$

47 Resolve.

a) $-x^2 - 2x + 3 \ge 0$ b) $5 - x^2 < 0$

c) $x^2 + 3x > 0$ d) $-x^2 + 6x - 5 \le 0$

e) $x^2 - 7x + 6 \le 0$ f) $x^2 - 7x + 6 > 0$

48 Resolve estes sistemas:

a) $\begin{cases} x^2 + 2x > 15 \\ 3 - 2x < 7 \end{cases}$ b) $\begin{cases} 5x - x^2 \ge 4 \\ 5x - 1 < 4x + 2 \end{cases}$

49 Resolve graficamente:

a) $x + y - 2 \ge 0$ b) $2x - 3y \le 6$

c) $\frac{x - 3y}{2} \le 3$ d) $\frac{x}{2} - \frac{y}{3} \ge -1$

50

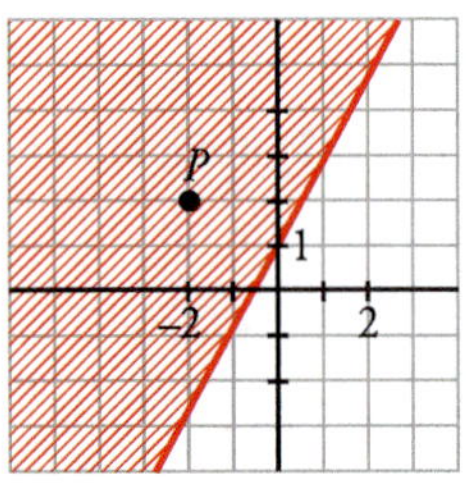

a) Comproba que o punto P verifica a inecuación $2x - y \le -1$.

b) Elixe tres puntos calquera da zona raiada e proba que son solucións da inecuación.

51 Resolve graficamente os seguintes sistemas:

a) $\begin{cases} 2x + y \ge 2 \\ x \le 3 \end{cases}$ b) $\begin{cases} x - y \le 3 \\ y \le 2 \end{cases}$

c) $\begin{cases} 2x - y \le 3 \\ 2x + y \le 5 \end{cases}$ d) $\begin{cases} 3x - 2y \le 5 \\ x + y \ge 8 \end{cases}$

e) $\begin{cases} x \ge 0 \\ y \ge 0 \\ x - y \le 5 \end{cases}$ f) $\begin{cases} y \ge 1 \\ x \le 3 \\ -x + y \le 1 \end{cases}$

g) $\begin{cases} x \le 5 \\ y \ge 0 \\ y \le x + 1 \\ 2x + y \ge 3 \end{cases}$ h) $\begin{cases} x \ge 2 \\ 3x + y \ge 7 \\ 2x - y \ge -7 \end{cases}$

Para resolver

52 O resto da división $(-x^3 + 3x^2 + kx + 7) : (x + 2)$ é igual a -7. Canto vale k?

53 Resolve as seguintes ecuacións:

a) $\frac{x+3}{2} - \frac{(x+1)^2}{6} = \frac{(x-1)(x+1)}{3} - 2x$

b) $\sqrt{3x+3} - \sqrt{2x} = 1$ c) $2x^4 + 3x^3 - x = 0$

d) $x^4 - x^2 - 12 = 0$ e) $\frac{x+2}{x^2-1} - \frac{x-1}{x+1} = 1$

54 Resolve estas ecuacións con valor absoluto.

a) $|x + 1| = 3$ b) $|x^2 - 3| = 1$

c) $\left|\frac{x+1}{2}\right| = 2$ d) $|x + 2| = |3x - 2|$

55 Resolve polo método máis adecuado.

a) $5^{2x-4} = 1$ b) $3^x = 30$

c) $2^{2x} - 5 \cdot 2^x + 2^2 = 0$ d) $(0{,}25)^{x+1} = 1\,024$

56 Resolve os seguintes sistemas de ecuacións:

a) $\begin{cases} \log x + \log y = 3 \\ \log x - \log y = -1 \end{cases}$ b) $\begin{cases} 5^x \cdot 5^y = 1 \\ 5^x : 5^y = 25 \end{cases}$

c) $\begin{cases} 2\sqrt{x+1} = y + 1 \\ 2x - 3y = 1 \end{cases}$ d) $\begin{cases} \sqrt{x+y} + 2 = x + 1 \\ 2x - y = 5 \end{cases}$

57 Resolve.

a) $\begin{cases} 2(x - y) = 3z + 14 \\ \frac{x}{3} + \frac{z}{6} = 5 + y \\ 2(x + y) - 3(y + z) = 10 \end{cases}$ b) $\begin{cases} \frac{x+y}{2} + \frac{2y-z}{2} = y + 1 \\ x + y + z - 6 = 0 \\ 3(x + z) = y - 2 \end{cases}$

58 Comproba que unha destas inecuacións ten por solución o conxunto $\mathbb{R}$ e a outra é incompatible:

a) $5(x - 2) - 4(2x + 1) < -3x + 1$

b) $3(x - 2) + 7 < x + 2(x - 5)$

59 Resolve.

a) $\frac{1}{x+3} < 0$ b) $\frac{x^2+1}{x+5} > 0$

c) $\frac{x+3}{x-3} \le 0$ d) $\frac{x^2-4}{x} \ge 0$

60 Contratamos unha hipoteca en xaneiro de 2011 con revisión semestral do tipo de xuro. En xullo sóbenos a cota un 4 % e na seguinte revisión baixa un 1 % respecto a xullo. Se en xaneiro de 2012 estamos pagando 19,24 € mensuais máis que no mesmo mes do ano anterior, cal era a cota inicial?

61 Na primeira proba dunha oposición queda eliminado o 52 % dos participantes. Na segunda proba elimínase o 25 % dos restantes. Se o número total de persoas suspensas é 512, cantas persoas se presentaron á oposición?

62 Unha piscina tarda en encherse 5 horas utilizando a súa toma de auga habitual, e 20 horas se utilizamos unha mangueira. Que tempo será necesario empregar para a súa enchedura se usamos ambos os dous métodos de forma simultánea?

63 Nunha tenda véndese té branco a 18 €/kg e té verde a 14 €/kg. Tamén venden unha mestura de ambos os dous produtos a 16,4 €/kg. Cal é a composición da mestura?

64 Calcular as dimensións dun terreo rectangular sabendo que o seu perímetro mide 140 m e a súa diagonal é de 50 m.

65 Unha tenda vendeu 60 ordenadores, cuxo prezo orixinal era de 1 200 €, cun desconto do 20 % a uns e un 25 % a outros. Se se recadaron 56 400 €, calcula a cantos ordenadores se lles rebaixou o 25 %.

66 Necesitamos 10 dm^2 de cartón para construír unha caixa de base cadrada de 2 dm^3 de volume. Cales son as dimensións da caixa?

67 A suma das idades, no momento actual, de tres irmáns é de 15 anos. Dentro dun ano, a idade do menor será a metade que a idade do mediano. Hai 2 anos, a idade do maior era o dobre que a do mediano. Acha as idades dos tres irmáns.

68 Nunha caixa rexistradora encontramos billetes de 50 €, 100 € e 200 €, sendo o número total de billetes igual a 21, e a cantidade total de diñeiro de 1 800 €. Sabendo que o número de billetes de 50 € é o quíntuplo dos de 200 €, calcula o número de billetes de cada clase.

69 Nunha función de teatro recádanse 5 200 €, vendéndose 200 entradas de tres prezos distintos: 30 €, 25 € e 10 €. Sabendo que o número de localidades máis económicas supoñen un 25 % do número de localidades de 25 €, calcula o número de localidades de cada tipo.

70 Preparamos unha variedade con dous tipos de bombóns de 10 €/kg e 15 €/kg. O noso orzamento é de 600 € e queremos preparar, polo menos, 40 kg. Que restricións ten a composición da variedade?

71 Un comité dunha comunidade de veciños debe estar formado entre 6 e 8 persoas, non podendo ser o número de homes nin o de mulleres inferior a un terzo do grupo. Cantas combinacións posibles hai?

72 A recadación dun partido de fútbol no que se venderon menos de 50 000 entradas superou os 1,5 millóns de euros. Se se venderon entradas de 30 € e de 40 €, cantas localidades de cada tipo puideron ser vendidas?

Autoavaliación

Na web Resolucións destes exercicios.

1 Factoriza os seguintes polinomios sinalando as súas raíces:

a) $P(x) = x^3 + x^2 - 4x - 4$ b) $Q(x) = 2x^3 - x^2 - x$

2 Opera e simplifica o resultado:

a) $\dfrac{(x+5)^2 - 2x(x+5)}{(x+5)^4}$

b) $\left(\dfrac{x+1}{x} - \dfrac{x}{x+2}\right) : \left(1 + \dfrac{x}{x+2}\right)$

3 Resolve as seguintes ecuacións:

a) $\dfrac{3x+1}{3} - \dfrac{5x^2+3}{2} = \dfrac{x^2-1}{2} - \dfrac{x+2}{3}$

b) $x^4 - 8x^2 - 9 = 0$

c) $x - \sqrt{2x-1} = 1 - x$

d) $\dfrac{x}{x-3} - \dfrac{x+3}{x+1} = \dfrac{x^2-3}{(x+1)(x-3)}$

4 Resolve as seguintes ecuacións:

a) $3^{x^2} \cdot 3^{-2} = 9$ b) $5^{x^2} \cdot 25^{x-1} = 5^{3x}$

c) $\log x + \log 2 = 1$ d) $\log_x 49 = 2$

5 Resolve estes sistemas de ecuacións:

a) $\begin{cases} xy = -2 \\ 3x + 2y = -1 \end{cases}$ b) $\begin{cases} \sqrt{-2x} + y = -1 \\ x - 2y = 4 \end{cases}$

6 Resolve polo método de Gauss:

a) $\begin{cases} 3x - 5y + z = 11 \\ x + 2y - 3z = -10 \\ x + y - 2z = -6 \end{cases}$ b) $\begin{cases} x - 5y + 9z = 4 \\ 2x + y - 3z = 2 \\ x + 17y - 33z = 0 \end{cases}$

7 Resolve:

a) $x^2 + 5x \geq 0$ b) $x^2 - 25 < 0$

c) $\begin{cases} 2x + 1 \geq 7 \\ x + 1 \leq 8 \end{cases}$ d) $\begin{cases} x + y \geq 1 \\ y - 2x \geq 3 \\ y \leq 3 \end{cases}$

8 Un tendeiro inviste 125 € na compra dunha partida de mazás. Desbota 20 quilos por defectuosas e vende o resto, aumentando 0,40 € cada quilo sobre o prezo de compra, por 147 €. Cantos quilos mercou?

1 Explica se é verdadeira ou falsa cada unha destas frases:

a) Todo número decimal se pode expresar como fracción.

b) A suma de dous números irracionais é sempre irracional.

c) O produto de dous números irracionais pode ser un número racional.

d) O cociente de dous números decimais exactos é sempre un decimal exacto.

2 Expresa como un único intervalo:

a) $[1, 6) \cup (-2, 5]$ b) $[1, 6) \cap (-2, 5]$

3 Escribe os valores que pode tomar x para que sexan válidas as seguintes expresións:

a) $|2x - 3| = 5$ b) $|x - 5| < 2$

4 Efectúa as seguintes operacións e simplifica:

a) $\sqrt{a^3} - 2a\sqrt[4]{a^2} + 3a\sqrt[6]{a^3} - \sqrt[8]{a^{12}}$

b) $\dfrac{\sqrt{98} - \sqrt{18}}{\sqrt{96}} \cdot 30\sqrt{3}$

c) $(\sqrt{2} + \sqrt{3})(\sqrt{6} - 1)$

d) $\dfrac{5}{\sqrt{6}} + \dfrac{2}{\sqrt{6} + 3\sqrt{2}} - \dfrac{4\sqrt{2}}{\sqrt{3}}$

5 Se $\log k = -1{,}3$ calcula o valor destas expresións:

a) $\log k^3$ b) $\log \dfrac{1}{k}$ c) $\log \dfrac{k}{100}$

6 Calcula x aplicando a definición de logaritmo:

a) $\log_2 \sqrt{x} = -1$ b) $\ln \dfrac{3}{x} = 2$

7 Expresa o resultado da seguinte operación con tres cifras significativas e dá unha cota do erro absoluto e outra do erro relativo cometido:

$$(5 \cdot 10^{-18})(3{,}52 \cdot 10^{15}) : (-2{,}18 \cdot 10^{-7})^2$$

8 O prezo do leite subiu un 15 % en xaneiro e un 18 % en febreiro, e baixou un 20 % en marzo. Cal foi a suba total neses tres meses?

9 Depositamos un capital de 5 000 € ao 6 % anual durante 3 anos e 3 meses. Calcula en canto se transforma se o período de capitalización é:

a) Trimestral b) Mensual

Di, en cada caso, cal é a TAE.

10 Un traballador inicia un plan de pensións aos 40 anos, ingresando cada ano 4 000 € ao 2 % anual. De que cantidade dispoñerá aos 65 anos?

11 Recibimos un préstamo de 10 000 € ao 13 % anual, que debiamos devolver nun só pagamento. Canto tempo transcorreu se ao liquidalo pagamos 16 304,7 €?

12 Un banco préstanos 30 000 € ao 10 % anual, que debemos devolver en 3 anos mediante pagamentos mensuais. Canto teremos que pagar cada mes?

13 Factoriza os seguintes polinomios:

a) $x^3 - 9x$ b) $3x^5 - 4x^4 - 5x^3 + 2x^2$

14 Opera e simplifica:

a) $\dfrac{(3x^2 + 4x)(x^2 + 1) - (x^3 + 2x^2 + 1)2x}{(x^2 + 1)^2}$

b) $\left(\dfrac{x^2 - 4}{x + 1} : \dfrac{x^2 + 2x}{x^3 - x}\right) - (x^2 - 3x)$

15 Resolve as seguintes ecuacións:

a) $(x + 4)^2 - 7 = (2x + 3)^2 + 2x$

b) $2x^4 - 3x^2 - 2 = 0$

c) $3x^5 - 4x^4 - 5x^3 + 2x^2 = 0$

d) $\dfrac{7 - x}{x^2 + 4x + 4} + \dfrac{x}{x + 2} = 1$

e) $\sqrt{2x + 3} - 2x = x - 6$ f) $\sqrt{x} + \sqrt{4x + 9} = 7$

g) $3^{x^2 - 2} = \dfrac{1}{3}$ h) $4^{2x} - 2 \cdot 4^{x + 1} + 16 = 0$

i) $2\log x + \log (x + 1) = \log (x^2 + 4x)$

l) $\ln (x^2 - 1) = 1$

16 Resolve os seguintes sistemas de ecuacións:

a) $\begin{cases} x + y = 3 \\ xy + x = 0 \end{cases}$ b) $\begin{cases} x - 4y = 5 \\ 2^{x-6} \cdot 2^y = 16 \end{cases}$

c) $\begin{cases} 2x + 2y - z = 3 \\ 3x - 2y - z = -4 \\ -4x - y + 2z = 0 \end{cases}$ d) $\begin{cases} x + 2y + z = 1 \\ -2x + y - z = -5 \\ 3x - y + 3z = 10 \end{cases}$

17 Resolve:

a) $x^2 - x - 6 > 0$ b) $x^3 - 2x^2 - x + 2 \le 0$

c) $\begin{cases} x + 1 > 3 \\ 2x - 1 \le 9 \end{cases}$ d) $\begin{cases} 2x + 3y > 6 \\ x - y \le 1 \end{cases}$

18 Unha billa A tarda en encher un depósito o dobre de tempo que outra B. Abertas simultaneamente, enchen o depósito en dúas horas. Canto tarda cada billa por separado?

19 Unha pastelería vendeu 27 tortas. O número das de chocolate duplicou ao de tortas de nata e entrambas as dúas excederon en 3 as vendas de tortas de queixo. Cantas se venderon de cada tipo?

Na web Resolucións destes exercicios.

II Análise

Notas históricas. Análise

A análise é a rama das matemáticas que proporciona conceptos e métodos para o estudo cuantitativo dos distintos procesos de dependencia e de cambio dunha magnitude respecto a outras. Xorde nun período no que o desenvolvemento da mecánica e da astronomía proporcionara xa un cúmulo considerable de observacións, medidas e hipóteses e estaba impulsando a ciencia cara á investigación cuantitativa das formas máis sinxelas de movemento.

300

Xorden o epicureísmo e o estoicismo

O emperador Quin Shi Huang manda tallar os Guerreiros de Xian

1 Arquímedes

Segunda guerra púnica

200

X. C.

1300

2 Nicolás de Oresme

Guerra dos "cen anos"

Devastadora peste negra en Europa

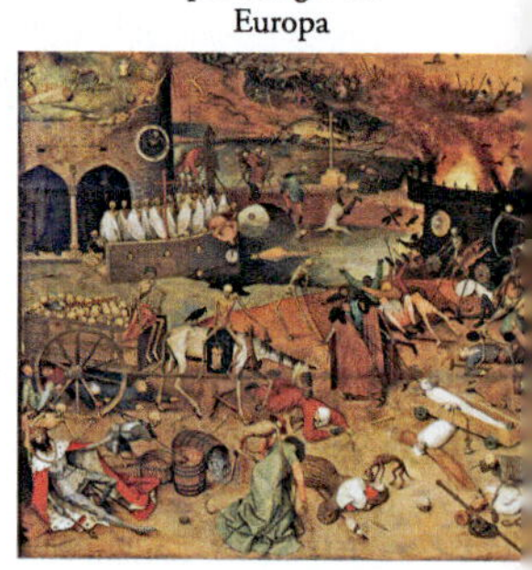

1900

Constrúese o primeiro avión da historia

Invención da luz eléctrica

Freud

Invéntase o plástico

Unificación italiana

1850

Invención da anestesia

Invención da fotografía

Alzamentos revolucionarios en Europa

Primeira computadora

Cauchy 7

1 Arquímedes é o primeiro en estudar a área baixo unha curva a través do sumatorio dunha serie infinita. No século XVII utilizarase o seu método exhaustivo para darlle solución a este problema.

2 Nicolás de Oresme (1323-1382) é o primeiro que utiliza diagramas para representar magnitudes no plano. Con el comeza unha interacción frutífera entre a xeometría, o cálculo e a álxebra.

3 Nace o concepto de **función**, básico para o desenvolvemento da análise, para estudar as variacións de certas magnitudes respecto doutras. Newton, Leibnitz e Bernoulli, utilizando o sistema gráfico de Descartes, fixeron un uso creativo e fecundo deste concepto.

4 Newton (1643-1727) e **Leibnitz** (1646-1716) inventan, case de xeito simultáneo, o concepto de derivada xeneralizando as técnicas que Arquímedes empregou no cálculo de áreas e volumes e co apoio gráfico dos diagramas cartesianos.

…éndese o uso …as armas de fogo

1400

1600

O Mayflower chega ao novo mundo

Remata San Pedro do Vaticano

Invención do telescopio

3 Descartes

Pascal constrúe unha das primeiras calculadoras

1650

Descubrimento dos aneis de Saturno

3 4 Leibnitz

3 4 Newton

Finalízase a construción do palacio de Versalles

1700

Johann Bernoulli 3

Fúndase a RAE

Nace o cálculo infinitesimal 5

Celsius inventa a escala que leva o seu nome

Aleksei Chirikov, ruso, explora Alasca

1750

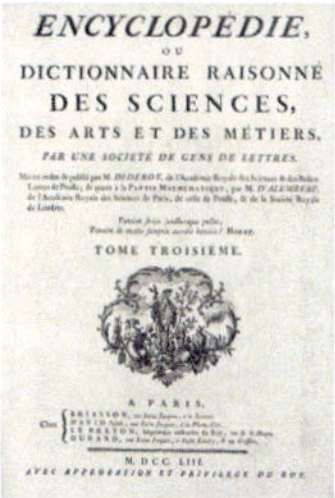
ENCYCLOPÉDIE,
OU
DICTIONNAIRE RAISONNÉ
DES SCIENCES,
DES ARTS ET DES MÉTIERS,
TOME TROISIÈME.

Primeira enciclopedia: Diderot e D'Alambert

Euler 6

Watt inventa a máquina de vapor

Primeiro asentamento europeo en Australia

Revolución francesa

1800

5 O **cálculo infinitesimal** (límites, derivadas, integrais) foi creado para resolver os principais problemas científicos do século XVII, algúns considerados xa séculos atrás: obter lonxitudes de curvas, calcular áreas e volumes de corpos xeométricos e determinar a tanxente a unha curva nun punto.

6 **Euler** (1707-1783) formaliza o concepto de función dotándoo de entidade matemática e dunha nomenclatura precisa.

7 **Cauchy** (1789-1857) formaliza o concepto de derivada relacionándoo de forma explícita co de límite.

Na web

- Ampliación das notas históricas correspondentes a este bloque.
- Lectura sobre o crecemento dunha poboación.

4 Funcións elementais

Primeira idea de función. Fórmulas

As distintas ciencias coñecen, desde hai moitos séculos, leis que describen relacións entre magnitudes, de tal maneira que coñecendo o valor dalgunha delas se obtén, inequivocamente, o valor da outra. **Oresme** (matemático francés do século XIV) afirmou en 1350 que as leis da natureza son relacións de dependencia entre "dúas cantidades". Foi este tipo de relacións o que serviu de orixe ao concepto de función.

A primeira idea de función é, pois, a dunha fórmula que relaciona alxebricamente varias magnitudes.

Nicolás Oresme (1323-1382).

Experimentación como fonte de información

Galileo, a finais do século XVI, utiliza por primeira vez a experimentación cuantitativa (deseña, experimenta, mide, anota, extrae consecuencias) para establecer relacións numéricas que describan fenómenos naturais.

A representación gráfica mediante diagramas cartesianos (século XVII) permitiu a visualización das funcións. Deste modo, admítese como función calquera relación numérica que responda a unha gráfica situada sobre uns eixes coordenados.

Leibnitz, en 1673, adopta a palabra *función* para designar estas relacións.

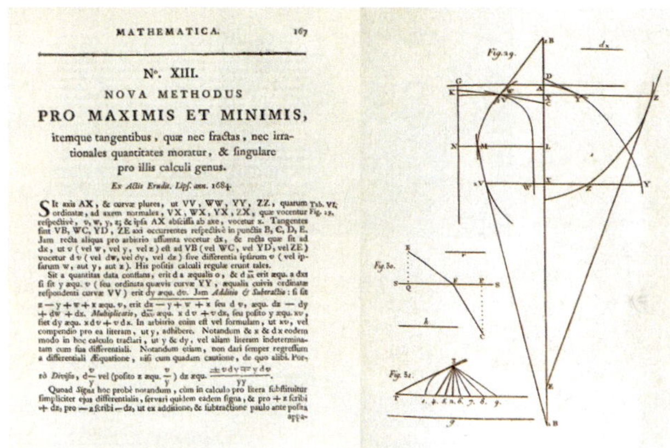
MATHEMATICA. 167

N°. XIII.

NOVA METHODUS PRO MAXIMIS ET MINIMIS, itemque tangentibus, quæ nec fractas, nec irrationales quantitates moratur, & singulare pro illis calculi genus.

Páxinas do libro "Opera Omnia", de Gottfried Leibnitz.

O concepto de función xeneralízase

Euler, entre 1748 e 1755, foi perfilando o concepto, ao que deu precisión e xeneralidade, admitindo, finalmente, que unha relación entre dúas variables pode ser función aínda que non haxa unha expresión analítica que a describa. O propio Euler foi quen achegou a nomenclatura $f(x)$ para indicar o valor da función f asociado ao número x. Pódese dicir que con Euler se asenta o concepto de función.

Despois de Euler aínda seguiu, entre os matemáticos, a discusión sobre que requisitos eran imprescindibles para definir unha función e cales non. En 1923 chegouse á seguinte definición, moi parecida á que se usa actualmente:

> "Dise que y é función de x se a cada valor de x lle corresponde un valor de y. Esta correspondencia indícase mediante a ecuación $y = f(x)$."

Leonhard Euler (1707-1783).

Utilidade das funcións

As funcións utilízanse para modelizar e estudar multitude de fenómenos sociais, naturais, científicos... Aínda que algunhas teñen expresións moi complexas, é sorprendente ver a simplicidade de moitas outras.

Como se determina a cantidade de osíxeno en sangue? Entre outras, utilízase unha función cuxa curva ten forma de ese (dise que é de forma *sigmoide*).

Moi recentemente, un equipo de científicos desenvolveu un complexo modelo matemático destinado a predicir as eclipses de Fobos (satélite de Marte) para poder observalos co vehículo da NASA Curiosity desde a superficie de Marte. Entre outros datos, a predición das devanditas eclipses require coñecer, para calquera instante de tempo, as coordenadas de Fobos e do Sol desde Marte. Este modelo ditamina en que instantes a cámara situada no mastro do Curiosity debía enfocar o Sol.

Robot Curiosity.

Resolve

Familias de funcións

Asocia cada unha das seguintes gráficas

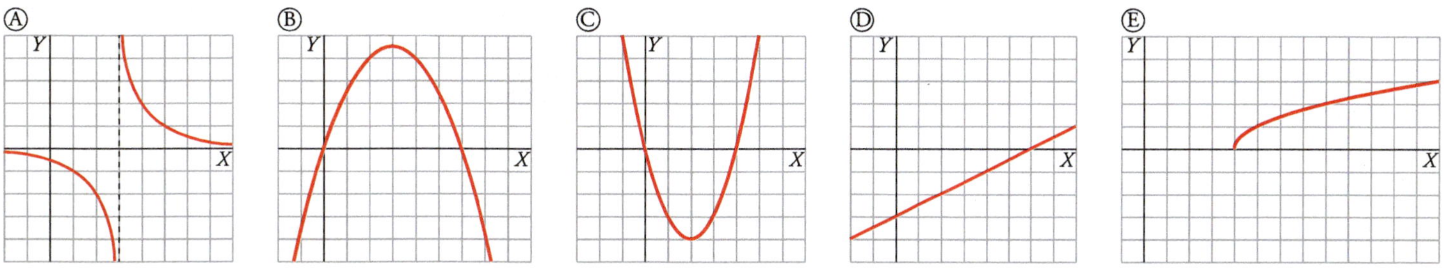

unha destas expresións analíticas:

I. $y = \frac{x-6}{2}$ **II.** $y = \sqrt{x-4}$ **III.** $y = x^2 - 4x$ **IV.** $y = \frac{2}{x-3}$ **V.** $y = 3x - \frac{x^2}{2}$

Asigna a cada unha das cinco funcións anteriores o nome da familia á que pertence. Todas elas son dalgunha destas catro:

1. Lineal **2.** Cuadrática **3.** Raíz **4.** De proporcionalidade inversa

1 As funcións e o seu estudo

Concepto de función

Na ciencia, na técnica, na natureza, podemos identificar infinidade de funcións:

- A *velocidade* que leva unha partícula depende do *tempo*, é función do *tempo*.
- A *presión* da auga do mar é función da *profundidade*.
- O *tamaño* con que se ve un obxecto a través dunha lupa é función da *distancia* á que se coloque a lupa.
- A *sensación* coa que se percibe un estímulo é función da *intensidade* deste.

En todas elas se relacionan dúas variables. Tanto nestas coma nas demais funcións que manexamos habitualmente, as dúas variables que se relacionan toman valores reais (é dicir, móvense no conxunto $\mathbb{R}$ dos números reais).

f é unha **función de $\mathbb{R}$ en $\mathbb{R}$** se a cada número real, $x \in Dom$, lle fai corresponder outro número real, $f(x)$:

$$Dom \subset \mathbb{R} \qquad \begin{array}{l} Dom \longrightarrow \mathbb{R} \\ x \longrightarrow f(x) \end{array}$$

O conxunto Dom dos valores que pode tomar a variable independente, x, chámase **dominio de definición da función.**

O conxunto dos valores que toma a función chámase **percorrido.**

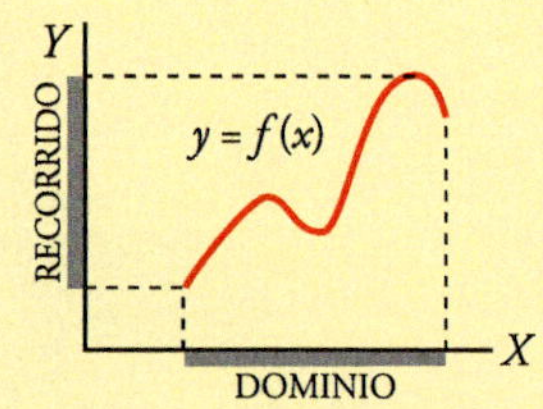

Destaquemos que para que $f(x)$ sexa función, cada valor de $x \in Dom$ debe ter asignado un único valor $f(x)$:

$$\boldsymbol{f(x)} \text{ é único para cada } \boldsymbol{x \in Dom}$$

Posto que tanto a variable x como a función $f(x)$ toman valores reais, estas funcións chámanse **funcións reais de variable real.**

Na web

Animación interactiva para visualizar o dominio e o percorrido de varios tipos de funcións.

Como veñen dadas as funcións?

As funcións chégannos en diversos formatos:

- Mediante a súa gráfica.
- Pola súa expresión analítica (fórmula).
- Mediante un enunciado.

A representación gráfica permite que fagamos unha idea moi clara de como é a función cun só golpe de vista.

A expresión analítica sintetiza alxebricamente de forma perfecta a relación entre as dúas variables.

Se a función nos vén dada por un enunciado (acompañado ou non dunha táboa de valores), deberemos traducilo a unha gráfica ou, mellor, a unha expresión analítica se fose posible.

Preguntar á expresión analítica

Nas próximas unidades aprenderemos a *facerlle preguntas* á expresión analítica dunha función.

- Es continua? Tes puntos de descontinuidade?
- Cales son as túas ramas infinitas?

As preguntas anteriores fanse cos **límites** e as seguintes, coas **derivadas.**

- Onde creces? Onde decreces? Cales son os teus máximos e mínimos?

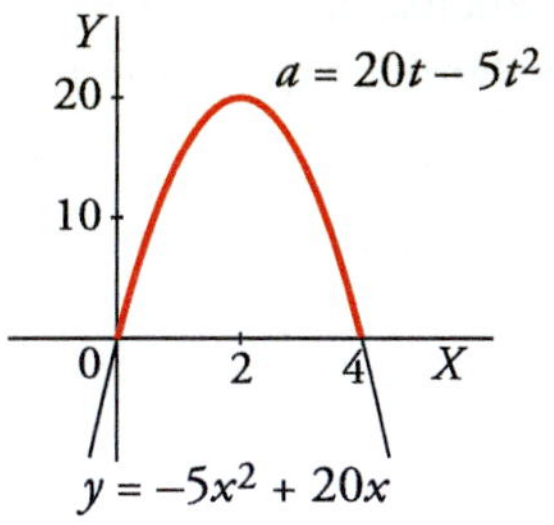

Por que se restrinxe o dominio de definición?

- A función $y = -5x^2 + 20x$ corresponde a unha parábola. A cada valor real do x correspóndelle un valor de y. O seu dominio de definición é todo $\mathbb{R}$.
- A función $a = 20t - 5t^2$ corresponde á altura á que se atopa unha pedra que lanzamos cara arriba cunha velocidade de 20 m/s. É a mesma parábola descrita no parágrafo anterior, pero agora a función só está definida para valores de t que fagan $a \geq 0$ (a pedra para ao chegar ao chan). O dominio de definición desta función é $[0, 4]$.
- A función cuxa expresión analítica é $y = \sqrt{x-7}$ non está definida en $x = 1$, pois $\sqrt{1-7} = \sqrt{-6}$ non é un número real. Só está definida se x vale 7 ou máis. O seu dominio de definición é $[7, +\infty)$.

O dominio de definición dunha función queda restrinxido por algún dos seguintes motivos:

- O contexto real do que se extraeu a función.
- A imposibilidade de realizar algunha operación con certos valores de x. Por exemplo:
  — Se se anulase o denominador nunha fracción alxébrica.
  — Se aparecese un número negativo dentro dunha raíz cadrada.
  — …
- Por vontade de quen propón a función.

Observación

Se non se di outra cousa, o dominio de definición dunha función é tan amplo como permita a súa expresión analítica.

Exercicio resolto

1 *Achar o dominio de definición de:*

a) $y = \dfrac{1}{x^2 - 5x}$

b) $y = \sqrt{5x - x^2}$

c) $y = x^3 - x^2,\ x \in [0, 8]$

a) O denominador non pode ser cero.

$x^2 - 5x = 0 \Rightarrow x = 0$ ou $x = 5$. Polo tanto, $Dom = \mathbb{R} - \{0, 5\}$.

b) O radicando non pode ser negativo.

$5x - x^2 = 0 \Rightarrow x = 0$ ou $x = 5$

$5x - x^2$ é maior ou igual que 0 se x está comprendido entre 0 e 5.

Polo tanto, $Dom = [0, 5]$.

c) $Dom = [0, 8]$, tal como está proposto no enunciado.

Exercicios propostos

1 Verdadeiro ou falso?

a) O dominio de definición dunha función nunca pode ser $\mathbb{R}$.

b) O dominio de definición de $y = -\sqrt{x}$ é $[0, +\infty)$.

c) O dominio de definición de $y = \sqrt{-x}$ é $(-\infty, 0]$.

2 Acha o dominio de definición das seguintes funcións:

a) $y = \sqrt{x^2 - 1}$

b) $y = \sqrt{x - 1}$

c) $y = \sqrt{1 - x}$

d) $y = \sqrt{4 - x^2}$

e) $y = \sqrt[3]{x^2 - 4}$

f) $y = 1/\sqrt{x^2 - 1}$

g) $y = \dfrac{1}{\sqrt{x-1}}$

h) $y = \dfrac{1}{\sqrt{1-x}}$

i) $y = \dfrac{1}{\sqrt[3]{4 - x^2}}$

l) $y = \dfrac{1}{\sqrt{x^2 - 4}}$

m) $y = x^3 - 2x + 3$

n) $y = \dfrac{1}{x}$

o) $y = \dfrac{1}{x^2}$

p) $y = \dfrac{1}{x^2 - 4}$

q) $y = \dfrac{1}{x^2 + 4}$

r) $y = \dfrac{1}{x^3 + 1}$

s) A área dun círculo de raio variable, r, é $A = \pi r^2$.

2 Funcións lineais. Interpolación

Funcións de oferta e demanda

No proceso de compravenda de calquera produto pódense considerar dúas funcións:

- Función oferta, $o(x)$: canto maior sexa o prezo, x, do produto, maior será a cantidade de unidades, y, que a empresa estea disposta a producir e, polo tanto, maior será a oferta. $y = o(x)$ é crecente.
- Función demanda, $d(x)$: canto maior sexa o prezo, x, do produto, menor será o número de persoas dispostas a mercar e, polo tanto, menor será a cantidade, y, demandada. $y = d(x)$ é decrecente.

Con frecuencia as funcións de oferta e demanda son lineais: represéntanse mediante anacos de rectas.

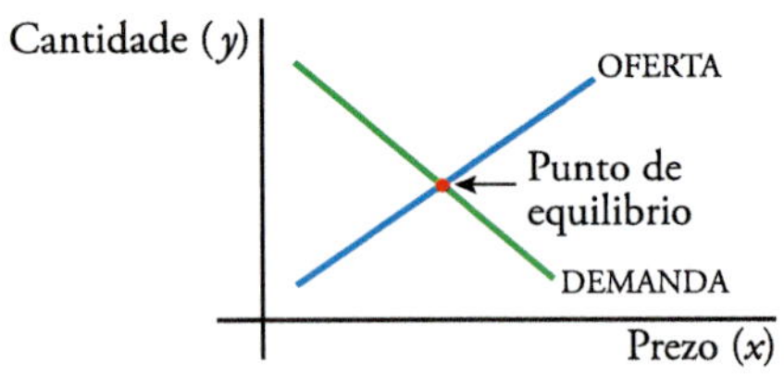

O punto de corte é un punto de equilibrio: para ese prezo, o que se oferta é igual ao que se demanda e nin sobra nin falta mercadoría.

NOTA: En economía, estas funcións descríbense tomando *a cantidade* como variable independente e *o prezo* como variable dependente. Pero neste nivel cremos que son máis sinxelas de entender presentándoas como o facemos aquí.

As funcións describen fenómenos cotiáns, psicolóxicos, económicos, científicos, técnicos... Tales funcións habitualmente obtéñense de forma experimental e, con frecuencia, responden a algunha das grandes familias que xa coñecemos de cursos anteriores.

Lembremos estas familias e algunhas funcións obtidas experimentalmente que corresponden a elas.

Funcións lineais

As **funcións lineais** descríbense con ecuacións de primeiro grao $y = mx + n$ (m, pendente; n, ordenada na orixe), e represéntanse mediante rectas.

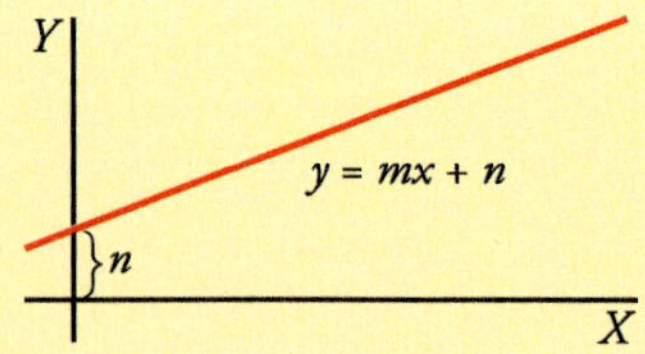

A **pendente,** m, é o coeficiente do x cando o y está despexado. É a variación que se produce no y cando o x aumenta unha unidade.

Se coñecemos as coordenadas de dous puntos da recta, $P(x_1, y_1)$, $Q(x_2, y_2)$, para **achar a pendente,** procedemos así:

$$m = \frac{y_2 - y_1}{x_2 - x_1}$$

$y_2 - y_1$ é a variación do y

$x_2 - x_1$ é a variación do x

Se dunha recta (función lineal) se coñece un dos seus puntos (x_0, y_0) e a súa pendente, m, a súa ecuación pode poñerse así:

FORMA PUNTO-PENDENTE DA ECUACIÓN DUNHA RECTA

$$y = m(x - x_0) + y_0$$

Exemplo da función lineal:

A *presión P* (en atmosferas) no mar e a *profundidade h* (en m) relaciónanse coa ecuación:

$$P = 1 + \frac{h}{10}, \quad h > 0$$

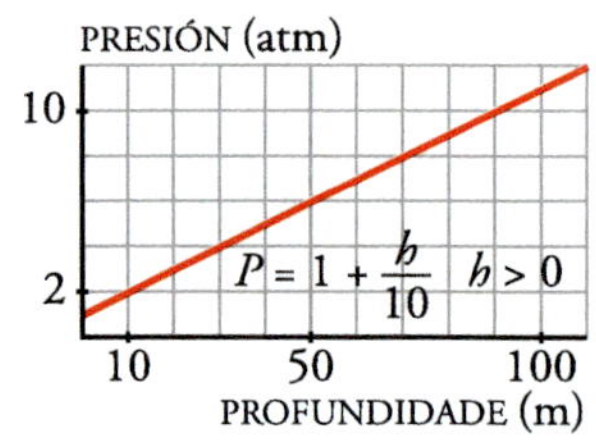

Exercicio resolto

1 *Escribir a ecuación das rectas representadas na gráfica.*

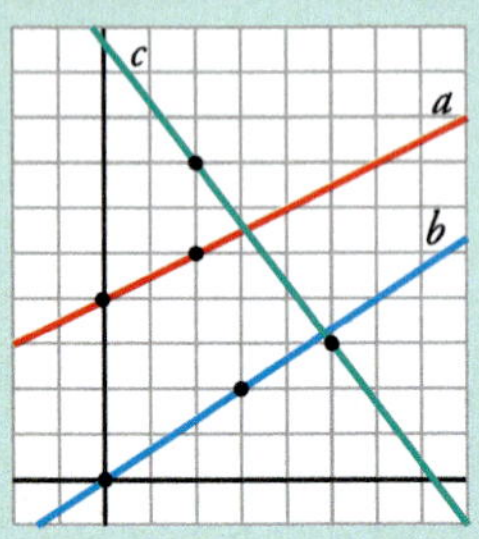

a) Pasa por (0, 4) e (2, 5). A súa pendente é $m = \frac{5-4}{2-0} = \frac{1}{2}$. A ordenada na orixe é 4.

A súa ecuación é: $y = \frac{1}{2}x + 4$

b) Pasa por (0, 0) e (3, 2). A súa pendente é $m = \frac{2}{3}$. A súa ordenada na orixe é 0.

A ecuación é: $y = \frac{2}{3}x$

Lembra: estas funcións lineais cuxas rectas pasan pola orixe chámanse **funcións de proporcionalidade.**

c) Pasa por (2, 7) e por (5, 3). A súa pendente é $\frac{3-7}{5-2} = -\frac{4}{3}$.

A súa ecuación é: $y = -\frac{4}{3}(x - 2) + 7$

Interpolación lineal

Se dunha función coñecemos soamente dous dos seus puntos, é claro que nada ou case nada poderemos dicir do seu comportamento noutros puntos. Non obstante, se tivésemos motivos para supoñer que entre eses dous puntos a función é lineal (polo menos aproximadamente), poderiamos achar (exacta ou aproximadamente) os seus valores en puntos intermedios, valéndonos da ecuación dunha recta.

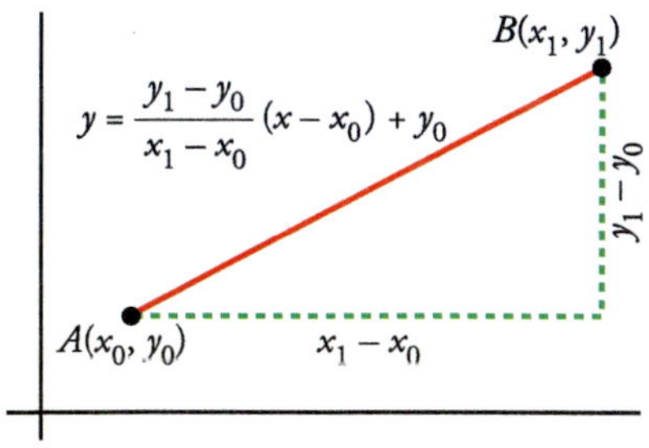

Unha funció passa pels punts $A(x_0, y_0)$, $B(x_1, y_1)$, és a dir, $f(x_0) = y_0$, $f(x_1) = y_1$. Se hai razón para supoñer que a función é lineal no intervalo $[x_0, x_1]$, entón podemos achar o seu valor para calquera abscisa, x, deste intervalo a partir da recta que pasa por A e B:

$$\text{se } x \in (x_0, x_1), \text{ entón } f(x) = \frac{y_1 - y_0}{x_1 - x_0}(x - x_0) + y_0$$

A este proceso chámaselle **interpolación lineal.**

Se x é exterior a $[x_0, x_1]$, o proceso chámase **extrapolación.**

Na extrapolación, canto máis afastado estea x do intervalo, menos fiable é o valor que obtemos para $f(x)$.

Exercicio resolto

1 *Se colgamos dun resorte un peso de 40 g, estírase ata 12 mm. E se colgamos un peso de 60 g, estírase ata 20 mm.*

a) Cal sería a súa lonxitude se colgásemos un peso de 55 g?

b) Cal sería a súa lonxitude se colgásemos un peso de 100 g?

c) E se o peso fose de 5 kg?

a) Podemos supoñer que, polo menos no intervalo [40, 60], a lonxitude do resorte depende linealmente do peso que lle colguemos. Polo tanto, podemos considerar a súa lonxitude para un peso intermedio:

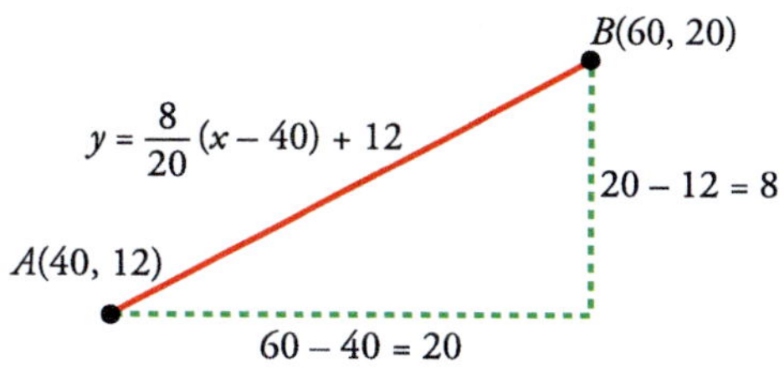

$f(55) = \frac{8}{20}(55 - 40) + 12 =$

$= \frac{2}{5} \cdot 15 + 12 = 18$

Para 55 g, a lonxitude do resorte será de 18 mm.

b) Para 100 g, obtense $f(100) = \frac{2}{5}(100 - 40) + 12 = 36$ mm.

c) Para 5 kg = 5 000 g, $f(5000) = \frac{2}{5}(5\,000 - 40) + 12 = 1\,996$ mm.

A extrapolación realizada en b) pode ser razoable, pois 100 g é próximo ao intervalo [40, 60]. Pero en c), o obtido é un disparate. Para ese peso (5 000 g) o resorte defórmase ou rompe. Non é válida esta extrapolación.

Exercicios propostos

1 Representa a seguinte función:

$y = -2x + 7, \ x \in (1, 4]$

2 Unha función lineal f cumpre: $f(3) = 5$, $f(7) = -4$, $Dom(f) = [0, 10]$. Cal é a súa expresión analítica? Represéntaa.

3 Nunha universidade, no ano 2009 había 10 400 alumnos matriculados, e 13 200 en 2014. Estima cantos había:

a) No ano 2010. b) En 2012. c) En 2007.

d) Cantos cabe esperar que haxa en 2017?

e) E en 2047?

4 O consumo de gasolina de certo automóbil, por cada 100 km, depende da súa velocidade. A 60 km/h consome 5,7 *l* e a 90 km/h consome 7,2 *l*.

a) Estima o seu consumo se percorre 100 km a 80 km/h.

b) Canto consumirá 100 km/h?

c) E a 200 km/h?

3 Funcións cuadráticas. Interpolación

As **funcións cuadráticas** descríbense con ecuacións de segundo grao

$$y = ax^2 + bx + c,\ a \neq 0$$

e represéntanse mediante parábolas.

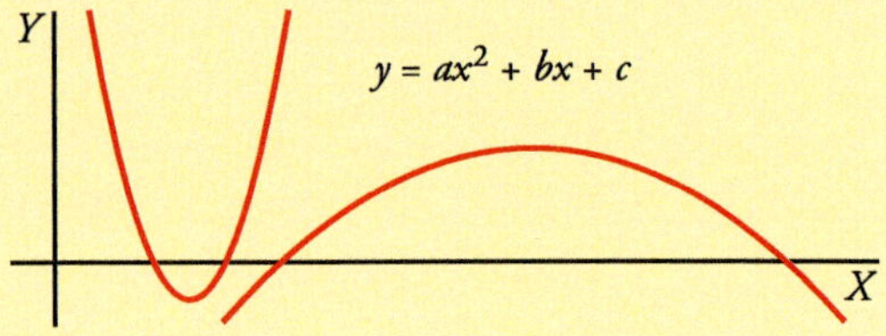

- Teñen os seus eixes paralelos ao eixe Y.
- As formas destas parábolas (que as súas ramas estean cara arriba ou cara abaixo, que sexan máis ou menos anchas...) dependen, exclusivamente, do valor de a.
  - — Se dúas funcións cuadráticas teñen o mesmo valor de a (o mesmo coeficiente de x^2), as parábolas correspondentes son idénticas, aínda que situadas en posicións distintas.
  - — Se $a > 0$, as ramas van cara arriba, e se $a < 0$, cara abaixo.
  - — Canto maior sexa $|a|$, máis estilizada é a parábola.
- A abscisa do vértice da parábola $y = ax^2 + bx + c$ é $x_0 = -\dfrac{b}{2a}$.

Exemplos:

- A *altura a* (en m) á que se atopa un obxecto que se lanza verticalmente cara arriba cunha velocidade de 50 m/s, en función do *tempo t* (en s), é a seguinte:

$$a = 50t - 5t^2, \quad 0 \le t \le 10$$

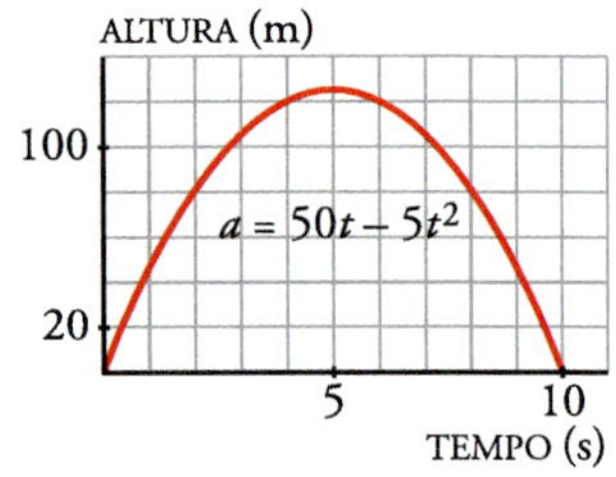

- A *distancia d* (en m) percorrida por un coche desde que o condutor ve o perigo ata que o coche para por completo, en función da *velocidade v* (en km/h) que leva o coche nese instante, vén dada por esta expresión analítica:

$$d = 0{,}0074v^2 + 0{,}21v, \quad 0 \le v \le 100$$

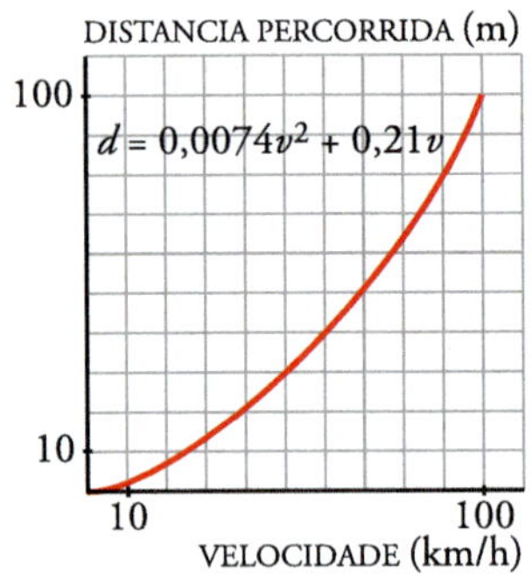

Exercicio resolto

1 *Representar as parábolas seguintes:*

a) $y = x^2 - 4x + 6$

b) $y = x^2 - 1$

c) $y = -\frac{1}{2}x^2 + 2x + 5$

d) $y = 2x^2 - 8x + 4$

As abscisas dos seus vértices son: a) 2, b) 0, c) 2, d) 2

Dando algúns valores en cada unha, obtemos a súa representación:

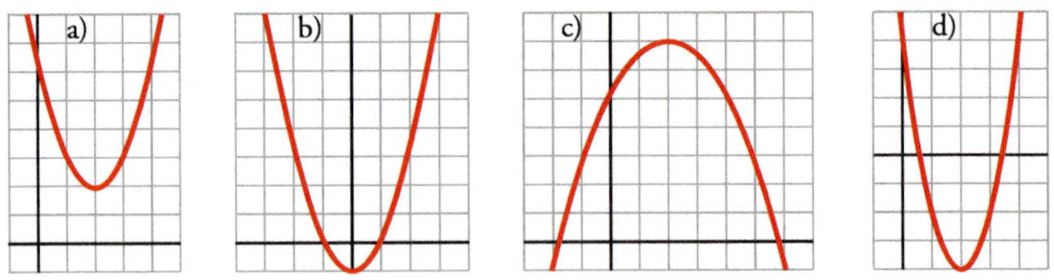

Exercicios propostos

1 Representa estas parábolas:

a) $y = x^2 - 2x + 3$

b) $y = -x^2 - 2x - 3$

c) $y = x^2 - 6x + 5$

d) $y = 2x^2 - 10x + 8$

e) $y = |\frac{x}{2}x^2 - x + 3$

f) $y = \frac{}{\sqrt{4}}x^2 + x - 2$

2 Representa as funcións seguintes:

a) $y = x^2 - 6x + 1,\ x \in [2, 5)$

b) $y = -x^2 + 3x,\ x \in [0, 4]$

c) $y = x^2 - 4,\ x \in (-\infty, -2) \cup (2, +\infty)$

Parábola que pasa por tres puntos

Se os puntos $A(x_1, y_1)$, $B(x_2, y_2)$, $C(x_3, y_3)$ non están aliñados, entón existe unha parábola (e só unha) que pasa por A, B e C. Para determinala, poñemos a súa ecuación en forma xeral, $y = ax^2 + bx + c$, e "obrigamos" a que pase por cada un dos tres puntos. Obtemos, así, un sistema de tres ecuacións con tres incógnitas, a, b e c. Ao resolvelo, obtéñense os parámetros da ecuación.

Exercicio resolto

1 *Achar a ecuación da parábola que pasa polos puntos (2, – 1), (6, –5) e (10, 7).*

Faino ti. Acha a ecuación da parábola que pasa por (0, 3), (2, –3) e (6, 9).

Expresamos a ecuación da parábola en forma xeral, $y = ax^2 + bx + c$, e obrigamos a que pase por cada un dos puntos dados:

$$\left.\begin{array}{l} (2,-1) \rightarrow -1 = a\cdot 2^2 + b\cdot 2 + c \rightarrow 4a + 2b + c = -1 \\ (6,-5) \rightarrow -5 = a\cdot 6^2 + b\cdot 6 + c \rightarrow 36a + 6b + c = -5 \\ (10,7) \rightarrow 7 = a\cdot 10^2 + b\cdot 10 + c \rightarrow 100a + 10b + c = 7 \end{array}\right\}$$

Resolvemos este sistema e obtemos os coeficientes: $a = \frac{1}{2}$, $b = -5$, $c = 7$.

A parábola buscada é $y = \frac{1}{2}x^2 - 5x + 7$.

Método de Newton para obter a ecuación dunha parábola

Aplicando este método, a obtención da parábola que pasa por tres puntos, $A(x_1, y_1)$, $B(x_2, y_2)$, $C(x_3, y_3)$, conséguese de forma máis cómoda. Utiliza a seguinte expresión como ecuación da parábola:

$$y = p + m(x - x_1) + n(x - x_1)(x - x_2)$$

Ao impoñer que pase por A, B e C, o sistema de ecuacións obtido é graduado e, polo tanto, máis doado de resolver.

Exercicio resolto

1 *Achar, polo método de Newton, a ecuación da parábola que pasa polos puntos (2, –1), (6, –5) e (10, 7).*

Faino ti. Acha, polo método de Newton, a ecuación da parábola que pasa por (0, 3), (2, –3) e (6, 9). Comproba que é a mesma que se obtén no *Faino ti* anterior.

Ecuación da parábola: $y = p + m(x - 2) + n(x - 2)(x - 6)$

Impoñemos que pase polos tres puntos dados:

$(2, -1) \rightarrow -1 = p + m\cdot(2 - 2) + n\cdot(2 - 2)\cdot(2 - 6) \rightarrow p = -1$

$(6, -5) \rightarrow -5 = p + m\cdot(6 - 2) + n\cdot(6 - 2)\cdot(6 - 6) \rightarrow p + 4m = -5 \rightarrow m = -1$

$(10, 7) \rightarrow 7 = p + m\cdot(10 - 2) + n\cdot(10 - 2)\cdot(10 - 6) \rightarrow p + 8m + 32n = 7 \rightarrow n = \frac{1}{2}$

Obtemos, así, a ecuación: $y = \frac{1}{2}(x - 2)(x - 6) - (x - 2) - 1$

Operando e reagrupando obtense, como é natural, a mesma ecuación do exercicio resolto anterior:

$$y = \frac{1}{2}x^2 - 5x + 7$$

Exercicios propostos

3 Acha a ecuación da parábola que pasa polos puntos (–1, 0), (2, 12) e (8, –72).

a) Usando a súa ecuación en forma xeral.

b) Por o método de Newton.

4 Acha os puntos da parábola $y = x^2 + 6x + 5$ cuxas abscisas son 0, 3 e 5.

Obtén, polo método de Newton, a parábola que pasa por eses tres puntos e comproba que é a mesma.

Interpolación parabólica

Se dunha función coñecemos só tres puntos $A(x_1, y_1)$, $B(x_2, y_2)$ e $C(x_3, y_3)$, $x_1 < x_2 < x_3$, poderemos achar aproximadamente novos valores desta a partir da parábola que pasa por eles, $y = P(x)$. A confianza que podemos ter no valor estimado dependerá do tipo de función e da situación do novo punto:

- Se x está no intervalo $[x_1, x_3]$, trátase dunha **interpolación** e cabe esperar que o valor estimado sexa relativamente próximo ao real.
- Se x está fóra do intervalo $[x_1, x_3]$, trátase dunha **extrapolación** e a estimación será tanto máis fiable canto máis preto estea x dalgún dos extremos do intervalo.

Exercicio resolto

1 *A porcentaxe de paro en España nalgúns anos pasados foi:*

ANO	2008	2012	2014
%	13,79	25,77	23,67

Estimar a porcentaxe de paro en 2013, 2007 e 2006 mediante unha interpolación (ou extrapolación) parabólica.

Tomamos como ano cero o ano 2008. En consecuencia, habemos de obter a ecuación da parábola que pasa polos puntos (0; 13,79), (4; 25,77), (6; 23,67). Farémolo mediante o método de Newton.

Ecuación:

$$y = P(x) = p + m(x - 0) + n(x - 0)(x - 4) \rightarrow y = P(x) = p + mx + nx(x - 4)$$

Agora, obrigamos a que pase por cada un dos tres puntos dados:

$$(0; 13{,}79) \rightarrow 13{,}79 = p + m \cdot 0 + n \cdot 0 \cdot (-4) \rightarrow p = 13{,}79$$

$$(4; 25{,}77) \rightarrow 25{,}77 = 13{,}79 + m \cdot 4 + n \cdot 4 \cdot 0 \rightarrow m = 2{,}995$$

$$(6; 23{,}67) \rightarrow 23{,}67 = 13{,}79 + 2{,}995 \cdot 6 + n \cdot 6 \cdot 2 \rightarrow n = -0{,}674$$

A ecuación é $y = P(x) = 13{,}79 + 2{,}995x - 0{,}674x(x - 4)$

Obtemos o valor de P en cada un dos puntos pedidos:

2013 $\rightarrow x = 5 \rightarrow P(5) = 13{,}79 + 2{,}995 \cdot 5 - 0{,}674 \cdot 5 \cdot 1 = 25{,}4$ (Valor real: 25,73 %, bastante próximo ao estimado)

2007 $\rightarrow x = -1 \rightarrow P(-1) = 7{,}425$ (Valor real: 8,57 %, bastante próximo)

2006 $\rightarrow x = -2 \rightarrow P(-2) = -0{,}288$ (Absurdo. Valor real: 8,26 %)

Como vemos, as estimacións feitas por interpolación e por extrapolación para un x próximo ao intervalo, son boas. Ao afastarnos do intervalo obtense un resultado disparatado.

Faino ti. A porcentaxe de paro en España nalgúns anos foi:

ANO	1994	1997	2000
%	24,1	20,6	13,9

Estima, mediante unha interpolación parabólica, a porcentaxe de paro en 1998, 2001 e 2003 e compárao cos valores reais:

ANO	1998	2001	2003
%	18,6	10,63	11,37

Exercicios propostos

5 Nunha universidade, no ano 2009 había 10 400 estudantes, 11 300 en 2011 e 13 200 en 2014. Estima cantos había:

a) En o ano 2010.

b) En o 2012.

c) En o 2007.

d) ¿Cuántos cabe esperar que haxa no 2017?

Este enunciado é como o do exercicio 3 do epígrafe anterior, pero enriquecido cun novo dato correspondente ao ano 2011, co que agora, con tres puntos, se pode efectuar unha interpolación parabólica.

6 O consumo de gasolina de certo automóbil, por cada 100 km, depende da súa velocidade. A 60 km/h consume 5,7 *l*; a 70 km/h, 6 *l*, e a 90 km/h consume 7,2 *l*. Calcula canto gastará por cada 100 km percorridos indo a unha velocidade de:

a) 80 km/h b) 100 km/h c) 200 km/h

Este enunciado é como o do exercicio 4 do epígrafe anterior, pero enriquecido cun novo dato correspondente ao consumo a 70 km/h, co que agora, con tres puntos, se pode efectuar unha interpolación parabólica.

4 Funcións de proporcionalidade inversa

Chámanse **funcións de proporcionalidade inversa** aquelas cuxa ecuación é $y = \frac{k}{x}$. As súas gráficas son hipérboles. O seu dominio de definición é $(-\infty, 0) \cup (0, +\infty)$.

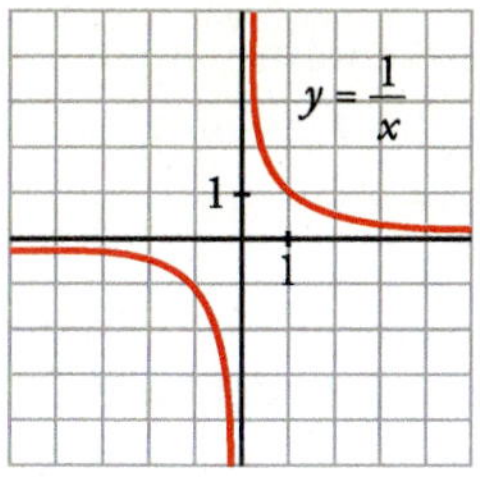

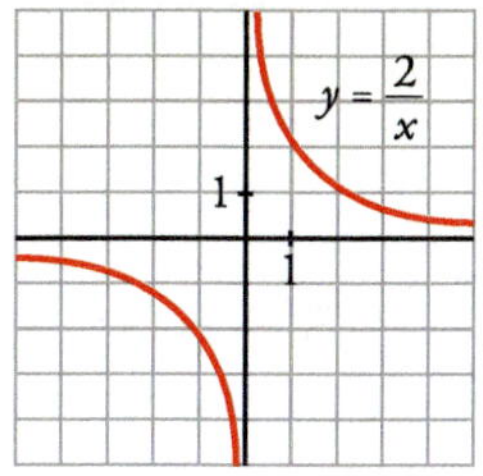

Lembremos que cada hipérbole "se cingue" a un par de rectas chamadas asíntotas. Pois ben, nas funcións de proporcionalidade inversa *as asíntotas son os eixes coordenados.*

Tamén son hipérboles as gráficas das funcións $y = \frac{ax + b}{cx + d}$.

Exemplos:

- O *aumento A* producido por certa lupa vén dado pola ecuación:

$$A = \frac{4}{4 - d}$$

onde d é a distancia (en cm) á que se sitúa o obxecto.

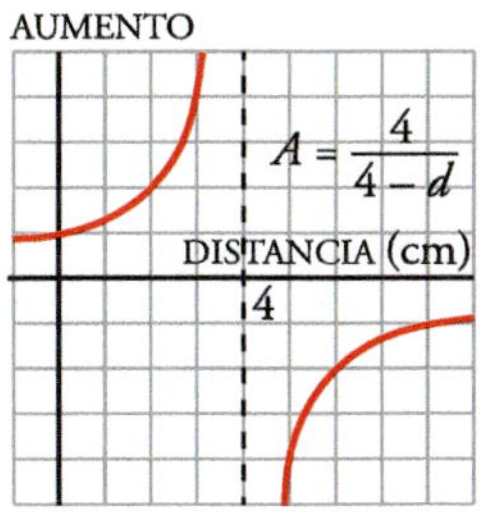

- A unha xiringa de 8 cm de lonxitude tapámoslle o orificio de saída. Ao apertar o émbolo, o aire comprímese.

A relación entre a *presión* P (en atmosferas), e a *lonxitude* l (en cm) da columna de aire responde á ecuación:

$$l = \frac{8}{P + 1}, \quad P \geq 0$$

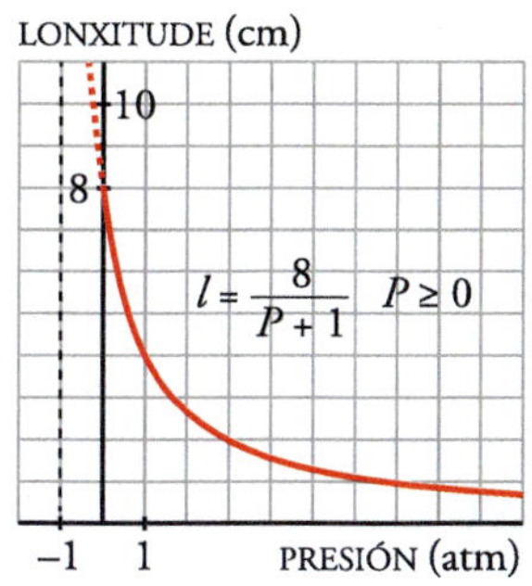

Na web

Animación interactiva para ver como varía unha función do tipo $\frac{1}{x + a}$ ao variar o parámetro.

Exercicio resolto

1 *Representar:*

a) $y = \frac{6}{x}$

b) $y = -\frac{4}{x}$

a) As asíntotas son os eixes coordenados.

Algúns puntos de coordenadas enteiras son:

(1, 6), (2, 3), (3, 2), (6, 1), (–1, –6), (–2, –3), (–3, –2), (–6, –1)

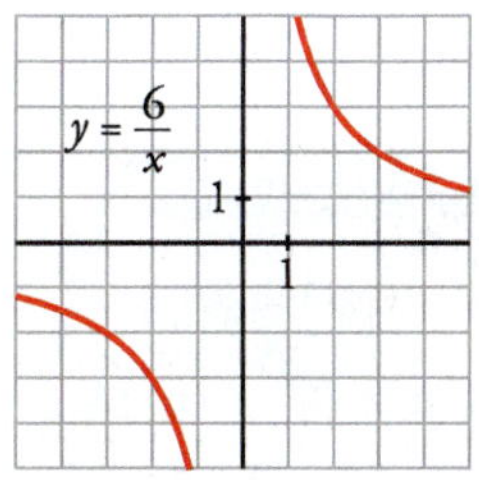

b) As asíntotas son os eixes coordenados.

Algúns puntos de coordenadas enteiras son:

(–4, 1), (–2, 2), (–1, 4), (1, –4), (2, –2), (4, –1)

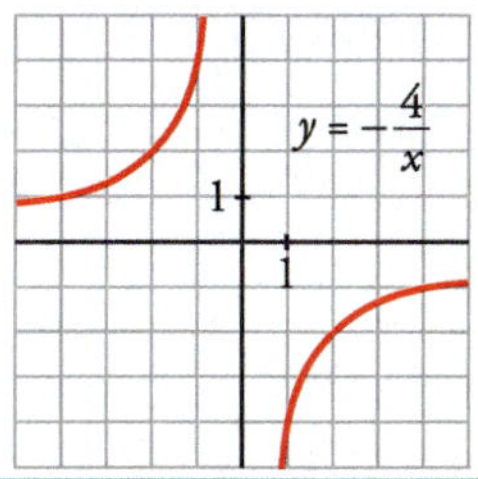

Exercicio proposto

1 Representa: a) $y = -\frac{1}{x}$ b) $y = \frac{8}{x}$ c) $y = -\frac{6}{x}$ d) $y = \frac{12}{x}$ e) $y = -\frac{16}{x}$

5 Funcións raíz

As funcións de ecuación

$$y = \sqrt{kx}, \quad k \neq 0$$

represéntanse mediante medias parábolas co eixe paralelo ao eixe X.

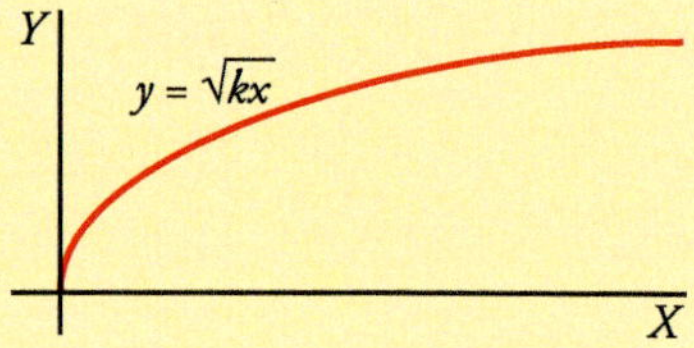

A función $y = \sqrt[3]{x}$ é continua e crecente e o seu dominio de definición é todo $\mathbb{R}$.

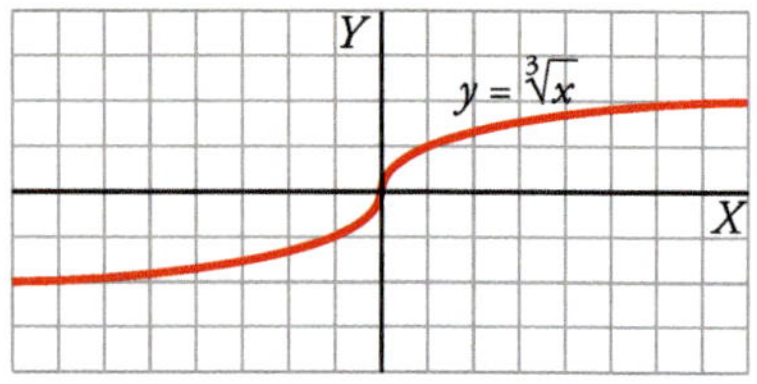

Exemplos:

- O *período* T dun péndulo (tempo que tarda en realizar unha oscilación completa) é función da súa *lonxitude* l (en m). A súa ecuación é:

  $$T = 2\sqrt{l}$$

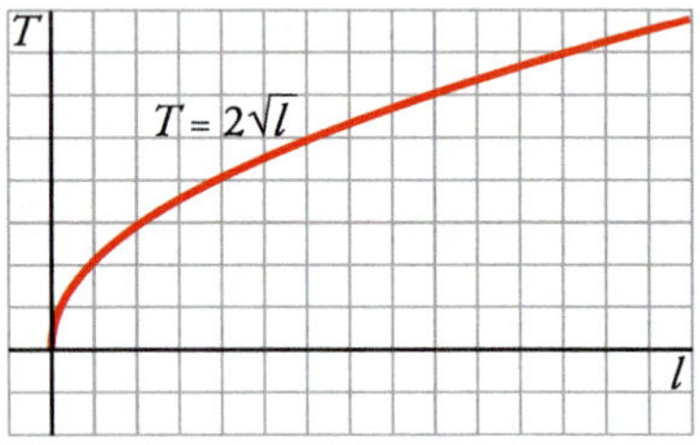

- En psicoloxía ten grande importancia o estudo de percepcións. Percibimos luz, olores, sons... A percepción (sensación) depende (é función) dos estímulos físicos que chegan por medio dos sentidos.

  A fórmula que relaciona a *sensación* S coa *intensidade* I do estímulo é:

  $$S = k\sqrt[3]{I}$$

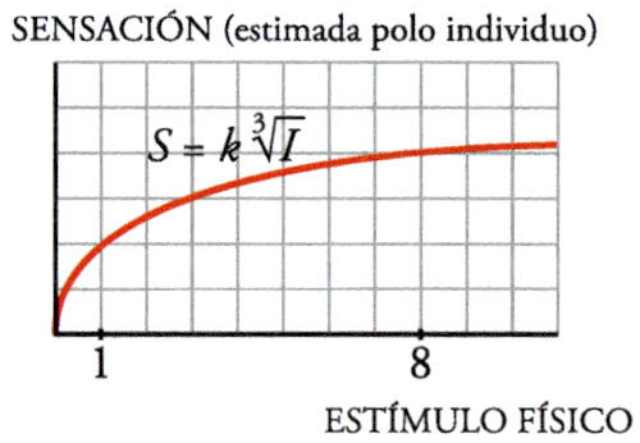

  Esta relación entre estímulos (físicos) e sensacións (psicolóxicas) chámase lei psicofísica.

Exercicio resolto

1 *Representar:*

a) $y = \sqrt{-4x}$

b) $y = \sqrt[3]{-27x}$

a)

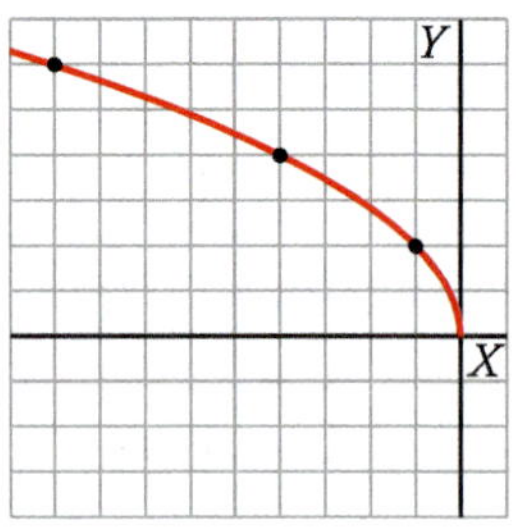

b)

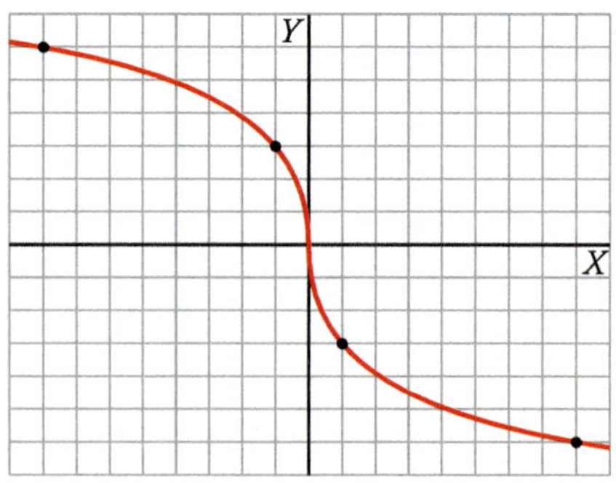

Exercicio proposto

1 Representa: a) $y = \sqrt{4x}$ b) $y = \sqrt{9x}$ c) $y = -\sqrt{9x}$ d) $y = \sqrt{-9x}$ e) $y = \sqrt[3]{-8x}$

Exercicios propostos

Na web Animación e exercicios interactivos para visualizar como cambia unha recta ou unha parábola ao variar os seus parámetros.

2 Asocia a cada unha das seguintes gráficas unha das ecuacións de abaixo. Observa que hai máis ecuacións que gráficas.

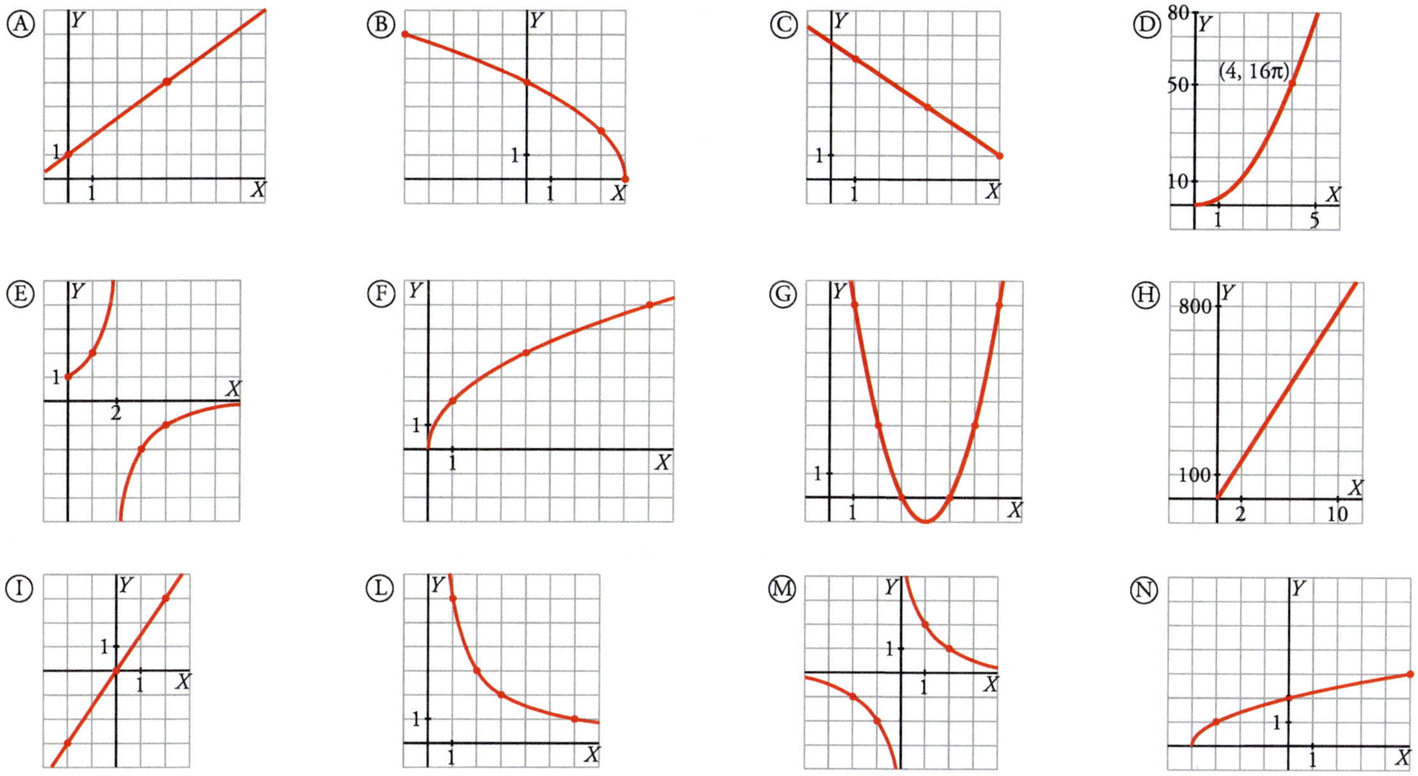

LINEAIS	CUADRÁTICAS	PROPORCIONALIDADE INVERSA	RADICAIS
L_1 $y = \frac{3}{2}x$	C_1 $y = x^2 - 8x + 15$	PI_1 $y = \frac{1}{x}$	R_1 $y = \overline{x}$
L_2 $y = -\sqrt{x}(x - 1) + 5$	C_2 $y = (x + 3)(x + 5)$	PI_2 $y = \sqrt{x}$	R_2 $y = \sqrt{x + 4}$
L_3 $y = 25\pi x$	C_3 $y = x^2,\ x > 0$	PI_3 $y = \frac{2}{x}$	R_3 $y = 2$
L_4 $y = \frac{}{x}x + 1$	C_4 $y = \pi x^2,\ x > 0$	PI_4 $y = \frac{6}{x},\ x > 0$	R_4 $y = 2,\ x > 0$

3 Cada un dos seguintes enunciados correspóndese cunha gráfica de entre as do exercicio anterior. Identifícaa.

1. Superficie, en centímetros cadrados, dun círculo. Raio, en centímetros.
2. Aumento dunha lupa. Distancia ao obxecto, en centímetros.
3. Período dun péndulo. Lonxitude, en metros.
4. Volume dun cilindro, en centímetros cúbicos. O raio do círculo da súa base mide 5 cm. Altura, en centímetros.
5. Lonxitude dun resorte, en decímetros. Mide 1 dm e alóngase 75 mm por cada quilo que se lle colga.
6. Dimensións (longo e ancho, en centímetros) de rectángulos cuxa superficie é de 6 cm^2.

6 Funcións definidas "a anacos"

As expresións analíticas das seguintes funcións son moi peculiares:

$$y = \begin{cases} x & \text{se } x \le 2 \\ 1 & \text{se } x > 2 \end{cases} \qquad y = \begin{cases} x^2+2x+1 & \text{se } x \le 0 \\ 1 & \text{se } 0 < x < 4 \\ x-3 & \text{se } x \ge 4 \end{cases}$$

Requiren varias "fórmulas", cada unhas das cales rexe o comportamento da función en certo tramo.

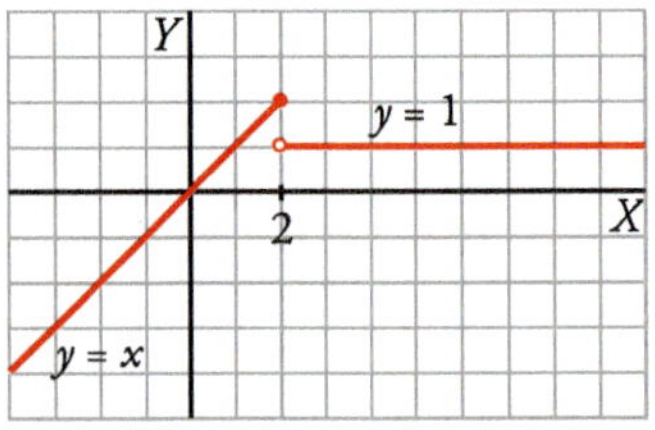

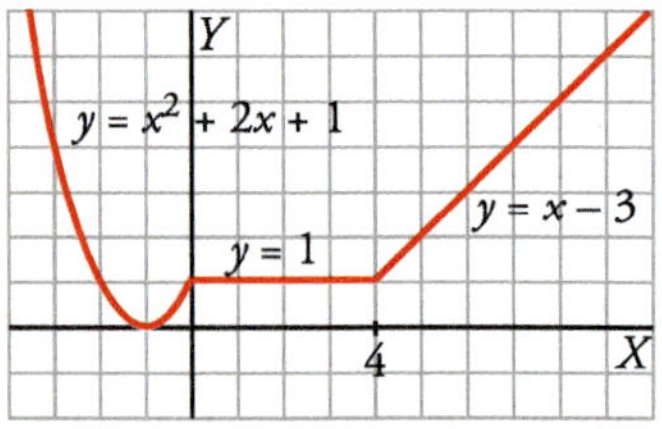

As súas representacións gráficas son doadas se sabemos representar cada un dos tramos e se pon atención ao seu comportamento nos puntos de empalme.

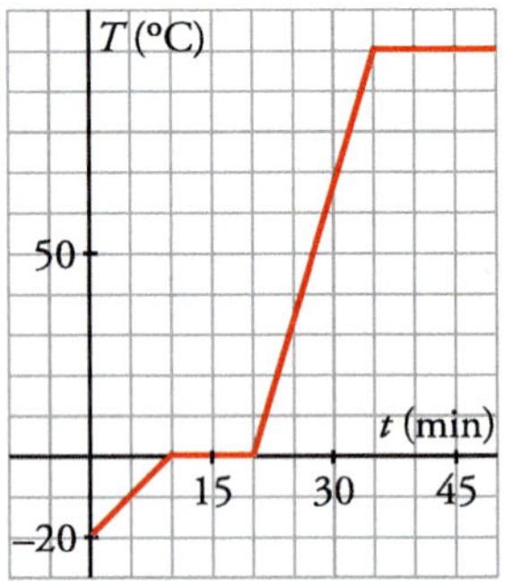

Tamén é sinxelo, a partir dunha gráfica formada por anacos de rectas, obter a expresión analítica. Por exemplo, a gráfica da marxe describe a *temperatura* T da auga que, sendo xeo, se bota nunha cazola, se pon ao lume e se mantén ata que leva fervendo un anaco. Imos obter a súa expresión analítica en función do *tempo* t.

- Primeiro tramo: pertence a unha recta que pasa por (0, –20) e (10, 0).

  A súa pendente é: $\dfrac{0-(-20)}{10-0} = \dfrac{20}{10} = 2$ (O xeo aumenta a súa temperatura de –20° a 0°).

  Ecuación: $y = 2(x-0) - 20 \rightarrow y = 2x - 20$

- Segundo tramo: $y = 0$ (O xeo desconxélase).

- Terceiro tramo: pertence a unha recta que pasa por (20, 0) e (35, 100).

  Ecuación: $y = \dfrac{100}{15}(x-20) \rightarrow y = \dfrac{20}{3}x - \dfrac{400}{3}$ (A auga sobe a súa temperatura de 0° a 100°).

- Cuarto tramo: $y = 100$ (A auga fervendo mantense a 100°).

Se en lugar de x e y poñemos t (tempo) e T (temperatura), a súa expresión analítica é:

$$T = f(t) = \begin{cases} 2t-20 & 0 \le t \le 10 \\ 0 & 10 < t < 20 \\ \dfrac{20}{3}t - \dfrac{400}{3} & 20 \le t \le 35 \\ 100 & 35 < t \le 50 \end{cases}$$

Exercicios propostos

1 Representa esta función:

$$f(x) = \begin{cases} x+1 & x \in [-3, 0) \\ x^2-2x+1 & x \in [0, 3] \\ 4 & x \in (3, 7) \end{cases}$$

2 Fai a representación gráfica da seguinte función:

$$g(x) = \begin{cases} 2x+1 & \text{se } x < 1 \\ x^2-1 & \text{se } x \ge 1 \end{cases}$$

3 Escribe a expresión analítica que corresponde á seguinte gráfica:

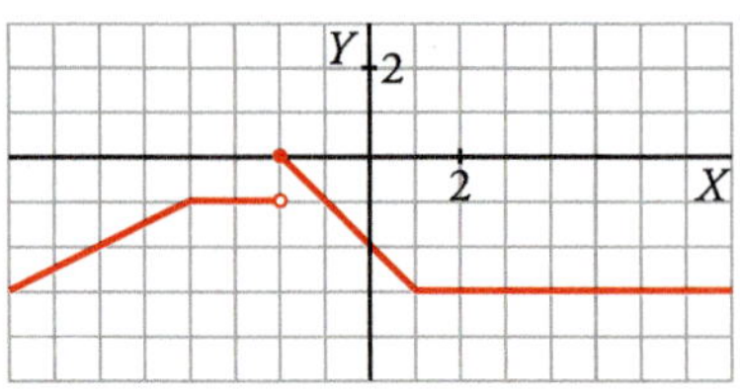

Función "parte enteira"

Chámase **parte enteira** dun número x o maior número enteiro menor ou igual a x. A partir disto, definimos a **función parte enteira de x,** $Ent(x)$, que fai corresponder a cada número x a súa parte enteira.

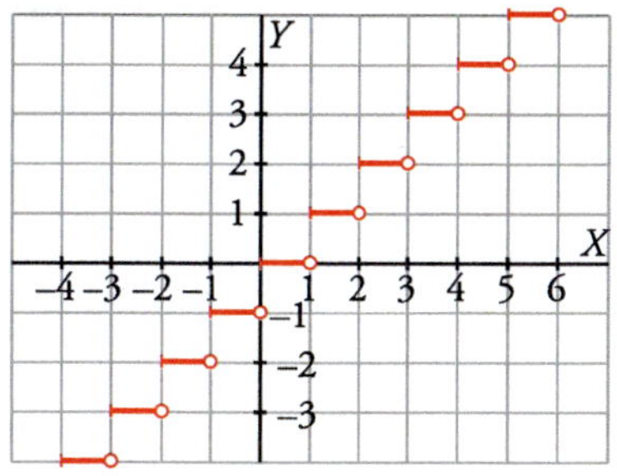

Practica

$Ent(7,5) = 7$

$Ent(-4) = -4$

$Ent(-5,3) = -6$ atención!

Continúa:

$Ent(6,48)$ $Ent(7)$

$Ent(-3,9)$ $Ent(-11,3)$

$Ent(-8)$

Función "parte decimal"

A **parte decimal** ou **mantisa** dun número x é $Mant(x) = x - Ent(x)$. Por exemplo:

$$Mant(7,54) = 7,54 - 7 = 0,54 \qquad Mant(-7,54) = -7,54 - (-8) = 0,46$$

A partir disto, definimos a **función parte decimal de x,** $Mant(x)$, que fai corresponder a cada número x a súa parte decimal.

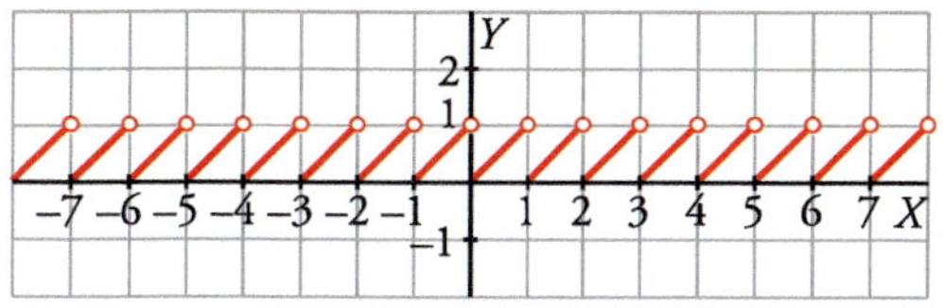

Practica

$Mant(7,68) = 0,68$

$Mant(-8) = 0$

$Mant(-7,68) = 0,32$

Continúa:

$Mant(3,791)$ $Mant(-6,94)$

$Mant(2)$ $Mant(-4,804)$

Función "valor absoluto"

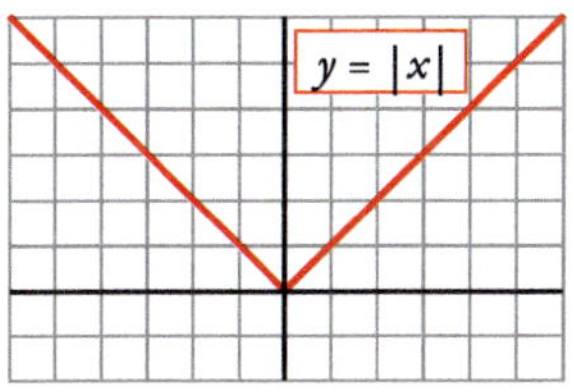

Lembremos que o valor absoluto dun número a coincide con a se é positivo ou nulo, ou co seu oposto, se é negativo:

$$|a| = \begin{cases} a & \text{se } a \geq 0 \\ -a & \text{se } a < 0 \end{cases}$$

A función $y = |x|$ defínese, en consecuencia, así:

$$y = |x| = \begin{cases} -x & \text{se } x < 0 \\ x & \text{se } x \geq 0 \end{cases}$$

Exercicios propostos

4 Verdadeiro ou falso?

a) A gráfica vermella corresponde á función $y = Ent\left(\frac{x}{4}\right)$.

b) A gráfica verde corresponde á función $y = 5 + Ent\left(\frac{x}{4}\right)$.

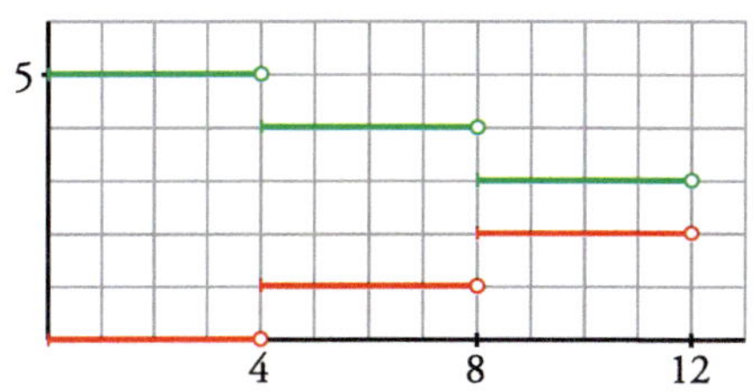

5 Representa:

a) $y = Ent(x) + 2$ b) $y = Ent(x + 0,5)$

6 Verdadeiro ou falso?

a) A gráfica vermella corresponde a $y = 3Mant\left(\frac{x}{4}\right)$.

b) A gráfica vermella corresponde a $y = 3Mant(4x)$.

c) A gráfica verde corresponde a $y = 5 - Mant\left(\frac{x}{4}\right)$.

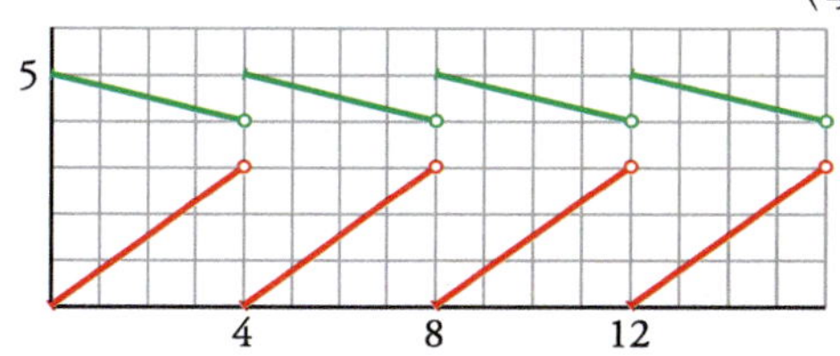

7 Representa:

a) $y = Mant(x) - 0,5$ b) $y = |Mant(x) - 0,5|$

7 Transformacións elementais de funcións

Imos ver como se transforma a gráfica de $y = f(x)$ cando sometemos a función a certas transformacións moi sinxelas.

Translacións

Se k é un número positivo, entón:

A gráfica de	obtense trasladando a gráfica de $y = f(x)$
$y = f(x) + k$	k unidades cara arriba
$y = f(x) - k$	k unidades cara abaixo
$y = f(x + k)$	k unidades cara á esquerda
$y = f(x - k)$	k unidades cara á dereita

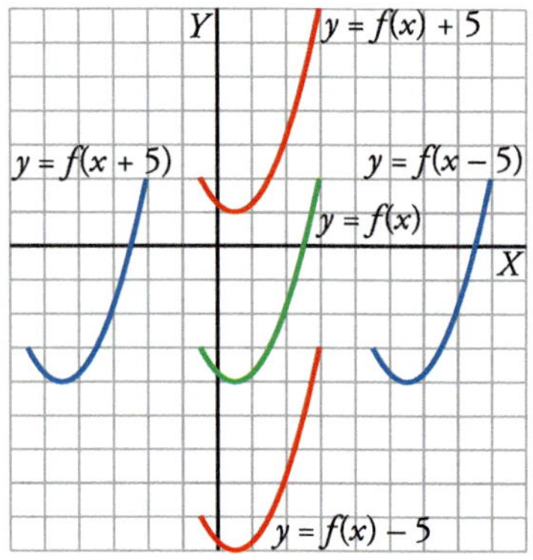

Simetrías

A gráfica de	é a simétrica da gráfica de $y = f(x)$
$y = -f(x)$	respecto do eixe X
$y = f(-x)$	respecto do eixe Y

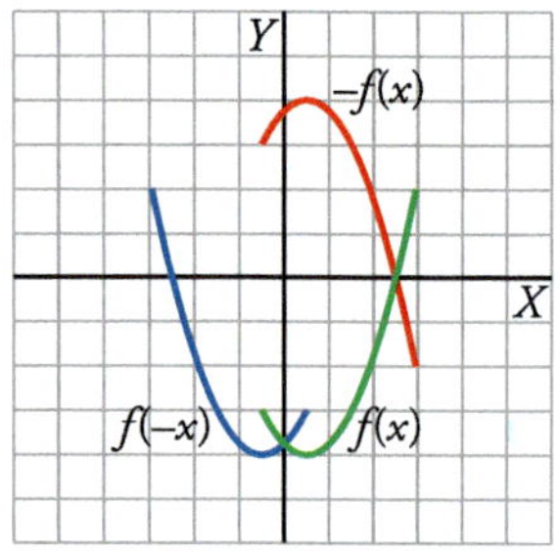

Exercicio resolto

1 *Relacionar as seguintes gráficas mediante as súas ecuacións:*

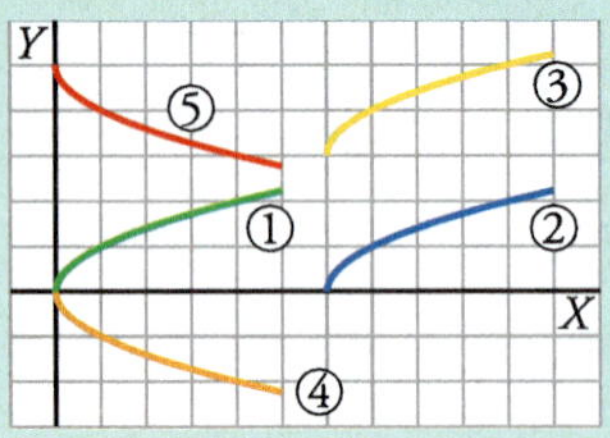

① É a gráfica da función $\sqrt{x}$.

② Obtense trasladando ① 6 unidades á dereita $\rightarrow y = \sqrt{x-6}$.

③ Obtense trasladando ② 3 unidades cara arriba $\rightarrow y = \sqrt{x-6} + 3$.

④ É a simétrica respecto ao eixe X de ① $\rightarrow y = -\sqrt{x}$.

⑤ Obtense trasladando ④ 5 unidades cara arriba $\rightarrow y = -\sqrt{x} + 5$.

Exercicio proposto

1 Representa sucesivamente:

a) $y = \dfrac{1}{x}$ b) $y = \dfrac{1}{x+3}$ c) $y = -\dfrac{1}{x+3}$ d) $y = -\dfrac{1}{x+3} + 8$

Estiramentos e contraccións

Se k é un número positivo, entón:

A gráfica de	obtense a partir da gráfica de $y = f(x)$
$y = kf(x)$	estirándoa en sentido vertical multiplicando por k
$y = \frac{1}{k}f(x)$	contraéndoa en sentido vertical dividindo entre k

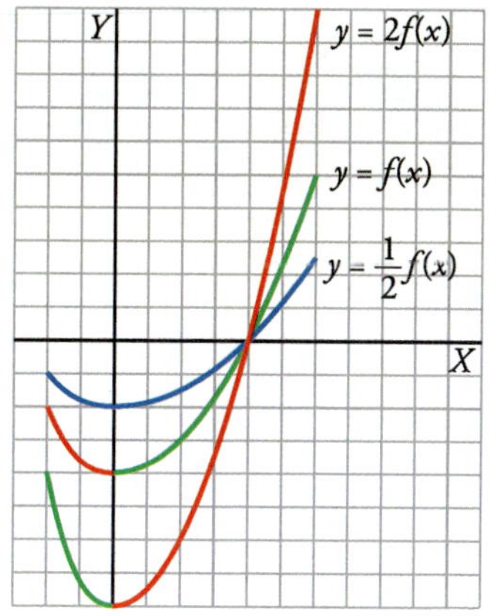

Exercicios resoltos

1 *Representar sucesivamente as seguintes funcións:*

① $y = \dfrac{6}{x}$

② $y = \dfrac{6}{x-5}$

③ $y = -\dfrac{6}{x-5}$

para chegar, finalmente, á representación de:

④ $y = -\dfrac{6}{x-5} + 4$

② obtense desprazando ① 5 unidades á dereita.

③ é a simétrica de ② respecto do eixe X.

④ obtense subindo ③ 4 unidades.

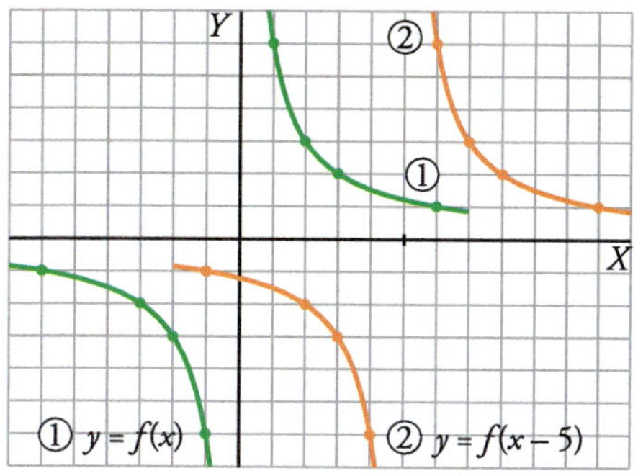

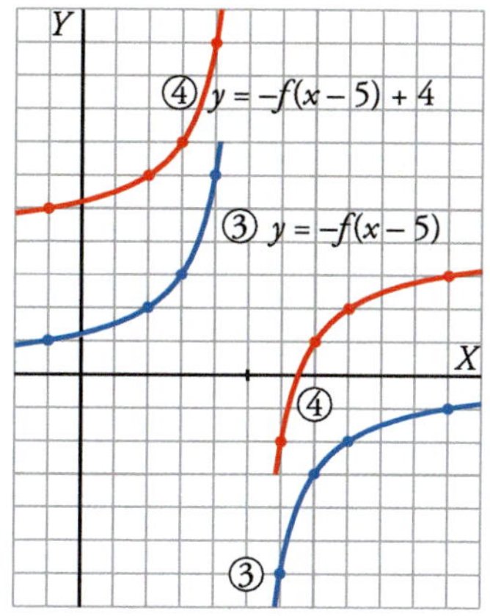

2 *Representar sucesivamente:*

① $y = \sqrt{x}$

② $y = 2\sqrt{x}$

③ $y = -2\sqrt{x}$

④ $y = -2\sqrt{-x}$

para chegar, finalmente, á representación de:

⑤ $y = -2\sqrt{-(x+6)}$

② obtense estirando ① en sentido vertical multiplicando por 2.

③ é a simétrica de ② respecto do eixe X.

④ é a simétrica de ③ respecto do eixe Y.

⑤ obtense desprazando ④ 6 unidades á esquerda.

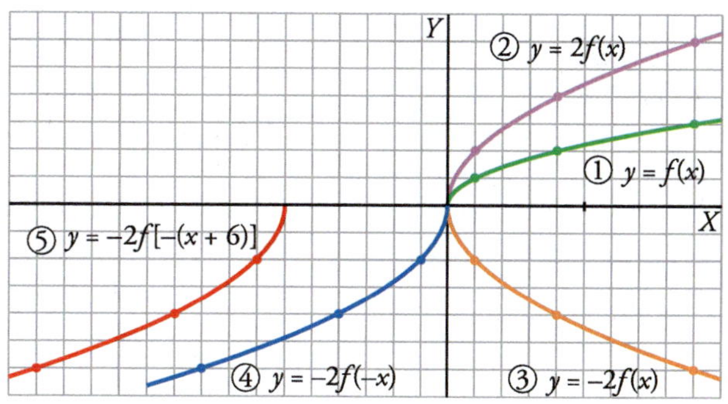

Exercicios propostos

2 Se $y = f(x)$ pasa por (3, 8), di un punto de:

$y = f(x) - 6$, $y = f(x+4)$, $y = \frac{1}{2}f(x)$, $y = 2f(x)$,

$y = -f(x)$, $y = f(-x)$, $y = -2f(-x) + 3$

3 Representa:

a) $y = -\dfrac{4}{x+8} - 3$

b) $y = 3\sqrt{-x+10}$

Valor absoluto dunha función

O valor absoluto dunha función $y = f(x)$ defínese así:

$$y = |f(x)| = \begin{cases} f(x) & \text{se } f(x) \geq 0 \\ -f(x) & \text{se } f(x) \leq 0 \end{cases}$$

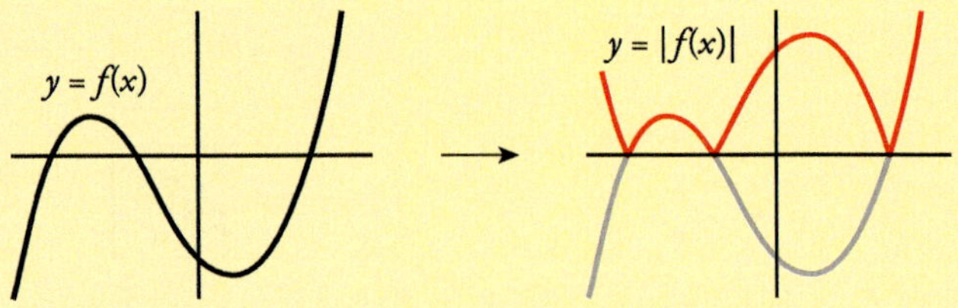

Para que a definición sexa de todo correcta, habería que determinar *os valores de x* para os cales toma a función tal cal, $f(x)$, e os valores de x para os que toma a súa oposta, $-f(x)$. Para iso hai que descubrir as raíces da función $f(x)$, é dicir, os puntos nos que a gráfica de $y = f(x)$ corta o eixe X.

Exercicios resoltos

1 *Representar esta función:*

$y = |2x - 4|, \; x \in [-1, 5]$

$2x - 4 = 0 \Rightarrow x = 2$

$$f(x) = \begin{cases} -(2x-4), & -1 \leq x \leq 2 \\ 2x - 4, & 2 \leq x \leq 5 \end{cases}$$

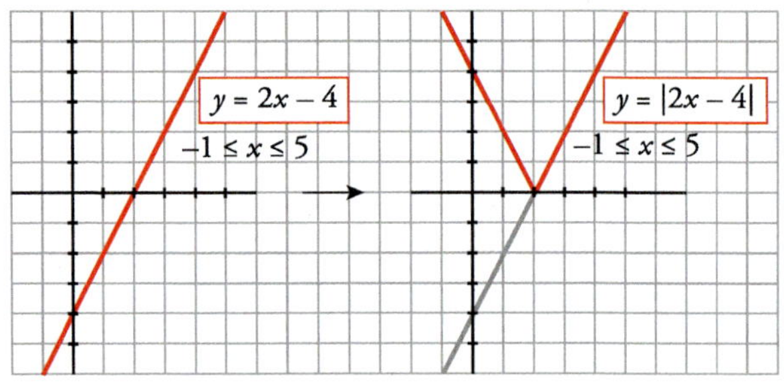

2 *Representar a seguinte función:*

$y = |x^2 - 5x + 4|$

$x^2 - 5x + 4 = 0 \Rightarrow x = 1$ ou $x = 4$

$$f(x) = \begin{cases} x^2 - 5x + 4, & x \leq 1 \\ -(x^2 - 5x + 4), & 1 \leq x \leq 4 \\ x^2 - 5x + 4, & x \geq 4 \end{cases}$$

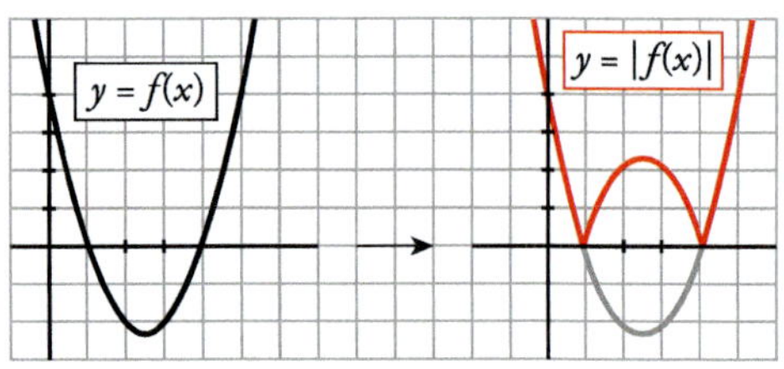

3 *Representar esta función:*

$y = |x| + |x - 4|$

$$|x| = \begin{cases} -x & \text{se } x \leq 0 \\ x & \text{se } x \geq 0 \end{cases} \qquad |x - 4| = \begin{cases} -(x-4) = -x + 4 & \text{se } x \leq 4 \\ x - 4 & \text{se } x \geq 4 \end{cases}$$

Vexamos a expresión analítica nos distintos tramos definidos polas abscisas 0 e 4:

	x ≤ 0	**0 ≤ x ≤ 4**	**x ≥ 4**
|x|	$-x$	x	x
|x – 4|	$-x + 4$	$-x + 4$	$x - 4$
|x| + |x – 4|	$-2x + 4$	4	$2x - 4$

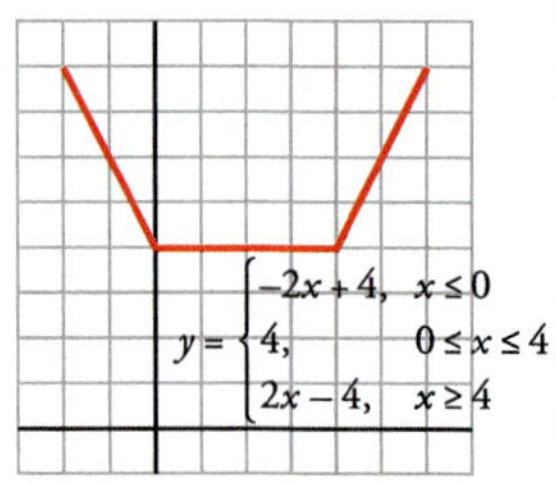

Exercicios propostos

1 Representa: a) $y = \left|\frac{x}{2} - 3\right|, \; x \in [-2, 7]$ b) $y = |-x^2 + 4x + 5|$ c) $y = |x| - |x - 4|$ d) $y = |x + 2| + |x - 3|$

Exercicios e problemas resoltos

1. Dominio de definición

Achar o dominio de definición desta función:

$$f(x) = \frac{1}{\sqrt{2x^2 + 7x - 4}}$$

A función está definida para os valores de x que fan o radicando positivo: $2x^2 + 7x - 4 > 0$.

Resolvemos a inecuación, buscando en primeiro lugar as solucións da ecuación:

$$2x^2 + 7x - 4 = 0 \rightarrow x = -4;\ x = \frac{1}{2}$$

Estes valores determinan os intervalos nos que hai que estudar o signo de $2x^2 + 7x - 4$.

	$(-\infty, -4)$	$(-4, 1/2)$	$(1/2, +\infty)$
SIGNO DE $2x^2 + 7x - 4$	+	–	+

Dominio de definición de $f = (-\infty, -4) \cup (1/2, +\infty)$.

Faino ti. Acha o dominio de definición desta función:

$$f(x) = \sqrt{x^2 - 4x - 5}$$

2. Interpolación lineal

Un avión boing 747 consome 83 912 litros de combustible nun voo Madrid-Caracas (7 001 km) e 13 143 litros nun voo Madrid-París (1 054 km). Estimar o consumo nun voo Madrid-Moscova (3 044 km).

Análise do problema. *Supoñemos que o consumo no intervalo [1 054, 7 001] depende linealmente dos quilómetros percorridos. Polo tanto, podemos estimar o consumo, para un percorrido intermedio, mediante interpolación lineal.*

Achamos a ecuación da recta que pasa polos puntos (1 054, 13 143) e (7 001, 83 912):

Pendente: $m = \dfrac{83912 - 13143}{7001 - 1054} = 11{,}9$

Ecuación: $f(x) = 13\,143 + 11{,}9(x - 1\,054) = 11{,}9x + 600{,}4$

Para $x = 3\,044 \rightarrow f(3\,044) = 36\,824$

O consumo estimado para o voo Madrid-Moscova é de 36 824 litros.

Faino ti. A poboación dun municipio era de 23 442 habitantes no ano 2000 e de 26 087 no ano 2012. Estima a poboación nos anos 2005 e 2013.

3. Función cuadrática

Unha feira gandeira está aberta ao público entre as 10 e as 20 horas. O número de visitantes vén dado pola función:

$$N(t) = -20t^2 + Bt + C$$

onde t é a hora de visita.

Sabendo que ás 17 h se alcanza o máximo de 1 500 visitantes, achar B e C e representar a función.

A función $N(t) = -20t^2 + Bt + C$ é unha parábola aberta cara abaixo. O seu punto máis alto (17, 1 500) corresponde ao vértice.

Coa abscisa do vértice calculamos B:

$$t = \frac{-b}{2a} \rightarrow 17 = \frac{-B}{2(-20)} \rightarrow B = 680$$

A parábola pasa por (17, 1 500).

$$N(17) = 1\,500 \rightarrow -20 \cdot 17^2 + 680 \cdot 17 + C = 1\,500 \rightarrow C = -4\,280$$

Polo tanto, a función é:

$$N(t) = -20t^2 + 680t - 4\,280;\ 10 \le t \le 20$$

Para representar a función achamos algúns puntos:

$$t = 10 \rightarrow N(10) = 520 \rightarrow (10, 520)$$

$$t = 20 \rightarrow N(20) = 1\,320 \rightarrow (20, 1\,320)$$

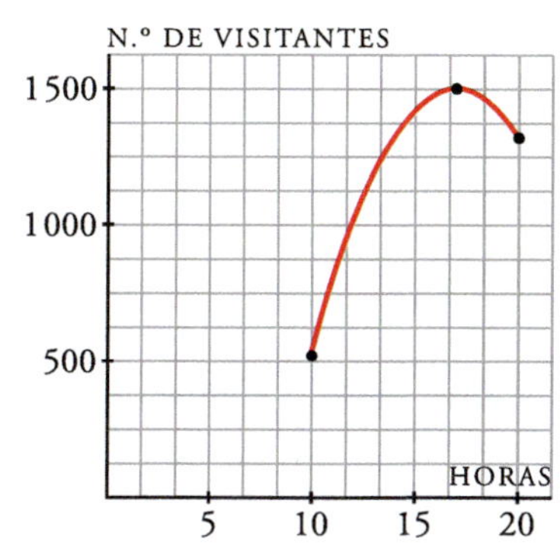

Faino ti. Representa a seguinte función:

$$f(t) = -t^2 + 12t - 31,\ 4 \le t \le 7$$

4. Función definida "a anacos"

O salario neto mensual é o que se obtén ao restar os impostos obrigatorios ao salario bruto. En certo país aplícanse estes impostos:

- *20 % da parte do salario bruto comprendido entre 500 €, que é o salario mínimo, e 2 000 €.*
- *40 % da parte do salario bruto superior a 2 000 €.*

a) Que salario neto corresponde a 1 200 € de salario bruto? E a 2 500 €?

b) Escribir a función que dá os impostos segundo o salario bruto x, e representala.

c) Cal debe ser, como mínimo, o salario bruto para que o neto sexa superior a 2 500 €?

a) Temos en conta que os primeiros 500 € non teñen impostos.

O salario neto para 1 200 € é $1\,200 - 0{,}2 \cdot (1\,200 - 500) = 1\,060$ €

O salario neto para 2 500 € é $2\,500 - 0{,}2 \cdot 1\,500 - 0{,}4 \cdot 500 = 2\,000$ €

b) Calculamos a función que nos dá os impostos $I(x)$ nos casos en que $500 < x \leq 2\,000$ e $x > 2\,000$.

- Se $500 < x \leq 2\,000$:

$I(x) = 0{,}2(x - 500) = 0{,}2x - 100$

- Se $x > 2\,000$:

$I(x) = 0{,}2 \cdot 1\,500 + 0{,}4(x - 2\,000) = 0{,}4x - 500$

Polo tanto:

$$I(x) = \begin{cases} 0{,}2x - 100 & \text{se } 500 < x \leq 2000 \\ 0{,}4x - 500 & \text{se } x > 2000 \end{cases}$$

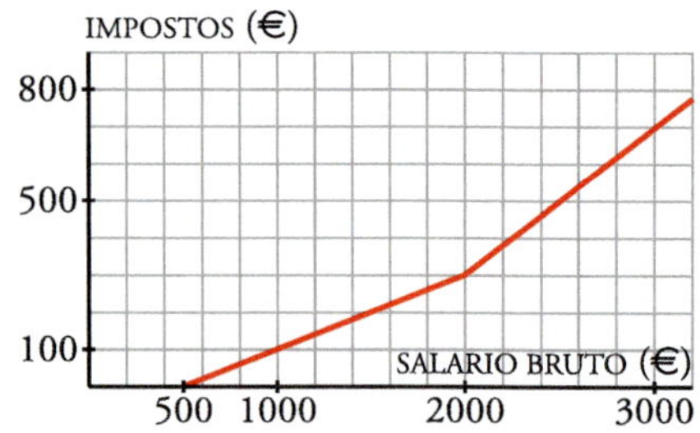

c) Resolvemos a inecuación $x - I(x) > 2\,500$:

$$x - (0{,}4x - 500) > 2\,500 \rightarrow 0{,}6x > 2\,000 \rightarrow x > 3\,333{,}33$$

O salario bruto debe ser superior a 3 333,33 €.

5. Hipérboles

Representar as hipérboles seguintes:

a) $y = \dfrac{2}{x-3}$

b) $y = \dfrac{3x-5}{x-2}$

c) $y = \dfrac{2x+1}{x+1}$

a) A gráfica de $y = \dfrac{2}{x-3}$ é como a de $y = \dfrac{2}{x}$ desprazada 3 unidades á dereita, como se pode comprobar dando algúns valores:

$$f(1) = -1,\ f(2) = -2,\ f(4) = 2,\ f(5) = 1$$

As súas asíntotas son o eixe X e a recta $x = 3$.

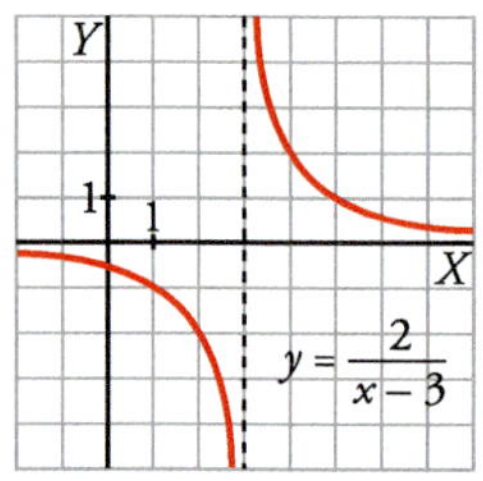

b) Imos escribir a función utilizando a relación:

$$\frac{\text{dividendo}}{\text{divisor}} = \text{cociente} + \frac{\text{resto}}{\text{divisor}}$$

$$\begin{array}{r|l} 3x - 5 & x - 2 \\ \hline -3x + 6 & 3 \\ \hline 1 & \end{array} \rightarrow \frac{3x-5}{x-2} = 3 + \frac{1}{x-2}$$

Polo tanto, a gráfica de $y = \dfrac{3x-5}{x-2} = 3 + \dfrac{1}{x-2}$ é como a de $y = \dfrac{1}{x}$ desprazada 2 unidades á dereita e 3 arriba.

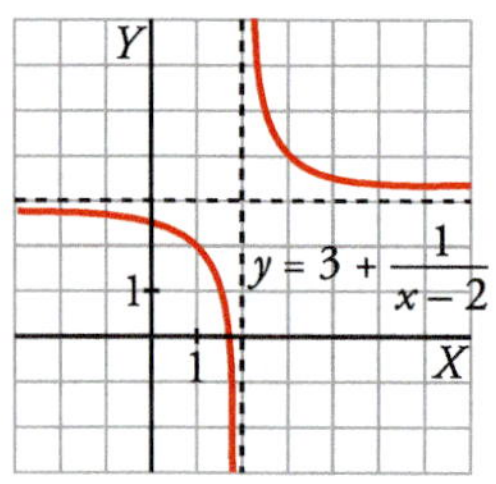

c) Dividimos:

$$\begin{array}{r|l} 2x + 1 & x + 1 \\ \hline -2x - 2 & 2 \\ \hline -1 & \end{array} \rightarrow \frac{2x+1}{x+1} = 2 + \frac{-1}{x+1}$$

A gráfica de $y = \dfrac{2x+1}{x+1}$ é a simétrica de $\dfrac{1}{x}$ respecto ao eixe X, desprazada 2 unidades cara arriba e 1 cara á esquerda.

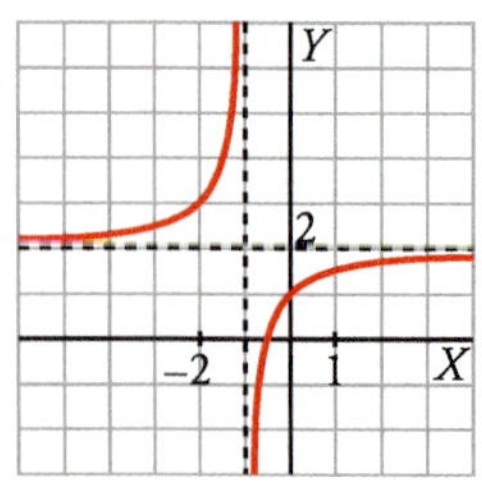

Na web

Animación interactiva para ver como varía a representación dunha hipérbole.

Faino ti. Representa a función:

$$y = \frac{-2x+7}{x-3}$$

6. Transformacións dunha función

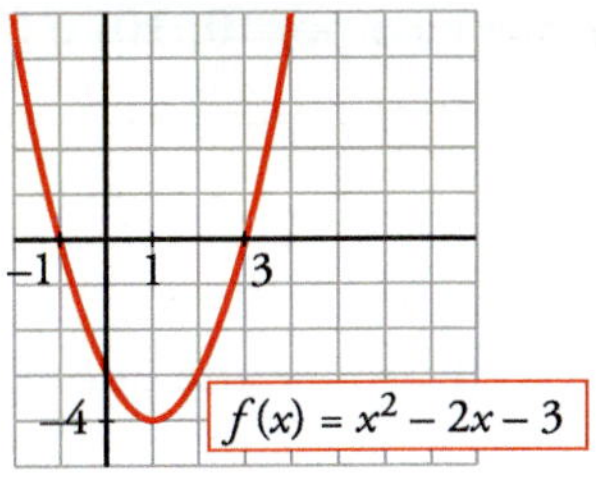

Esta é a gráfica da función:

$$f(x) = x^2 - 2x - 3$$

Representar, a partir dela, as funcións seguintes e escribir a súa ecuación:

a) $g(x) = f(x) + 3$ *b)* $h(x) = f(x + 2)$

c) $i(x) = -f(x)$ *d)* $l(x) = f(2x)$

Faino ti. A partir da gráfica de $f(x) = \sqrt{x}$, representa estas funcións:

a) $g(x) = f(x - 4)$ b) $h(x) = f(x) - 2$

c) $i(x) = \sqrt{2x}$

a) A gráfica de g obtense trasladando a de f tres unidades cara arriba.

A súa ecuación é:

$$g(x) = x^2 - 2x - 3 + 3 \rightarrow g(x) = x^2 - 2x$$

b) Obtense trasladando a gráfica de f dúas unidades cara á esquerda.

Ecuación de h:

$$h(x) = (x + 2)^2 - 2(x + 2) - 3 = x^2 + 2x - 3$$

c) Obtense cambiando de signo os valores de $f(x)$. Será unha parábola aberta cara abaixo co vértice en (1, 4).

Ecuación: $i(x) = -x^2 + 2x + 3$

d) Obtense contraendo a gráfica de f en sentido horizontal dividindo entre 2. O seu vértice será (1/2 – 4), e os puntos de corte cos eixes son (–1/2, 0) e (3/2, 0).

Ecuación: $l(x) = 4x^2 - 4x - 3$

a)
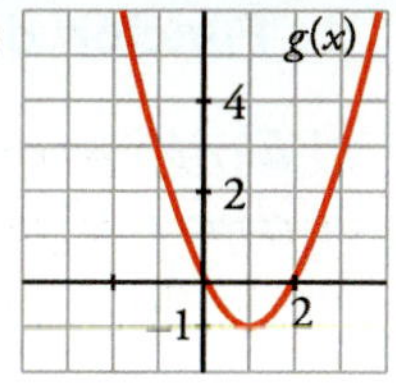

b)
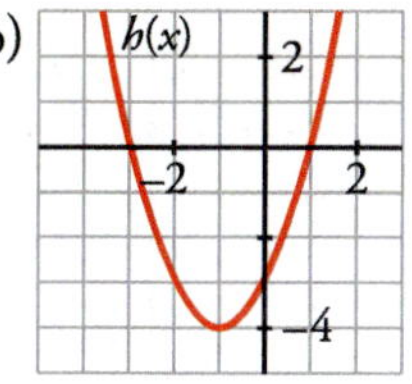

c)
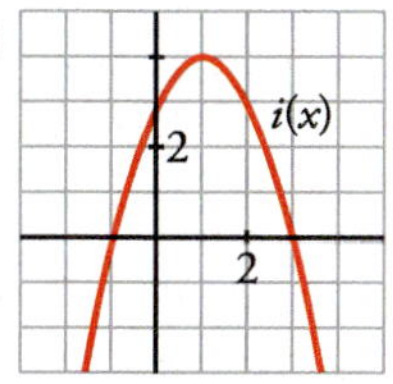

d)
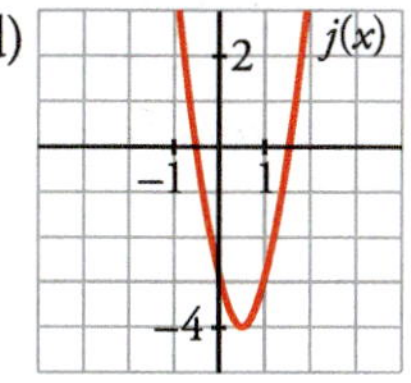

7. Valor absoluto dunha función

Definir como funcións "a anacos" as seguintes funcións e representalas graficamente.

a) $f(x) = \left|\dfrac{1}{x-2}\right|$

b) $f(x) = 4|x| - x^2$

c) $f(x) = \sqrt{|x|}$

Faino ti. Define por intervalos e representa:

a) $f(x) = 2x - |x|$

b) $f(x) = \left|2 - \dfrac{x^2}{2}\right|$

a) A gráfica de $y = \dfrac{1}{x-2}$ é como a de $y = \dfrac{1}{x}$ trasladada 2 unidades cara á dereita.

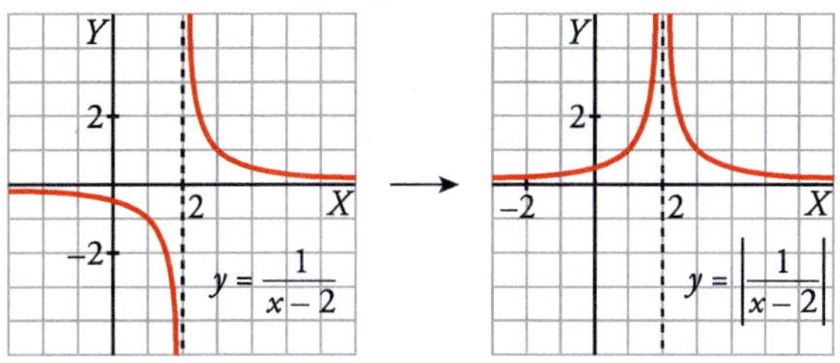

$$f(x) = \begin{cases} -\dfrac{1}{x-2} & \text{se } x < 2 \\ \dfrac{1}{x-2} & \text{se } x > 2 \end{cases}$$

b) Lembramos que a función $y = |x|$ se define así: $y = \begin{cases} -x & \text{se } x < 0 \\ x & \text{se } x \geq 0 \end{cases}$. Polo tanto:

$$f(x) = \begin{cases} 4(-x) - x^2 & \text{se } x < 0 \\ 4x - x^2 & \text{se } x \geq 0 \end{cases} = \begin{cases} -4x - x^2 & \text{se } x < 0 \\ 4x - x^2 & \text{se } x \geq 0 \end{cases}$$

Buscamos os vértices e os puntos de corte cos eixes de cada parábola:

PARÁBOLA	VÉRTICE	CORTES CON EIXE X
$y = -4x - x^2$	(–2, 4)	(0, 0) e (–4, 0)
$y = 4x - x^2$	(2, 4)	(0, 0) e (4, 0)

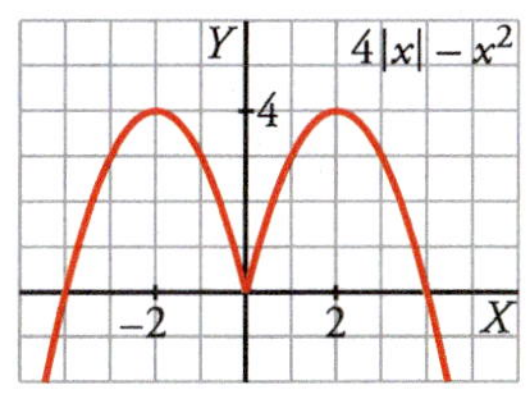

c) Aplicando a definición de $y = |x|$, temos:

$$f(x) = \begin{cases} \sqrt{-x} & \text{se } x < 0 \\ \sqrt{x} & \text{se } x \geq 0 \end{cases}$$

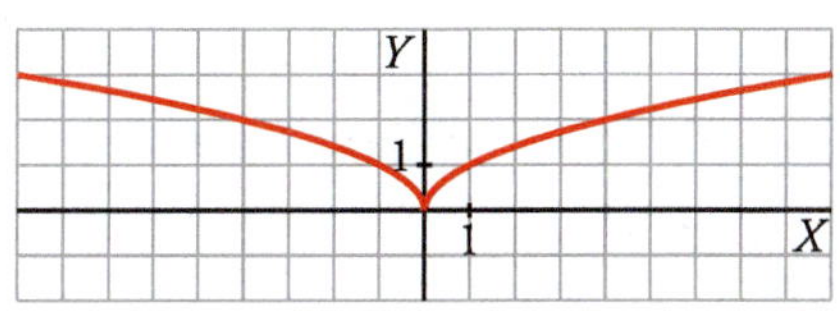

Exercicios e problemas guiados

1. Función definida a "anacos"

a) Escribir a expresión analítica desta función:

b) Cal é o seu dominio de definición? E o seu percorrido?

a) • Obtén a pendente do primeiro tramo de recta que pasa por (0, 10) e (5, 20) e escribe a súa ecuación.

• Observa que o segundo tramo é constante.

• O terceiro tramo de recta pasa polos puntos (20, 20) e (25, 0).

• Para escribir a expresión analítica da función, ten en conta entre que valores de x están definidos cada un dos tramos anteriores.

b) • Para que valores de x existe a función?

• Observa os valores máximo e mínimo de $f(x)$ para determinar o percorrido.

Solución:

a) $f(x) = \begin{cases} 10 + 2x & \text{se } 0 \le x < 5 \\ 20 & \text{se } 5 \le x < 20 \\ 100 - 4x & \text{se } 20 \le x \le 25 \end{cases}$ b) Dominio = [0, 25]. Percorrido = [0, 20].

2. Unha función cuadrática

Os custos de produción de certo produto (en euros) dunha empresa, veñen dados por:

$$C = 40\,000 + 20q + q^2$$

sendo q o número de unidades producidas. O prezo de venda de cada unidade é de 520 euros.

a) Expresar en función de q o beneficio da empresa e representalo graficamente.

b) Cantas unidades hai que producir para que o beneficio sexa máximo?

a) • A función *beneficio*, B, obterala restando do prezo de venda de q unidades, $520q$, o custo para producir esas q unidades.

• Obterás unha función cuadrática. Represéntaa.

b) Observando a representación gráfica da función *beneficio*, apreciarás en que punto alcanza o seu valor máximo (no vértice, xa que é unha parábola coas ramas cara abaixo).

Solución:

a) $B(q) = -40\,000 + 500q - q^2$.

b) O beneficio máximo de 22 500 euros obtense producindo 250 unidades.

3. Unha función polinómica

Considerar todos os conos cuxa xeratriz mide 15 cm.

a) Escribir a función que nos dá o volume do cono segundo o que mide a súa altura, x.

b) Cal é o seu dominio de definición?

a) • Lembra como se calcula o volume dun cono en función do raio da base e da altura.

• Debes expresar o raio do cono en función da altura x (observa no debuxo o triángulo de lados x, R e 15 cm).

b) Entre que valores pode variar a altura x?

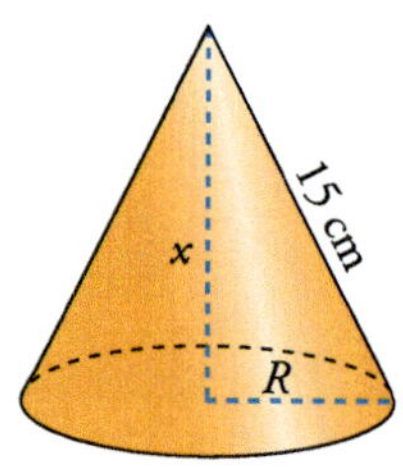

Solución:

a) $V(x) = \dfrac{\pi(225x - x^3)}{3}$ b) $Dom\ V(x) = (0, 15)$

4. Funcións lineais

Unha empresa de alugueiro de coches ofrece dúas tarifas:

A: 50 € fixos mais 0,25 € por quilómetro percorrido.

B: 0,5 € por quilómetro percorrido.

Analizar cal das dúas opcións é máis vantaxosa segundo os quilómetros que vaiamos percorrer.

• Obtén, en cada un dos dous casos, a expresión analítica da función que nos dá o gasto segundo os quilómetros percorridos.

• Representa nos mesmos eixes as dúas funcións, elixindo unha escala adecuada.

• Acha o punto de corte de ambas as dúas funcións e observa os valores da función á esquerda e á dereita dese punto.

Solución: A opción B é máis vantaxosa se se percorren menos de 200 km. A partir desta distancia, é máis vantaxosa a opción A.

Exercicios e problemas propostos

Para practicar

Dominio de definición

1 Acha o dominio de definición destas funcións:

a) $y = \dfrac{2}{(x+5)^2}$ b) $y = \dfrac{3x+2}{x^3+x}$

c) $y = \dfrac{x}{x^2-x+2}$ d) $y = \dfrac{1}{x} + \dfrac{1}{x+2}$

2 Estuda o dominio de definición destas funcións:

a) $y = \sqrt{2x+5}$ b) $y = \sqrt{7-x}$

c) $y = \sqrt{x^2+3x+4}$ d) $y = \sqrt{x-1} + \sqrt{x-2}$

3 Di cal é o dominio de definición de:

a) $y = \dfrac{1}{\sqrt{4-x}}$ b) $y = \dfrac{1}{\sqrt{x^2+1}}$

c) $y = \dfrac{1}{\sqrt{x^2-3x}}$ d) $y = \dfrac{1}{\sqrt{9-x^2}}$

4 Observa as gráficas destas funcións e indica cal é o seu dominio de definición e o seu percorrido:

a)

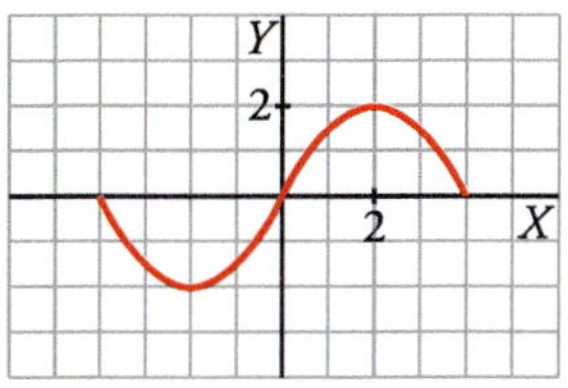

b)

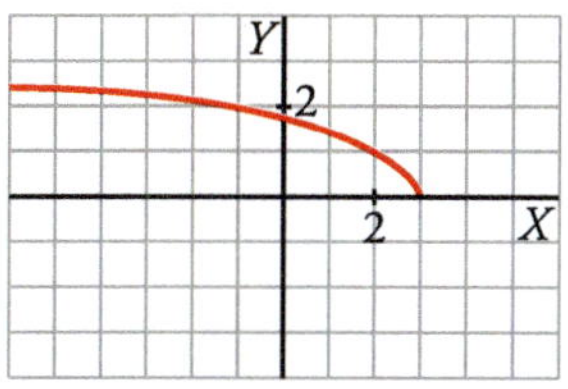

c)

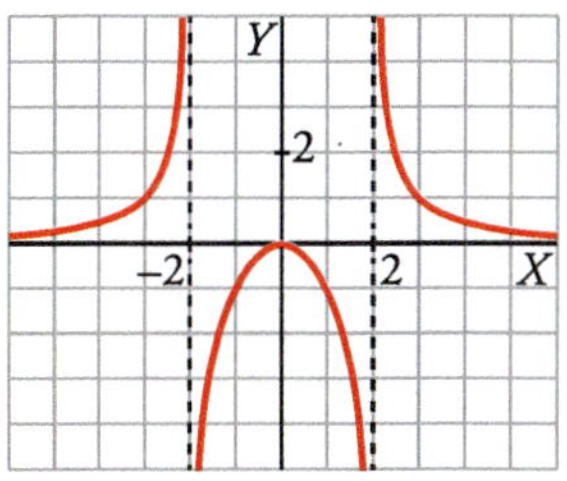

d)

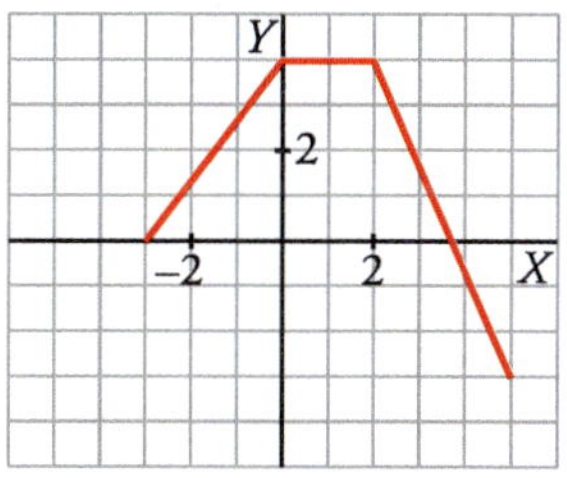

5 A función $h(t) = 80 + 64t - 16t^2$ dános a altura á que está unha pelota lanzada cara arriba no instante t, ata que volve ao chan. Cal é o seu dominio de definición?

6

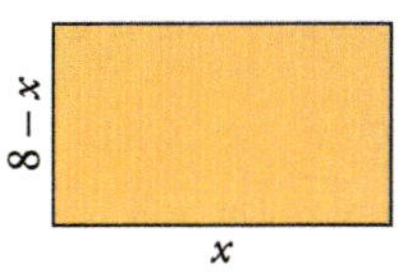

Escribe a área deste rectángulo de perímetro 16 cm en función da súa base x.

Cal é o dominio de definición desa función? E o seu percorrido?

7 A temperatura dun paciente, desde que comeza a súa enfermidade ata que volve ter 37 °C evolucionou segundo a función $T = -0{,}1t^2 + 1{,}2t + 37$, sendo t o número de días transcorridos desde o inicio da enfermidade. Cal é o seu dominio de definición? E o seu percorrido?

Funcións lineais. Interpolación

8 Escribe as ecuacións das seguintes rectas e represéntaas graficamente:

a) Pasa por $P(1, -5)$ e $Q(10, 11)$.

b) Pasa por $(-7, 2)$ e a súa pendente é $-0{,}75$.

c) Corta os eixes en $(3{,}5;\ 0)$ e $(0, -5)$.

d) É paralela á recta $3x - y + 1 = 0$ e pasa por $(-2, -3)$.

9

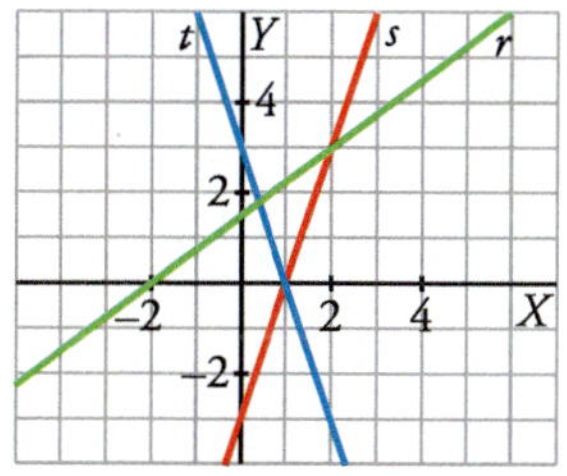

Calcula a pendente das rectas r, s e t e escribe a súa ecuación.

10 Calcula, mediante interpolación ou extrapolación lineal, os valores de y que faltan en cada táboa:

a)

x	0,45	0,5	0,6
y	2	…	0,25

b)

x	47	112	120
y	18	37	…

11 Esta táboa mostra a temperatura atmosférica tomada a diferentes alturas:

ALTURA (m)	0	500	1 000	1 500
TEMPERATURA (°C)	15	11,7	8,4	5,1

Calcula a temperatura a 1 200 m e a 2 000 m.

12 Representa as seguintes funcións:

a) $y = x^2 + 2x + 1$ b) $y = \dfrac{x^2}{2} + 3x + 1$

c) $y = -x^2 + 3x - 5$ d) $y = \dfrac{x^2}{3} + 3x + 6$

e) $y = -4x^2 + 1$ f) $y = -2x^2 - 3x + 0{,}5$

13 Halla a ecuación da parábola que pasa polos puntos $(-2, -9)$, $(2, -5)$ e $(4, 0)$.

a) Utilizando a expresión $y = ax^2 + bx + c$.

b) Por o método de Newton.

14 Halla, en cada caso, a ecuación da parábola que pasa polos puntos dados:

a) $(1, -1)$, $(3, 3)$, $(5, -1)$

b) $(0, -4)$, $(1, -6)$, $(3, -4)$

Completa os puntos (4...) y (–3, ...) para que pertenzan a cada unha das parábolas anteriores.

Exercicios e problemas propostos

Representación de funcións elementais

15 Asocia a cada gráfica a súa expresión analítica.

a) $y = -0{,}5x^2 + 3$ b) $y = \sqrt{x+2}$ c) $y = \dfrac{x^2}{3} - 1$

d) $y = \dfrac{1}{x-4}$ e) $y = 3x^2 + 5x - 1$ f) $y = \dfrac{1}{x} + 2$

g) $y = \dfrac{1}{2} - \dfrac{x}{3}$ h) $y = -\sqrt{-x}$

(I)
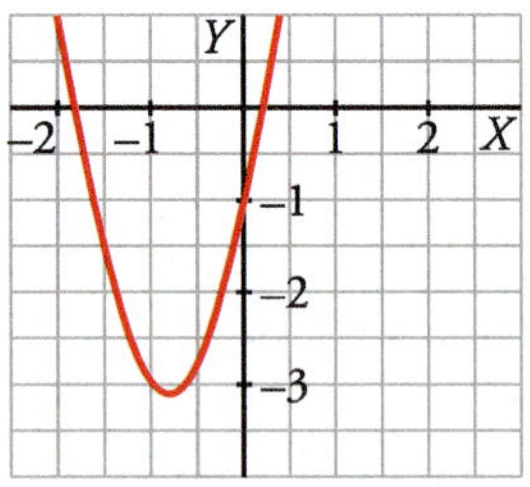

(II)
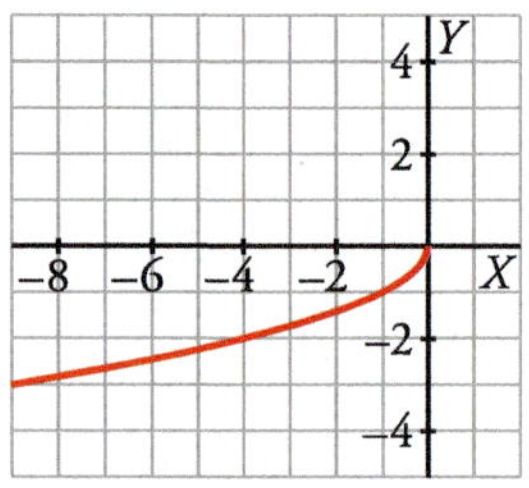

(III)
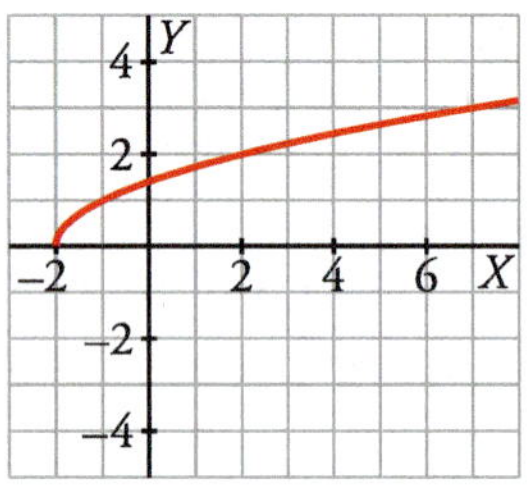

(IV)
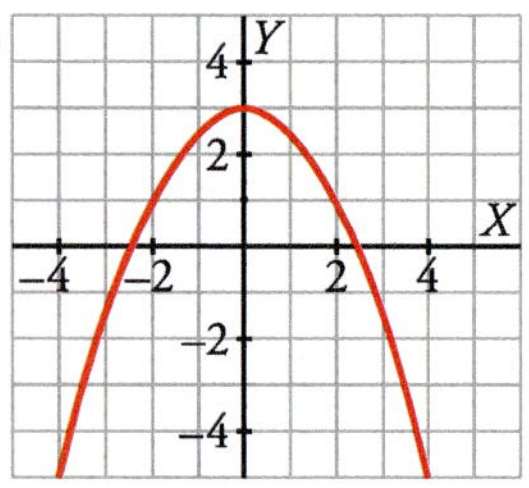

(V)
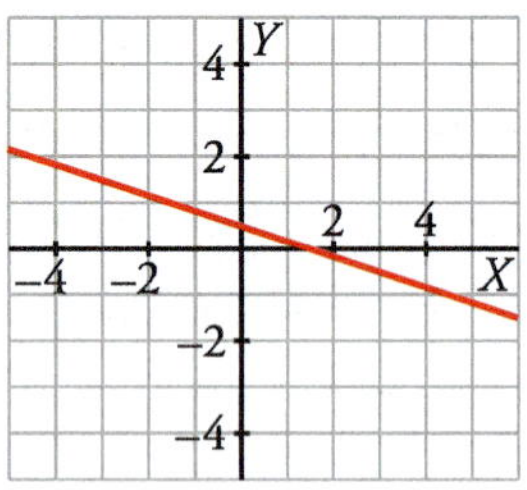

(VI)
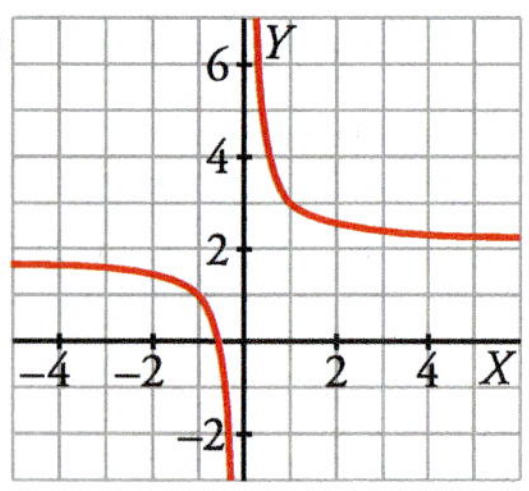

16 Representa as seguintes funcións:

a) $y = \sqrt{x-1}$ b) $y = -\sqrt{x+3}$

c) $y = 2 + \sqrt{x}$ d) $y = 1 - \sqrt{x}$

17 Representa as seguintes funcións:

a) $y = \dfrac{1}{x+1}$ b) $y = \dfrac{1}{x-1}$

c) $y = \dfrac{-1}{x}$ d) $y = \dfrac{-1}{x-3}$

18 Representa estas funcións no intervalo indicado:

a) $y = 2x^2 - 4$, $[0, 2]$ b) $y = -\dfrac{3x^2}{2}$, $x \geq -1$

c) $y = \dfrac{1}{x}$, $x < 0$ d) $y = \dfrac{3x-30}{5}$, $[-5, 5]$

e) $y = \dfrac{1}{x-2}$, $[-2, 2)$ f) $y = \sqrt{x}$, $[0, 1]$

Funcións definidas "a anacos"

19 Asocia a cada gráfica a súa expresión analítica:

a) $y = \begin{cases} 2 - \dfrac{2x}{3} & \text{se } x < 0 \\ 2 & \text{se } 0 \leq x \leq 4 \\ 8 - \dfrac{3x}{2} & \text{se } x > 4 \end{cases}$ b) $y = \begin{cases} -(x+2)^2 & \text{se } x < 0 \\ x - 2 & \text{se } x \geq 0 \end{cases}$

c) $y = \begin{cases} x^2 - 4x + 2 & \text{se } x < 4 \\ \dfrac{14-2x}{3} & \text{se } x \geq 4 \end{cases}$ d) $y = \begin{cases} 2 + \dfrac{4x}{3} & \text{se } x < 0 \\ 2 & \text{se } 0 \leq x \leq 4 \\ \dfrac{3x}{2} - 4 & \text{se } x > 4 \end{cases}$

(I)
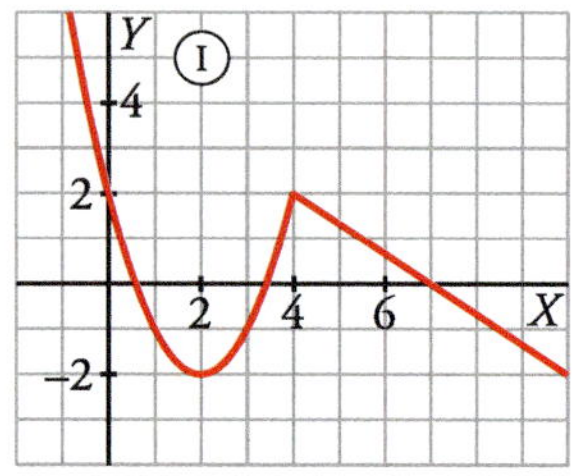

(II)
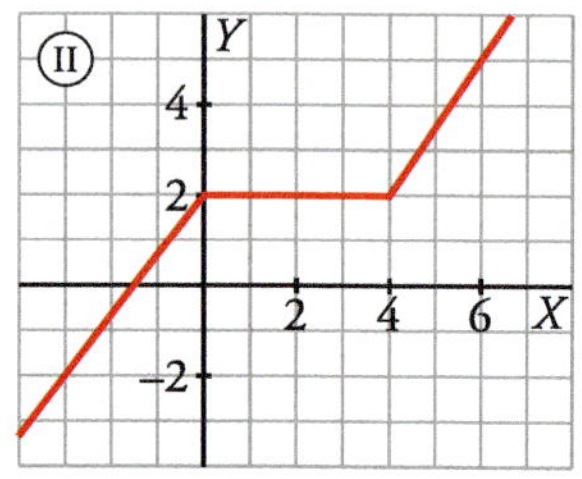

(III)
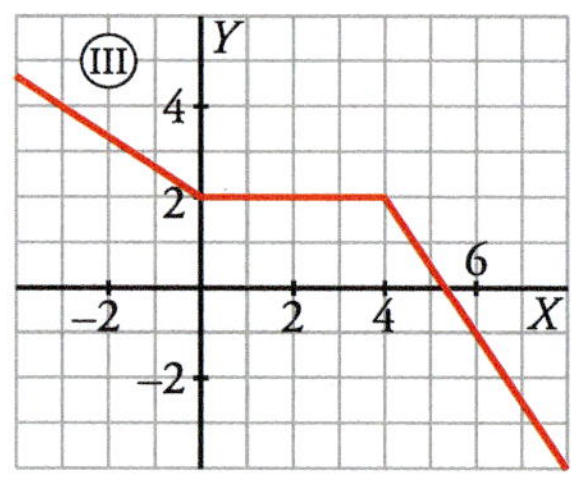

(IV)
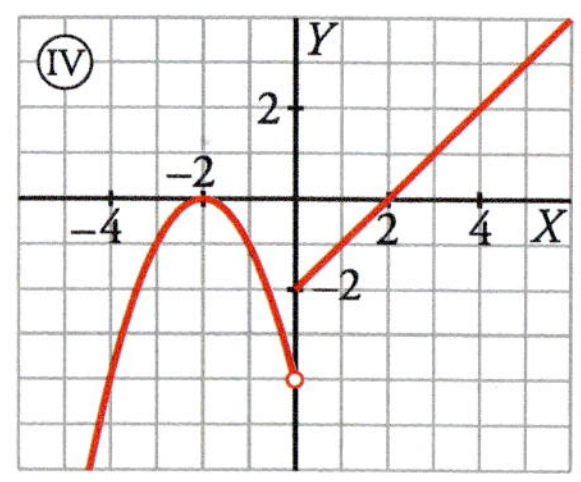

20 Representa graficamente as seguintes funcións:

a) $y = \begin{cases} -2 & \text{se } x < 0 \\ x - 2 & \text{se } 0 \leq x < 4 \\ 2 & \text{se } x \geq 4 \end{cases}$ b) $y = \begin{cases} -2x - 1 & \text{se } x \leq 1 \\ x + 1 & \text{se } x > 1 \end{cases}$

c) $y = \begin{cases} x^2 - 2x & \text{se } x < 2 \\ 2x - 4 & \text{se } x \geq 2 \end{cases}$ d) $y = \begin{cases} \dfrac{-x^2}{2} + 2 & \text{se } x \leq 3 \\ 2x - 5 & \text{se } x > 3 \end{cases}$

21 Representa.

a) $y = \begin{cases} -x^2 & \text{se } x < 2 \\ -x + 6 & \text{se } 2 \leq x < 7 \\ 3 & \text{se } x \geq 7 \end{cases}$ b) $y = \begin{cases} -x - 1 & \text{se } x \leq -1 \\ 2x^2 - 2 & \text{se } -1 < x < 1 \\ x - 1 & \text{se } x \geq 1 \end{cases}$

c) $y = \begin{cases} 1/x & \text{se } x < 0 \\ \sqrt{x} & \text{se } x \geq 0 \end{cases}$ d) $y = \begin{cases} \sqrt{-x} & \text{se } x \leq 0 \\ -\sqrt{x} & \text{se } x > 0 \end{cases}$

22 Obtén a expresión analítica destas funcións:

a)
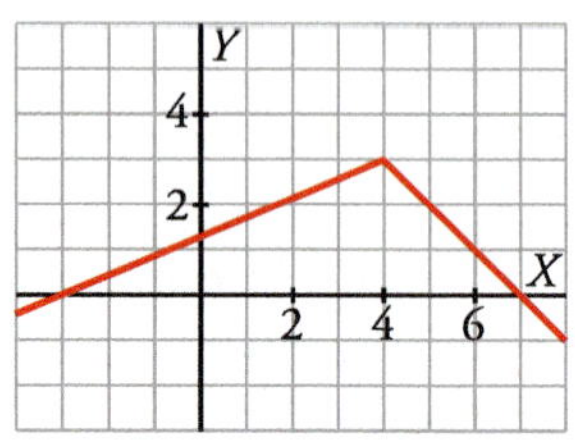

b)
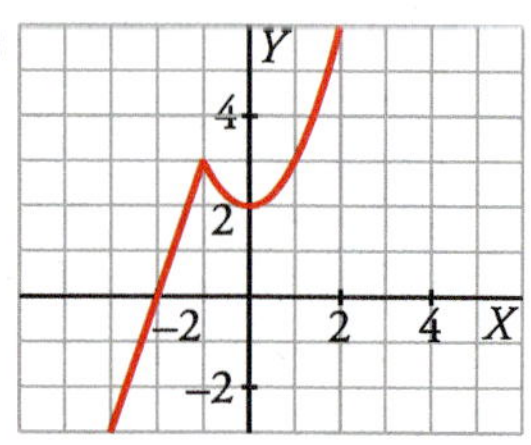

Na web Exercicios para relacionar a representación gráfica dunha función coa súa expresión analítica.

Valor absoluto dunha función

23 Representa a función $y = |x - 5|$ e comproba que a súa expresión analítica en intervalos é:

$$y = \begin{cases} -x+5 & \text{se } x<5 \\ x-5 & \text{se } x\geq 5 \end{cases}$$

24 Representa as seguintes funcións e defíneas como funcións "a anacos":

a) $y = |4 - x|$ b) $y = |3x + 6|$

c) $y = \left|\frac{x-3}{2}\right|$ d) $y = |-x - 1|$

25 Representa estas funcións:

a) $y = |x^2 - 1|$ b) $y = |x^2 - 4x|$

c) $y = |x^2 + 2x - 3|$ d) $y = |x^2 - 2x + 1|$

26 Representa.

a) $y = \left|\frac{1}{x}\right|$ b) $y = 1 + |x|$

c) $y = \frac{|x|}{x}$ d) $y = 2|x| + x$

Transformacións dunha función

27 Representa $f(x) = 4 - x^2$ e, a partir dela, representa:

a) $g(x) = f(x) - 3$ b) $h(x) = f(x + 2)$

28 Esta é a gráfica da función $y = f(x)$:

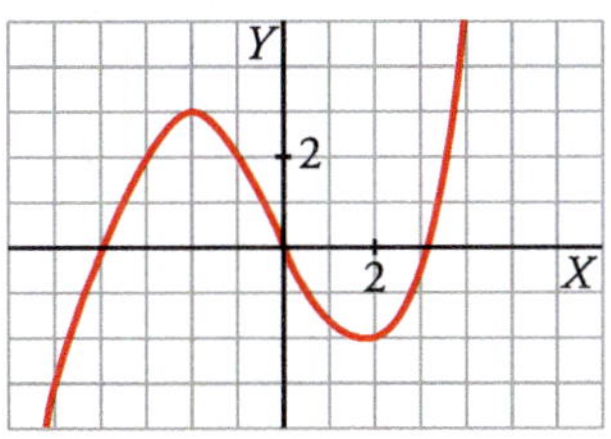

Representa, a partir dela, as funcións:

a) $y = f(x - 1)$ b) $y = f(x) + 2$

29 A partir da gráfica de $f(x) = 1/x$, representa:

a) $g(x) = f(x) - 2$ b) $h(x) = f(x - 3)$

c) $i(x) = -f(x)$ d) $l(x) = |f(x)|$

30 Representa a función $f(x) = \sqrt{x}$ e debuxa a partir dela:

a) $g(x) = f(x + 1)$ b) $h(x) = f(x) - 3$

31 Representa sucesivamente:

$$y = \frac{2}{x};\quad y = \frac{2}{x-3};\quad y = \frac{2}{x} + 1;\quad y = -\frac{2}{x-3}$$

32 A partir da gráfica de $f(x) = x^2$, representa:

a) $y = f(2x)$ b) $y = f\left(\frac{x}{2}\right)$ c) $y = 3f(x)$ d) $y = \frac{f(x)}{2}$

Para resolver

33 A porcentaxe de fogares españois que tiñan teléfono móbil era, en 2006, do 80,5% e en 2009, do 88,2 %. Estimar a porcentaxe que había en 2008.

34 O prezo do billete dunha liña de proximidades depende dos quilómetros percorridos. Por 57 km paguei 2,85 euros, e por 168 km, 13,4 euros. Calcula o prezo dun billete para unha distancia de 100 km.

35 Con uns gastos en publicidade de 3 000 €, as vendas obtidas por unha empresa foron de 28 000 €; e con 5 000 € investidos en publicidade, as vendas ascenderon a 39 000 €.

a) Estima, mediante interpolación lineal, cales serían as vendas se se invertesen 4 000 € en publicidade.

b) Si sabemos que cun gasto de 6 000 € obtivéronse unhas vendas de 40 000 €, estima mediante interpolación parabólica as vendas que se obterían investindo 4 000 € en publicidade.

36 Medindo a temperatura a diferentes alturas, observouse que por cada 180 m de ascenso o termómetro baixa 1 °C. Se na base dunha montaña de 800 m estamos a 10 °C, cal será a temperatura no cume?

Representa graficamente a función *altura-temperatura* e busca a súa expresión analítica.

37 En a cociña dun restaurante, un equipo de 2 cociñeiros é capaz de preparar os pedidos para 30 comensais. Se o equipo é de 4 cociñeiros a capacidade elévase ata os 50 comensais. E se o equipo chega a 8 cociñeiros, estorbaríanse uns a outros e non habería lumes para todos, polo que a capacidade se mantería en 50 comensais. Estima mediante interpolación parabólica cantos comensais podería atender un equipo de 5 cociñeiros.

38 Un opositor enfróntase a un temario de 3 100 páxinas. Sabe que se estuda 4 horas diarias é capaz de memorizar 4 páxinas por día. Se dedica 8 horas, aprende 7 páxinas; e se dedica 12 horas, consegue 9 páxinas. Considera unha xornada diaria de 10 horas e quere saber o número de días que lle vai supoñer dar unha primeira volta ao temario completo. Utiliza a interpolación parabólica para responderlle.

39 A dose dun fármaco comeza con 10 mg e cada día debe aumentar 2 mg ata chegar a 20 mg. Débese seguir 15 días con esa cantidade e a partir de entón ir diminuíndo 4 mg cada día.

a) Representa a función que describe este enunciado e determina a súa expresión analítica.

b) Di cal é o seu dominio e o seu percorrido.

40 Nas funcións de oferta e demanda, chámase *cantidade de equilibrio* o número de unidades que hai que producir para que a oferta e a demanda se igualen, $o(x) = d(x)$; e chámase *prezo de equilibrio* o prezo co cal se consegue esa igualdade.

a) Acha o prezo e a cantidade de equilibrio dun produto cuxas funcións de oferta e demanda son $o(x) = 2{,}5x - 100$ e $d(x) = 300 - 1{,}5x$ (x en euros, d e o en miles de unidades do produto).

b) Se o prezo do produto é de 80 €, haberá escaseza ou exceso deste? E se o prezo fose de 120 €?

c) Cal sería o prezo e a cantidade de equilibrio se as funcións de oferta e demanda fosen $o(x) = 0{,}25x^2 - 100$ e $d(x) = 185 - 2x$?

41 O custo de produción de x unidades dun produto é igual a $(1/4)x^2 + 35x + 25$ euros e o prezo de venda dunha unidade é $50 - (x/4)$ euros.

a) Escribe a función que nos dá o beneficio total se se venden as x unidades producidas, e represéntaa.

b) Acha o número de unidades que debe venderse para que o beneficio sexa máximo.

42 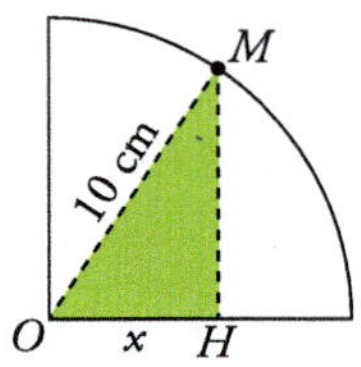

Nun cuarto de circunferencia de 10 cm de raio tomamos un punto M e construímos o triángulo rectángulo OMH.

Expresa a área dese triángulo segundo a medida do cateto x. Cal é o seu dominio de definición?

43 Un fabricante vende mensualmente 100 electrodomésticos a 400 euros cada un e sabe que por cada 10 euros de suba venderá 2 electrodomésticos menos.

a) Cales serán os ingresos se sobe os prezos 50 euros?

b) Escribe a función que relaciona a suba de prezo cos ingresos mensuais.

c) Cal debe ser a suba para que os ingresos sexan máximos?

44 Estímase que os beneficios mensuais dunha fábrica de lambetadas, en miles de euros, veñen dados pola función $f(x) = -0{,}1x^2 + 2{,}5x - 10$, cando se venden x toneladas de produto.

a) Representa a función.

b) Calcula a cantidade mínima que se debe vender para non ter perdas.

c) Cantas toneladas se deben vender para que o beneficio sexa máximo? Cal é ese beneficio?

45 Unha discoteca abre ás 10 da noite e pecha cando se van todos os clientes. A función que nos dá o número de cliente, N, segundo o número de horas que leva aberta, t, é $N(t) = 80t - 10t^2$.

a) Representa a función.

b) A que hora o número de clientes é máximo?

c) A que hora pechará a discoteca?

46 A porcentaxe de alumnos que asisten a un curso de inglés de 10 meses de duración vén dada pola función:

$$P(t) = \begin{cases} at^2 + bt + c & \text{se } 0 \le t \le 3 \\ 28 & \text{se } 3 < t \le 10 \end{cases} \quad t\text{, en meses}$$

Sabemos que, inicialmente, o 100 % dos alumnos asiste ao curso; que transcorrido un mes, asiste o 60 % e que ao cumprirse o terceiro mes, a asistencia se reduce ao 28 %. Calcula a, b, c e representa a función.

47 As ganancias esperadas dunha empresa nos próximos 10 anos, en millóns de euros, veñen dadas pola función $G(t) = -2t^2 + 20t + 5$; t, en anos.

a) Representa a función.

b) Cando serán máximas as ganancias?

48 Obtén a expresión analítica das seguintes funcións:

a) 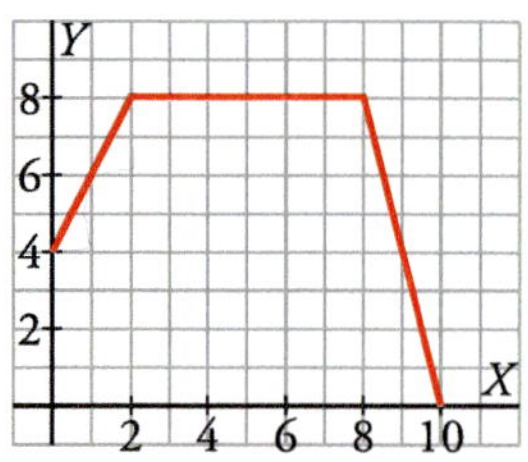

b) 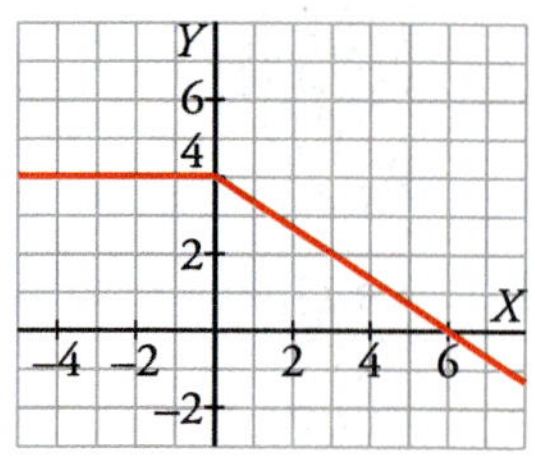

c) 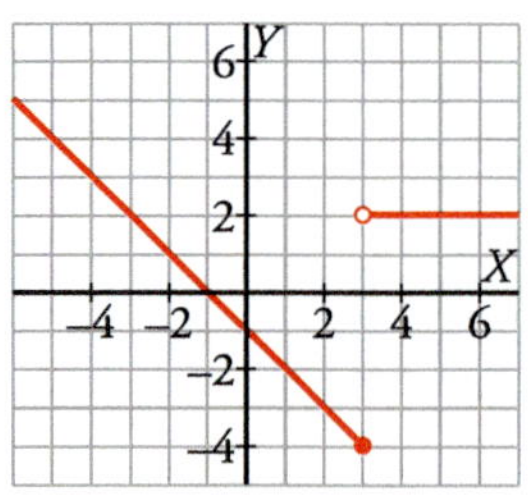

d) 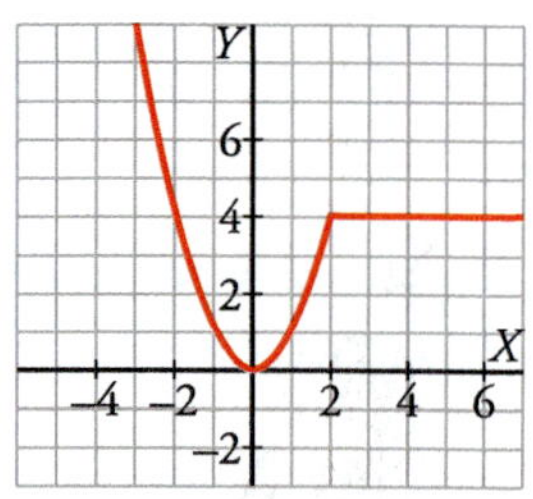

49 Representa as seguintes funcións partindo dunha máis sinxela e realizando transformacións sobre ela:

a) $y = \dfrac{3x-2}{x-1}$ b) $y = \dfrac{x-2}{x-4}$

c) $y = \dfrac{3x+2}{x+1}$ d) $y = \dfrac{x+1}{x-1}$

50 Representa as seguintes funcións e defíneas como funcións "a anacos":

a) $y = |2x + 5|$ b) $y = |4 - x^2|$

c) $y = \left|\dfrac{3}{2}x - 3\right|$ d) $y = |-x^2 + 2x + 3|$

Cuestións teóricas

51 Verdadeiro ou falso?

a) A función $y = \sqrt{a-x}$ non existe se $a < 0$.

b) Unha función non pode cortar o eixe Y en dous puntos.

c) A gráfica de $y = \sqrt{x+3}$ podémola obter trasladando tres unidades cara arriba a gráfica de $y = \sqrt{x}$.

d) A gráfica de $y = mx^2 + n$ é unha recta.

e) A parábola $y = 3x^2$ é máis estreita que $y = x^2$.

52 Cantos puntos de corte poden ter as funcións dadas en cada caso? Xustifica a resposta con exemplos gráficos.

a) $\begin{cases} y = x^2 \\ y = ax + b \end{cases}$ b) $\begin{cases} y = \sqrt{x} \\ y = ax + b \end{cases}$ c) $\begin{cases} y = 1/x \\ y = ax + b \end{cases}$

53 A expresión analítica desta función é do tipo $y = (x - m)^2 + n$.

Observa a gráfica e di o valor de m e n.

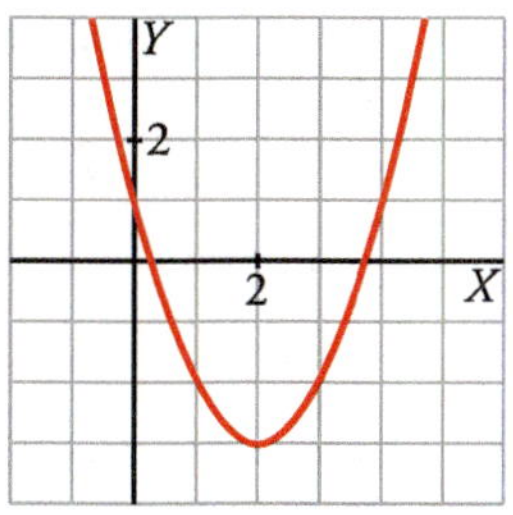

54 Cal é o dominio de definición e o percorrido destas funcións?:

a)

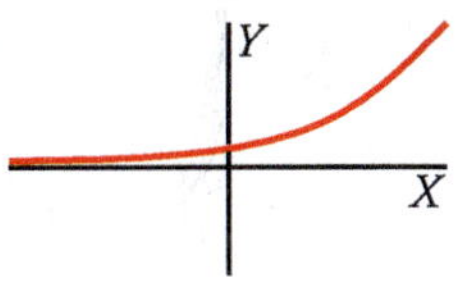

b)

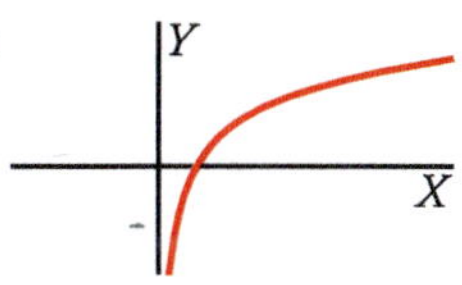

Para afondar

55 Define por intervalos e representa.

a) $y = |x - 4| - |x|$

b) $y = |x + 1| + |x - 3|$

c) $y = |2x - 4| - |x - 1|$

56 Acha o dominio de definición destas funcións:

a) $y = \sqrt{\dfrac{x+3}{x-2}}$ b) $y = \sqrt{\dfrac{x-9}{x}}$

57 A evolución mensual do número de socios dun club, durante un ano, vén dada pola función:

$$f(x) = \begin{cases} -x^2 + 6x + a & \text{se } 0 \le x \le 6 \\ 50 & \text{se } 6 < x \le 8 \\ x^2 - 20x + 146 & \text{se } 8 < x \le 12 \end{cases} \quad x\text{, en meses}$$

a) Acha a sabendo que o club se fundou con 50 socios.

b) Representa a función e di en que mes o número de socios foi máximo e en que mes foi mínimo.

c) Se para cubrir gastos o club necesita ter máis de 47 socios, en que mes tivo perdas?

58 As tarifas dunha empresa de transportes son:

- 40 € por tonelada de carga se esta é menor ou igual a 20 t.
- Se a carga é maior que 20 t, restaranse, dos 40 euros, tantos euros como toneladas superen as 20.

a) Debuxa a función *ingresos da empresa segundo a carga que transporte* (carga máxima: 30 t).

b) Obtén a expresión analítica.

Autovaliación

Na web Resolucións destes exercicios.

1 Acha o dominio de definición das seguintes funcións:

a) $y = x^3 - x^2$ b) $y = \dfrac{3x}{(2x-6)^2}$

c) $y = \sqrt{4 - 2x}$ d) $y = \sqrt{5x - x^2}$

2 Representa as seguintes funcións:

a) $y = -0{,}5x^2 + 2x - 2$ b) $y = |5 + 2x|$

c) $f(x) = \begin{cases} 1 - x^2 & \text{se } x \le 0 \\ x + 3 & \text{se } x > 0 \end{cases}$

3 A partir das gráficas de $y = \sqrt{x}$ e $y = \dfrac{1}{x}$, representa:

a) $y = \sqrt{x - 2}$ b) $y = \sqrt{2x}$

c) $y = \dfrac{-1}{x+2}$ d) $y = \dfrac{x-2}{x-3}$

4 Asistir a un ximnasio durante 6 meses cústanos 246 €. Se asistimos 15 meses, o prezo é 570 €. Canto teremos que pagar se queremos ir durante un ano?

5 Poñemos ao lume un cazo con auga a 10 °C. En 5 minutos alcanza 100 °C e mantense así durante media hora, ata que a auga se evapora totalmente. Representa a función que describe este fenómeno e acha a súa expresión analítica.

6 O prezo de venda de determinado artigo vén dado pola expresión $p = 12 - 0{,}01x$ (x = número de artigo fabricados; p = prezo, en centos de euros).

a) Se se venden 500 artigos, cales serán os ingresos?

b) Representa a función *número de artigos-ingresos*.

c) Cantos artigos se deben fabricar para que os ingresos sexan máximos?

5 Funcións exponenciais, logarítmicas e trigonométricas

Orixe da trigonometría

A trigonometría nace e desenvólvese impulsada, fundamentalmente, pola astronomía. Hai case 4 000 anos, exipcios e babilonios foron pioneiros neste campo. A estes últimos debémoslles a medida sesaxesimal dos ángulos e as primeiras e moi rudimentarias táboas trigonométricas.

Os gregos herdaron estes coñecementos, asentáronos e ampliáronos. Destacaron polas súas achegas teóricas **Hiparco de Nicea** (século II a. C.), grande astrónomo, e, moi especialmente, **Ptolomeo de Alexandría** (século II), autor dunha monumental obra de astronomía de 13 volumes, os primeiros dos cales desenvolve toda a trigonometría helena.

Os árabes (séculos IX e X) coñeceron esta obra e chamáronlle *Almaxesto* (a máis grande). Inspirándose nela construíron unha trigonometría moi práctica e ben fundamentada, que se estendeu por Europa a partir do século XII.

Táboa babilónica con problemas xeométricos datada no ano 1800 a. C.

Na web Biografías de Hiparco e Ptolomeo.

A trigonometría en Europa

A obra dos árabes, e en concreto a trigonometría, estendeuse por Europa a partir do século XII.

O astrónomo prusiano **Johann Müller (Regiomontano),** no século XV, foi o primeiro europeo en sistematizar e ampliar os coñecementos trigonométricos recibidos dos árabes. Máis adiante, co desenvolvemento da aritmética e da álxebra, a súa obra foi notablemente simplificada.

Pódese considerar que a trigonometría alcanza o seu punto culminante coas series de **Fourier,** a principios do século XIX, coas que a trigonometría se une estreitamente á análise, proporcionando un instrumento sen precedentes para a exploración das vibracións e movementos periódicos que por todas as partes aparecen na natureza.

Johann Müller de Königsberg.

A primeira representación do seno

Gilles de Roberval, matemático francés especialmente interesado no estudo de diversas curvas, en 1635 bosquexou por primeira vez a gráfica da metade dun arco da curva seno. O que ata daquela era unha colección de valores (táboa numérica) útil para a trigonometría, pasou a ser mirado como gráfica dunha función.

Máis adiante, **Leibnitz** (1646-1716) deulle carta de natureza á función seno, xunto ás demais funcións trigonométricas.

As funcións trigonométricas no mundo actual

O noso mundo está cheo de ondas, vibracións, ritmos periódicos... A ciencia deseñou aparatos para detectalos e describilos: latexos do corazón, ondas cerebrais, radio, electromagnetismo... forman parte do noso mundo próximo. O macromundo das galaxias e o micromundo do átomo tamén nos envían mensaxes por medio de ondas.

A *análise harmónica* é a ferramenta matemática que trata das funcións periódicas. Comezou co estudo da vibración dunha corda musical e desenvolveuse de tal maneira que con ela se pode analizar e describir todo tipo de ondas. Física, química, medicina, enxeñería, tecnoloxía... son debedoras desta rama das matemáticas. Os seus ingredientes básicos son as funcións trigonométricas que se estudan nesta unidade.

Funcións exponenciais e logarítmicas

Xa coñeces estas funcións de cursos anteriores. Como sabes, as funcións exponenciais atópanse con moitísima frecuencia no noso mundo: na natureza (crecemento de poboacións animais ou vexetais), na economía (crecemento dun capital depositado nun banco). As funcións logarítmicas utilízanse para determinar a idade dos fósiles, para describir o pH (grao de acidez) das substancias químicas...

Conceptos musicais como serie harmónica, timbre ou harmónicos, están estreitamente ligados ao estudo da vibración dunha corda.

Resolve

Dúas formas de visualizar a curva seno

1.ª Nunha folla de papel transparente, pinta unha diagonal cun rotulador vermello de trazo groso. Enrola a transparencia sobre o lado longo da folla e verás con toda nitidez a curva seno.

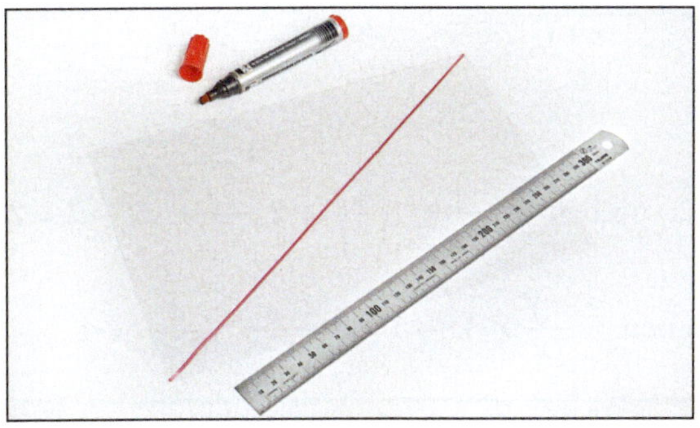

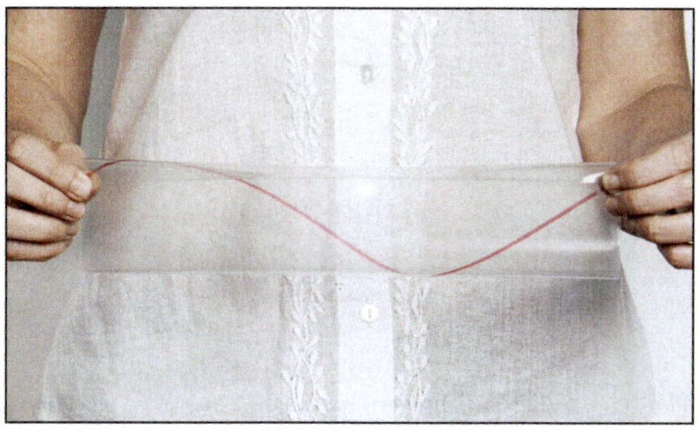

2.ª Enrola unha folla de papel ao redor dunha candea ou arredor do soporte de cartón dun rolo de papel hixiénico ou de papel de cociña. Córtao cun coitelo, cúter ou serrón, trazando un ángulo de 45° co seu eixe. Desenrola. A curva resultante é a curva seno.

1 Composición de funcións

A función $\sqrt{x^2+5x}$ ten que ver coas funcións:

- $f(x) = x^2 + 5x$
- $g(x) = \sqrt{x}$

Vexamos como: $\sqrt{x^2+5x} = \sqrt{f(x)} = g[f(x)]$

A función $g[f(x)]$ chámase función composta de f e g.

Dadas dúas funcións, f e g, chámase **función composta** de f e g, e desígnase por $g \circ f$, a función que transforma x en $g[f(x)]$:

$$x \xrightarrow{g\circ f} g[f(x)] \qquad\qquad x \xrightarrow{f} f(x) \xrightarrow{g} g[f(x)] \quad (g\circ f)$$

A expresión $g \circ f(x)$ lese f composta con g. Noméase en primeiro lugar a función da dereita porque é a primeira en actuar sobre o x.

En xeral, a función $f[g(x)]$ é distinta de $g[f(x)]$.

Exercicio resolto

1 *Considerar as funcións:*

$$f(x) = x^2 - x \text{ e } g(x) = \frac{4}{x+1}$$

a) Obter a expresión analítica de:

$$f\circ g \quad g\circ f \quad f\circ f \quad g\circ g$$

b) Achar $f[g(1)]$ e $g[f(1)]$.

a) • $f[g(x)] = f\left[\dfrac{4}{x+1}\right] = \left(\dfrac{4}{x+1}\right)^2 - \dfrac{4}{x+1} = \dfrac{16}{(x+1)^2} - \dfrac{4(x+1)}{(x+1)^2} = \dfrac{12-4x}{(x+1)^2} \Rightarrow$

$\Rightarrow f\circ g(x) = \dfrac{12-4x}{(x+1)^2}$

• $g[f(x)] = g[x^2-x] = \dfrac{4}{(x^2-x)+1} = \dfrac{4}{x^2-x+1} \Rightarrow g\circ f(x) = \dfrac{4}{x^2-x+1}$

• $f[f(x)] = f(x^2-x) = (x^2-x)^2 - (x^2-x) = x^4 - 2x^3 + x^2 - x^2 + x \Rightarrow$

$\Rightarrow f\circ f(x) = x^4 - 2x^3 + x$

• $g[g(x)] = g\left[\dfrac{4}{x+1}\right] = \dfrac{4}{\dfrac{4}{x+1}+1} = \dfrac{4}{\dfrac{4+x+1}{x+1}} = \dfrac{4(x+1)}{4+x+1} = \dfrac{4x+4}{x+5} \Rightarrow$

$\Rightarrow g\circ g(x) = \dfrac{4x+4}{x+5}$

b) • $f[g(1)] = \dfrac{12-4\cdot 1}{(1+1)^2} = \dfrac{8}{4} = 2$; ou ben $1 \xrightarrow{g} \dfrac{4}{1+1} = 2 \xrightarrow{f} 2^2 - 2 = 2$

• $g[f(1)] = \dfrac{4}{1^2-1+1} = 4$; ou ben $1 \xrightarrow{f} 1^2 - 1 = 0 \xrightarrow{g} \dfrac{4}{0+1} = 4$

Exercicios propostos

1 Se $f(x) = x^2 - 5x + 3$ e $g(x) = x^2$, obtén as expresións de $f[g(x)]$ e $g[f(x)]$.

Acha $f[g(4)]$ e $g[f(4)]$.

2 Se $f(x) = \sqrt{x}$ y $g(x) = x + 4$, obtén as expresións de $f\circ g$; $g\circ f$, $f\circ f$ e $g\circ g$.

Acha o valor destas funcións en $x = 0$ e $x = 5$.

2 Función inversa ou recíproca doutra

Imos compoñer as funcións $f(x) = x^3 - 6$ e $f^{-1}(x) = \sqrt[3]{x+6}$:

$$x \xrightarrow{f} x^3 - 6 \xrightarrow{f^{-1}} \sqrt[3]{(x^3-6)+6} = \sqrt[3]{x^3} = x \qquad f^{-1}[f(x)] = x$$

$$x \xrightarrow{f^{-1}} \sqrt[3]{x+6} \xrightarrow{f} \left(\sqrt[3]{x+6}\right)^3 - 6 = (x+6) - 6 = x \qquad f[f^{-1}(x)] = x$$

Vemos que f e f^{-1} teñen a peculiaridade de que ao actuar sucesivamente sobre un número x, o número mantense, é dicir, cada unha desas funcións desfai o que fai a outra. Por iso se di que f^{-1} é a inversa de f, ou que cada unha delas é inversa da outra.

Observa a simetría dos puntos dunha e outra función respecto a $y = x$:

PUNTOS DE $f(x)$: $y = x^3 - 6$	(–1, –7)	(0, –6)	(2, 2)	…	(a, b)
PUNTOS DE $f^{-1}(x)$: $y = \sqrt[3]{x+6}$	(–7, –1)	(–6, 0)	(2, 2)	…	(b, a)

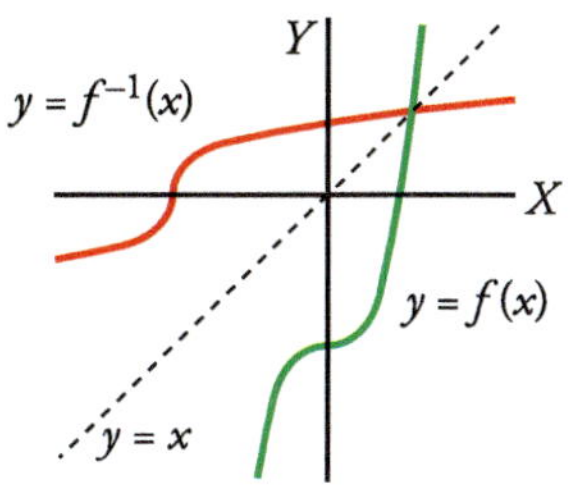

Gráficas de funciones inversas

Chámase **función inversa** ou **recíproca** de f a outra función (desígnase por f^{-1}) que cumpre a seguinte condición:

$$\text{Se } f(a) = b, \text{ entón } f^{-1}(b) = a.$$

Como consecuencia, danse as relacións seguintes:

$$x \xrightarrow{f} f(x) \xrightarrow{f^{-1}} x; \text{ é dicir, } f^{-1}[f(x)] = x$$

$$x \xrightarrow{f^{-1}} f^{-1}(x) \xrightarrow{f} x; \text{ é dicir, } f[f^{-1}(x)] = x$$

A función inversa de f^{-1} é, á súa vez, f. Por iso se, simplemente, que as funcións f y f^{-1} son inversas ou recíprocas.

As gráficas de dúas funcións inversas son simétricas respecto da recta $y = x$.

Para que unha función teña inversa debe **inxectiva,** é dicir, cada valor de y debe corresponder a un único valor de x. Se non é así, debe descompoñerse en tramos en que sexa inxectiva, cada uns dos cales terá a súa función inversa.

Por exemplo, como $y = x^2$ non é inxectiva, para achar a súa inversa procedemos así:

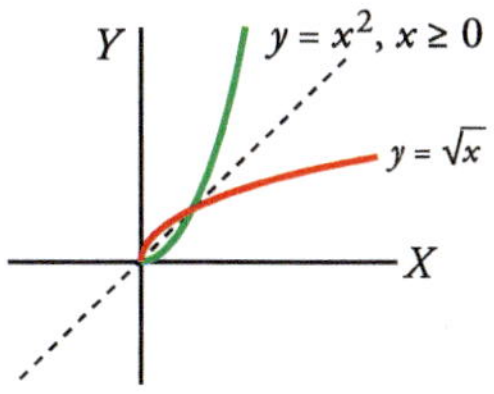

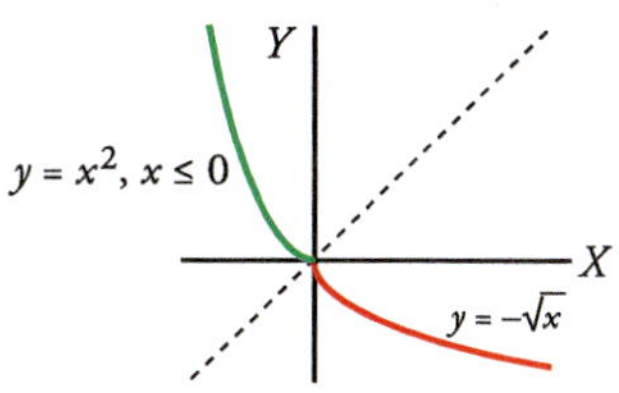

$$y = f(x) = x^2 \begin{cases} y = f_1(x) = x^2, \ x \geq 0 \ \rightarrow \ f_1^{-1}(x) = \sqrt{x} \\ y = f_2(x) = x^2, \ x \leq 0 \ \rightarrow \ f_2^{-1}(x) = -\sqrt{x} \end{cases}$$

Exercicios propostos

1 Verdadeiro ou falso?

a) A función recíproca de $y = x$ é $y = \dfrac{1}{x}$.

b) Cada unha das funcións $y = x$, $y = \dfrac{1}{x}$ é recíproca de si mesma.

c) A inversa de $y = \dfrac{9}{x}$, $x \in [3, 9]$ é $y = \dfrac{9}{x}$, $x \in [1, 3]$.

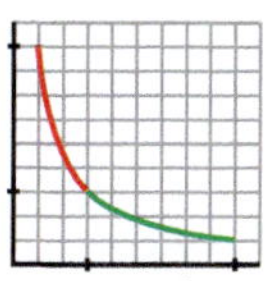

d) Se unha función é crecente, a súa recíproca é decrecente.

2 Representa $y = 2x$, $y = \dfrac{x}{2}$ e comproba que son inversas.

3 Comproba que hai que descompoñer $y = x^2 - 1$ en dúas ramas para achar as súas inversas.

Descubre cales son.

4 Comproba que a función recíproca de $y = 2x + 4$ é $y = \dfrac{1}{2}x - 2$.

Expresión analítica da función inversa doutra

Para achar a inversa de $y = f(x)$, intercámbianse as dúas incógnitas, $x = f(y)$. Agora, se se pode, despéxase o y.

Por exemplo, $f(x) = 2x - 3$:

$$y = 2x - 3 \rightarrow x = 2y - 3 \rightarrow y = \frac{x+3}{2}$$

Polo tanto, $f^{-1}(x) = \frac{x+3}{2}$

Vexamos como procederiamos se $f(x)$ tivese o dominio de definición limitado:

$$f(x) = 2x - 3, \; x \in [-1, 4]$$

Para achar a súa inversa, achamos os valores que toma a función nos extremos do intervalo: $f(-1) = -5$, $f(4) = 5$.

Polo tanto, $f^{-1}(x) = \frac{x+3}{2}, \; x \in [-5, 5]$

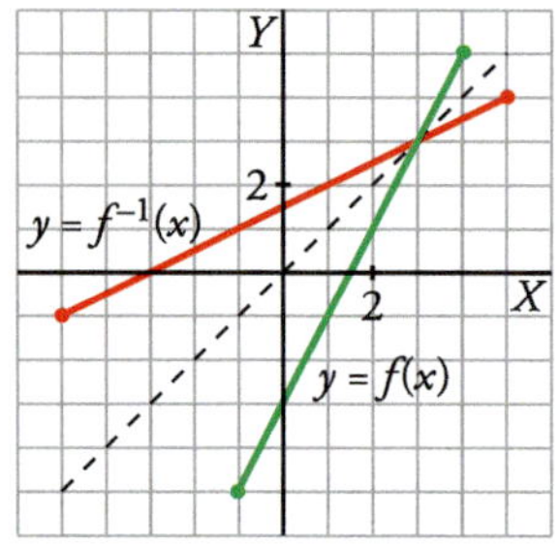

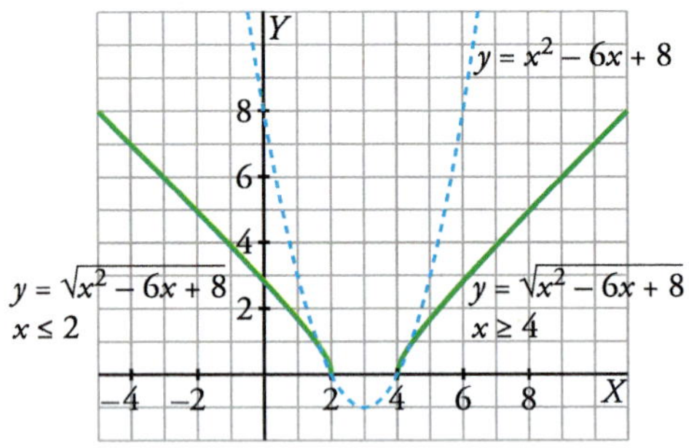

Vexamos outro exemplo; achemos a inversa da función $y = f(x) = \sqrt{x^2 - 6x + 8}$:

Para representar $y = \sqrt{x^2 - 6x + 8}$ (en verde) apoiámonos na gráfica de $y = x^2 - 6x + 8$ (en azul).

Como ves, $y = f(x)$ non está definida nos valores nos cales o radicando é negativo, é dicir, en $(2, 4)$. Polo tanto, a súa gráfica está composta por dúas ramas:

$$y = f_1(x) = \sqrt{x^2 - 6x + 8}, \; x \leq 2$$

$$y = f_2(x) = \sqrt{x^2 - 6x + 8}, \; x \geq 4$$

Obtemos as expresións analíticas das súas inversas:

$$y = \sqrt{x^2 - 6x + 8} \rightarrow x = \sqrt{y^2 - 6y + 8} \rightarrow x^2 = y^2 - 6y + 8 \rightarrow$$

$$\rightarrow y^2 - 6y + (8 - x^2) = 0 \rightarrow y = \frac{6 \pm \sqrt{36 - 4(8 - x^2)}}{2} = 3 \pm \sqrt{9 - 8 + x^2} = 3 \pm \sqrt{x^2 + 1}$$

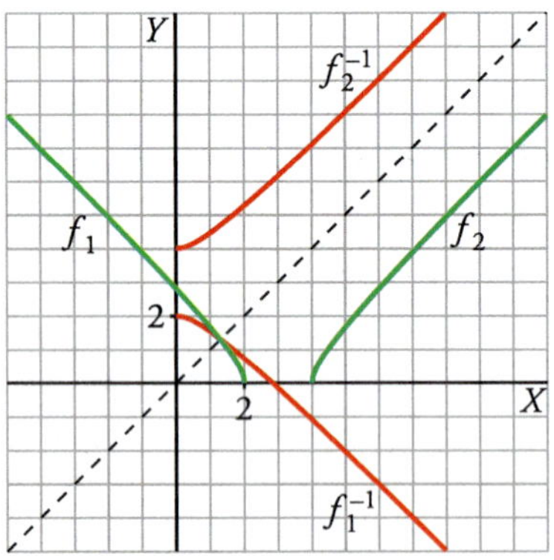

É dicir:

A inversa de $y = f_1(x) = \sqrt{x^2 - 6x + 8}$, $x \leq 2$, é:

$$y = f_1^{-1}(x) = 3 - \sqrt{x^2 + 1}, \; x \geq 0$$

A inversa de $y = f_2(x) = \sqrt{x^2 - 6x + 8}$, $x \geq 4$, é:

$$y = f_2^{-1}(x) = 3 + \sqrt{x^2 + 1}, \; x \geq 0$$

Exercicios propostos

5 Acha a expresión analítica da función inversa de:

a) $f(x) = \frac{x-5}{2}, \; x \in [3, 13]$

b) $g(x) = \frac{2-x}{3}, \; x \in [-7, 14]$

6 A función $y = x^2 - 2x$ ten dúas ramas: unha decrecente para $x \leq 1$, e outra crecente para $x \geq 1$.

Exprésaa como dúas funcións $f_1(x)$ e $f_2(x)$ e acha a función inversa de cada unha delas.

3 Funcións exponenciais

A función exponencial de base 2: $y = 2x$

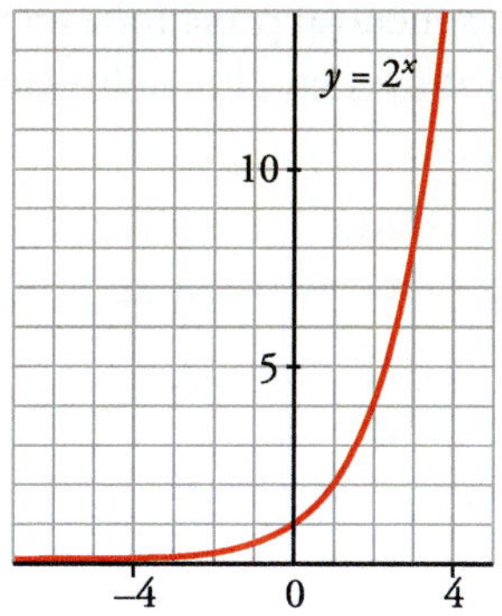

A gráfica da esquerda mostra a representación da función $y = 2^x$. Trátase dunha función definida en todo ℝ, continua e crecente.

Crece máis á présa que calquera función potencia. Por exemplo, aínda que a función $y = x^{10}$ ao principio é maior que $y = 2^x$, esta "supéraa" para valores suficientemente grandes de x.

x	2	4	10	40	60	…
$\mathbf{x^{10}}$	1 024	1 048 576	10 000 000 000	$1{,}049 \cdot 10^{16}$	$6{,}05 \cdot 10^{17}$	…
$\mathbf{2^x}$	4	16	1 024	$1{,}1 \cdot 10^{12}$	$1{,}15 \cdot 10^{18}$	…

A función exponencial de base 1/2: $y = (1/2)^x$

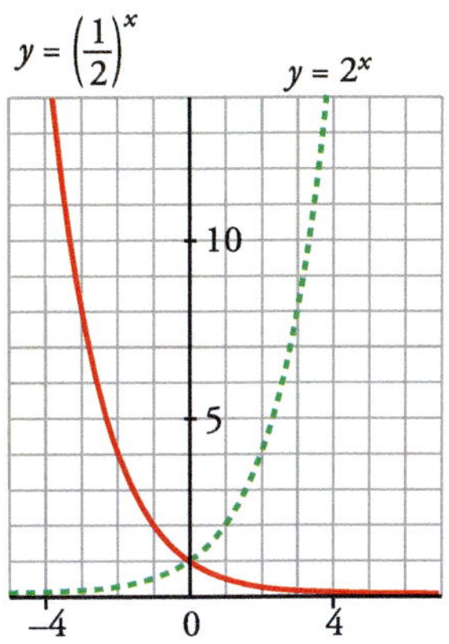

A gráfica da función $y = \left(\frac{1}{2}\right)^x$ é simétrica, respecto do eixe Y, da de $y = 2^x$. A razón disto é a seguinte:

$$\left.\begin{array}{l} y = f_1(x) = 2^x \\ y = f_2(x) = (1/2)^x = 2^{-x} \end{array}\right\} f_1(-x) = f_2(x)$$

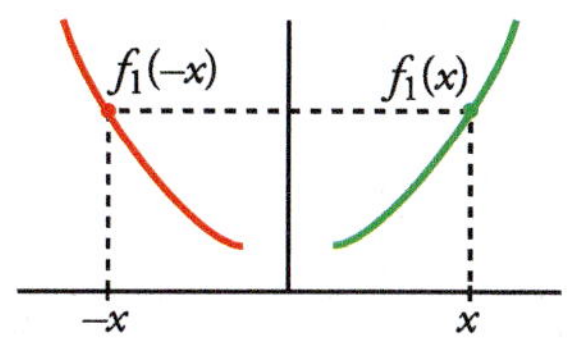

Como consecuencia da propiedade anterior, a función $y = \left(\frac{1}{2}\right)^x$ é tamén continua en todo ℝ, pero decrecente.

Características das funcións exponenciais

Chámanse **funcións exponenciais** as que teñen por ecuación $y = a^x$, sendo a base a un número positivo distinto de 1.

- Todas elas son continuas en ℝ, e pasan por (0, 1) e (1, a).
- Se $a > 1$, son crecentes, máis canto maior sexa a. O crecemento de calquera delas chega a ser moi rápido, superando mesmo calquera función potencia. Por iso a expresión *crecemento exponencial* é sinónima de crecemento moi rápido.
- Se $0 < a < 1$, son decrecentes.
- En matemáticas superiores a función $y = e^x$ é extraordinariamente importante. Tanto é así que cando se fala de "a función exponencial", sen mencionar cal é a súa base, e referencia a ela.
- Tamén son exponenciais as funcións $y = a^{kx}$, pois $a^{kx} = (a^k)^x$. É dicir, $y = a^{kx}$ é unha función exponencial de base a^k.
- Nas calculadoras científicas adoita haber dúas teclas, 10^x (log) e e^x (ln), coas que se obteñen valores das funcións $y = 10^x$ e $y = e^x$, respectivamente.

Lembra

O número e é un irracional cuxo valor é:

$e = 2{,}7182818\ldots$

Fenómenos que se describen mediante a función exponencial

A función exponencial preséntase en multitude de fenómenos de crecemento animal, vexetal, económico, etc. En todos eles, a variable independente é o tempo. Vexamos algúns exemplos:

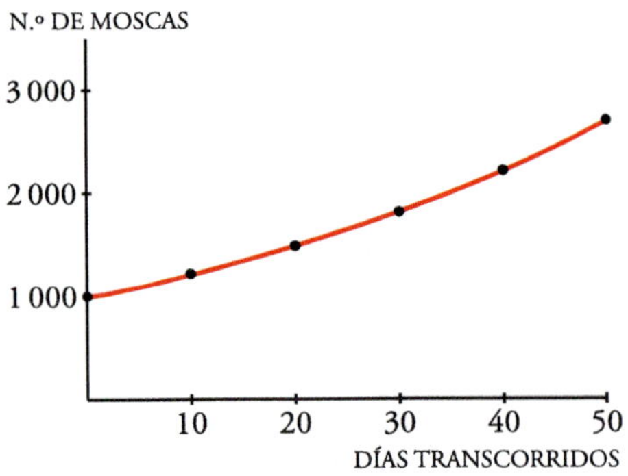

- Nun lugar illado introdúcense 1 000 moscas de certa especie. A poboación (N = n.º de moscas) varía ao longo do tempo t (expresado en días) segundo a seguinte función:

$$N = 1\,000 \cdot 1{,}02^t$$

- Un capital de 50 000 € imposto ao 6 % anual transfórmase nun capital C ao cabo de t anos do seguinte modo:

$$C = 50\,000 \cdot 1{,}06^t$$

A función exponencial tamén serve para describir fenómenos de decrecemento. Por exemplo:

- As substancias radioactivas desintégranse co paso do tempo e a cantidade de substancia radioactiva diminúe de forma exponencial. Nunhas, a desintegración é rapidísima, noutras, moi lenta. Por exemplo, certa cantidade de masa dunha substancia desintégrase segundo a ecuación:

$$M = m \cdot 0{,}76^t$$

onde t é o tempo e vén dado en miles de anos, m é a cantidade inicial de substancia radioactiva e M é a cantidade de substancia radioactiva transcorrido un tempo t.

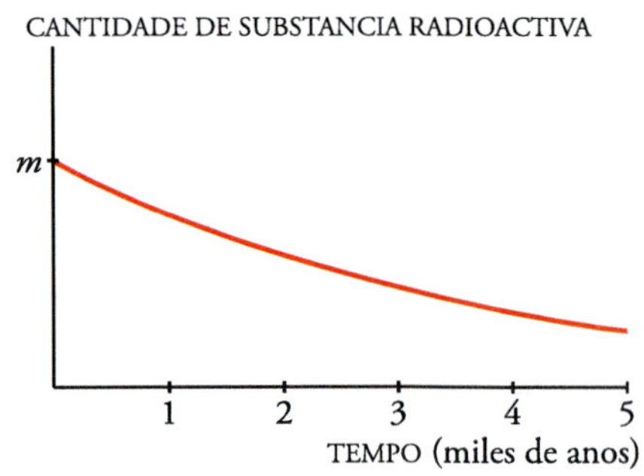

- Se un capital de 80 000 € depositados en divisas se desvaloriza un 3,5 % ao ano, a súa evolución co tempo descríbese mediante a función:

$$C = 80\,000 \cdot \left(\frac{100 - 3{,}5}{100}\right)^t = 80\,000 \cdot 0{,}965^t$$

Exercicios propostos

1 A masa de madeira dun bosque aumenta nun 40 % cada 100 anos. Se tomamos como unidade de masa vexetal (biomasa) a que había no ano 1800, que consideramos instante de partida, e como unidade de tempo 100 anos, a función $M = 1{,}4^t$ dános a cantidade de masa vexetal, M, nun instante calquera, t, expresado en *séculos a partir de 1800* (razoa por que).

a) Descubre cando haberá unha masa de madeira tripla que en 1800 ($1{,}4^t = 3$) e cando había a terceira parte. Observa que os dous períodos de tempo son iguais.

b) Calcula a cantidade de madeira que haberá, ou había, en 1900, 1990, 2000, 1600 e 1550.

2 Comproba que, no exemplo anterior referente á desintegración de certa substancia radioactiva, $M = m \cdot 0{,}76^t$ (t expresado en miles de anos), o *período de semidesintegración* (tempo que tarda en reducirse á metade a substancia radioactiva) é de, aproximadamente, 2500 anos.

Para iso, comproba que unha cantidade inicial calquera se reduce á metade (aproximadamente) ao cabo de 2500 anos ($t = 2{,}5$).

4 Funcións logarítmicas

A función inversa de $y = 2^x$ chámase función logarítmica de base 2 e desígnase así: $y = log_2\, x$. Os valores que toma esta función son, obviamente, os dos logaritmos en base 2.

A gráfica de $y = log_2\, x$ é simétrica respecto da recta $y = x$ da gráfica de $y = 2^x$, por ser a súa función inversa.

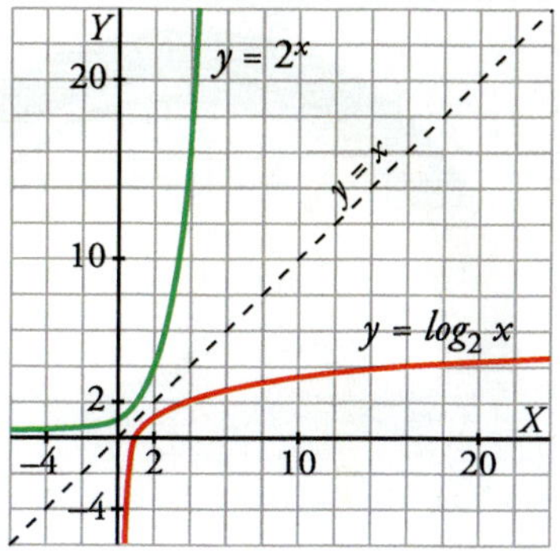

Características das funcións logarítmicas

Chámanse **funcións logarítmicas** as que teñen a ecuación $y = log_a\, x$, sendo a un número positivo maior que 1.

- Todas elas son continuas en $(0, +\infty)$ e pasan polos puntos $(1, 0)$ e $(a, 1)$.
- Son crecentes. O seu crecemento é moi lento, máis canto maior sexa a.
- En matemáticas superiores a función $y = log_e\, x$ é moi importante. Chámaselle **logaritmo neperiano** e desígnase $y = ln\, x$ ou $y = Lx$. É a función inversa da exponencial de base e.
- Nas calculadoras científicas adoita haber dúas teclas, [log] e [ln], coas que se obteñen valores das funcións $y = log_{10}\, x$ e $y = ln\, x$, respectivamente.

NOTA: Tamén existen as funcións logarítmicas $y = log_a\, x$, para $0 < a < 1$, pero aquí non as imos estudar.

A función logarítmica como modelo

En psicoloxía ten grande importancia o estudo de percepcións. O individuo percibe cores, sons, olores, sabores... A percepción depende (*é función*) dos estímulos físicos. Por exemplo, falemos da iluminación (I), que pode ser medida fisicamente, e a percepción, S, que aprecia un individuo. A relación entre as dúas variables vén dada pola chamada *lei psicofísica* ou lei de Weber-Fechner:

$$S = C\, log_{10}\, I \quad (C \text{ é unha constante})$$

Para valores pequenos de I o individuo aprecia pequenos cambios. Pero canto maior sexa I maiores teñen que ser os cambios para que se aprecien.

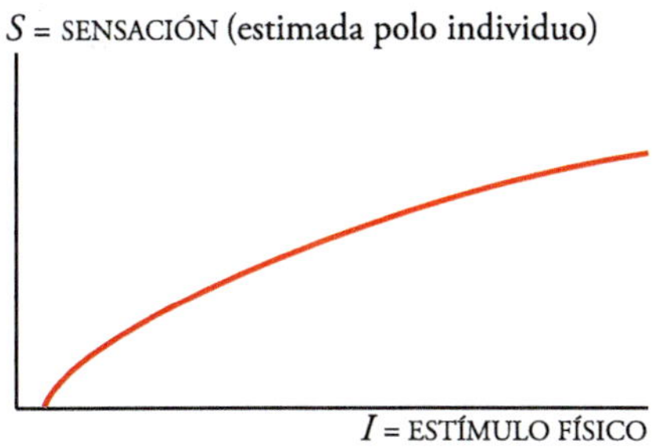

Exercicio resolto

1 *Achar a función recíproca de $y = 10^x$, $x \in [-2, 4]$.*

$10^{-2} = \dfrac{1}{100} = 0{,}01;\ \ 10^4 = 10\,000$

A función $y = 10^x$ pasa por $(-2; 0{,}01)$ e por $(4, 10\,000)$. Polo tanto, a súa recíproca pasa por $(0{,}01; -2)$ e por $(10\,000, 4)$.

Conclusión: a recíproca de $y = 10^x$, $x \in [-2, 4]$ é $y = log_{10}\, x$, $x \in [0{,}01; 10\,000]$.

Exercicios propostos

1 Verdadeiro ou falso?

A función recíproca de $y = 2^x$, $x > 0$ é $y = log_2\, x$, $x > 1$.

2 Acha a función recíproca de:

$y = log_2\, x$, $x \in [8, 32]$

5 Funcións trigonométricas

Visión intuitiva

Estamos arranxando unha picada nunha roda de bicicleta, que temos situada no bordo dunha mesa, tal como se ve na fotografía.

Ao xirar a roda, o punto P no que está a picada varía a súa altura respecto da mesa.

A función que relaciona x con y

x: lonxitude percorrida polo punto P ao xirar

y: altura á que se atopa P respecto ao nivel da mesa

tomando a lonxitude do raio como unidade de medida, chámase **función seno:**

x (percorrido) $\xrightarrow{sen}$ $y = sen\ x$ (altura)

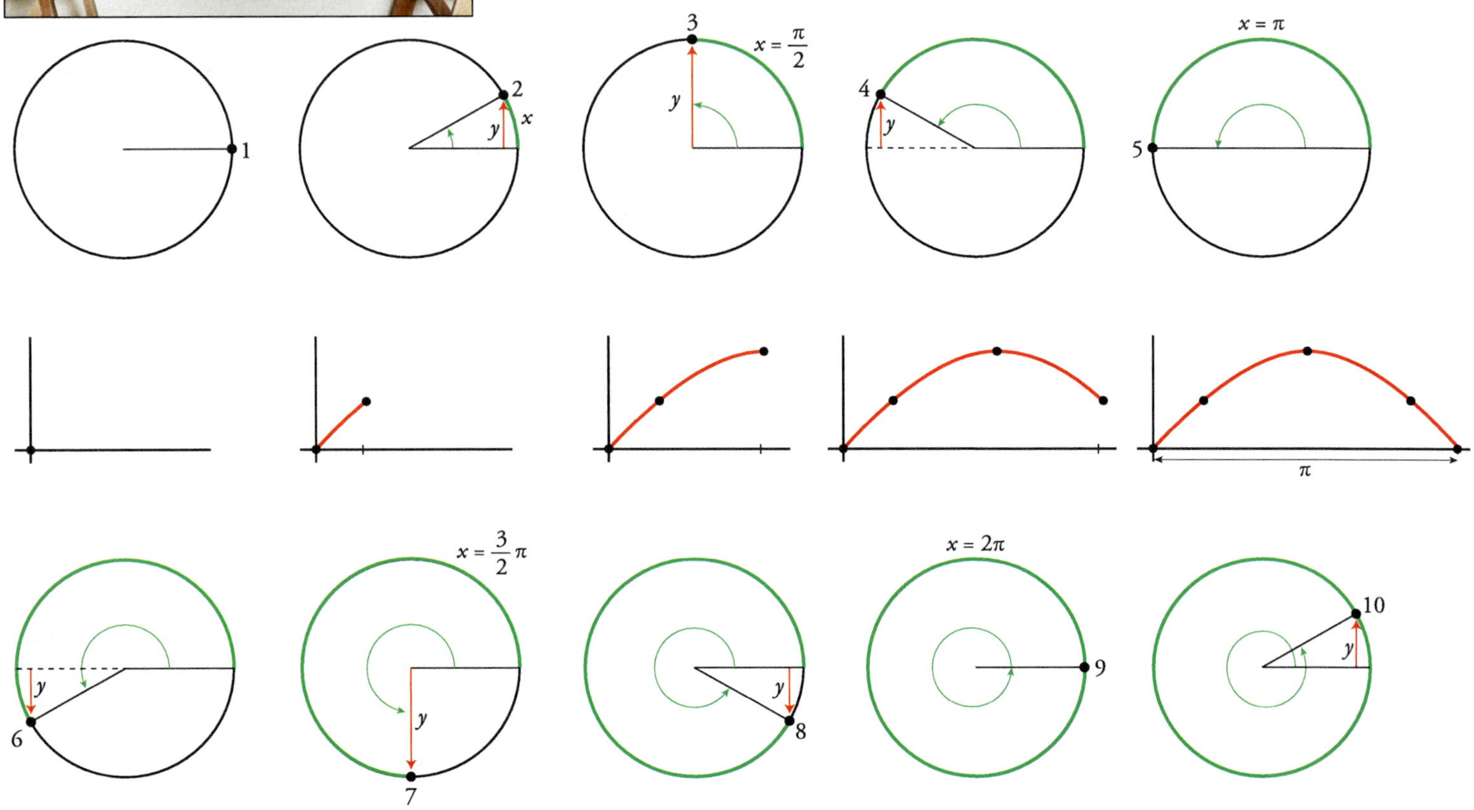

Así é a gráfica que obtemos:

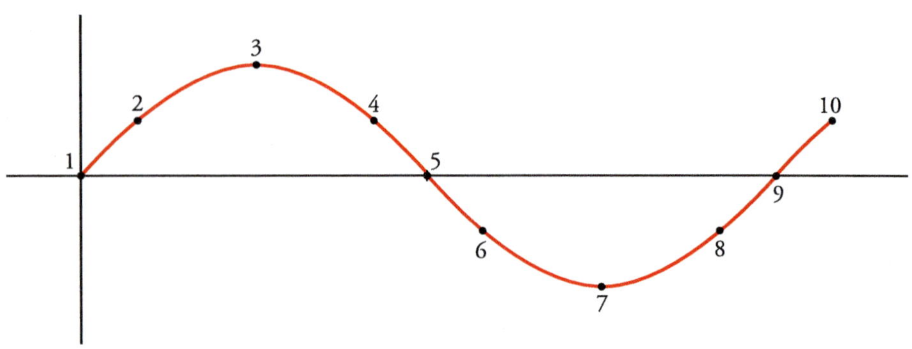

Podemos observar que cada posición de P corresponde a un ángulo de xiro, α. Se o devandito ángulo o medimos polo valor de x, diremos que está medido en **radiáns.**

Observa

A partir da primeira volta, os valores da función repítense unha e outra vez. Trátase dunha **función periódica.** O seu período é 2π, pois esta é a distancia que percorre P ao dar unha volta completa.

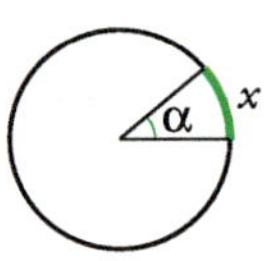

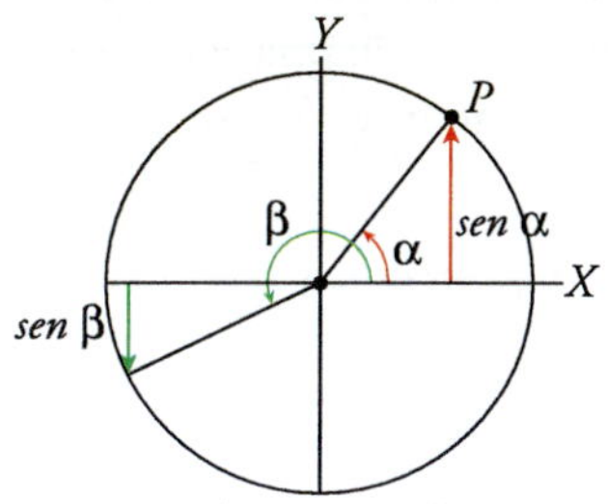

$-1 \le sen\, \alpha \le 1$

Seno dun ángulo

Un punto P xira sobre unha circunferencia de raio 1. Trazamos uns eixes coordenados X, Y con orixe no centro da circunferencia.

Se α é o ángulo de xiro, chámase **seno** de α, e exprésase $sen\, \alpha$ a ordenada do punto P. É a distancia de P ao eixe X de modo que se o punto queda enriba do eixe X, a distancia é positiva ($sen\, \alpha > 0$) e se o punto queda baixo o eixe X, a distancia é negativa ($sen\, \beta < 0$).

O seno dun ángulo toma, pois, valores entre –1 e 1: $-1 \le sen\, \alpha \le 1$

A circunferencia de raio unidade que utilizamos para medir os valores do seno chámase **circunferencia goniométrica.**

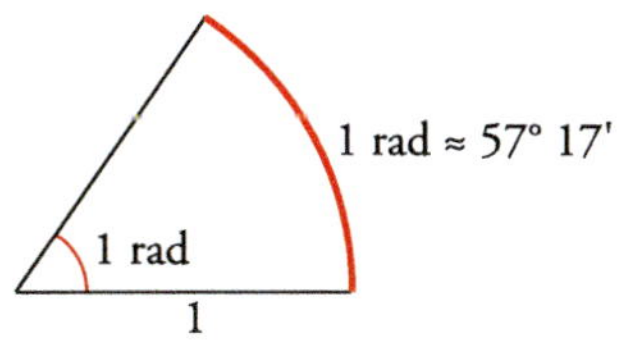

$\alpha° = \frac{180}{\pi}\, \alpha \text{ rad}$

Graos e radiáns

Os ángulos mídense, habitualmente, en graos. Non obstante, para representar as funcións trigonométricas é moi útil outra unidade de medida de ángulos: o **radián.**

O valor dun ángulo α en radiáns é igual á lonxitude do arco correspondiente medido sobre a circunferencia goniométrica.

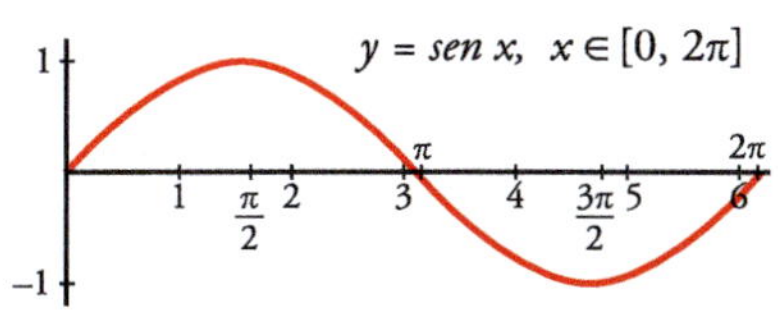

x: medida do ángulo en radiáns.

Valores do seno

Os valores do seno dun ángulo pódense obter coa calculadora:

EN GRAOS: MODE DEG → sin 45 °'" 37 °'" = 0.7146761

sen 45° 37' = 0,715

EN RADIÁNS: MODE RAD → sin 1,5 = 0.997494986

sen (1,5 rad) = 0,997

Observa algúns valores interesantes que dan lugar á gráfica adxunta:

GRAOS	0°	30°	45°	60°	90°	120°	135°	150°	180°	210°	225°	240°	270°	300°	315°	330°	360°
RADIÁNS	0	$\frac{\pi}{6}$	$\frac{\pi}{4}$	$\frac{\pi}{3}$	$\frac{\pi}{2}$	$\frac{2\pi}{3}$	$\frac{2\pi}{4}$	$\frac{5\pi}{6}$	π	$\frac{7\pi}{6}$	$\frac{5\pi}{4}$	$\frac{4\pi}{3}$	$\frac{3\pi}{2}$	$\frac{5\pi}{3}$	$\frac{7\pi}{4}$	$\frac{11\pi}{6}$	2
sen	0	$\frac{1}{2}$	$\frac{\sqrt{2}}{2}$	$\frac{\sqrt{3}}{2}$	1	$\frac{\sqrt{3}}{2}$	$\frac{\sqrt{2}}{2}$	$\frac{1}{2}$	0	$\frac{-1}{2}$	$\frac{-\sqrt{2}}{2}$	$\frac{-\sqrt{3}}{2}$	–1	$\frac{-\sqrt{3}}{2}$	$\frac{-\sqrt{2}}{2}$	$\frac{-1}{2}$	0

A función seno

A gráfica representada na marxe é a da función $y = sen\, x$, sendo x a medida en radiáns dun ángulo do intervalo $[0, 2\pi]$, é dicir, entre 0° e 360°.

Se consideramos ángulos maiores que 360° (2π rad) facendo que o punto siga xirando despois da primeira volta, e ángulos negativos cando o ángulo xira en sentido contrario, os valores do seno repítense. Obtense, así, a seguinte función, definida en todo $\mathbb{R}$, **continua** e **periódica** de período 2π.

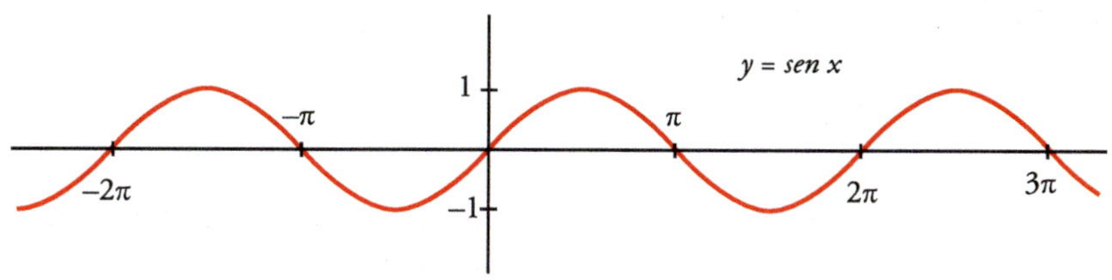

Función periódica

Unha función é periódica se:

$f(x) = f(x + l) = \ldots = f(x + kl),\ k \in \mathbb{Z}$

É dicir, se os valores de f repítense cada vez que se avanza ou se retrocede un intervalo de lonxitude l.

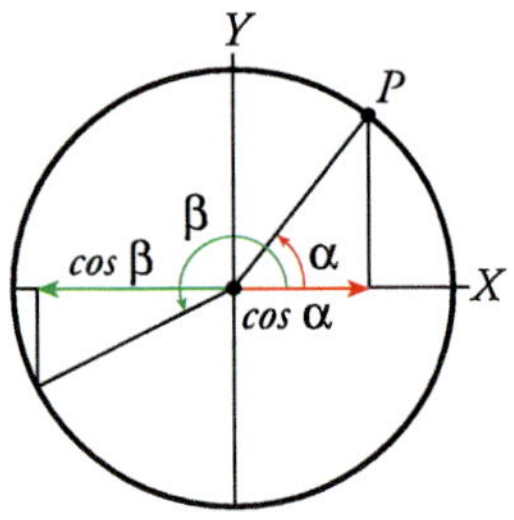

$-1 \le \cos \alpha \le 1$

Coseno dun ángulo

Situamos un ángulo α sobre a circunferencia goniométrica. O primeiro lado do ángulo é o eixe X e o segundo determina un punto P. Chámase **coseno** de α e desígnase $\cos \alpha$, a abscisa de P, é dicir, á súa distancia ao eixe Y, que será positiva se está á súa dereita e negativa se está á súa esquerda.

O coseno dun ángulo toma valores entre –1 e 1: $-1 \le \cos \alpha \le 1$

Relacións entre seno e coseno

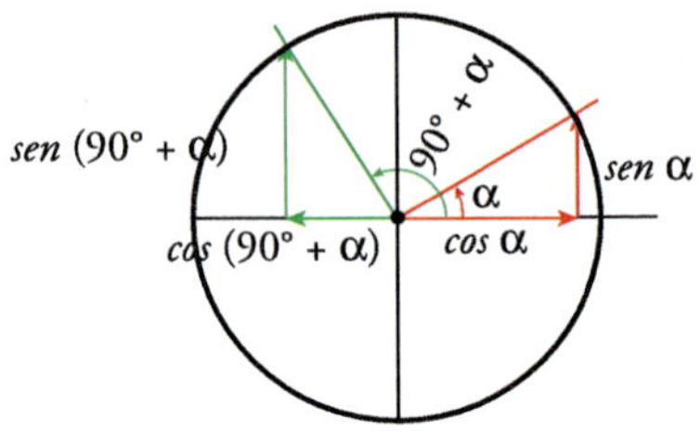

- Posto que calquera que sexa o ángulo α, $\operatorname{sen} \alpha$ e $\cos \alpha$ son as coordenadas dun punto P da circunferencia goniométrica, cuxo raio é 1, verifícase que:

$$(\operatorname{sen} \alpha)^2 + (\cos \alpha)^2 = 1$$ RELACIÓN FUNDAMENTAL

- Se dous ángulos difiren en 90°, α e $\alpha + 90°$, entón:

$$\operatorname{sen} (90° + \alpha) = \cos \alpha \qquad \cos (90° + \alpha) = -\operatorname{sen} \alpha$$

Valores do coseno

Os valores do seno dun ángulo pódense obter coa calculadora:

EN GRAOS: MODE DEG → cos 45 °'" 37 °'" = 0.69945547

$\cos 45° \, 37' = 0{,}699$

EN RADIÁNS: MODE RAD → cos 1,5 = 0.0707372017

$\cos (1{,}5 \text{ rad}) = 0{,}0707$

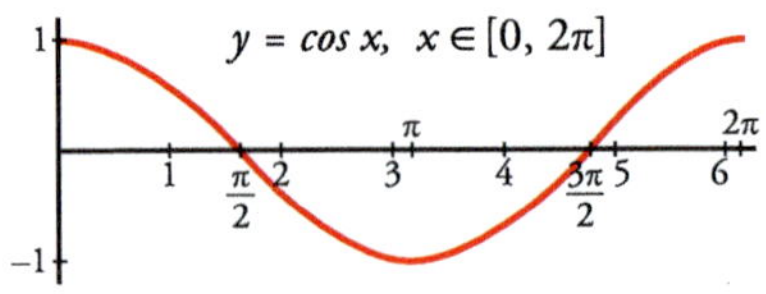

x: medida do ángulo en radiáns.

Observa algúns valores interesantes que dan lugar á gráfica adxunta:

GRAOS	0°	30°	45°	60°	90°	120°	135°	150°	180°	210°	225°	240°	270°	300°	315°	330°	360°
RADIÁNS	0	$\frac{\pi}{6}$	$\frac{\pi}{4}$	$\frac{\pi}{3}$	$\frac{\pi}{2}$	$\frac{2\pi}{3}$	$\frac{2\pi}{4}$	$\frac{5\pi}{6}$	π	$\frac{7\pi}{6}$	$\frac{5\pi}{4}$	$\frac{4\pi}{3}$	$\frac{3\pi}{2}$	$\frac{5\pi}{3}$	$\frac{7\pi}{4}$	$\frac{11\pi}{6}$	2
COS	1	$\frac{\sqrt{3}}{2}$	$\frac{\sqrt{2}}{2}$	$\frac{1}{2}$	0	$\frac{2}{x+}$	$\frac{-\sqrt{2}}{2}$	$\frac{-\sqrt{3}}{2}$	–1	$\frac{-\sqrt{3}}{2}$	$\frac{-\sqrt{2}}{2}$	$\frac{-1}{2}$	0	$\frac{1}{2}$	$\frac{\sqrt{2}}{2}$	$\frac{\sqrt{3}}{2}$	1

A función coseno

A gráfica representada na marxe é a da función $y = \cos x$, sendo x a medida en radiáns dun ángulo do intervalo $[0, 2\pi]$, é dicir, entre 0° e 360°.

Se consideramos ángulos maiores que 360° (2π rad) e ángulos negativos, os valores do coseno repítense. Obtense así a seguinte función definida en todo $\mathbb{R}$, **continua** e **periódica** de período 2π:

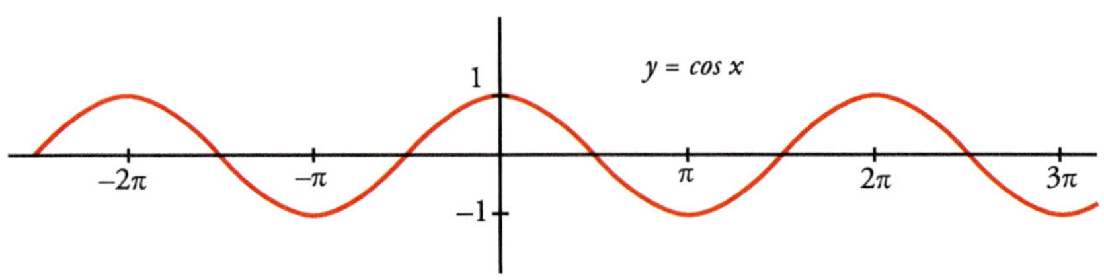

Lembra

$\cos \alpha = \operatorname{sen} (90° + \alpha) = \operatorname{sen} (\pi/2 \text{ rad} + \alpha)$

Polo tanto, a gráfica da función

$y = \cos x = \operatorname{sen} (\pi/2 + x)$

é a de $y = \operatorname{sen} x$ desprazada $\pi/2$ á esquerda.

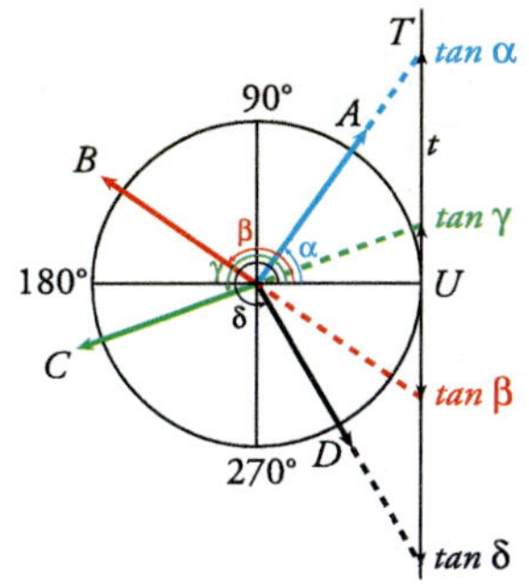

Tanxente dun ángulo

No punto U no que a circunferencia goniométrica corta a parte positiva do eixe das X, trazamos unha recta t tanxente a ela.

Situamos un ángulo sobre a circunferencia. Ao prolongar o segundo lado do ángulo, ou a súa semirrecta oposta, corta a recta t nun punto T. Chámase **tanxente** do ángulo a medida UT, que será positiva se T está sobre o eixe X e negativa se está por debaixo (obsérvao na gráfica da marxe).

Os ángulos de 90° e 270° non teñen tanxente, pois nin o segundo lado do ángulo nin a semirrecta oposta cortan a recta t.

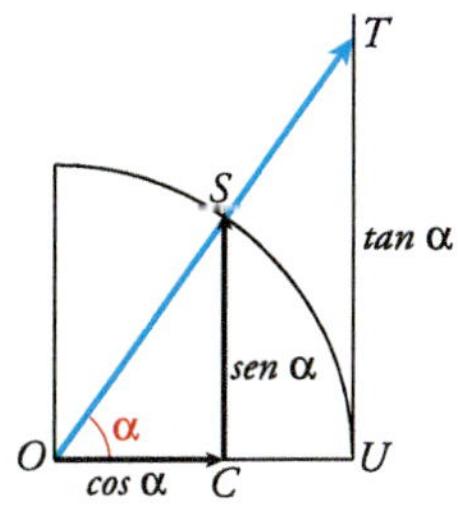

Relacións entre seno, coseno e tanxente

Se α é un ángulo distinto de 90° e de 270°, verifícase que

$$\tan \alpha = \frac{sen\ \alpha}{cos\ \alpha}$$

Para probalo, observamos que os triángulos OCS e OUT son semellantes. Polo tanto:

$$\frac{\overline{UT}}{\overline{OU}} = \frac{\overline{CS}}{\overline{OC}} \quad \rightarrow \quad \frac{tan\ \alpha}{1} = \frac{sen\ \alpha}{cos\ \alpha}$$

Se o ángulo está situado noutro cuadrante, tamén se cumpre a igualdade, co correspondente signo.

Notación

Seno, coseno e tanxente dun ángulo chámanse as súas **razóns trigonométricas.**

Valores da tanxente

Observa algúns valores da tanxente, que dan lugar á gráfica adxunta:

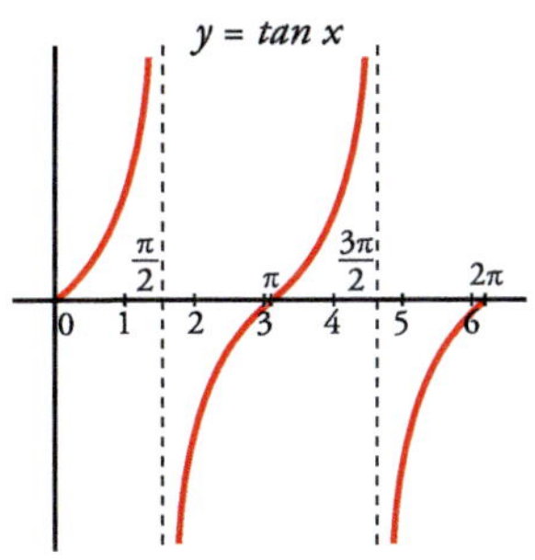

GRAOS	0°	30°	45°	60°	90°	120°	135°	150°	180°	210°	225°	240°	270°	300°	315°	330°	360°
RADIÁNS	0	$\frac{\pi}{6}$	$\frac{\pi}{4}$	$\frac{\pi}{3}$	$\frac{\pi}{2}$	$\frac{2\pi}{3}$	$\frac{2\pi}{4}$	$\frac{5\pi}{6}$	π	$\frac{7\pi}{6}$	$\frac{5\pi}{4}$	$\frac{4\pi}{3}$	$\frac{3\pi}{2}$	$\frac{5\pi}{3}$	$\frac{7\pi}{4}$	$\frac{11\pi}{6}$	2
tan	1	$\frac{\sqrt{3}}{3}$	1	$\sqrt{3}$	–	$-\sqrt{3}$	–1	$\frac{-\sqrt{3}}{3}$	0	$\frac{\sqrt{3}}{3}$	1	$\sqrt{3}$	–	$-\sqrt{3}$	–1	$\frac{-\sqrt{3}}{3}$	0

A función tanxente

Procedendo de forma similar a como o fixemos para as funcións $sen\ x$ e $cos\ x$, obtense a función $y = tan\ x$. Trátase dunha función **definida** e **continua** en todo $\mathbb{R}$ salvo nas abscisas $\frac{\pi}{2} + k\pi$, sendo k números enteiros (as rectas $y = \pi/2 + k\pi$ son asíntotas da función $y = tan\ x$). É **periódica** de período π.

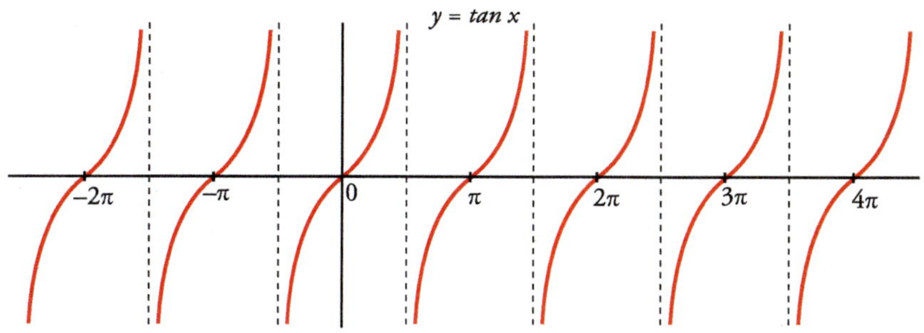

Na web

Animacións que mostran a representación de:
- a función seo.
- a función coseno.
- a función tanxente.

Notación

As funcións

$$y = sen\ x, \quad y = cos\ x, \quad y = tan\ x$$

chámanse **funcións trigonométricas** ou **funcións circulares.**

Exercicios e problemas resoltos

1. Composición de funcións

Considerar as funcións $f(x) = 2^{x+1}$, $g(x) = \sqrt{x+1}$, $h(x) = x^2 - 1$. Achar:

a) $g \circ f$ *b)* $h \circ f$

c) $g \circ h$ *d)* $h \circ g \circ f$

e) $h \circ h$

Faino ti. Acha $f \circ g$ e $g \circ f$ sendo $f(x) = 3x^2 - 5$ y $g(x) = \sqrt{2x-1}$.

Observamos que $f(\square) = 2^{\square+1}$; $g(\square) = \sqrt{\square+1}$; $h(\square) = \square^2 - 1$.

a) $(g \circ f)(x) = g[f(x)] = g(2^{x+1}) = \sqrt{2^{x+1}+1}$

b) $(h \circ f)(x) = h[f(x)] = h(2^{x+1}) = (2^{x+1})^2 - 1 = 2^{2x+2} - 1$

c) $(g \circ h)(x) = g[h(x)] = g(x^2 - 1) = \sqrt{x^2-1+1} = x$

As funcións g e h son inversas porque verifican $(g \circ h)(x) = i(x) = x$.

d) $(h \circ g \circ f)(x) = h[g(2^{x+1})] = h(\sqrt{2^{x+1}+1}) = (\sqrt{2^{x+1}+1})^2 - 1 = 2^{x+1}$

e) $(h \circ h)(x) = h[h(x)] = h(x^2 - 1) = (x^2 - 1)^2 - 1 = x^4 - 2x^2$

2. Recoñecer funcións compostas

Explicar como, a partir das funcións $f(x) = 1 + 2^x$, $g(x) = \sqrt{x^2+1}$, $h(x) = 1/x^2$, se poden obter as funcións:

a) $m(x) = 1 + 2^{\sqrt{x^2+1}}$

b) $n(x) = \dfrac{1}{(1+2^x)^2}$

c) $p(x) = \sqrt{(1/x^4)+1}$

Faino ti. A partir das funcións f, g, h aquí definidas, obtén:

a) $q(x) = \sqrt{(1+2^x)^2+1}$

b) $r(x) = \dfrac{1}{x^2+1}$

a) Observamos que $m(x) = 1+2^{\sqrt{x^2+1}}$ ten que ver con $f(x) = 1 + 2^x$ e con $g(x) = \sqrt{x^2+1}$, de modo que para obter un valor calquera $m(a)$ calculamos en primeiro lugar $\sqrt{a^2+1}$, despois elevamos 2 ese valor e sumamos 1. É dicir, aplicamos primeiro g e despois f:

$$f[g(x)] = f(\sqrt{x^2+1}) = 1+2^{\sqrt{x^2+1}} \rightarrow m(x) = (f \circ g)(x)$$

b) En $n(x)$ interveñen $f(x)$ e $h(x)$. A primeira que actúa sobre x é f e despois h. Polo tanto:

$$h[f(x)] = h(1 + 2^x) = \frac{1}{(1+2^x)^2} \rightarrow n(x) = (h \circ f)(x)$$

c) Para obter $p(x)$ aplicamos $h(x)$ en primeiro lugar e despois $g(x)$:

$$g[h(x)] = g\left(\frac{1}{x^2}\right) = \sqrt{\left(\frac{1}{x^2}\right)^2+1} = \sqrt{\frac{1}{x^4}+1} \rightarrow p(x) = (g \circ h)(x)$$

3. Función inversa doutra

Obter a función inversa de cada unha das funcións seguintes:

a) $f(x) = \dfrac{1}{x-3}$

b) $g(x) = 3^{+2x+1}$

c) $h(x) = 2 \ln (x-3)$

Faino ti. Obtén a función inversa de:

a) $p(x) = 3^{x-2}$

b) $q(x) = \log_2 (x+1)$

c) $r(x) = \dfrac{2}{x+4}$

a) Para obter a función inversa, intercambiamos as variables e despexamos o y:

$$x = \frac{1}{y-3} \rightarrow y - 3 = \frac{1}{x} \rightarrow y = \frac{1}{x} + 3 \rightarrow f^{-1}(x) = \frac{1}{x} + 3$$

b) Despois de intercambiar as variables, pasamos 3 ao primeiro membro e tomamos logaritmos en base 2 para despexar y:

$$x = 3 + 2^{y+1} \rightarrow x - 3 = 2^{y+1} \rightarrow \log_2 (x-3) = y + 1 \rightarrow$$
$$\rightarrow y = -1 + \log_2 (x-3) \rightarrow g^{-1}(x) = -1 + \log_2 (x-3)$$

c) Intercambiamos as variables, pasamos 2 ao primeiro membro e aplicamos a definición de logaritmo para despexar y:

$$x = 2 \ln (y-3) \rightarrow \frac{x}{2} = \ln (y-3) \rightarrow e^{x/2} = y - 3 \rightarrow e^{x/2} + 3 = y \rightarrow$$
$$\rightarrow h^{-1}(x) = 3 + e^{x/2}$$

4. Gráficas de funcións exponenciais e logarítmicas

A partir destas gráficas,

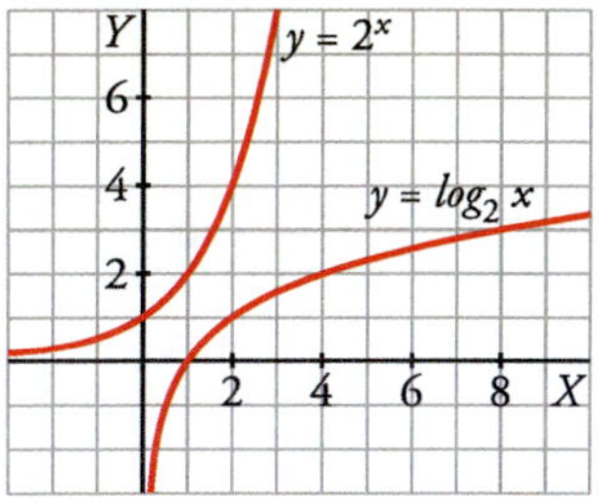

representar:

a) $y = 2^x + 1$ *b)* $y = -2^x$

c) $y = 2^{x-2}$ *d)* $y = 2^{-x}$

e) $y = log_2\,(x + 2)$ *f)* $y = -log_2\,x$

Faino ti. Representa:

a) $y = 2^x - 1$ b) $y = 2^{x+3}$

c) $y = log_2\,(x - 2)$ d) $y = log_2\,(-x)$

a) Obtense desprazando $y = 2^x$ unha unidade cara arriba.

b) É a simétrica de $y = 2^x$ respecto do eixe X.

c) Obtense trasladando 2^x dúas unidades cara á dereita.

d) É a simétrica de 2^x respecto do eixe Y. Coincide con $y = (1/2)^x$.

e) Obtense trasladando $y = log_2\,x$ dúas unidades cara á esquerda.

f) É a simétrica de $log_2\,x$ respecto do eixe X.

a)
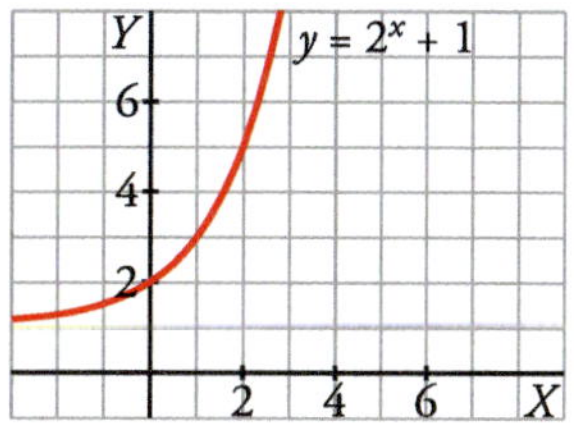

b)
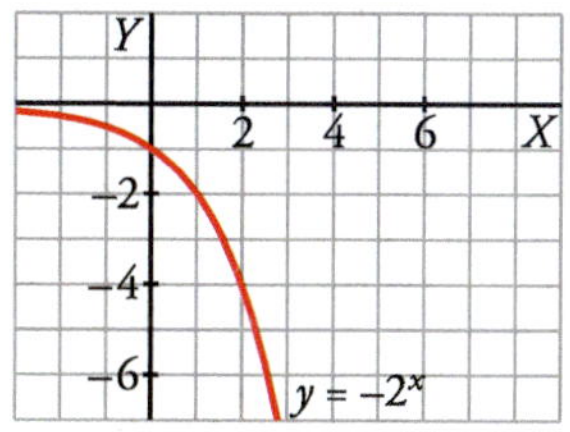

c)
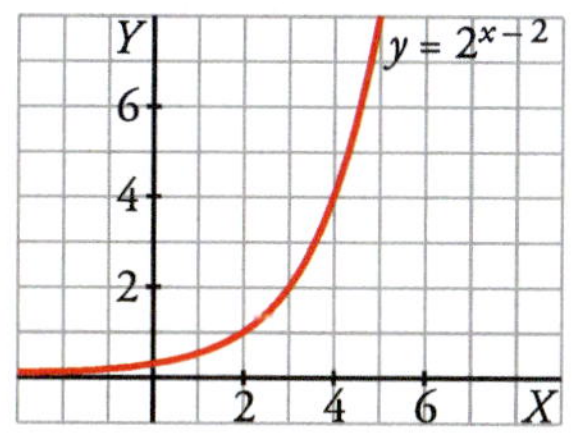

d)
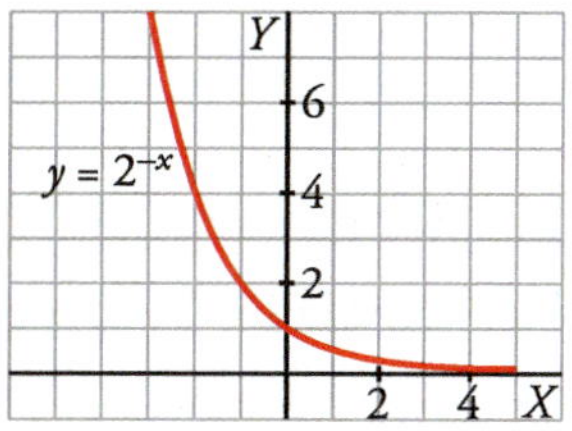

e)
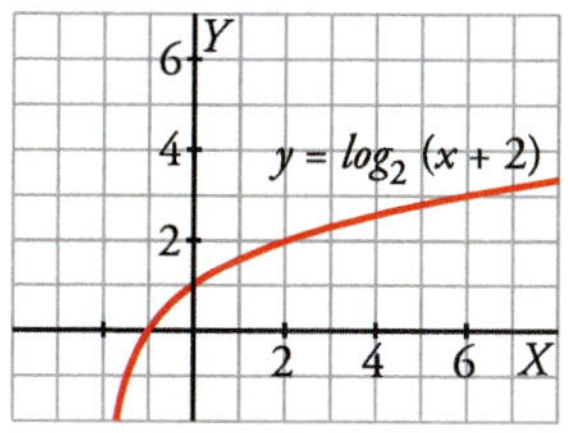

f)
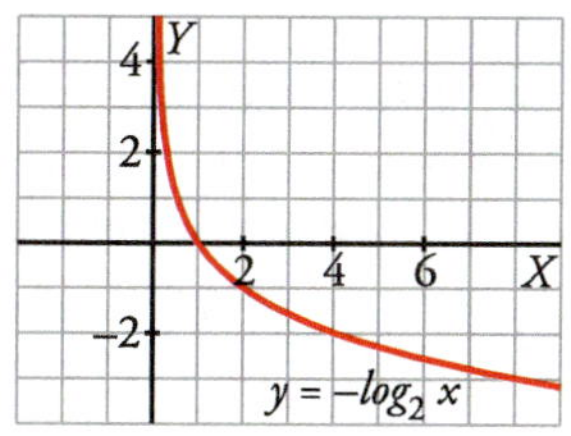

5. Función exponencial

O proceso de cicatrización dunha ferida segue unha lei exponencial. A superficie S da ferida ao cabo de t días pódese calcular mediante a fórmula $S = S_o e^{kt}$, *onde* S_o *é a superficie inicial e k unha constante.*

a) Se unha ferida tiña unha superficie inicial de 50 cm² e ao cabo de dous días mide 24,83 cm², cal é o valor de k?

b) Calcular a superficie da ferida despois de 8 días.

c) Representar a función.

a) Coñecemos $S_0 = 50$ e un punto (2; 24,83). Substituíndo estes valores na fórmula $S = S_0 e^{kt}$ podemos obter k.

$$S = 50e^{kt} \xrightarrow{t=2} 24{,}83 = 50e^{2k} \rightarrow e^{2k} = 0{,}4966 \rightarrow 2k = ln\,0{,}4966 \rightarrow k = -0{,}35$$

b) Para $t = 8$, $S = 50e^{-0{,}35 \cdot 8} = 3\ cm^2$

c)
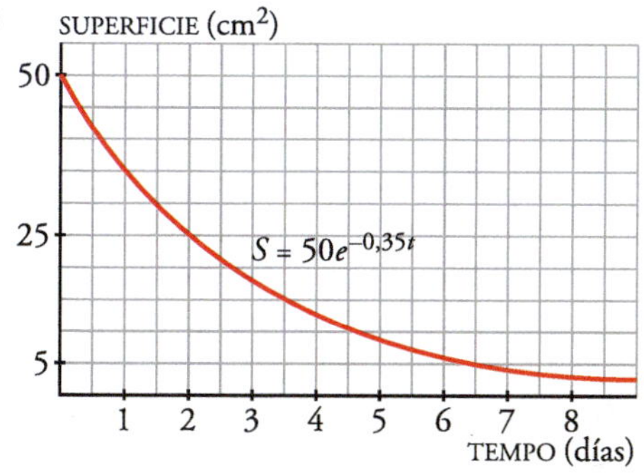

6. Función logarítmica

A gráfica dunha función logarítmica do tipo $y = 1 + log_b\,(x - a)$ *pasa polos puntos (4, 1) e (7, 3).*

a) Calcular a e b.

b) Representar a función e a súa función inversa.

Faino ti. Acha a e b para que a gráfica da función $y = -2 + log_b\,(x + a)$ pase por (1, 0) e (–1, –1).

a) Pasa por (4, 1): $1 = 1 + log_b\,(4 - a) \rightarrow log_b\,(4 - a) = 0 \rightarrow b^0 = 4 - a \rightarrow a = 3$

Pasa por (7, 3): $3 = 1 + log_b\,(7 - 3) \rightarrow 2 = log_b\,4 \rightarrow b^2 = 4$ → $b = -2$ (non vale); $b = 2$

b) A función é $y = 1 + log_2\,(x - 3)$.

O seu dominio é $(3, +\infty)$. Pasa polos puntos (3,5; 0), (4, 1) e (7, 3).

A gráfica da súa función inversa é simétrica respecto á bisectriz do primeiro cuadrante.

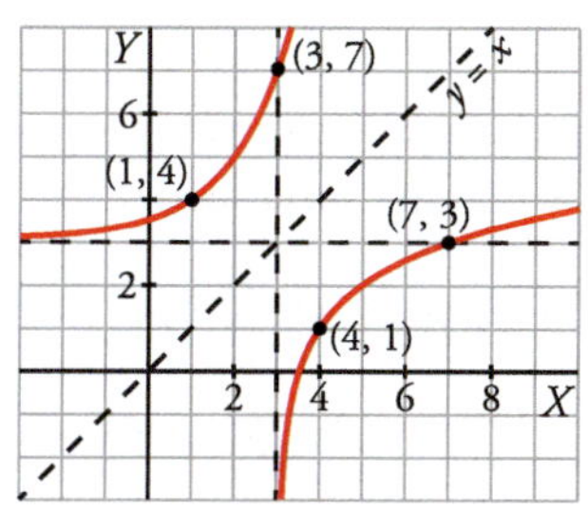

Exercicios e problemas resoltos

7. Graos e radiáns

a) Expresar en radiáns os seguintes ángulos:

30°, 45°, 60°, 90°, 120°, 135°

b) Expresar en graos estes ángulos medidos en radiáns:

$$\frac{5\pi}{6}, \frac{7\pi}{4}, \frac{4\pi}{3}, \frac{5\pi}{2}, 3\pi, \frac{7\pi}{6}$$

a) Se un punto P percorre unha circunferencia completa de raio 1, o ángulo de xiro é 360° que, medido polo arco, equivale a 2π rad.

Polo tanto: $360° = 2\pi$ rad $\rightarrow$ $180° = \pi$ rad

$30° = \frac{180°}{6} = \frac{\pi}{6}$ rad; $45° = \frac{180°}{4} = \frac{\pi}{4}$ rad; $60° = \frac{180°}{3} = \frac{\pi}{3}$ rad

$90° = \frac{180°}{2} = \frac{\pi}{2}$ rad; $120° = 2 \cdot 60° = \frac{2\pi}{3}$ rad; $135° = 3 \cdot 45° = \frac{3\pi}{4}$ rad

b) $\frac{5\pi}{6} = 5 \cdot 30° = 150°$; $\frac{7\pi}{4} = 7 \cdot 45° = 315°$; $\frac{4\pi}{3} = 4 \cdot 60° = 240°$

$\frac{5\pi}{2} = 5 \cdot 90° = 450°$; $3\pi = 3 \cdot 180° = 540°$; $\frac{7\pi}{6} = 7 \cdot 30° = 210°$

Faino ti.

a) Expresa en radiáns 150°, 180° e 240°.

b) Expresa en graos $\frac{3\pi}{2}$ rad e $\frac{5\pi}{4}$ rad.

8. Función seno

Facer, coa calculadora, unha táboa de valores da función $y = sen\ 2x$, dando a x valores comprendidos entre 0 e 2π radiáns e representar graficamente esa función.

Poñemos a calculadora en radiáns: MODE RAD

Para calcular o valor de $sen\ 2x$ correspondente a $x = \frac{\pi}{4}$, facemos:

sin (π ÷ 4 × 2) = 1

x	0	$\frac{\pi}{4}$	$\frac{\pi}{2}$	$\frac{3\pi}{4}$	π	$\frac{5\pi}{4}$	$\frac{3\pi}{2}$	$\frac{7\pi}{4}$	2π
y = sen 2x	0	1	0	–1	0	1	0	–1	0

Para representar estes puntos, expresamos os valores de x en forma decimal $\left(\frac{\pi}{4} \approx 0,78;\ \frac{\pi}{2} \approx 1,57...\right)$.

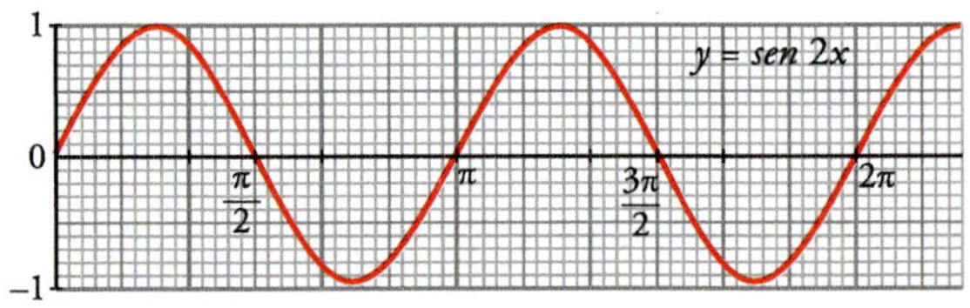

Faino ti. Representa a función:

$y = 2\ sen\ x$

9. Función coseno

Representar a función:

$$y = cos\left(x + \frac{\pi}{2}\right)$$

Facemos unha táboa de valores como a do exercicio anterior:

x	0	$\frac{\pi}{4}$	$\frac{\pi}{2}$	$\frac{3\pi}{4}$	π	$\frac{5\pi}{4}$	$\frac{3\pi}{2}$	$\frac{7\pi}{4}$	2π
$y = cos\left(x + \frac{\pi}{2}\right)$	0	–0,7	–1	–0,7	0	0,7	1	0,7	0

Observa que coincide coa gráfica da función $y = -sen\ x$.

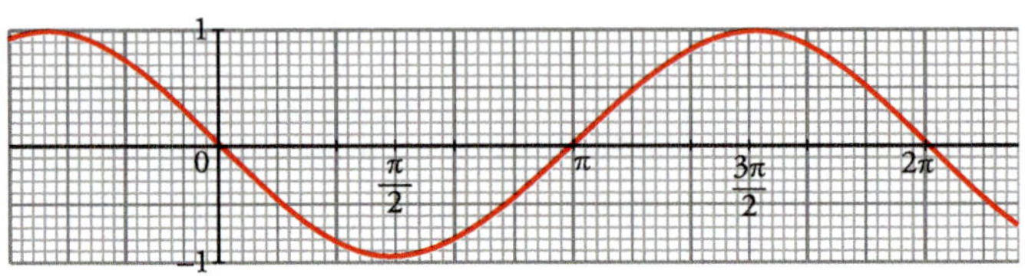

Faino ti. Representa a función:

$$y = sen\left(x - \frac{\pi}{2}\right)$$

Exercicios e problemas guiados

1. Función inversa

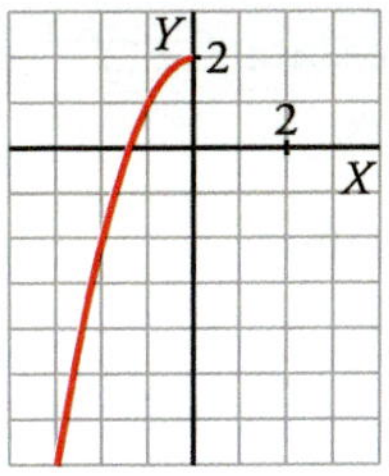

Esta é a gráfica da función:

$f(x) = 2 - x^2,\ x \le 0$

a) Dar o seu dominio de definición e o seu percorrido.

b) Representar a súa función inversa.

c) Achar a expresión analítica de $f^{-1}(x)$.

a) O dominio de definición de f está limitado. Para saber cal é o percorrido considera cal é o valor máximo que pode ter $f(x)$.

b) Fai unha táboa de valores de $f(x)$ e inverte as variables para obter algúns puntos de $f^{-1}(x)$. Lembra que as funcións inversas deber ser simétricas respecto da bisectriz do primeiro cuadrante.

c) Ao intercambiar as variables e despexar o y, obterás dúas funcións con distinto percorrido. Ten en conta que o dominio de $f(x)$ é o percorrido de $f^{-1}(x)$.

Solución:

a) Dominio de $f = (-\infty, 0]$

Percorrido de $f = (-\infty, 2]$

c) $f^{-1}(x) = -\sqrt{2-x}$

b)

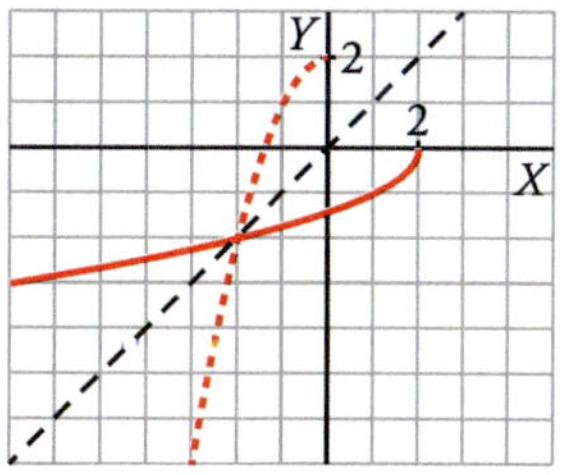

2. Xuro composto

Depositamos nun banco 5 000 € ao 4,8 % anual con pagamento trimestral de xuros.

a) Cal será o capital acumulado ao cabo de 3 anos?

b) Escribir a función que nos di en canto se transforma ese capital ao cabo de t anos.

- O 4,8 % anual significa un $\frac{4,8}{4} = 1,2$ % trimestral.
- Como os períodos de capitalización son trimestrais, ao final do primeiro ano o capital converterase en $5\,000 \cdot \left(1 + \frac{1,2}{100}\right)^4$.
- Esa cantidade multiplicarase cada ano por $\left(1 + \frac{1,2}{100}\right)^4$.

Solución:

a) 5 769,5 €   b) $f(t) = 5000 \cdot (1,012)^{4t} \approx 5\,000 \cdot (1,049)^t$

3. Depreciación

Unha máquina que custou 20 000 € depréciase a un ritmo do 10 % anual.

a) Cal será o seu valor dentro de 4 anos?

b) Cantos anos teñen que pasar para que o seu valor sexa de 12 000 €?

c) Escribir a función que dá o número de anos que deben pasar para chegar a un valor x.

a) Ao cabo dun ano o prezo baixa un 10 %. Polo tanto, o valor da máquina será $20\,000 \cdot (1 - 0,1)$. Repite este razoamento para catro anos.

b) Escribe a función, $f(t)$, que dá o prezo despois de t anos. Fai $f(t) = 12\,000$ e despexa t.

c) A función pedida é a función inversa de $f(t)$.

Solución:

a) 13 122 €   b) 5 anos   c) $t = \dfrac{\log x - \log 20\,000}{\log 0,9}$

4. Función loxística

A función

$$f(x) = \frac{12\,000}{1 + 499(1,09^{-x})}$$

dá as vendas totais dun videoxogo x días despois do seu lanzamento. En que día se chegou a 6 000 xogos vendidos?

- Observa que debes atopar o valor de x para o que $f(x) = 6\,000$.
- Opera a expresión ata eliminar denominadores e facela o máis sinxela posible.
- Obterás unha expresión do tipo $\frac{A}{B} = C^{-x}$. Para obter o valor de x, toma logaritmos e utiliza a calculadora.

Solución:

Chegouse aos 6 000 xogos vendidos 72 días despois do seu lanzamento.

Exercicios e problemas propostos

Para practicar

Composición de funcións

1 Dadas as funcións $f(x) = x + 3$ e $g(x) = 2x^2$, acha:

a) $f[g(2)]$ b) $g[f(-4)]$ c) $f[g(x)]$ d) $g[f(x)]$

2 Considera as funcións f e g definidas por $f(x) = x^2 + 1$ e $g(x) = \dfrac{1}{x}$. Calcula:

a) $(f \circ g)\ (2)$ b) $(g \circ f)\ (-3)$
c) $(g \circ g)\ (x)$ d) $(f \circ g)\ (x)$

3 Se $f(x) = 2x + 3$ e $g(x) = x^2 - 2x$, obtén a expresión das seguintes funcións:

a) $f \circ g$ b) $g \circ f$ c) $f \circ f$ d) $g \circ g$

4 Dadas as funcións $f(x) = 3x + 2$ e $g(x) = \sqrt{x}$, acha:

a) $(f \circ g)\ (x)$ b) $(g \circ f)\ (x)$ c) $(g \circ g)\ (x)$

5 Dadas as funcións

$$f(x) = x^2 + 1 \qquad g(x) = \frac{2-x}{3} \qquad h(x) = \sqrt{x-3}$$

obtén as expresións de:

a) $f \circ g$ b) $g \circ f$ c) $f \circ h$
d) $g \circ h$ e) $h \circ f$ f) $h \circ g$

Acha, se é posible, o valor das funcións obtidas en $x = 5$ e en $x = 0$.

6 Coas funcións $f(x) = \dfrac{1}{x^2}$ e $g(x) = x - 2$, obtivemos por composición as funcións $p(x) = \dfrac{1}{(x-2)^2}$ e $q(x) = \dfrac{1}{x^2} - 2$. Indica cal destas expresións corresponde a $f \circ g$ e cal a $g \circ f$.

7 Explica como a partir das funcións

$$f(x) = 2^{x-1} \qquad g(x) = \sqrt{x} + 2 \qquad h(x) = \frac{1}{x-3}$$

se poden obter estoutras:

a) $m(x) = 2^{\sqrt{x}+1}$ b) $n(x) = \sqrt{2^{x-1}} + 2$
c) $p(x) = \sqrt{\dfrac{1}{x-3}} + 2$ d) $q(x) = 2^{\frac{4-x}{x-3}}$
e) $r(x) = \dfrac{1}{\sqrt{x}+1}$ f) $s(x) = \dfrac{1}{\sqrt{2^{x-1}}-1}$

8 Considera estas funcións:

$$f(x) = x - 5 \qquad g(x) = \sqrt{x} \qquad h(x) = \frac{1}{x+2}$$

Explica como, a partir de f, g e h, se poden obter, por composición, p, q e r:

$$p(x) = \sqrt{x-5};\quad q(x) = \sqrt{x} - 5;\quad r(x) = \frac{1}{\sqrt{x}+2}$$

Función inversa doutra

9 Dada $f(x) = 1 + \sqrt{x}$, acha $f^{-1}(x)$. Representa f e f^{-1} e comproba a súa simetría respecto de $y = x$.

10 Acha a función inversa das seguintes funcións:

a) $y = 3x - 2$ b) $y = \dfrac{x+3}{2}$
c) $y = \sqrt{2x+1}$ d) $y = 1 + 2^x$
e) $y = 2 + \log_3 x$ f) $y = 4 - x^2,\ x \geq 0$

11 Representa graficamente a función inversa en cada caso:

a) 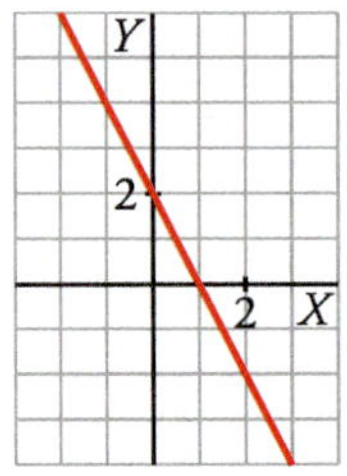

b) 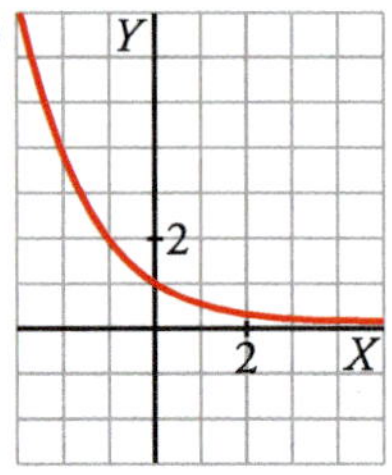

c) 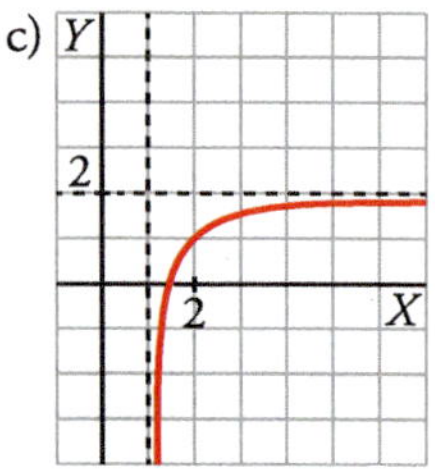

12 Comproba se cada par de funcións son unha inversa da outra. Para iso calcula $f \circ f^{-1}$ ou ben $f^{-1} \circ f$:

a) $f(x) = \dfrac{1}{x+2}$; $f^{-1}(x) = \dfrac{1}{x} - 2$

b) $f(x) = \sqrt{2x+3}$; $f^{-1}(x) = \dfrac{x^2+2}{3}$

c) $f(x) = 1 + \log_2 \dfrac{x}{3}$; $f^{-1}(x) = 3 \cdot 2^{x-1}$

13 Considera a función $y = \sqrt{x+2}$, $x \in [-2, 7]$.

a) Cal é o seu percorrido?

b) Obtén a súa función inversa e determina o dominio de definición e o percorrido desta.

Funcións exponenciais e logarítmicas

14 Representa estas funcións a partir da gráfica de $y = 2^x$:

a) $y = 2^{x+2}$ b) $y = 2^x - 3$
c) $y = 2^{x/2}$ d) $y = \left(\dfrac{1}{2}\right)^{x+3}$
e) $y = 1 - 2^x$ f) $y = 2^{2-x}$

15 Representa as seguintes funcións a partir da gráfica de $y = \log_2 x$:

a) $y = 1 + \log_2 x$ b) $y = \log_2 (x-1)$
c) $y = 2 - \log_2 x$ d) $y = \log_2 (-x)$

16 Coa axuda da calculadora, representa estas funcións:

a) $y = 3 \cdot 0{,}8^x$ b) $y = (1/2) \cdot 1{,}8^x$
c) $y = \ln (2x)$ d) $y = \ln (x + 1)$

17 Asocia a cada unha das seguintes expresións a gráfica que lle corresponde:

a) $y = ln\, x$ b)   b) $y = 2^{1-x}$ c) $y = e^x$

d) $y = -log_2\, x$ e) $y = -(1/2)^x$ f) $y = log_2\, (x + 3)$

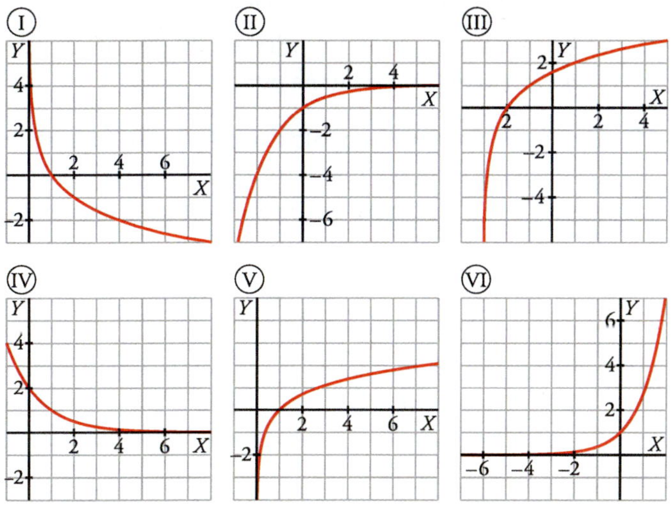

18 Comproba que as gráficas de $y = 3^x$ e $y = \left(\frac{1}{3}\right)^x$ son simétricas respecto ao eixe OY.

19 Fai unha táboa de valores da función $y = 3^x$. A partir dela, representa a función $y = log_3\, x$.

20 Cal é o dominio de $y = log_2\, (2 - x)$? Represéntaa.

Funcións trigonométricas

21 Representa estas funcións:

a) $y = 1 + sen\, x$ b) $y = -cos\, x$

22 Asocia a cada unha das seguintes funcións a gráfica que lle corresponde:

a) $y = cos\, 2x$ b) $y = -sen\, x$

c) $y = 2sen\, x$ d) $y = 1 + cos\, x$

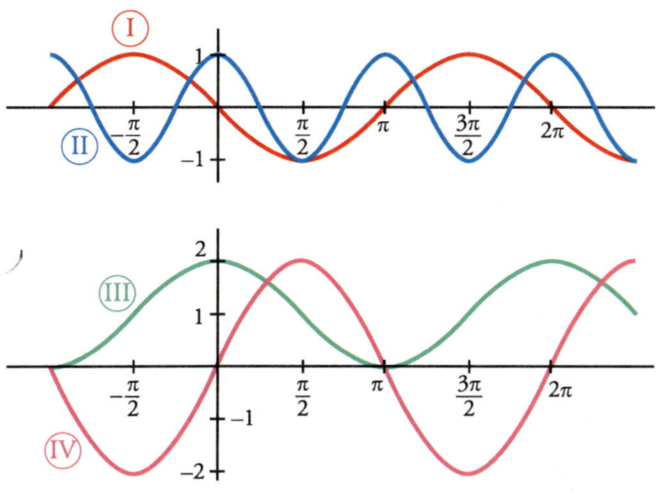

Para resolver

23 Acha a función inversa das seguintes funcións e di, en cada caso, o seu dominio de definición:

a) $y = \dfrac{3}{x+2}$ b) $y = \dfrac{1}{\sqrt{x-3}}$

c) $y = 1 + \dfrac{2}{x}$ d) $y = \sqrt{x^2+4},\ x \geq 0$

e) $y = 2x^3 - 1$ f) $y = x^2 - 4,\ x \leq 0$

24 Representa e acha a función inversa en cada caso.

a) $y = 3 + 2^{x-1}$ b) $y = 0{,}2 \cdot 2^{3-x}$

c) $y = 1{,}8 \cdot 5^{0{,}2x}$ d) $y = 1 + log_2\, (x + 4)$

e) $y = ln\, (3x + 2)$ f) $y = 2{,}5 \cdot e^{-x/2}$

25 A gráfica dunha función exponencial do tipo $y = ka^x$ pasa polos puntos (0; 0,5) e (1; 1,7).

Calcula k e a, e representa a función.

26 Os puntos (1; 1,2) e (2; 0,48) pertencen á gráfica da función $y = k \cdot a^x$.

a) Calcula k e a.

b) Acha o valor de x para o cal $y = 120$.

27 A gráfica da función logarítmica $y = -2 + log_b\, (x + a)$ corta os eixes de coordenadas nos puntos (0, –2) e (8, 0).

a) Calcula a e b.

b) Para que valor de x é $y = 3$?

28 A función $y = a + b\, ln\, x$ pasa polos puntos $(e, 5)$ e $(1/e, -1)$.

a) Calcula a e b.

b) Cal é a súa función inversa?

29 A función $y = \frac{5}{9}(x - 32)$ converte graos Fahrenheit en graos centígrados. Acha a función para converter graos centígrados en graos Fahrenheit.

30 Esta gráfica representa a variación dun movemento que se repite periodicamente.

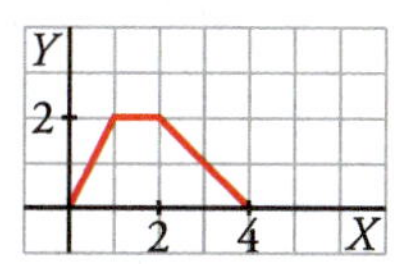

a) Represéntaa no intervalo [0, 10].

b) Calcula $f(7)$, $f(10)$ e $f(20)$.

31 Un cultivo de bacterias medra segundo a función $y = 1 + 2^{x/10}$ (y: miles de bacterias, x: horas).

Cantas había no momento inicial? E ao cabo de 10 horas? Canto tardarán en duplicarse?

32 A concentración dun fármaco en sangue vén dada por $y = 100 \cdot (0,94)^t$ (y en mg, t en h).

a) Di cal é a dose inicial e a cantidade dese fármaco que ten o paciente ao cabo de 3 horas.

b) Representa a función.

c) Se queremos que a concentración non baixe de 60 mg, ao cabo de canto tempo teremos que inxectalo de novo?

33 A cantidade de material radioactivo que queda ao cabo de t anos nunha mostra de 75 gramos, pódese calcular mediante a ecuación $C(t) = 75(0,62)^t$.

a) Cantos anos teñen que transcorrer para que queden 10 gramos de material radioactivo?

b) Representa a función.

34 Un alumno dun curso de psicoloxía sabe que a porcentaxe de coñecementos que lembrará t meses despois de rematar o curso se pode calcular mediante a función:

$$R(t) = 94 - 46,8 \log (t - 1)$$

a) Calcula a porcentaxe que lembrará 6 meses despois de rematar o curso.

b) Representa a función.

35 Sabemos que a presión amosférica varía coa altura. A ecuación $h(x) = 41,97(0,996)^x$ dános a altura dunha montaña, en quilómetros, se coñecemos a presión atmosférica, x, en milibares.

a) Se no cume do Everest a presión é de 389 milibares, cal é a altura do Everest?

b) Cal será a presión no cume dunha montaña de 3 500 metros de altura?

36 A función $y = 80 \cdot 2^{-0,4t}$ dános a cantidade (en gramos) de estroncio radioactivo nunha mostra de auga no instante t (en anos).

a) Que cantidade haberá ao cabo de 10 anos?

b) Cando a cantidade actual se reducirá ao 50 %?

37 O número de exemplares que se venden dun libro depende do diñeiro que se dedica á súa publicidade. A función que dá esta relación é:

$y = 2 + 0,5 \ln (x + 1)$; x en miles de euros, y en miles

a) Calcula cantos exemplares se venden se se invisten 20 000 € en publicidade.

b) Canto haberá que investir para vender 5 000 libros?

38 Un capital de 10 000 € deposítase nun banco ao 6% de xuro anual con pagamento mensual de xuros. Escribe a función que nos di en canto se transforma ese capital en m meses. Calcula canto tarda en duplicarse o capital.

39 A poboación mundial creceu de forma exponencial desde 1650. A función $P(t) = 0,5 \cdot e^{0,0072t}$, t en anos, $P(t)$ en miles de millóns, dános unha boa aproximación da poboación mundial ata 2015.

a) Cal era a poboación mundial en 1920?

b) Estima a poboación mundial en 2020, supoñendo que o crecemento se manteña estable.

40 O carbono 14 serve para calcular a idade dos fósiles e outros obxectos. A fórmula que se utiliza é $C = C_0 \cdot e^{-t \ln 2/5730}$, onde C_0 é a cantidade de carbono 14 que tiña o fósil cando se formou e C a cantidade que terá dentro de t anos.

a) Se en certo fósil $C_0 = 500$ g, cantos gramos de carbono 14 terá dentro de 2 000 anos?

b) Chámase período de semidesintegración o tempo necesario para que a cantidade inicial se reduza á metade. Calcula o período de semidesintegración do carbono 14.

41 O prezo dun automóbil deportivo é de 24 000 €. Sabemos que se deprecia a un ritmo dun 12 % anual.

a) Que función dá o valor do coche ao cabo de t anos?

b) Cando chegará á metade do valor inicial?

42 Investimos 20 000 € ao 4,8 % anual nunha conta que se capitaliza semestralmente.

a) Escribe a función que nos dá o diñeiro que teremos na conta ao cabo de t anos.

b) Canto tempo ten que pasar para que o capital inicial aumente un 50 %?

43 O número de receitas para medicamentos xenéricos emitidas polos médicos do servizo de saúde dunha comunidade autónoma creceu exponencialmente desde 2005. A función é do tipo $f(t) = k$ e at. Calcula k e a sabendo que en 2005 ($t = 0$) se emitiron 6,52 miles de receitas e en 2008 foron 9,84 miles. En que ano se chegará a 50 miles de receitas?

44 Un estudo da policía reflicte que o número de roubos en vivendas, por ano, nunha cidade, decrece segundo unha función do tipo $N(t) = A - B \cdot \log (t + 2)$. Sabemos que no ano 2000, que é cando se iniciou o estudo, o número de roubos foi de 520 e no ano 2003 foron 476.

a) Determina A e B.

b) Calcula o número de roubos que se esperan en 2020.

45 Un cultivo de bacterias comeza con 100 células. Media hora despois hai 435. Se ese cultivo segue un crecemento exponencial do tipo $y = k\, e^{at}$ (t en minutos), calcula k e a e representa a función. Canto tardará en chegar a 5 000 bacterias?

46 Unha cunca de café acabado de facer está a 75 °C. Despois de 3 minutos nun cuarto a 21 °C, a temperatura do café descendeu a 64 °C. Se a temperatura T do café en cada instante t vén dada pola expresión $T = A\,e^{kt} + 21$, calcula A e k e representa a función.

Canto teremos que esperar para que a temperatura do café sexa de 45 °C?

47 Un estudo demográfico estima que a poboación dun barrio vai medrar segundo a función $y = \dfrac{10\,000}{1 + ke^{-0,2t}}$ (t, anos; y, número de habitantes).

a) O barrio ten, actualmente, 1 250 habitantes. Acha k.

b) Calcula cal será a poboación dentro de 10 anos.

Cuestións teóricas

48 Dada a función $y = a^x$, contesta:

a) Pode ser negativo o y? E o x?

b) Para que valores de a é decrecente?

c) Cal é o punto polo que pasan todas as funcións do tipo $y = log_a\, x$?

d) Para que valores de x se verifica $0 < a^x < 1$ sendo $a > 1$? E se $0 < a < 1$?

49 Se $f(x) = 2^x$ e $g(x) = log_2\, x$, cal é a función $(g \circ f)(x)$? E $(f \circ g)(x)$?

50 Considera as funcións $y = sen\, x$, $y = cos\, x$ e $y = tan\, x$.

a) Cal é o seu período?

b) Di cal é o dominio de definición de cada unha.

c) Entre que valores varían?

51 Xustifica cal das seguintes funcións é a función inversa de $y = 3^x - 2$.

a) $y = 2 + log_3\, x$ b) $y = \sqrt[3]{x+2}$ c) $y = log_3\,(x + 2)$

52 Estas gráficas corresponden a funcións do tipo $y = ka^x$ ou $y = k\, log_a\, x$ con $a > 1$. Identifícaas e indica en cada caso se $k > 0$ ou $k < 0$.

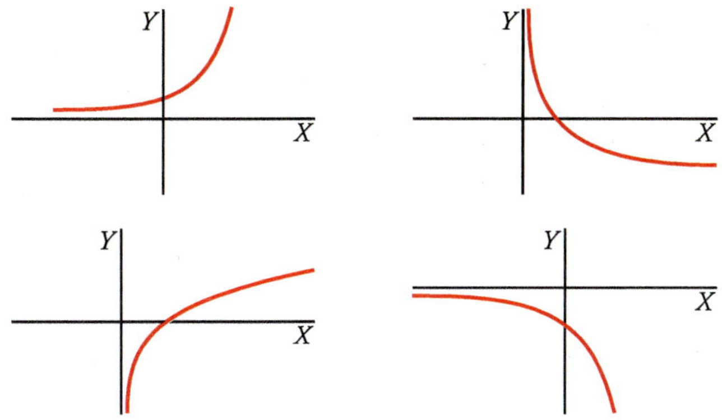

Autoavaliación

Na web Resolucións destes exercicios.

1 Dadas $f(x) = \sqrt{x+1}$, $g(x) = \dfrac{1}{x-3}$, acha:

a) $f\,[g\,(2)]$ b) $g[\,f\,(15)]$ c) $f \circ g$ d) $g^{-1}(x)$

2 Representa a gráfica da función inversa de $y = f(x)$.

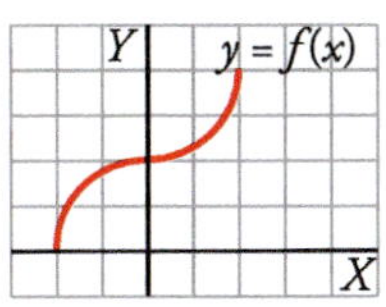

3 A gráfica dunha función $y = a + b\, log_2\,(x + 2)$ pasa polos puntos (0, 1) e (2, 0). Acha a e b e xustifica se se trata dunha función crecente ou decrecente.

4 O prezo dunha furgoneta baixa un 8 % cada ano. Se custou 18 000 €, canto tardará en reducirse á metade?

5 Un cultivo de bacterias comeza con 50 células. Dúas horas despois hai 162. Se ese cultivo crece de forma exponencial segundo unha función $y = ke^{at}$ (t en horas) calcula k e a. Canto tardará en chegar a 5 000 bacterias?

6 Representa estas funcións:

a) $y = 1{,}5 \cdot 2^x - 3$ b) $y = 2 + ln\,(x + 1)$

Acha a función inversa en cada caso.

7 Asocia a esta gráfica unha das seguintes expresións e di cal é o seu período:

a) $y = cos\, x$ b) b) $y = cos\, 2x$ c) $y = 2cos\, x$

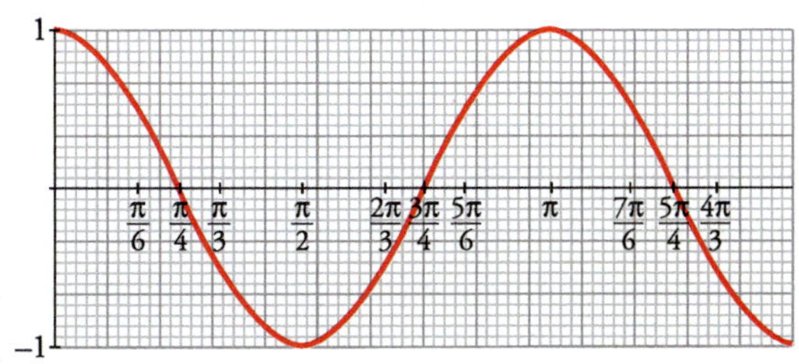

Completa estes puntos para que pertenzan á función $y = 2\, cos\, x$: $(5\pi/6 \ldots)$, $(4\pi/3 \ldots)$, $(-\pi/4 \ldots)$.

Represéntaa no intervalo $[0, 2\pi]$.

6 Límites de funcións. Continuidade e ramas infinitas

Como se chega ao concepto de límite?

O estado de repouso (inmobilidade) é descoñecido na natureza. Todo se move, todo cambia. O **límite de funcións** estuda, precisamente, os procesos de cambio. A idea do seu tratamento matemático é a seguinte: en certas situacións non é posible obter directamente o valor exacto dunha magnitude; entón, obtéñense sucesivas aproximacións dela. Esta cadea de aproximacións, cada vez máis precisas, permite determinar inequivocamente o valor buscado. É o estudo do proceso de aproximación o que nos proporciona, mediante o seu límite, o valor exacto.

A humanidade chega á idea de **continuidade** mediante a observación de procesos físicos. O concepto vaise perfilando e faise matematicamente relevante ao estudar funcións que non son continuas nalgúns dos seus puntos. A descrición de función continua require proceso de paso ao límite.

Os conceptos de límite e de continuidade recibiron unha formulación precisa ao comezo do século XIX (**Cauchy**) e están estreitamente ligados ao de número real.

Agustin Louis Cauchy (1789-1857).

Na web Biografía de Cauchy.

Antecedentes

Zenón foi un filósofo grego do século IV a. C. Coñeces os seus paradoxos? É moi famoso o de Aquiles e a tartaruga: Aquiles (A), heroe grego famoso, entre outras cousas, pola súa velocidade, emprende unha carreira cunha tartaruga (T) á que deixa unha boa vantaxe. "demóstrase" que A *nunca* alcanza a T, pois cando A chega ao lugar de onde partiu T, T xa avanzou certo tramo. Cando A percorre ese tramo, T avanzou algo máis. E así sucesivamente: *sempre* que A chega a onde estaba T no *instante* anterior, T avanzou algo. Polo tanto, Aquiles *nunca* alcanza a tartaruga.

Este paradoxo desmóntase coa actual idea de límite: a suma de todos os infinitos tempos que emprega Aquiles en chegar á posición anterior da tartaruga non é un tempo infinito senón finito.

Eudoxo, astrónomo e matemático grego do século IV a. C., utilizou **o método de** exhausción, que consiste en calcular a superficie dunha figura curvilínea como aproximación de sucesivas figuras rectilíneas cada vez máis próximas á primeira. **Arquímedes** (século III a. C.) utilizou este mesmo método de xeito admirable para calcular áreas e volumes de figuras espaciais.

Zenón de Elea (ca. 490 a. C.-ca. 430 a. C.).

Na web Biografía de Arquímedes.

Para que serve a continuidade?

As funcións que se refiren a fenómenos reais relacionan, frecuentemente, causas con efectos. Por exemplo, nunha función $P = f(T)$ que relacione a temperatura nunha autoclave coa presión dentro desta, a temperatura é a causa e a presión, o efecto. Que f sexa continua significa que a pequenas variacións na causa corresponden pequenas variacións no efecto.

Posto que toda medida que tomemos nunha magnitude real é aproximada (nunca exacta), a continuidade permite aproximarnos tanto como desexemos ao valor do efecto (presión) sen máis que controlar, tanto como sexa necesario, o valor da causa (temperatura). Unha descontinuidade na función traería como consecuencia que os efectos fosen imprevisibles, posto que a causa sempre estará sometida á imprecisión da medida.

Autoclave.

Resolve

A través dunha lupa

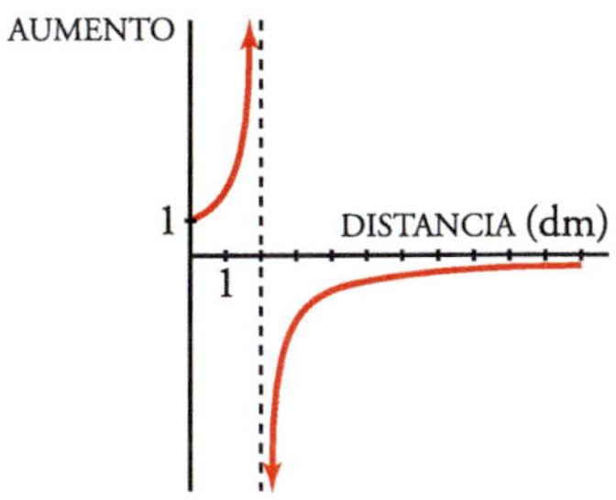

O *aumento* A producido por certa lupa vén dado pola seguinte ecuación:

$$A = \frac{2}{2-d}$$

onde d é a *distancia* (en decímetros) entre o obxecto que queremos observar e a lupa.

Se achegamos o obxecto á lupa ata tocala ($d = 0$), o seu tamaño mantense igual. Isto, en termos de límites, escríbese así:

$$\lim_{d \to 0} A = 1$$

Como se escribiría o seguinte en termos de límites?

a) Se achegamos o obxecto a 2 dm, aproximadamente, faise máis e máis grande. Ademais, o obxecto verase ao dereito se $d < 2$, ou invertido, se $d > 2$.

$$\lim_{d \to 2^-} A = \ldots \qquad \lim_{d \to 2^+} A = \ldots$$

b) Se afastamos a lupa do obxecto, este vese cada vez máis pequeno.

$$\lim_{d \to +\infty} A = \ldots$$

Ruído e silencio

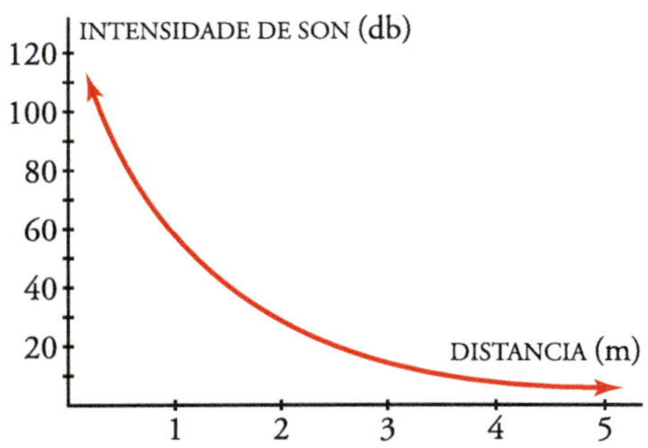

Se achegamos a orella a un foco de son, este faise insoportable. Se a afastamos moito, deixa de oírse. Traduce estes feitos a límites, chamando I á *intensidade do son* (en decibelios) e d á *distancia* (en metros) á que nos colocamos do foco emisor:

$$\lim_{d \to 0} I = \ldots \qquad \lim_{d \to +\infty} I = \ldots$$

1 Visión intuitiva da continuidade. Tipos de descontinuidades

A idea de función continua é a de que "pode ser construída cun só trazo". Nesta epígrafe obteremos algúns criterios mediante os cales poidamos saber se unha función, dada pola súa expresión analítica, é ou non continua. Pero antes, analizaremos as razóns polas que unha función deixa de ser continua nun punto.

Descontinuidades

Observemos distintos tipos de descontinuidade nun punto a.

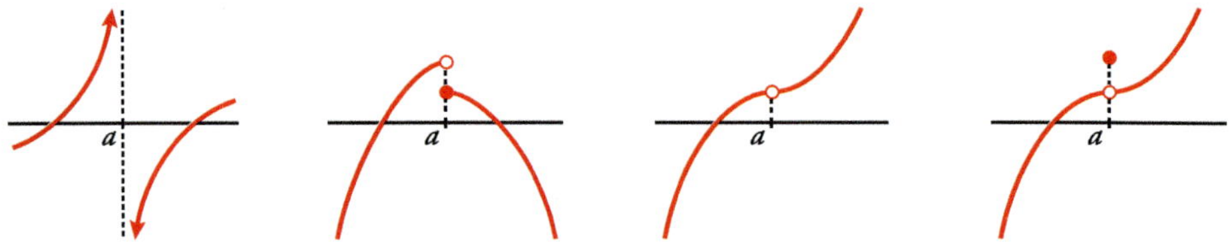

I. Salto infinito — II. Salto finito — III. Falta o punto — IV. Punto desprazado

As dous tipos III e IV chámanse descontinuidades "evitables".

Exercicio resolto

1 *Sinalar que tipo de descontinuidade presenta cada unha das seguintes funcións:*

a)

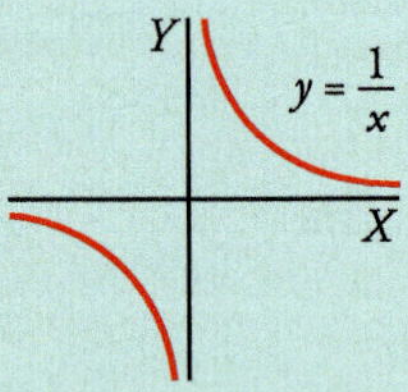

a) Ten unha asíntota vertical no punto $x = 0$.

É unha descontinuidade do tipo I.

b)

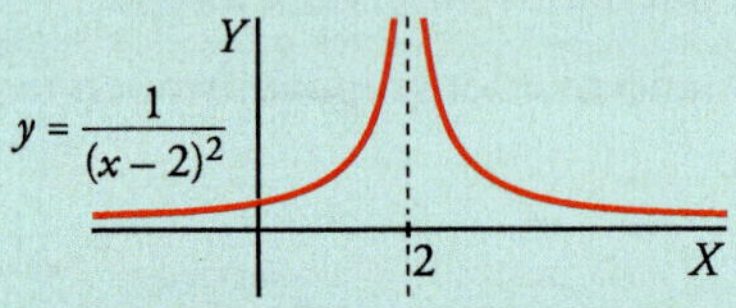

b) Ten unha asíntota vertical en $x = 2$. Aínda que as dúas ramas das curvas van cara arriba, trátase dun salto infinito.

É, tamén, unha descontinuidade do tipo I.

c)

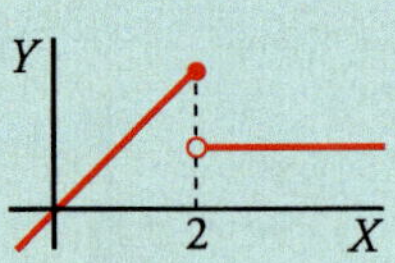

$y = \begin{cases} x & \text{se } x \le 2 \\ 1 & \text{se } x > 2 \end{cases}$

c) No punto $x = 2$ hai un salto finito.

É unha descontinuidade do tipo II.

d)

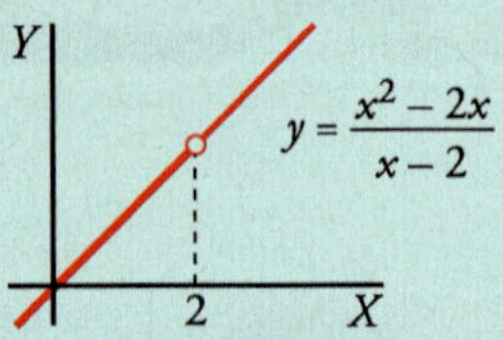

d) Simplificamos a fracción: $\frac{x^2 - 2x}{x - 2} = \frac{(x - 2)x}{x - 2} = x$ se $x \neq 2$.

Pero a expresión inicial carece de sentido para $x = 2$. Polo tanto, a función coincide coa recta $y = x$ salvo que lle falta un punto.

É unha descontinuidade do tipo III.

e)

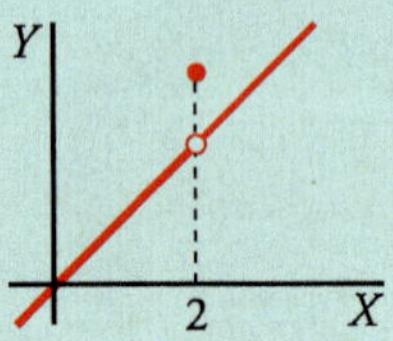

$y = \begin{cases} x & \text{se } x \neq 2 \\ 3 & \text{se } x = 2 \end{cases}$

e) A función si está definida en $x = 2$. Pero o seu valor está desprazado.

É unha descontinuidade do tipo IV.

Nos exemplos anteriores (exercicio resolto) vimos diversas funcións descontinuas nun punto, pero continuas en todos os demais puntos do seu dominio de definición. Vexamos outro caso.

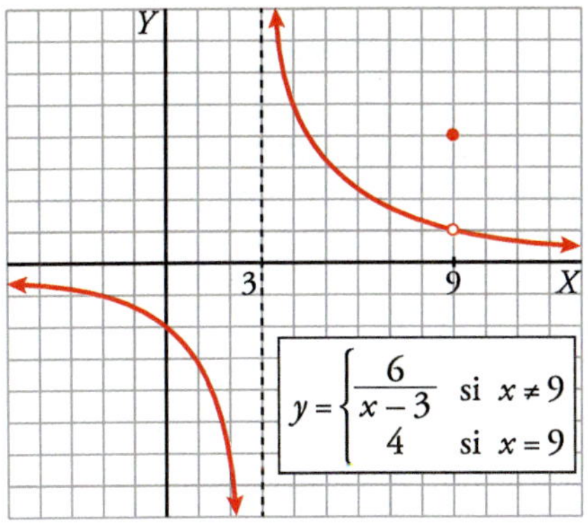

Esta función ten dous puntos de descontinuidade:

En $x = 3$ presenta un salto infinito (Tipo I).

En $x = 9$ ten o punto desprazado (Tipo IV).

É continua no resto.

Observamos que a descontinuidade en $x = 3$ non houbo que anunciala, despréndese "de forma natural" da expresión analítica, mentres que a do punto $x = 9$ explicitouse mediante o recurso artificioso da definición "a anacos".

É importante sinalar que as funcións con descontinuidades de tipos I e III, que son as únicas que se puideron definir "de forma natural", non están definidas no punto en que son descontinuas. Isto é xeral e vainos permitir dar un criterio, tan eficaz como sinxelo, para identificar a continuidade dunha función dada analiticamente.

Como detectar a continuidade na expresión analítica?

As funcións dadas por expresións analíticas elementais (é dicir, todas as que coñecemos ata agora) son continuas en todos os puntos nos que están definidas.

Por exemplo:

$f(x) = x^3 - 3x + 5$ está definida en todo $\mathbb{R}$ e é continua en todos os puntos de $\mathbb{R}$.

$g(x) = \dfrac{x+5}{x+3}$ é continua en todos os puntos, salvo en $x = -3$, onde non está definida.

$h(x) = \sqrt{x-4}$ é continua en $[4, +\infty)$, que é onde está definida.

Ten en conta

Funcións como as seguintes,

$$y = \frac{1}{x}; \quad y = \frac{1}{(x-2)^2}; \quad y = \frac{x^2 - 2x}{x-2}$$

que están definidas "de forma natural" (sen o artificio da definición "a anacos"), só son descontinuas nos puntos onde non están definidas.

Exercicios propostos

1 Verdadeiro ou falso?

Cada unha das seguintes funcións é continua en todos os puntos nos que está definida:

a) $y = x^2 - 1$

b) $y = \sqrt{x+2}$

c) $y = sen\ x$

d) $y = tan\ x$

e) $y = Ent\ (x)$

f) $y = Mant\ (x)$

g) $y = \dfrac{1}{x^2 - 1}$

h) $y = \dfrac{1}{\sqrt{x+2}}$

i) $y = \begin{cases} x^2 & \text{se } x < 0 \\ x & \text{se } 0 \leq x < 3 \\ 1 & \text{se } x > 3 \end{cases}$

l) $y = \begin{cases} 5x - 3 & \text{se } x \leq 1 \\ x + 2 & \text{se } x > 1 \end{cases}$

2 Cada unha das seguintes funcións ten un ou máis puntos onde non é continua. Indica cales son eses puntos e que tipo de descontinuidade presenta:

a) $y = \dfrac{x+2}{x-3}$

b) $y = \dfrac{x^2 - 3x}{x}$

c) $y = \dfrac{x^2 - 3}{x}$

d) $y = \begin{cases} 3 & \text{se } x \neq 4 \\ 1 & \text{se } x = 4 \end{cases}$

3 Explica por que son continuas as seguintes funcións e determina o intervalo no que están definidas:

a) $y = x^2 - 5$

b) $y = \sqrt{5 - x}$

c) $y = \begin{cases} 3x - 4 & \text{se } x < 3 \\ x + 2 & \text{se } x \geq 3 \end{cases}$

d) $y = \begin{cases} x & \text{se } 0 \leq x < 2 \\ 2 & \text{se } 2 \leq x < 5 \end{cases}$

2 Límite dunha función nun punto. Continuidade

Nas páxinas anteriores vimos a idea intuitiva de continuidade. Pero para dar unha definición rigorosa dela necesítase o **concepto de límite.** A partir deste concepto extraeranse métodos para o cálculo de límites, básicos tamén para a obtención de ramas infinitas.

Significado de *lím f*(x) cando $x \to c^-$ (límite lateral)

A expresión $x \to c^-$ lese "x tende a c pola esquerda" e significa que x toma valores cada vez máis próximos a c, tan próximos a c como se queira, pero menores que c.

Se $x \to c^-$, entón a x dámoslle valores variables. Como consecuencia, $f(x)$ tamén toma valores variables. O comportamento de $f(x)$ cando $x \to c^-$, exprésase así:

$$\lim_{x \to c^-} f(x) \quad (\textit{límite de } f(x) \textit{ cando } x \textit{ tende a } c \textit{ pola esquerda})$$

e pode ser dunha das seguintes formas:

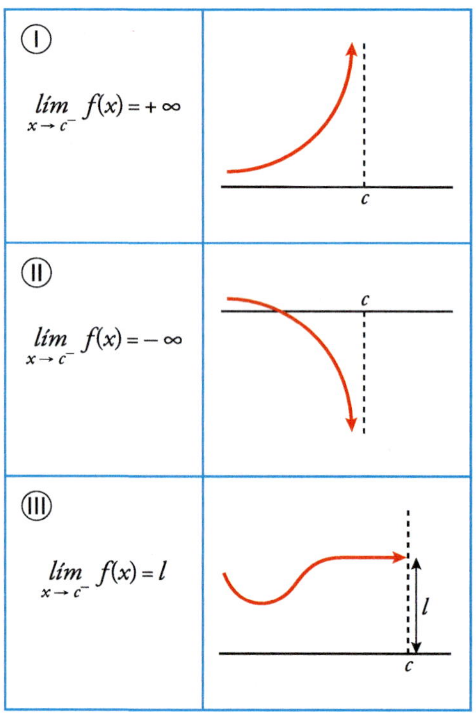

(I) $\boxed{\lim_{x \to c^-} f(x) = +\infty}$ Cando $x \to c^-$, $f(x)$ toma valores cada vez máis grandes, chegando a superar a calquera valor, por grande que sexa.

Exemplo: $f(x) = \dfrac{1}{(x-1)^2}$

x	0	0,9	0,99	…
f(x)	1	100	10 000	…

$\lim_{x \to 1^-} f(x) = +\infty$

(II) $\boxed{\lim_{x \to c^-} f(x) = -\infty}$ Cando $x \to c^-$, $f(x)$ toma valores cada vez "máis negativos" (negativos e cada vez máis grandes en valor absoluto).

Exemplo: $f(x) = \dfrac{1}{x-1}$

x	0	0,9	0,99	…
f(x)	–1	–10	–100	…

$\lim_{x \to 1^-} f(x) = -\infty$

(III) $\boxed{\lim_{x \to c^-} f(x) = l}$ Cando $x \to c^-$, $f(x)$ toma valores cada vez máis próximos ao número l.

Exemplo: $f(x) = x^2 + 5$

x	0	0,9	0,99	…
f(x)	5	5,81	5,9801	…

$\lim_{x \to 1^-} f(x) = 6$

As funcións que nós coñecemos ata agora teñen un destes tres comportamentos cando $x \to c^-$.

Exercicio proposto

1 Para cada unha das funcións seguintes $f_1(x) = \dfrac{-5}{(x-3)^2}$, $f_2(x) = \dfrac{4}{3-x}$, $f_3(x) = 2^x$, completa no teu caderno a táboa adxunta, coa axuda da calculadora, e estima o valor de $\lim_{x \to 3^-} f(x)$.

x	2	2,5	2,9	2,99	2,999
f(x)					

Significado de $\lim f(x)$ cando $x \to c^+$ (límite lateral)

A expresión $x \to c^+$ (x tende a c pola dereita) significa que x toma valores cada vez máis próximos a c, e maiores que c.

O significado de $\lim_{x \to c^+} f(x)$ (*límite de f(x) cando x tende a c pola dereita*) é similar ao do $\lim_{x \to c^-} f(x)$. Vexamos graficamente os tres comportamentos que poden darse, idénticos aos vistos para $x \to c^-$.

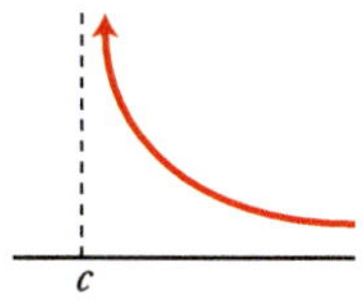

$\lim_{x \to c^+} f(x) = +\infty$

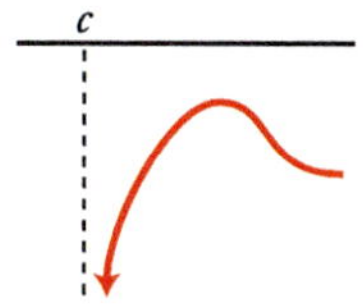

$\lim_{x \to c^+} f(x) = -\infty$

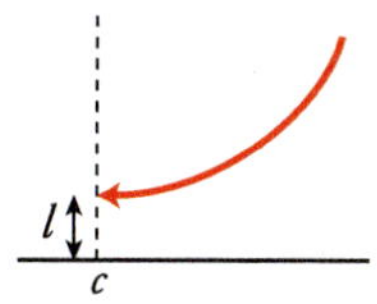

$\lim_{x \to c^+} f(x) = l$

Con calculadora

Comproba que

$\lim_{x \to 1^+} \frac{1}{(x-1)^2} = +\infty$

$\lim_{x \to 1^+} \frac{1}{x-1} = +\infty$

$\lim_{x \to 1^+} (x^2 + 5) = 6$

dando a x os valores

2; 1,5; 1,1; 1,01; 1,001; 1,0001; …

Significado de $\lim f(x)$ cando $x \to c$

$x \to c$ significa que x toma valores cada vez máis próximos a c, tan próximos como se queira, tanto á súa esquerda coma á súa dereita.

$\lim_{x \to c} f(x)$ (*límite de f(x) cando x tende a c*), é o comportamento da función cando x se aproxima a c tanto pola dereita coma pola esquerda.

Se $\lim_{x \to c^-} f(x) = \lim_{x \to c^+} f(x) = l$, dicimos que $\lim_{x \to c} f(x) = l$.

Analogamente, cando os dous límites laterais son $+\infty$ ou $-\infty$.

Se os dous límites laterais non coinciden, dise que **non existe** o $\lim_{x \to c} f(x)$.

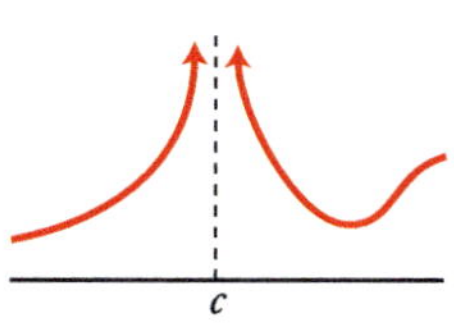

$\lim_{x \to c} f(x) = +\infty$

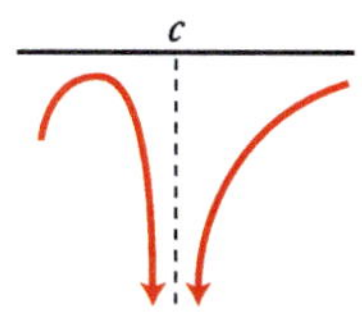

$\lim_{x \to c} f(x) = -\infty$

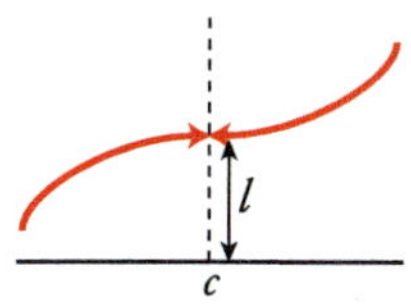

$\lim_{x \to c} f(x) = l$

Se a función non está definida á esquerda de c, entón $\lim_{x \to c} f(x) = \lim_{x \to c^+} f(x)$.

Analogamente se non está definida á dereita de c.

Exemplos

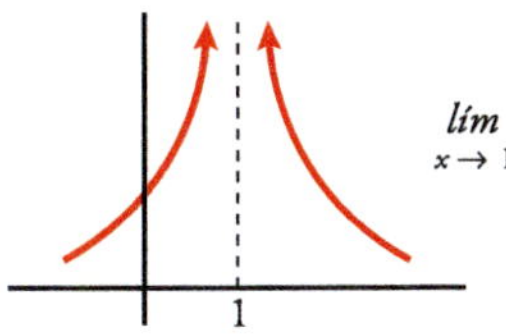

$\lim_{x \to 1} \frac{1}{(x-1)^2} = +\infty$

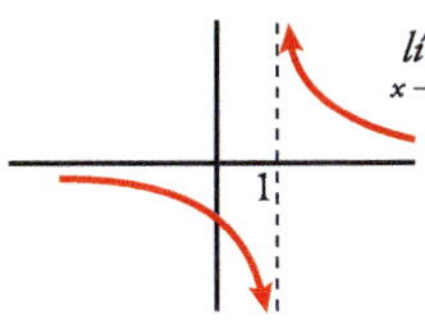

$\lim_{x \to 1} \frac{1}{x-1}$ no existe

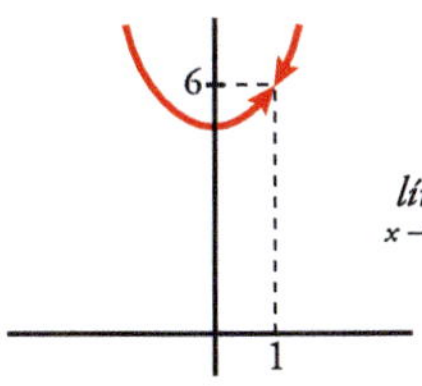

$\lim_{x \to 1} (x^2 + 5) = 6$

Relación da continuidade en c co límite cando $x \to c$

As funcións continuas caracterízanse do seguinte modo:

f é continua en $x = c$ se se cumpre: $\lim_{x \to c} f(x) = f(c)$

Observa que nesta definición se resumen as tres condicións seguintes:

- f ten límite finito cando $x \to c$.
- f está definida en $x = c$.
- O límite en c coincide co valor da función.

Na web

Animación interactiva para visualizar as condicións de continuidade nun punto.

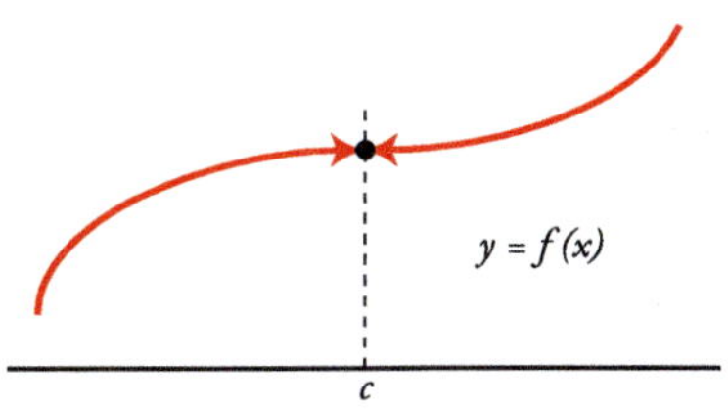

$y = f(x)$ es continua en c $\Leftrightarrow$ $\lim_{x \to c} f(x) = f(c)$

3 Cálculo de límites nun punto

O cálculo de límites de funcións en puntos concretos pode ser moi doado ou difícil, segundo os casos. Imos analizar distintas situacións que nos permitirán recoñecer que proceso convén seguir en cada caso.

Límite nun punto no que a función é continua

Cal é o límite de *sen x* cando $x \to \frac{\pi}{3}$? $\left(\lim_{x \to \pi/3} sen\ x\right)$

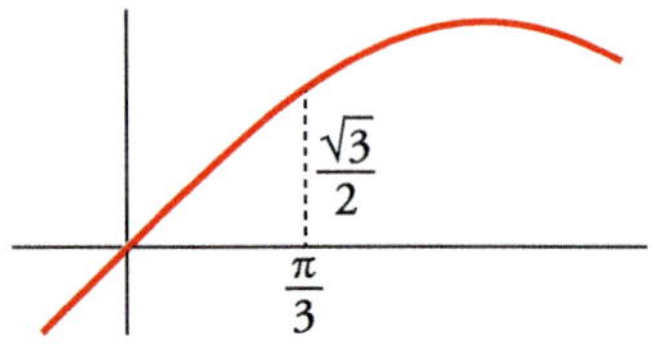

Parece evidente que tal límite é $\frac{\sqrt{3}}{2}$; é dicir, o valor de *sen x* nese punto.

Imos razoar por que isto é así.

E farémolo de forma xeral, baseándonos en dous resultados obtidos na páxina anterior:

- Se f é continua en c, entón $\lim_{x \to c} f(x) = f(c)$.
- As funcións que utilizamos habitualmente mediante a súa expresión analítica son continuas en todos os puntos nos que están definidas.

Como consecuencia podemos afirmar o seguinte:

> **Se $f(x)$ é unha función habitual dada pola súa expresión analítica e está definida no punto $x = c$, entón:**
>
> **para achar $\lim_{x \to c} f(x)$ calcularemos, sinxelamente, $f(c)$**

Aplicando esta regra ao cálculo do $\lim_{x \to \pi/3} sen\ x$:

$y = sen\ x$ é continua en todo $\mathbb{R}$ e, en concreto, en $x = \frac{\pi}{3}$. Polo tanto:

$$\lim_{x \to \pi/3} sen\ x = sen\ \frac{\pi}{3} = \frac{\sqrt{3}}{2}$$

Exercicio resolto

1 *Achar os seguintes límites:*

a) $\lim_{x \to 3} x^2$

b) $\lim_{x \to 2} \frac{5x}{x-5}$

c) $\lim_{x \to 7} \sqrt{3x+4}$

d) $\lim_{x \to \frac{\pi}{4}} (sen\ x + 3)$

a) $f(x) = x^2$ está definida e é continua en $x = 3$. Polo tanto, $\lim_{x \to 3} x^2 = 3^2 = 9$.

b) $f(x) = \frac{5x}{x-5}$ está definida e é continua en $x = 2$.

Polo tanto, $\lim_{x \to 2} \frac{5x}{x-5} = \frac{5 \cdot 2}{2-5} = \frac{10}{-3} = -\frac{10}{3}$.

c) $f(x) = \sqrt{3x+4}$ está definida e é continua en $x = 7$.

Polo tanto, $\lim_{x \to 7} \sqrt{3x+4} = \sqrt{3 \cdot 7 + 4} = \sqrt{25} = 5$.

d) $f(x) = sen\ x + 3$ está definida e é continua en $x = \frac{\pi}{4}$.

Polo tanto, $\lim_{x \to \frac{\pi}{4}} (sen\ x + 3) = sen\ \frac{\pi}{4} + 3 = \frac{\sqrt{2}}{2} + 3$

Exercicio proposto

1 Calcula razoadamente o valor dos seguintes límites:

a) $\lim_{x \to 0} \frac{3}{x-2}$ b) $\lim_{x \to 0} (cos\ x - 1)$ c) $\lim_{x \to 2} \sqrt{x^2 - 3x + 5}$ d) $\lim_{x \to 0,1} log_{10}\ x$

Límites de funcións definidas "a anacos"

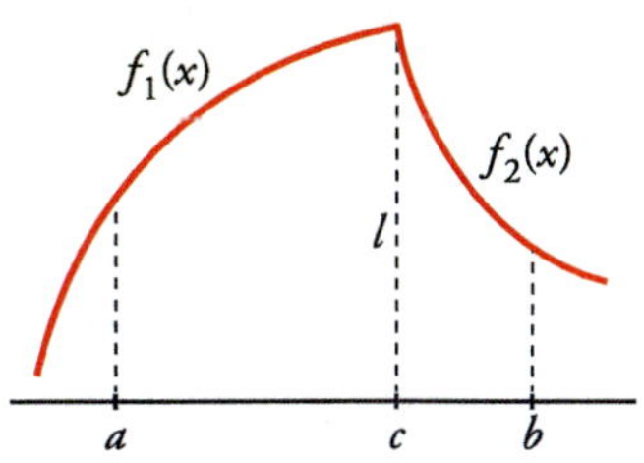

$\lim\limits_{x \to c} f_1(x) = \lim\limits_{x \to c} f_2(x)$

Analicemos $f(x) = \begin{cases} f_1(x), & x \le c \\ f_2(x), & x > c \end{cases}$ onde $f_1(x)$ e $f_2(x)$ son funcións continuas.

■ **Cálculo de $\lim f(x)$ no punto de ruptura**

Como f_1 e f_2 son continuas, $\lim\limits_{x \to c^-} f(x) = f_1(c)$ e $\lim\limits_{x \to c^+} f(x) = f_2(c)$. Polo tanto:

- Se $f_1(c) = f_2(c) = l$, entón $\lim\limits_{x \to c} f(x) = l$.
- Se $f_1(c) \ne f_2(c)$, entón o límite non existe.

■ **Cálculo de $\lim f(x)$ noutro punto calquera do dominio**

Para achar o límite, procederemos así:

Se $a < c$, $\lim\limits_{x \to a} f(x) = f_1(a)$ Se $b > c$, $\lim\limits_{x \to b} f(x) = f_2(b)$

Exercicios resoltos

1 *A función*

$$f(x) = \begin{cases} f_1(x) = 2x - 5, & x < 3 \\ f_2(x) = -x + 2, & x \ge 3 \end{cases}$$

é continua en $x = 3$?

Achar o seu límite en 1 e en 7.

- **Continuidade en $x = 3$.** Vexamos se coinciden os límites laterais.

$$\left.\begin{array}{l} \lim\limits_{x \to 3^-} f(x) = f_1(3) = 2 \cdot 3 - 5 = 1 \\ \lim\limits_{x \to 3^+} f(x) = f_2(3) = -3 + 2 = -1 \end{array}\right\}$$ Non coinciden. Non existe $\lim\limits_{x \to 3} f(x)$.

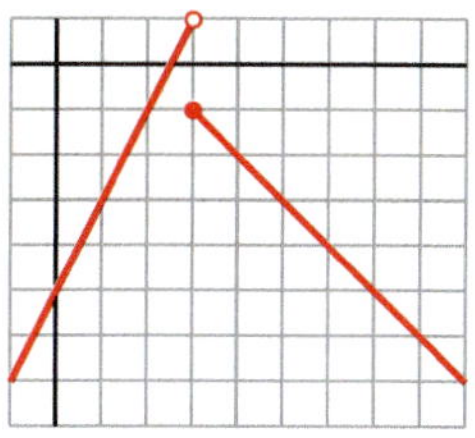

Como consecuencia, $f(x)$ non é continua en $x = 3$.

- **Límite en $x = 1$.** Como $1 < 3$, é a función f_1 a que rexe neste punto.

$$\lim_{x \to 1} f(x) = \lim_{x \to 1} f_1(x) = \lim_{x \to 1} (2x - 5) = 2 \cdot 1 - 5 = -3$$

- **Límite en $x = 7$.** Como $7 > 3$, é a función f_2 a que rexe neste punto.

$$\lim_{x \to 7} f(x) = \lim_{x \to 7} f_2(x) = \lim_{x \to 7} (-x + 2) = -7 + 2 = -5$$

Faino ti. $g(x) = \begin{cases} x^3 - 5x + 3, & x \ne -2 \\ 5, & x = -2 \end{cases}$ É continua en $x = -2$?

Acha o seu límite en 0 e en 4.

2 *Calcular o valor de n para que a función*

$$f(x) = \begin{cases} x^2 - 5x + 1, & x \le 4 \\ 2x + n, & x > 4 \end{cases}$$

sexa continua en todo $\mathbb{R}$.

Calquera que sexa n, $f(x)$ é continua nos puntos distintos de 4.

Debemos analizar a continuidade en $x = 4$. Para iso, obrigamos a que o límite pola esquerda coincida co límite pola dereita.

Posto que $f(4) = 4^2 - 5 \cdot 4 + 1 = -3$, debe ser $\lim\limits_{x \to 4} f(x) = -3$.

$$\left.\begin{array}{l} \lim\limits_{x \to 4^-} f(x) = 4^2 - 5 \cdot 4 + 1 = -3 \\ \lim\limits_{x \to 4^+} f(x) = 2 \cdot 4 + n = 8 + n \end{array}\right\} 8 + n = -3 \Rightarrow n = -11$$

Para $n = -11$, f ten límite en $x = 4$, que coincide con $f(4)$. Polo tanto, é continua en $x = 4$. Conclusión: para $n = -11$, f é continua en todo $\mathbb{R}$.

Faino ti. Calcula k para que $f(x) = \begin{cases} x^3 - 2x + k, & x \ne 3 \\ 7, & x = 3 \end{cases}$ sexa continua en $\mathbb{R}$.

Indeterminación (0/0)

Nos límites b) e c) da dereita, tanto o numerador coma o denominador tenden a cero cando $x \to c$. Dicimos nestes casos que se trata dunha *indeterminación "cero partido por cero"*, $\left(\frac{0}{0}\right)$. Para descubrir o límite temos que *desfacer* esa indeterminación.

Límite de expresións nas que se anula o denominador

Observemos estes límites:

a) $\lim\limits_{x \to 2} \frac{x+1}{x-2}$ b) $\lim\limits_{x \to 0} \frac{x^3+3x^2}{x^4}$ c) $\lim\limits_{x \to 0} \frac{2x}{sen\, x}$

En todos eles se debe achar o límite nun punto no que a función non está definida, pois anúlase o denominador.

Os dous primeiros (cociente de polinomios) aprenderemos a continuación a obtelos de forma sistemática. Para a terceira, mentres non teñamos outro instrumento matemático, valerémonos da calculadora.

Exercicio resolto

1 *Calcular* $\lim\limits_{x \to 0} \frac{2x}{sen\, x}$ *coa axuda da calculadora.*

Dámoslle a x valores próximos a 0, achegándonos cada vez máis.

$$\left.\begin{array}{ll} x = 0{,}01 & \to 2 \cdot 0{,}01/sen\,0{,}01 = 2{,}00003 \\ x = 0{,}001 & \to 2 \cdot 0{,}001/sen\,0{,}001 = 2{,}0000003 \\ x = -0{,}001 & \to 2 \cdot (-0{,}001)/sen\,(-0{,}001) = 2{,}0000003 \end{array}\right\}$$

Parece claro que $\lim\limits_{x \to 0} \frac{2x}{sen\, x} = 2$.

Límite do cociente de dous polinomios, *P*(*x*)/*Q*(*x*)

- Se **o denominador non se anula,** $Q(c) \neq 0$, a función é continua en c e, polo tanto, o límite en c é o valor da función en c.

Se $Q(c) \neq 0$, $\lim\limits_{x \to c} \frac{P(x)}{Q(x)} = \frac{P(c)}{Q(c)}$

- Se **o denominador se anula e o numerador non se anula,** o límite é infinito.

Se $P(c) \neq 0$ e $Q(c) = 0$, entón $\lim\limits_{x \to c} \frac{P(x)}{Q(x)} = \pm\infty$

Nestes casos hai que estudar os dous límites laterais. Este estudo pode facerse coa axuda da calculadora achando o signo de $P(x)/Q(x)$ en puntos moi próximos a c, a ambos os dous lados del. Por exemplo, en $c - 0{,}01$ e en $c + 0{,}01$.

- Se **tanto o numerador coma o denominador se anulan,** trátase dunha indeterminación $\left(\frac{0}{0}\right)$. Para resolvela debe simplificarse a expresión.

Se $P(c) = 0$, $Q(c) = 0$, entón o cociente pode simplificarse dividindo numerador e denominador por $(x - c)$:

$$P(x) = (x - c) \cdot P_1(x) \qquad Q(x) = (x - c) \cdot Q_1(x)$$

$$\lim_{x \to c} \frac{P(x)}{Q(x)} = \lim_{x \to c} \frac{(x-c) \cdot P_1(x)}{(x-c) \cdot Q_1(x)} = \lim_{x \to c} \frac{P_1(x)}{Q_1(x)}$$

Para achar este novo límite, analizaremos en cal dos tres casos se encontra.

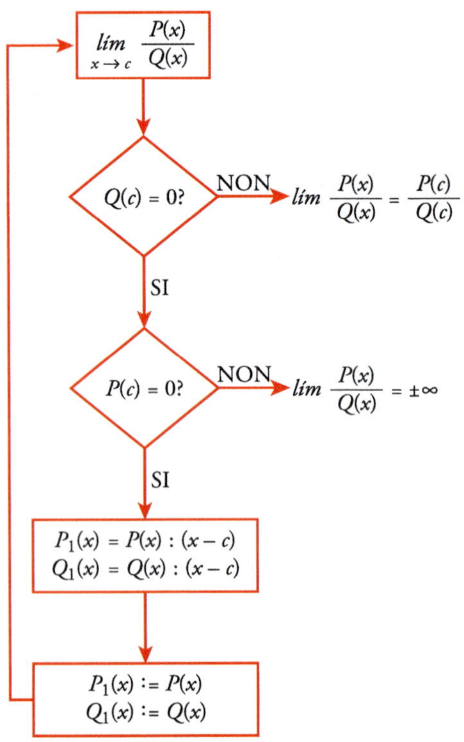

A expresión := significa "ponse en lugar de".

Exercicios resoltos

1 *Calcular*

$$\lim_{x \to 2} \frac{x+1}{x-2}$$

e representar o resultado.

• O denominador anúlase en $x = 2$, pero non o numerador. Polo tanto, o límite é infinito, con signo máis ou menos.

• Agora estudamos o signo da función para valores próximos a 2, a un e outro lado del:

ESQ.: $x = 1{,}99 \to \frac{1{,}99+1}{1{,}99-2} = -299 < 0; \quad \lim_{x \to 2^-} f(x) = -\infty$

DTA.: $x = 2{,}01 \to \frac{2{,}01+1}{2{,}01-2} = 301 > 0; \quad \lim_{x \to 2^+} f(x) = +\infty$

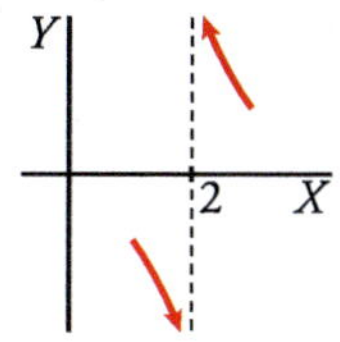

Faino ti. Calcula a) $\lim_{x \to 0} \frac{x-3}{x}$; b) $\lim_{x \to 0} \frac{x-3}{x^2}$; c) $\lim_{x \to 1} \frac{x^3}{(x-1)^2}$ e representa os resultados.

2 *Achar*

$$\lim_{x \to 2} \frac{x^2-5x+6}{x^2+3x-10}$$

e representar o resultado.

• Anúlase o denominador en $x = 2$? Anúlase tamén o numerador?

En $x = 2$ anúlanse ambos os dous. Simplificamos a fracción dividindo por $(x-2)$:

$$\frac{x^2-5x+6}{x^2+3x-10} = \frac{(x-3)(x-2)}{(x+5)(x-2)} = \frac{x-3}{x+5}$$

• Comprobamos que na fracción simplificada o denominador xa non se anula en $x = 2$. Podemos obter o límite substituíndo:

$$\lim_{x \to 2} \frac{x^2-5x+6}{x^2+3x-10} = \lim_{x \to 2} \frac{x-3}{x+5} = -\frac{1}{7}$$

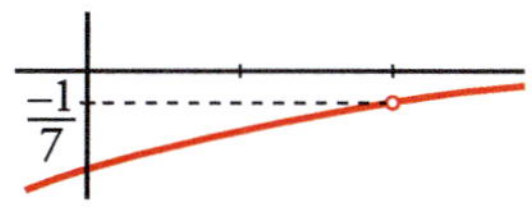

Faino ti. Calcula a) $\lim_{x \to 5} \frac{x^2-4x-5}{x^2-8x+15}$; b) $\lim_{x \to 0} \frac{2x^3-5x^2}{x^2}$ e representa os resultados.

3 *Calcular*

$$\lim_{x \to 2} \frac{x^3-5x^2+6x}{x^3-7x^2+16x-12}$$

e representar o resultado.

• Para $x = 2$ anúlase o denominador e tamén o numerador. Polo tanto, simplificamos dividindo arriba e abaixo por $x-2$:

$$\lim_{x \to 2} f(x) = \lim_{x \to 2} \frac{(x-2)(x^2-3x)}{(x-2)(x^2-5x+6)} = \lim_{x \to 2} \frac{x^2-3x}{x^2-5x+6}$$

• Agora, para $x = 2$, observamos que se anula o denominador pero non o numerador. Polo tanto, os límites laterais son $\pm\infty$. Estudamos o signo da función a un e a outro lado de 2:

ESQ.: $x = 1{,}99$

$$\frac{1{,}99^2-3\cdot 1{,}99}{1{,}99^2-5\cdot 1{,}99+6} = \frac{-}{+} = -$$

$$\lim_{x \to 2^-} f(x) = -\infty$$

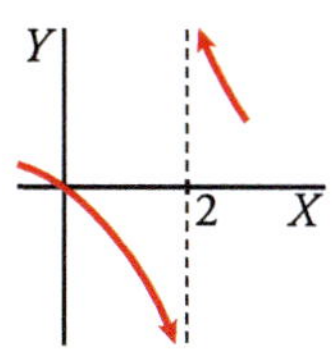

DTA.: $x = 2{,}01$

$$\frac{2{,}01^2-3\cdot 2{,}01}{2{,}01^2-5\cdot 2{,}01+6} = \frac{-}{-} = +$$

$$\lim_{x \to 2^+} f(x) = +\infty$$

Posto que os límites laterais non coinciden, non existe $\lim_{x \to 2} f(x)$.

Faino ti. Acha estes límites e representa os resultados:

a) $\lim_{x \to 1} \frac{x^2+4x-5}{x^3-2x^2+x}$ b) $\lim_{x \to 0} \frac{x^3+3x^2}{x^4}$

4 Límite dunha función cando $x \to +\infty$

Para expresar que damos a x valores tan grandes como se queira, poñemos $x \to +\infty$ (x tende a "máis infinito"). Por exemplo, se damos a x os valores 10, 100, 1 000, 10 000..., dicimos que $x \to +\infty$.

Vexamos posibles comportamentos de $f(x)$ cando $x \to +\infty$:

$\lim\limits_{x \to +\infty} f(x) = +\infty$

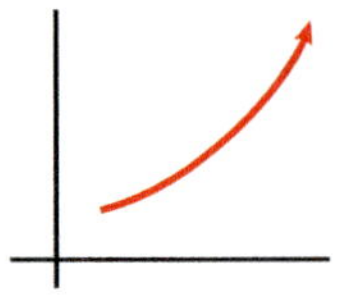

$\lim\limits_{x \to +\infty} f(x) = +\infty$ Cando $x \to +\infty$, os valores de $f(x)$ crecen tanto como se queira.

Por exemplo, son deste tipo as seguintes familias de funcións:

potencias, $y = x^n$ exponenciais, $y = a^x$, $a > 1$

raíces, $y = \sqrt[n]{x}$ logaritmos, $y = log_a\, x$, $a > 1$

$\lim\limits_{x \to +\infty} f(x) = -\infty$

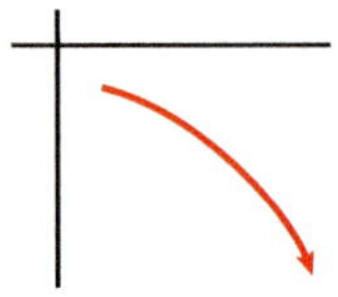

$\lim\limits_{x \to +\infty} f(x) = -\infty$ Cando $x \to +\infty$, os valores de $f(x)$ son cada vez "máis negativos".

Como exemplo, poderiamos poñer as mesmas funcións do exemplo anterior precedidas do signo menos:

$y = -x^n$, $y = -a^x$, $y = -\sqrt[n]{x}$, $y = -log_a\, x$

$\lim\limits_{x \to +\infty} f(x) = l$

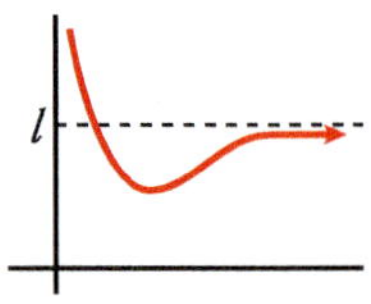

$\lim\limits_{x \to +\infty} f(x) = l$ Cando $x \to +\infty$, os valores de $f(x)$ son tan próximos a l como se queira. En tal caso, dise que a recta $y = l$ é unha **asíntota horizontal** da curva.

Por exemplo, dada a función $f(x) = \dfrac{2x^2 - 3}{x^2 + 5}$, tense que $\lim\limits_{x \to +\infty} f(x) = 2$. Vexámolo coa axuda da calculadora:

x	10	100	1 000	10 000	...
$\mathbf{\dfrac{2x^2 - 3}{x^2 + 5}}$	1,876	1,9987	1,999987	1,99999987	...

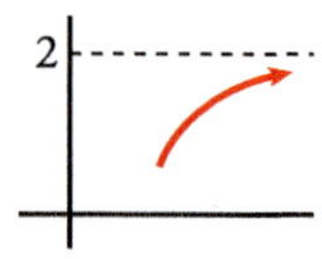

$\lim\limits_{x \to +\infty} f(x)$ non existe

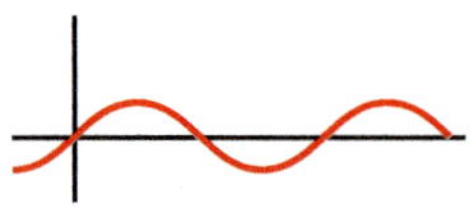

$\lim\limits_{x \to +\infty} f(x)$ non existe Cando $x \to +\infty$, os valores de $f(x)$ nin crecen nin decrecen indefinidamente, nin se achegan cada vez máis a ningún número.

Por exemplo, as funcións trigonométricas presentan este comportamento, pois oscilan indefinidamente.

Exercicio proposto

1 Di o límite cando $x \to +\infty$ das seguintes funcións dadas polas súas gráficas:

a)

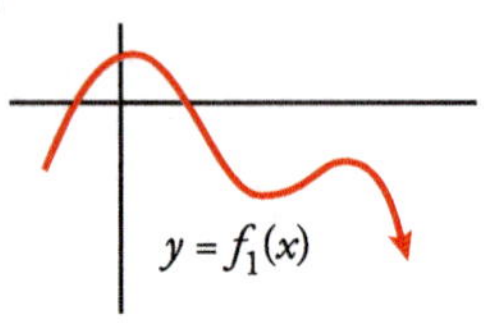

b)

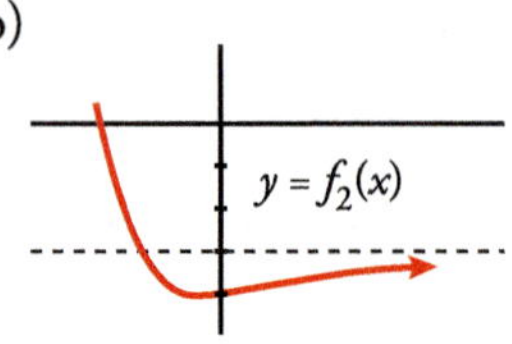

c)

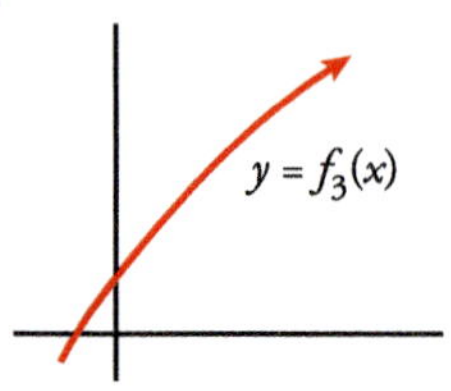

d)

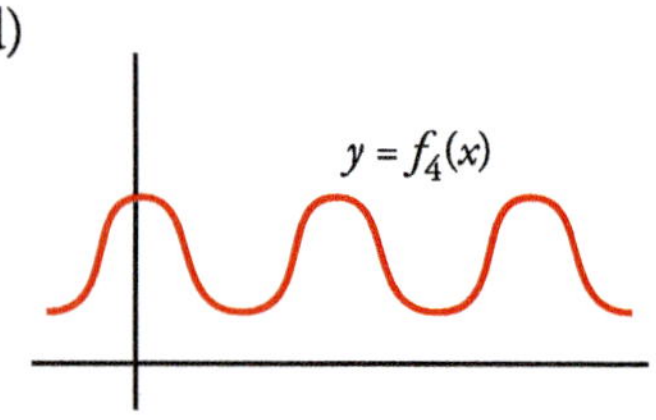

5 Cálculo de límites cando $x \to +\infty$

Ao igual que nos límites nun punto, o cálculo de límites cando $x \to +\infty$ presenta unha variada casuística, que depende do tipo de funcións que se presenten. Vexamos as máis importantes para este nivel.

Límites de funcións polinómicas

As seguintes funcións, evidentemente, tenden a $+\infty$ cando $x \to +\infty$:

$f(x) = x^2$ $\qquad$ $f(x) = x^4 + 17$

$f(x) = x - 3$ $\qquad$ $f(x) = x^3 - x^2$

Acaso resulte menos evidente pero, reflexionando, tamén é claro que tenden a $+\infty$ as seguintes funcións:

$$f(x) = 2x^2 - 40x$$
$$f(x) = 3x^4 - 1\,000\,000$$
$$f(x) = x^3 - 1\,000x^2$$

Pódese comprobar dando a x valores suficientemente grandes.

Se ás funcións anteriores lles cambiamos o signo, tenden a $-\infty$:

$$\lim_{x \to +\infty} (-3x^4 + 1\,000\,000) = -\infty \qquad \lim_{x \to +\infty} (-x^3 + 1\,000x^2) = -\infty$$

En xeral, podemos afirmar que:

> O límite cando $x \to +\infty$ dunha función polinómica é $+\infty$ ou $-\infty$, segundo que o coeficiente do termo de maior grao sexa positivo ou negativo.

Por exemplo:

$$\lim_{x \to +\infty} (3x^4 - 5x^3) = +\infty$$
$$\lim_{x \to +\infty} (-5x^3 + 7x^2 + 9) = -\infty$$

Reflexión importante

Cando $x \to +\infty$, o protagonismo dunha función polinómica desempéñao o seu termo de maior grao, pois, para valores grandes de x, o valor das potencias de grao inferior é insignificante comparado co seu. Por exemplo:

$$x^3 - 20x^2$$

Para $x = 100$:

$$\begin{array}{rr} x^3 = & 1\,000\,000 \\ -20x^2 = & -200\,000 \\ \hline x^3 - 20x^2 & 800\,000 \end{array}$$

Límites de funcións inversas de polinómicas

Se $\lim_{x \to +\infty} f(x) = \pm\infty$, entón $\lim_{x \to +\infty} \frac{1}{f(x)} = 0$, pois ao dividir 1 por un número cada vez máis grande, o cociente é cada vez máis próximo a cero.

> Se $P(x)$ é unha función polinómica, entón $\lim_{x \to +\infty} \frac{1}{P(x)} = 0$.

Por exemplo, $\lim_{x \to +\infty} \frac{1}{2x^3 - 5x^2 + 3} = 0$.

Exercicios propostos

1 Di o valor do límite cando $x \to +\infty$ das seguintes funcións:

a) $f(x) = -x^2 + 3x + 5$ $\qquad$ b) $f(x) = 5x^3 + 7x$

c) $f(x) = x - 3x^4$ $\qquad$ d) $f(x) = \frac{1}{3x}$

e) $f(x) = -\frac{1}{x^2}$ $\qquad$ f) $f(x) = \frac{x^3 - 1}{-5}$

2 Como $\lim_{x \to +\infty} (x^3 - 200x^2) = +\infty$, acha un valor de x para o cal sexa $x^3 - 200x^2 > 1\,000\,000$.

3 Como $\lim_{x \to +\infty} \frac{1}{x^2 - 10x} = 0$, acha un valor de x para o cal sexa $\frac{1}{x^2 - 10x} < 0{,}0001$.

Exemplo

$\lim\limits_{x \to +\infty} \dfrac{5x^4 - 300x^2 - 40}{3x^3 + 500x} =$

$= \lim\limits_{x \to +\infty} \dfrac{5x^4}{3x^3} = \lim\limits_{x \to +\infty} \dfrac{5x}{3} = +\infty$

Límites de funcións racionais: $P(x)/Q(x)$

Vimos que, cando $x \to +\infty$, o protagonismo dunha función polinómica desempéñao o termo de maior grao.

De igual modo, no límite cando $x \to +\infty$ dun cociente de polinomios, só importarán os termos de maior grao do numerador e do denominador. Polo tanto, podemos dar a seguinte regra para achar límites cando $x \to +\infty$ de funcións racionais:

Nunha función racional $f(x) = \dfrac{P(x)}{Q(x)} = \dfrac{a\,x^m + \dots}{b\,x^n + \dots}$

- Se *grao de P > grao de Q* (é dicir, $m > n$), entón $\lim\limits_{x \to +\infty} f(x) = \pm\infty$.
  O signo do resultado é o de $\frac{a}{b}$.
- Se *grao de P < grao de Q* ($m < n$), entón $\lim\limits_{x \to +\infty} f(x) = 0$.
- Se *grao de P = grao de Q* ($m = n$), entón $\lim\limits_{x \to +\infty} f(x) = \frac{a}{b}$.

Exercicio resolto

1 *Achar o límite cando $x \to +\infty$ das seguintes funcións:*

a) $f(x) = \dfrac{x^2 - 5x + 3}{3x - 5}$

b) $f(x) = \dfrac{x^2 + 3}{x^3}$

c) $f(x) = \dfrac{3x^2 - 5x + 1}{2x^2 - 6}$

d) $f(x) = \dfrac{x^2 + 3}{-x^3}$

a) $\lim\limits_{x \to +\infty} \dfrac{x^2 - 5x + 3}{3x - 5} = \lim\limits_{x \to +\infty} \dfrac{x^2}{3x} = \lim\limits_{x \to +\infty} \dfrac{x}{3} = +\infty$

Como o grao do numerador é maior que o do denominador e, ademais, os coeficientes dos termos de maior grao son ambos os dous positivos, o límite é $+\infty$.

b) $\lim\limits_{x \to +\infty} \dfrac{x^2 + 3}{x^3} = \lim\limits_{x \to +\infty} \dfrac{x^2}{x^3} = \lim\limits_{x \to +\infty} \dfrac{1}{x} = 0$

O límite é 0, pois *grao de* $P(x)$ < *grao de* $Q(x)$.

c) $\lim\limits_{x \to +\infty} \dfrac{3x^2 - 5x + 1}{2x^2 - 6} = \lim\limits_{x \to +\infty} \dfrac{3x^2}{2x^2} = \dfrac{3}{2}$

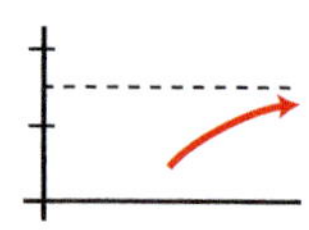

d) $\lim\limits_{x \to +\infty} \dfrac{x^2 + 3}{-x^3} = \lim\limits_{x \to +\infty} \dfrac{x^2}{-x^3} = \lim\limits_{x \to +\infty} \dfrac{1}{-x} = 0$

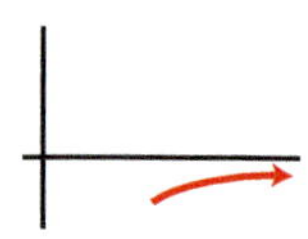

Exercicios propostos

4 Calcula $\lim\limits_{x \to +\infty} f(x)$ e representa as súas ramas:

a) $f(x) = \dfrac{1}{3x}$ b) $f(x) = \dfrac{3}{x}$

c) $f(x) = -\dfrac{1}{x^2}$ d) $f(x) = 3x - 5$

5 Calcula $\lim\limits_{x \to +\infty} f(x)$ e representa as súas ramas:

a) $f(x) = \dfrac{x^3 - 1}{-5}$ b) $f(x) = \dfrac{x^2 - 3}{x^3}$

c) $f(x) = \dfrac{x^3}{x^2 - 3}$ d) $f(x) = \dfrac{1 - x^3}{1 + x^3}$

6 Límite dunha función cando $x \to -\infty$

Dise que $x \to -\infty$ cando os valores que lle damos se afastan cara á parte negativa do eixe das *X*. Por exemplo, -10, $-1\,000$, $-10\,000$,...

As definicións, razoamentos e procedementos sobre os límites cando $x \to -\infty$ son similares aos que se fixeron para límites cando $x \to +\infty$. Imos resumir os fundamentais.

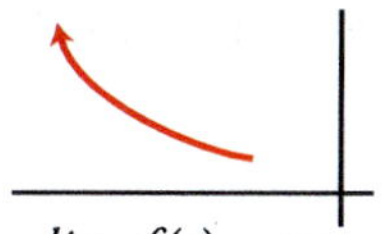

$\lim\limits_{x \to -\infty} f(x) = +\infty$

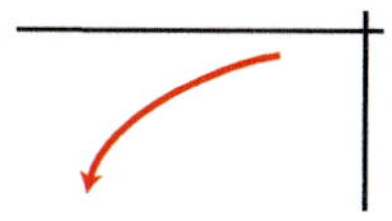

$\lim\limits_{x \to -\infty} f(x) = -\infty$

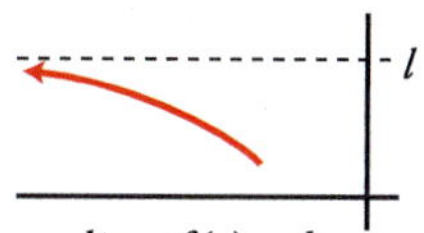

$\lim\limits_{x \to -\infty} f(x) = l$

Exemplo

$\lim\limits_{x \to -\infty} x^2 = +\infty$

$\lim\limits_{x \to -\infty} x^3 = -\infty$

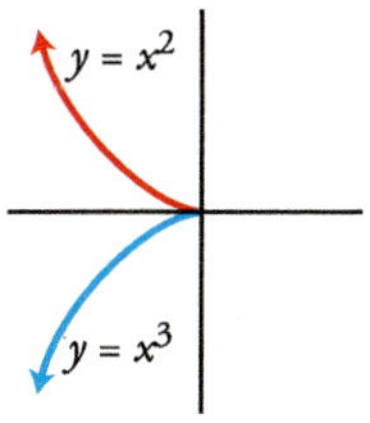

Para o cálculo de límites de funcións polinómicas e racionais, abonda con razoar sobre as potencias de números negativos:

> Se n é par, $\lim\limits_{x \to -\infty} x^n = +\infty$, e se n é impar, $\lim\limits_{x \to -\infty} x^n = -\infty$.

Tendo isto en conta e manexando correctamente a regra dos signos, os procedementos para o cálculo de límites de funcións polinómicas e racionais son idénticos aos xa vistos para o caso de $x \to +\infty$.

Exercicio resolto

1 *Achar o límite cando $x \to -\infty$ das seguintes funcións:*

a) $f(x) = 3x^3 - 5x^2 + 7$

b) $f(x) = \dfrac{3}{-5x^2 + 7x + 2}$

c) $f(x) = \dfrac{-x^3 + 2x^2 + 7}{x^2 - 2x + 3}$

d) $f(x) = \dfrac{7x^3 + 2x^2 - 1}{-2x^3 + 11}$

e) $f(x) = \sqrt{2x + 6}$

f) $f(x) = 2^x$

a) $\lim\limits_{x \to -\infty} (3x^3 - 5x^2 + 7) = \lim\limits_{x \to -\infty} 3x^3 = -\infty$

b) $\lim\limits_{x \to -\infty} \dfrac{3}{-5x^2 + 7x + 2} = \lim\limits_{x \to -\infty} \dfrac{3}{-5x^2} = 0$

c) $\lim\limits_{x \to -\infty} \dfrac{-x^3 + 2x^2 + 7}{x^2 - 2x + 3} = \lim\limits_{x \to -\infty} \dfrac{-x^3}{x^2} = \lim\limits_{x \to -\infty} (-x) = +\infty$

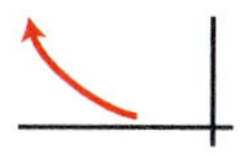

d) $\lim\limits_{x \to -\infty} \dfrac{7x^3 + 2x^2 - 1}{-2x^3 + 11} = \lim\limits_{x \to -\infty} \dfrac{7x^3}{-2x^3} = \dfrac{7}{-2} = -\dfrac{7}{2}$

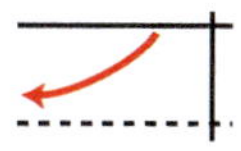

e) A función non está definida á esquerda de -3. Polo tanto, non é posible achar o seu límite cando $x \to -\infty$.

f) Para $x = -10$, $2^{-10} = \dfrac{1}{2^{10}} = \dfrac{1}{1024} = 0{,}00098\ldots$

Para $x = -20$, $2^{-20} = \dfrac{1}{2^{20}} = \dfrac{1}{1048576} = 0{,}00000095\ldots$

É claro que $\lim\limits_{x \to -\infty} 2^x = 0$.

Exercicios propostos

1 Acha os límites cando $x \to -\infty$ e cando $x \to +\infty$ das funcións seguintes:

a) $f(x) = -2x^3 + 7x^2$

b) $f(x) = 3x^4 - 7x$

c) $f(x) = 10^x$

d) $f(x) = \sqrt{5x - 8}$

e) $f(x) = \sqrt{-2x^2 + 1}$

f) $f(x) = -5^x$

2 Acha os límites cando $x \to -\infty$ e cando $x \to +\infty$ das funcións seguintes:

a) $f(x) = \sqrt{3 - x}$

b) $f(x) = \dfrac{x^2 + 3}{-x^3}$

c) $f(x) = \dfrac{-x^3}{x^2 + 3}$

d) $f(x) = \dfrac{5x^3 - 10}{3x^3 + 10x^2}$

7 Ramas infinitas. Asíntotas

Etimoloxía

Asíntota deriva do grego *asumptotos*, que significa *sen atoparse*.

Pois a asíntota achégase á curva "sen atopala", sen xuntarse a ela.

Ramas infinitas son tramos de curva que se afastan indefinidamente. Para que haxa unha rama infinita é necesario que unha das variables, x ou y, ou ambas as dúas, tendan a infinito.

Cando unha rama infinita se cingue (se aproxima) a unha recta, a esta chámaselle **asíntota** da curva.

Imos estudar con detalle os distintos tipos de ramas infinitas.

Ramas infinitas en $x = c$. Asíntotas verticais

Se $\lim\limits_{x \to c} f(x) = \pm\infty$, entón a recta $x = c$ é unha **asíntota vertical.**

Se a función está definida a ambos os dous lados da asíntota, pode acontecer un destes catro casos:

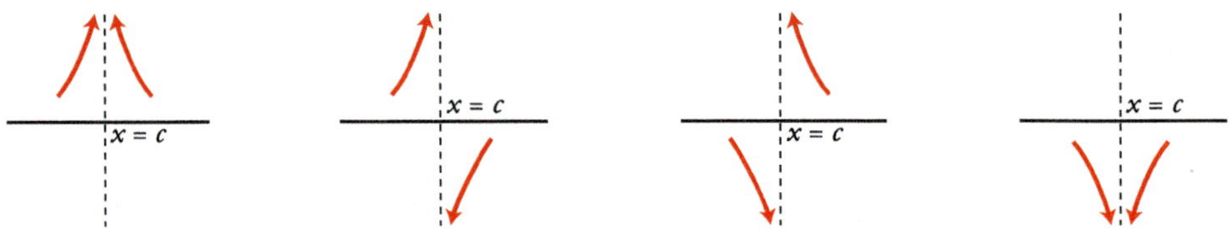

Para dilucidar cal deles é, hai que estudar os límites laterais:

$$\lim_{x \to c^-} f(x) \quad \text{y} \quad \lim_{x \to c^+} f(x)$$

Por exemplo, $y = \dfrac{x^2}{x-3}$ ten unha asíntota vertical en $x = 3$, pois o límite en $x = 3$ é infinito.

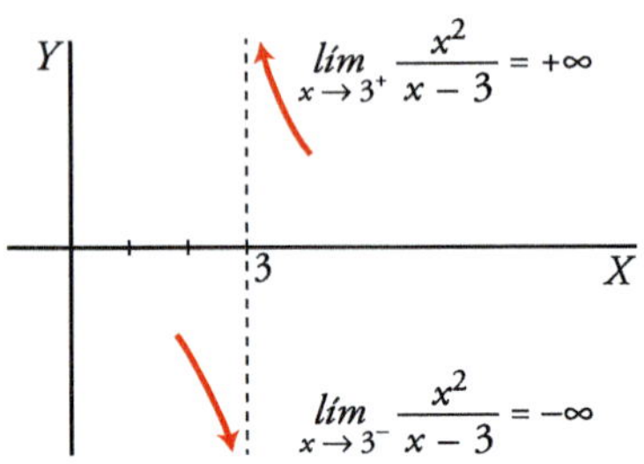

Para achar o signo de $f(x)$ nas proximidades de 3, daremos a x valores próximos a 3 ("algo menores" e "algo maiores").

ESQ.: $x = 2{,}99 \longrightarrow f(x) = \dfrac{2{,}99^2}{(2{,}99-3)} = -894$ (negativo) $\longrightarrow \lim\limits_{x \to 3^-} f(x) = -\infty$

DTA.: $x = 3{,}01 \longrightarrow f(x) = \dfrac{3{,}01^2}{(3{,}01-3)} = 906$ (positivo) $\longrightarrow \lim\limits_{x \to 3^+} f(x) = +\infty$

Outro exemplo: $y = \dfrac{1}{\sqrt{x-2}}$ ten unha asíntota vertical en $x = 2$. Pero a función só está definida á dereita da asíntota. E é evidente que se $x > 2$, o signo da función é positivo. Polo tanto, $\lim\limits_{x \to 2^+} \dfrac{1}{\sqrt{x-2}} = +\infty$.

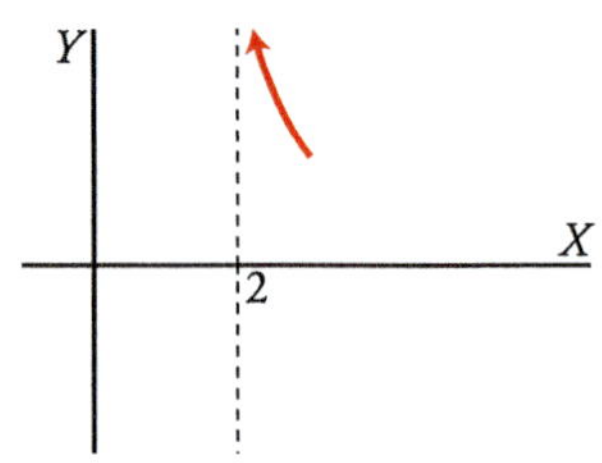

Ramas infinitas en $x \to +\infty$ (ou $x \to -\infty$)

Hai varios tipos de ramas infinitas cando $x \to +\infty$. Vexamos as máis importantes:

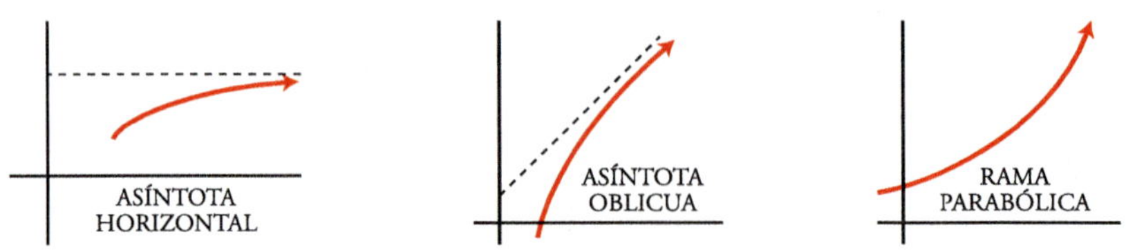

Analogamente, para $x \to -\infty$.

Vexamos a continuación en que casos aparece cada unha destas ramas.

Nota

Toda a casuística que se describe para $x \to +\infty$ é similar para $x \to -\infty$.

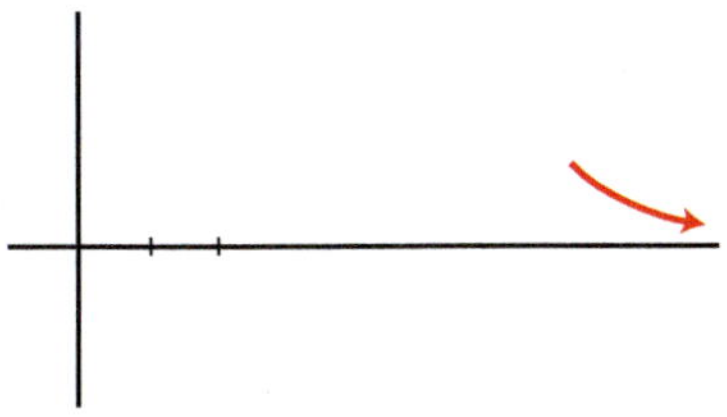

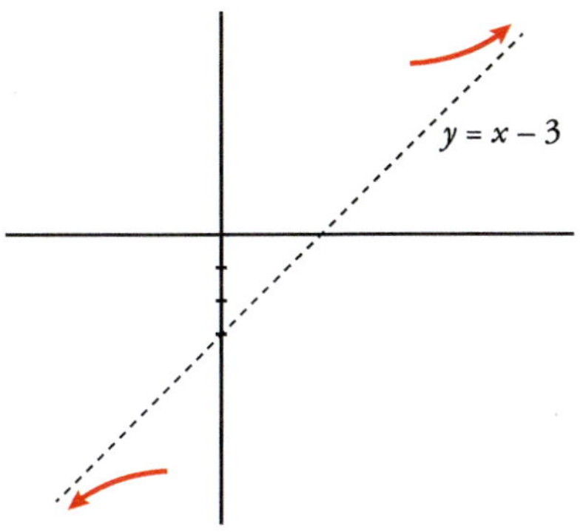

Cando $x \to -\infty$, $\frac{x^2 - 3x + 5}{x} < x - 3$

Cando $x \to +\infty$, $\frac{x^2 - 3x + 5}{x} > x - 3$

Asíntota horizontal

Se $\lim\limits_{x \to \infty} f(x) = l$, entón a recta $y = l$ é **asíntota horizontal.**

É importante coñecer a posición da curva respecto da asíntota. Conséguese estudando o signo de $f(x) - l$ para valores "grandes" de x.

Por exemplo, $y = \frac{1}{\sqrt{x-2}}$ ten unha asíntota en $y = 0$ (eixe X), pois $\lim\limits_{x \to +\infty} f(x) = +\infty$.

Como $f(x) > 0$, a curva queda por riba da recta $y = 0$.

Esta asíntota horizontal só rexe para $x \to +\infty$, pois a función non está definida á esquerda de 2.

Asíntota oblicua

Se $\lim\limits_{x \to +\infty} f(x) = \pm\infty$, $\lim\limits_{x \to +\infty} \frac{f(x)}{x} = a \neq 0$ e $\lim\limits_{x \to +\infty} \left(f(x) - ax\right) = b$, entón a recta $y = ax + b$ é **asíntota oblicua.**

Non obstante, en todas as funcións racionais, e nalgúns outros casos, é posible determinar a asíntota oblicua de forma moito máis sinxela.

Por exemplo, $y = \frac{x^2 - 3x + 5}{x}$. Simplificamos: $y = x - 3 + \frac{5}{x}$

Agora é evidente que a recta $y = x - 3$ é asíntota, pois a diferenza entre curva e recta é $\frac{5}{x}$, que tende a 0 cando $x \to \pm\infty$.

Como $\frac{5}{x}$ toma valores positivos cando $x \to +\infty$ e negativos se $x \to -\infty$, a curva queda por riba da asíntota á dereita, e por debaixo, á esquerda.

Rama parabólica

Se $\lim\limits_{x \to +\infty} f(x) = \pm\infty$ e a curva non ten asíntota oblicua, entón presenta unha **rama parabólica.**

Hai dous tipos de ramas parabólicas:

TIPO 1. Crecemento cada vez máis rápido

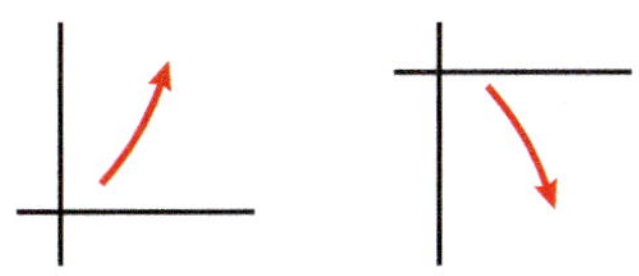

A curva crece, ou decrece, cada vez máis á présa. Deste tipo son as ramas parabólicas das funcións **polinómicas** e das **exponenciais.**

TIPO 2. Crecemento cada vez máis lento

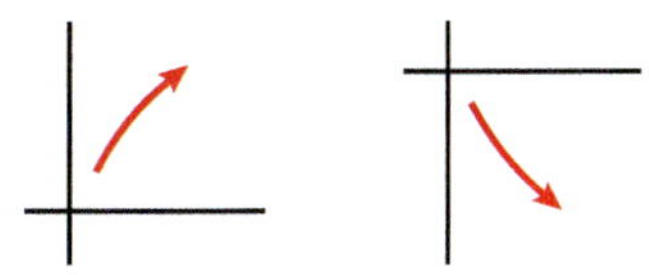

A curva crece, ou decrece, cada vez máis devagar. Deste tipo son as funcións **radicais** e as **logarítmicas.**

Exercicio proposto

1 Determina as asíntotas e a posición da curva respecto a elas:

a) $y = \frac{3x+1}{x-2}$ b) $y = \frac{3x^2-7}{x-2}$ c) $y = \frac{1}{x}$ d) $y = -\frac{1}{x^2}$ e) $y = \frac{1}{\sqrt{x^2-9}}$

8 Ramas infinitas nas funcións racionais

Para facer este estudo supoñemos que a función $y = \frac{P(x)}{Q(x)}$ está simplificada, é dicir, que $P(x)$ e $Q(x)$ non teñen raíces comúns.

Ramas infinitas nas funcións racionais $P(x)/Q(x)$

- **Asíntotas verticais**

  As raíces do denominador de $Q(x)$ son asíntotas verticais.

- **Asíntota horizontal**

  Existe se *grao* $P(x) \le$ *grao* $Q(x)$.

  Obtense achando $\lim_{x \to \pm\infty} \frac{P(x)}{Q(x)} = l$, e é a recta $y = l$, tanto en $+\infty$ como en $-\infty$.

- **Asíntota oblicua**

  Existe se *grao* $P(x)$ – *grao* $Q(x) = 1$.

  Para achalas efectúase o cociente e obtense este resultado:

  $$\frac{P(x)}{Q(x)} = ax + b + \frac{R(x)}{Q(x)}$$

  A recta $y = ax + b$ é asíntota oblicua, tanto en $+\infty$ como en $-\infty$.

- **Ramas parabólicas**

  Existen se *grao* $P(x)$ – *grao* $Q(x) \ge 2$.

  Hai unha para $x \to -\infty$ e outra para $x \to +\infty$.

Na web

Animación interactiva para ver como varían as asíntotas vertical e oblicua dunha función racional.

Asíntotas verticais

Se c é raíz de $Q(x)$, $x = c$ é unha asíntota.

Ramas no infinito

- Se *grao de* $P(x) \le$ *grao de* $Q(x)$, entón $\lim_{x \to \pm\infty} \frac{P(x)}{Q(x)} = l$.

  A recta $y = l$ é asíntota horizontal para $x \to +\infty$ e $x \to -\infty$.

  Por exemplo, $y = \frac{2x}{x^2+1}$ ten a asíntota $y = 0$

  $y = \frac{2x^2+5}{x^2+1}$ ten a asíntota $y = 2$

- Se *grao de* $P(x)$ – *grao de* $Q(x) = 1$, efectuamos o cociente indicado:

  $$\begin{array}{l|l} P(x) & Q(x) \\ \hline R(x) & ax+b \end{array} \qquad \frac{P(x)}{Q(x)} = ax + b + \frac{R(x)}{Q(x)}$$

  A recta $y = ax + b$ é asíntota para $x \to +\infty$ e $x \to -\infty$.

  Por exemplo, $y = \frac{x^2}{x-1} = x + 1 + \frac{1}{x-1}$. A recta $y = x + 1$ é asíntota.

- Se *grao de* $P(x)$ – *grao de* $Q(x) \ge 2$, entón a función ten unha rama parabólica cando $x \to +\infty$ e outra cando $x \to -\infty$.

  Por exemplo, $y = \frac{x^4}{x+2}$ ten unha rama parabólica cara arriba ↗ cando $x \to +\infty$ e outra cara abaixo ↙ cando $x \to -\infty$, pois $\lim_{x \to -\infty} f(x) = -\infty$, $\lim_{x \to +\infty} f(x) = +\infty$.

Atención. Nas funcións racionais, unha vez obtidas todas as ramas infinitas, case sempre nos atopamos coa agradable sorpresa de que, con só esta información, podemos coñecer a forma da curva con notable claridade.

Exercicios resoltos

1 *Localizar todas as ramas infinitas desta función:*

$$y = \frac{x^2+1}{x^2-2x}$$

Asíntotas verticais. Obtemos as raíces do denominador:

$x^2 - 2x = 0 \to x = 0,\ x = 2$ son asíntotas

Estúdase a posición da curva respecto a cada unha das asíntotas.

	PROXIM. x = 0		PROXIM. x = 2	
x	–0,01	0,01	1,99	2,01
$\frac{x^2+1}{x^2-2x}$	+	–	–	+

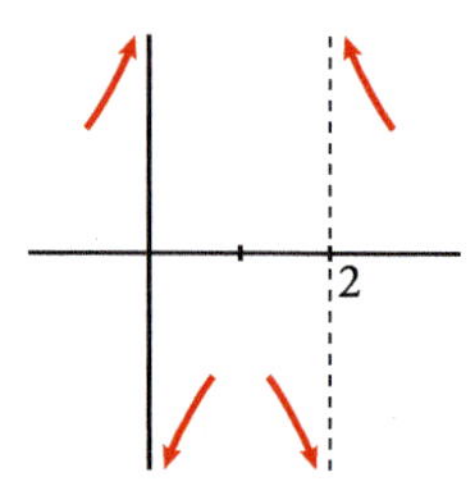

Ramas no infinito. Posto que *grao de* $P(x)$ = *grao de* $Q(x)$, a función ten unha asíntota horizontal.

$\lim_{x \to +\infty} f(x) = \lim_{x \to -\infty} f(x) = 1$. Asíntota: $y = 1$

Exercicios resoltos

Para ver a posición da curva respecto á asíntota, estudamos a súa diferenza de ordenadas:

$$f(x)-1=\frac{x^2+1}{x^2-2x}-1=\frac{2x+1}{x^2-2x}\begin{cases}+ \text{ se } x\to+\infty\\ - \text{ se } x\to-\infty\end{cases}$$

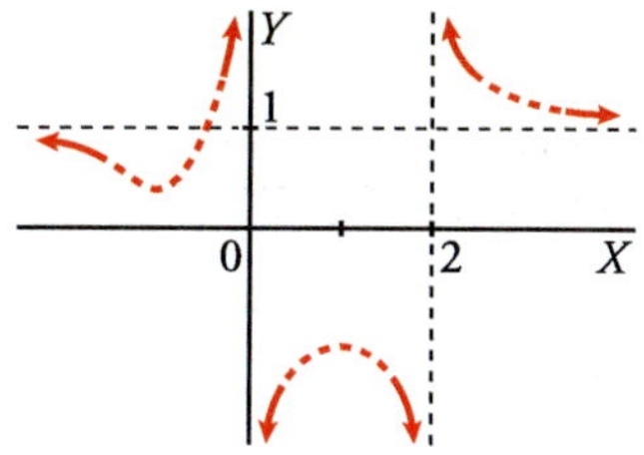

A liña punteada une de forma natural as ramas infinitas. Non é certo que a curva está practicamente construída?

2 *Achar as ramas infinitas desta función:*

$$y=\frac{x^2-5x+7}{x-2}$$

Asíntota vertical, $x = 2$.

Vemos a posición da curva respecto a ela:

ESQ.: $f(1{,}99) = -101$ negativo

DTA.: $f(2{,}01) = 99$ positivo

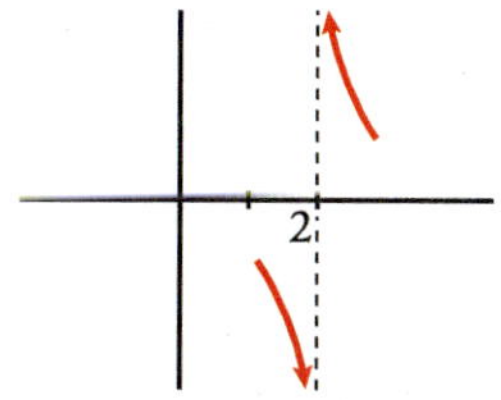

Ramas no infinito. Como *grao de* $P(x)$ – *grao de* $Q(x)$ = 1, hai asíntota oblicua. Dividimos e chegamos ao seguinte resultado:

$$\frac{x^2+5x+7}{x-2}=x-3+\frac{1}{x-2}$$

$y = x - 3$ é asíntota oblicua.

Vemos a posición da curva respecto da asíntota mirando o signo de $[f(x) - (x - 3)]$:

$$f(x)-(x-3)=\frac{1}{x-2}\begin{cases}+ \text{ se } x\to+\infty\\ - \text{ se } x\to-\infty\end{cases}$$

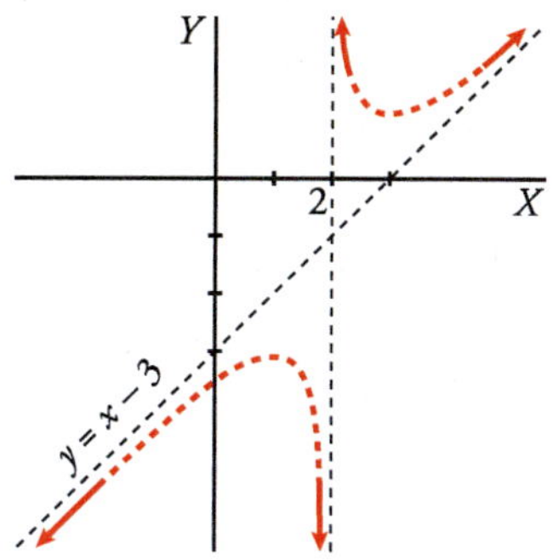

3 *Determinar as ramas infinitas da seguinte función:*

$$y=\frac{x^3-5x^2}{-x+3}$$

Asíntota vertical, $x = 3$.

Posición da curva respecto a ela:

ESQ.: $f(2{,}99) = -1\,797$ negativo

DTA.: $f(3{,}01) = 1\,803$ positivo

Ramas no infinito.

Como *grao de* $P(x)$ – *grao de* $Q(x)$ = 2, hai ramas parabólicas en $+\infty$ e en $-\infty$.

$$\lim_{x\to+\infty}\frac{x^3-5x^2}{-x+3}=-\infty,\quad \lim_{x\to-\infty}\frac{x^3-5x^2}{-x+3}=-\infty$$

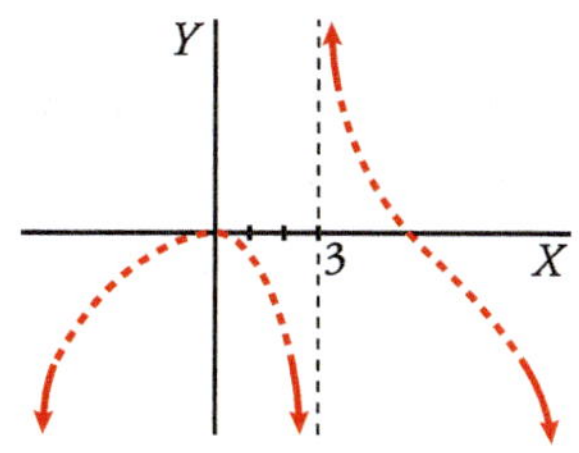

Exercicio proposto

1 Acha as ramas infinitas das seguintes funcións e, a partir delas, perfila a forma da curva:

a) $y=\dfrac{1}{x^2+1}$ b) $y=\dfrac{x}{1+x^2}$ c) $y=\dfrac{x^4}{x^2+1}$ d) $y=\dfrac{x^2+2}{x^2-2x}$

e) $y=\dfrac{x^2}{1+x^2}$ f) $y=\dfrac{x^3}{1+x^2}$ g) $y=\dfrac{x^2+3x}{x+1}$ h) $y=\dfrac{2x^3-3x^2}{x}$

Na web — Exercicios de cálculo de asíntotas en funcións racionais.

9 Ramas infinitas nas funcións trigonométricas, exponenciais e logarítmicas

Lembra

As rectas $x = \frac{\pi}{2} + k$, onde k é un número enteiro, son asíntotas da función $y = tan\ x$.

Funcións trigonométricas

As **funcións trigonométricas,** $y = sen\ x$, $y = cos\ x$, $y = tan\ x$, por seren periódicas, non teñen límite (nin finito nin infinito) cando $x \to +\infty$ nin cando $x \to -\infty$. Polo tanto, carecen de ramas infinitas en $+\infty$ e en $-\infty$. Non obstante, a función $y = tan\ x$ si ten infinitas asíntotas verticais:

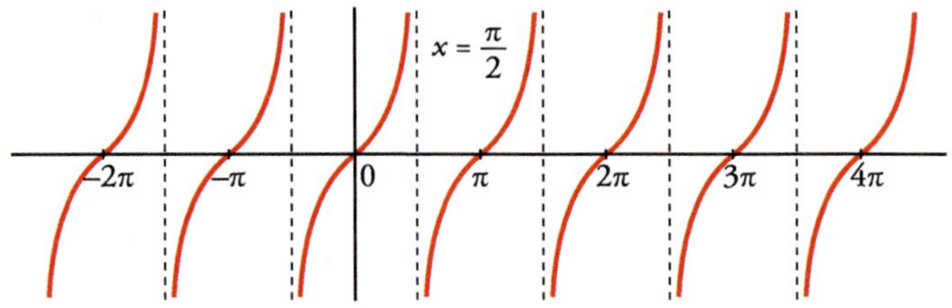

Funcións exponenciais

As **funcións exponenciais** teñen unha asíntota horizontal e unha rama parabólica "de crecemento cada vez máis rápido".

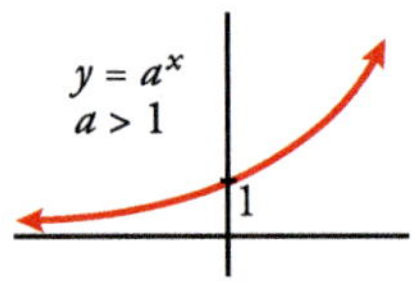

O eixe X é asíntota horizontal cando $x \to -\infty$, pois $\lim\limits_{x \to -\infty} a^x = 0$

Ten unha rama parabólica cando $x \to +\infty$, xa que $\lim\limits_{x \to +\infty} a^x = +\infty$

Non ten asíntotas verticais, pois é continua en todo $\mathbb{R}$.

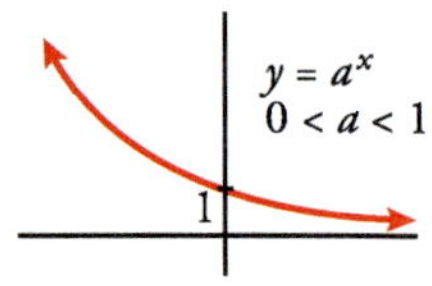

O eixe X é asíntota horizontal cando $x \to +\infty$, pois $\lim\limits_{x \to +\infty} a^x = 0$

Ten unha rama parabólica cando $x \to -\infty$, xa que $\lim\limits_{x \to -\infty} a^x = +\infty$

Non ten asíntotas verticais, pois é continua en todo $\mathbb{R}$.

Funcións logarítmicas

As **funcións logarítmicas,** $y = log_a x$, $a > 1$, só están definidas en $(0, +\infty)$.

O eixe Y é unha asíntota vertical á que a curva se aproxima pola dereita, pois $\lim\limits_{x \to -2} log_a x = -\infty$.

Cando $x \to +\infty$ ten unha rama parabólica "de crecemento cada vez máis lento".

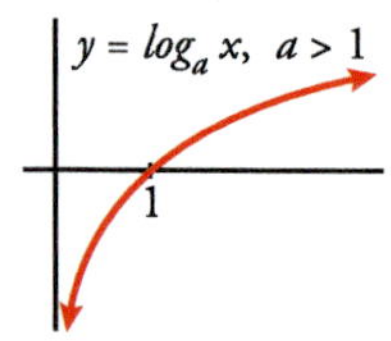

Exercicio proposto

1 Verdadeiro ou falso?

a) A función $y = |log_2 x|$ represéntase así:

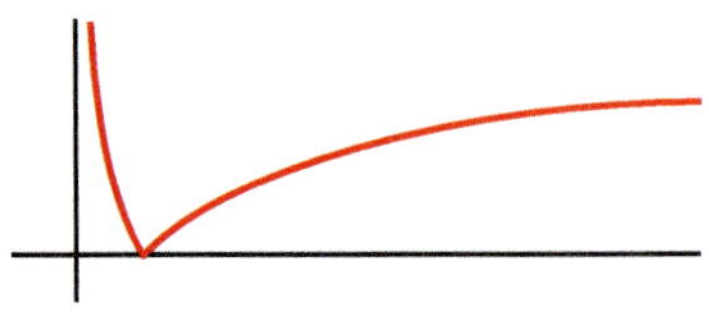

Ten dúas ramas infinitas: unha asíntota vertical en $y = 0$ e unha rama parabólica cando $x \to +\infty$.

b) A función $y = log_2 |x|$ represéntase así:

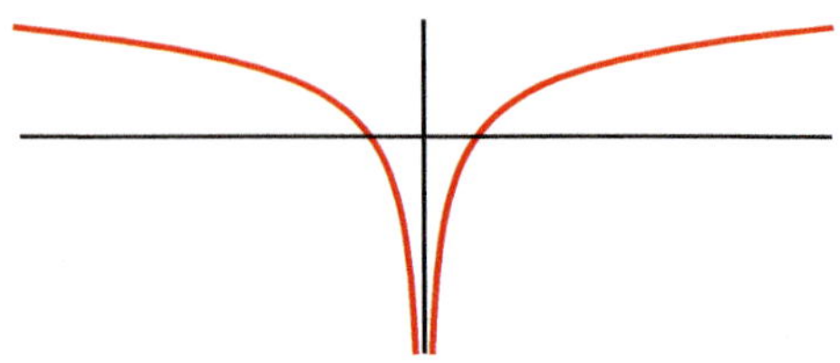

Ten unha asíntota vertical en $x = 0$ e cadansúa rama parabólica en $-\infty$ e en $+\infty$.

Exercicios e problemas resoltos

1. Cálculo do límite nun punto sobre a gráfica dunha función

Calcular, sobre a gráfica de $f(x)$, os seguintes límites:

a) $\lim\limits_{x \to 0} f(x)$ *b)* $\lim\limits_{x \to 5} f(x)$

c) $\lim\limits_{x \to 8} f(x)$

É f continua neses puntos?

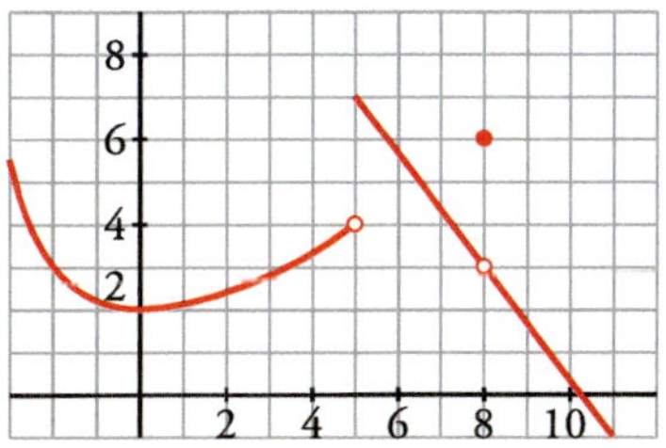

a) $\lim\limits_{x \to 0} f(x) = 2$. Ademais, $\lim\limits_{x \to 0} f(x) = f(0) = 2 \rightarrow f$ é continua en $x = 0$.

b) Observamos que a función se aproxima a números distintos se damos a x valores menores ou maiores que 5.

$$\left.\begin{array}{l}\lim\limits_{x \to 5^-} f(x) = 4 \\ \lim\limits_{x \to 5^+} f(x) = 7\end{array}\right\} \text{ Non existe } \lim_{x \to 5} f(x) \text{ porque } \lim_{x \to 5^-} f(x) \neq \lim_{x \to 5^+} f(x)$$

f é descontinua en $x = 5$; ten un salto finito.

c) A situación é similar ao caso a) pero o límite non coincide co valor da función no punto: $\lim\limits_{x \to 8} f(x) = 3$ e $f(8) = 6$, logo $\lim\limits_{x \to 8} f(x) \neq f(8)$.

f é descontinua en $x = 8$. Ten un punto desprazado.

2. Límites e continuidade dunha función definida "a anacos"

Considerar a función

$$f(x) = \begin{cases} 2x + 1 & \text{se } x < -2 \\ 2 & \text{se } -2 \leq x < 1 \\ 3x - 1 & \text{se } x > 1 \end{cases}$$

a) Achar o límite en $x = -2$; $x = 0$; $x = 1$.

b) Estudar a súa continuidade.

Faino ti. Acha o límite da función $f(x) = \begin{cases} 2x - 3, & \text{se } x < 3 \\ x - 2, & \text{se } x \geq 3 \end{cases}$ en $x = 0$ e en $x = 3$. Estuda a súa continuidade.

a) • $x = -2$ é un "punto de ruptura". Por iso hai que estudar os límites laterais.

$$\lim_{x \to -2} f(x) = \begin{cases} \lim\limits_{x \to -2^-} (2x + 1) = -3 \\ \lim\limits_{x \to -2^+} 2 = 2 \end{cases} \quad \text{Non coinciden; polo tanto, non existe } \lim_{x \to -2} f(x).$$

• En $x = 0$, como $-2 < 0 < 1$, $\lim\limits_{x \to 0} f(x) = \lim\limits_{x \to 0} 2 = 2$

• $x = 1$ é un "punto de ruptura". Calculamos os límites laterais.

$$\lim_{x \to 1} f(x) = \begin{cases} \lim\limits_{x \to 1^-} f(x) = \lim\limits_{x \to 1^-} 2 = 2 \\ \lim\limits_{x \to 1^+} f(x) = \lim\limits_{x \to 1^+} (3x - 1) = 2 \end{cases} \quad \text{Coinciden. } \lim_{x \to 1} f(x) = 2.$$

b) f é descontinua en $x = -2$ porque non existe $\lim\limits_{x \to -2} f(x)$; nese punto a función ten un salto finito. Tamén é descontinua en $x = 1$ porque non existe $f(1)$; fáltalle un punto, é unha descontinuidade evitable.

Se $x \neq -2$ e $x \neq 1$, $f(x)$ é continua por estar definida mediante funcións polinómicas.

3. Cálculo do límite nun punto

Calcular os límites seguintes:

a) $\lim\limits_{x \to 0} e^{x+1}$

b) $\lim\limits_{x \to 1} \dfrac{3x - 2}{x^2 - 1}$

c) $\lim\limits_{x \to 3} \dfrac{x^3 - 3x^2}{x^2 - x - 6}$

Faino ti. Calcula:

a) $\lim\limits_{x \to 1} \dfrac{x^2 - 2x + 1}{2x^2 - 2x}$ b) $\lim\limits_{x \to -2} \dfrac{x}{(x + 2)^2}$

a) $\lim\limits_{x \to 0} e^{x+1} = e^{0+1} = e$

b) $\lim\limits_{x \to 1} \dfrac{3x - 2}{x^2 - 1} = \dfrac{1}{0} = \pm\infty$ Estudamos o signo de f á esquerda e á dereita de 1.

$$\left.\begin{array}{l} x = 0{,}99;\ f(0{,}99) = \dfrac{3 \cdot 0{,}99 - 2}{0{,}99^2 - 1} < 0 \rightarrow \lim\limits_{x \to 1^-} \dfrac{3x - 2}{x^2 - 1} = -\infty \\ x = 1{,}01;\ f(1{,}01) = \dfrac{3 \cdot 1{,}01 - 2}{1{,}01^2 - 1} > 0 \rightarrow \lim\limits_{x \to 1^+} \dfrac{3x - 2}{x^2 - 1} = +\infty \end{array}\right\}$$

c) $\lim\limits_{x \to 3} \dfrac{x^3 - 3x^2}{x^2 - x - 6} = \dfrac{0}{0}$ É unha indeterminación; para resolvela, hai que simplificar a fracción.

$$\frac{x^3 - 3x^2}{x^2 - x - 6} = \frac{x^2(x - 3)}{(x - 3)(x + 2)} = \frac{x^2}{x + 2};\quad \lim_{x \to 3} \frac{x^3 - 3x^2}{x^2 - x - 6} = \lim_{x \to 3} \frac{x^2}{x + 2} = \frac{9}{5}$$

Exercicios e problemas resoltos

4. Función continua nun punto

Achar, en cada caso, o valor de k para que as funcións seguintes sexan continuas en $\mathbb{R}$.

a) $f(x) = \begin{cases} \dfrac{3x^2+6x}{x+2} & se\ x \neq -2 \\ k & se\ x = -2 \end{cases}$

b) $g(x) = \begin{cases} 2^{x-2} & se\ x \leq 3 \\ \sqrt{x+k} & se\ x > 3 \end{cases}$

a) Para que f sexa continua en $x = c$ debe ser $\lim\limits_{x \to c} f(x) = f(c)$.

Se $c \neq -2$, f é continua porque $\lim\limits_{x \to c} f(x) = \dfrac{3c^2+6c}{c+2} = f(c)$.

Se $c = -2$, $\lim\limits_{x \to -2} f(x) = \lim\limits_{x \to -2} \dfrac{3x^2+6x}{x+2} = \dfrac{0}{0} \to \lim\limits_{x \to -2} \dfrac{3x(x+2)}{x+2} = -6$

Como $f(-2) = k$, debe ser $k = -6$ para que f sexa continua en $x = -2$. Polo tanto, para $k = -6$ f é continua en $\mathbb{R}$. A súa gráfica coincide coa de $y = 3x$.

b) Estudamos a continuidade no punto de ruptura $x = 3$. $f(3) = 2^{3-2} = 2$

$$\lim_{x \to 3} f(x) = \begin{cases} \lim\limits_{x \to 3^-} 2^{x-2} = 2 \\ \lim\limits_{x \to 3^+} \sqrt{x+k} = \sqrt{3+k} \end{cases}$$

Para que exista $\lim\limits_{x \to 3} f(x)$, debe ser $2 = \sqrt{3+k} \to k = 1$

Para $k = 1$, f é continua en $x = 3$. Ademais, f é continua en $\mathbb{R}$, porque o son $g_1(x) = 2^{x-2}$ e $g_2(x) = \sqrt{x+1}$ nos intervalos nos que están definidas.

Faino ti. Acha o valor de k para que a función $f(x) = \begin{cases} 2x-5 & \text{se } x \leq 1 \\ x+k & \text{se } x > 1 \end{cases}$ sexa continua en todo $\mathbb{R}$.

5. Cálculo de límites cando $x \to +\infty$ e $x \to -\infty$

Achar, en cada caso, o límite de f(x) cando $x \to +\infty$ *e cando* $x \to -\infty$, *e interpretar graficamente os resultados.*

a) $f(x) = \sqrt[3]{9x+10}$

b) $f(x) = \dfrac{3x+1}{2-x}$

c) $f(x) = \dfrac{2x+1}{x^2}$

a) Podemos conseguir que $f(x)$ sexa tan grande como queiramos dando a x valores moi grandes.

Por exemplo, se queremos que $f(x) > 10^3$, debe ser $x > \dfrac{10^9-10}{9}$. Polo tanto:

$$\begin{cases} \lim\limits_{x \to +\infty} \sqrt[3]{9x+10} = +\infty \\ \lim\limits_{x \to -\infty} \sqrt[3]{9x+10} = -\infty \end{cases}$$

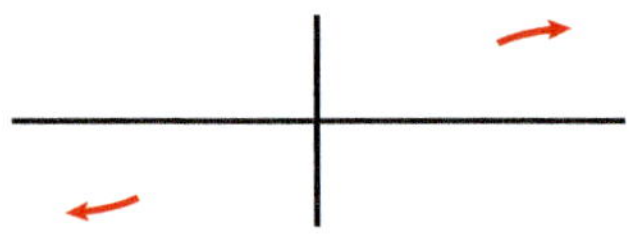

b) Como o grao do numerador é igual ao do denominador, o límite é o cociente entre os coeficientes dos termos de maior grao.

$$\left.\begin{array}{l} \lim\limits_{x \to +\infty} \dfrac{3x+1}{2-x} = \lim\limits_{x \to +\infty} \dfrac{3x}{-x} = -3 \\ \lim\limits_{x \to -\infty} \dfrac{3x+1}{2-x} = \lim\limits_{x \to -\infty} \dfrac{3x}{-x} = -3 \end{array}\right\} y = -3 \text{ é unha asíntota horizontal.}$$

Estudamos a posición da curva con respecto á asíntota:

$x = 100$, $f(100) = -3{,}07 < -3$

$x = -100$, $f(-100) = -2{,}93 > -3$

A curva está baixo a asíntota cando $x \to +\infty$ e sobre a asíntota cando $x \to -\infty$.

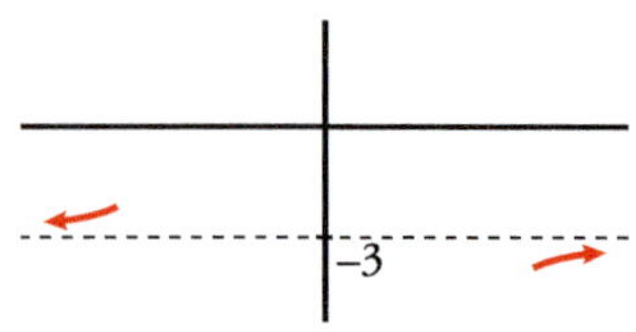

c) Como o grao do numerador é menor que o do denominador, o límite é 0.

$\lim\limits_{x \to +\infty} \dfrac{2x+1}{x^2} = 0$; $\lim\limits_{x \to -\infty} \dfrac{2x+1}{x^2} = 0$

A recta $y = 0$ é unha asíntota horizontal. Estudamos a posición da curva respecto á asíntota.

Se $x = 100$, $f(100) = \dfrac{201}{100^2} > 0$; se $x = -100$, $f(-100) = \dfrac{-199}{100^2} < 0$

Cando $x \to +\infty$, a curva está sobre a asíntota e cando $x \to -\infty$, a curva está baixo ela.

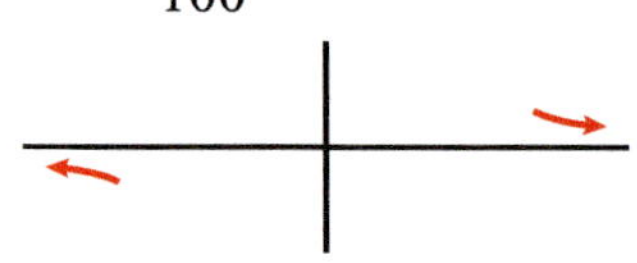

Faino ti. Calcula $\lim\limits_{x \to +\infty} f(x)$ e $\lim\limits_{x \to -\infty} f(x)$ nos seguintes casos:

a) $f(x) = \sqrt[3]{x^2-1}$

b) $f(x) = \dfrac{4x^2-1}{3-2x^2}$

c) $f(x) = \dfrac{x^2}{x-5}$

d) $f(x) = \dfrac{5x+3}{x^2-2}$

6. Ramas infinitas e asíntotas

Achar as ramas infinitas das funcións seguintes. Se hai asíntotas, estuda a posición da curva respecto a elas.

a) $f(x) = \dfrac{x^2-1}{x^2+4}$

b) $f(x) = \dfrac{x}{(x-1)^2}$

c) $f(x) = \dfrac{2x^2}{x-3}$

a) • **Asíntotas verticais.** Buscamos as raíces do denominador.

Neste caso non hai asíntotas verticais porque non hai ningún valor que anule o denominador ($x^2 + 4 \neq 0$).

• **Asíntotas horizontais.** Achamos os límites no infinito.

$\lim\limits_{x \to +\infty} \dfrac{x^2-1}{x^2+4} = 1$; $\lim\limits_{x \to -\infty} \dfrac{x^2-1}{x^2+4} = 1 \to y = 1$ é asíntota horizontal.

Para ver a posición da curva respecto a esta asíntota estudamos o signo da diferenza entre a curva e a asíntota.

$d = f(x) - 1 = \dfrac{x^2-1}{x^2+4} - 1 = \dfrac{-5}{x^2+4}$; $d < 0$ para calquera valor de x.

Polo tanto, $f(x) < 1$ tanto se $x \to +\infty$, coma se $x \to -\infty$; a curva aproxímase á asíntota por debaixo.

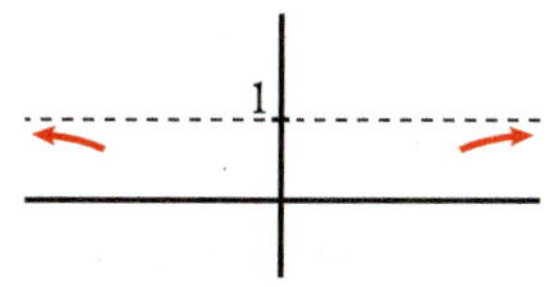

• Non pode ter **asíntotas oblicuas** porque os graos do numerador e do denominador son iguais.

b) • **Asíntotas verticais**

$(x-1)^2 = 0 \to x = 1$; $\lim\limits_{x \to 1} \dfrac{x}{(x-1)^2} = \infty$; $x = 1$ é asíntota vertical.

Se $x \to 1^-$, $\left(f(x) = \dfrac{+}{+} > 0\right)$ $f(x) \to +\infty$

Se $x \to 1^+$, $\left(f(x) = \dfrac{+}{+} > 0\right)$ $f(x) \to +\infty$

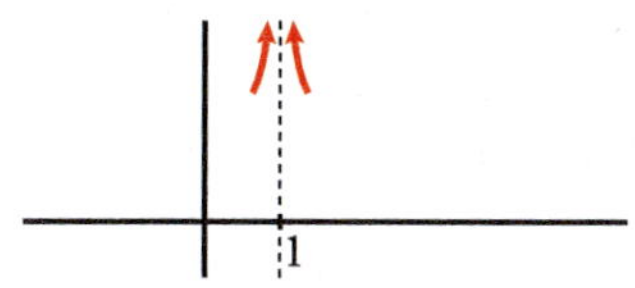

• **Asíntotas horizontais**

$\lim\limits_{x \to \pm\infty} \dfrac{x}{(x-1)^2} = 0$; $y = 0$ é asíntota horizontal.

Se $x \to +\infty$, $f(x) > 0$. A curva está sobre a asíntota.

Se $x \to -\infty$, $f(x) < 0$. A curva está baixo a asíntota.

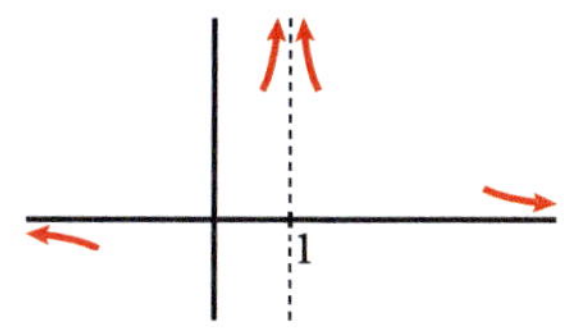

• Non hai **asíntota oblicua.**

c) • **Asíntotas verticais**

$x - 3 = 0 \to x = 3$; $\lim\limits_{x \to 3} \dfrac{2x^2}{x-3} = \pm\infty$; $x = 3$ é asíntota vertical.

Posición:

Se $x \to 3^-$, $\left(f(x) = \dfrac{+}{-} < 0\right)$ $f(x) \to -\infty$

Se $x \to 3^+$, $\left(f(x) = \dfrac{+}{+} > 0\right)$ $f(x) \to +\infty$

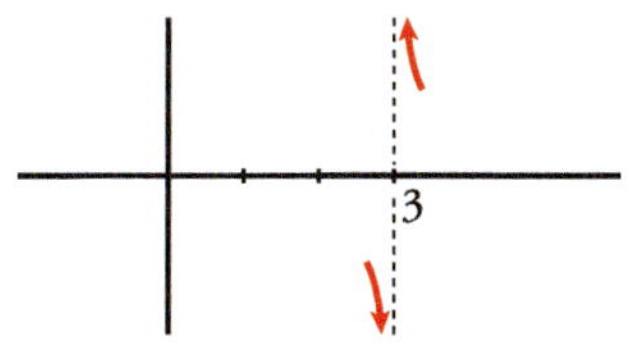

• **Asíntotas horizontal ou oblicua**

Como o grao do numerador é unha unidade maior que a do denominador, hai asíntota oblicua. Para achala, dividimos e expresamos a función como:

$\dfrac{\text{Dividendo}}{\text{divisor}} = \text{cociente} + \dfrac{\text{resto}}{\text{divisor}} \to \dfrac{2x^2}{x-3} = 2x + 6 + \dfrac{18}{x-3}$

$y = 2x + 6$ é asíntota oblicua.

Estudamos o signo da diferenza para ver a posición.

$d = f(x) - y = \dfrac{18}{x-3}$ $\begin{cases} \text{Se } x \to +\infty \ (d > 0) \ f(x) > y \\ \text{Se } x \to -\infty \ (d < 0) \ f(x) < y \end{cases}$

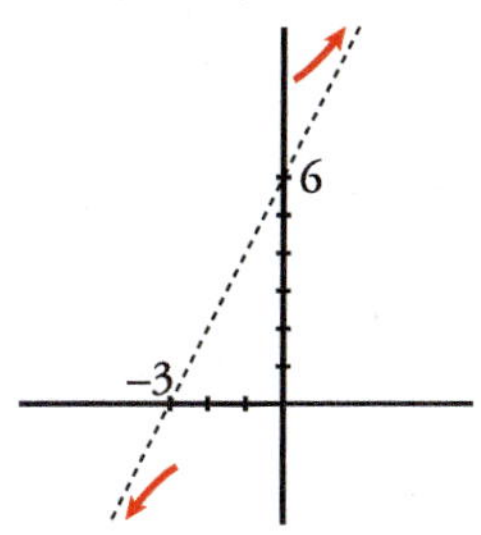

Faino ti. Estuda as asíntotas das seguintes funcións:

a) $f(x) = \dfrac{3x-1}{x-2}$

b) $f(x) = \dfrac{x^3}{x^2+1}$

Exercicios e problemas guiados

1. Límites dunha función definida "a anacos"

Dada a función

$$f(x) = \begin{cases} \dfrac{1}{x} & \text{se } x < 0 \\ 3x - 5 & \text{se } 0 \le x < 4 \\ 9x - x^2 & \text{se } x \ge 4 \end{cases}$$

achar $\lim\limits_{x \to +\infty} f(x)$, $\lim\limits_{x \to -\infty} f(x)$ *e* $\lim\limits_{x \to 0} f(x)$.

- Sabemos que $x \to +\infty$ significa que lle damos a x valores tan grandes como queiramos (100, 1 000...). Ten en conta en que "anaco" da función se calculan eses valores e acha o límite nesa expresión.
- Razoa de modo análogo no caso $x \to -\infty$.
- No caso de $x = 0$ hai que estudar os límites laterais.

Solución: $\lim\limits_{x \to +\infty} f(x) = -\infty$; $\lim\limits_{x \to -\infty} f(x) = 0$; $\lim\limits_{x \to 0^-} f(x) = -\infty$; $\lim\limits_{x \to 0^+} f(x) = -5$

2. Límites no infinito

Calcular os seguintes límites:

a) $\lim\limits_{x \to +\infty} \dfrac{5x}{\sqrt{4x^2 + 1}}$ b) $\lim\limits_{x \to +\infty} \dfrac{\sqrt{3x}}{x + 1}$

c) $\lim\limits_{x \to +\infty} \sqrt{\dfrac{x^2 + 3}{x - 2}}$

Análise do problema. *Estamos ante cocientes de expresións irracionais. Como no caso de cocientes de polinomios, ao calcular límites no infinito só importa o termo de maior grao do numerador e do denominador e os seus coeficientes.*

Estuda, en cada caso, o grao do numerador e do denominador e aplica a mesma regra que no cociente de polinomios. Ten en conta que *grao* $\sqrt[n]{x^p} = p/n$.

Solución: a) 5/2 b) 0 c) $+\infty$

3. Asíntotas

Determinar a *e* b *para que as rectas* $x = 2$ *e* $y = 4$ *sexan asíntotas da función* $f(x) = \dfrac{ax - 5}{3x + b}$.

- Ten en conta que, para que exista asíntota vertical, o denominador debe ser igual a 0. Así obterás b.
- Calcula $\lim\limits_{x \to \infty} f(x)$ en función de a e iguala o seu valor ao da asíntota horizontal.

Solución: $b = -6$; $a = 12$

4. Ramas infinitas

Estudar e representar as ramas infinitas das funcións seguintes:

a) $f(x) = 1{,}5^x$

b) $f(x) = 0{,}4^x$

c) $f(x) = \ln(2x - 4)$

a) e b) Lembra que as funcións exponenciais son continuas en $\mathbb{R}$. Para achar o seu límite cando $x \to +\infty$ e cando $x \to -\infty$, utiliza a calculadora dando a x valores "grandes" positivos e negativos e analiza os resultados que obteñas.

c) Lembra como é a gráfica da función logarítmica. Determina o dominio de definición de f: $(a, +\infty)$. Estuda o valor de $f(x)$ nas proximidades de a e para valores grandes de x.

Solución:

a) 

b) 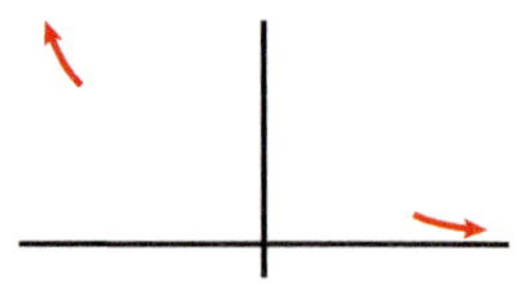

c) 

5. Existencia de asíntotas

Ten algunha asíntota a seguinte función?:

$$f(x) = \frac{x^3 - 3x^2 - 4x + 12}{x - 3}$$

Que relación hai entre a súa gráfica e a de $g(x) = x^2 - 4$?

- Xustifica por que non ten asíntota horizontal nin oblicua.
- Calcula o límite de f no punto que anula o denominador e deduce se ten asíntota vertical.
- Simplifica f e representa f e g. Cal é o dominio de cada unha?

Solución: Non ten asíntotas. A gráfica de f é idéntica á de g salvo no punto (3, 5). $Dom\, f = \mathbb{R} - \{3\}$; $Dom\, g = \mathbb{R}$.

Exercicios e problemas propostos

Para practicar

Continuidade e límite nun punto

1 Cal destas funcións é continua en $x = 3$? Sinala, en cada unha das outras, a razón da súa descontinuidade:

a) 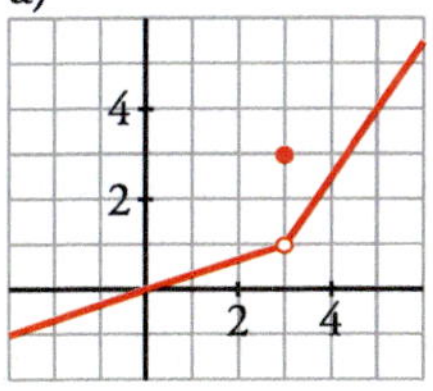
b) 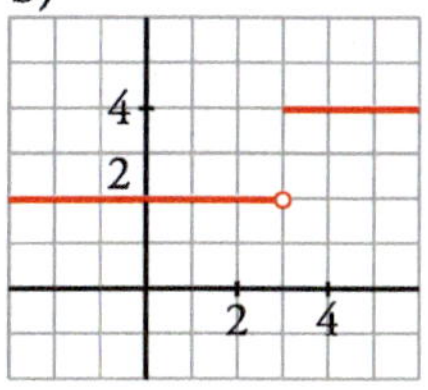
c) 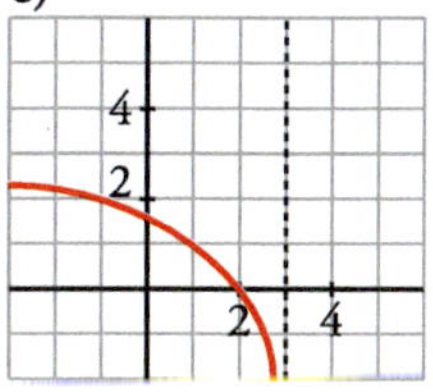

d) 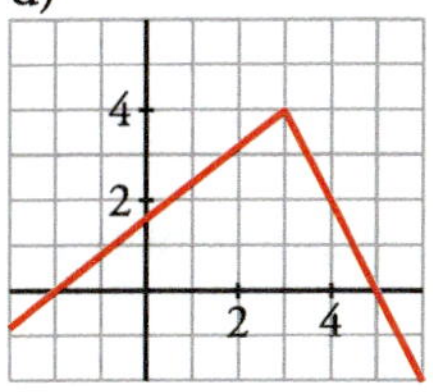
e) 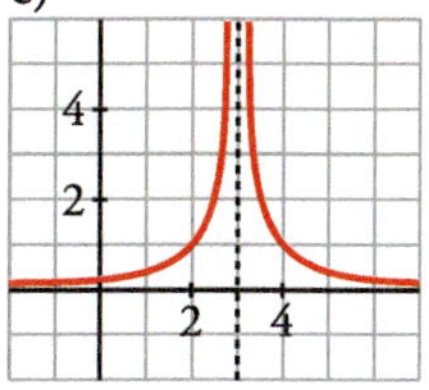
f) 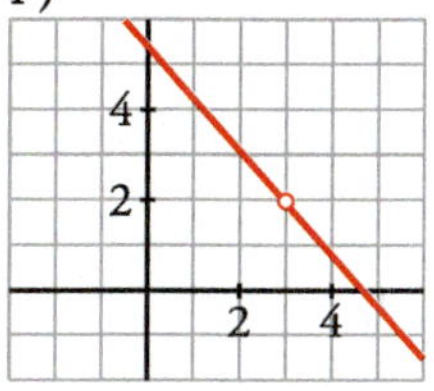

2 Cada unha das seguintes funcións ten un ou máis puntos onde non é continua. Indica cales son eses puntos e o tipo de descontinuidade:

a) 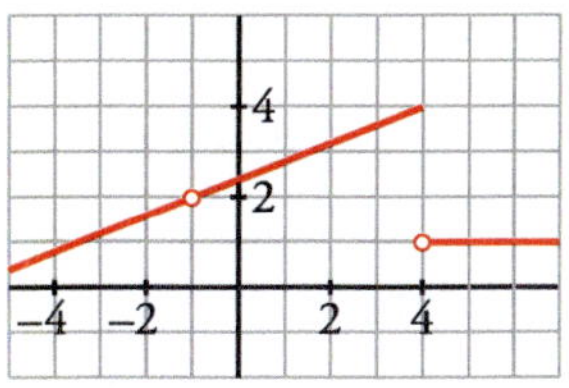
b) 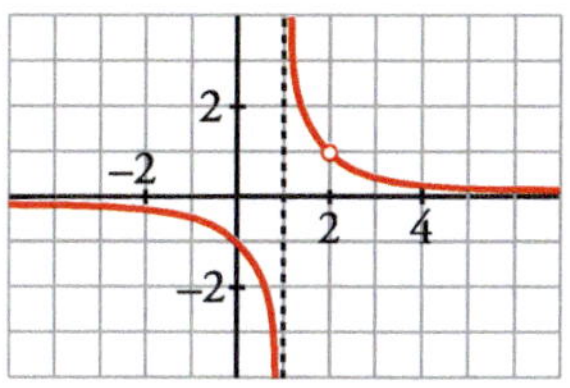

c) 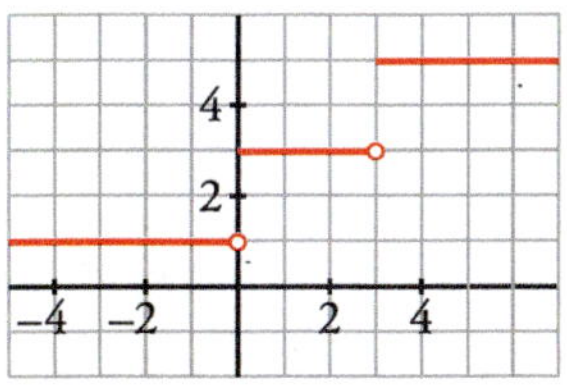
d) 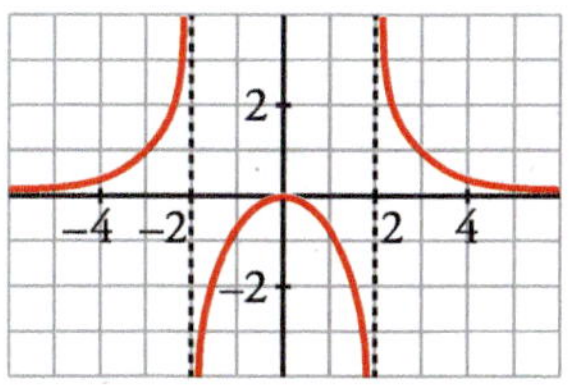

3 Comproba que só unha das seguintes funcións é continua en $x = 1$. Explica a razón da descontinuidade nas demais:

a) $f(x) = \begin{cases} x+2 & \text{se } x<1 \\ 3 & \text{se } x>1 \end{cases}$ b) $f(x) = \begin{cases} 2x & \text{se } x\neq 1 \\ -1 & \text{se } x=1 \end{cases}$

c) $f(x) = \begin{cases} -2 & \text{se } x<1 \\ x-3 & \text{se } x\geq 1 \end{cases}$ d) $f(x) = \dfrac{1}{x-1}$

4 Indica para que valores de $\mathbb{R}$ son continuas as seguintes funcións:

a) $y = \sqrt{x^2+2}$ b) $y = \dfrac{2}{x^4+3x^3}$

c) $y = \sqrt{5-2x}$ d) $y = ln\,(x+4)$

e) $y = 2^{3-x}$ f) $y = |x-5|$

5 Sobre a gráfica da seguinte función $f(x)$, acha:

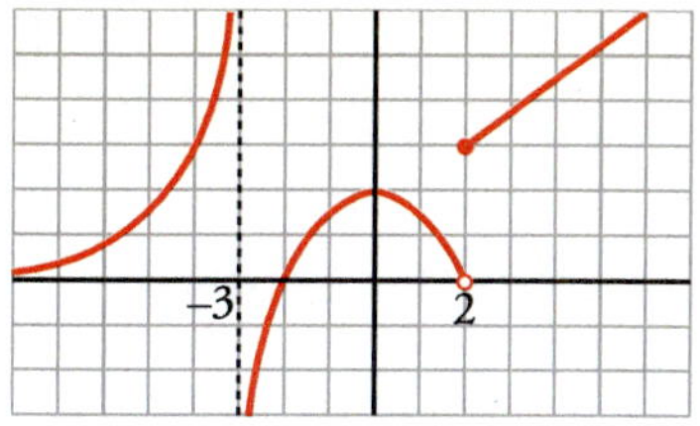

a) $\lim\limits_{x\to -3^-} f(x)$ b) $\lim\limits_{x\to -3^+} f(x)$ c) $\lim\limits_{x\to 0} f(x)$

d) $\lim\limits_{x\to 2^-} f(x)$ e) $\lim\limits_{x\to c^-} f(x)$ f) $\lim\limits_{x\to -2} f(x)$

6 Relaciona cada unha destas expresións coa súa gráfica correspondente:

a) $\lim\limits_{x\to 3} f(x) = 2$ b) $\lim\limits_{x\to 3} f(x) = 4$ c) $\lim\limits_{x\to 3} f(x)$ non existe

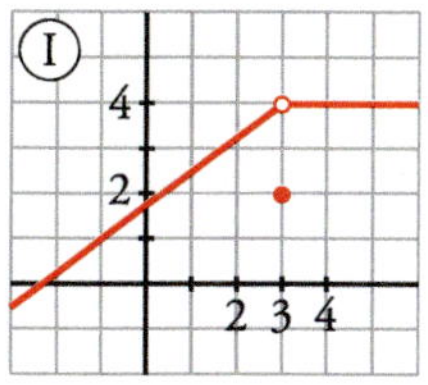

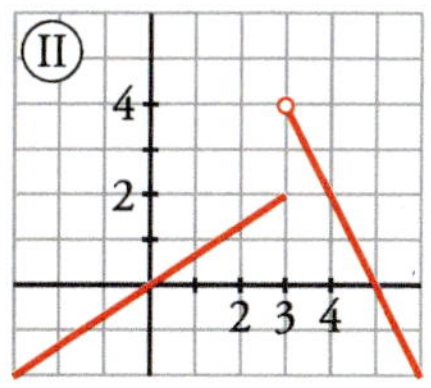

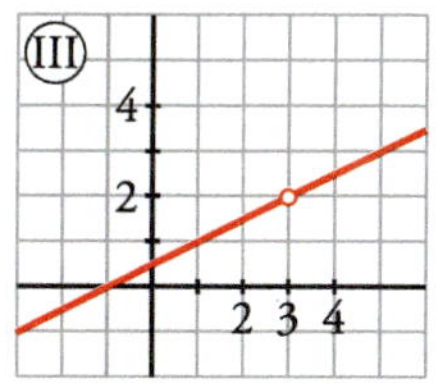

Algunha delas é continua en $x = 3$?

7 Calcula os seguintes límites:

a) $\lim\limits_{x\to 0} \left(5 - \dfrac{x}{2}\right)$ b) $\lim\limits_{x\to -1} (x^3 - x)$

c) $\lim\limits_{x\to 3} \dfrac{1-x}{x-2}$ d) $\lim\limits_{x\to 0,5} 2^x$

e) $\lim\limits_{x\to -2} \sqrt{10+x-x^2}$ f) $\lim\limits_{x\to 4} log_2\, x$

g) $\lim\limits_{x\to 0} cos\, x$ h) h) $\lim\limits_{x\to 2} e^x$

8 Dada a función $f(x) = \begin{cases} x^2+1 & \text{se } x<0 \\ x+1 & \text{se } x\geq 0 \end{cases}$, acha:

a) $\lim\limits_{x\to -2} f(x)$ b) $\lim\limits_{x\to 3} f(x)$ c) $\lim\limits_{x\to 0} f(x)$

9 Comproba se as seguintes funcións son continuas nos puntos que se indican:

a) $f(x) = \begin{cases} 3-x & \text{se } x<-1 \\ x^2+3 & \text{se } x\geq -1 \end{cases}$ en $x = -1$

b) $f(x) = \begin{cases} 1 & \text{se } x<1 \\ 2^{x-1} & \text{se } x>1 \end{cases}$ en $x = 1$

c) $f(x) = \begin{cases} \sqrt{4-x} & \text{se } x<0 \\ x-2 & \text{se } x\geq 0 \end{cases}$ en $x = 0$

d) $f(x) = \begin{cases} 2-x^2 & \text{se } x<2 \\ 2x-6 & \text{se } x\geq 2 \end{cases}$ en $x = 2$

e) $f(x) = \begin{cases} 5-x & \text{se } x<3 \\ \dfrac{2}{x-2} & \text{se } x\geq 3 \end{cases}$ en $x = 3$

10 Estas funcións, son descontinuas nalgún punto?:

a) $f(x) = \begin{cases} 1 - x^2 & \text{se } x < 1 \\ x - 1 & \text{se } x \geq 1 \end{cases}$ b) $f(x) = \begin{cases} x^2 & \text{se } x \neq -1 \\ -1 & \text{se } x = -1 \end{cases}$

c) $f(x) = \begin{cases} \dfrac{4}{x} & \text{se } x < 2 \\ x & \text{se } x \geq 2 \end{cases}$ d) $f(x) = \begin{cases} 2^{x-3} & \text{se } x < 3 \\ \sqrt{x-3} & \text{se } x > 3 \end{cases}$

11 Dada a función $f(x) = \begin{cases} 2x & \text{se } x \leq 3 \\ \dfrac{x^2 - 9}{x^2 - 3x} & \text{se } x > 3 \end{cases}$ calcula:

a) $\lim\limits_{x \to 0} f(x)$ b) $\lim\limits_{x \to 3} f(x)$ c) $\lim\limits_{x \to 5} f(x)$

12 Na función $f(x) = \begin{cases} x^2 - 2 & \text{se } x < -1 \\ 3x - 1 & \text{se } -1 \leq x < 4 \\ 4\sqrt{x} + 3 & \text{se } x \geq 4 \end{cases}$ acha:

a) $\lim\limits_{x \to -1} f(x)$ b) $\lim\limits_{x \to 4} f(x)$ c) $\lim\limits_{x \to 9} f(x)$

13 Calcula os seguintes límites:

a) $\lim\limits_{x \to 0} \dfrac{4x}{x^2 - 2x}$ b) $\lim\limits_{x \to 0} \dfrac{2x^2 + 3x}{x}$

c) $\lim\limits_{x \to 1} \dfrac{x^2 - 1}{x - 1}$ d) $\lim\limits_{x \to -1} \dfrac{x^3 + 1}{x^2 + x}$

e) $\lim\limits_{x \to -2} \dfrac{x + 2}{x^2 - 4}$ f) $\lim\limits_{x \to 2} \dfrac{x^2 - x - 2}{x - 2}$

g) $\lim\limits_{x \to -3} \dfrac{x + 3}{x^2 + 4x + 3}$ h) $\lim\limits_{x \to 1} \dfrac{x^4 - 1}{x^2 - 1}$

14 Resolve os seguintes límites e representa os resultados que obteñas:

a) $\lim\limits_{x \to 1} \dfrac{x^2}{x - 1}$ b) $\lim\limits_{x \to 0} \dfrac{x^2 + x}{x^2}$

c) $\lim\limits_{x \to -2} \dfrac{x^2}{x^2 + 2x}$ d) $\lim\limits_{x \to 0} \dfrac{x^3}{x^4 - 10x^2}$

15 Calcula os seguintes límites e representa os resultados que obteñas:

a) $\lim\limits_{x \to 3} \dfrac{x^2 - x - 6}{x^2 - 3x}$ b) $\lim\limits_{x \to 1} \dfrac{x^2 - 3x + 2}{x^2 - 2x + 1}$

c) $\lim\limits_{x \to 0} \dfrac{x^2 - 2x}{x^3 + x^2}$ d) $\lim\limits_{x \to -1} \dfrac{x^3 + x^2}{x^2 + 2x + 1}$

e) $\lim\limits_{x \to 1} \dfrac{x^4 - 1}{x - 1}$ f) $\lim\limits_{x \to 2} \dfrac{2x^2 - 8}{x^2 - 4x + 4}$

16 Calcula.

a) $\lim\limits_{x \to 1} \left(\dfrac{7 - 5x}{x^2 + 1}\right)^{2 - 5x}$ b) $\lim\limits_{x \to 2} \log_2 \left(\dfrac{3x + 4}{x^2 + 1}\right)^5$

c) $\lim\limits_{x \to 0} \dfrac{1 + e^x}{\ln(x + e)}$ d) $\lim\limits_{x \to 10} \log(2\sqrt{3x - 5})^3$

Límite cando $x \to +\infty$ e $x \to -\infty$

17 Determina cal é o límite cando $x \to +\infty$ e cando $x \to -\infty$ nas seguintes gráficas:

a) 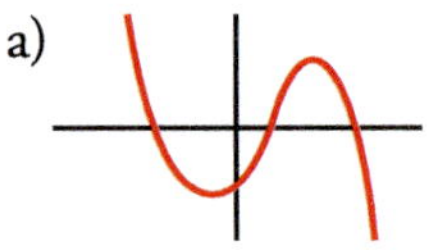 b) 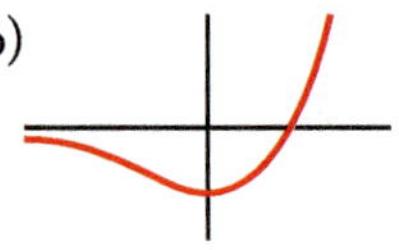 c) 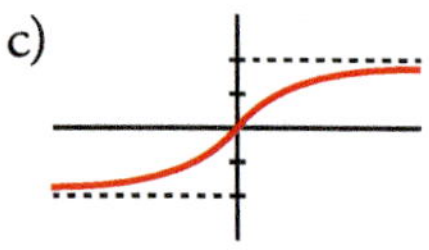

18 Calcula o límite cando $x \to +\infty$ e cando $x \to -\infty$ de cada unha das seguintes funcións. Representa os resultados que obteñas.

a) $f(x) = x^3 - 10x$ b) $f(x) = \sqrt{x^2 - 4}$

c) $f(x) = 7 - 3x$ d) $f(x) = -x^2 + 8x + 9$

e) $f(x) = 1 - (x - 2)^2$ f) $f(x) = 7x^2 - x^3$

g) $f(x) = (5 - x)^2$ h) $f(x) = (x + 1)^3 - 2x^2$

19 Calcula estes límites e representa as ramas que obteñas:

a) $\lim\limits_{x \to +\infty} \dfrac{3}{(x - 1)^2}$ b) $\lim\limits_{x \to +\infty} \dfrac{-2x^2}{3 - x}$

c) $\lim\limits_{x \to +\infty} \dfrac{-1}{x^2 - 1}$ d) $\lim\limits_{x \to +\infty} \dfrac{1}{(2 - x)^3}$

e) $\lim\limits_{x \to +\infty} \dfrac{2x - 1}{x + 2}$ f) $\lim\limits_{x \to +\infty} \dfrac{x^2 + 5}{1 - x}$

g) $\lim\limits_{x \to +\infty} \dfrac{2 - 3x}{x + 3}$ h) $\lim\limits_{x \to +\infty} \dfrac{3 - 2x}{5 - 2x}$

20 Calcula o límite de todas as funcións do exercicio anterior cando $x \to -\infty$.

21 Calcula o límite cando $x \to +\infty$ e cando $x \to -\infty$ e representa os resultados.

a) $f(x) = \dfrac{x^2}{x - 1}$ b) $f(x) = \dfrac{3x^2}{(x - 1)^2}$

c) $f(x) = \dfrac{1}{x^2 - 10}$ d) $f(x) = \dfrac{1 - 12x^2}{3x^2}$

e) $f(x) = \dfrac{5 - 2x}{x^2 + 1}$ f) $f(x) = \dfrac{1 - x}{(2x + 1)^2}$

g) $f(x) = \dfrac{x^3 - x^2}{7 - x^2}$ h) $f(x) = \dfrac{3x^2 - 7x + 2}{2x^2 + 4x - 9}$

22 Di cal é o límite das seguintes funcións cando $x \to +\infty$ e cando $x \to -\infty$:

a) $f(x) = \begin{cases} 2 & \text{se } x < 3 \\ 5 - x & \text{se } x \geq 3 \end{cases}$ b) $f(x) = \begin{cases} 3 - x & \text{se } x < 0 \\ \dfrac{2}{x + 1} & \text{se } x \geq 0 \end{cases}$

23 Di cal é o límite destas funcións cando $x \to +\infty$:

a) $f(x) = \dfrac{1}{x - 2}$ b) $f(x) = \dfrac{-3}{x^2 + 2x - 4}$

c) $f(x) = \dfrac{2}{\sqrt{x}}$ d) $f(x) = 3 - \dfrac{1}{x^2}$

Asíntotas

24 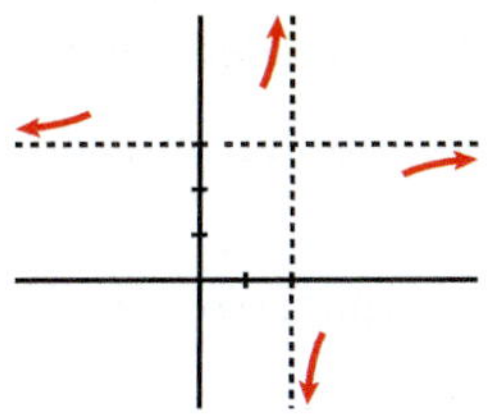

Esta gráfica mostra a posición da curva $y = f(x)$ respecto das súas asíntotas.

Di cales son estas e describe a súa posición.

25 Dunha función $y = f(x)$ coñecemos as súas asíntotas e a posición da curva respecto a elas.

$$x = -1 \begin{cases} \text{se } x \to -1^-, \ f(x) \to +\infty \\ \text{se } x \to -1^+, \ f(x) \to +\infty \end{cases}$$

$$y = -2 \begin{cases} \text{se } x \to +\infty, \ f(x) > -2 \\ \text{se } x \to -\infty, \ f(x) < -2 \end{cases}$$

Representa esta información.

26 Acha as asíntotas das seguintes funcións e sitúa a curva respecto a cada unha delas:

a) $y = \dfrac{2x}{x-3}$ b) $y = \dfrac{x-1}{x+3}$

c) $y = \dfrac{2x+3}{4-x}$ d) $y = \dfrac{2}{1-x}$

e) $y = \dfrac{1}{2-x}$ f) $y = \dfrac{4x+1}{2x-3}$

27 Acha as asíntotas das seguintes funcións e sitúa a curva respecto a elas:

a) $y = \dfrac{x^2}{x^2+4}$ b) $y = \dfrac{3}{x^2+1}$

c) $y = \dfrac{2x^2-1}{x^2}$ d) $y = \dfrac{x^4}{x-1}$

e) $y = \dfrac{-1}{(x+2)^2}$ f) $y = \dfrac{3x}{x^2-1}$

28 Cada unha das seguintes funcións ten unha asíntota oblicua. Áchaa e estuda a posición da curva respecto a ela:

a) $f(x) = \dfrac{3x^2}{x+1}$ b) $f(x) = \dfrac{3+x-x^2}{x}$

c) $f(x) = \dfrac{4x^2-3}{2x}$ d) $f(x) = \dfrac{x^2+x-2}{x-3}$

e) $f(x) = \dfrac{2x^3-3}{x^2-2}$ f) $f(x) = \dfrac{-2x^2+3}{2x-2}$

29 Acha as asíntotas das seguintes funcións e sitúa a curva respecto a cada unha delas:

a) $y = \dfrac{(3-x)^2}{2x+2}$ b) $y = \dfrac{x^2}{x^2+x+1}$

c) $y = \dfrac{x^3}{x^2-4}$ d) $y = \dfrac{3x^2}{x+2}$

Para resolver

30 Calcula, en cada caso, o valor de k para que a función $f(x)$ sexa continua en todo $\mathbb{R}$.

a) $f(x) = \begin{cases} x^2-4 & \text{se } x \le 3 \\ x+k & \text{se } x > 3 \end{cases}$

b) $f(x) = \begin{cases} 6-(x/2) & \text{se } x < 2 \\ x^2+kx & \text{se } x \ge 2 \end{cases}$

c) $f(x) = \begin{cases} (x^2+x)/x & \text{se } x \ne 0 \\ k & \text{se } x = 0 \end{cases}$

31 Calcula k para que as seguintes funcións sexan continuas no punto onde cambia a súa definición:

a) $f(x) = \begin{cases} -x^2+kx & \text{se } x < 2 \\ k-5x & \text{se } x \ge 2 \end{cases}$

b) $f(x) = \begin{cases} \dfrac{x^2-25}{x^2-5x} & \text{se } x \ne 5 \\ k & \text{se } x = 5 \end{cases}$

32 Estuda a continuidade das seguintes funcións:

a) $f(x) = \begin{cases} \sqrt{2-x} & \text{se } x < 2 \\ \dfrac{1}{x} & \text{se } x \ge 2 \end{cases}$

b) $f(x) = \begin{cases} e^{3-x} & \text{se } x \le 3 \\ \log_2(x-2) & \text{se } x > 3 \end{cases}$

33 Determina a e b para que esta función sexa continua:

$$f(x) = \begin{cases} 3x+b & \text{se } x < -2 \\ 4 & \text{se } -2 \le x \le 3 \\ ax-2 & \text{se } x > 3 \end{cases}$$

34 Calcula os seguintes límites:

a) $\lim\limits_{x \to +\infty} \dfrac{\sqrt{x+3}}{x}$ b) $\lim\limits_{x \to +\infty} \dfrac{3x-5}{\sqrt{x^2+1}}$

c) $\lim\limits_{x \to -\infty} \dfrac{100x}{\sqrt[3]{x^2}}$ d) $\lim\limits_{x \to -\infty} \dfrac{3x}{\sqrt{4-x^3}}$

e) $\lim\limits_{x \to +\infty} \dfrac{\sqrt[3]{x^6-7x}}{4x-2}$ f) $\lim\limits_{x \to +\infty} \dfrac{\sqrt{2x^2+1}}{x-2}$

35 Acha as ramas infinitas das seguintes funcións exponenciais e logarítmicas:

a) $y = 2^{x+3}$ b) $y = 1{,}5^x - 1$

c) $y = 2 + e^x$ d) $y = e^{-x} + 1$

e) $y = \log(x-3)$ f) $y = 1 - \ln x$

g) $y = \ln(2x+4)$ h) $y = \ln(x^2+1)$

Exercicios e problemas propostos

36 A función $p(t) = \begin{cases} 2 + t^2 & \text{se } 0 \le t \le 1 \\ \dfrac{8t^2 - t - 1}{2t^2} & \text{se } t > 1 \end{cases}$ mostra como varía a profundidad da capa de area dunha praia desde a construción dun dique (p en metros, t en anos). Se a profundidade chega a superar os 4 m, terase que elevar o paseo marítimo.

a) Estuda se a profundidade é unha función continua do tempo.

b) A longo prazo, será necesario elevar a altura do paseo?

37 A seguinte función representa a valoración dunha empresa, en millóns de euros, en función do tempo, t, nos últimos 13 anos.

$$f(t) = \begin{cases} 5 - 0,1t & \text{se } 0 \le t < 5 \\ a + 0,05(t - 5) & \text{se } 5 \le t < 10 \\ 4,75 + 0,3(t - b) & \text{se } 10 \le t \le 13 \end{cases}$$

a) Calcula o valor de a e de b para que a valoración da empresa sexa unha función continua do tempo.

b) Cal era o valor inicial da empresa? E o seu valor aos 13 anos?

38 O tipo de xuro anual que ofrece unha financeira depende do tempo que o cliente estea disposto a manter o investimento, e vén dado pola función $I(t) = \dfrac{6t}{t+1}$, $t > 0$, en anos.

a) Representa a función para un período de 10 anos.

b) A que valor tende o xuro se o investimento se mantén a moi longo prazo?

39 Nunha empresa fanse montaxes en cadea. O número de montaxes realizadas por un traballador sen experiencia depende dos días de adestramento segundo a función $M(t) = \dfrac{30t}{t+4}$ (t en días).

a) Cantas montaxes realizará ao rematar o período de adestramento que dura 20 días?

b) Acha a asíntota horizontal e explica o seu significado.

40 O número de peixes dunha piscifactoría evoluciona segundo a función $f(t) = 50 + \dfrac{100t^2}{t^2+1}$ (t en días).

a) Comproba que a poboación aumenta a primeira semana.

b) Descubre se o crecemento será indefinido ou tende a estabilizarse.

41 O custo da produción de x unidades dun artigo vén dado pola función $C(x) = 0,5x + 1\,000$. O custo dunha unidade depende do número de unidades producidas.

a) Cal é a función que dá o custo dunha unidade se se producen x unidades?

b) Calcula a súa asíntota horizontal e explica o seu significado.

42 Observa a gráfica das seguintes funcións e describe as súas ramas infinitas, as súas asíntotas e a posición da curva respecto delas:

a) 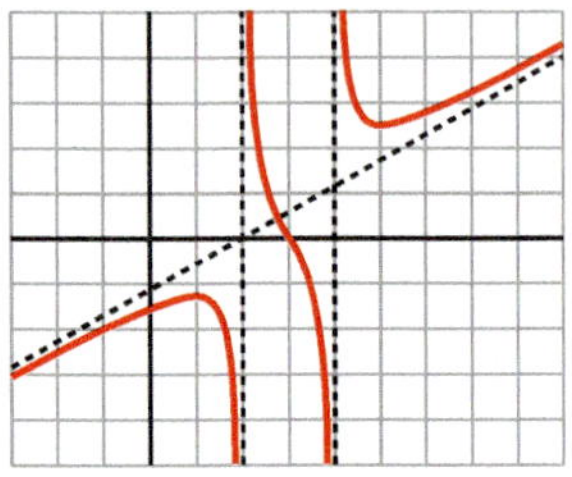

b) 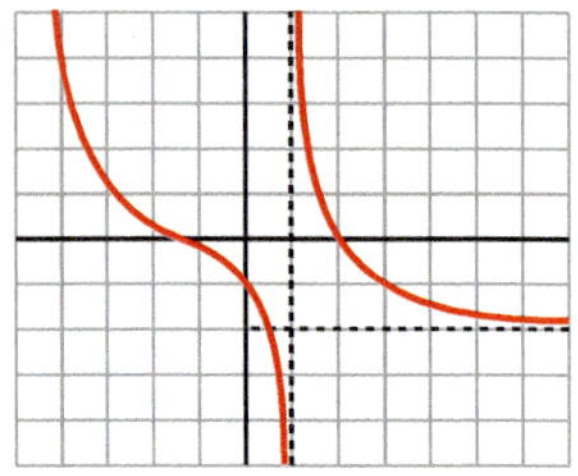

43 Representa, en cada caso, unha función que cumpra as condicións dadas.

a) $\lim\limits_{x \to -2^-} f(x) = -\infty$; $\lim\limits_{x \to -2^+} f(x) = +\infty$

$\lim\limits_{x \to -\infty} f(x) = 3$, $f(x) < 3$; $\lim\limits_{x \to +\infty} f(x) = +\infty$

b) Asíntota vertical: $x = 1$

$\lim\limits_{x \to 1^-} f(x) = \lim\limits_{x \to 1^+} f(x) = -\infty$

Asíntota oblicua: $y = x + 2$

diferenza $[f(x) - y] < 0$ se $x \longrightarrow \pm\infty$

c) $\lim\limits_{x \to -1^+} f(x) = -\infty$; $\lim\limits_{x \to -1^-} f(x) = +\infty$

$\lim\limits_{x \to +\infty} f(x) = 2$, $f(x) > 2$; $\lim\limits_{x \to -\infty} f(x) = 2$, $f(x) > 2$

44 Determina o valor de a e de b de modo que as rectas $x = -1$ e $y = \dfrac{3}{2}$ sexan asíntotas da función $f(x) = \dfrac{ax+3}{bx-4}$. Despois, representa a posición da curva respecto a elas.

45 Dada a función $f(x) = \begin{cases} x^2 + ax + b & \text{se } x \le 2 \\ 4x - 2 & \text{se } x > 2 \end{cases}$, calcula os valores de a e de b para que f sexa continua e a súa gráfica pase pola orixe de coordenadas.

46 Determina, en cada caso, cal debe ser o valor de a para que se verifiquen as seguintes igualdades:

a) $\lim\limits_{x \to 2} \dfrac{ax+3}{3x-1} = -1$

b) $\lim\limits_{x \to -\infty} \dfrac{ax^2 - 2x + 7}{1 - 3x^2} = -2$

47 Estuda o tipo de descontinuidade que presenta a función $f(x) = \dfrac{x^3 + 2x^2 + 9}{x^2 - 9}$ en $x = 3$ e en $x = -3$.

Cuestións teóricas

48 Verdadeiro ou falso? Xustifica a resposta e pon exemplos.

a) Se non existe $f(2)$, non se pode calcular $\lim_{x \to 2} f(x)$.

b) Se non existe $f(1)$, $f(x)$ non pode ser continua en $x = 1$.

c) Unha función pode ter dúas asíntotas horizontais.

d) Unha función pode ter tres asíntotas verticais.

e) Se $g(a) = 0$, $y = \dfrac{f(x)}{g(x)}$ ten asíntota vertical.

f) A función $y = 2^{-x}$ non ten asíntotas.

49 Explica, en cada caso, como debe ser o numerador da fracción $\lim_{x \to +\infty} \dfrac{-----}{2x^2 - 5x + 3}$ para que o resultado sexa:

a) $+\infty$ b) $-\infty$ c) 0 d) 3

50 Dada a función $f(x) = ax^n + bx^{n-1} + \ldots + h$, xustifica se son verdadeiras ou falsas as seguintes afirmacións:

a) Se $a > 0$ e n é par, entón $\lim_{x \to -\infty} f(x) = -\infty$.

b) Se $a > 0$ e n é impar, entón $\lim_{x \to -\infty} f(x) = +\infty$.

c) Se $a < 0$ e n é par, entón $\lim_{x \to +\infty} f(x) = -\infty$.

d) Se $a < 0$ e n é impar, entón $\lim_{x \to -\infty} f(x) = +\infty$.

51 Existe algún valor de b para o cal sexa continua a función

$f(x) = \begin{cases} 3x - 2 & \text{se } x < 1 \\ 4 & \text{se } x = 1 \\ -2x + b & \text{se } x > 1 \end{cases}$? Xustifica a túa resposta.

Para afondar

52 Calcula $\lim_{x \to +\infty} \dfrac{3x^2 - 5x}{x - 1} - ax$ nos casos $a > 3$ e $0 < a < 3$. Para que valor de a é o límite un número real? Cal é ese límite?

53 Acha os seguintes límites (utiliza a calculadora).

a) $\lim_{x \to +\infty} \dfrac{x^3}{e^x}$ b) $\lim_{x \to +\infty} \dfrac{x}{\ln x}$

c) $\lim_{x \to +\infty} \dfrac{e^x - 1}{x^5}$ d) $\lim_{x \to +\infty} \dfrac{\ln(2x + 3)}{x^2}$

e) $\lim_{x \to +\infty} (2^x - x^4)$ f) $\lim_{x \to -\infty} (0{,}75^x - x^2)$

54 a) Acha $\lim_{x \to 1} \dfrac{x - 1}{\sqrt{x} - 1}$. Para iso, multiplica numerador e denominador polo binomio conxugado $(\sqrt{x} + 1)$ do denominador.

b) Co mesmo procedemento, calcula $\lim_{x \to 4} \dfrac{\sqrt{x} - 2}{x - 4}$.

55 Calcula os seguintes límites:

a) $\lim_{x \to \pm\infty} |x - 2|$ b) $\lim_{x \to \pm\infty} x|x|$

c) $\lim_{x \to \pm\infty} \dfrac{|x|}{x - 2}$ d) $\lim_{x \to \pm\infty} \dfrac{|x - 2|}{2x}$

56 Acha as asíntotas das funcións seguintes:

a) $f(x) = \dfrac{|2x|}{x - 2}$ b) $f(x) = \dfrac{|x - 2|}{x}$

Autoavaliación

Na web Resolucións destes exercicios.

1 Calcula o límite de $f(x) = \begin{cases} 2x - 5, & x \le 3 \\ x^2 - x - 7, & x > 3 \end{cases}$ nos puntos de abscisas 0, 3 e 5. Di se a función é continua neses puntos.

2 Acha os seguintes límites:

a) $\lim_{x \to 0} 2^{x-1}$ b) $\lim_{x \to 5} \dfrac{1}{\sqrt{x + 4}}$ c) $\lim_{x \to 4} \dfrac{x}{(x - 4)^2}$

3 a)

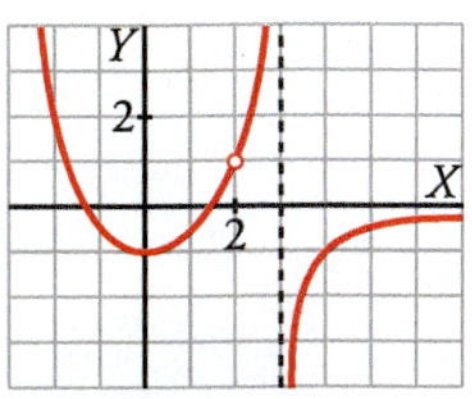

b)

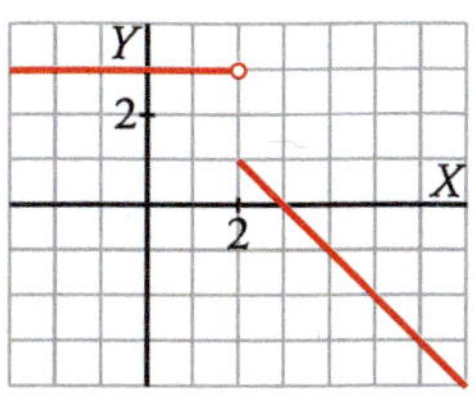

Sobre a gráfica destas dúas funcións, acha, en cada caso, os seguintes límites:

$\lim_{x \to 3} f(x)$; $\lim_{x \to 2} f(x)$; $\lim_{x \to +\infty} f(x)$; $\lim_{x \to -\infty} f(x)$

4 Acha as asíntotas da función $f(x) = \dfrac{2x + 1}{4 - x}$ e estuda a posición da curva respecto a elas.

5 Xustifica que valor debe tomar a para que a función $f(x) = \begin{cases} ax - 2 & \text{se } x \le 1 \\ 4x - 2a & \text{se } x > 1 \end{cases}$ sexa continua en $\mathbb{R}$.

6 Acha o límite de $f(x) = \dfrac{x^3 - 3x^2}{x^2 - 5x + 6}$ cando $x \to 3$; $x \to 2$; $x \to +\infty$; $x \to -\infty$ e representa a información que obteñas.

7 Representa unha función que cumpra as seguintes condicións:

a) $\lim_{x \to -2^-} f(x) = -\infty$ b) $\lim_{x \to -2^+} f(x) = +\infty$

c) $\lim_{x \to +\infty} f(x) = 0$ d) $\lim_{x \to -\infty} f(x) = 2$

8 Estuda as ramas infinitas de $f(x) = \dfrac{x^2}{x - 2}$ e sitúa a curva respecto á súa asíntota.

7 Derivadas

O concepto de derivada

O concepto de **derivada** xurdiu como resultado dalgúns séculos de esforzo dirixidos a resolver dous problemas: determinar a recta tanxente a unha curva nun dos seus puntos e atopar velocidades instantáneas en movementos non uniformes. Estes problemas interesaron aos matemáticos desde tempos antigos, pero ata o século XVI a resolución de cada problema particular facíase mediante un método específico non xeneralizable a outros problemas similares.

No século XVII, os coñecementos acumulados ata daquela permitiron **Newton** e **Leibnitz** dar unha resposta teórica e completa a todos estes tipos de problemas, mediante a invención da derivada (cálculo diferencial).

Un século despois, **Euler** contribuíu a mellorala. Non obstante, a base lóxica e, polo tanto, os conceptos formais desenvolvidos por estes matemáticos foron insuficientes para que o cálculo de derivadas fose un proceso claro e sistemático.

Isaac Newton (1642-1727).

Selo suízo na honra de Leonhard Euler (1707-1783).

Foi **Cauchy,** a comezos do século XIX, quen, ao relacionar de forma clara o concepto de derivada co de límite, conseguiu un apoio formal básico, grazas ao cal o cálculo de derivadas se reduciu a sinxelas operacións formais. Tanto é así que un estudante actual de bacharelato manexa estes procedementos con maior soltura que os grandes matemáticos anteriores a Cauchy.

Por que coincidiron Newton e Leibnitz?

Cando a finais do século XVII Newton e Leibnitz presentaron, por separado, o descubrimento do cálculo diferencial, os seus respectivos partidarios enleáronse nunha agre disputa sobre quen copiara a quen. Co tempo, demostrouse que ningún plaxiou o outro. Inmensa casualidade? Non; o momento histórico propiciábao e eles, os xenios, estiveron aí.

Gottfried Wilhelm Leibnitz (1646-1716).

Na web Biografía de Leibnitz.

O cálculo diferencial, froito da súa época

Que tivo o século XVII que propiciou o descubrimento do cálculo diferencial?

As matemáticas estábano pedindo para resolver, ademais de problemas de tanxentes nun punto e velocidades instantáneas, outras moitas situacións, como os complicados problemas astronómicos que xurdiran coa invención do telescopio. Teñamos en conta, ademais, que as matemáticas, e as ciencias en xeral, non son máis que unha manifestación da súa propia época. E no século XVII rómpese coas concepcións estáticas de épocas anteriores e aténdese ao movemento, ao dinamismo. Como exemplo, observa estes dous cadros dos séculos XV e XVII:

Século XVII: "Dama bebendo cun cabaleiro", de Johannes Vermeer.

Século XV: "O matrimonio Arnolfini", de Jan Van Eyck.

Resolve

Movemento dunha partícula

Un investigador, para estudar o movemento dunha partícula, iluminouna con fulgores de flash cada décima de segundo (0,1 s) durante catro segundos. Esta é a fotografía a tamaño real:

1. Aproxima a velocidade da partícula no instante $t = 2$ s achando a súa velocidade media nos intervalos [2; 2,5] e [2; 2,1]. Para iso, toma medidas sobre a fotografía.
2. Calcula as velocidades medias anteriores tomando valores sobre a ecuación do movemento da devandita partícula: $s = \frac{1}{2}(t^4 - 8t^3 + 18t^2)$
3. Acha agora as velocidades medias nos intervalos [2; 2,001] e [2; 2,000001] tomando de novo valores sobre a ecuación do movemento da partícula. Podemos considerar que esta última velocidade media é moi parecida á velocidade instantánea en $t = 2$ s?

1 Medida do crecemento dunha función

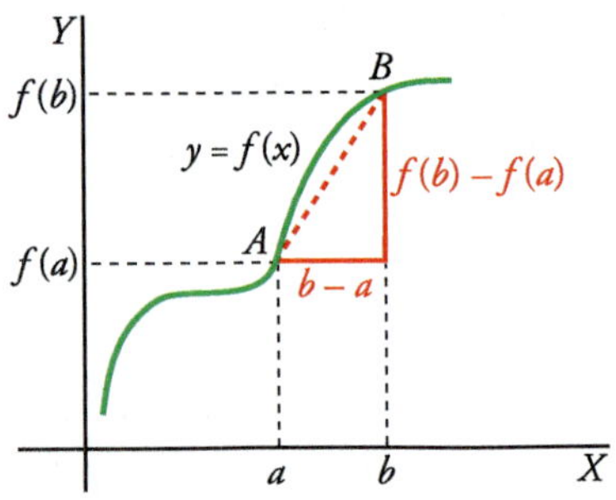

Crecemento medio nun intervalo. Taxa de variación media

Chámase **taxa de variación media (TVM)** dunha función, $y = f(x)$, nun intervalo $[a, b]$ o crecemento medio da función nese intervalo:

$$\text{TVM } [a, b] = \frac{\text{variación de } f(x)}{\text{variación de } x} = \frac{f(b) - f(a)}{b - a}$$

A TVM de $f(x)$ en $[a, b]$ é a pendente do segmento que une os puntos $A(a, f(a))$ e $B(b, f(b))$.

Se unha función é **crecente** en $[a, b]$, a súa taxa de variación media é positiva; e se é **decrecente,** negativa.

Con frecuencia, o intervalo desígnase mediante a expresión $[a, a + \text{h}]$, nomeando, así, un extremo do intervalo, a, e á súa lonxitude, h. En tal caso, a taxa de variación media obtense así:

$$\text{TVM } [a, a + \text{h}] = \frac{f(a + \text{h}) - f(a)}{\text{h}}$$

Exercicios resoltos

1 *Achar a TVM da función*

$$f(x) = 5x - x^2$$

nos intervalos [1, 2], [1, 3], [1, 4] e [1, 5].

$$\text{TVM } [1, 2] = \frac{f(2) - f(1)}{2 - 1} = \frac{6 - 4}{1} = 2$$

$$\text{TVM } [1, 3] = \frac{f(3) - f(1)}{3 - 1} = \frac{6 - 4}{2} = 1$$

$$\text{TVM } [1, 4] = \frac{f(4) - f(1)}{4 - 1} = \frac{4 - 4}{3} = 0$$

$$\text{TVM } [1, 5] = \frac{f(5) - f(1)}{5 - 1} = \frac{0 - 4}{4} = -1$$

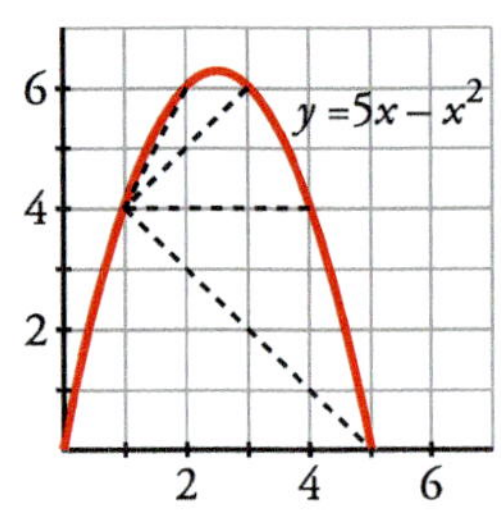

Faino ti. Acha a TVM de $y = \sqrt{x - 1}$ en [1, 2], [1, 5] e [1, 10].

2 *Achar a TVM da función do exercicio anterior nun intervalo con orixe no punto 1 e con lonxitude variable,* h. *É dicir, no intervalo [1, 1 + h].*

$$f(1 + \text{h}) = 5(1 + \text{h}) - (1 + \text{h})^2 = 5 + 5\text{h} - (1 + 2\text{h} + \text{h}^2) = 4 + 3\text{h} - \text{h}^2$$

$$f(1) = 5 \cdot 1 - 1^2 = 4$$

$$\text{TVM } [1, 1 + \text{h}] = \frac{f(1 + \text{h}) - f(1)}{\text{h}} = \frac{(4 + 3\text{h} - \text{h}^2) - 4}{\text{h}} = \frac{3\text{h} - \text{h}^2}{\text{h}} = 3 - \text{h}$$

Observa que, agora, se lle damos a h os valores 1, 2, 3 e 4, respectivamente, obtemos as TVM obtidas nos catro intervalos do exercicio anterior.

Exercicios propostos

1 Verdadeiro ou falso?

a) A TVM mide o crecemento medio dunha función nun intervalo.

b) Se f é crecente en $[a, b]$, a súa TVM nese intervalo é positiva, e se é decrecente, a súa TVM é negativa.

c) Se a TVM de f en $[a, b]$ é 0, significa que f é constante en $[a, b]$.

2 Acha a TVM da función $y = x^2 - 8x + 12$ nos seguintes intervalos:

[1, 2], [1, 3], [1, 4], [1, 5], [1, 6], [1, 7], [1, 8]

3 Acha a TVM de $y = x^2 - 8x + 12$ no intervalo variable $[1, 1 + \text{h}]$.

Comproba que, dándolle a h os valores adecuados, se obteñen os resultados do exercicio anterior.

Crecemento nun punto. Derivada

O crecemento dunha función $y = f(x)$ nun intervalo $[a, b]$ no que pasa do punto $A(a, f(a))$ ao punto $B(b, f(b))$ mídese mediante a pendente da recta que corta a curva en A e en B.

Como se mide o crecemento nun punto? A forma máis natural de facelo é mediante a pendente da recta tanxente:

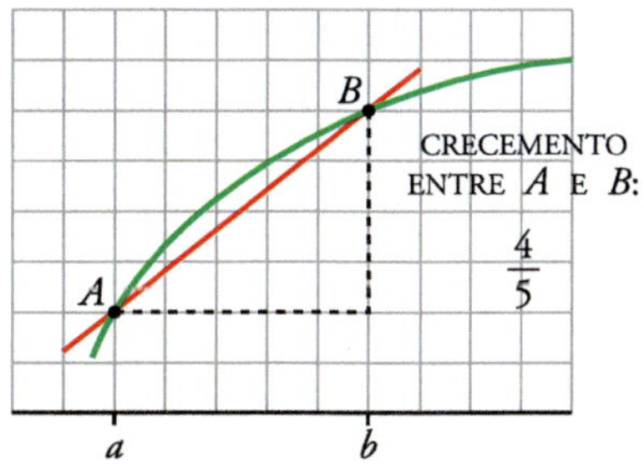

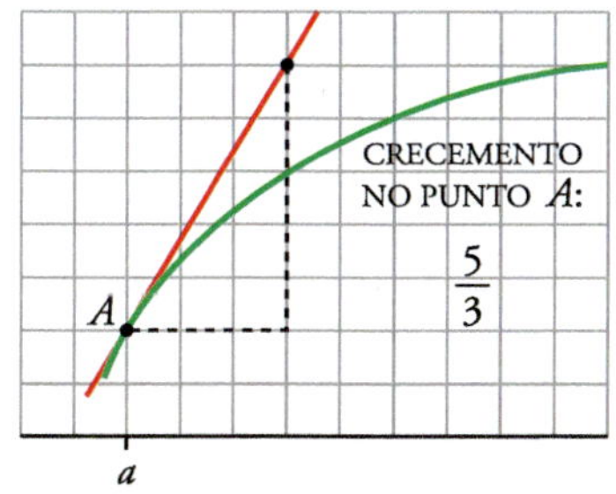

CRECEMENTO DE f entre A e B é a pendente da recta que pasa por A e B (TVM $[a, b]$).

CRECEMENTO DE f en A é a pendente da recta tanxente en A.

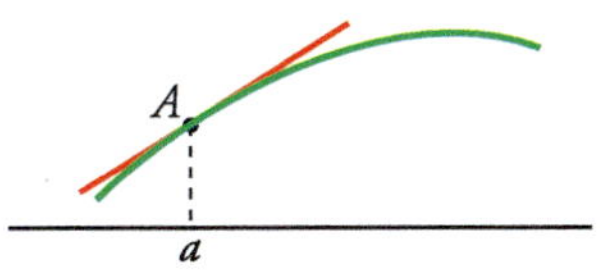

O crecemento dunha función nun punto mídese mediante a **pendente da recta tanxente** á curva nese punto. Chámase **derivada** de f en a (sendo a a abscisa do punto) e exprésase $f'(a)$, que se le *f prima de a*.

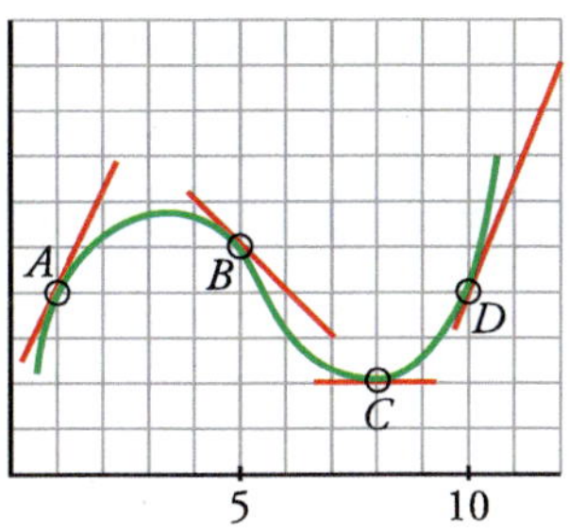

Por exemplo, na función representada á marxe, aparecen as rectas tanxentes nos puntos $A(1, 4)$, $B(5, 5)$, $C(8, 2)$ e $D(10, 4)$. As súas pendentes son, respectivamente, 2, –1, 0 e 2,5. Designámolo así:

$$f'(1) = 2 \qquad f'(5) = -1 \qquad f'(8) = 0 \qquad f'(10) = 2{,}5$$

$f'(1) = 2$ lese "f prima de 1 é igual a 2", ou ben "a derivada de f no punto de abscisa 1 é 2". Significa que a pendente da recta tanxente á curva no punto de abscisa 1 é 2.

Atención! Observa que valoramos a derivada nun punto a partir da representación gráfica: a función estaba representada e, sobre a súa gráfica, trazamos a recta tanxente para medir a súa pendente. Deberemos ser capaces de obter este valor a partir da expresión analítica da función. Este reto afrontarémolo nas páxinas seguintes.

Exercicio proposto

4

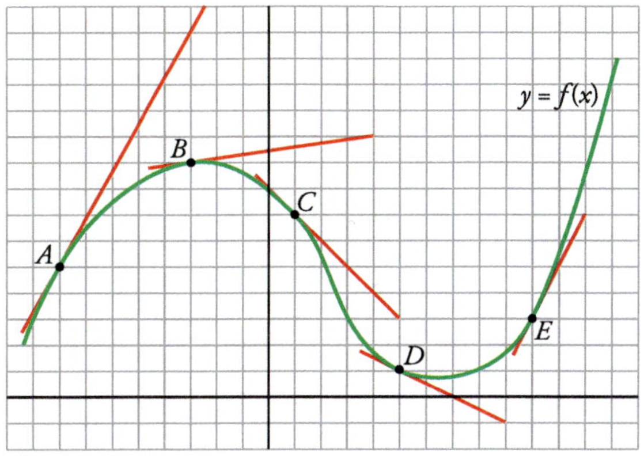

Na gráfica, en verde, da función $y = f(x)$ adxunta, sinaláronse cinco puntos: A, B, C, D e E.

En cada un deles está trazada a recta tanxente, cuxa pendente se pode calcular.

Expresa os resultados utilizando expresións do tipo:

$f'(a) = \dots$

Por exemplo, para o punto B:

$f'(-3) = \dots$

2 Obtención da derivada a partir da expresión analítica

Definimos $f'(a)$ como a pendente da recta tanxente á curva $y = f(x)$ no punto de abscisa a. Como achamos a pendente da tanxente sen necesidade de trazala? Máis aínda, como a achamos sen sequera representar a curva? É dicir, como calculamos $f'(a)$ a partir da expresión de $f(x)$?

Na web

Animación interactiva da ilustración da dereita.

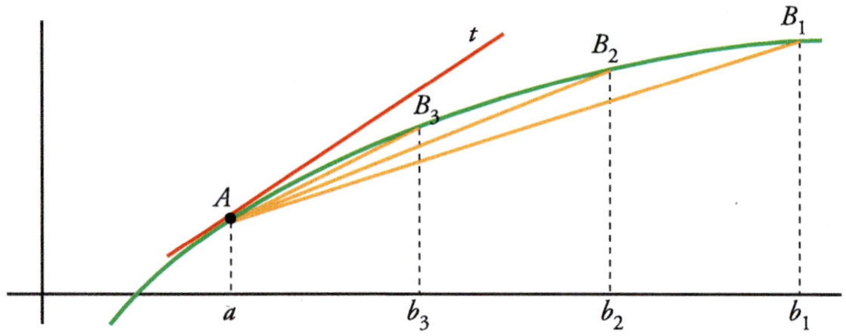

As rectas secantes AB_1, AB_2, AB_3, ... aproxímanse á tanxente, t. Así, a pendente de t, que é $f'(a)$, é o límite ao que tenden as pendentes das rectas secantes AB_i cando $B_i \to A$. Polo tanto:

A **derivada de f en a** (pendente da recta tanxente) é o límite das pendentes das rectas secantes:

$$f'(a) = \lim_{x \to a} \frac{f(x) - f(a)}{x - a} = \lim_{h \to 0} \frac{f(a+h) - f(a)}{h}$$

Observa

$f'(a) =$ [illegible] (TVM $[a, a + h]$)

Por iso, a derivada dunha función nun punto é chamada, tamén **taxa de variación instantánea.**

Regra práctica para calcular f'(a)

Vexamos unha regra que nos permite calcular $f'(a)$ en catro pasos. Aplicámola ao cálculo de $f'(1)$ para $y = f(x) = 5x - x^2$:

	PASOS	EXEMPLO	INTERPRETACIÓN GRÁFICA
I.	Calcúlase a ordenada no punto $a + h$. $f(a + h)$	$f(1 + h) = 5 \cdot (1 + h) - (1 + h)^2 =$ $= 5 + 5h - 1 - 2h - h^2 =$ $= 4 + 3h - h^2$	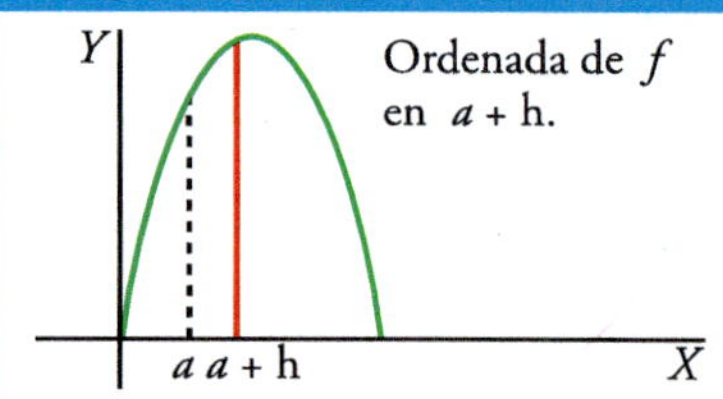
II.	Obtense o incremento de f no intervalo $[a, a + h]$. $f(a + h) - f(a)$	$f(1 + h) - f(1) =$ $= (4 + 3h - h^2) - 4 = 3h - h^2$	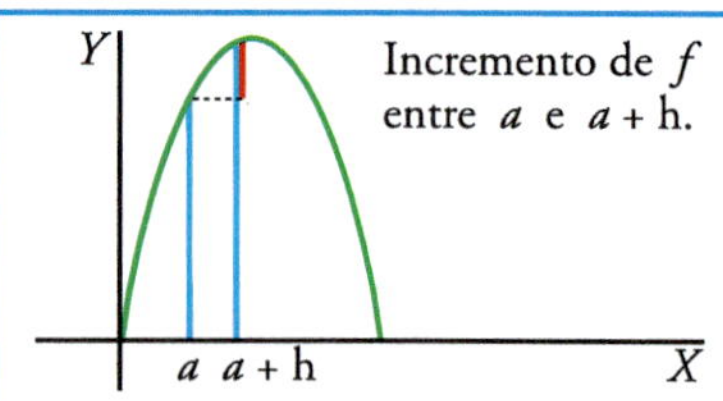
III.	Áchase a TVM de f en $[a, a + h]$. $\frac{f(a+h) - f(a)}{h}$	$\frac{f(1+h) - f(1)}{h} = \frac{3h - h^2}{h} =$ $= 3 - h$	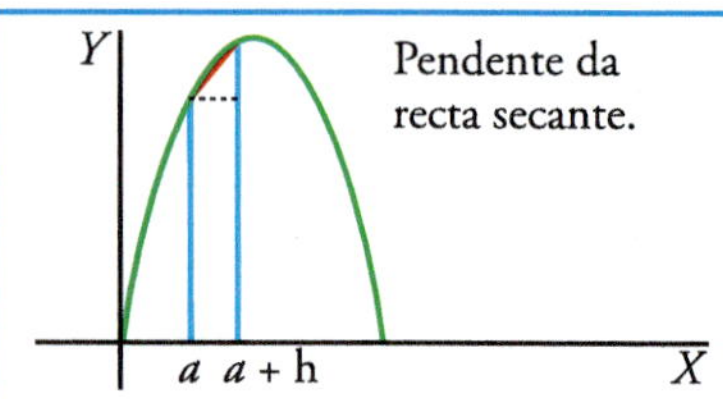
IV.	Calcúlase o límite do cociente anterior. $\lim_{h \to 0} \frac{f(a+h) - f(a)}{h} = f'(a)$ Este é o valor da derivada.	$\lim_{h \to 0} \frac{f(1+h) - f(1)}{h} =$ $= \lim_{h \to 0} (3 - h) = 3$	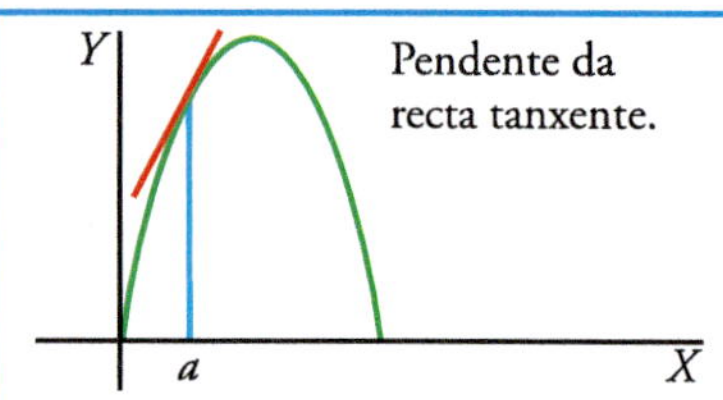

Exercicios resoltos

1 *Achar a derivada da función* $y = \dfrac{3}{x-2}$ *en* $x = 4$.

Debemos calcular:

$$f'(4) = \lim_{h \to 0} \frac{f(4+h) - f(4)}{h}$$

$$f(4+h) = \frac{3}{(4+h)-2} = \frac{3}{2+h}$$

$$f(4) = \frac{3}{4-2} = \frac{3}{2}$$

$$f(4+h) - f(4) = \frac{3}{2+h} - \frac{3}{2} = \frac{6-3(2+h)}{(2+h)\cdot 2} = \frac{-3h}{4+2h}$$

$$\frac{f(4+h) - f(4)}{h} = \frac{-3h}{4+2h} : h = \frac{-3}{4+2h}$$

$$f'(4) = \lim_{h \to 0} \frac{-3}{4+2h} = -\frac{3}{4}$$

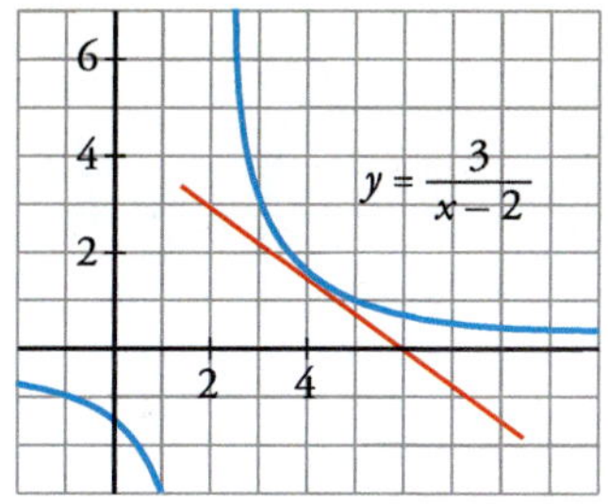

$f'(4) = -\dfrac{3}{4}$ é a pendente da recta tanxente á curva no punto de abscisa 4.

Faino ti. Acha a derivada de $y = \dfrac{3}{x-2}$ nos puntos de abscisas 1, –1 e 5.

2 *Achar a derivada da función* $y = x^2 - 4x$ *nos puntos de abscisas* –1, 0, 1, 2, 3, 4 *e* 5.

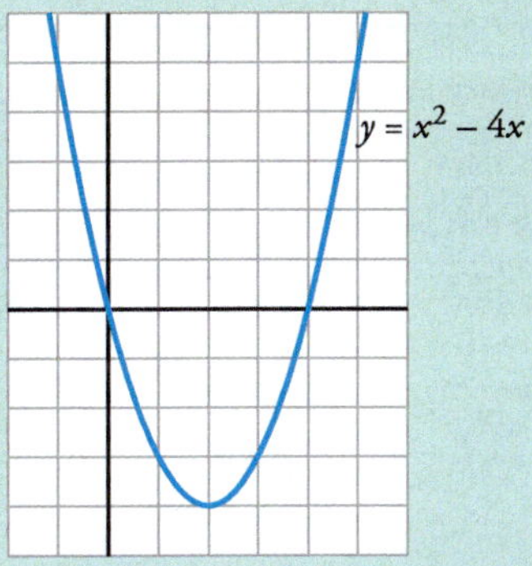

Posto que debemos calcular a derivada dunha mesma función en sete puntos, quizais sexa preferible proceder primeiro de forma xeral nun *punto xenérico* e, despois, particularizar en cada punto pedido.

Como facelo de forma xeral? Pois coma sempre, chamándolle x a ese *punto xenérico*. Vexámolo:

$$f(x+h) = (x+h)^2 - 4(x+h) = x^2 + 2xh + h^2 - 4x - 4h$$

$$f(x+h) - f(x) = (x^2 + 2xh + h^2 - 4x - 4h) - (x^2 - 4x) = 2xh + h^2 - 4h$$

$$\frac{f(x+h) - f(x)}{h} = \frac{2xh + h^2 - 4h}{h} = 2x + h - 4$$

$$f'(x) = \lim_{h \to 0} \frac{f(x+h) - f(x)}{h} = \lim_{h \to 0} (2x + h - 4) = 2x - 4$$

Que significa isto? Pois que a derivada de $y = x^2 - 4x$ nun punto de abscisa x obtense facendo $2 \cdot x - 4$. É dicir:

$f'(-1) = 2 \cdot (-1) - 4 = -6$, $f'(0) = 2 \cdot 0 - 4 = -4$, e así sucesivamente.

Faino ti. Acha a derivada de $y = \dfrac{x^2}{2} + 7x$ nos puntos de abscisas 0, 1, 2, 3, 4 e 5.

Exercicios propostos

1 Verdadeiro ou falso?

a) A derivada dunha función, $y = f(x)$, en $x = a$ é a pendente da recta tanxente á gráfica da función nese punto.

b) $f'(3) = 0$ significa que a tanxente á gráfica de $y = f(x)$ en $x = 3$ é paralela ao eixe X.

c) Se $f'(2) > 0$, entón f é crecente no punto de abscisa 2.

2 Acha a derivada de $y = \dfrac{1}{x}$ no punto de abscisa –2.

3 Acha a derivada de $y = -2x + 4$ nos puntos de abscisas –3, 0, 4 e 7. Explica por que obtés en todos os casos o mesmo resultado

4 Acha a derivada de $y = 3x^2 - 5x + 1$ nos puntos de abscisas –2, –1, 0, 1, 2, 3, 4, 5 e 6.

3 Función derivada doutra

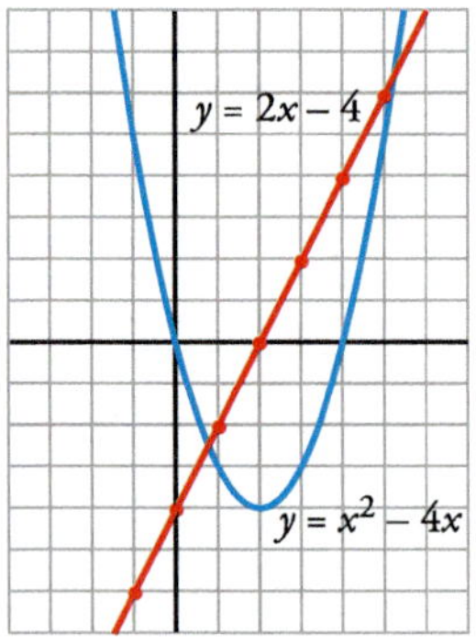

Na páxina anterior vimos que para calcular a derivada da función:

$$f(x) = x^2 - 4x$$

en varios dos seus puntos, resultaba eficaz obter o valor da derivada "en forma xeral" para, despois, particularizalo a cada un dos puntos. Obtivemos como expresión xeral da derivada:

$$f'(x) = 2x - 4$$

Observa que se trata dunha nova función, f', que asocia cada abscisa, x, o valor da pendente da recta tanxente a f en x.

$$x \to f'(x)$$

A función f' **chámase función** derivada de f [o nome de *derivada* vén de aquí, pois a función f' *deriva* (procede) da función f].

Obtivemos, pois, que a función derivada de $f(x) = x^2 - 4x$ é $f'(x) = 2x - 4$.

Na web

Exemplos interactivos de obtención e representación de funcións derivadas doutras.

Chámase **función derivada de f** (ou simplemente **derivada de f**) unha función f' que asocia a cada abscisa, x, a derivada de f nese punto, $f'(x)$, é dicir, a pendente da recta tanxente á curva $y = f(x)$ nese punto. Á derivada de f chamarémoslle f' ou ben Df.

$$Df(x) = f'(x) = \lim_{h \to 0} \frac{f(x+h) - f(x)}{h}$$

Exercicio resolto

1 *Achar a función derivada desta función:*

$$f(x) = \sqrt{x}$$

Achar, a partir dela, f'(1) e f'(4).

Como é unha función sinxela de expresar, podemos partir, directamente, do cociente incremental:

$$\frac{f(x+h) - f(x)}{h} = \frac{\sqrt{x+h} - \sqrt{x}}{h} \overset{(*)}{=} \frac{\left(\sqrt{x+h} - \sqrt{x}\right)\left(\sqrt{x+h} + \sqrt{x}\right)}{h\left(\sqrt{x+h} + \sqrt{x}\right)} =$$

$$= \frac{\left(\sqrt{x+h}\right)^2 - \left(\sqrt{x}\right)^2}{h\left(\sqrt{x+h} + \sqrt{x}\right)} = \frac{x+h-x}{h\left(\sqrt{x+h} + \sqrt{x}\right)} = \frac{1}{\sqrt{x+h} + \sqrt{x}}$$

$$\lim_{h \to 0} \frac{f(x+h) - f(x)}{h} = \lim_{h \to 0} \frac{1}{\sqrt{x+h} + \sqrt{x}} = \frac{1}{\sqrt{x} + \sqrt{x}} = \frac{1}{2\sqrt{x}}$$

Obtivemos que $f'(x) = \frac{1}{2\sqrt{x}}$. Polo tanto, $f'(1) = \frac{1}{2}$ e $f'(4) = \frac{1}{4}$.

(*) Multiplicamos e dividimos polo conxugado co fin de suprimir a diferenza de raíces.

Exercicios propostos

1 Verdadeiro ou falso?

As rectas tanxentes nun punto calquera, x_0, ás gráficas de $y = f(x)$ e $y = f(x) + 5$ son paralelas.

Iso significa que as dúas funcións teñen a mesma función derivada.

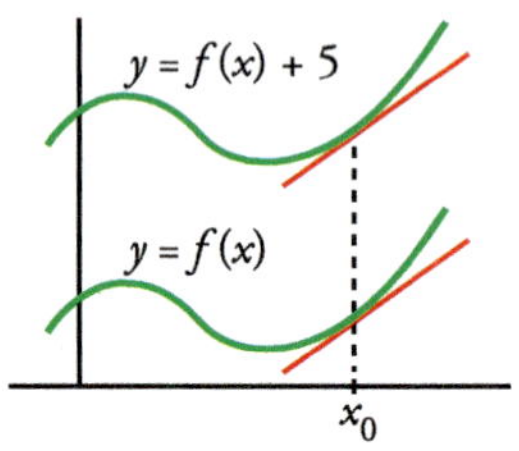

2 Acha a derivada de $f(x) = \frac{3}{x-2}$ e a partir dela, calcula $f'(4)$, $f'(-1)$, $f'(1)$ e $f'(5)$.

3 Acha a función derivada de $f(x) = \sqrt{x-3}$ e calcula as pendentes das rectas tanxentes á curva nos puntos de abscisas $x = 4$ e $x = 7$.

4 Acha a función derivada de $f(x) = x^3 + x^2$.

Como nomeamos as funcións e as súas derivadas?

Funcións e variables

Para nomear unha función, utilizamos unha letra. Por exemplo, f, g, h … Unha función liga dúas variables. Por exemplo, x e y. Poñemos $y = f(x)$.

Parámetros

Para designar o valor que toma unha función f para certo valor de x, por exemplo, 4, poñemos $f(4)$. Pero se non queremos concretar ese valor de x, entón poñemos a ou c ou outra letra que non desempeñe, habitualmente, o papel de "variable": $f(a)$, $f(c)$, … Pero acaso a ou c non son variables? Si, sono porque *varían*, é dicir, poden tomar valores variados. Pero non son *a variable* da función. A estas letras chamámoslles *parámetros*.

Función derivada

Se f é unha función derivable, a súa derivada é, obviamente, outra función. Sabes que se designa f' (f prima).

Prima significa *primeira* (mírao no dicionario). A función derivada de f', que se designaría $(f')'$ chámase *derivada segunda* de f e denótase simplemente así: f'' (f *segunda*). Analogamente $(f'')' = f'''$ (a derivada *de* f'' é f *terceira*).

Estes símbolos foron, en principio, outros: f^{I}, f^{II}, f^{III}. O uso foi desfigurando os números romanos, que acabaron transformándose en apóstrofos. As derivadas posteriores desígnanse f^{IV}, f^{V}, f^{VI}, …

Ponse f' ou Df?

f' é o nome dunha nova función. Df é a orde de derivar a función f e o resultado é f' é *dicir*, $Df = f'$. Segundo isto, podemos poñer $D(x^3 - 3x + \cos x)$, pero non é correcto poñer $(x^3 - 3x + \cos x)'$ aínda que ás veces se pon e non é demasiado grave.

É correcto poñer y'?

Cando poñemos

$$y = x^2 - 5x + 3 \rightarrow y' = 2x - 5$$

estamos identificando a variable y coa función. Isto é válido e en matemática superior úsase con frecuencia. Non obstante, cremos que neste nivel é preferible reservar o y como nome da variable dependente en exclusiva. Deste modo, cando se desexa derivar unha función como a anterior, ou ben lle poñemos un nome:

$$f(x) = x^2 - 5x + 3 \rightarrow f'(x) = 2x - 5$$

ou ben utilizamos a orde D:

$$D(x^2 - 5x + 3) = 2x - 5$$

Exercicio proposto

5 Na fórmula que serve para achar a ecuación da tanxente á curva $y = f(x)$ nun punto

$$y = f(a) + f'(a)(x - a)$$

di o papel que desempeña cada unha das letras que interveñen. O x é a variable independente, de que función?

4 Regras para obter as derivadas dalgunhas funcións

Na páxina anterior calculamos a derivada dalgunha función aplicando, paso a paso, a definición de derivada. O proceso é longo e pesado. Por fortuna existen unhas sinxelas regras prácticas coas que se pode achar, con facilidade e eficacia, a derivada de calquera función elemental.

Todas as regras que imos dar se poden demostrar. Non obstante, a maioría das demostracións deixarémola para o próximo curso. Agora limitarémonos a dar as regras e a ensinar como se poñen en práctica.

Derivadas dalgunhas funcións moi sinxelas

Función constante $y = k$

$D(k) = 0$, pois a pendente da recta $y = k$ é 0 en todos os seus puntos.

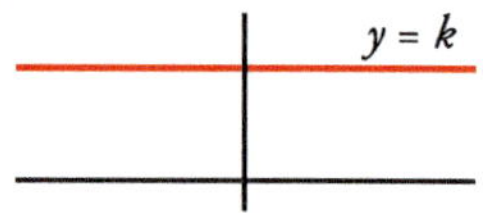

Función identidade $y = x$

$D(x) = 1$, pois a recta $y = x$ ten pendente 1 en todos os seus puntos.

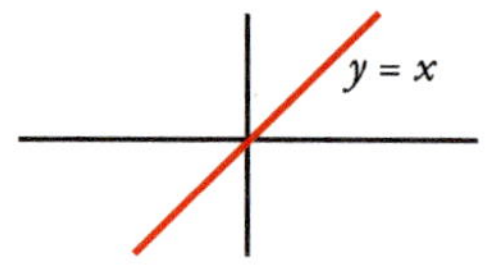

Funcións potencia $y = x^n$

$D(x^n) = n\,x^{n-1}$

Demostración. Calculemos, paso a paso, $\lim\limits_{h \to 0} \dfrac{(x+h)^n - x^n}{h}$

$$(x+h)^n = x^n + \binom{n}{1}x^{n-1}h + \binom{n}{2}x^{n-2}h^2 + \ldots =$$

$$= x^n + n\,x^{n-1}h + \frac{n(n-1)}{2}x^{n-2}h^2 + \ldots$$

$$(x+h)^n - x^n = n\,x^{n-1}h + \frac{n(n-1)}{2}x^{n-2}h^2 + \ldots$$

$$\frac{(x+h)^n - x^n}{h} = n\,x^{n-1} + \frac{n(n-1)}{2}x^{n-2}h + \ldots$$ (os sumandos restantes teñen todos o factor h).

$$D(x^n) = \lim_{h \to 0} \frac{(x+h)^n - x^n}{h} = n\,x^{n-1} + 0 + 0 + \ldots = n\,x^{n-1}$$

Atención! Esta demostración só é válida para n enteiro e $n \geq 2$. Non obstante, como se demostrará o ano próximo, a regra é válida para calquera valor real de n. Isto faina moito máis útil do que parece á primeira vista. Observa:

$$D(x^4) = 4\,x^3; \quad D\left(\frac{1}{x}\right) = D(x^{-1}) = (-1)x^{-1-1} = -x^{-2} = -\frac{1}{x^2}$$

$$D\left(\frac{1}{x^5}\right) = D(x^{-5}) = -5x^{-5-1} = -5x^{-6} = \frac{-5}{x^6}$$

$$D(\sqrt{x}) = D(x^{1/2}) = \frac{1}{2}x^{(1/2)-1} = \frac{1}{2}x^{-1/2} = \frac{1}{2\sqrt{x}}$$

$$D\left(\frac{x^2}{\sqrt[3]{x}}\right) = D(x^2 \cdot x^{-1/3}) = D(x^{5/3}) = \frac{5}{3}x^{(5/3)-1} = \frac{5}{3}x^{2/3} = \frac{5}{3}\sqrt[3]{x^2}$$

Resultados importantes

Intenta memorizar estes resultados; son moi importantes porque aparecen con moita frecuencia!

$$D\left(\frac{1}{x}\right) = -\frac{1}{x^2}$$

$$D(\sqrt{x}) = \frac{1}{2\sqrt{x}}$$

Exercicio proposto

1 Calcula: a) $D(x^5)$ b) $D\left(\dfrac{1}{x^2}\right)$ c) $D(\sqrt[3]{x})$ d) $D(\sqrt[3]{x^2})$ e) $D\left(\dfrac{\sqrt{x^3}\cdot\sqrt[3]{x^4}}{x^2}\right)$

Derivada de funcións trigonométricas, exponenciais e logarítmicas

Trigonométricas

$D(sen\ x) = cos\ x$ | $D(cos\ x) = -sen\ x$ | $D(tan\ x) = 1 + tan^2 x = \dfrac{1}{cos^2 x}$

Funciones exponenciais e logarítmicas

$D(e^x) = e^x$ $\quad D(a^x) = a^x \cdot ln\ a$

Por exemplo: $D(2^x) = 2^x \cdot ln\ 2$; $\quad D(10^x) = 10^x \cdot ln\ 10$

$D(ln\ x) = \dfrac{1}{x}$ $\quad D(log_a x) = \dfrac{1}{x} \cdot \dfrac{1}{ln\ a}$

Por exemplo: $D(log_2 x) = \dfrac{1}{x} \cdot \dfrac{1}{ln\ 2}$; $\quad D(log_{10} x) = \dfrac{1}{x} \cdot \dfrac{1}{ln 10}$

Número e

Lembra que e é un número irracional:

$e = 2{,}718281\ldots$

Logaritmo neperiano

Lembra que $ln\ x = log_e x$.

Derivada de resultados operativos

Produto dunha función por unha constante

$D[k\,f(x)] = k\,Df(x) = k\,f'(x)$

Por exemplo: $D(7x^3) = 7\,D(x^3) = 7 \cdot 3x^2 = 21x^2$

$$D(\sqrt{3x}) = D(\sqrt{3}\sqrt{x}) = \sqrt{3}D(\sqrt{x}) = \sqrt{3}\frac{1}{2\sqrt{x}} = \frac{1}{2}\sqrt{\frac{3}{x}}$$

Suma de funcións

$D[f(x) + g(x)] = f'(x) + g'(x)$

E, en xeral: $D[f(x) + g(x) + \ldots + h(x)] = f'(x) + g'(x) + \ldots + h'(x)$

Por exemplo: $D(2x^4 - 5x^3 + 7x^2 - 3) = 8x^3 - 15x^2 + 14x - 0$

Diferenza de funcións

A diferenza é un caso particular da suma.

$D[f(x) - g(x)] = f'(x) - g'(x)$

Produto de funcións

$D[f(x) \cdot g(x)] = f'(x) \cdot g(x) + f(x) \cdot g'(x)$

E, en xeral: $D[f \cdot g \cdot \ldots \cdot h] = f' \cdot g \cdot \ldots \cdot h + f \cdot g' \cdot \ldots \cdot h + \ldots + f \cdot g \cdot \ldots \cdot h'$

Por exemplo: $D[x^2 \cdot sen\ x] = D(x^2) \cdot sen\ x + x^2 \cdot D(sen\ x) = 2x \cdot sen\ x + x^2 \cdot cos\ x$

$$D[x^2 \cdot sen\ x \cdot 2^x] = 2x \cdot sen\ x \cdot 2^x + x^2 \cdot cos\ x \cdot 2^x + x^2 \cdot sen\ x \cdot 2^x\ ln\ 2$$

Cociente de funcións

$$D\left[\frac{f(x)}{g(x)}\right] = \frac{f'(x) \cdot g(x) - f(x) \cdot g'(x)}{g(x)^2}$$

Por exemplo: $D\left[\dfrac{sen\ x}{cos\ x}\right] = \dfrac{D(sen\ x) \cdot cos\ x - sen\ x \cdot D(cos\ x)}{(cos\ x)^2} =$

$$= \frac{cos\ x \cdot cos\ x - sen\ x \cdot (-sen\ x)}{cos^2 x} = \frac{cos^2 x + sen^2 x}{cos^2 x} = \frac{1}{cos^2 x}$$

Derivada de *tan x*

Observa que neste exemplo de derivada dun cociente de funcións obtivemos a derivada de *tan x* poñéndoa como cociente:

$$tan\ x = \frac{sen\ x}{cos\ x}$$

Exercicios resoltos

1 *Achar a función derivada destas funcións:*

a) $f(x) = 2x^3 - 5x^2 + 3x - 2$

b) $g(x) = \sqrt{2x} + \sqrt[3]{5x^2}$

c) $h(x) = \dfrac{1}{x\sqrt{x}}$

a) $f'(x) = 2 \cdot 3x^2 - 5 \cdot 2x + 3 = 6x^2 - 10x + 3$

b) Sacamos os números fóra das raíces e expresamos en forma de potencia:

$$g(x) = \sqrt{2} \cdot \sqrt{x} + \sqrt[3]{5} \cdot \sqrt[3]{x^2} = \sqrt{2}\,x^{1/2} + \sqrt[3]{5}\,x^{2/3}$$

$$g'(x) = \sqrt{2} \cdot \frac{1}{2}x^{-1/2} + \sqrt[3]{5} \cdot \frac{2}{3}x^{-1/3} = \frac{\sqrt{2}}{2\sqrt{x}} + \frac{2\sqrt[3]{5}}{3\sqrt[3]{x}}$$

c) Poderiamos derivar como cociente:

$$h'(x) = \frac{0 \cdot x\sqrt{x} - 1\left(1 \cdot \sqrt{x} + x \cdot \dfrac{1}{2\sqrt{x}}\right)}{\left(x\sqrt{x}\right)^2} = \frac{-\sqrt{x} - \dfrac{1}{2}\sqrt{x}}{x^3} = -\frac{3}{2}\,\frac{\sqrt{x}}{x^3}$$

Pero é moito máis sinxelo se expresamos $h(x)$ como potencia!

$$h(x) = \frac{1}{x \cdot x^{1/2}} = \frac{1}{x^{3/2}} = x^{-3/2}$$

$h'(x) = -\dfrac{3}{2}x^{-5/2}$ que coincide coa expresión de arriba, como é natural.

Faino ti. Acha a función derivada das seguintes funcións:

a) $f(x) = 5x^4 - 2x^2 + 3x - 7$ b) $g(x) = \sqrt{5x} - \sqrt[3]{3x^4}$ c) $h(x) = \dfrac{3x}{x^2\sqrt[3]{x}}$

2 *Achar a función derivada destas funcións:*

a) $f(x) = 2^{3x}$

b) $g(x) = \dfrac{x^3}{x^2+1}$

c) $h(x) = \dfrac{x^4 - 5x^3 + 3x}{x^2}$

a) Transformamos a función para sacar o 3 do expoñente:

$$f(x) = 2^{3x} = (2^3)^x = 8^x$$

$$f'(x) = D(8^x) = 8^x \ln 8$$

b) Derivamos como cociente:

$$g'(x) = \frac{3x^2 \cdot (x^2+1) - x^3 \cdot (2x)}{(x^2+1)^2} = \frac{3x^4 + 3x^2 - 2x^4}{x^4 + 2x^2 + 1} = \frac{x^4 + 3x^2}{x^4 + 2x^2 + 1}$$

c) Poderiamos derivar como cociente, pero parece máis cómodo efectuar a división e despois derivar:

$$h(x) = x^2 - 5x + \frac{3}{x} = x^2 - 5x + 3x^{-1}$$

$$h'(x) = 2x - 5 - 3x^{-2} = 2x - 5 - \frac{3}{x^2}$$

Faino ti. Acha a función derivada das seguintes funcións:

a) $f(x) = \dfrac{5^{4x}}{125}$ b) $g(x) = \dfrac{x^2 - 3x + 1}{x^2 + x - 3}$ c) $h(x) = \dfrac{x^3 - 5x^2 + 2x - 1}{x}$

Exercicios propostos

Acha a función derivada das seguintes funcións:

2 $f(x) = 5x^2 + 7x - 2\sqrt{x}$

3 $f(x) = \sqrt{3x^3} \cdot e^x$

4 $f(x) = \dfrac{e^x \cdot \cos x}{2^{x+4}}$

5 $f(x) = x \cdot 3^x \cdot \tan x$

6 $f(x) = \dfrac{\log_2 x}{x}$

7 $f(x) = \dfrac{2x^3 - 5x + 3}{x^2}$

8 $f(x) = \dfrac{x^2 + 1}{x^2 - 1}$

9 $f(x) = (\operatorname{sen} x)\left(x^2 + \dfrac{\pi}{2}\right)$

10 $f(x) = \dfrac{2^x}{\cos x}$

11 $f(x) = \dfrac{x^2 \cdot 5^x}{x^3}$

Derivada dunha función composta. Regra da cadea

$$D\{g[f(x)]\} = g'[f(x)] \cdot f'(x) \Leftrightarrow D(g \circ f) = (g' \circ f) \cdot f'$$

Por exemplo:

- $D(\sqrt{3x-1})\ \begin{cases} g \equiv \sqrt{\square} \rightarrow g' \equiv \dfrac{1}{2\sqrt{\square}} \\ f \equiv 3\square + 1 \rightarrow f' \equiv 3 \end{cases}$

  Polo tanto: $D(\sqrt{3x-1}) = \dfrac{1}{2\sqrt{3x-1}} \cdot 3$

- $D(sen^2\, x)\ \begin{cases} g \equiv \square^2 \rightarrow g' \equiv 2\square \\ f \equiv sen \rightarrow f' \equiv cos \end{cases}$

  Polo tanto: $D(sen^2\, x) = 2\, sen\, x \cdot cos\, x$

Para tres funcións encadeadas, a regra é:

$$D[h\{g[f(x)]\}] = h'\{g[f(x)]\} \cdot g'[f(x)] \cdot f'(x) \Leftrightarrow D(h \circ g \circ f) = (h' \circ g \circ f) \cdot (g' \circ f) \cdot f'$$

Por exemplo:

$$D(sen^3 \sqrt{x})\ \begin{cases} h \equiv \square^3 \rightarrow h' \equiv 3\square^2 \\ g \equiv sen \rightarrow g' \equiv cos \\ f \equiv \sqrt{\square} \rightarrow f' \equiv \dfrac{1}{2\sqrt{\square}} \end{cases}$$

Polo tanto: $D(sen^3 \sqrt{x}) = 3\, sen^2 \sqrt{x} \cdot cos\, \sqrt{x} \cdot \dfrac{1}{2\sqrt{x}}$

Nomenclatura

Hai funcións cuxa expresión é de por si un nome. Por exemplo, *sen*, *tan*, *log*.

Pero outras, necesitan da variable para expresarse. Por exemplo, as funcións polinómicas como $3\square^2 - 2\square + 5$, cuxo significado é obvio. Nestes casos, utilizamos o signo ≡ para asignarlles nomes. Por exemplo, se poñemos $3\square^2 - 2\square + 5 \equiv f$ queremos dicir que $f(x) = 3x^2 - 2x + 5$.

Exercicio resolto

1 *Achar as derivadas das funcións seguintes:*

a) $tan\, \sqrt{x^2+1}$

b) $\dfrac{2^{x^2-2x}}{sen\, x^3}$

a) $h \equiv tan \rightarrow h' = \dfrac{1}{cos^2\, \square}$; $g \equiv \sqrt{\square} \rightarrow g' \equiv \dfrac{1}{2\sqrt{\square}}$; $f \equiv \square^2 + 1 \rightarrow f' \equiv 2\square$

Polo tanto: $D(tan\sqrt{x^2+1}) = \dfrac{1}{cos^2 \sqrt{x^2+1}} \cdot \dfrac{1}{2\sqrt{x^2+1}} \cdot 2x$

b) É un cociente no que o numerador e o denominador son funcións compostas.

$$D\left(\frac{2^{x^2-2x}}{sen\, x^2}\right) = \frac{\left[2^{x^2-2x} \cdot ln\, 2 \cdot (2x-2)\right] sen\, x^2 - 2^{x^2-2x}\,[cos\, x^2 \cdot 2x]}{(sen\, x^2)^2}$$

Exercicios propostos

Acha a función derivada das seguintes funcións:

12 $f(x) = sen\,(x^2 - 5x + 7)$

13 $f(x) = \sqrt[3]{(5x+3)^2} = (5x+3)^{2/3}$

14 $f(x) = sen^2\left(3x + \dfrac{\pi}{2}\right)$

15 $f(x) = \dfrac{log\, x^2}{x}$

16 $f(x) = cos\,(3x - \pi)$

17 $f(x) = \sqrt{1+2x}$

18 $f(x) = x\, e^{2x+1}$

19 $f(x) = \dfrac{sen\,(x^2+1)}{\sqrt{1-x^2}}$

5 Utilidade da función derivada

Se temos unha función, $y = f(x)$, dada pola súa expresión analítica, a súa derivada $f'(x)$ dá a inclinación (a **pendente**) da curva en cada punto.

Isto confírelle múltiples aplicacións moi interesantes. Vexámolas:

Obtención do valor da derivada nun punto

Para achar a derivada de $f(x)$ no punto de abscisa a, $f'(a)$, substitúese x por a na expresión de $f'(x)$.

Por exemplo, achemos a derivada de $y = sen\ 3x$ nos puntos de abscisas 0 e $\frac{\pi}{6}$. Empezamos obtendo a función derivada:

$$f(x) = sen\ 3x, \quad f'(x) = 3\ cos\ 3x$$

Substituíndo, $f'(0) = 3\ cos\ 0 = 3$, $f'\left(\frac{\pi}{6}\right) = 3 \cdot cos\left(3\frac{\pi}{6}\right) = 3 \cdot cos\ \frac{\pi}{2} = 0$.

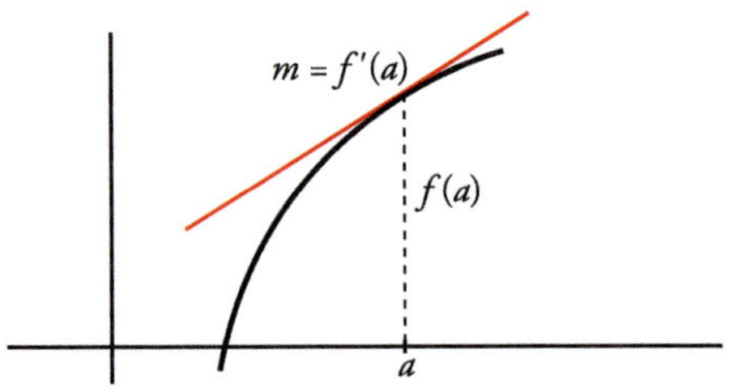

Unha importante aplicación disto que acabamos de ver é a obtención da recta tanxente a unha curva nun punto.

Ecuación da recta tanxente a $y = f(x)$ no punto de abscisa a

A ordenada do punto de abscisa a é $f(a)$. A pendente da recta é $f'(a)$. A súa ecuación é, polo tanto: $y = f'(a)(x - a) + f(a)$

Lembra

A ecuación da recta que pasa polo punto (x_0, y_0) e ten pendente m é:

$$y = m(x - x_0) + y_0$$

Por exemplo, achemos a recta tanxente a $y = x^3 - 5x + 1$ en $x = 2$:

$$f(x) = x^3 - 5x + 1; \quad f(2) = -1$$

$$f'(x) = 3x^2 - 5; \quad f'(2) = 7$$

A recta tanxente é $y = 7(x - 2) - 1$, é dicir, $y = 7x - 15$.

Recta normal a unha curva

Chámase recta normal a unha curva nun punto a perpendicular á recta tanxente nese punto. Segundo isto, a ecuación da recta normal a $y = f(x)$ no punto de abscisa a é:

$$y = -\frac{1}{f'(a)}(x - a) + f(a)$$

Obtención dos puntos nos que a derivada ten certo valor

Para achar os puntos nos que a derivada dunha función, $f'(x)$, ten certo valor, k, resólvese a ecuación $f'(x) = k$. As súas raíces son as abscisas dos puntos buscados.

Exercicio resolto

1 *Achar as rectas tanxentes á curva $y = \frac{x^3 - 3x^2}{9}$ que sexan paralelas á bisectriz do primeiro e terceiro cuadrantes.*

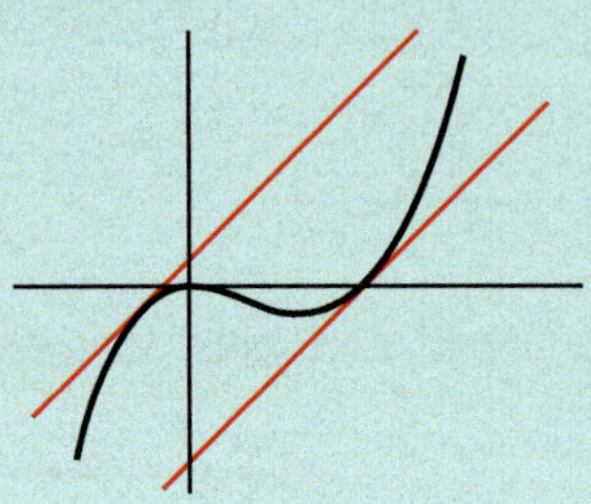

Buscamos rectas paralelas a $y = x$, é dicir, de pendente 1.

$f(x) = \frac{x^3 - 3x^2}{9}$, $f'(x) = \frac{3x^2 - 6x}{9} = \frac{x^2 - 2x}{3}$. A ecuación $\frac{x^2 - 2x}{3} = 1$ proporciónanos as abscisas dos puntos nos que a pendente é 1. As raíces desta ecuación son -1 e 3 (compróbao). Polo tanto, as rectas tanxentes á curva nos puntos de abscisas -1 e 3 teñen pendente 1. Achemos as súas ordenadas:

$x = -1 \rightarrow f(-1) = -\frac{4}{9}$. Recta tanxente, $y = 1(x + 1) - \frac{4}{9} \rightarrow y = x + \frac{5}{9}$

$x = 3 \rightarrow f(3) = 0$. Recta tanxente, $y = 1(x - 3) + 0 \rightarrow y = x - 3$

Faino ti. Acha as rectas tanxentes a $y = x^3 - 2x^2$ paralelas a $y = -x$.

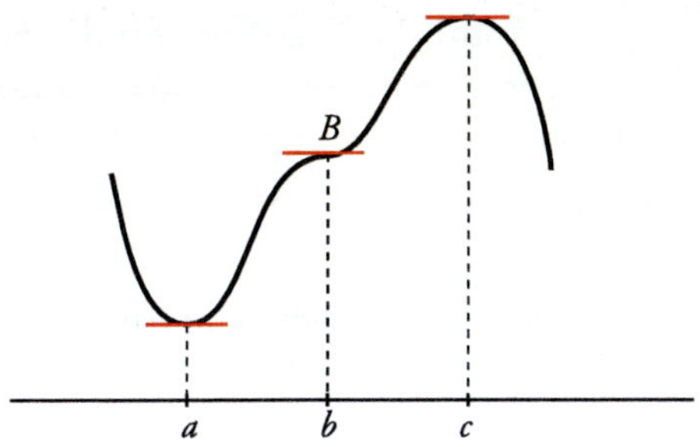

O punto B é singular, pero non é máximo nin mínimo relativo. A estes puntos chámaselles **"puntos de inflexión"**.

Obtención dos puntos singulares dunha función

Aplicación directa do caso anterior: a obtención dos puntos de derivada cero.

Chámanse **puntos singulares** dunha función os puntos de tanxente horizontal, é dicir, os puntos nos que **a derivada é cero.** Entre eles están os máximos e mínimos relativos, pero pode haber outros.

As abscisas dos puntos singulares son as solucións da ecuación $f'(x) = 0$.

A identificación dos puntos singulares é crucial para a **representación da gráfica da función,** como veremos máis adiante. Con eles podemos, ademais, determinar os intervalos nos que a curva crece ou decrece.

Exercicio resolto

1 *Achar os puntos singulares da función:*

$$y = x^3 - 6x^2 + 9x + 2$$

e determinar os intervalos onde crece ou decrece.

Para achar os puntos singulares, resolvemos a ecuación $f'(x) = 0$.

$f'(x) = 0 \Leftrightarrow 3x^2 - 12x + 9 = 0 \Leftrightarrow x^2 - 4x + 3 = 0 \Leftrightarrow x_1 = 1,\ x_2 = 3$

$f(1) = 6 \rightarrow (1, 6)$ é un punto singular

$f(3) = 2 \rightarrow (3, 2)$ é outro punto singular

Se, ademais destes puntos singulares, temos en conta as dúas ramas infinitas, sinaladas na gráfica, e sabendo que a función é continua en todo $\mathbb{R}$, é evidente que é crecente en $(-\infty, 1)$ e en $(3, +\infty)$ e decrecente en $(1, 3)$.

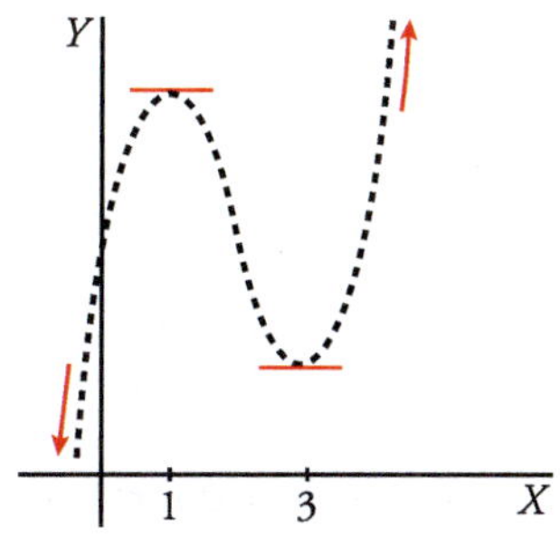

Faino ti. Acha os puntos singulares de $y = 2x^3 - 3x^2 - 12x + 3$ e determina os intervalos onde crece ou decrece.

Optimización de funcións

Optimizar unha función é descubrir cal é o seu valor máximo (ou mínimo) e determinar para que valor de x se alcanza.

Se $f(x)$ está definida en $[a, b]$, o seu **valor máximo** encóntrase nun dos extremos do intervalo ou nun punto singular do interior deste. Outro tanto lle acontece ao **valor mínimo.**

Por exemplo, para achar o máximo de $y = x^3 - 6x^2 + 9x + 2$, $x \in [0; 3{,}5]$, calculamos as abscisas dos seus puntos singulares $[f'(x) = 0 \Leftrightarrow x_1 = 1,\ x_2 = 3]$. Ambos os dous están no intervalo no que está definida a función, $[0; 3{,}5]$.

Agora achamos o valor da función en 0, 1, 3 e 3,5:

$$f(0) = 2 \qquad f(1) = 6 \qquad f(3) = 2 \qquad f(3{,}5) = 2{,}875$$

Polo tanto, o máximo encóntrase en $x = 1$ e vale 6.

Comproba que, se o dominio de definición fose $[0, 5]$, o máximo se alcanzaría no extremo, $x = 5$. Que valor tomaría?

Nota

O curso próximo trataremos con detemento o tema da optimización de funcións extraídas de problemas xeométricos, físicos, económicos, biolóxicos...

Agora referímonos á optimización de forma meramente anecdótica.

Exercicios propostos

1 a) Acha as ecuacións das rectas tanxentes á gráfica de $y = x^4 - 8x^2 + 12x$ nos puntos de abscisas 1 e –1.

b) Acha as rectas tanxentes á curva con pendente 12.

2 Acha o valor máximo da función $y = -x^3 + 12x + 3$ no intervalo $[0, 3]$ e no intervalo $[-5, 3]$.

Acha o mínimo en cada un deses intervalos.

6 Representación de funcións

Na unidade anterior aprendemos a descubrir cal é o **dominio de definición** dunha función, $y = f(x)$, dada pola súa expresión analítica, así como a obter as súas **ramas infinitas.** Agora, o manexo da derivación permítenos achar os seus **puntos singulares.** Con todo iso, posuímos ferramentas abondo para enfrontarnos coa representación gráfica de funcións.

Este curso limitarémonos ás funcións polinómicas e ás racionais, deixando para o ano próximo outras máis complicadas.

Ten en conta

As funcións lineais, $y = ax + b$, e as cuadráticas, $y = ax^2 + bx + c$, son polinómicas de 1.º e 2.º graos, respectivamente, e sabemos representalas con sinxeleza.

Aquí ocuparémonos das de grao superior.

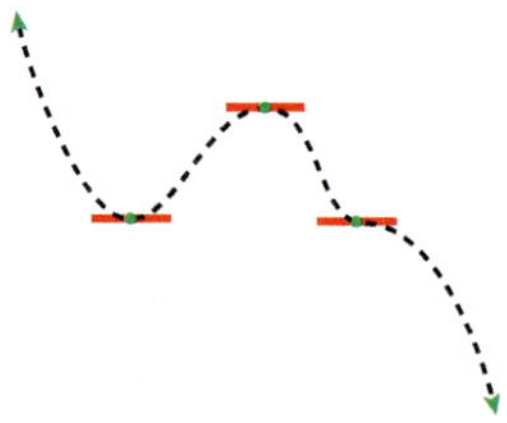

Cos puntos singulares e as ramas infinitas apréciase claramente a forma da curva.

Representación de funcións polinómicas

As funcións polinómicas son da forma $y = f(x) = P(x)$, onde $P(x)$ é un polinomio. Por exemplo, $y = x^3 - 3x^2 + 2$ o $y = 3x^4 - 6x^3$.

Son funcións **definidas** e **continuas** en todo $\mathbb{R}$, con só dúas ramas infinitas en $-\infty$ e $+\infty$.

Pasos para representar unha función polinómica, $f(x) = P(x)$

- Ramas infinitas. Áchanse calculando $\lim_{x \to -\infty} P(x)$ e $\lim_{x \to +\infty} P(x)$.
- Puntos singulares. As súas abscisas son as raíces da ecuación $P'(x) = 0$. Coñecidas as abscisas, áchanse as ordenadas sobre a función $P(x)$.
- Únense entre si os puntos obtidos e as ramas infinitas, coidando non debuxar outros puntos singulares distintos aos xa obtidos. Deste modo descóbrese cales son os máximos e mínimos relativos.
- Se se pode, convén obter, tamén, os puntos de corte cos eixes e algún outro punto para conseguir maior precisión na representación.

Exercicios resoltos

1 *Representar a seguinte función polinómica:*

$$y = x^3 - 3x^2 + 4$$

- Ramas infinitas:

$\lim_{x \to -\infty} (x^3 - 3x^2 + 4) = -\infty$

$\lim_{x \to +\infty} (x^3 - 3x^2 + 4) = +\infty$

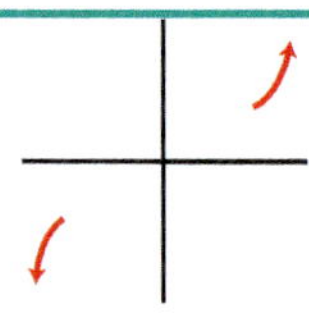

- Puntos singulares:

$f'(x) = 3x^2 - 6x$

$f'(x) = 0 \Leftrightarrow 3x^2 - 6x = 0 \Leftrightarrow (3x - 6)x = 0$. Solucións: $x_1 = 0$, $x_2 = 2$

$\left.\begin{array}{l} x_1 = 0 \to f(0) = 0^3 - 3 \cdot 0^2 + 4 = 4 \\ x_2 = 2 \to f(2) = 2^3 - 3 \cdot 2^2 + 4 = 0 \end{array}\right\}$ Os puntos singulares son (0, 4) e (2, 0).

- Cortes cos eixes:

Co eixe X: $f(x) = 0 \Leftrightarrow x^3 - 3x^2 + 4 = 0$. Solucións: 2 e –1
Curta ao eixe X nos puntos (–1, 0) e (2, 0).

Co eixe Y: Curta ao eixe Y en (0, 4).

- Representación:

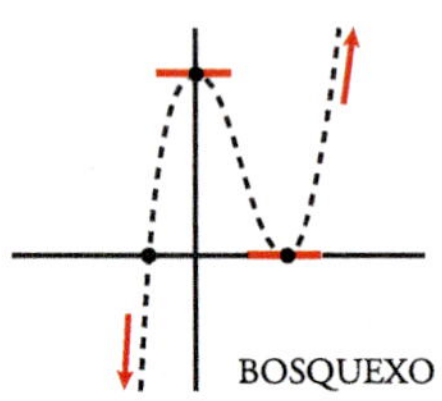

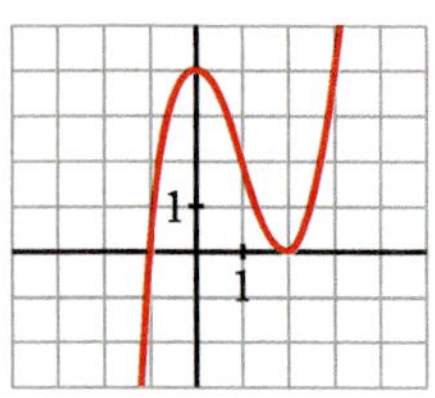

Exercicios resoltos

2 *Representar a seguinte función:*

$y = 3x^4 + 4x^3 - 36x^2 + 100$

- Ramas infinitas:

$\lim_{x \to -\infty} (3x^4 + 4x^3 - 36x^2 + 100) = +\infty$

$\lim_{x \to +\infty} (3x^4 + 4x^3 - 36x^2 + 100) = +\infty$

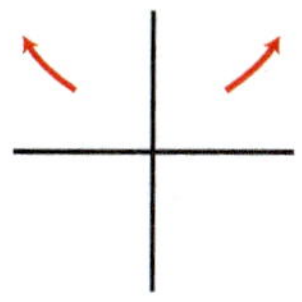

- Puntos singulares:

$$\left.\begin{array}{l} f'(x) = 12x^3 + 12x^2 - 72x \\ f'(x) = 0 \Leftrightarrow x_1 = 0,\ x_2 = 2,\ x_3 = -3 \\ f(-3) = -89,\ f(0) = 100,\ f(2) = 36 \end{array}\right\} (-3, -89),\ (0, 100),\ (2, 36)$$

- Representación:

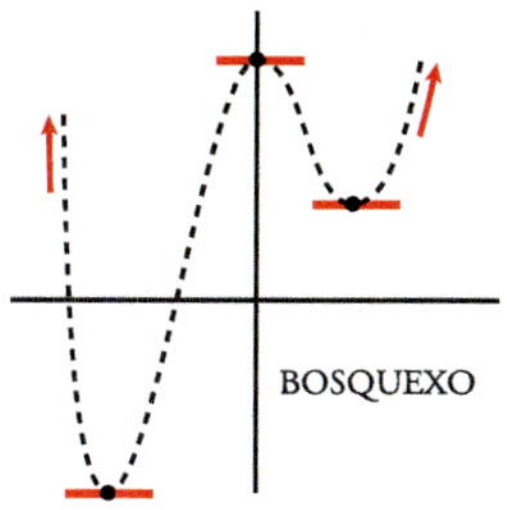

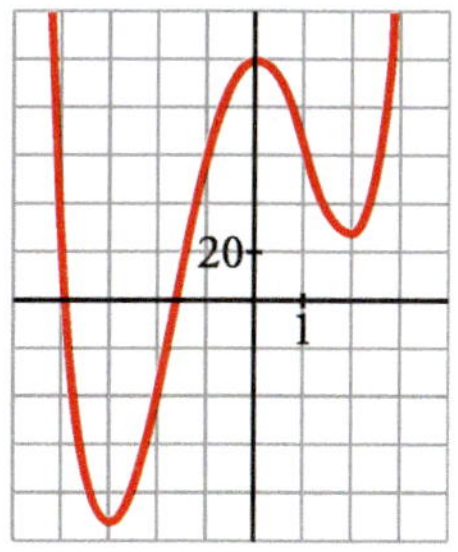

- Os cortes co eixe X non sabemos calculalos. Se desexásemos debuxar a curva con máis precisión, poderiamos achar outros puntos: (–4, 36), (–2, –28), (–1, 63), …

3 *Representar a seguinte función:*

$y = -3x^4 + 4x^3$

- Ramas infinitas:

$\lim_{x \to -\infty} (-3x^4 + 4x^3) = -\infty$

$\lim_{x \to +\infty} (-3x^4 + 4x^3) = -\infty$

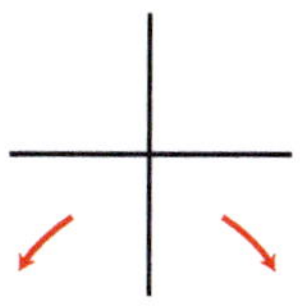

- Puntos singulares:

$$\left.\begin{array}{l} f'(x) = -12x^3 + 12x^2 \\ f'(x) = 0 \Leftrightarrow -12x^2(x-1) = 0 \Leftrightarrow x_1 = 0,\ x_2 = 1 \\ f(0) = 0,\ f(1) = 1 \end{array}\right\} (0, 0),\ (1, 1)$$

- Cortes cos eixes:

Co eixe *X*: $f(x) = 0 \Leftrightarrow x^3(-3x + 4) = 0$. Solucións: 0 e 4/3

Corta o eixe X nos puntos (0, 0) e (4/3, 0).

Co eixe *Y*: Corta o eixe Y en (0, 0).

- Representación:

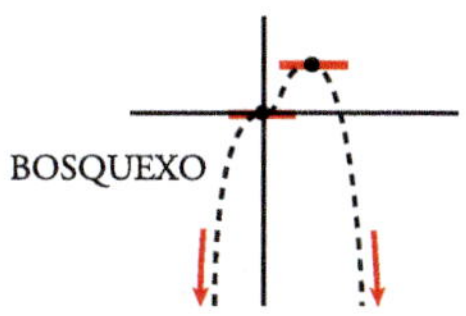

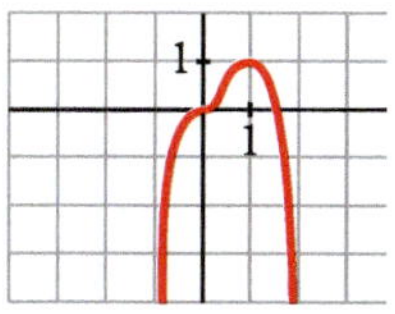

Baixa moi rapidamente, pasa por (–2, –80) e (3, –135), pero non ten asíntotas verticais.

Exercicio proposto

1 Representa estas funcións:

a) $y = 2x^3 - 3x^2 - 12x + 8$

b) $y = -3x^4 + 4x^3 + 36x^2 - 90$

c) $y = x^4 + 4x^3$

Ten en conta

As funcións $y = \frac{ax+b}{cx+d}$ son tamén racionais, pero trátase de modelos sinxelos que xa sabemos representar mediante hipérboles equiláteras. Aquí aprenderemos a representar outras máis complicadas.

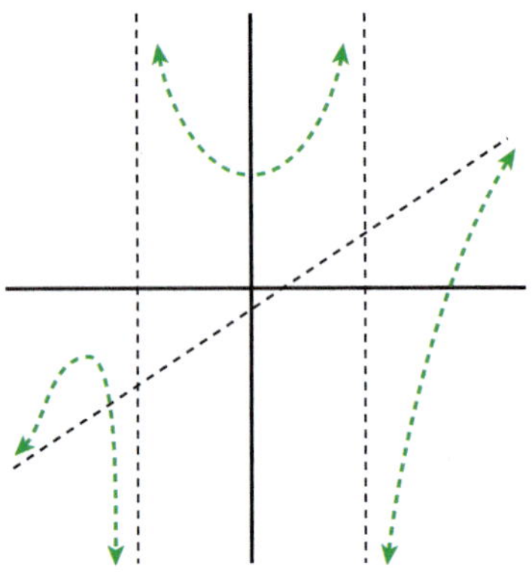

Nas funcións racionais, coñecendo as asíntotas e a posición da curva respecto a elas, podemos realizar un bosquexo no que se aprecie claramente a forma da curva.

Representación de funcións racionais

As funcións racionais son da forma $y = f(x) = \frac{P(x)}{Q(x)}$, onde $P(x)$ e $Q(x)$ son polinomios. Por exemplo:

$$y = \frac{x^2-5x+7}{x-2} \qquad y = \frac{x^3}{x^2+1} \qquad y = \frac{1}{x^2+1}$$

Están definidas e son continuas en todo $\mathbb{R}$ salvo nos puntos en cuxa abscisa se anula o denominador.

As que imos tratar aquí son dun nivel de dificultade similar ás anteriores, con denominadores de grao un ou dous. Todas elas teñen a curiosa peculiaridade de que, *coñecendo perfectamente todas as súas ramas infinitas, poderemos facer un bosquexo moi aproximado da curva.*

Pasos para representar unha función racional simplificada, $f(x) = \frac{P(x)}{Q(x)}$

- Asíntotas verticais. As raíces do denominador (solucións da ecuación $Q(x) = 0$) son as abscisas das asíntotas verticais. En cada asíntota vertical hai que determinar a posición da curva respecto a ela, á súa esquerda e á súa dereita.
- Asíntotas horizontais e oblicuas.
  - Se *grao de* $P(x) \le$ *grao* de $Q(x)$, hai asíntota horizontal.
  - Se *grao de* $P(x)$ – *grao* de $Q(x) = 1$, hai asíntota oblicua.

    En calquera dos casos anteriores, áchase a asíntota e a posición da curva respecto a ela.
  - Se *grao de* $P(x)$ – *grao de* $Q(x) \ge 2$, non hai asíntota horizontal nin oblicua, pero si ramas infinitas en $\pm\infty$. Áchanse.
- Puntos singulares. As súas abscisas son as solucións de $f'(x) = 0$.
- Se se quere máis precisión, pódense obter os puntos de corte cos eixes e, se a caso, outros puntos.

Exercicios resoltos

1 *Representar a función*

$$y = \frac{x^2-5x+7}{x-2}$$

da cal coñecemos as súas asíntotas e a posición da curva respecto a ela:

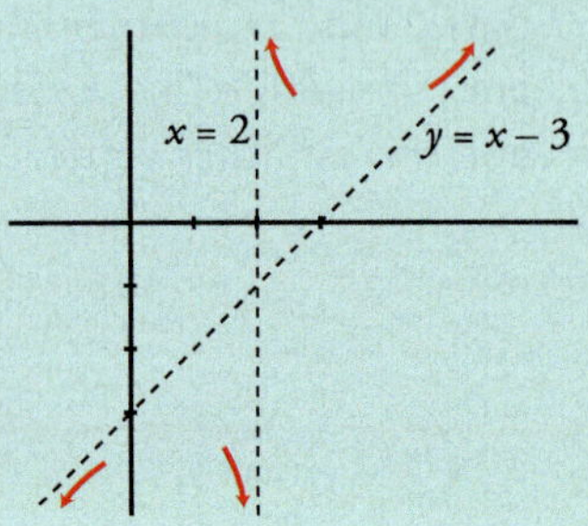

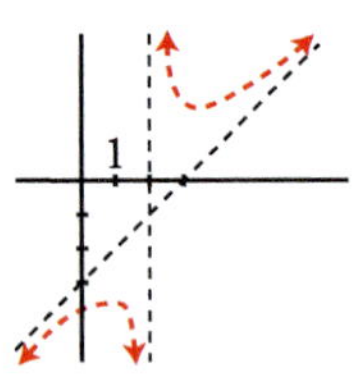

Observando o bosquexo, sabemos que hai un máximo relativo á esquerda de $x = 2$ e un mínimo relativo á dereita de $x = 2$. Obteñámolos:

$$f'(x) = \frac{(2x-5)(x-2)-(x^2-5x+7)\cdot 1}{(x-2)^2} = \frac{x^2-4x+3}{(x-2)^2}$$

$f'(x) = 0 \Leftrightarrow x^2 - 4x + 3 = 0 \Leftrightarrow x_1 = 3,\ x_2 = 1$

$f(3) = 1,\ f(1) = -3$

Os puntos singulares son (3, 1) e (1, –3).

Ao representar a curva con estes resultados, observamos que (3, 1) é mínimo relativo e (1, –3) é máximo relativo.

A curva non corta o eixe X xa que $x^2 - 5x + 7 = 0$ non ten solucións.

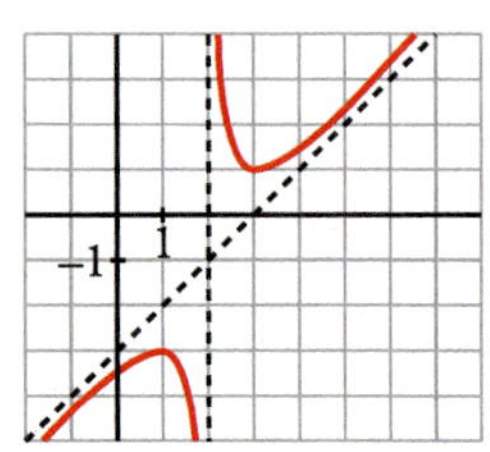

Exercicios resoltos

2 *Representar a función*

$$y = \frac{x^3}{x^2+1}$$

da cal sabemos que non ten asíntotas verticais pero si asíntota oblicua:

Como non ten asíntotas verticais, convén achar os seus puntos singulares antes de realizar un bosquexo da curva.

$$f'(x) = \frac{3x^2(x^2+1) - x^3 \cdot 2x}{(x^2+1)^2} = \frac{x^4+3x^2}{(x^2+1)^2} = \frac{x^2(x^2+3)}{(x^2+1)^2}$$

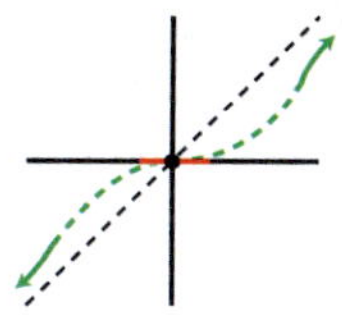

$f'(x) = 0 \iff x^2 = 0$ ou $x^2 + 3 = 0 \iff x = 0$

$f(0) = 0$

Único punto singular: (0, 0). Non é máximo nin mínimo, é un "punto de inflexión".

Non corta os eixes coordenados en ningún outro punto.

Obtemos máis puntos:

(1; 0,5), (2; 1,6), (3; 2,7), (–1; –0,5), (–2; –1,6), (–3; –2,7)

Xa podemos representala con moita precisión.

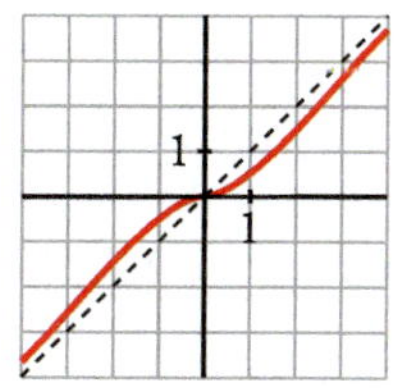

3 *Representar a función*

$$y = \frac{x^2+1}{x^2-2x}$$

da cal coñecemos as asíntotas verticais, a asíntota horizontal e a posición da curva respecto a elas:

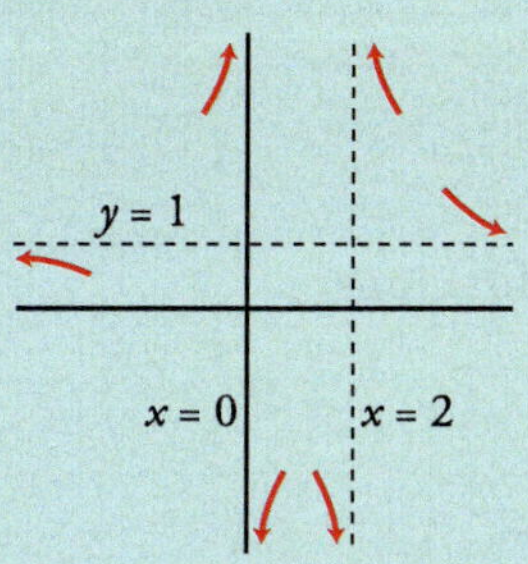

Cos datos anteriores, podemos realizar o seguinte bosquexo e, a partir del, deducimos que a curva terá un mínimo á esquerda de 0 e un máximo entre 0 e 2.

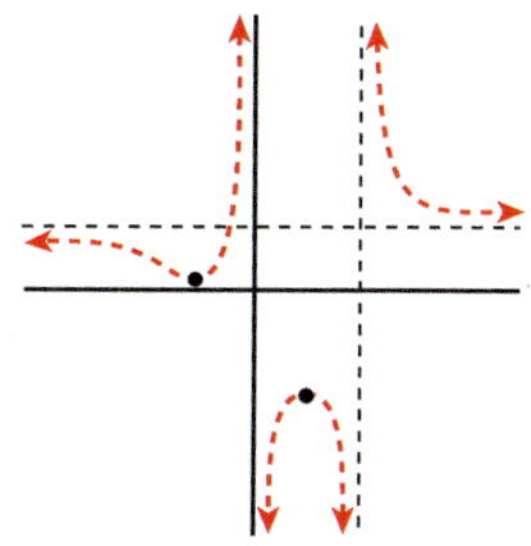

Vexamos a súa localización, así como se hai outros puntos singulares ademais destes.

$$f'(x) = \frac{2x(x^2-2x) - (x^2+1)(2x-2)}{(x^2-2x)^2} =$$

$$= \frac{2x^3 - 4x^2 - 2x^3 + 2x^2 - 2x + 2}{(x^2-2x)^2} = \frac{-2x^2 - 2x + 2}{(x^2-2x)^2}$$

$f'(x) = 0 \iff -2x^2 - 2x + 2 = 0$

Solucións: $x_1 = \dfrac{-1-\sqrt{5}}{2} \approx -1{,}62$; $x_2 = \dfrac{-1+\sqrt{5}}{2} \approx 0{,}62$

$f(-1{,}62) \approx 0{,}62$; $f(0{,}62) \approx -1{,}62$

Os únicos puntos singulares son (–1,62; 0,62) e (0,62; –1,62). Con eles podemos completar a representación:

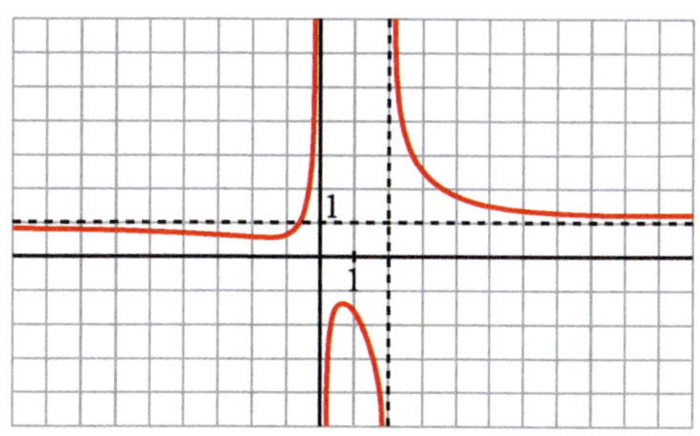

Exercicio proposto

2 Representa as seguintes funcións racionais, seguindo os pasos da páxina anterior:

a) $y = \dfrac{x^2+3x+11}{x+1}$

b) $y = \dfrac{x^2+3x}{x+1}$

c) $y = \dfrac{x^2}{x^2+1}$

d) $y = \dfrac{1}{x^2+1}$

e) $y = \dfrac{x^2+2}{x^2-2x}$

f) $y = \dfrac{x^2-1}{x^2}$

Exercicios e problemas resoltos

1. Función derivada a partir da definición

Demostrar que a función derivada de $f(x) = \frac{x+2}{x}$ é $f'(x) = \frac{-2}{x^2}$.

Faino ti. Dada $f(x) = \frac{x}{x+1}$, acha $f'(x)$ aplicando a definición.

Lembramos a definición de derivada:

$$f'(x) = \lim_{h \to 0} \frac{f(x+h) - f(x)}{h}$$

Calculamos paso a paso:

$$f(x+h) = \frac{x+h+2}{x+h}$$

$$f(x+h) - f(x) = \frac{x+h+2}{x+h} - \frac{x+2}{x} = \frac{x^2 + xh + 2x - x^2 - xh - 2x - 2h}{x(x+h)} = \frac{-2h}{x(x+h)}$$

$$\frac{f(x+h) - f(x)}{h} = \frac{-2h}{x(x+h)} : h = \frac{-2}{x(x+h)}$$

$\lim_{h \to 0} \frac{-2}{x(x+h)} = \frac{-2}{x^2}$. Polo tanto, $f'(x) = \frac{-2}{x^2}$.

2. Regras de derivación

Achar a función derivada das seguintes funcións aplicando as regras de derivación:

a) $f(x) = \sqrt[3]{\left(\frac{x+1}{x}\right)^2}$

b) $f(x) = e^{-\frac{x}{2}}\left(\frac{3x^2+2}{5}\right)$

c) $f(x) = \ln \frac{x}{(3x-1)^2}$

Faino ti. Acha $f'(x)$ sendo:

$$f(x) = \ln\left(\frac{x+1}{x}\right)^2$$

a) Expresamos a función como potencia e aplicamos a regra de derivación dunha función elevada a unha potencia.

$$f(x) = \sqrt[3]{\left(\frac{x+1}{x}\right)^2} = \left(\frac{x+1}{x}\right)^{2/3}$$

$$f'(x) = \frac{2}{3}\left(\frac{x+1}{x}\right)^{-\frac{1}{3}} \cdot D\left(\frac{x+1}{x}\right) = \frac{2}{3}\left(\frac{x+1}{x}\right)^{-\frac{1}{3}} \cdot \frac{x-(x+1)}{x^2} = \frac{2}{3}\left(\frac{x}{x+1}\right)^{\frac{1}{3}}\left(\frac{-1}{x^2}\right)$$

$$f'(x) = \frac{-2}{3x^2}\sqrt[3]{\frac{x}{x+1}}$$

b) Aplicamos a regra de derivación do produto de funcións.

$$f'(x) = D\left(e^{-\frac{x}{2}}\right) \cdot \left(\frac{3x^2+2}{5}\right) + e^{-\frac{x}{2}} \cdot D\left(\frac{3x^2+2}{5}\right) = -\frac{1}{2}e^{-\frac{x}{2}} \cdot \left(\frac{3x^2+2}{5}\right) + e^{-\frac{x}{2}} \cdot \left(\frac{6x}{5}\right) =$$

$$= e^{-\frac{x}{2}} \cdot \left(-\frac{1}{2} \cdot \frac{3x^2+2}{5} + \frac{6x}{5}\right) = e^{-\frac{x}{2}} \cdot \left(\frac{-3x^2+12x-2}{10}\right)$$

c) Aplicamos as propiedades do logaritmo dun cociente e dunha potencia antes de derivar.

$$f(x) = \ln\left(\frac{x}{(3x-1)^2}\right) = \ln x - \ln(3x-1)^2 = \ln x - 2\ln(3x-1)$$

$$f(x) = \frac{D(x)}{x} - 2\frac{D(3x-1)}{3x-1} = \frac{1}{x} - 2\frac{3}{3x-1} = \frac{-3x-1}{x(3x-1)}$$

3. Ecuación da recta tanxente nun punto

Escribir a ecuación da recta tanxente á curva $f(x) = \frac{2x^2}{x+1}$ no punto de abscisa $x = -3$.

- Calculamos a ordenada que corresponde a $x = -3$: $f(-3) = \frac{18}{-3+1} = -9$
- Achamos a pendente da recta tanxente nese punto, $m = f'(-3)$.

$$f'(x) = \frac{4x(x+1) - 2x^2}{(x+1)^2} = \frac{2x^2+4x}{(x+1)^2} \to f'(-3) = \frac{18-12}{(-2)^2} = \frac{6}{4} = \frac{3}{2}$$

Co punto $P(-3, -9)$ e a pendente $m = \frac{3}{2}$ escribimos a ecuación:

$$y = -9 + \frac{3}{2}(x+3)$$

4. Recta tanxente paralela a unha recta

Dada a parábola $y = x^2 - 2x - 2$, trázase a corda que une os puntos da parábola de abscisas $x = 1$ e $x = 3$.

Achar a ecuación da recta tanxente á parábola que é paralela a esa corda.

A pendente da recta tanxente, $f'(a)$, debe ser igual á pendente da corda, m.

Achamos os extremos da corda: $\begin{cases} x_1 = 1 \rightarrow y_1 = -3;\ A(1, -3) \\ x_2 = 3 \rightarrow y_2 = 1;\ B(3, 1) \end{cases}$

Pendente da corda: $m = \dfrac{y_2 - y_1}{x_2 - x_1} = \dfrac{4}{2} = 2$

$f'(a) = 2a - 2 = 2 \rightarrow a = 2,\ f(2) = -2$

A tanxente no punto (2, –2) é paralela á corda que une os puntos A e B. Polo tanto, a súa ecuación, en forma punto-pendente, é:

$y = -2 + 2(x - 2) \rightarrow y = 2x - 6$

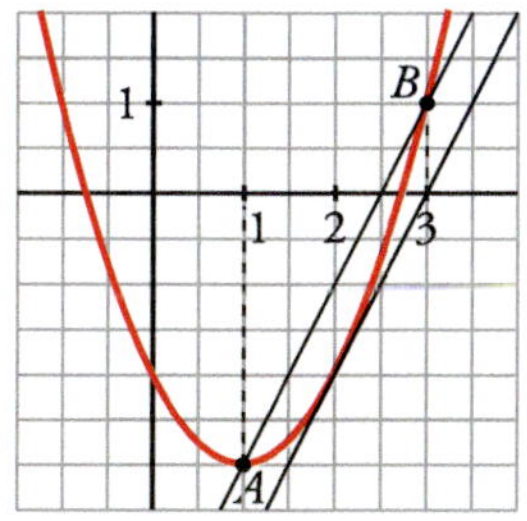

Faino ti. Acha a ecuación da recta tanxente á curva $f(x) = 3x^2 - 4x$ que sexa paralela á recta $2x - y + 5 = 0$.

5. Puntos de tanxente horizontal

Achar os puntos de tanxente horizontal da función $f(x) = \dfrac{-x^3}{3} + 3x^2 - 8x + 16$.

Coa axuda das ramas infinitas, dicir se son máximos ou mínimos.

- Achamos as abscisas dos puntos singulares resolvendo a ecuación $f'(x) = 0$:

  $f'(x) = -x^2 + 6x - 8 \rightarrow -x^2 + 6x - 8 = 0 \rightarrow x_1 = 2,\ x_2 = 4$

  Calculamos as ordenadas destes puntos:

  $f(2) = \dfrac{-8}{3} + 12 - 16 + 16 = \dfrac{28}{3}$ $\qquad f(4) = \dfrac{-64}{3} + 48 - 32 + 16 = \dfrac{32}{3}$

  Os puntos pedidos son $P\left(2, \dfrac{28}{3}\right)$ e $Q\left(4, \dfrac{32}{3}\right)$.

- Ramas infinitas:

  $\lim\limits_{x \to +\infty} f(x) = \lim\limits_{x \to +\infty} \dfrac{-x^3}{3} + 3x^2 - 8x + 16 = -\infty$

  $\lim\limits_{x \to -\infty} f(x) = \lim\limits_{x \to -\infty} \dfrac{-x^3}{3} + 3x^2 - 8x + 16 = +\infty$

  Polo tanto $P\left(2, \dfrac{28}{3}\right)$ é un mínimo e $Q\left(4, \dfrac{32}{3}\right)$ é un máximo.

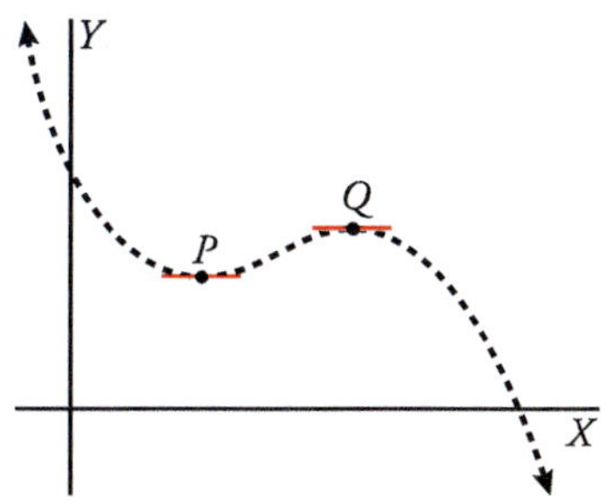

Faino ti. Acha os puntos singulares da función $f(x) = x^3 - 6x^2$ e di se son máximos ou mínimos.

6. Coeficientes dunha función que ten puntos singulares

Calcular os coeficientes a, b, c da función $f(x) = ax^3 + bx + c$ para que pase por (0, 5) e teña un punto singular en (2, –3).

Para achar a, b, c temos que formular, coas condicións dadas, un sistema de tres ecuacións cuxas incógnitas sexan a, b, c.

- Se f pasa por (0, 5), entón $f(0) = 5$: $a \cdot 0^3 + b \cdot 0 + c = 5 \rightarrow c = 5$
- Se (2, –3) é un punto singular, entón $f'(2) = 0$:

  $f'(x) = 3ax^2 + b \rightarrow f'(2) = 3a2^2 + b \rightarrow 12a + b = 0$
- Como o punto (2, –3) pertence a f, entón: $f(2) = a \cdot 2^3 + b \cdot 2 + c = -3$

Resolvemos o sistema resultante:

$$\left.\begin{array}{l} c = 5 \\ 12a + b = 0 \\ 8a + 2b + c = -3 \end{array}\right\} \rightarrow c = 5,\ b = -6,\ a = \frac{1}{2}$$

Polo tanto, a función é $f(x) = \frac{1}{2}x^3 - 6x + 5$.

Faino ti. Acha b e c de modo que a función $f(x) = x^3 + bx^2 + c$ pase por (1, 0) e $f'(1) = 5$.

7. Intervalos de crecemento e de decrecemento

Determinar os intervalos de crecemento e de decrecemento destas funcións:

a) $f(x) = x^3 - 12x - 8$

b) $f(x) = \dfrac{x}{1 - x^2}$

<u>Análise do problema</u>. *Se $f'(a) > 0$, f é crecente en $x = a$ e se $f'(a) < 0$, f é decrecente en $x = a$. Polo tanto, temos que buscar os valores de x para os que $f'(x) > 0$ e aqueles para os que $f'(x) < 0$.*

a) Achamos os puntos de tanxente horizontal:

$$f'(x) = 0 \;\rightarrow\; f'(x) = 3x^2 - 12 = 0 \;\rightarrow\; x_1 = 2,\; x_2 = -2$$

Estudamos o signo de f' nos intervalos cuxos extremos son as solucións de $f'(x) = 0$:

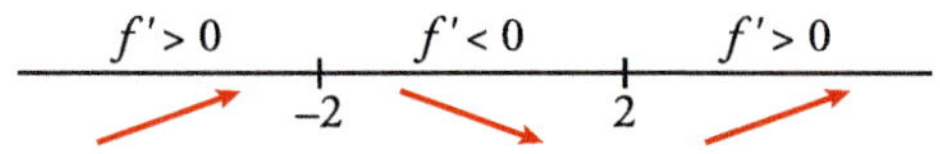

f crece en $(-\infty, -2) \cup (2, +\infty)$; f decrece en $(-2, 2)$.

b) Buscamos os puntos onde $f'(x) = 0$:

$$f'(x) = \frac{1 - x^2 + 2x^2}{(1 - x^2)^2} = \frac{1 + x^2}{(1 - x^2)^2} = 0. \text{ Non ten solución.}$$

Polo tanto, f non ten puntos de tanxente horizontal.

Estudamos o signo de f' no seu dominio de *definición, Dom* $= \mathbb{R} - \{-1, 1\}$:

Para calquera $x \in Dom$, o numerador e o denominador de $f'(x)$ son positivos. Por iso, $f'(x) > 0$ para todo $x \in Dom$. Logo f é crecente en todo o seu dominio.

Faino ti. Acha os intervalos de crecemento e de decrecemento da función $f(x) = \dfrac{x^2}{2 - x}$.

8. Gráfica dunha función racional continua

Representar a función $f(x) = \dfrac{16x}{x^2 + 4}$.

O seu dominio de definición é $\mathbb{R}$ porque $x^2 + 4 \neq 0$ para calquera valor de x. Pola mesma razón, non ten asíntotas verticais.

- Asíntota horizontal: $y = 0$, porque $\lim\limits_{x \to \infty} \dfrac{16x}{x^2 + 4} = 0$.

- Posición da curva con respecto á asíntota:

  Se $x \to +\infty$, $f(x) > 0$

  Se $x \to -\infty$, $f(x) < 0$

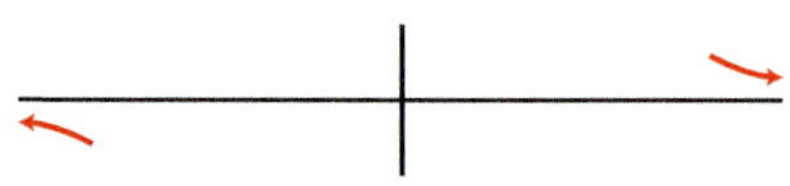

- Puntos singulares:

$$f'(x) = 0 \;\rightarrow\; f'(x) = \frac{16(x^2 + 4) - 16x \cdot 2x}{(x^2 + 4)^2} = \frac{-16x^2 + 64}{(x^2 + 4)^2}$$

$$-16x^2 + 64 = 0 \;\rightarrow\; x^2 = 4 \;\rightarrow\; \begin{cases} x = 2, & f(2) = 4 \\ x = -2, & f(-2) = -4 \end{cases}$$

- Estudamos o signo de f'.

  Se $x < -2$, $f'(x) < 0 \;\rightarrow\; f$ é decrecente en $(-\infty, -2)$.

  Se $-2 < x < 2$, $f'(x) > 0 \;\rightarrow\; f$ é crecente en $(-2, 2)$.

  Se $x > 2$, $f'(x) < 0 \;\rightarrow\; f$ é decrecente en $(2, +\infty)$.

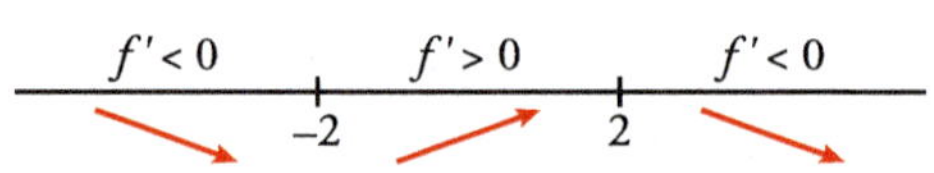

Polo tanto, a curva ten un mínimo en (–2 – 4) e un máximo en (2, 4).

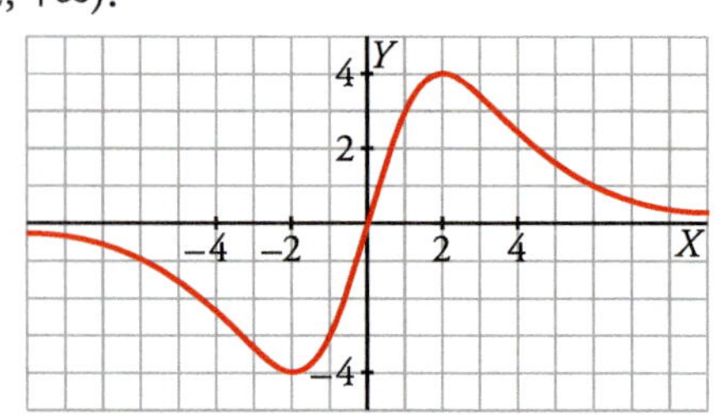

Faino ti. Estuda e representa a función $f(x) = \dfrac{2x^2}{x^2 + 1}$.

9. Estudo e representación dunha función polinómica

Estudar e representar esta función:

$f(x) = 3 - (2 + x)^3$

- Por ser unha función polinómica, o seu dominio é $\mathbb{R}$, é continua e non ten asíntotas.
- Ramas infinitas:

$\lim_{x \to +\infty} [3 - (2 + x)^3] = -\infty$

$\lim_{x \to -\infty} [3 - (2 + x)^3] = +\infty$

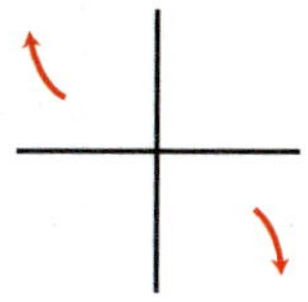

- Puntos singulares:

$f'(x) = 0 \rightarrow f'(x) = -3(2 + x)^2 = 0 \rightarrow x = -2$

Como $f(-2) = 3$, no punto $(-2, 3)$ a tanxente é horizontal.

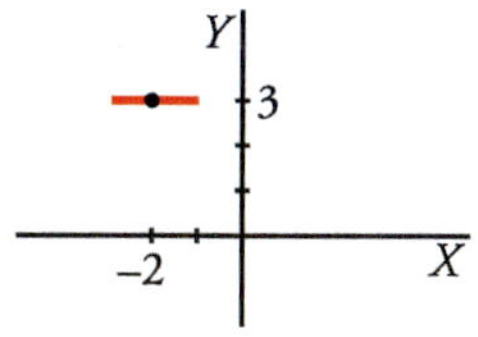

- Crecemento e decrecemento:

Estudamos o signo de $f'(x)$.

$f'(x) = -3(2 + x)^2 < 0$ para calquera valor de x.

Polo tanto, f é decrecente en todo o seu dominio; e o punto $(-2, 3)$ non é máximo nin mínimo.

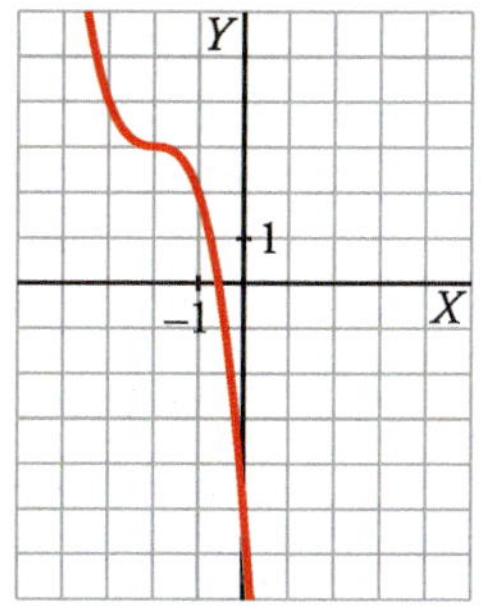

- Cortes cos eixes:

$x = 0 \rightarrow y = -5$

$y = 0 \rightarrow x = \sqrt[3]{3} - 2 \approx -0{,}6$

Faino ti. Estuda e representa esta función:

$f(x) = 1 + (x - 3)^3$

10. Estudo e representación dunha función racional

Estudar e representar esta función:

$f(x) = \dfrac{x^2 - 4}{x}$

- A función non está definida en $x = 0 \rightarrow Dom = \mathbb{R} - \{0\}$
- Asíntota vertical, $x = 0$.

Posición da curva respecto á asíntota:

Se $x \rightarrow 0^-$, $f(x) \rightarrow +\infty$

Se $x \rightarrow 0^+$, $f(x) \rightarrow -\infty$

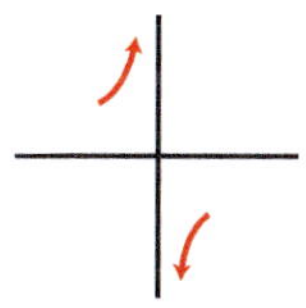

- Asíntotas horizontais e oblicuas:

Ten asíntota oblicua porque o grao do numerador é unha unidade maior que o grao do denominador. Dividimos:

$f(x) = x - \dfrac{4}{x} \rightarrow$ A asíntota é $y = x$.

Posición:
- se $x = 100 \rightarrow f(x) - x = 99{,}96 - 100 < 0$. Curva baixo asíntota.
- se $x = -100 \rightarrow f(x) - x = -99{,}96 + 100 > 0$. Curva sobre a asíntota.

- Puntos singulares:

$f'(x) = 0 \rightarrow f'(x) = \dfrac{2x \cdot x - x^2 + 4}{x^2} = \dfrac{x^2 + 4}{x^2} = 0$

Non ten solución. Non ten puntos singulares.

- Crecemento e decrecemento:

$f'(x) > 0$ para calquera valor de $x \neq 0$.

Polo tanto, $f(x)$ é crecente en todo o seu dominio.

- Cortes cos eixes:

$y = 0 \rightarrow x^2 - 4 = 0$ $\begin{cases} x = 2 \rightarrow P(2, 0) \\ x = -2 \rightarrow Q(-2, 0) \end{cases}$

Non corta o eixe Y.

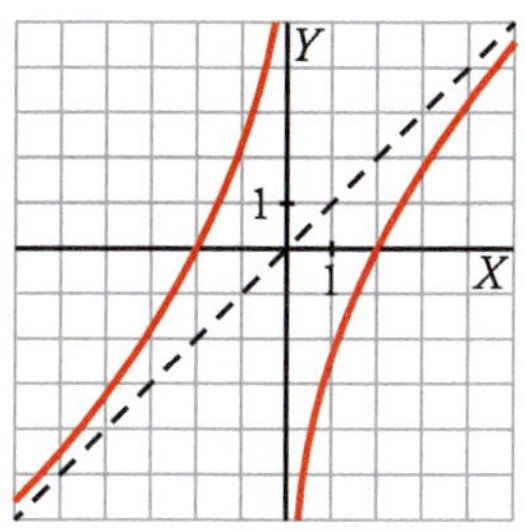

Faino ti. Estuda e representa esta función:

$f(x) = \dfrac{2x^2 + 8}{x}$

Exercicios e problemas guiados

1. Derivadas sobre a gráfica

Observando a gráfica da dereita, de $y = f(x)$, sobre a que se trazaron as tanxentes en $x = 1$ e en $x = 3$:

a) Achar o valor de $f'(-1)$ e $f'(3)$.

b) Para que valores de x é $f'(x) = 0$?

c) Para que valores de x é $f'(x) < 0$?

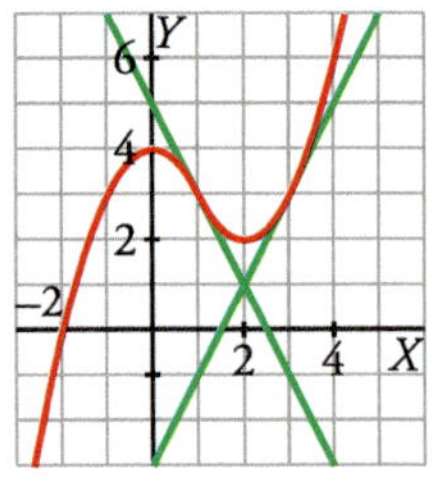

a) Sabes que a derivada é igual á pendente da recta tanxente. Toma dous puntos en cada recta e acha a súa pendente.

b) Se $f'(x) = 0$, a recta tanxente será horizontal. En que puntos acontece isto?

c) Se $f'(x) < 0$, a función decrece. Expresa como intervalo o tramo onde decrece.

Solución: a) $f'(1) = -2$, $f'(3) = 2$ b) Para $x = 0$ y $x = 2$ c) $f'(x) < 0$ se $x \in (0, 2)$

2. Función polinómica

Representar unha función polinómica sabendo que $\lim_{x \to \pm\infty} f(x) = -\infty$, que os seus puntos de tanxente horizontal son $(0, -3)$ e $(3, 2)$, e que corta o eixe X só en $x = 2$ e en $x = 5$.

- Xustifica por que non pode ter asíntotas.
- Representa a información de forma esquemática.
- Intenta trazar a curva desde $-\infty$ a $+\infty$ e razoa se os puntos de tanxente horizontal poden ser máximos ou mínimos.

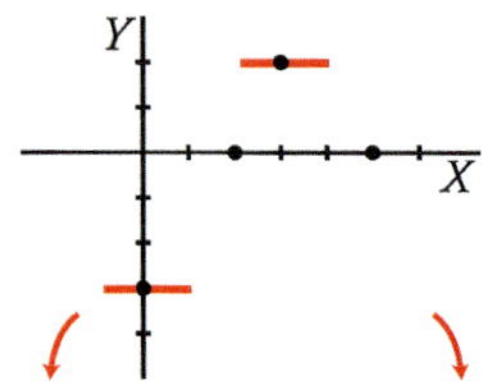

Solución:

$(3, 2)$ é un máximo; $(0, -3)$ non é máximo nin mínimo.

3. Función cuadrática

Achar a función de segundo grao que pase por $(0, 2)$ de maneira que a pendente da recta tanxente no punto $(1, -3)$ valla -1.

A ecuación dunha función cuadrática é $y = ax^2 + bx + c$.

- Escribe a condición para que pase polos puntos $(0, 2)$ e $(1, -3)$.
- A pendente da recta tanxente é igual ao valor da derivada da función no punto de tanxencia $f'(1) = -1$.
- Resolve o sistema formado por estas tres condicións e obterás a, b e c.

Solución: $a = 4$, $b = -9$, $c = 2$

4. Gráfica da función derivada

Esta é a gráfica de f' función derivada de f.

a) Obter $f'(0)$ e $f'(4)$.

b) Ten f algún punto singular?

c) Estudar o crecemento de f.

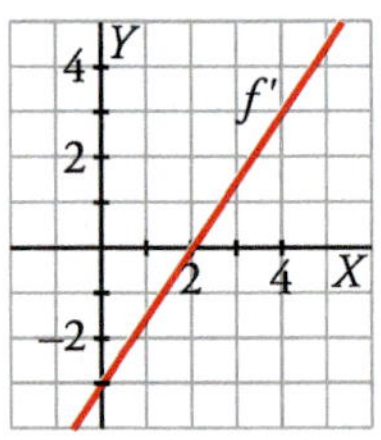

a) Sobre a gráfica de f' busca o valor da ordenada en $x = 0$ e en $x = 4$.

b) Hai algún punto no que $f'(x) = 0$?

c) Se $f'(x) > 0$, a súa gráfica estará sobre o eixe X. Para eses valores de x, f é crecente.

Solución: a) $f'(0) = -3$, $f'(4) = 3$

b) Si, en $x = 2$.

c) Crece en $(2, +\infty)$.

5. Máximo e mínimo nun intervalo

Achar os valores máximo e mínimo da función $f(x) = x^3 - 3x + 1$ no intervalo $[0, 3]$.

Análise do problema: *Se unha función está definida en $[a, b]$, o seu valor máximo (ou mínimo) está en $x = a$ ou $x = b$, ou ben nun punto singular que estea dentro do intervalo.*

- Calcula o valor da función nos extremos do intervalo $[0, 3]$.
- Acha os puntos singulares da función e descarta os que non estean en $[0, 3]$.
- Compara o valor da función nos puntos singulares cos obtidos en $x = 0$ e $x = 3$ e decide cal é o máximo e cal o mínimo.

Solución: Máximo, $f(3) = 19$; mínimo, $f(1) = -1$.

Exercicios e problemas propostos

Para practicar

Taxa de variación media

1 Acha a taxa de variación media destas funcións no intervalo [1, 3] e indica se as devanditas funcións crecen ou decrecen nese intervalo:

a) $f(x) = 1/x$ b) $f(x) = (2 - x)^3$

c) $f(x) = x^2 - x + 1$ d) $f(x) = 2^x$

2 a) Acha a TVM das funcións $f(x) = -x^2 + 5x - 3$ e $g(x) = \dfrac{1}{x+1}$ no intervalo [1, 1 + h].

b) Calcula a TVM desas funcións no intervalo [1; 1,5] utilizando as expresións obtidas no apartado anterior.

3 Compara a TVM das funcións $f(x) = x^3$ e $g(x) = 3^x$ nos intervalos [2, 3] e [3, 4], e di cal das dúas crece máis en cada intervalo.

4 Esta gráfica mostra a lonxitude dun feto durante o embarazo. Estuda o crecemento medio nos intervalos [5, 15] e [20, 30] e di en que período é maior o crecemento:

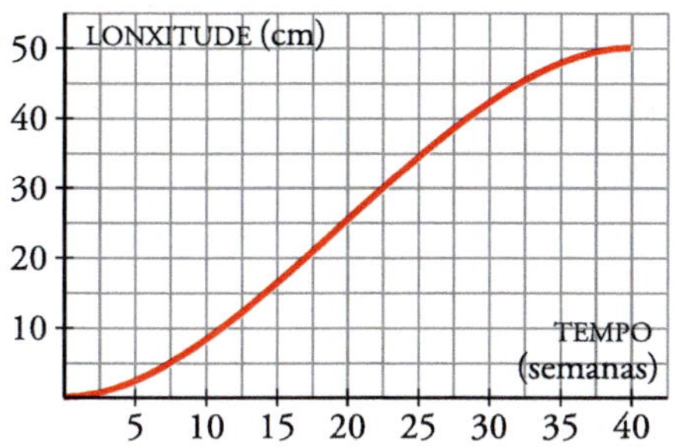

Definición de derivada

5 Acha a derivada das seguintes funcións en $x = 1$, utilizando a definición de derivada:

a) $f(x) = 3x^2 - 1$ b) $f(x) = (2x + 1)^2$

c) $f(x) = 3/x$ d) $f(x) = 1/(x + 2)^2$

6 Aplica a definición de derivada para achar a pendente da tanxente en $x = 2$ das curvas $f(x) = 4x - x^2$ e $g(x) = \dfrac{1}{3x-7}$.

7

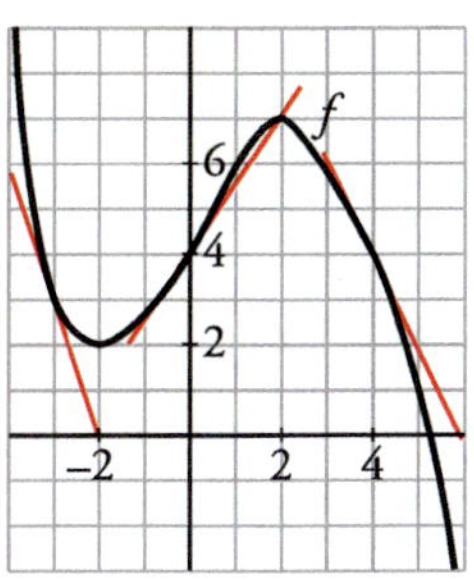

Observa a gráfica de f na que se trazaron as tanxentes en $x = -3$, $x = 0$ e $x = 4$ e responde.

a) Cal é o valor de $f'(-3)$, $f'(0)$ e $f'(4)$?

b) En que puntos é $f'(x) = 0$?

c) En $x = 1$, a derivada é positiva ou negativa? E en $x = 3$?

8 Acha a función derivada das seguintes funcións, aplicando a definición:

a) $f(x) = \dfrac{(5x-3)}{2}$ b) $f(x) = x^2 + 7x - 1$

c) $f(x) = \dfrac{x^2 - 5x}{3}$ d) $f(x) = \dfrac{x-1}{x}$

Regras de derivación

9 Acha a función derivada das seguintes funcións e simplifica cando sexa posible:

a) $f(x) = \dfrac{x^3}{3} + 7x^2 - 4x$ b) $f(x) = 3e^{2x}$

c) $f(x) = \dfrac{1}{3x} + \sqrt{x}$ d) $f(x) = \dfrac{x^2}{x+1}$

e) $f(x) = \dfrac{1}{7x+1} + \dfrac{\sqrt{2x}}{3}$ f) $f(x) = ln\,(x^2 + 3x)$

g) $f(x) = \dfrac{\sqrt{x+1}}{x}$ h) $f(x) = ln\,3x + e^{-x}$

i) $f(x) = \dfrac{e^{x-3}}{5}$ l) $f(x) = \left(\dfrac{3-x}{x}\right) log_2\, x$

10 Aplica as regras de derivación e simplifica se é posible.

a) $f(x) = (5x - 2)^3$ b) $f(x) = 3\,cos\,(x + \pi)$

c) $f(x) = sen\,\dfrac{x}{2}$ d) $f(x) = \dfrac{e^x + e^{-x}}{2}$

e) $f(x) = \sqrt{\dfrac{x+7}{x}}$ f) $f(x) = \left(\dfrac{x}{2}\right)^3 \cdot e^{2x+1}$

g) $f(x) = tan\,(3x)$ h) $f(x) = x \cdot sen\,x^2$

i) $f(x) = \sqrt{7 \cdot ln\,x}$ l) $f(x) = (x + ln\,x)^2$

11 Deriva as seguintes funcións:

a) $f(x) = \sqrt[3]{e^x + 1}$ b) $f(x) = \left(\dfrac{ln\,x}{x}\right)^2$

c) $f(x) = \dfrac{-3}{\sqrt{1-x^2}}$ d) $f(x) = \left(\dfrac{3x}{1-x^2}\right)^2$

e) $f(x) = \dfrac{x}{3}\,log_2\,(1 - x^2)$ f) $f(x) = e^{-x}\,ln\,\dfrac{1}{x}$

g) $f(x) = \sqrt[3]{(5x+2)^2}$ h) $f(x) = ln\left(\dfrac{1}{4x} - \dfrac{x}{2}\right)$

12 Aplica as propiedades dos logaritmos antes de aplicar as regras de derivación, para obter a derivada destas funcións:

a) $f(x) = ln\,\dfrac{x^2+1}{x^2-1}$ b) $f(x) = ln\,(x \cdot e^{-x})$

c) $f(x) = ln\,(1 - 3x^2)^4$ d) $f(x) = log_2\,\sqrt[3]{5x - x^2}$

e) $f(x) = ln\,\sqrt{\dfrac{x}{x^2+1}}$ f) $f(x) = log\,\dfrac{(3x-5)^3}{x}$

g) $f(x) = log_2\,\sqrt{\dfrac{x-1}{x^3}}$ h) $f(x) = log\,\dfrac{1}{\sqrt{e^x}}$

Exercicios e problemas propostos

Recta tanxente e recta normal

13 Acha a ecuación da recta tanxente e da recta normal á función f no punto de abscisa indicado en cada caso.

a) $f(x) = x^2 - 5x + 6$ en $x = 2$

b) $f(x) = \sqrt{x+1}$ en $x = 3$

c) $f(x) = \frac{2-x}{x^3}$ en $x = -1$

d) $f(x) = ln\,x$ en $x = e^2$

e) $f(x) = sen\left(x + \frac{\pi}{2}\right)$ en $x = \frac{\pi}{2}$

14 Acha os puntos nos que a pendente da recta tanxente a cada unha das seguintes funcións é igual a 2:

a) $y = x^2 - 2x$ b) $y = \frac{x}{x+2}$

c) $y = 4\sqrt{x+3}$ d) $y = ln\,(4x - 1)$

15 Escribe, en cada caso, a ecuación da recta tanxente a f, que sexa paralela á recta dada.

a) $f(x) = x^2 + 4x + 1$ paralela a $2x + y + 1 = 0$

b) $f(x) = x^3 - 3x$ paralela a $y = 6x + 10$

c) $f(x) = \frac{x-3}{x+2}$ paralela a $5x - y = 0$

16 Escribe as ecuacións das rectas tanxentes e das rectas normais á función $y = 4 - x^2$ nos puntos de corte co eixe de abscisas.

17 Obtén os puntos onde a recta tanxente é horizontal e escribe a súa ecuación.

a) $y = 3x^2 - 2x + 5$ b) $y = 2x^3 - 3x^2 + 1$

c) $y = x^4 - 4x^3$ d) $y = x^3 - 12x$

e) $y = \frac{x^2+1}{x}$ f) $y = \frac{2x^2}{x^2+1}$

Puntos singulares. Crecemento e decrecemento

18 Acha, en cada caso, os puntos singulares da función e determina os intervalos de crecemento e de decrecemento.

a) $f(x) = x^2 - 8x + 3$ b) $f(x) = 12x - 3x^2$

c) $f(x) = \frac{x^3}{3} - 3x^2$ d) $f(x) = x^3 + 6x^2 + 12x$

e) $f(x) = \frac{x^2}{x-1}$ f) $f(x) = \frac{x-1}{x+2}$

19 Comproba que as seguintes funcións non teñen puntos singulares e determina os intervalos onde crecen ou decrecen:

a) $y = x^3 + 3x$ b) $y = \frac{1}{x}$

c) $y = \sqrt{x}$ d) $y = ln\,x$

20 Acha os puntos singulares das seguintes funcións e, coa axuda das ramas infinitas, determina se son máximos ou mínimos:

a) $y = x^3 - 2x^2 + x + 2$ b) $y = 3x^2 - x^3$

c) $y = x^4 - 8x^2 + 10$ d) $y = -3x^4 - 12x$

e) $y = \frac{3}{x^2+1}$ f) $y = \frac{x^3+4}{x}$

21 Indica en cada unha destas funcións os valores de x nos que f' é positiva e nos que f' é negativa:

a)

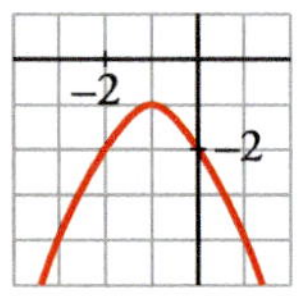

b)

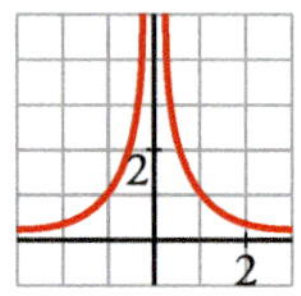

c)

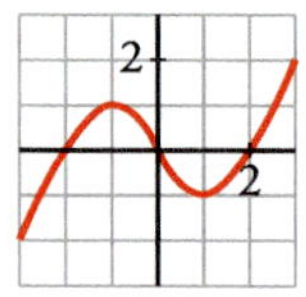

Gráficas de funcións polinómicas e racionais

22 Representa unha función $y = f(x)$ da que coñecemos:

- Dominio de definición: $\mathbb{R} - \{0\}$
- Corta o eixe X en $x = 1$.
- Asíntota horizontal: $y = 0$
  Se $x \to +\infty$, $f(x) < 0$
  Se $x \to -\infty$, $f(x) < 0$
- Asíntota vertical: $x = 0$
  Se $x \to 0^+$, $f(x) \to +\infty$
  Se $x \to 0^-$, $f(x) \to -\infty$
- Mínimo en (2, 1)

23 Representa unha función $y = f(x)$ da que coñecemos:

- Asíntota vertical: $x = 2$
  Se $x \to 2^+$, $f(x) \to +\infty$
  Se $x \to 2^-$, $f(x) \to -\infty$
- Asíntota oblicua: $y = x$
  Se $x \to +\infty$, $f(x) > x$
  Se $x \to -\infty$, $f(x) < x$

Ten máximo ou mínimo a función que representaches?

24 Representa unha función $y = f(x)$ da que sabemos que:

- É continua.
- $\lim\limits_{x \to -\infty} f(x) = +\infty$; $\lim\limits_{x \to +\infty} f(x) = -\infty$
- Os seus puntos de tanxente horizontal son (–3, 2) e (1, 5)

Indica se os puntos de tanxente horizontal son máximos ou mínimos.

25 Representa unha función polinómica da que sabemos:

- $\lim\limits_{x \to -\infty} f(x) = +\infty$; $\lim\limits_{x \to +\infty} f(x) = +\infty$
- A súa derivada é igual a 0 só en (–2, 2) e en (2, –1).
- Corta os eixes só en (0, 0) e en (4, 0).

26 Representa unha función continua $y = f(x)$ así:

- Os seus puntos de tanxente horizontal son (–1, –2) e (1, 2).
- As súas ramas infinitas son así: 

27 Comproba que a función $y = (x - 1)^3$ pasa polos puntos (0, –1), (1, 0) e (2, 1). A súa derivada anúlase no punto (1, 0). Pode ser un máximo ou un mínimo ese punto?

28 Comproba que a función $y = \dfrac{x^2 + 1}{x}$ ten dous puntos de tanxente horizontal, (–1, –2) e (1, 2); as súas asíntotas son $x = 0$ e $y = x$ e a posición da curva respecto das asíntotas é a que se indica na ilustración. Represéntaa.

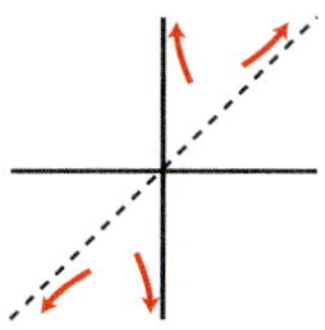

29

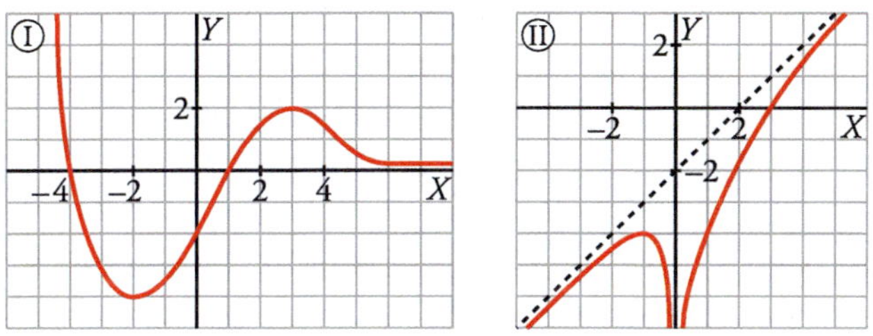

Observa estas gráficas e describe:

a) As súas ramas infinitas, asíntotas e posición da curva con respecto a elas.

b) Os seus puntos singulares, crecemento e decrecemento.

30 Dada a función $y = \dfrac{2x^2}{x^2 + 1}$ comproba que:

- Ten derivada nula en (0, 0).
- A recta $y = 2$ é unha asíntota horizontal.
- A posición da curva respecto á asíntota é:

  Se $x \to -\infty$, $y < 2$ Se $x \to +\infty$, $y < 2$

Represéntaa.

31 Completa a gráfica dunha función que ten tres puntos singulares:

$$\left(-3, \frac{-5}{2}\right),\ (0, 0),\ \left(3, \frac{5}{2}\right)$$

e cuxas ramas infinitas son as representadas á dereita.

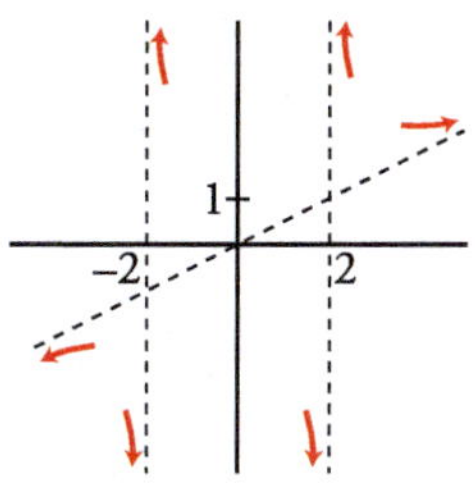

Para resolver

32 a) Acha o vértice da parábola $y = x^2 + 6x + 11$ tendo en conta que nese punto a tanxente é horizontal.

b) Acha as coordenadas do vértice dunha parábola calquera $y = ax^2 + bx + c$.

33 Determina a parábola $y = ax^2 + bx + c$ que é tanxente á recta $y = 2x - 3$ no punto $A(2, 1)$ e que pasa polo punto $B(5, -2)$.

34 Acha o valor de x para o que as tanxentes ás curvas $y = 3x^2 - 2x + 5$ e $y = x^2 + 6x$ sexan paralelas e escribe as ecuacións desas tanxentes.

35 Acha a, b e c en $f(x) = x^3 + ax^2 + bx + c$ de modo que a gráfica de f teña tanxente horizontal en $x = -4$ e en $x = 0$ e que pase por (1, 1).

36 A ecuación da recta tanxente a unha función $f(x)$ no punto de abscisa $x = 2$ é $4x - 3y + 1 = 0$. Cal é o valor de $f'(2)$? E o de $f(2)$?

37 Acha unha función de segundo grao sabendo que pasa por (0, 1) e que a pendente da recta tanxente no punto (2, –1) vale 0.

38 Representa as seguintes funcións achando os puntos singulares e as ramas infinitas:

a) $f(x) = x^3 - 3x^2 + 1$ b) $f(x) = x^4 + 4x^3$

c) $f(x) = 12x - x^3$ d) $f(x) = -x^4 + 4x^2$

39 Estuda e representa.

a) $y = x^3 - 3x + 2$ b) $y = x^3 - 9x^2 + 24x - 20$

c) $y = x^5 - 6x^3 - 8x - 1$ d) $y = x^4 - 8x^2 + 2$

40 Comproba que estas funcións non teñen puntos de tanxente horizontal. Represéntaas estudando as súas ramas infinitas e os puntos de corte cos eixes:

a) $y = \dfrac{x - 3}{x + 2}$ b) $y = \dfrac{x^2 - 1}{x}$

c) $y = \dfrac{x^3}{3} + 4x$ d) $y = \dfrac{1}{(x - 2)^2}$

41 Estuda e representa as seguintes funcións:

a) $y = \dfrac{x}{x^2 - 16}$ b) $y = \dfrac{x}{1 - x^2}$

c) $y = \dfrac{x + 2}{x^2 - 6x + 5}$ d) $y = \dfrac{(x - 1)^2}{x + 2}$

e) $y = \dfrac{x^2 - 1}{x + 2}$ f) $y = \dfrac{x^2}{1 - x^2}$

Exercicios e problemas propostos

42 Calcula o valor de a para que $f(x) = ln\left(\dfrac{x^2}{x+a}\right)$ verifique que $f'(2) = 0$.

43 A función $h(t) = 50 + 30t - 5t^2$ (h en metros, t en segundos) mostra a altura dunha pelota lanzada cara arriba.

a) Calcula a súa velocidade media entre $t = 0$ e $t = 2$.

b) En que instante a velocidade é igual a 0?

c) Cal é a altura máxima que alcanza e en que momento o consegue?

44 O custo total (en dólares) de fabricación de q unidades de certo artigo é: $C(q) = 3q^2 + 5q + 75$

O custo medio por unidade é: $M(q) = \dfrac{C(q)}{q}$

a) Cantas unidades se deben fabricar para que o custo medio por unidade sexa mínimo?

b) Calcula $C(q)$ e $M(q)$ para o valor de q que achaches no apartado a).

45 A función $f(x) = \dfrac{60x}{x^2+9}$ indica os beneficios obtidos por unha empresa desde que comezou a funcionar ($f(x)$ en miles de euros, x en anos).

a) Represéntaa graficamente.

b) Ao cabo de canto tempo obtén a empresa o beneficio máximo? Cal é ese beneficio?

c) Perderá diñeiro a empresa nalgún momento?

46 O custo de produción, nunha empresa de electrodomésticos, de x unidades fabricadas, vén dado pola función $C(x) = x^2 + 80x + 10\,000$, $C(x)$ en euros. O prezo de venda dunha unidade é 880 €.

a) Escribe a función que nos dá o beneficio da empresa se se venden todas as unidades fabricadas.

b) Cantas unidades se deben fabricar para que o beneficio sexa máximo? Cal será ese beneficio?

47 Determina, en cada caso, os valores máximo e mínimo da función no intervalo que se indica.

a) $y = x^2 - 6x - 4$, $x \in [0, 5]$

b) $y = x^3 - 6x^2 + 12x - 5$, $x \in [-1, 4]$

c) $y = x^3 - 3x^2$, $x \in [-2, 4]$

d) $y = \dfrac{x}{x^2+1}$, $x \in [0, 2]$

48 A área dun rectángulo, en función da súa base x, vén dada pola expresión $S(x) = 20x - x^2$, $x \in [8, 18]$. Acha a área máxima e a área mínima nese intervalo.

Cuestións teóricas

49 Debuxa unha función que teña derivada nula en $x = 1$ e en $x = -1$, derivada negativa no intervalo $[-1, 1]$ e positiva para calquera outro valor de x.

50 Pon exemplos de funcións f cuxa derivada sexa $f'(x) = 2x$. Cantas existen?

51 Esta é a gráfica da función $y = x^3$.

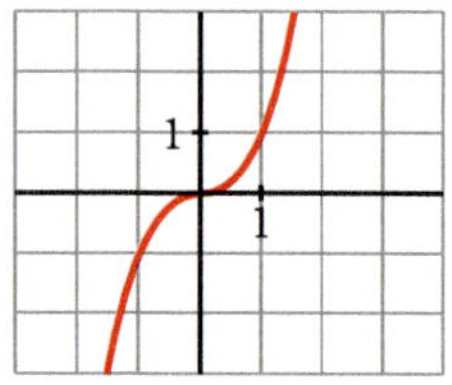

a) Ten algún punto singular?

b) É crecente ou decrecente en $x = 0$?

c) Cal é a ecuación da recta tanxente en $x = 0$?

52 Existe algún punto da función $y = 4x - x^2$ no que a tanxente sexa paralela á recta r? En caso afirmativo, áchao.

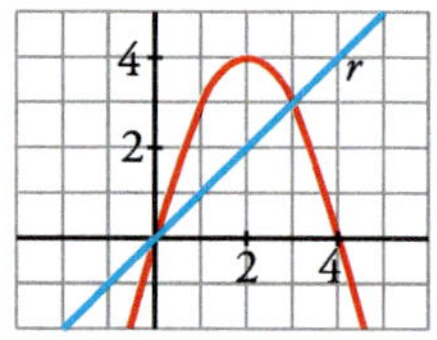

53 Se $f'(2) = 0$, cal destas afirmacións é correcta?

a) A función f ten máximo ou mínimo en $x = 2$.

b) A recta tanxente en $x = 2$ é horizontal.

c) A función pasa polo punto $(2, 0)$.

54

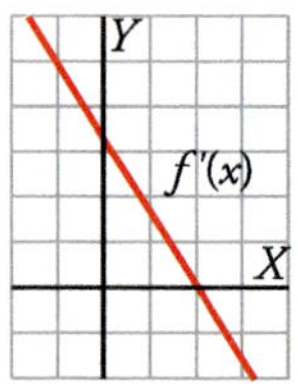

Esta é a gráfica de f', a función derivada de f.

a) Ten f algún punto de tanxente horizontal?

b) Onde é f crecente? E decrecente?

55 Sabemos que $f(0) = 0$, $f'(0) = 1$ e $h(x) = e^{f(x)}$. Cal destes tres valores corresponde a $h'(0)$?:

a) $\dfrac{1}{e}$ b) 0 c) 1

56 Cal destas gráficas corresponde á función derivada dunha curva que ten un máximo en $x = 1$? Por que?:

a)

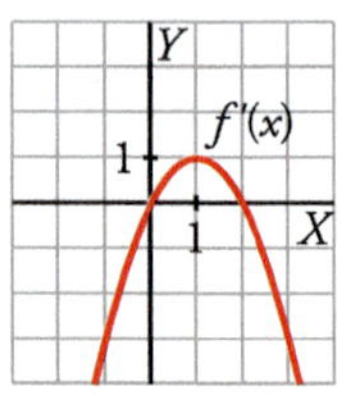

b)

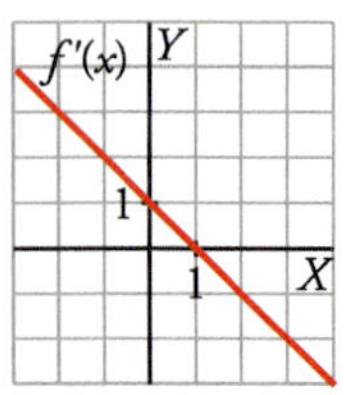

c)

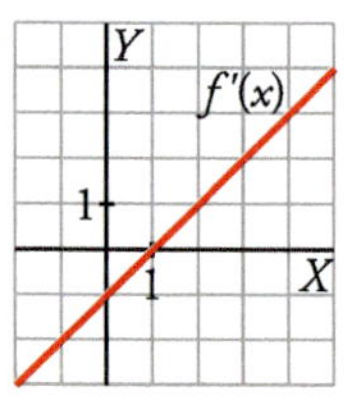

57 Verdadeiro ou falso? Xustifica a túa resposta.

a) Se $f'(a) > 0$, entón f é crecente en $x = a$.

b) Se $f'(a) = 0$, entón f non crece nin decrece en $x = a$.

c) Se f é decrecente en $x = a$, entón $f'(a) \leq 0$.

Para afondar

58 Dada $f(x) = 2x^3 + 12x^2 + ax + b$, acha o valor de a e b para que a recta tanxente a f en $x = -2$ sexa $y = 2x - 3$.

59 a) Calcula o valor que debe ter k para que a función $f(x) = x - \dfrac{k}{x}$ teña un máximo en $x = 1$.

b) Despois de achar k, estuda e representa a función obtida.

60 Nos estudos de mercado realizados con carácter previo á súa implantación nunha zona, unha franquía de tendas estimou que os seus beneficios semanais, en miles de euros, dependen do número de tendas que teña na zona, segundo a expresión $B(n) = -8n^3 + 60n^2 - 96n$, sendo n o número de tendas. Determina o número de tendas que debe abrir para maximizar os seus beneficios semanais, e o valor dos devanditos beneficios.

61 Dunha cartolina cadrada de 20 cm de lado, córtanse cadrados de lado x en cada esquina para facer unha caixa sen tapa.

Calcula o lado do cadrado que hai que cortar para que o volume da caixa sexa máximo.

62 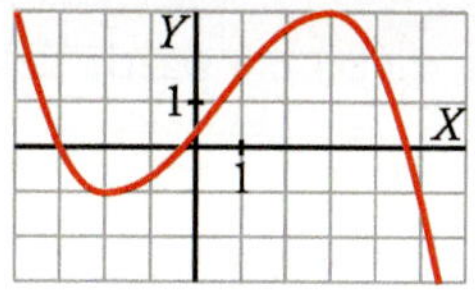

Esta é a gráfica dunha función $y = f(x)$.

Cal das seguintes gráficas pode ser a de $f'(x)$? Xustifícao:

a) 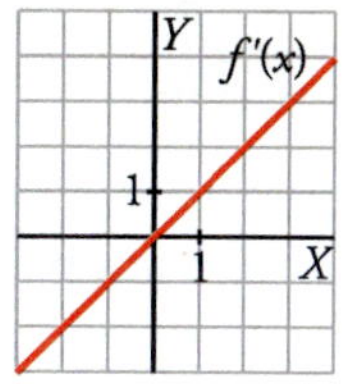

b) 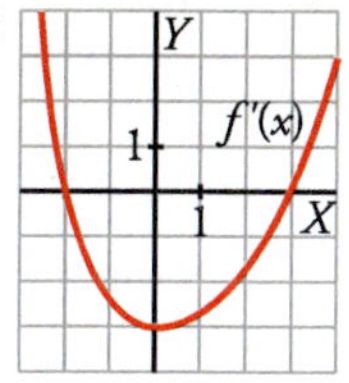

c) 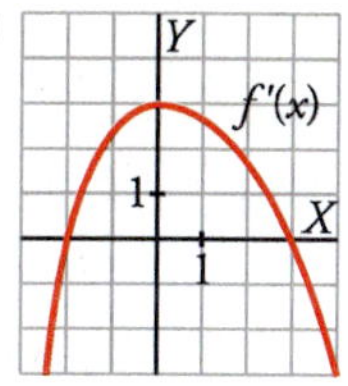

63 Asocia a cada unha das gráficas I, II, III a gráfica da súa función derivada.

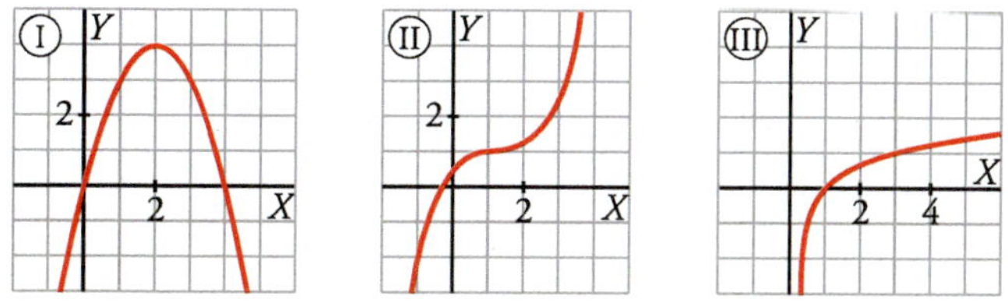

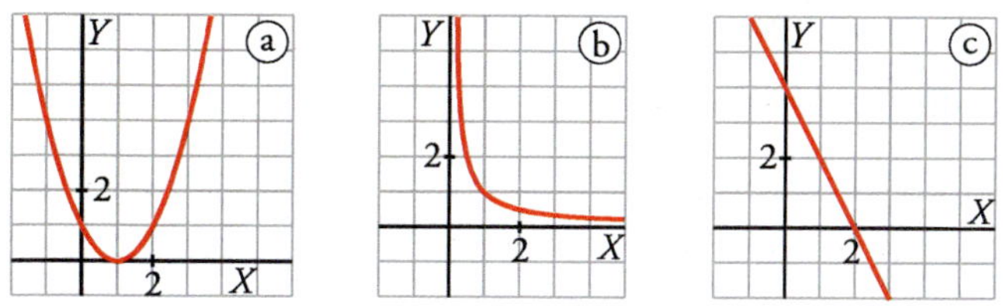

Autoavaliación

Na web Resolucións destes exercicios.

1 Observa a gráfica da función $y = f(x)$ e responde:

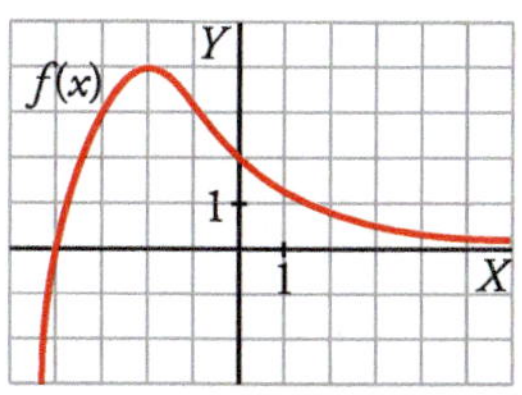

a) Cal é a TVM nos intervalos [0, 3] e [– 4, –2]?

b) Ten algún punto de tanxente horizontal?

c) Para que valores de x é $f'(x) > 0$?

2 Dada $f(x) = x^2 - 3x$, proba que $f'(2) = 1$ aplicando a definición de derivada.

3 Acha a derivada das seguintes funcións:

a) $y = \sqrt[3]{x} + \dfrac{2}{x^2}$

b) $y = ln\left(\dfrac{x}{3} \cdot e^{-x}\right)$

c) $y = 3x^2 \cos(x + \pi)$ d)

d) $y = \left(\dfrac{x^2}{x-2}\right)^3$

4 Escribe a ecuación da tanxente á curva $f(x) = \dfrac{x^3 - 5x}{2}$ no punto de abscisa $x = 1$.

5 Acha os puntos da gráfica de $f(x) = x^3 - 3x^2 + x$ nos que a recta tanxente é paralela á recta $y = x$.

6 Observa a gráfica e describe:

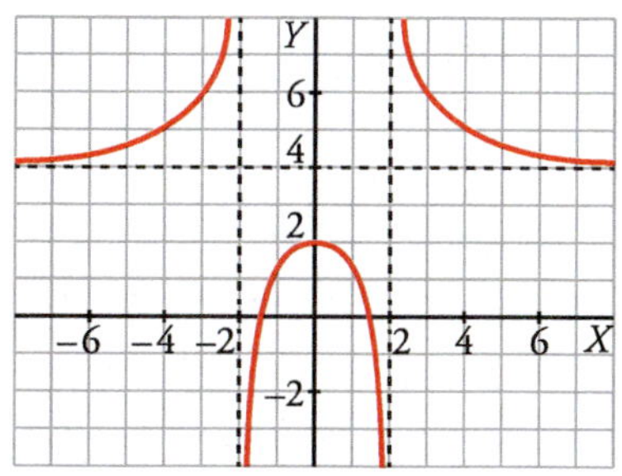

a) As súas asíntotas e a posición da curva con respecto a elas.

b) Os seus puntos singulares e os seus intervalos de crecemento.

7 Representa a función $y = f(x)$ da que coñecemos:

- Dominio de definición: $\mathbb{R}$
- Mínimo: (0, 0)
- Asíntota horizontal: $y = 2$
- Se $x \to +\infty$, $f(x) < 2$. Se $x \to -\infty$, $f(x) < 2$

A cal destas funcións corresponde esa gráfica?

a) $f(x) = \dfrac{2x}{x^2 + 1}$ b) $f(x) = \dfrac{2x^2}{x^2 - 1}$ c) $f(x) = \dfrac{2x^2}{x^2 + 1}$

8 a) Estuda as ramas infinitas e os puntos singulares da función $f(x) = x^3 - 12x + 6$. Ten máximo ou mínimo?

b) Represéntaa graficamente.

Autoavaliación. Bloque II: Análise

1 Observa a gráfica da función $y = f(x)$ e a partir dela responde:

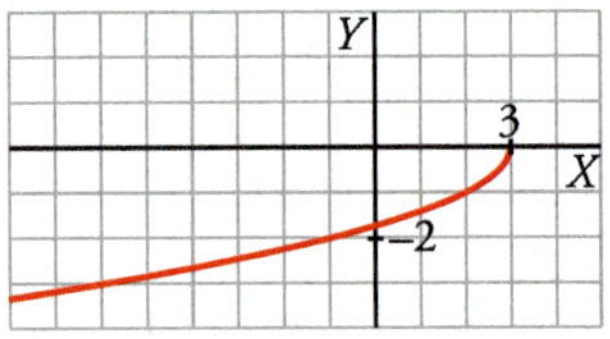

a) Cal é o seu dominio de definición? E o seu percorrido?

b) Representa graficamente: $y = f(x + 2)$; $y = f(x) + 1$; $y = -f(x)$

c) Representa a función inversa de $f(x)$.

2 a) Escribe a expresión analítica desta función.

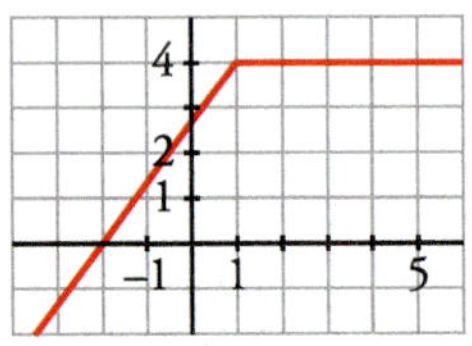

b) Observa a gráfica e di o valor dos seguintes límites:

$\lim_{x \to -\infty} f(x)$; $\lim_{x \to 1} f(x)$; $\lim_{x \to +\infty} f(x)$

3 Representa as funcións:

a) $y = |x^2 + 2x - 3|$ b) $y = \log_2 (x + 3)$

4

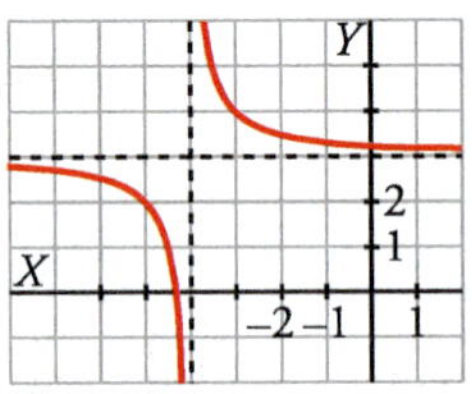

A expresión analítica desta función é do tipo:

$$y = a + \frac{1}{x - b}$$

a) Cales son os valores de a e de b?

b) Di cales son as súas asíntotas.

c) É descontinua nalgún punto?

5 Un capital de 3 500 € investido en fondos de investimento supone que vai variar segundo a seguinte función:

$$C = 3{,}5 + 0{,}04t - 0{,}001t^2$$

onde t é o tempo que dura o investimento, en meses, e C é o seu valor nese instante, en miles de euros.

a) En que momento convén sacar o capital para que o seu valor sexa máximo?

b) Se non se fai ao seu debido tempo, en que momento o que queda é igual ao capital inicial?

c) Se nos descoidásemos e deixásemos o investimento indefinidamente, en que momento quedariamos sen nada?

6 Coas funcións $f(x) = e^x$ e $g(x) = \sqrt{x}$ obtivemos, por composición, estas outras:

$$p(x) = e^{\sqrt{x}};\ q(x) = \sqrt{e^x};\ r(x) = \sqrt[4]{x}$$

Expresa as funcións p, q e r a partir de f e g.

7 Calcula o límite da función $f(x) = \dfrac{x^4 - x^3 - 6x^2}{x^3 - 6x^2 + 9x}$ nos seguintes casos:

a) $x \to 3$ b) $x \to 0$ c) $x \to +\infty$ d) $x \to -\infty$

8 Calcula os límites seguintes:

a) $\lim_{x \to -\infty} \dfrac{3x - 5}{x^2 + 1}$ b) $\lim_{x \to +\infty} e^{1-x}$

9 Na función:

$$f(x) = \begin{cases} 3x - b & \text{se } x < 2 \\ 3 & \text{se } x = 2 \\ -2x + 9 & \text{se } x > 2 \end{cases}$$

a) Calcula b para que teña límite en $x = 2$.

b) Despois de achar b, explica se f é continua en $x = 2$.

10 Acha a derivada das seguintes funcións:

a) $f(x) = \dfrac{\ln x}{x}$ b) $f(x) = \left(\dfrac{2x - 5}{x + 1}\right)^2$

c) $f(x) = \ln \left(\dfrac{x^2 - 1}{2x + 3}\right)$ d) $f(x) = \sqrt{2x^2 + x - 1}$

e) $f(x) = e^{\sqrt{x}} \cdot \operatorname{sen} x$ f) $f(x) = \sqrt{1 + \sqrt{x}}$

11 Acha a recta tanxente á curva $y = -x^2 + 5x$, que é paralela á recta $x + y + 3 = 0$.

12 Acha os puntos singulares de $f(x) = -x^4 + 8x^2 - 5$. Coa axuda das ramas infinitas, di se son máximos ou mínimos e representa a función.

13 Determina os intervalos de crecemento e de decrecemento das funcións seguintes:

a) $y = x^3 - 12x$ b) $y = \dfrac{x^2 - 4}{x}$

14 Na función $y = \dfrac{x^2}{x^2 - 4x + 3}$ estuda:

a) As asíntotas e a posición da curva con respecto a elas.

b) Os máximos e os mínimos relativos.

c) Representa a súa gráfica.

15 Cal destas funcións ten asíntota oblicua?

a) $y = \dfrac{2x^2 - x^3}{x - 1}$ b) $y = 1 + \dfrac{3}{x}$ c) $y = \dfrac{4 + 2x^2}{x}$

Áchaa e sitúa a curva con respecto a ela.

16 Calcula a e b de modo que a función $y = x^3 + ax + b$ teña un punto singular en (2, 1).

Na web Resolucións destes exercicios.

III Estatística e probabilidade

Notas históricas. Estatística e probabilidade

A orixe da estatística está estreitamente relacionada cos censos realizados ao longo da historia. Desde as culturas máis antigas (China, Roma...) ata os nosos días, existe a preocupación por coñecer o capital humano e a distribución dos recursos.

En principio, a teoría da probabilidade estivo relacionada cos xogos de azar. O tránsito do xogo á teoría produciuse, seguramente, ao intentar atopar regularidades en determinados xogos co fin de coñecelos mellor.

Desde principios do século XX a teoría da probabilidade e a da estatística están intimamente relacionadas.

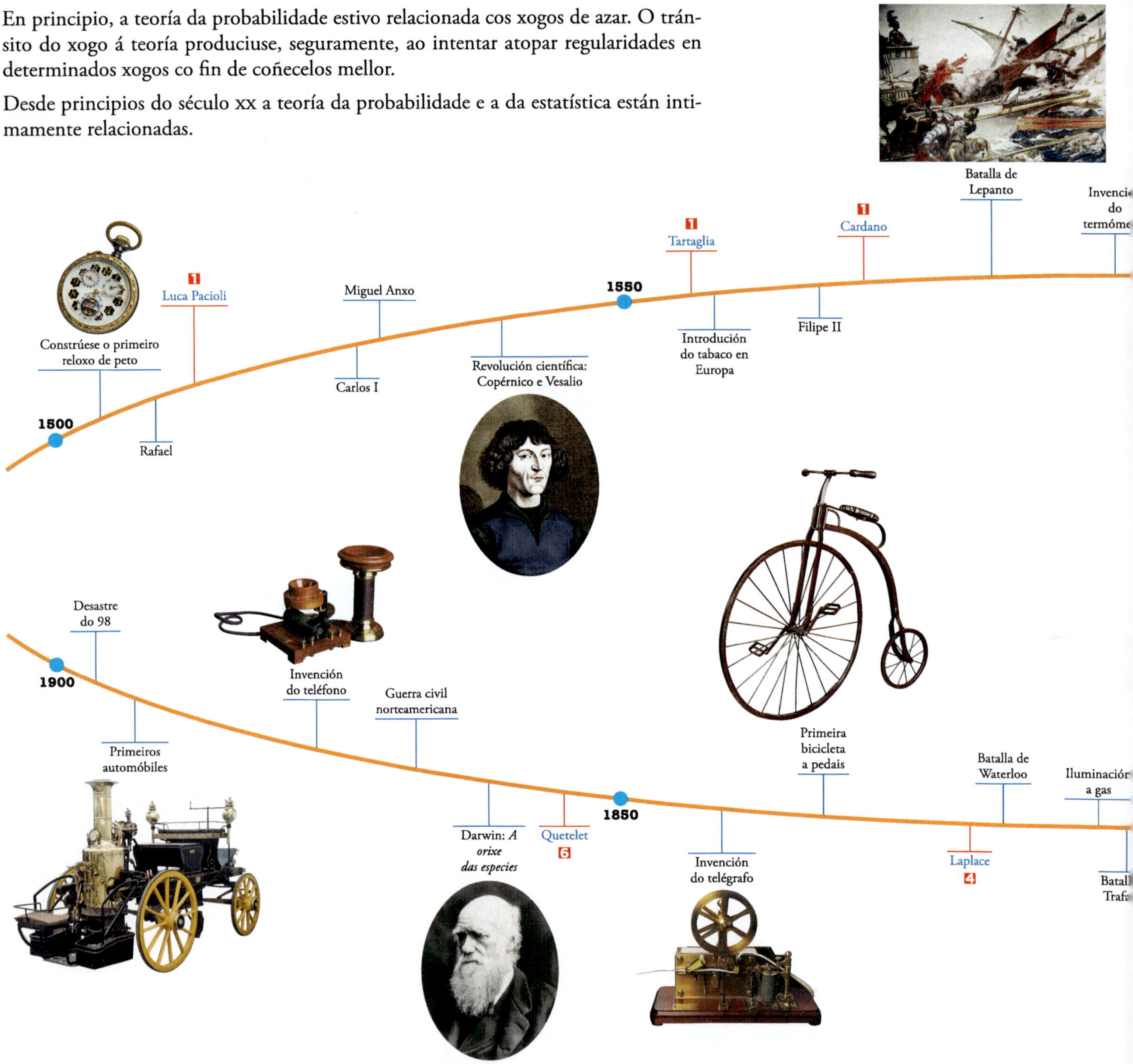

1 Os primeiros achegamentos serios ao que máis tarde se chamaría a probabilidade foron debidos aos esforzos de personaxes como **Tartaglia, Luca Pacioli, Galileo** e **Cardano.** Este último escribe o primeiro tratado medianamente organizado sobre o azar: *Libro dos xogos de azar.*

2 Parece claro que as bases sobre as que asenta a teoría matemática da probabilidade parten das investigacións realizadas por **Pascal** (1623-1662) e **Fermat** (1601-1665) con motivo da resolución dunha serie de problemas sobre xogos de azar que lles propuxo o cabaleiro De Méré.

3 No ano 1662 o inglés **John Graunt** publica un tratado coas observacións políticas e naturais referidas á cidade de Londres. Pode considerarse o primeiro traballo estatístico serio sobre a poboación. Nace así unha nova ciencia: a estatística.

1600

Shakespeare

Século de Ouro: Cervantes, Góngora, Quevedo, Lope, Calderón

1 Galileo

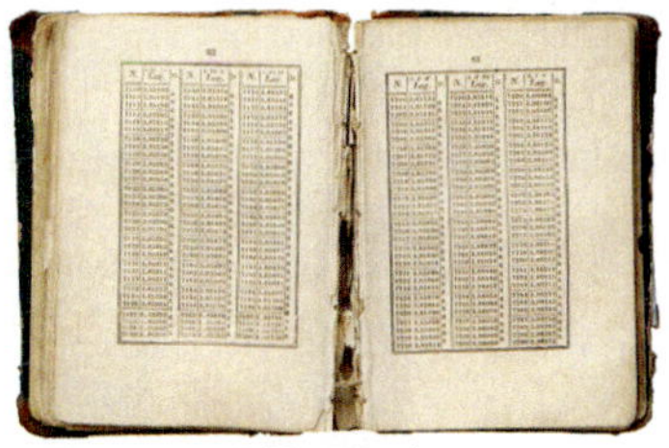

Publicación da primeira táboa de logaritmos

Paz de Westfalia

1650

2 Pascal Fermat

Invención do reloxo de péndulo

Molière

3 John Graunt

Apoxeo do estilo barroco

Lei de gravitación universal

1700

Bernoulli **4**

Primeiro termómetro de mercurio

Os Borbóns chegan a España

Vivaldi compón *As catro estacións*

Batalla de Cartaxena de Indias

1750

G. Achenwall **5**

Voltaire Rousseau

Revolución industrial

Revolución francesa

Napoleón

1800

4 O suízo **J. Bernoulli** (1654-1705) coa súa *Arte de conxecturar* ou o francés **Laplace** (1749-1827) coa súa *Teoría analítica das probabilidades* afondaron na teoría da probabilidade.

5 Ata o século XVIII, o termo *estatística* denotaba as características máis notables dun estado. Coa escola alemá deste século, o termo *estatística* na súa versión actual queda definitivamente acuñado. O seu artífice foi **G. Achenwall** (1719-1772).

6 **Adolphe Quetelet** (1796-1874) asenta as bases do futuro traballo estatístico mediante conceptos como desviación, valor medio, curva normal...

Na web

- Ampliación das notas históricas correspondentes a este bloque.
- Lectura sobre coincidencias de aniversario.

8 Distribucións bidimensionais

Que é unha distribución bidimensional?

Se analizamos as estaturas dun grupo de persoas, estamos ante unha distribución estatística dunha variable. Tamén é unha distribución estatística dunha variable a dos pesos desas mesmas persoas. Pero se consideramos conxuntamente a *estatura* e o *peso* de cada persoa, estamos tratando cunha distribución de dúas variables ou **distribución bidimensional.** Nelas adoitamos interesarnos polo grao de relación que hai entrambas as dúas variables.

Distribucións bidimensionais hoxe en día

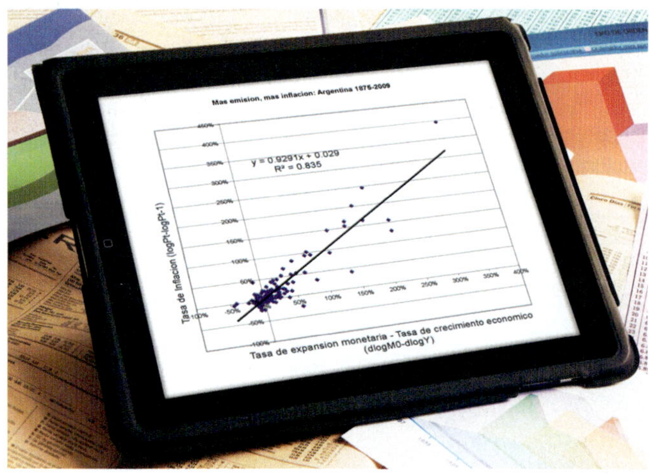

O estudo estatístico das distribucións bidimensionais utilízase na actualidade con moita frecuencia. Pode facerse de xeito relativamente sinxelo, efectuando a representación gráfica da distribución e analizando as súas características máis evidentes. Ou ben pode realizarse de forma moito máis complexa, efectuando complicados cálculos numéricos nos que adoitan intervir moitos centos de datos. Tanto nun caso coma noutro (análise gráfica ou cálculos numéricos) é fundamental o auxilio do ordenador e de programas especialmente deseñados para este fin.

Recórrese ao estudo de distribucións bidimensionais en todas as ciencias, pero de forma moi especial nas ciencias sociais: Psicoloxía, Socioloxía, Pedagoxía, Demografía, Política (emprego, discriminación, control de velocidade...), Sanidade...

Regresión

O termo **regresión** foi acuñado por **Francis Galton,** primo do famoso naturalista **Charles Darwin.** Galton estudou a seguinte distribución bidimensional:

Estatura media dun matrimonio - Estatura media dos seus fillos adultos

Encontrou que canto maior era a primeira, maior era a segunda. É dicir, canto máis altos son os pais, máis altos tenden a ser os fillos.

Non obstante, observou que a pais de estatura moi elevada corresponden fillos altos, pero non tanto. E a pais moi baixos corresponden fillos non tan baixos. É dicir, parece que a estatura dos fillos se aproxima aos valores medios da poboación.

Segundo Galton, a estatura dos fillos *regresa* cara á media da poboación. De aí o termo *regresión* que, desde entón, se asocia á relación entre dúas variables estatísticas calquera.

Francis Galton (1822-1911).

Na web Biografía de Galton.

Relación funcional e relación estatística

Se lanzamos un obxecto cara arriba, chegará máis alto canto máis forte o lancemos. E hai unha fórmula que nos permite calcular, exactamente, a *altura* alcanzada en función da *velocidade* con que se lance. É unha **relación funcional.**

As persoas, en xeral, pesan máis canto máis altas son. Pero non se pode dar unha fórmula que permita obter o peso de calquera persoa coñecida a súa estatura. A relación entre as variables *estatura-peso* é estatística. Dise que hai unha **correlación** entre elas.

Tamén hai correlación entre a *distancia* á que un xogador de baloncesto se coloca da canastra e o *número de acertos* que consegue. Pero neste caso, ao contrario que no anterior, é **correlación negativa:** a *maior* distancia, *menor* número de acertos.

O tiro vertical é un exemplo de relación funcional.

Resolve

Relación funcional e relación estatística

En cada un dos seguintes casos debes dicir se, entre as dúas variables que se citan, hai relación funcional ou relación estatística (correlación) e, neste último caso, indicar se é positiva ou negativa:

a) Nun conxunto de familias:

Estatura media dos pais - Estatura media dos fillos

b) Entre os países do mundo respecto a España:

Volume de exportación - Volume de importación

c) Nos países do mundo:

Taxa de mortalidade infantil - Médicos por cada 1 000 habitantes

d) Nas vivendas dunha cidade:

KWh consumidos durante xaneiro - Custo do recibo da luz

Número de persoas en cada casa - Custo do recibo da luz

e) Nos equipos de fútbol:

Posición ao finalizar a liga - Número de partidos perdidos

Posición ao finalizar a liga - Número de partidos gañados

Exemplo de relación estatística

Na seguinte gráfica, cada punto corresponde a un rapaz. A abscisa é a estatura do seu pai, e a ordenada, a súa propia altura:

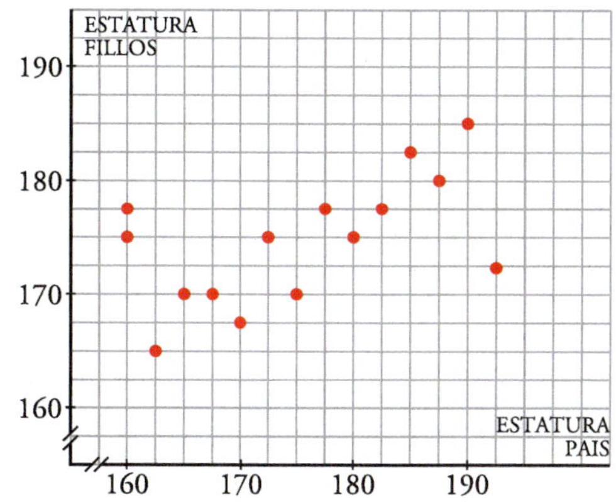

a) Identifica a Guillermo e Gabriel, irmáns de boa estatura, cuxo pai é baixiño.

b) Identifica a Serxio, de estatura normaliña, cuxo pai é moi alto.

c) Podemos dicir que hai certa relación entre as estaturas destes 15 rapaces e as dos seus pais?

1 Distribucións bidimensionais. Nubes de puntos

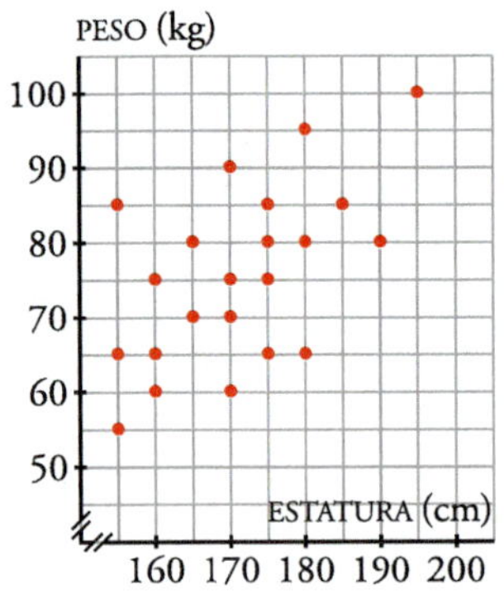

Cada punto da gráfica da marxe representa un home. A abscisa é a súa estatura e a ordenada, o seu peso. Apreciamos, por exemplo, un mangallón de 195 cm e 100 kg e un baixiño obeso, de 155 cm e 85 kg. O conxunto de todos eles forman unha poboación estatística na que a cada individuo se lle asocian os valores de dúas variables, *estatura* e *peso*. Este tipo de distribucións estatísticas chámanse **distribucións bidimensionais.**

Vexamos outras:

Nos países do mundo:

Extensión en quilómetros cadrados - Poboación censada

Nos alumnos dunha clase:

Número de calzado - Altura en centímetros

Nas poboacións dunha rexión:

Número de habitantes - Presuposto do concello

Chámase **distribución bidimensional** un colectivo no que cada un dos seus individuos leva asociados os valores de dúas variables, x, y. Se interpretamos cada par de valores (x_1, y_1), (x_2, y_2), …, (x_n, y_n), como un punto do plano, o conxunto de todos eles chámase **nube de puntos** ou **diagrama de dispersión.**

- Vexamos outras distribucións que non son exactamente deste tipo pero poden ser analizadas cos mesmos instrumentos.

  - Prezo do envase de 2 *l* de certa marca de leite ao longo de 10 anos.

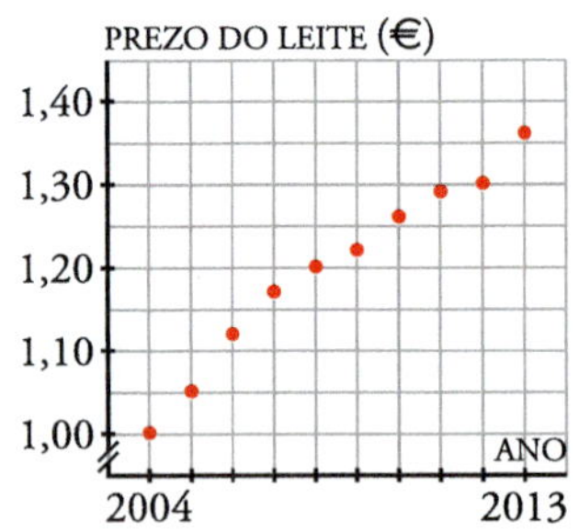

ANO	2004	2005	2006	2007	2008	2009	2010	2011	2012	2013
PREZO (€)	1,00	1,05	1,12	1,17	1,20	1,22	1,26	1,29	1,30	1,36

  - Cotización semanal en bolsa de certo produto financeiro (cotización inicial, 100).

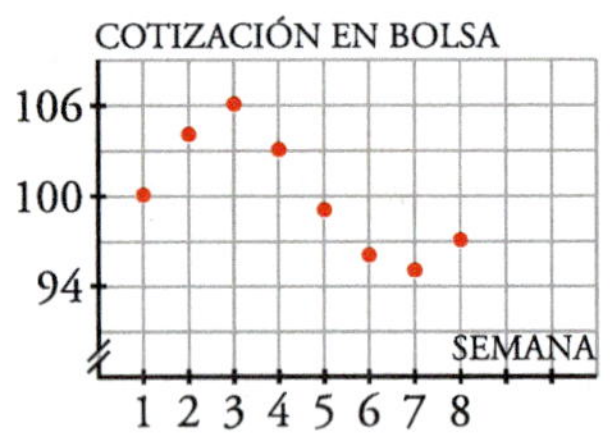

SEMANA	1	2	3	4	5	6	7	8
COTIZACIÓN	100	104	106	103	99	96	95	97

  - Nunha illa deserta introdúcense 48 cabras. Estudamos a poboación de cabras ao longo dos 10 anos seguintes.

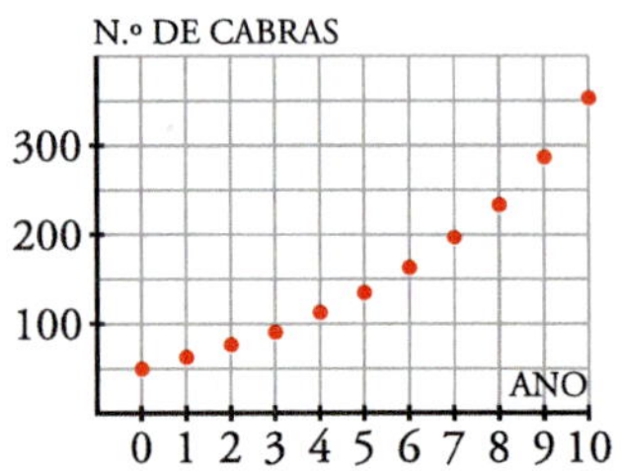

ANO	0	1	2	3	4	5	6	7	8	9	10
N.º DE CABRAS	48	61	75	89	111	133	161	195	232	285	351

Estas distribucións estatísticas, que ligan dúas variables, unhas das cales é o tempo, chámanse **series temporais.** A segunda variable (prezo, cotización, n.º de cabras...) é de tipo estatístico, polo que a distribución pode tratarse do mesmo modo que as distribucións bidimensionais.

Curva de regresión

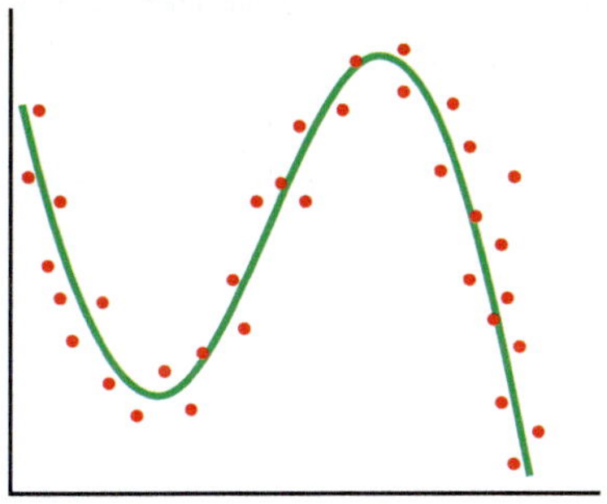

Unha curva á cal se axustan, en maior ou menor grao, os puntos da nube chámase **curva de regresión.**

Correlación. Regresión

Se observamos a nube de puntos correspondente á distribución de estaturas e pesos da páxina anterior, apreciamos certa relación entre as dúas variables. É lóxico, a máis estatura cabe esperar máis peso. Non podemos pretender unha fórmula que relacione as dúas variables pero si unha forma de medir o grao de relación que hai entre elas.

Esta relación que apreciamos entre as dúas variables chámase **correlación.**

Para medir a correlación entre dúas variables debemos determinar unha función (recta, polinomio, curva exponencial...) á cal se aproximan razoablemente os puntos da nube. Chámase **curva de regresión.**

- Os puntos destes dous diagramas aproxímanse, en maior ou menor grao, a cadansúa (**rectas de regresión**).

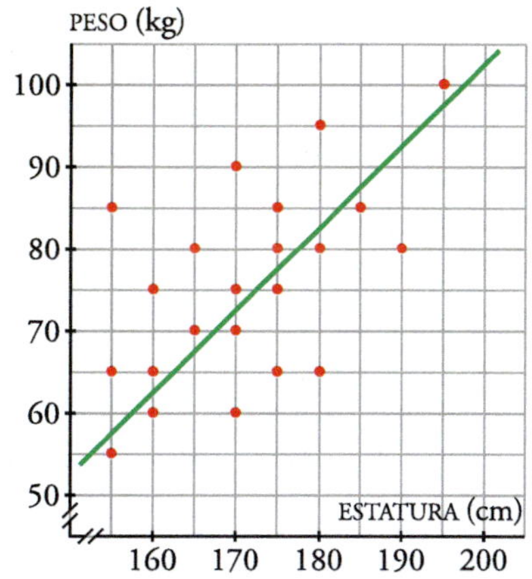

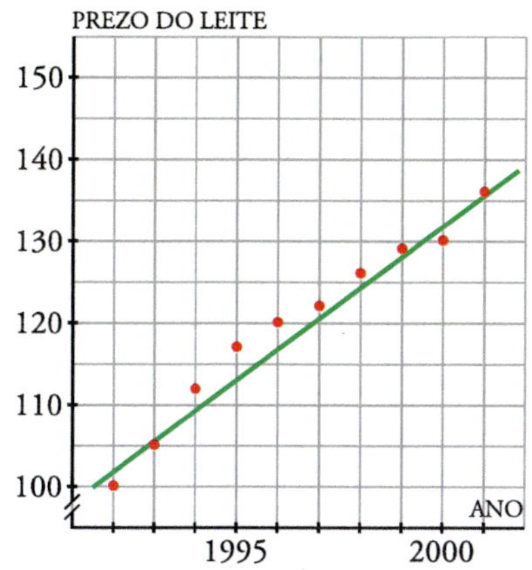

Diremos que hai **correlación lineal.** O reto é medir esta correlación e determinar a ecuación da recta.

- No caso da cotización en bolsa, non é razoable asociar os puntos, á vista de como se distribúen, a unha recta.

  Aquí teriamos que proceder a unha **correlación polinómica:** determinar un polinomio (acaso de 3.° grao) que se axuste a eses puntos (**polinomio de regresión**).

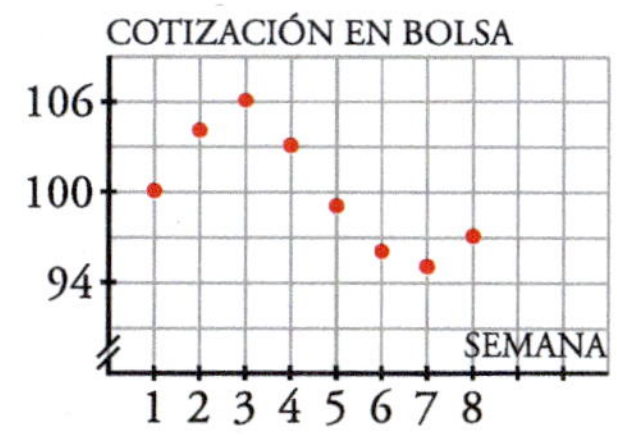

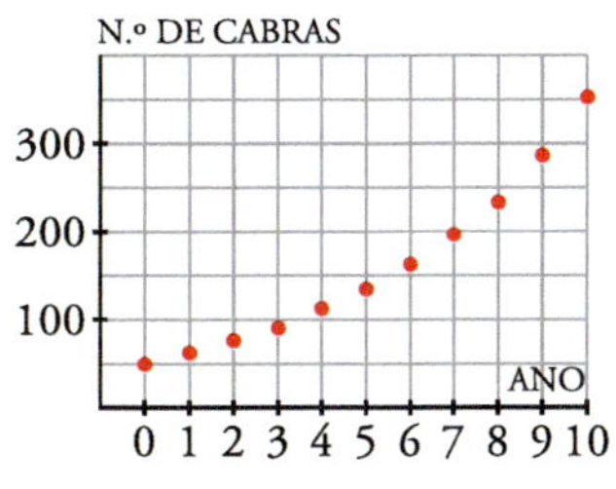

- E no caso da poboación de cabras, unha función **exponencial** sexa, posiblemente, a adecuada para correlacionar estes puntos.

Todos estes modelos (correlación lineal, polinómica, exponencial), e outros, son obxecto de estudo na teoría da correlación aplicada ás distribucións bidimensionais. De agora diante en ímonos dedicar, en exclusiva, á correlación lineal.

Exercicio proposto

1 Verdadeiro ou falso?

a) Nunha distribución bidimensional, para cada valor de x só pode haber un valor de y.

b) Cantos máis puntos teña unha distribución bidimensional, máis forte é a súa correlación.

c) As series temporais son distribucións estatísticas nas que unha das variables é o tempo. Aínda que non sexan distribucións bidimensionais propiamente ditas, poden tratarse do mesmo modo que estas.

2 Correlación lineal

■ En atletismo, a especialidade de décatlon consiste nunha serie de 10 probas. Os atletas (decatletas chámaselles) compiten sucesivamente en todas elas e, con certo sistema de puntuación, a suma dos seus resultados determina a súa clasificación final.

Nunha competición participan oito decatletas. Velaquí as súas clasificacións, o lugar que ocuparon, en dúas das probas:

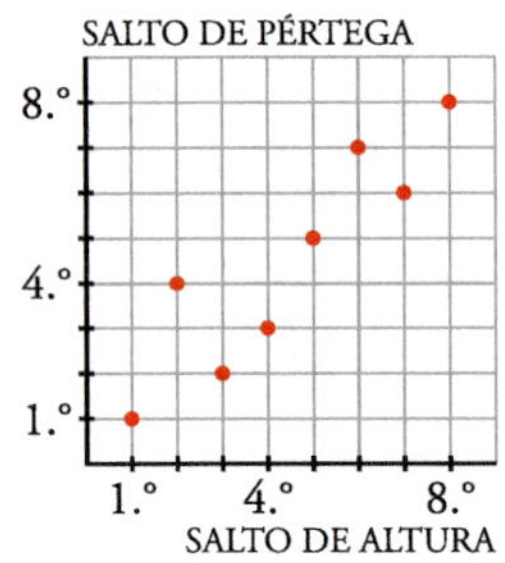

ATLETA	a	b	c	d	e	f	g	h
SALTO DE ALTURA	1	2	3	4	5	6	7	8
SALTO CON PÉRTEGA	1	4	2	3	5	7	6	8

Trátase dunha distribución bidimensional porque a cada individuo lle corresponden os valores de dúas variables: a súa clasificación en *salto de altura* e a súa clasificación en *salto con pértega*. Apréciase unha clara relación positiva entre as dúas variables **(correlación positiva forte).**

■ Relacionamos agora as clasificacións dos mesmos atletas nas probas de *salto de altura* e *1 500 m lisos*:

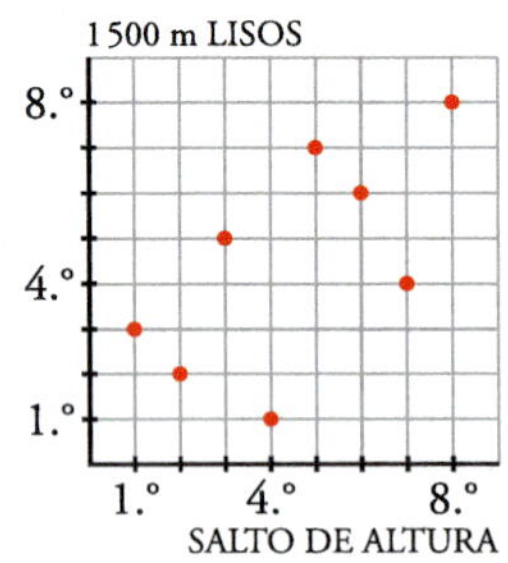

ATLETA	a	b	c	d	e	f	g	h
SALTO DE ALTURA	1	2	3	4	5	6	7	8
1 500 M LISOS	3	2	5	1	7	6	4	8

Tanto se nos fixamos na táboa de datos como na nube de puntos, apreciamos que tamén hai **correlación positiva** entre estas dúas variables, pero é **máis débil** que a anterior.

■ Relacionamos, finalmente, as clasificacións dos mesmos oito decatletas en *salto de altura* e *lanzamento de peso*:

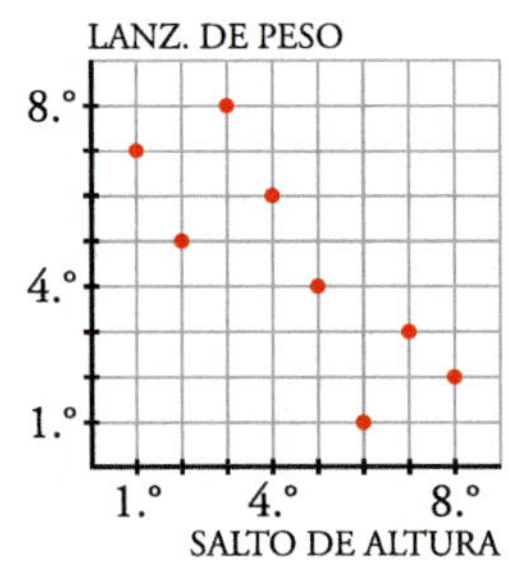

ATLETA	a	b	c	d	e	f	g	h
SALTO DE ALTURA	1	2	3	4	5	6	7	8
LANZ. DE PESO	7	5	8	6	4	1	3	2

Parece ser que, a grandes trazos, "a mellor saltador, peor lanzador" e viceversa. A **correlación** é **negativa** e bastante forte pois, ao aumentar unha variable tende a diminuír a outra.

Esta forma de tendencia a variar conxuntamente as dúas variables márcase mediante unha recta que se adapta á nube de puntos: a **recta de regresión.** Canto máis apertada está a nube de puntos en torno á recta, máis forte é a correlación.

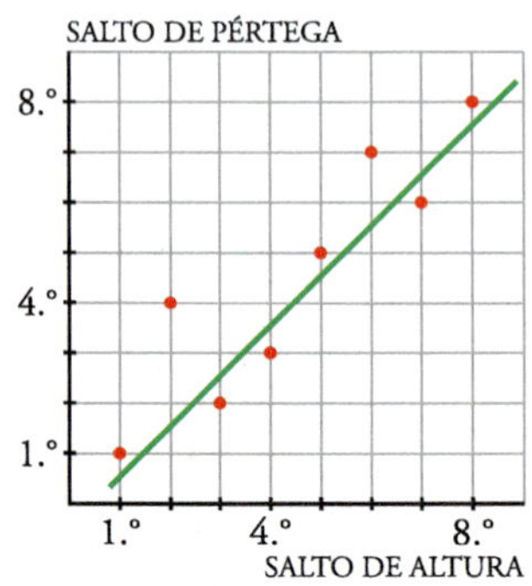

CORRELACIÓN FORTE POSITIVA

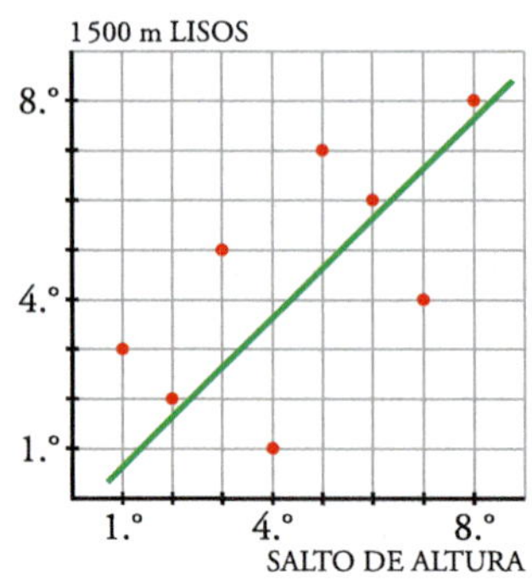

CORRELACIÓN DÉBIL POSITIVA

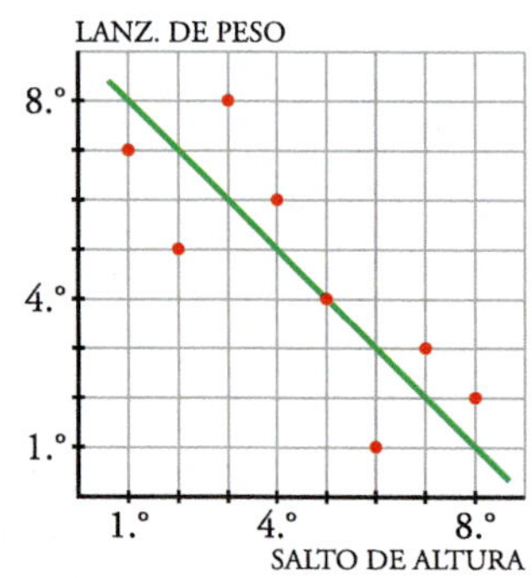

CORRELACIÓN FORTE NEGATIVA

As 10 probas do décatlon

- 100 metros lisos
- Salto de lonxitude
- Lanzamento de peso
- Salto de altura
- 400 metros lisos
- 110 metros valos
- Lanzamento de disco
- Salto con pértega
- Lanzamento de xavelina
- 1 500 metros lisos

Relación estatística e relación funcional

A **correlación** (relación estatística entre dúas variables) pódese mirar en contraposición á **relación funcional.** Entre dúas variables x e y hai unha relación funcional cando acontece que cada vez que a variable x toma certo valor, a variable y tomará o correspondente de forma unívoca.

Por exemplo, o tempo, y, que tarda un obxecto en alcanzar o chan é función da altura, x, desde a que se deixa caer.

Na web

Exemplos gráficos con distintos tipos de correlación.

Correlación lineal. Partimos dunha distribución bidimensional (n individuos, dúas variables x, y, así como os valores deses individuos para cada variable). Podemos identificar unha recta que se axusta, de forma máis ou menos clara, á nube de puntos. Chámase **correlación lineal** ao grao de axuste dos puntos á devandita recta.

A correlación é máis ou menos forte segundo o apertados que estean os puntos da nube á **recta de regresión.**

A correlación chámase **positiva** ou **negativa** segundo o signo da pendente da recta de regresión.

Se a forma da nube de puntos non suxire ningunha recta, diremos que entre as variables non hai correlación lineal, ou que están **incorreladas.**

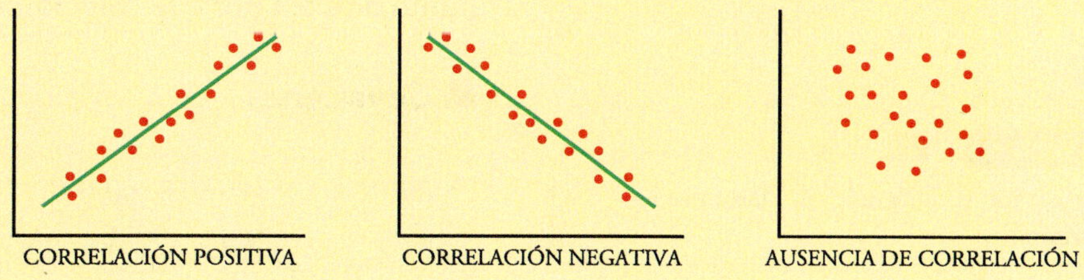

A valoración numérica da correlación e a determinación da recta de regresión serán o obxectivo das próximas páxinas.

Vexamos un exemplo máis de distribucións bidimensionais e como as variables que interveñen están, en maior ou menor medida, correladas.

Subminístrase, a cada unha de 8 cobaias, unha dose diaria de 1 mg, 2 mg..., 8 mg, respectivamente, de certo fármaco A. Ao cabo dun mes, calculamos o aumento de peso de cada cobaia. Repetimos o experimento con outras 8 cobaias e outro fármaco B e, por último, un terceiro experimento con outras 8 cobaias e outro fármaco C.

Os resultados danse de forma gráfica:

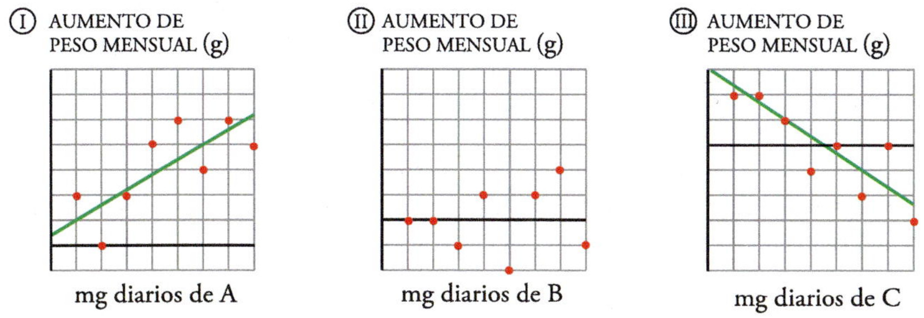

Á vista das gráficas inclinámonos a pensar que A favorece o engorde das cobaias, B non inflúe e C produce adelgazamento.

A correlación da gráfica (I) é positiva e a da é (III) negativa, igual que as pendentes das rectas de regresión correspondentes.

Na (II), non obstante, a nube de puntos é amorfa e non suxire ningunha recta: non hai correlación entre as variables (dise que son incorreladas).

Exercicios propostos

1 Verdadeiro ou falso?

a) Canto máis próximos estean a unha recta os puntos dunha distribución bidimensional, máis forte é a súa correlación lineal.

b) Se a recta de regresión ten pendente negativa, a correlación lineal é negativa.

c) Se os puntos da nube non se aproximan a ningunha recta, entón as variables están incorreladas.

2 A seguinte táboa mostra como se ordenan entre si dez países, A, B, C..., segundo dúas variables, RPC (*renda per cápita*) e IN (*índice de natalidade*). Representa os resultados nunha nube de puntos, traza a recta de regresión e di como che parece a correlación.

PAÍSES	A	B	C	D	E	F	G	H	I	L
RPC	1	2	3	4	5	6	7	8	9	10
IN	10	6	9	5	7	4	1	3	8	2

3 Parámetros asociados a unha distribución bidimensional

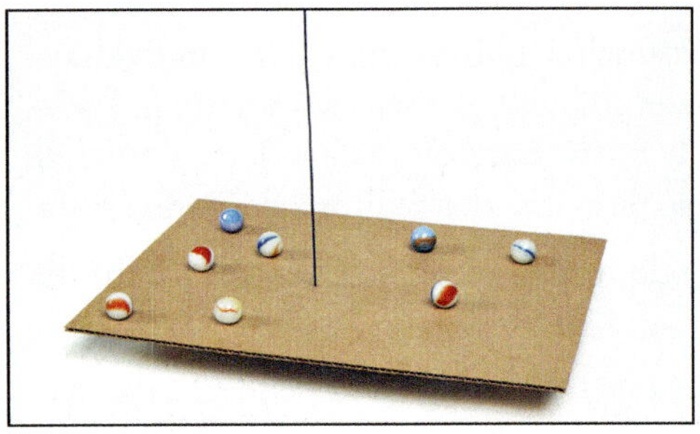

Se os puntos da nube fosen bólas con peso, o conxunto sustentaríase apoiándose en $(\bar{x}, \bar{y})$.

Centro de gravidade

x_i	y_i
x_1	y_1
x_2	y_2
x_3	y_3
…	…
x_n	y_n

MEDIA DA VARIABLE x

$$\bar{x} = \frac{\sum x_i}{n}$$

MEDIA DA VARIABLE y

$$\bar{y} = \frac{\sum y_i}{n}$$

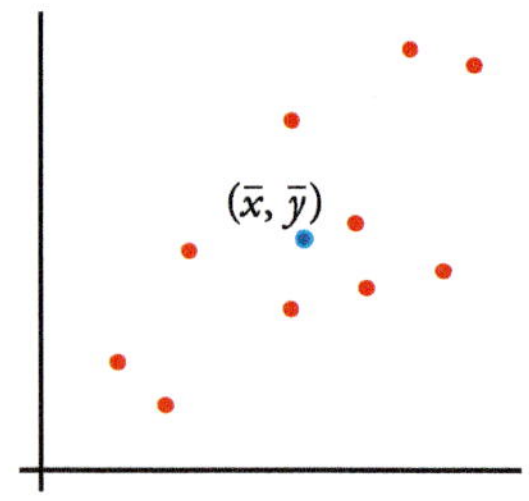

O punto $(\bar{x}, \bar{y})$ chámase **centro de gravidade** da distribución. Ten en conta que este punto non ten por que coincidir con ningún dos puntos da nube.

Na web

Demostración da igualdade dada para a covarianza.

Covarianza

Chámase **covarianza** o parámetro:

$$\sigma_{xy} = \frac{\sum (x_i - \bar{x})(y_i - \bar{y})}{n} = \frac{\sum x_i y_i}{n} - \bar{x}\,\bar{y}$$

Ambas as dúas expresións coinciden. A segunda delas é máis cómoda para obter numericamente a covarianza.

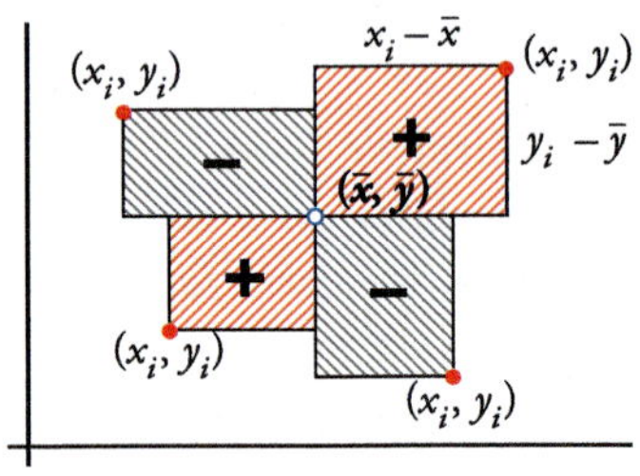

Na figura adxunta, cada sumando $(x_i - \bar{x})(y_i - \bar{y})$ da covarianza é a área dun rectángulo como os que aparecen na figura. Segundo onde estea situado (x_i, y_i) respecto a $(\bar{x}, \bar{y})$, a área $(x_i - \bar{x}) \cdot (y_i - \bar{y})$ será positiva (vermello) ou negativa (gris). Se os puntos están próximos a unha recta de pendente positiva, os sumandos son case todos positivos e a covarianza é grande.

Coeficiente de correlación

En páxinas anteriores temos visto que a correlación entre dúas variables (máis ou menos forte, positiva ou negativa) se aprecia mediante o grao de "apertamento" dos puntos da nube. Agora imos dar unha fórmula que sirva para obter o seu valor de forma numérica e inequívoca.

O valor da correlación entre as dúas variables dunha distribución bidimensional, **coeficiente de correlación,** vén dado pola expresión:

$$r = \frac{\sigma_{xy}}{\sigma_x \sigma_y} \quad \begin{array}{l} \leftarrow \text{covarianza} \\ \leftarrow \text{produto das desviacións típicas} \end{array}$$

Lembra

A desviación típica dunha variable x calcúlase así:

$$\sigma_x = \sqrt{\frac{\sum x_i^2}{n} - \bar{x}^2}$$

O coeficiente de correlación, r, ten as seguintes propiedades:

- Non ten dimensións. É dicir, non depende das unidades nas que se expresen os valores das dúas variables. Polo tanto, se se realiza un cambio de unidades, o valor de r non varía.
- O valor de r está comprendido entre -1 e 1.
  - Se a correlación é perfecta (puntos da nube aliñados), entón $|r| = 1$, é dicir, $r = 1$ ou $r = -1$.
  - Se a correlación é forte, $|r|$ é próximo a 1.
  - Se a correlación é débil, $|r|$ é próximo a 0.

Coeficiente de determinación

Ao cadrado do coeficiente de correlación (r^2) chámaselle **coeficiente de determinación.**

Exercicio resolto

1 *Utilizando a fórmula anterior, calcular a correlación entre as variables:*

x: nota en Matemáticas
y: nota en Física

asociadas a un conxunto de 12 alumnos.

x_i	y_i
2	1
3	3
4	2
4	4
5	4
6	4
6	6
7	4
7	6
8	7
10	9
10	10

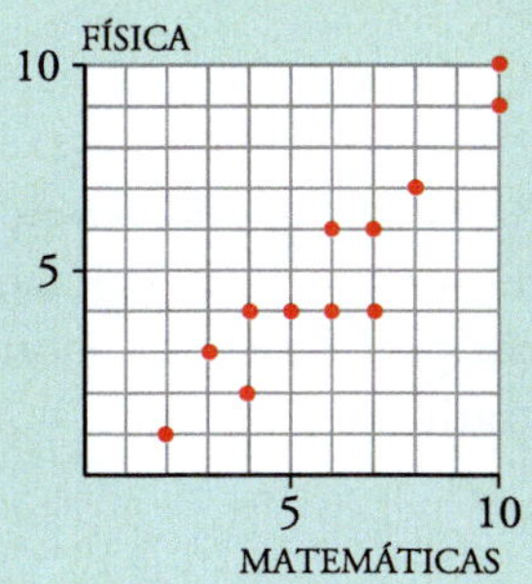

Elaboramos unha táboa coas columnas x_i, y_i, x_i^2, y_i^2, $x_i \cdot y_i$. As sumas da columna Σx_i, Σy_i, Σx_i^2, Σy_i^2, $\Sigma x_i \cdot y_i$ permítennos calcular $\bar{x}$, $\bar{y}$, σ_x, σ_y, σ_{xy}.

x_i	y_i	x_i^2	y_i^2	$x_i \cdot y_i$
2	1	4	1	2
3	3	9	9	9
4	2	16	4	8
4	4	16	16	16
5	4	25	16	20
6	4	36	16	24
6	6	36	36	36
7	4	49	16	28
7	6	49	36	42
8	7	64	49	56
10	9	100	81	90
10	10	100	100	100
72	60	504	380	431

$$\bar{x} = \frac{\sum x_i}{n} = \frac{72}{12} = 6 \qquad \bar{y} = \frac{\sum y_i}{n} = \frac{60}{12} = 5$$

O **centro de gravidade** é o punto (6, 5). Observamos que este punto non ten por que ser da distribución.

$$\sigma_x = \sqrt{\frac{\sum x_i^2}{n} - \bar{x}^2} = \sqrt{\frac{504}{12} - 6^2} = \sqrt{6} = 2,45$$

$$\sigma_y = \sqrt{\frac{\sum y_i^2}{n} - \bar{y}^2} = \sqrt{\frac{380}{12} - 5^2} = \sqrt{6,67} = 2,58$$

$$\sigma_{xy} = \frac{\sum x_i y_i}{n} - \bar{x}\bar{y} = \frac{431}{12} - 6 \cdot 5 = 5,92$$

$$r = \frac{\sigma_{xy}}{\sigma_x \sigma_y} = \frac{5,92}{2,45 \cdot 2,58} = 0,94.$$ É unha correlación forte.

CON CALCULADORA

- Prepárase a calculadora para tratamento bidimensional → modo LR
- Bórrase todo o que poida haber na memoria de cálculos anteriores → SHIFT AC
- Introdúcense os puntos: $(x_i, y_i) \rightarrow x_i$ ▢$_{x_D, y_D}$ y_i DATA

Se dous ou máis puntos teñen a mesma abscisa, pódense introducir consecutivamente sen volver repetir a abscisa. Vexámolo:

INTRODUCIÓN DE DATOS

2 ▢$_{x_D,y_D}$ 1 DATA
3 ▢$_{x_D,y_D}$ 3 DATA
4 ▢$_{x_D,y_D}$ 2 DATA
4 DATA
5 ▢$_{x_D,y_D}$ 4 DATA
6 ▢$_{x_D,y_D}$ 4 DATA
6 DATA
… …

RECOLLIDA DE RESULTADOS

MEDIAS: SHIFT ▢$_{\bar{x}}$ → 6; SHIFT ▢$_{\bar{y}}$ → 5

DESVIACIÓNS TÍPICAS: SHIFT ▢$_{x\sigma_n}$ → 2.44…; SHIFT ▢$_{y\sigma_n}$ → 2.58…

COVARIANZA: Kout ▢$_{\Sigma xy}$ ÷ Kout ▢$_{n}$ − SHIFT ▢$_{\bar{x}}$ × SHIFT ▢$_{\bar{y}}$ = 5.91…

COEFICIENTE DE CORRELACIÓN: SHIFT ▢$_{r}$ → 0.93…

Exercicios propostos

1 Verdadeiro ou falso?

a) O signo da correlación (r) coincide co da covarianza (σ_{xy}).

b) Se cambiamos as unidades en que se expresa a variable x, entón modifícanse os valores de $\bar{x}$, σ_x, σ_{xy} e r.

c) Aínda que cambiemos as unidades en que se dá a variable x (ou o y, ou ambas as dúas) o valor da correlación, r, non se modifica.

2 Obtén mediante cálculos manuais os coeficientes de correlación das distribucións coas que traballamos na epígrafe anterior:

Salto de altura - Salto con pértega

Salto de altura - 1 500 m lisos

Salto de altura - Lanzamento de peso

Faino tamén cunha calculadora con modo LR.

4 Recta de regresión

Ao principio desta unidade trazamos, a ollo, rectas que "se adaptaban ben" ás nubes de puntos. Chamabámoslles rectas de regresión. Imos proceder, agora, a obtelas de forma precisa.

Método dos mínimos cadrados

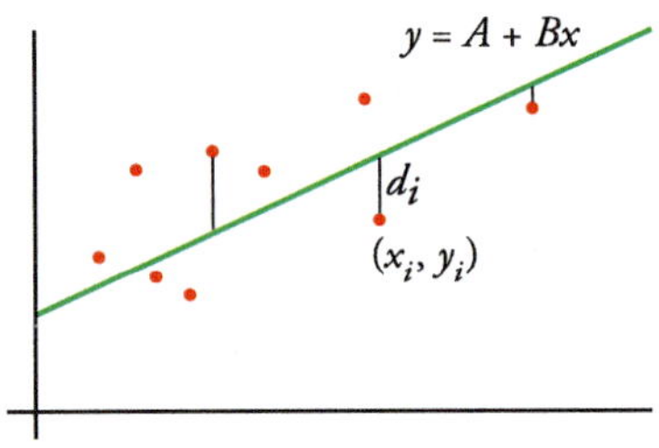

d_i = diferenza entre as ordenadas do punto e da recta.

Partimos da nube de puntos (x_1, y_1), (x_2, y_2), …, (x_n, y_n).

Debemos atopar a recta que "mellor se axuste" á nube.

Que criterio seguimos para ese "mellor axuste"?

Consideraremos todas as posibles rectas $y = A + Bx$ e quedaremos con aquela para a cal os cadrados das diferenzas, d_i, de ordenadas de cada punto e a recta sumen o menos posible, é dicir, para a cal Σd_i^2 é mínimo (poñemos d_i^2 para que todos os sumandos sexan positivos. De non ser así, os valores d_i negativos compensarían os positivos).

Deste modo chégase (utilizando métodos matemáticos superiores a este curso) ao seguinte:

- A recta buscada pasa polo centro de gravidade $(\bar{x}, \bar{y})$ da distribución.
- A súa pendente é $m_{ex} = \dfrac{\sigma_{xy}}{\sigma_x^2}$.

A recta que fai mínima a suma Σd_i^2 ten por ecuación:

$$y = \bar{y} + \frac{\sigma_{xy}}{\sigma_x^2}(x - \bar{x})$$

Chámase **recta de regresión de *Y* sobre *X*.**

A pendente, $\dfrac{\sigma_{xy}}{\sigma_x^2}$, chámase **coeficiente de regresión.**

Na web

Folla de cálculo para traballar as distribucións bidimensionais: parámetros, correlación, recta de regresión...

Na web

Actividade interactiva para determinar unha recta de regresión. Exemplo de cálculo e exercicios.

O signo do coeficiente de correlación e o do coeficiente de regresión coinciden, pois teñen o mesmo numerador e os seus denominadores son positivos. Pero aquí remata a coincidencia: pode ser que a recta de regresión teña pendente alta e, non obstante, o coeficiente de correlación sexa baixo. Ou ao contrario.

Exercicio resolto

1 *Na distribución*

Nota de Matemáticas - Nota de Física

cuxos parámetros calculamos na páxina anterior, obter a recta de regresión de Y sobre X.

- Pendente → $m_{yx} = \dfrac{\sigma_{xy}}{\sigma_x^2} = \dfrac{5,92}{(\sqrt{6})^2} = 0,986$
- Ecuación → $y = 5 + 0,986(x - 6)$ → $y = -0,917 + 0,986x$

CON CALCULADORA

Despois de introducir os datos como se fixo na páxina anterior, obtense:

- Pendente da recta: SHIFT [B] 0.98611111 → $B = 0,986$
- Ordenada na orixe: SHIFT [A] -0.91666666 → $A = -0,917$

(Na calculadora, B é a pendente da recta de regresión de Y sobre X. A é a súa ordenada na orixe).

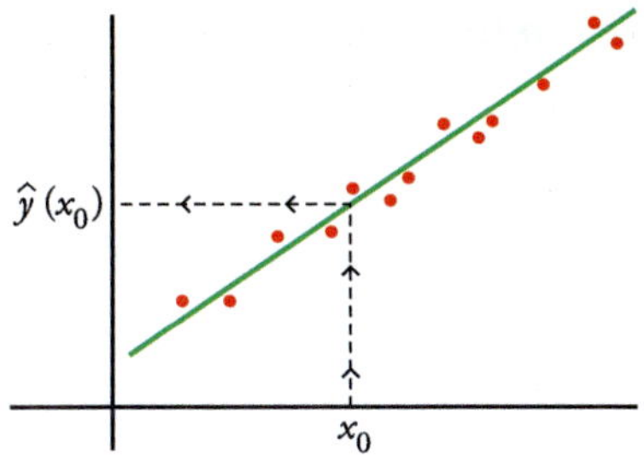

A recta de regresión para facer estimacións

A recta de regresión adáptase á nube de puntos e describe, grosso modo, a súa tendencia. Por iso, a partir da recta de regresión, obtemos, de forma aproximada, o valor esperado de y para certo valor de x. A estes valores chámaselles *estimacións*.

$\hat{y}(x_0)$ é **o valor estimado de y** correspondente a $x = x_0$ sobre a recta de regresión.

- As estimacións sempre se realizan aproximadamente e en termos de probabilidade: *é probable que se $x = x_0$, entón y valla, aproximadamente, $\hat{y}(x_0)$.*
- A aproximación é mellor canto maior sexa $|r|$, pois para valores de r próximos a 1 ou a –1, os puntos están moi próximos á recta.
- As estimacións só deben facerse dentro do intervalo de valores utilizados ou moi preto deles.

Atención

A estimación $\hat{x}(y_0)$ adóitase realizar, como verás na páxina seguinte, sobre *a outra recta de regresión.*

Exercicio resolto

1 *A táboa adxunta dá os alongamentos dunha barra metálica por efecto de cambios na temperatura. Coa axuda da calculadora, calcular a recta de regresión e estimar os valores dos alongamentos A para temperaturas T = 55, T = 100 e T = 200.*

TEMP. (°C)	ALONG. (mm)
0	0
8	1
16	2
25	3
40	5
50	6
60	7
75	9

Modo LR SHIFT AC. Designamos temperaturas, $T \rightarrow x$; alongamentos, $A \rightarrow y$.

0 [x_D, y_D] 0 DATA; 8 [x_D, y_D] 1 DATA; 16 [x_D, y_D] 2 DATA; …; 75 [x_D, y_D] 9 DATA

- Recta de regresión Y sobre X:

  Pendente SHIFT [B] {0.118667485}. Tomamos $B = 0{,}119$.

  Ordenada na orixe SHIFT [A] {0.060638624}. Tomamos $A = 0{,}06$.

  Ecuación da recta: $y = 0{,}06 + 0{,}119x$

- Correlación SHIFT [r] {0.999437044}. Tomamos $r = 0{,}999$.

- Estimacións: 55 [$\hat{y}$] {6.587350322}. Tomamos $\hat{y}(55) = 6{,}6$.

  100 [$\hat{y}$] {11.92738716}. Tomamos $\hat{y}(100) = 11{,}9$.

- Interpretación: Para unha temperatura de 55 °C a barra alongarase 6,6 mm. Esta estimación é moi fiable, porque r é case igual a 1 e 55 está dentro do rango de valores dados a x.

  A estimación $A = 11{,}9$ mm para $T = 100$ °C é menos precisa porque 100 está fóra do intervalo [0, 75] onde se tomaron os valores.

  Para $T = 200$ °C nin sequera fixemos a estimación, pois está demasiado lonxe e o resultado non sería nada fiable.

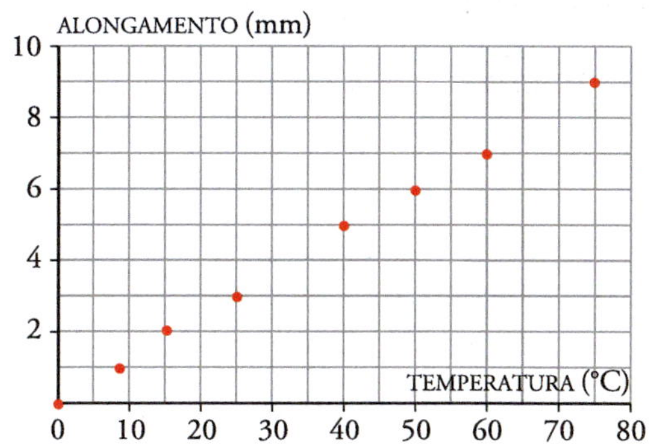

Exercicio proposto

1 Verdadeiro ou falso?

a) Canto máis forte sexa a correlación, máis puntos haberá da nube que se encontren exactamente sobre a recta de regresión.

b) Canto máis forte sexa a correlación, máis preto da recta de regresión estarán os puntos da nube.

c) Canto máis forte sexa a correlación, máis fiables serán as estimacións feitas a partir da recta de regresión.

5 Hai dúas rectas de regresión

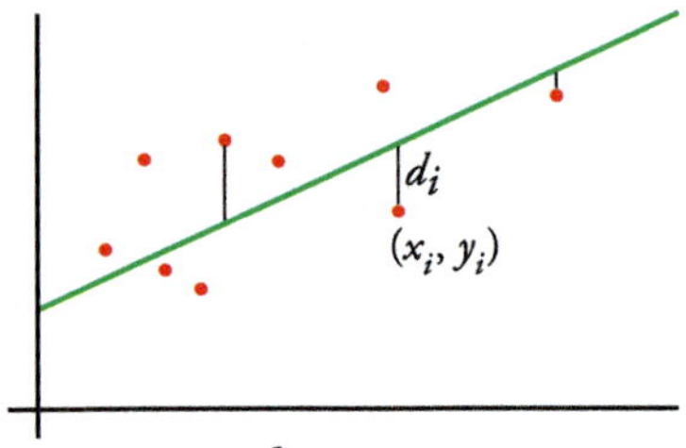

Σd_i^2 mínimo

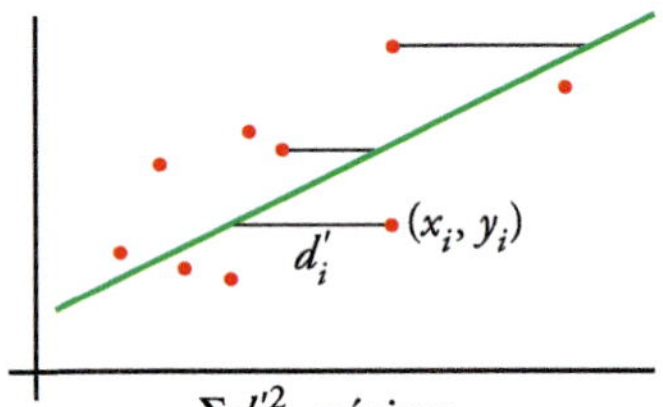

$\Sigma d_i'^2$ mínimo

No apartado anterior vimos que a **recta de regresión de *Y* sobre *X***

$$y = \bar{y} + \frac{\sigma_{xy}}{\sigma_x^2}(x - \bar{x})$$

é aquela para a cal a suma dos cadrados das diferenzas de ordenadas, d_i, entre os puntos e a recta sexa mínima.

Se o criterio que seguiramos para axustar a recta á nube de puntos fose facer mínima a suma dos cadrados das diferenzas de abscisas do punto e da recta ($\Sigma d_i'^2$ mínimo) obteriamos outra recta chamada **recta de regresión de *X* sobre *Y*.**

A ecuación da **recta de regresión de *X* sobre *Y*** é:

$$x = \bar{x} + \frac{\sigma_{xy}}{\sigma_y^2}(y - \bar{y})$$

Ou ben, despexando *y*: $y = \bar{y} + \frac{\sigma_y^2}{\sigma_{xy}}(x - \bar{x})$

Pasa polo centro de gravidade, $(\bar{x}, \bar{y})$, e a súa pendente é $\frac{\sigma_y^2}{\sigma_{xy}}$.

Posicións das dúas rectas de regresión

- Cando a correlación é case nula, as dúas rectas forman un ángulo moi grande (próximo a 90°):

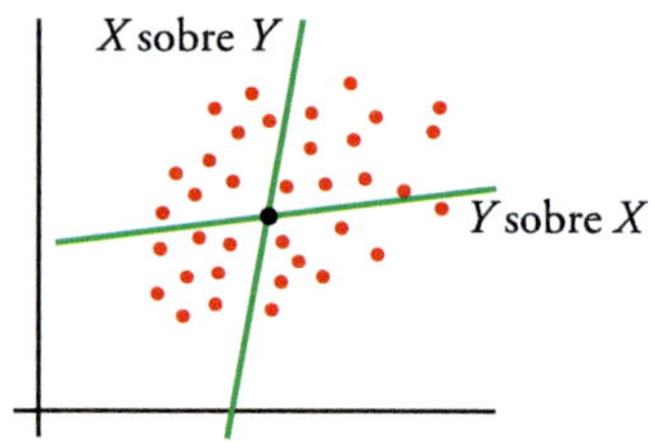

- Se a correlación é forte, o ángulo que forman as dúas rectas é pequeno:

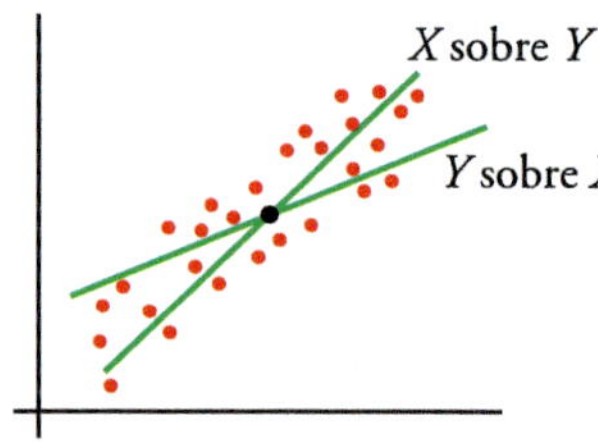

- Se $|r|$ é próximo a 1, as rectas son case coincidentes:

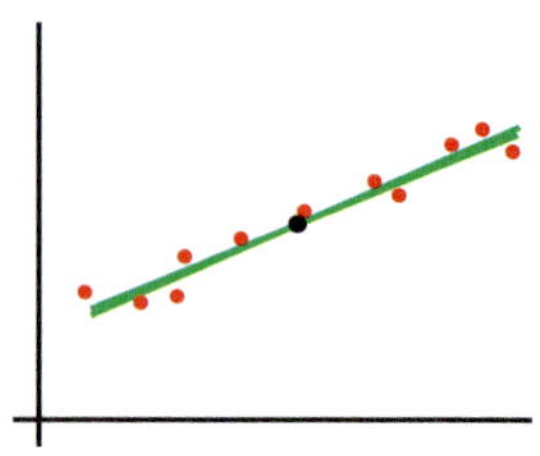

Atención

A estimación $\hat{y}(x_0)$ realízase sobre a recta de regresión de *Y* sobre *X*.

A estimación $\hat{x}(y_0)$ débese realizar sobre a recta de regresión de *X* sobre *Y*.

Non obstante, as calculadoras habituais só traballan coa recta de regresión de *Y* sobre *X* e con ela realizan os dous tipos de estimacións, para os que usan as teclas $\hat{y}$, $\hat{x}$.

Neste nivel abonda con traballar con esta recta (*Y* sobre *X*), como fixemos no apartado anterior, e deixar este apartado como complemento para entender que hai dúas rectas de regresión, aínda que só manexemos unha delas.

Na web

Relación entre *r* e as rectas de regresión.

Exercicio proposto

1 Verdadeiro ou falso?

a) Nunha distribución bidimensional na que se estuden conxuntamente as estaturas (x) e os pesos (y) dun grupo de mozos na cal $\bar{x} = 170$ cm e $\bar{y} = 65$ kg, resulta imposible que as rectas de regresión sexan $y = 0{,}8x - 67$ e $y = 1{,}1x - 121$.

b) Se nunha distribución bidimensional é $\bar{x} = 3$ e $\bar{y} = 5$, é posible que as rectas de regresión sexan $y = 2x - 1$ e $y = -x + 8$, pois ambas as dúas se cortan en (3, 5).

c) Se as rectas de regresión son $y = \frac{1}{5}x + 10$ e $y = 11x - 2$, entón a correlación é débil porque as rectas forman un ángulo próximo a 90°.

6 Táboas de continxencia

As táboas de continxencia utilízanse para rexistrar e analizar a relación entre dúas variables. Por exemplo:

Fíxose unha enquisa a 500 homes, maiores de idade, sobre as súas preferencias televisivas. Hai seis posibles respostas (como podes ver na marxe). Os resultados danse na seguinte táboa:

Idade ☐

Dos seguintes tipos de programas televisivos, cal prefires?:

- Informativos .... ☐
- Documentais .... ☐
- Entretemento (concursos, famosos, corazón...) .... ☐
- Deportes .... ☐
- Películas e series .... ☐
- Outros .... ☐

y \ x	18-25	26-35	36-50	51-65	MÁIS DE 65	TOTAL
INF	4	6	15	11	25	61
DOC	5	15	21	15	21	77
ENT	10	10	22	15	16	73
DEP	20	34	56	40	50	200
PEL	11	15	20	16	11	73
OUTR	0	5	6	3	2	16
TOTAL	50	85	140	100	125	500

A variable x describe as *idades* dos enquisados. Preséntase repartida en cinco tramos. É unha variable cuantitativa.

A variable y describe as *preferencias televisivas*. É unha variable cualitativa.

Cada individuo do colectivo foi contabilizado nunha casa e só nunha. Polo tanto, en cada casa aparece a frecuencia correspondente a ese par de valores. Por exemplo, o 34 da segunda columna é o número de individuos que TEN ENTRE 26 E 35 ANOS e que PREFIRE DEPORTES.

Distribucións marxinais

Distribución marxinal do x

Como se reparten os enquisados por *idades*, prescindindo das súas preferencias televisivas.

Distribución marxinal do y

Como se reparten os enquisados por *preferencia televisiva*, prescindindo das súas idades.

Se a cada grupo de idades lle asignamos a frecuencia correspondente da última fila (TOTAL) obtemos a **distribución marxinal do x.**

x_i	18-25	26-35	36-50	51-65	MÁIS DE 65	
f_i	50	85	140	100	125	500

Analogamente, a última columna (TOTAL) dános as frecuencias da **distribución marxinal do y.**

y_i	f_i'
INF	61
DOC	77
ENT	73
DEP	200
PEL	73
OUTR	16
	500

Exercicios propostos

1 Calcula a media e a desviación típica da distribución marxinal do x. Para iso, asigna a cada intervalo de idades a súa marca de clase (punto medio) e ao último intervalo asígnalle o valor 75.

2 A distribución marxinal do y corresponde a unha variable cualitativa. Polo tanto, non ten media nin desviación típica. O único parámetro que podemos asignarlle é a moda. Cal é?

y \ x	18-25	26-35	36-50	51-65	MÁIS DE 65	TOTAL
INF	4	6	15	11	25	61
DOC	5	15	21	15	21	77
ENT	10	10	22	15	16	73
DEP	20	34	56	40	50	200
PEL	11	15	20	16	11	73
OUTR	0	5	6	3	2	16
TOTAL	50	85	140	100	125	500

Distribucións condicionadas

- Como se distribúen as *preferencias televisivas* dos maiores de 65 anos? Vémolo na quinta columna da táboa: é a *distribución da variable e* **condicionada** *a que x sexa do intervalo "máis de 65".*

VAR	FREC
INF	25
DOC	21
ENT	16
DEP	50
PEL	11
OTR	2

- A cuarta fila da táboa proporciónanos as frecuencias da distribución de idades dos que prefiren deporte. É a *distribución da variable x* **condicionada** *a que y = DEP.*

VAR	18-25	26-35	36-50	51-65	MÁIS DE 65
FREC	20	34	56	40	50

Variables independentes

Imaxina unha táboa de continxencia que relacione as variables:

x: grupo sanguíneo

y: preferencias televisivas

É claro que deberían ser independentes, pois o grupo sanguíneo non afecta aos gustos televisivos. Polo tanto, para cada grupo sanguíneo as proporcións de individuos aos que lles gusta isto ou o outro deben ser parecidas entre si e parecidas ao total.

Variables independentes

Imos comparar as **frecuencias relativas** destas distribucións:

— A distribución do x condicionado a y = DEP.

— A distribución marxinal do x.

18-25	26-35	36-50	51-65	MÁIS DE 65
$\frac{20}{200} = 0{,}10$	$\frac{34}{200} = 0{,}17$	$\frac{56}{200} = 0{,}28$	$\frac{40}{200} = 0{,}20$	$\frac{50}{200} = 0{,}25$
$\frac{50}{500} = 0{,}10$	$\frac{85}{500} = 0{,}17$	$\frac{140}{500} = 0{,}28$	$\frac{100}{500} = 0{,}20$	$\frac{125}{500} = 0{,}25$

As frecuencias relativas son idénticas. É dicir, os que prefiren deporte repártense por idades de igual xeito que o colectivo total. Iso concretámolo dicindo que o suceso PREFIRE DEPORTE é **independente** da idade.

Cando todos os sucesos dunha variable son independentes respecto da outra, dise que **as dúas variables son independentes.**

Na táboa que nos ocupa, os demais sucesos (y = INF, y = DOC,...) non son independentes da idade. Por iso, estas dúas variables x e y non son independentes.

Exercicios propostos

3 Comproba que a seguinte táboa corresponde á distribución de x condicionada a $y \in$ {INF, DOC}.

x	18-25	26-35	36-50	51-65	MÁIS DE 65
f	9	21	36	26	46

Acha a súa media e a súa desviación típica.

4 Fai a distribución de y condicionada a $x < 36$.

5 Comproba, calculando as frecuencias relativas, que o suceso PEL non é independente da idade.

6 Fai a distribución de x condicionada a NON DEPORTE e compara as súas frecuencias relativas coas da distribución marxinal do x.

Táboas de continxencia con variables cuantitativas

Lembremos que as distribucións dunha variable, cando o número de observacións é pequeno, se dan, simplemente enumerando os datos de forma ordenada. Pero cando o número de datos é grande, recórrese a unha táboa de frecuencias.

Do mesmo xeito, nas distribucións bidimensionais, cando hai poucos pares de valores, simplemente se enumeran. Se algún par está repetido, vólvese poñer (é o que fixemos nos apartados 1 a 5 desta unidade). Pero cando o número de datos é grande, recórrese ás **táboas de dobre entrada,** isto é, táboas de continxencia coas dúas variables cuantitativas.

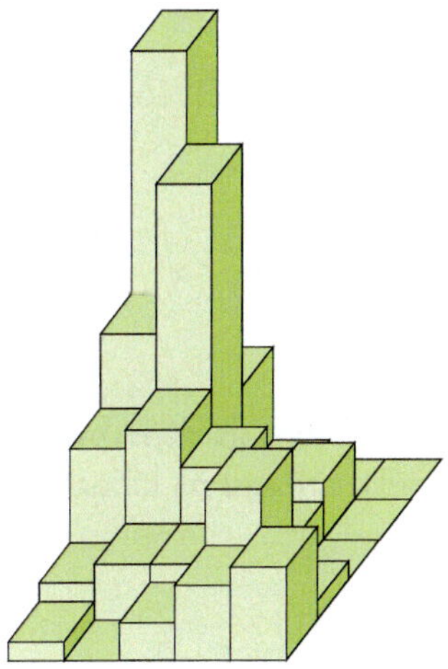

y_i \ x_i	0	1	2	3	4
0	24	6	1	0	0
1	11	19	2	3	0
2	7	8	6	2	0
3	2	3	3	7	1
4	1	0	2	4	5

Por exemplo, na táboa adxunta aparecen os resultados de dous tests, un de *cálculo*, x, e outro de *visión espacial*, y, pasados a 117 persoas. En cada recadro ponse a frecuencia correspondente ao par de valores que definen esa casa. Por exemplo, hai 11 individuos para os cales $x = 0$, $y = 1$. É dicir, o par (0, 1) está 11 veces.

CÁLCULO DE PARÁMETROS CON CALCULADORA

Observa como se introducen estes datos nunha calculadora:

0 [x_D, y_D] 0 [×] 24 [DATA]
1 [×] 11 [DATA]
2 [×] 7 [DATA]
3 [×] 2 [DATA]
4 [DATA]

1 [x_D, y_D] 0 [×] 6 [DATA]
1 [×] 19 [DATA]
2 [×] 8 [DATA]
3 [×] 3 [DATA]

2 [x_D, y_D] 0 [DATA]
1 [×] 2 [DATA]
2 [×] 6 [DATA]
3 [×] 3 [DATA]
4 [×] 2 [DATA]

3 [x_D, y_D] 1 [×] 3 [DATA]
2 [×] 2 [DATA]
3 [×] 7 [DATA]
4 [×] 4 [DATA]

4 [x_D, y_D] 3 [DATA]
4 [×] 5 [DATA]

Se os datos se introduciron correctamente na calculadora, esta proporciónanos directamente todos os parámetros.

CÁLCULO DE PARÁMETROS SEN CALCULADORA

Para achar os parámetros manualmente, procédese así:

— Na distribución marxinal do x achamos $\bar{x}$ e σ_x.

— Na distribución marxinal do y achamos $\bar{y}$ e σ_y.

— En cada recadro da táboa achamos o produto dos valores das variables pola frecuencia correspondente.

Por exemplo, no recadro no que hai un 8, os valores das variables son $x = 1$, $y = 2$; a frecuencia é 8; o produto é $8 \cdot 1 \cdot 2 = 16$. A suma de todos estes produtos é Σxy, correspondente á fórmula da covarianza.

Na páxina seguinte achamos, paso a paso, o coeficiente de correlación desta distribución.

Na web

Folla de cálculo na que podes traballar as táboas de dobre entrada.

Na web

Folla de cálculo para traballar algúns aspectos desta unidade.

Lembra

A fórmula da covarianza é:

$$\sigma_{xe} = \frac{\sum xy}{n} - \bar{x}\,\bar{y}$$

y_i \ x_i	0	1	2	3	4	
0	24	6	1	0	0	31
1	11	19	2	3	0	35
2	7	8	6	2	0	23
3	2	3	3	7	1	16
4	1	0	2	4	5	12
	45	36	14	16	6	

Cálculo do coeficiente de correlación da distribución dada na páxina anterior mediante unha táboa

— Empezamos ampliando a táboa coas sumas das filas e das columnas.

— Para calcular $\bar{x}$ e σ_x recorremos á **distribución marxinal do x** (as frecuencias son os valores marcados en vermello sobre a táboa):

x_i	f_i	$x_i f_i$	$x_i^2 f_i$
0	45	0	0
1	36	36	36
2	14	28	56
3	16	48	144
4	6	24	96
	117	136	332

$$\bar{x} = \frac{\sum x_i f_i}{\sum f_i} = \frac{136}{117} = 1,16$$

$$\sigma_x = \sqrt{\frac{\sum x_i^2 f_i}{\sum f_i} - \bar{x}^2} = \sqrt{\frac{332}{117} - 1,16^2} = 1,22$$

— Analogamente, para obter $\bar{y}$ e σ_y fórmase a táboa da **distribución marxinal do y** (as frecuencias, neste caso, son as marcadas en azul na táboa):

y_i	f_i	$y_i f_i$	$y_i^2 f_i$
0	31	0	0
1	35	35	35
2	23	46	92
3	16	48	144
4	12	48	192
	117	177	463

$$\bar{y} = \frac{\sum y_i f_i}{\sum f_i} = \frac{177}{117} = 1,5$$

$$\sigma_y = \sqrt{\frac{\sum y_i^2 f_i}{\sum f_i} - \bar{y}^2} = \sqrt{\frac{463}{117} - 1,5^2} = 1,3$$

— Para calcular a **covarianza** aplicaremos a fórmula $\sigma_{xy} = \frac{\sum x \cdot y \cdot f}{\sum f} - \bar{x} \cdot \bar{y}$, onde x e y representan cada un dos valores que pode tomar cada variable:

$$(x_1, y_1),\ (x_1, y_2),\ \dots,\ (x_4, y_3),\ (x_4, y_4)$$

e f son as frecuencias de cada un destes pares.

$$\sum x \cdot y \cdot f = 1 \cdot 1 \cdot 19 + 1 \cdot 2 \cdot 8 + 1 \cdot 3 \cdot 3 + 1 \cdot 4 \cdot 0 + 2 \cdot 1 \cdot 2 + 2 \cdot 2 \cdot 6 + 2 \cdot 3 \cdot 3 + 2 \cdot 4 \cdot 2 + 3 \cdot 1 \cdot 3 + 3 \cdot 2 \cdot 2 + 3 \cdot 3 \cdot 7 + 3 \cdot 4 \cdot 4 + 4 \cdot 1 \cdot 0 + 4 \cdot 2 \cdot 0 + 4 \cdot 3 \cdot 1 + 4 \cdot 4 \cdot 5 = 330$$

$$\sigma_{xy} = \frac{\sum x \cdot y \cdot f}{\sum f} - \bar{x} \cdot \bar{y} = \frac{330}{117} - 1,16 \cdot 1,5 = 1,08$$

— Finalmente, para calcular o **coeficiente de correlación** aplicamos a súa fórmula.

$$r = \frac{\sigma_{xy}}{\sigma_x \cdot \sigma_y} = \frac{1,08}{1,22 \cdot 1,3} = 0,68$$

Exercicio proposto

7 Outro grupo de 154 persoas realizou os mesmos tests, cos resultados que se dan na táboa da dereita. Acha o coeficiente de correlación.

y_i \ x_i	0	1	2	3	4
0	17	22	6	4	1
1	15	14	8	2	0
2	13	6	10	5	1
3	5	4	2	6	2
4	3	1	0	3	4

Exercicios e problemas resoltos

1. Relación funcional e relación estatística

A táboa da dereita mostra os resultados que se obtiveron ao medir a temperatura (en °C) e a presión atmosférica (en mm Hg) durante sete días en certa localidade:

a) É unha distribución bidimensional? Que variables se relacionan?

b) Representar a nube de puntos correspondente.

c) É unha relación estatística ou funcional?

TEMPERATURA (°C)	15	16	17	20	18	16	12
PRESIÓN (mm Hg)	800	810	800	820	810	750	750

a) É unha distribución bidimensional na que se relacionan as variables x: *temperatura*, e y: *presión atmosférica*, correspondentes a sete días, na devandita localidade.

b)

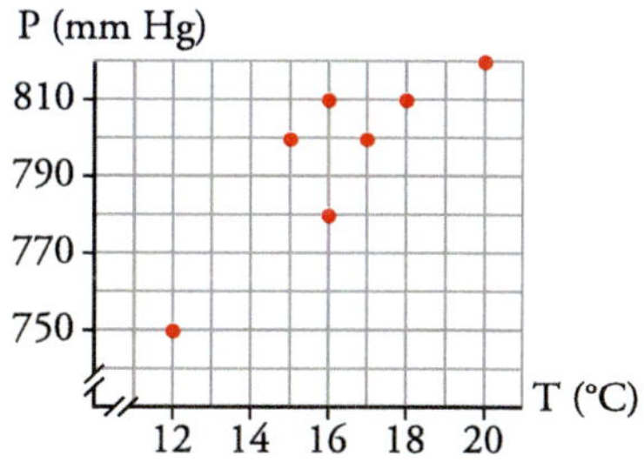

c) Entre as dúas variables hai unha clara relación estatística pero non funcional, xa que hai puntos coa mesma temperatura e distinta presión. É dicir, o valor da temperatura non determina o valor da presión.

Faino ti. Fai o mesmo coas variables *Horas de sol - Temperatura media en Almería.*

	X	F	Mr	Ab	Mi	Xn	Xl	Ag	S	O	N	D
HORAS DE SOL	216	251	271	300	335	329	377	321	244	225	159	194
TEMPERATURA MEDIA	12,2	10,8	14,5	15,6	20,4	24,1	25,8	26,7	23,7	19,3	16,4	13,5

2. Análise gráfica dunha distribución bidimensional

A táboa da dereita mostra:

- *As notas dun exame de Matemáticas de 10 estudantes.*
- *As horas dedicadas á súa preparación.*
- *As horas que viron a televisión os días previos ao exame.*
- *O peso de cada un.*

Estudar graficamente a correlación entre a nota e cada unha das outras variables.

NOTA	3	4	5	6	6	7	7	8	8	9
HORAS DE ESTUDO	3	5	7	12	5	7	11	12	15	14
HORAS TV	18	12	14	10	6	8	6	5	8	4
PESO (kg)	60	54	70	68	59	72	55	65	52	64

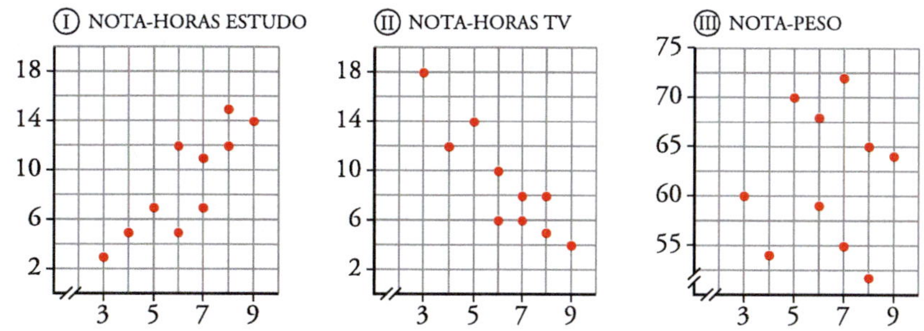

Á vista das gráficas, podemos dicir que hai unha correlación bastante forte nos casos (I) e (II): no primeiro caso, positiva, e no segundo, negativa. Non obstante, no terceiro caso non hai correlación apreciable. Os resultados son razoables: cabe esperar que a máis horas de estudo mellor sexa a nota obtida e que a máis horas vendo a televisión a nota sexa peor. O peso non inflúe na nota, naturalmente.

Faino ti. Estuda a correlación entre a NOTA dun exame de Matemáticas e as outras variables que aparecen na seguinte táboa:

NOTA	3	4	5	6	6	7	7	8	8	9
NOTA DO ANO PASADO	4	2	6	6	8	5	6	9	7	10
COCIENTE INTELECTUAL	120	102	118	105	95	110	103	107	115	125

Exercicios e problemas resoltos

3. Cálculo do coeficiente de correlación

A seguinte táboa mostra o número de oficinas bancarias (en centos) e o número de grandes centros comerciais en oito cidades españolas:

CIDADE	x: OFICINAS BANCARIAS (centos)	y: CENTROS COMERCIAIS
Madrid	31	30
Barcelona	19	16
Valencia	9	12
Zaragoza	7	11
Sevilla	6	11
Málaga	5	9
Murcia	5	10
Palma de Mallorca	5	5

Calcular o coeficiente de correlación que hai entre ambas as dúas variables.

x_i	y_i	x_i^2	y_i^2	$x_i \cdot y_i$
31	30	961	900	930
19	16	361	256	304
9	12	81	144	108
7	11	49	121	77
6	11	36	121	66
5	9	25	81	45
5	10	25	100	50
5	5	25	25	25
87	104	1 563	1 748	1 605

MEDIAS: $\bar{x} = \frac{87}{8} = 10{,}875$; $\bar{y} = \frac{104}{8} = 13$

DESVIACIÓNS TÍPICAS:

$$\sigma_x = \sqrt{\frac{1563}{8} - 10{,}875^2} = 8{,}78$$

$$\sigma_y = \sqrt{\frac{1748}{8} - 13^2} = 7{,}04$$

COVARIANZA:

$$\sigma_{xy} = \frac{1605}{8} - 10{,}875 \cdot 13 = 59{,}25$$

COEFICIENTE DE CORRELACIÓN: $r = \dfrac{59{,}25}{8{,}78 \cdot 7{,}04} = 0{,}96$

É unha correlación moi forte, moi próxima a 1.

CON CALCULADORA

Modo LR

Bórrase todo o que haxa na memoria: [SHIFT] [AC]

Introdúcense os datos:

31 [x_D, y_D] 30 [DATA]   19 [x_D, y_D] 16 [DATA]   …   5 [x_D, y_D] 9 [DATA] 10 [DATA] 5 [DATA] [1]

Obtéñense os parámetros $\bar{x}$, $\bar{y}$, σ_x, σ_y, σ_{xy} e r coas teclas específicas.

4. Recta de regresión de *Y* sobre *X*

A partir dos resultados obtidos no exercicio anterior:

a) Achar a recta de regresión de Y sobre X.

b) Sabendo que Alacant ten 300 oficinas bancarias, estimar cantos grandes centros comerciais é esperable que teña.

a) Achamos a recta de regresión:

Pendente $= \dfrac{\sigma_{xy}}{\sigma_x^2} = \dfrac{59{,}25}{8{,}78^2} = 0{,}768$

Ecuación: $y = 13 + 0{,}768 \cdot (x - 10{,}875) \rightarrow$

$\rightarrow y = 0{,}77x + 4{,}64$

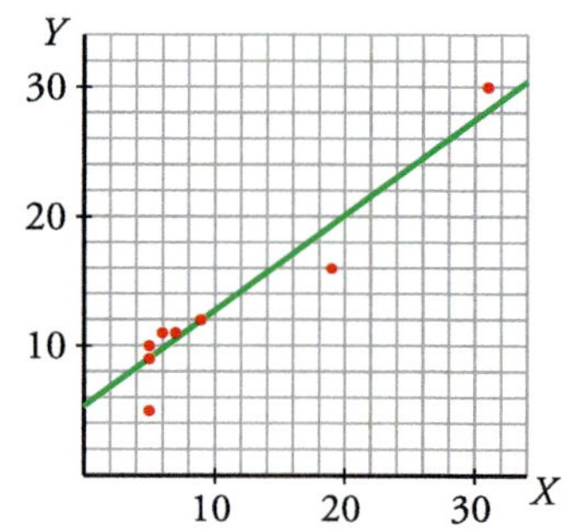

b) A estimación para Alacant ($x = 3$) será:

$$\hat{y}(3) = 0{,}77 \cdot 3 + 4{,}64 = 6{,}95 \approx 7$$

Estímase que terá 7 centros comerciais. A estimación é pouco fiable porque, aínda que o coeficiente de correlación é grande (próximo a 1), o valor $x = 3$ está fóra do intervalo [5, 31] no que se dan os datos.

CON CALCULADORA

Recta de regresión:

Pendente da recta: [SHIFT] [B]

Ordenada na orixe: [SHIFT] [A]

Estimación para Alacant:

Valor de y estimado para $x = 3$: [3] [$\hat{y}$]

Comproba que, con calculadora, os resultados son os mesmos que os que se obtiveron manualmente.

Exercicios e problemas guiados

1. Dúas rectas de regresión. Estimacións

A seguinte táboa relaciona as variables

x: gastos en publicidade (miles de euros)

y: vendas (miles de euros)

durante os 6 primeiros meses de promoción de certo produto:

x	1	2	3	4	5	6
y	10	17	30	28	39	47

a) Achar as dúas rectas de regresión.

b) Efectuar a estimación $\hat{y}(5,5)$ e explicar o seu significado.

c) Para obter unhas vendas de 20 000 €, cantos miles de euros se estima que hai que gastar en publicidade?

Serán fiables estas estimacións?

a) • Confecciona unha táboa coas columnas x_i, y_i, x_i^2, y_i^2, $x_i \cdot y_i$ e acha o valor dos parámetros $\bar{x}$, $\bar{y}$, σ_x, σ_y e σ_{xy}.

• Acha a pendente da recta de regresión de Y sobre X, $m_{yx} = \dfrac{\sigma_{xy}}{\sigma_x^2}$, e escribe a ecuación desta recta.

• Acha a pendente da recta de regresión de X sobre Y, $m_{xy} = \dfrac{\sigma_y^2}{\sigma_{xy}}$, e escribe a ecuación desta recta.

b) Para calcular a estimación $\hat{y}(5,5)$, dálle a x o valor 5,5 na ecuación da recta de regresión de Y sobre X.

c) Tes que calcular $\hat{x}(20)$ na ecuación da recta de regresión de X sobre Y.

Acha o valor de $r = \dfrac{\sigma_{xy}}{\sigma_x \cdot \sigma_y}$ para decidir sobre a "calidade" das estimacións.

Solución:

a) $\bar{x} = 3,5$; $\bar{y} = 28,5$; $\sigma_x = 1,71$; $\sigma_y = 12,45$; $\sigma_{xy} = 20,75$

Recta de regresión de Y sobre X: $y = 7,1x + 3,65$

Recta de regresión de X sobre Y: $y = 7,47x + 2,36$

b) $\hat{y}(5,5) = 42,7$. Significa que para un gasto en publicade de 5 500 €, as vendas serán próximas a 42 700 €.

c) Estimamos coa recta de regresión X sobre Y, o valor de x que lle corresponde a $y = 20$. É dicir, $\hat{x}(20) = 2,36$.

Como a correlación $r = 0,97$ é alta, as estimacións son fiables (digamos que "ao gastar 5 500 € en publicidade é probable que as vendas estean entre 40 000 € e 45 000 €"; e que "para obter unhas vendas de 20 000 €, é probable que sexa necesario gastar entre 2 300 € e 2 400 €").

2. Táboa de dobre entrada

Unha compañía discográfica recompilou na táboa da dereita a seguinte información sobre o número de concertos dados por 15 grupos musicais durante un verán, e as vendas de discos destes grupos (en miles).

a) Calcular o número medio de discos vendidos.

b) Cal é o coeficiente de correlación?

c) Obter a recta de regresión de Y sobre X.

d) Se un grupo musical vende 18 000 discos, que número de concertos se prevé para el?

DISCOS (x) \ CONC. (y)	10 - 30	30 - 40	40 - 80
1 - 5	3	0	0
5 - 10	1	4	1
10 - 20	0	1	5

• Substitúe os valores de x e de y polas súas correspondentes "marcas de clase".

• Fai as distribucións marxinais de x e de y (mira o seu significado no exercicio resolto 5) e acha $\bar{x}$ e σ_x.

• Acha $\sum x \cdot y \cdot f$ e calcula $\bar{y}$, σ_y, σ_{xy}, r e m_{yx}.

• Acha a ecuación da recta de regresión de Y sobre X.

• Calcula $\hat{y}(18)$ sobre a ecuación anterior.

Solución:

a) $\bar{x} = 9,6$; é dicir, 9 600 discos vendidos por termo medio.

b) $r = 0,81$

c) $y = 2,86x + 13,51$

d) $\hat{y}(18) = 65$ concertos

Exercicios e problemas propostos

Para practicar

Sen fórmulas

1 Para cada un dos seguintes casos, indica:

- Cales son as variables que se relacionan.
- Se se trata dunha relación funcional ou dunha relación estatística e, neste último caso, determina o signo da correlación.

a) *Renda mensual dunha familia - Gasto mensual en electricidade*

b) *Raio dunha esfera - Volume desta*

c) *Litros de chuvia recollidos en unha cidade - Tempo dedicado a ver a televisión polos seus habitantes*

d) *Lonxitude do traxecto percorrido en unha liña de proximidades - Prezo do billete*

e) *Peso dos alumnos de 1.º de Bacharelato - Número de calzado que usan*

f) *Toneladas de tomate recollidas en unha colleita - Prezo do quilo de tomate no mercado*

g) *Superficie dunha vivenda - Valor desta*

2 a) Copia no teu caderno e traza a ollo unha recta de regresión para cada unha destas distribucións bidimensionais:

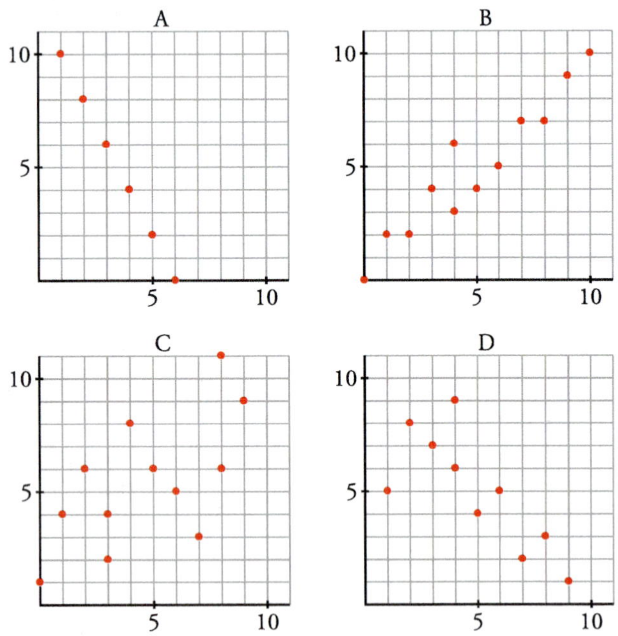

b) Cales delas teñen correlación positiva e cales teñen correlación negativa?

c) Sen facer cálculos, elixe, de entre os seguintes valores, a correlación de cada unha das distribucións:

0   0,64   1   –0,98   0,95   –1   –0,76

d) Unha delas presenta relación funcional, cal? Dá a expresión analítica da función que relaciona as dúas variables.

3 Cada unha destas seis distribucións bidimensionais está representada polas súas dúas rectas de regresión:

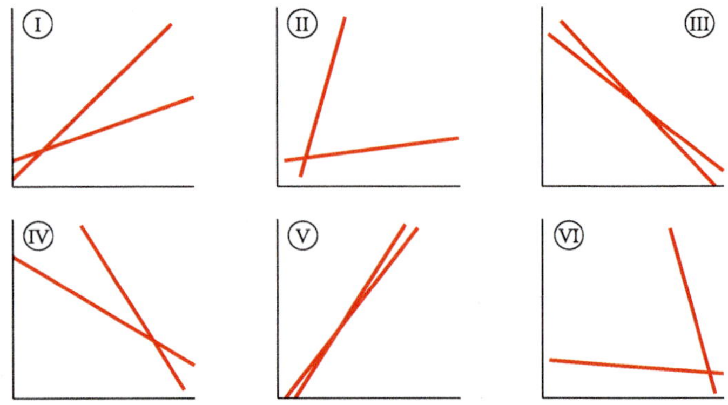

Os seus coeficientes de correlación son, non respectivamente:

–0,9   0,99   0,6   –0,2   –0,5   0,1

Asigna, razoadamente, a cada unha o seu valor.

4 Representa a nube de puntos desta distribución e estima cal destes tres pode ser o coeficiente de correlación:

a) $r = 0{,}98$ b) $r = -0{,}87$ c) $r = 0{,}58$

x	0	1	2	3	3	4	5	6	7	8	9
y	1	4	6	2	4	8	6	5	3	6	9

5 Representa sobre papel cuadriculado a nube de puntos correspondente a esta distribución:

x	1	2	3	4	5	6
y	10	8	6	4	2	0

Cal cres que é o coeficiente de correlación?

6 a) No teu caderno, nunha cuadrícula como esta, sitúa dez puntos de modo que estimes que a súa correlación sexa 0,9 e unha das súas rectas de regresión sexa a que ves.

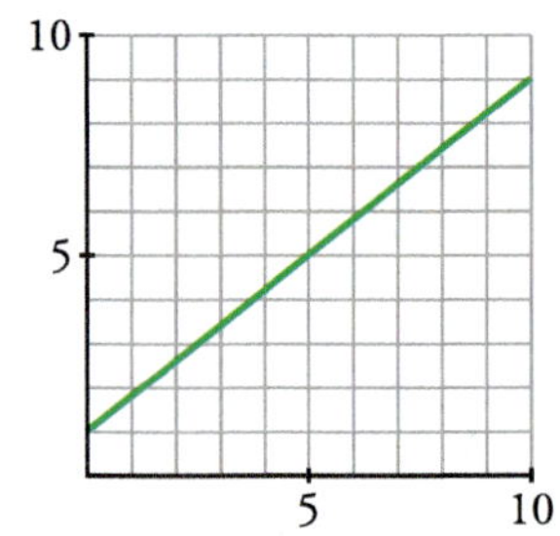

b) Repite a experiencia para conseguir un coeficiente de correlación de 0,6.

c) Fai o mesmo para un coeficiente de 0,3.

* *Atención: pídese estimar, pero non calcular.*

7 As estaturas de 10 rapazas e as das súas nais son:

x_i	158	162	164	165	168	169	172	172	174	178
y_i	163	155	160	161	164	158	175	169	166	172

a) Representa estes valores mediante unha nube de puntos.

b) Traza a ollo unha recta de regresión e di se a correlación é positiva ou negativa e máis ou menos forte do que esperabas.

Con fórmulas

8 Esta é a distribución bidimensional dada pola nube de puntos B do exercicio 2:

x	0	1	2	3	4	4	5	6	7	8	9	10
y	0	2	2	4	3	6	4	5	7	7	9	10

Acha:

a) $\bar{x}$, $\bar{y}$, σ_x, σ_y, σ_{xy}.

b) O coeficiente de correlación, r. Interprétao.

c) As ecuacións das dúas rectas de regresión.

9 a) Representa a nube de puntos correspondente á seguinte distribución bidimensional:

x	0	1	2	3	3	4	5	6	7	8	9
y	1	4	6	2	4	8	6	5	3	6	9

b) Comproba coa calculadora que os seus parámetros son:

$\bar{x} = 4,4$ $\quad \bar{y} = 4,9$ $\quad \sigma_{xy} = 3,67$

$\sigma_x = 2,77$ $\quad \sigma_y = 2,31$ $\quad r = 0,58$

c) Acha as ecuacións das dúas rectas de regresión, X sobre Y e Y sobre X, e represéntaas xunto coa nube de puntos.

10 Unha distribución bidimensional na que os valores de x son 12, 15, 17, 21, 22 e 25, ten unha correlación $r = 0,99$ e a súa recta de regresión é $y = 10,5 + 3,2x$.

a) Calcula $\hat{y}(13)$, $\hat{y}(20)$, $\hat{y}(30)$, $\hat{y}(100)$.

b) Cales das estimacións anteriores son fiables, cal pouco fiable e cal non se debe facer?

c) Expresa os resultados en termos adecuados.

Por exemplo:

$\hat{y}(13) = 52,1$. "Para $x = 13$ é moi probable que o valor correspondente de y sexa próximo a 52".

11 Observa a distribución D do exercicio 2.

a) Descríbea mediante unha táboa de valores.

b) Realiza os cálculos para obter o seu coeficiente de correlación.

c) Representa os puntos no teu caderno.

Acha a ecuación da recta de regresión de Y sobre X e represéntaa.

d) Calcula $\hat{y}(4,5)$, $\hat{y}(11)$, $\hat{y}(20)$ dilucidando canto de fiables son as devanditas estimacións.

12 Calcula as correlacións correspondentes ás nubes de puntos que inventaches no exercicio 6. Comproba se as correlacións obtidas se parecen ás que pretendías alcanzar.

Para resolver

13 A seguinte táboa recolle os datos económicos dalgunhas das películas máis rendibles dun ano (as cantidades están dadas en millóns de euros):

x: GASTOS	18	15	20	11	10	6	6	14	16	12
y: RECADACIÓN	93	83	80	47	46	44	36	34	33	26

a) Acha o coeficiente de correlación.

b) Obtén a recta de regresión de Y sobre X e estima que recadación cabe esperar se se invisten 30 millóns de euros nunha película.

14 Un excursionista, en dez marchas distintas, toma as seguintes medidas:

x: altura de lugar (en m)

y: presión atmosférica (en mm Hg)

z: número de pulsacións en repouso

x	0	184	231	481	730	911	1 343	1 550	1 820	2 184
y	760	745	740	720	700	685	650	630	610	580
z	73	78	75	78	83	80	89	80	85	92

Acha o coeficiente de correlación e a recta de regresión para a distribución x-y e para a distribución x-z e analiza os resultados.

15 Na seguinte táboa consígnanse os goles a favor (x) e os goles en contra (y) ao final do campionato de liga de 1.ª división de fútbol de 10 equipos:

x	95	102	64	54	62	60	62	46	45	35	54	41
y	21	33	44	44	61	55	53	55	46	42	68	56

Acha o coeficiente de correlación entre as dúas variables e analiza o que obtiveches.

16 A seguinte táboa relaciona o número atómico de varios metais, x, coa súa densidade, y:

ELEMENTO	K	Ca	Ti	V	Mn	Fe	Co	Ni
N.° ATÓMICO	19	20	22	23	25	26	27	28
DENSIDADE	0,86	1,54	4,50	5,60	7,11	7,88	8,70	8,80

a) Representa os puntos, acha o coeficiente de correlación e calcula a ecuación da recta de regresión de Y sobre X.

b) Estima a densidade do cromo sabendo que o seu número atómico é 24 → Cr (24).

c) Estima a densidade do escandio → Sc (21).

17 A seguinte táboa relaciona tres variables sociométricas relativas a doce países:

PAÍS	x: RENDA PER CÁPITA ($)	y: ÍNDICE DE NATALIDADE (‰)	z: ESPECTATIVA DE VIDA AO NACER (anos)
A	873	50	49
B	402	48	50
C	536	47	54
D	869	44	57
E	1 171	41	61
F	636	36	64
G	1 417	35	59
H	2 214	31	63
I	1 334	28	63
L	769	26	61
M	1 720	25	64
N	2 560	24	70

a) Acha o coeficiente de correlación entre as variables x-y e entre as variables x-z.

b) Que conclusións sacas dos resultados obtidos?

18 A seguinte táboa recolle datos de oito alumnos de secundaria dun centro escolar, relativos ao número de horas por día que ven a televisión e a nota media obtida na última avaliación:

x: N.º DE HORAS DE TV	0	2	1	3	4	2	1	3
y: NOTA MEDIA	8	6	8	6	1	4	7	3

a) Representa graficamente os datos. Permite a análise gráfica deducir o signo do coeficiente de correlación de Y sobre X ? E o de X sobre Y?

b) Acha o coeficiente de correlación das dúas variables.

c) Calcula a ecuación da recta de regresión de Y sobre X.

d) Que nota media pode esperar quen ve a televisión tres horas e media diarias? E quen a ve cinco horas?

19 Eliximos seis automóbiles ao chou. A súa antigüidade, en anos, e o número de quilómetros que rodaron, en miles de quilómetros, están relacionados pola seguinte táboa:

ANTIGÜIDADE	1	2	4	4	5	6	7
QUILÓMETROS PERCORRIDOS	15	45	32	61	60	132	93

a) Calcula a media e a desviación típica das dúas variables que interveñen.

b) Calcula o coeficiente de correlación e interprétao.

c) Se un automóbil ten tres anos, cantos quilómetros estimas que rodou?

d) E se ten cinco anos? E dez? Xustifica as túas respostas.

Cuestións teóricas

20 O coeficiente de correlación dunha distribución bidimensional é 0,87.

Se os valores das variables se multiplican por 10, cal será o coeficiente de correlación desta nova distribución?

21 Calculamos a covarianza de certa distribución e resultou negativa.

Xustifica por que podemos afirmar que tanto o coeficiente de correlación coma as pendentes das dúas rectas de regresión son números negativos.

22 Que punto teñen en común as dúas rectas de regresión?

23 Que condición debe cumprir r para que as estimacións feitas coa recta de regresión sexan fiables?

24 Proba que o produto dos coeficientes de regresión m_{yx} e m_{xy} é igual ao cadrado do coeficiente de correlación.

25 Explica como se calculan $\bar{x}$ e $\bar{y}$ a partir das dúas rectas de regresión dunha distribución bidimensional. Aplícao a este caso:

A recta de regresión de Y sobre X é: $y = 8{,}7 - 0{,}76x$

A recta de regresión de X sobre Y é: $y = 11{,}36 - 1{,}3x$

26 Explica como se acha o coeficiente de correlación a partir das dúas rectas de regresión dunha distribución bidimensional. Aplícao ao caso do exercicio anterior.

27 A estatura media de 100 escolares é de 155 cm cunha desviación típica de 15,5 cm.

A recta de regresión da estatura respecto ao peso é $y = 80 + 1{,}5x$ (x: peso; y: estatura)

a) Cal é o peso medio deses escolares?

b) Cal é o signo do coeficiente de correlación entre peso e estatura?

28 Verdadeiro ou falso?

a) Se a pendente da recta de regresión de Y sobre X é 1, a correlación entre as dúas variables é moi forte.

b) Se a pendente da recta de regresión de Y sobre X é negativa, a pendente da recta de regresión de X sobre Y tamén é negativa.

c) Nunha relación funcional lineal as dúas rectas de regresión coinciden.

d) Canto máis forte sexa a correlación entre as variables x e y, maior é r^2.

Para afondar

29 Nunha autoescola, cada alumno realiza un total de 80 tests repartidos en 4 quendas de 20. A seguinte táboa relaciona as variables número da quenda (x) e número de fallos (y):

x \ y	0 - 3	4 - 7	8 - 11	12 - 15
1	0	4	11	5
2	1	10	7	2
3	12	7	1	0
4	16	4	0	0

Por exemplo: Na terceira quenda, en 12 dos tests encontráronse de 0 a 3 fallos; en 7, de 4 a 7 fallos...

a) Calcula o coeficiente de correlación e acha a ecuación da recta de regresión de Y sobre X.

b) Cantos fallos se estima que terá un alumno na primeira quenda? E na segunda? E na última?

30 Nun estudo realizado aos traballadores dunha cadea de fabricación de pezas de coches sobre a súa produtividade quincenal, relaciónanse as horas traballadas (x) coas unidades producidas (y).

Sabemos que:

- A recta de regresión de Y sobre X é:

  $y = 3{,}47x + 32{,}01$

- A recta de regresión de X sobre Y é:

  $y = 3{,}81x + 5{,}36$

- O intervalo de horas empregadas polos traballadores é $[60, 85]$.

a) Acha $\bar{x}$, $\bar{y}$ e o coeficiente de correlación.

b) Se un operario traballa 70 horas nunha quincena, cantas unidades se estima que produza? Como de fiable é esta estimación? E se traballa en total 40 horas? E se fosen 120 horas?

c) Se un empregado esta quincena chegou a producir 300 pezas, cantas horas se estima que traballou?

Autoavaliación

Na web — Resolucións destes exercicios.

1 Observa estas distribucións bidimensionais:

a)
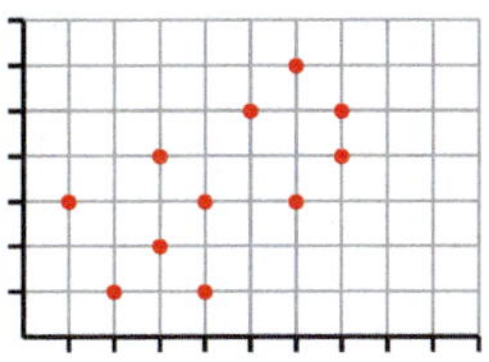

b)
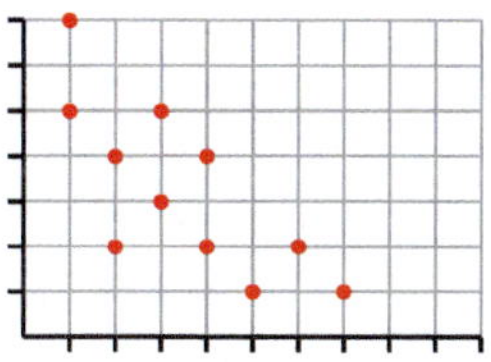

c)
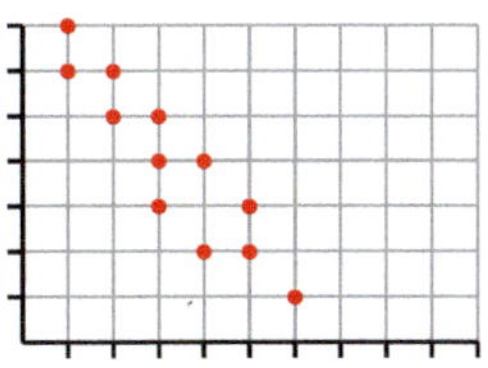

d)
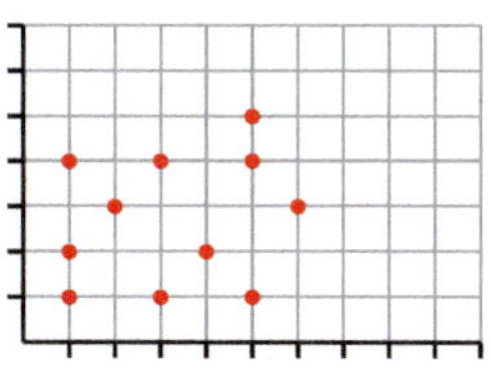

Asigna razoadamente un dos seguintes coeficientes de correlación a cada gráfica:

0,2   −0,9   −0,7   0,6

2 Representa esta distribución bidimensional:

x	1	2	2	3	4	6	7	8	8	9
y	2	4	3	4	6	5	8	9	10	9

a) Calcula os parámetros $\bar{x}$, $\bar{y}$, σ_x, σ_y e σ_{xy}.

b) Acha o coeficiente de correlación.

c) Acha a recta de regresión de Y sobre X.

d) Estima o valor de y para $x = 5$ e para $x = 10$. Son "boas" estas estimacións?

3 A recta de regresión de Y sobre X de certa distribución bidimensional é $y = 1{,}6x - 3$. Sabemos que $\bar{x} = 10$ e $r = 0{,}8$.

a) Calcula $\bar{y}$.

b) Estima o valor de y para $x = 12$ e para $x = 50$. Que estimación che parece máis fiable?

c) Acha a recta de regresión de X sobre Y.

4 O consumo mensual de enerxía per cápita, y, en miles de kWh, e a *renda per cápita*, x, en miles de euros, de seis países son:

	A	B	C	D	E	F
x	11,1	8,5	11,3	4,5	9,9	6,5
y	5,7	5,0	5,1	2,7	4,6	3,1

a) Calcula a recta de regresión de Y sobre X.

b) Acha o coeficiente de correlación entre o consumo e a renda.

c) Que predición podemos facer sobre o consumo de enerxía per cápita dun país cuxa renda per cápita é de 4 400 €? (Lembra que na táboa se dá a renda en miles de euros).

d) Estima a *renda per cápita* que terá un país no cal o consumo de enerxía *per cápita* foi de 9 000 kWh.

e) Como de fiables son estas estimacións?

9 Distribucións de probabilidade de variable discreta

Que é unha distribución de probabilidade?

Unha distribución de probabilidade asigna a cada suceso dunha experiencia aleatoria a probabilidade que lle corresponde. Isto só é posible se a experiencia é de variable discreta. Se a variable é continua, a forma de asignar probabilidades non pode ser esta (non hai *casos* illados aos que asignarlles probabilidades). Na próxima unidade veremos como se fai.

As distribucións de probabilidade son idealizacións das distribucións estatísticas cando nestas se usan frecuencias relativas. As distribucións estatísticas son experimentais, mentres que as distribucións de probabilidade son teóricas.

Jacob Bernoulli (1654-1705).

A distribución binomial

Entre todas as distribucións de probabilidade de variable discreta, a *binomial* ou *distribución de Bernoulli* é a máis sinxela e a máis básica. Aparece en multitude de ocasións prácticas e os cálculos relacionados con elas válense dos números combinatorios.

Jacob Bernoulli, membro dunha gran familia

Citar a *Bernoulli* en matemáticas é como citar a *Bach* en música. Os Bernoulli constituíron unha numerosa familia de científicos dos que, polo menos tres, foron matemáticos eminentes. Quen se dedicou con especial éxito á probabilidade, entre outros moitos campos, foi Jacob, quen en 1713 publicou unha magnífica obra en latín co título *Ars Conjectandi* (*A arte de conxecturar*). Nela foron collendo forma precisas as ideas xurdidas no intercambio de cartas entre Fermat e Pascal e resolvéronse problemas moi interesantes que aínda estaban pendentes. O traballo de Jacob Bernoulli influíu moi decisivamente no perfeccionamento da teoría da probabilidade.

Na web — Biografía de Bernoulli.

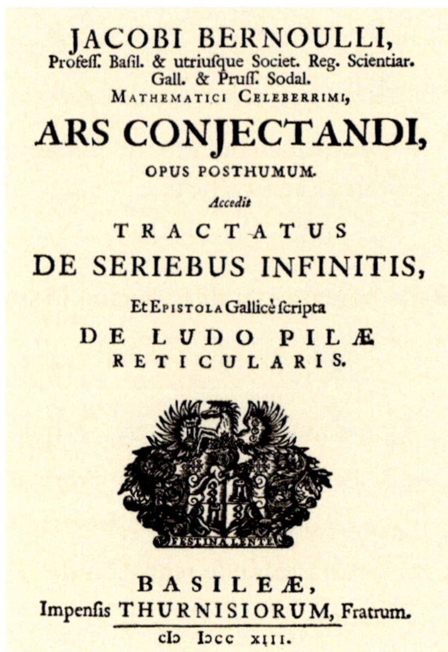

JACOBI BERNOULLI,
Profeff. Bafil. & utriufque Societ. Reg. Scientiar. Gall. & Pruff. Sodal.
MATHEMATICI CELEBERRIMI,
ARS CONJECTANDI,
OPUS POSTHUMUM.
Accedit
TRACTATUS
DE SERIEBUS INFINITIS,
Et EPISTOLA Gallicè fcripta
DE LUDO PILÆ RETICULARIS.
BASILEÆ,
Impenfis THURNISIORUM, Fratrum.
cIↃ IↃcc xiii.

Portada do libro "Ars Conjectandi da primeira edición publicada en 1713.

O aparato de Galton

Na unidade anterior presentamos a sir Francis Galton como o que acuñou o termo regresión. Na próxima unidade citarase de novo este ilustre matemático como grande admirador da curva normal.

Tamén leva o seu nome este curioso dispositivo:

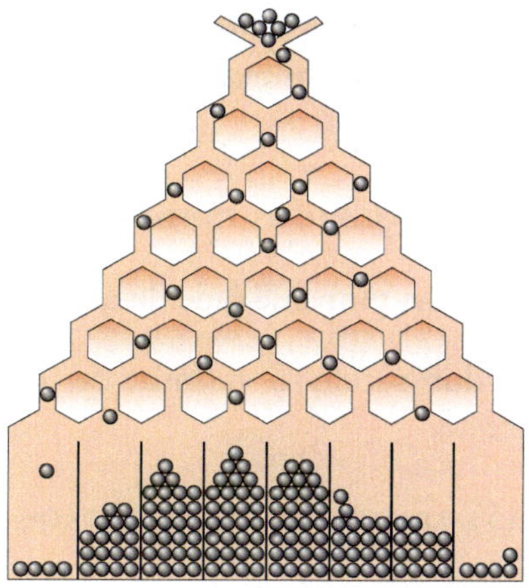

Aparato de Galton.

Para facelo funcionar, sitúase verticalmente e, polo embude, déixase caer unha morea de perdigóns, que ao ir descendendo se recollen nas casas inferiores.

A repartición de perdigóns nas distintas casas ten que ver coas sucesivas disxuntivas (dereita ou esquerda) que cada un deles atopa no seu percorrido. A descrición precisa desta distribución é un caso particular da distribución binomial que ocupa a parte principal desta unidade.

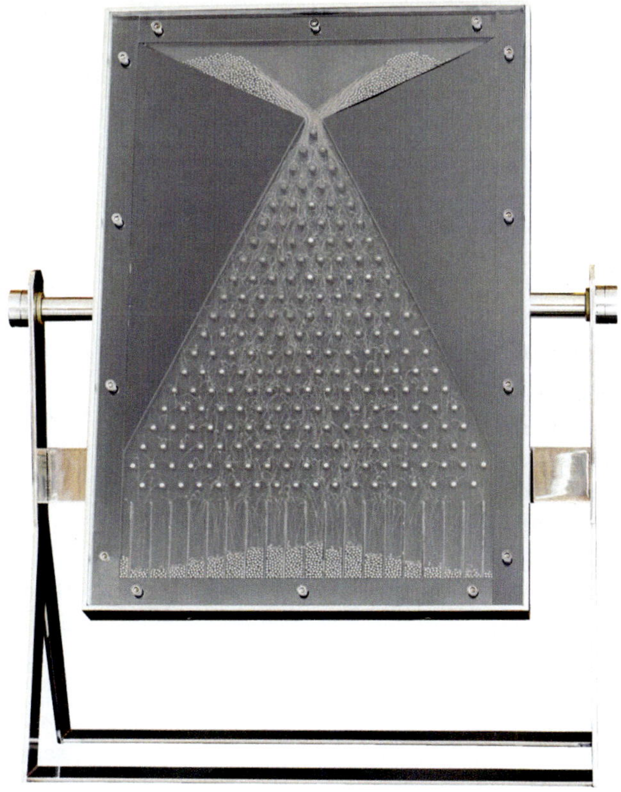

Aparato de Galton do Museo Parque das Ciencias de Granada.

Resolve

Por que as casas centrais do aparato de Galton están máis cheas que as extremas? Para explicalo, sigamos o camiño percorrido por un perdigón: na súa traxectoria atopa 7 bifurcacións e, en cada unha delas, ten a mesma probabilidade $\left(\frac{1}{2}\right)$ de ir cara á esquerda ou cara á dereita.

- Imita o percorrido dun perdigón lanzando unha moeda 7 veces e facendo a asignación CARA → dereita, CRUZ → esquerda. Por exemplo, se obtés:

  C C C + C + C

  cal sería o itinerario correspondente? Repite a experiencia e obtén outros percorridos distintos.

- Intenta atopar unha lei que asocie o número de caras da serie, calquera que sexa a orde en que saen ao lanzar a moeda, coa cuadrícula na que cae o perdigón.

- Poderíase repetir a experiencia tirando 7 moedas simultaneamente e anotando só o número de caras?

  Intenta agora explicar por que hai máis perdigóns nas casas centrais que nas extremas.

1 Cálculo de probabilidades

Sucesos aleatorios

Suceso aleatorio é o que depende do azar. O estudo dos sucesos aleatorios pode realizarse obténdoos experimentalmente (dados, moedas, extracción de naipes...) ou mediante observación sistemática.

Chámase **frecuencia relativa** dun suceso, S, a proporción de veces que acontece:

$$fr(S) = \frac{\text{número de veces que ocorre } S}{\text{número de observacións realizadas}} = \frac{f(S)}{N}$$

Probabilidade. Lei dos grandes números

Cada suceso aleatorio ten unha probabilidade de que aconteza.

Chámase **probabilidade** dun suceso S o límite de $fr(S)$ cando o número N de observacións tende a infinito:

$$P[S] = \lim_{N \to +\infty} fr(S) \quad \text{LEI DOS GRANDES NÚMEROS}$$

Axiomática de Kolmogorov

O tratamento rigoroso dos sucesos, as probabilidades asociadas a eles e as propiedades con que se rexen uns e outras, denomínase **axiomática de Kolmogorov** en honor ao matemático ruso que a construíu.

No próximo curso encontrarás un tratamento da probabilidade que se aproxima a esa axiomática.

Esta é unha definición teórica. Con ela non podemos obter inequivocamente o valor de $P[S]$. Na práctica, procédese dunha destas dúas formas:

- Experimentando un número de veces suficientemente grande, N, e tomando como valor aproximado de $P[S]$ o de $fr(S)$. A asignación será máis fiable canto maior sexa N.
- Se a experiencia é "regular" (un dado ou unha moeda correctos, un naipe dunha baralla...), podemos supoñer que todos os "sucesos elementais" (cada cara do dado, cada naipe da baralla...) teñen a mesma probabilidade (son *equiprobables*). En tal caso, a probabilidade dun suceso S áchase mediante a chamada **Lei de Laplace:**

$$P[S] = \frac{\text{número de sucesos elementais de que consta } S}{\text{número total de sucesos elementais}}$$

Lei de Laplace

Esta lei resúmese así:

$$P[S] = \frac{\text{casos favorables}}{\text{casos posibles}}$$

Por exemplo, nunha baralla española de 40 cartas:

$$P[\text{Ás}] = \frac{\text{número de ASES}}{\text{número total de naipes}} = \frac{4}{40} = \frac{1}{10}$$

Existen experiencias regulares que, para que sexan correctamente interpretadas, é necesario que sexan consideradas compostas doutras (dúas ou máis).

Por exemplo, ao lanzar dous dados e sumar as súas puntuacións, os posibles resultados (2, 3, 4, 5,..., 10, 11, 12) non son equiprobables. Para asignarlles probabilidades de forma correcta, debemos considerar os 36 *pares de resultados* posibles ao lanzar dous dados (observa a táboa da marxe).

	⚀	⚁	⚂	⚃	⚄	⚅
⚀	2	3	4	5	6	7
⚁	3	4	5	6	7	8
⚂	4	5	6	7	8	9
⚃	5	6	7	8	9	10
⚄	6	7	8	9	10	11
⚅	7	8	9	10	11	12

Deste modo, obtense:

$$P[2] = \frac{1}{36},\ P[3] = \frac{2}{36},\ \ldots,\ P[7] = \frac{6}{36},\ P[8] = \frac{5}{36},\ \ldots,\ P[12] = \frac{1}{36}$$

Experiencias compostas

"Lanzar dous dados" é unha **experiencia composta** de dúas experiencias simples: "lanzar un dado" e "lanzar outro dado". É equivalente a "lanzar un dado dúas veces".

"Sacar dúas cartas dunha baralla" ou "extraer dúas bólas dunha bolsa" son experiencias compostas doutras dúas: "sacar unha" e "sacar outra".

Hai experiencias que poden considerarse como compostas por dúas ou máis experiencias simples.

Nas experiencias compostas por sucesivas extraccións (dunha baralla de naipes, dunha bolsa con bólas...) poden darse dúas modalidades que é importante saber distinguir:

- Extraccións **con reposición**

  Son aquelas nas que, despois de cada extracción, o elemento extraído (naipe, papeleta, bóla...) reponse (devólvese o naipe ao mazo e barállase, métese a bóla na bolsa e remóvese...). Deste modo, *cada extracción realízase nas mesmas condicións que a anterior*.

- Extraccións **sen reposición**

  Nelas, as sucesivas extraccións realízanse sen devolver o elemento anteriormente extraído. *As condicións de cada extracción son distintas* e dependen de cal ou cales sexan os elementos anteriormente extraídos.

  Extraer dúas ou máis cartas dunha baralla sen reposición é equivalente a extraelas simultaneamente.

Experiencias dependentes e independentes

- Dúas ou máis experiencias chámanse **independentes** cando o resultado de cada unha delas non depende do resultado das demais.

  As sucesivas extraccións con reposición son experiencias independentes, pois ao repoñer cada vez o elemento extraído, que este sexa un ou outro non inflúe nas posteriores extraccións.

  Tamén son independentes os lanzamentos de dados, de moedas...

- Dúas ou máis experiencias son **dependentes** cando o resultado de cada unha delas inflúe nas probabilidades das seguintes.

  Por exemplo, se extraemos, sen reposición, dúas cartas dunha baralla española de 40 naipes, na segunda extracción só quedan 39 cartas e, dependendo de cal é a que falta, as probabilidades dos distintos sucesos serán unhas ou outras: se na primeira extracción se obtén un ÁS, quedan 39 cartas das cales 3 son ASES. Polo tanto, na segunda, $P[\text{ÁS}] = \frac{3}{39}$.

  Non obstante, se a primeira non é un ÁS, na segunda $P[\text{ÁS}] = \frac{4}{39}$.

  Vese, pois, que o resultado da primeira extracción inflúe nas probabilidades da segunda.

Cálculo de probabilidades en experiencias compostas independentes

Ten en conta

É moito máis sinxelo calcular as probabilidades dos sucesos compostos descompoñéndoos en sucesos simples.

Cando varias expresións aleatorias son independentes, a probabilidade de que aconteza S_1 na 1.ª, S_2 na 2.ª, ... é:

$$P[S_1 \text{ en } 1.^a, S_2 \text{ en } 2.^a, \ldots] = P[S_1 \text{ en } 1.^a] \cdot P[S_2 \text{ en } 2.^a] \cdot \ldots$$

Exemplo 1. Lanzamos un dado e unha moeda. Cal é a probabilidade de obter "5" no dado e "CARA" na moeda?

$$P[5 \text{ e C}] = P[5] \cdot P[\text{C}] = \frac{2}{5} \cdot \frac{1}{2} = \frac{1}{12}$$

Exemplo 2. Lanzamos dous dados. Probabilidade de "5" no 1.º e "PAR" no 2.º.

$$P[\text{"5" en 1.º e PAR en 2.º}] = P[\text{"5" en 1.º}] \cdot P[\text{PAR en 2.º}] = \frac{2}{5} \cdot \frac{3}{6} = \frac{1}{12}$$

Exemplo 3. Lanzamos dous dados. Probabilidade dun "5" e un "PAR".

$$P[\text{un "5" e un "PAR"}] = P[\text{"5" en 1.º}] \cdot P[\text{"par" en 2.º}] +$$

$$+ P[\text{"par" en 1.º e "5" en 2.º}] = \frac{1}{5} \cdot \frac{1}{2} + \frac{1}{2} \cdot \frac{1}{5} = 2 \cdot \frac{1}{10} = \frac{1}{5}$$

Exemplo 4. Lanzamos tres dados. Probabilidade de dous "5" e un "PAR".

5, 5, PAR
5, PAR, 5
PAR, 5, 5 } Hai 3 formas de obter dous "5" e un "PAR"

$$P[\text{"5" en 1.º, "5" en 2.º e "PAR" EN 3.º}] = \frac{2}{5} \cdot \frac{2}{5} \cdot \frac{1}{2} = \frac{1}{72}$$

$$P[\text{dous "5" e un "PAR"}] = 3 \cdot P[\text{"5" en 1.º, "5" en 2.º e "PAR" en 3.º}] = 3 \cdot \frac{1}{72} = \frac{1}{24}$$

Exemplo 5. Lanzamos tres dados. Probabilidade dun "5", un "PAR" e un "1".

5, PAR, 1
5, 1, PAR
PAR, 5, 1
PAR, 1, 5
1, 5, PAR
1, PAR, 5 } Hai 6 formas de obter un "5", un "PAR" e un "1": $3! = 6$

$$P[\text{"5" en 1.º, "par" en 2.º e "1" en 3.º}] = \frac{2}{5} \cdot \frac{1}{2} \cdot \frac{2}{5} = \frac{1}{72}$$

$$P[\text{un "5", un "PAR" e un "1"}] = 6 \cdot P[\text{"5" en 1.º, "par" en 2.º e "1" en 3.º}] = 6 \cdot \frac{1}{72} = \frac{1}{12}$$

Exemplo 6. Lanzamos catro dados. P[dous "1" e dous "NON 1"].

1, 1, NON, NON
1, NON, 1, NON
1, NON, NON, 1
NON, 1, 1, NON
NON, 1, NON, 1
NON, NON, 1, 1 } Hai 6 formas de obter dous "1", e dous "NON 1": $C_4^2 = \binom{4}{2} = \frac{4 \cdot 3}{2} = 6$

$$P[\text{"1" en 1.º, "1" en 2.º, "NON 1" en 3.º e "NON 1" en 4.º}] = \frac{2}{5} \cdot \frac{2}{5} \cdot \frac{5}{6} \cdot \frac{5}{6} = \frac{25}{1296}$$

$$P[\text{dous "1" e dous "NON 1"}] = 6 \cdot \frac{25}{1296} = \frac{25}{216}$$

Exercicios propostos

1 Lanzamos dúas moedas. Calcula:

a) P[2 caras] b) P[2 cruces] c) P[1 cara e 1 cruz]

2 Lanzamos tres moedas. Calcula:

a) P[C en 1.ª, + en 2.ª e C en 3.ª] b) P[dúas C]

3 Lanzamos catro moedas. Calcula:

a) P[tres C e unha +] b) P[dúas C e dúas +]

4 Lanzamos catro dados. Calcula:

a) P[tres PAR e un 5] b) P[un 1, un 3, un 5 e un PAR]

Cálculo de probabilidades en experiencias compostas dependentes

Se os sucesos S_1 e S_2 corresponden a dúas probas dependentes, a probabilidade de que aconteza S_1 na 1.ª e S_2 na 2.ª, é:

$P[S_1$ en 1.ª e S_2 en 2.ª$] =$

$= P[S_1$ en 1.ª$] \cdot P[S_2$ en 2.ª/suposto que aconteceu S_1 en 1.ª$]$

A $P[S_2$ en 2.ª/suposto que aconteceu S_1 en 1.ª$]$ desígnase así:

$P[S_2$ en 2.ª$/S_1$ en 1.ª$]$

e chámase **probabilidade** de S_2 **condicionada** a S_1.

Se son tres sucesos S_1, S_2 e S_3 correspondentes a probas dependentes:

$P[S_1$ en 1.ª e S_2 en 2.ª e S_3 en 3.ª$] =$

$= P[S_1$ en 1.ª$] \cdot P[S_2$ en 2.ª$/S_1$ en 1.ª$] \cdot P[S_3$ en 3.ª$/S_1$ en 1.ª e S_2 en 2.ª$]$

Ten en conta

Aínda que a extracción sexa simultánea, é moi vantaxoso resolver o problema razoando como se se extraesen unha a unha.

Exemplo 1. Extraemos dous naipes dunha baralla de 40. Cal é a probabilidade de que sexan dous ASES?

$P[$dous ASES$] = P[$1.ª Ás e 2.ª Ás$] = P[$1.ª Ás$] \cdot P[$2.ª Ás /1.ª Ás$] \overset{(*)}{=} \frac{4}{40} \cdot \frac{3}{39} = \frac{1}{130}$

(*) Despois de extraer un AS, quedan 3 ASES nun total de 39 naipes.

Exemplo 2. Extraemos tres bólas da urna (marxe). Probabilidade de que sexan vermellas.

$P[3$ 🔴$] = P[$1.ª 🔴 e 2.ª 🔴 e 3.ª 🔴$] =$

$= P[$1.ª 🔴$] \cdot P[$2.ª 🔴/1.ª 🔴$] \cdot P[$3.ª 🔴/1.ª 🔴 e 2.ª 🔴$] = \frac{3}{6} \cdot \frac{2}{5} \cdot \frac{1}{4} = \frac{1}{20}$

Exemplo 3. Extraemos tres bólas da urna anterior. Achar a probabilidade de que, entre elas, haxa algunha vermella e algunha verde.

Valerémonos dun diagrama de árbore para seguir o proceso:

Imos describir soamente os casos favorables

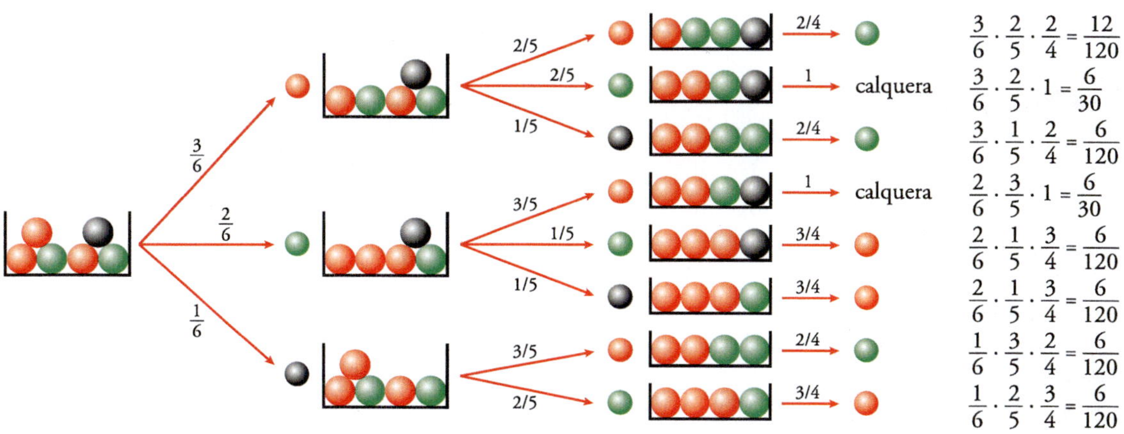

$P[$algunha 🔴 e algunha 🟢$] = \frac{12}{120} + \frac{6}{30} + \frac{6}{120} + \frac{6}{30} + \frac{6}{120} + \frac{6}{120} + \frac{6}{120} + \frac{6}{120} = \frac{3}{4}$

Exercicios propostos

5 Extraemos tres naipes dunha baralla de 40. Calcula:

a) $P[$3 ASES$]$ b) $P[$un AS, un CABALO e un REI$]$

6 Extraemos tres bólas da urna descrita arriba. Calcula:

a) $P[$algunha delas sexa a negra$]$ b) $P[$a negra e algunha vermella$]$

2 Distribución estatística e distribución de probabilidade

Estudo dun exemplo

Unha distribución de frecuencias

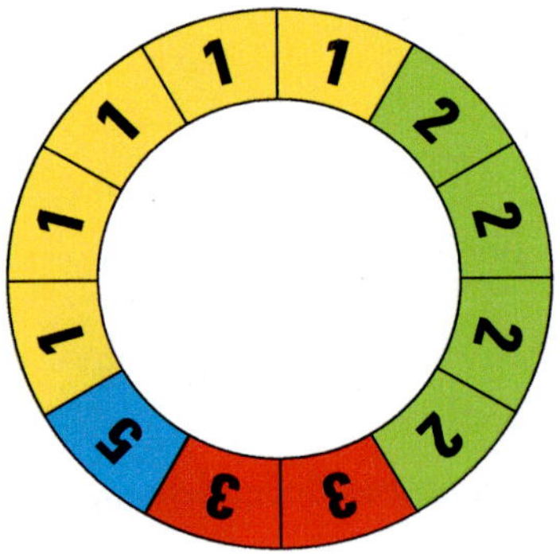

Nun xogo infantil hai unha ruleta na que a bóla pode caer en 12 casas, coas puntuacións que se marcan no debuxo da marxe.

Xogamos 100 veces, obtendo os seguintes resultados:

x_i	f_i
1	40
2	37
3	13
5	10

Trátase dunha **distribución estatística** na que se dan, mediante unha táboa de frecuencias, os resultados obtidos.

Como a **variable** é **discreta,** represéntase mediante un diagrama de barras.

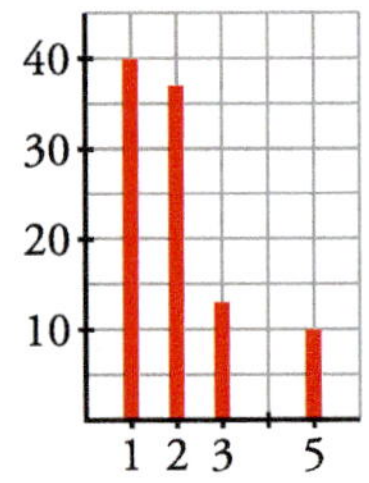

Calculamos os seus parámetros:

x_i	f_i	$f_i\,x_i$	$f_i\,x_i^2$
1	40	40	40
2	37	74	148
3	13	39	117
4	10	50	250
	100	203	555

$$N = \sum f_i = 100$$

$$\bar{x} = \frac{\sum f_i x_i}{N} = \frac{203}{100} = 2{,}03$$

$$\sigma = \sqrt{\frac{\sum f_i x_i^2}{N} - \bar{x}^2} = \sqrt{\frac{555}{100} - 2{,}03^2} = 1{,}195$$

Distribución de frecuencias relativas

A frecuencia relativa dun suceso é a proporción de veces que acontece.

Obtense dividindo a súa frecuencia polo número de experimentacións:

$$fr_i = \frac{f_i}{N}$$

Polo tanto:

$$\bar{x} = \sum \frac{f_i x_i}{N} = \sum fr_i x_i \qquad \sigma^2 = \sum \frac{f_i x_i^2}{N} - \bar{x}^2 = \sum fr_i x_i^2 - \bar{x}^2$$

x_i	$f_i/N = fr_i$
1	0,40
2	0,37
3	0,13
5	0,10

Esta gráfica é practicamente idéntica á de arriba.

Só se diferencia en que as alturas das barras son frecuencias relativas en vez de absolutas.

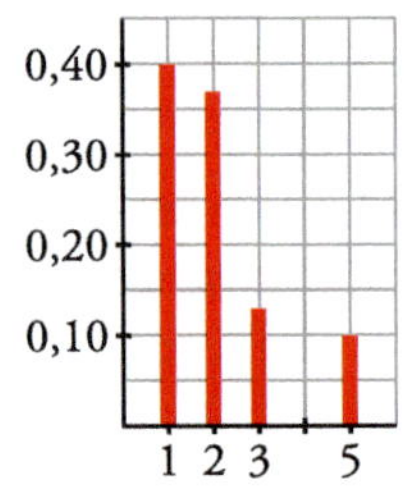

Calculamos os seus parámetros:

x_i	fr_i	$fr_i\,x_i$	$fr_i\,x_i^2$
1	0,40	0,40	0,40
2	0,37	0,74	1,48
3	0,13	0,39	1,17
5	0,10	0,50	2,5
	1	2,03	5,55

$$\sum fr_i = 1$$

$$\bar{x} = \sum fr_i x_i = 2{,}03$$

$$\sigma = \sqrt{\sum fr_i x_i^2 - \bar{x}^2} = \sqrt{5{,}55 - 2{,}03^2} = 1{,}195$$

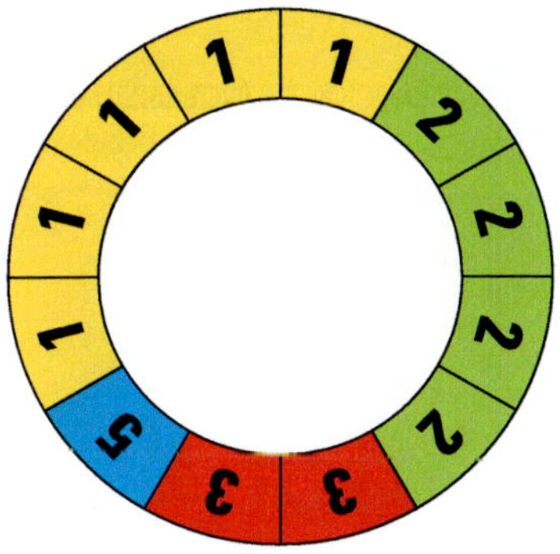

Distribución de probabilidade

As probabilidades dos distintos resultados que se poden obter con esta ruleta son:

$$P[1] = \frac{5}{12},\quad P[2] = \frac{4}{12},\quad P[3] = \frac{2}{12},\quad P[5] = \frac{1}{12}$$

Con elas podemos elaborar a correspondente distribución de probabilidade:

x_i	p_i
1	5/12 = 0,417
2	4/12 = 0,333
3	2/12 = 0,167
5	1/12 = 0,083

A cada valor da variable asóciaselle a súa probabilidade.

É unha idealización da distribución de frecuencias relativas.

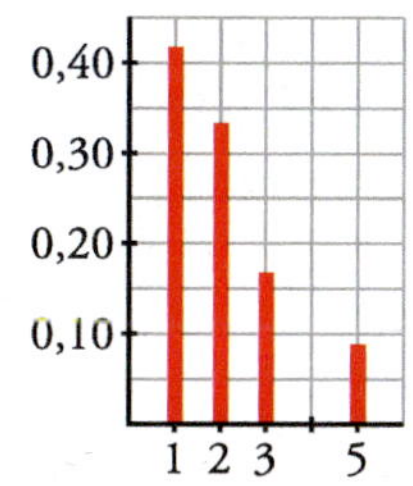

Os parámetros correspondentes obtéñense de forma similar a como se facía coas frecuencias relativas, substituíndo fr_i por p_i:

x_i	p_i	$p_i\,x_i$	$p_i\,x_i^2$
1	0,417	0,417	0,417
2	0,333	0,666	1,332
3	0,167	0,501	1,503
5	0,083	0,415	2,075
	1	1,999	5,327

$\sum p_i = 1$

media $= \sum p_i x_i = 1{,}999$

desv. tip. $= \sqrt{\sum p_i x_i^2 - \text{media}^2} =$

$= \sqrt{5{,}327 - 1{,}999^2} = 1{,}15$

Observa

Aos parámetros da distribución de probabilidade non lles chamamos $\bar{x}$ e σ. Na páxina seguinte explícase por que.

Outro exemplo

Lanzamos 100 veces un dado cos seguintes resultados:

x_i	1	2	3	4	5	6
f_i	19	16	15	21	17	12

Imos considerar conxuntamente as dúas distribucións: a de frecuencias relativas e a de probabilidade, supoñendo o dado correcto:

x_i	fr_i	p_i
1	0,19	$0,1\widehat{6}$
2	0,16	$0,1\widehat{6}$
3	0,15	$0,1\widehat{6}$
4	0,21	$0,1\widehat{6}$
5	0,17	$0,1\widehat{6}$
6	0,12	$0,1\widehat{6}$
	1	1

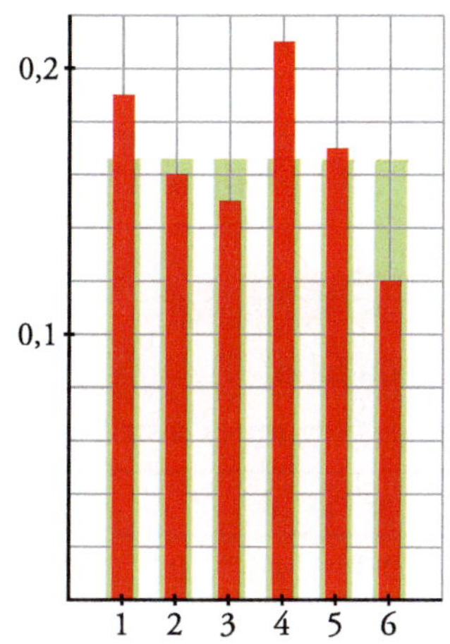

3 Distribucións de probabilidade de variable discreta

As **distribucións de probabilidade** son idealizacións teóricas das **distribucións de frecuencias relativas,** que se obteñen empiricamente (experimentando ou observando). Cando a variable é discreta, unhas e outras represéntanse mediante diagramas de barras.

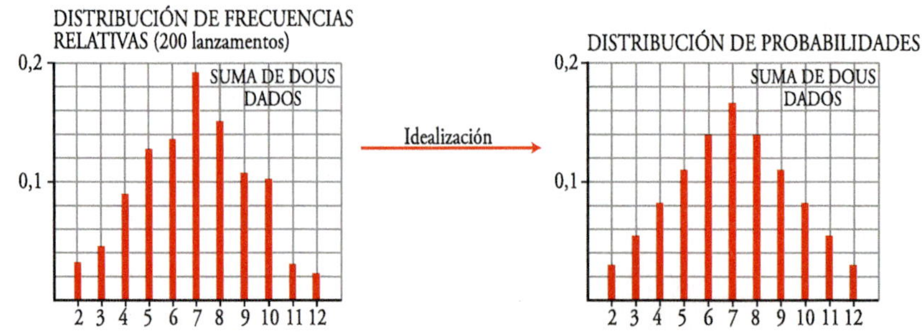

x_i	$P[x_i] = p_i$
x_1	p_1
x_2	p_2
$\vdots$	$\vdots$
x_n	p_n

Unha **distribución de probabilidade de variable discreta** é o resultado de asignar a *cada valor da variable,* x_i, *a súa probabilidade,* p_i.

- Cada p_i é un número comprendido entre 0 e 1: $0 \le p_i \le 1$
- A suma de todos os p_i é 1: $p_1 + p_2 + \dots + p_n = \sum p_i = 1$
- Represéntase mediante un diagrama de barras.

Parámetros. Defínense de forma similar aos parámetros das distribucións estatísticas:

MEDIA: $\mu = p_1 x_1 + p_2 x_2 + \dots + p_n x_n = \sum p_i x_i$

VARIANZA: $\sigma^2 = p_1(x_1 - \mu)^2 + p_2(x_2 - \mu)^2 + \dots + p_n(x_n - \mu)^2 = \sum p_i (x_i - \mu)^2$

ou ben: $\sigma^2 = (p_1 x_1^2 + p_2 x_2^2 + \dots + p_n x_n^2) - \mu^2 = \sum p_i x_i^2 - \mu^2$

DESVIACIÓN TÍPICA: $\sigma = \sqrt{\text{VARIANZA}} = \sqrt{\sum p_i (x_i - \mu)^2} = \sqrt{\sum p_i x_i^2 - \mu^2}$

Linguaxe matemática

Cando se utilizan distribucións estatísticas (empíricas) e distribucións de probabilidade (teóricas), os parámetros das primeiras desígnanse mediante letras latinas ($\bar{x}$ ou m, s) mentres que os parámetros das segundas se designan mediante letras gregas (μ, σ).

Ata agora usamos a σ para a desviación típica nas distribucións estatísticas. Por que σ e non *s?* Porque σ é a letra que se usa nas calculadoras.

Pero, repetimos, cando se manexen simultaneamente distribucións teóricas e distribucións empíricas débense utilizar as letras gregas para aquelas e letras latinas para estas.

Observa as dúas fórmulas da varianza:

- Na primeira vese claro o significado da varianza: suma ponderada dos cadrados das diferenzas de cada valor á media.
- A segunda é moito máis cómoda para calcular a varianza a partir dos datos (mira os exemplos da páxina seguinte).

Pero, naturalmente, ambas as dúas son equivalentes, como poderás comprobar coa seguinte demostración:

$$\sum p_i (x_i - \mu)^2 = \sum p_i (x_i^2 - 2x_i \mu + \mu^2) = \sum p_i x_i^2 + \sum p_i (-2x_i \mu) + \sum p_i \mu^2 =$$
$$= \sum p_i x_i^2 - 2\mu \sum p_i x_i + \mu^2 \sum p_i \overset{(*)}{=}$$
$$= \sum p_i x_i^2 - 2\mu\mu + \mu^2 \cdot 1 =$$
$$= \sum p_i x_i^2 - \mu^2$$

(*) pois $\sum p_i x_i = \mu$ e $\sum p_i = 1$

Exercicio proposto

1 Verdadeiro ou falso?

Ningunha das seguintes distribucións de probabilidade está definida correctamente:

a)

x_i	a	b	c
p_i	0,3	0,4	0,2

Porque $\sum p_i \neq 1$.

b)

x_i	a	b	c	d
p_i	0,3	0,4	0,5	–0,2

Porque unha das probabilidades é negativa.

Exercicios resoltos

1 *Nunha lotería popular hai 1 000 números. Rífase un número, que gaña 5 000 €. O anterior e o seguinte gañan 1 000 € cada un. Todos os que teñen a mesma terminación que o gañador levan 10 €, e o resto, nada.*

Como se describe a probabilidade de premio dunha persoa que leve un único número?

x_i	p_i	$p_i x_i$	$p_i x_i^2$
5 000	0,001	5	25 000
1 000	0,002	2	2 000
10	0,099	0,99	9,9
0	0,898	0	0
	1	7,99	27 009,9

Construímos unha táboa na que se asocia a cada premio, x_i, a probabilidade de conseguilo, p_i.

Completamos a táboa coas columnas $p_i x_i$ e $p_i x_i^2$ cuxas sumas nos serven para calcular os parámetros.

MEDIA: $\mu = \sum p_i x_i = 7,99$ (Isto significa que se xogásemos moitísimas veces un número a esa lotería, gañariamos 7,99 € por termo medio. Isto, sen contar o que nos custa o boleto).

DESVIACIÓN TÍPICA: $\sigma = \sqrt{\sum p_i x_i^2 - \mu^2} = \sqrt{27\,009,9 - 7,99^2} = 164,15$

2 *Achar μ e σ na distribución que se obtén ao sumar as puntuacións de dous dados.*

+	⚀	⚁	⚂	⚃	⚄	⚅
⚀	2	3	4	5	6	7
⚁	3	4	5	6	7	8
⚂	4	5	6	7	8	9
⚃	5	6	7	8	9	10
⚄	6	7	8	9	10	11
⚅	7	8	9	10	11	12

x_i	2	3	4	5	6	7	8	9	10	11	12
f_i	1	2	3	4	5	6	5	4	3	2	1

x_i son os posibles valores para a suma de dous dados e f_i son as súas correspondentes "frecuencias esperadas" para 36 lanzamentos.

x_i	p_i	$p_i x_i$	$p_i x_i^2$
2	1/36	2/36	4/36
3	2/36	6/36	18/36
4	3/36	12/36	48/36
5	4/36	20/36	100/36
6	5/36	30/36	180/36
7	6/36	42/36	294/36
8	5/36	40/36	320/36
9	4/36	36/36	324/36
10	3/36	30/36	300/36
11	2/36	22/36	242/36
12	1/36	12/36	144/36
	1	252/36	1 974/36

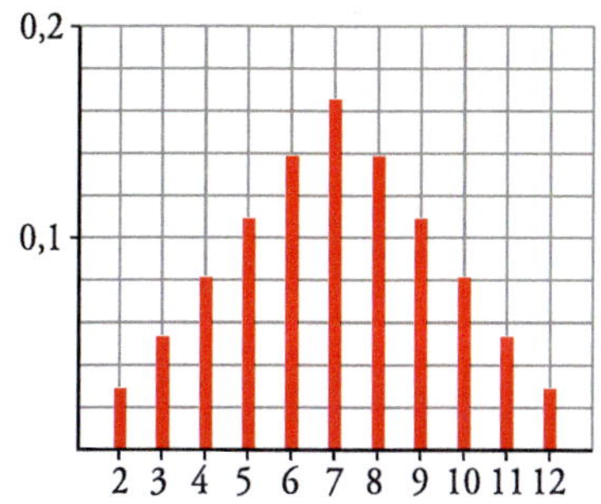

MEDIA:

$$\mu = \frac{252}{36} = 7$$

DESVIACIÓN TÍPICA:

$$\sigma = \sqrt{\frac{1974}{36} - 7^2} = 2,415$$

Para obter os resultados con calculadora no modo SD (ou STAT), introducimos as probabilidades como se fosen frecuencias:

2 [×] [(] 1 [÷] 36 [)] [DATA], 3 [×] [(] 2 [÷] 36 [)] [DATA], … 4 [×] [(] 3 [÷] 36 [)] [DATA], …

Ao rematar, a suma das frecuencias, [n], debe ser igual a 1.

A media, μ, obtense co botón [x̄].

Exercicios propostos

2 Calcula a media e a desviación típica da distribución de probabilidade correspondente á puntuación obtida no lanzamento dun dado.

3 Se se tiran dúas moedas, podemos obter 0, 1 ou 2 caras. Calcula a media e a desviación típica da distribución de probabilidade correspondente.

4 Nunha bolsa temos certo número de bólas que están:

9 bólas cun *un*, 5 cun *dous* e 6 cun *tres*

Sacamos unha bóla ao azar e vemos que número ten.

a) Cal é a distribución de probabilidade?

b) Calcula a media e a desviación típica.

4 A distribución binomial

EXPERIENCIA DICOTÓMICA

Se nunha experiencia aleatoria destacamos un suceso A e poñemos atención, exclusivamente, a se acontece A ou o seu contrario, A,' trátase dunha **experiencia dicotómica.**

O suceso A denomínase **éxito,** e á súa probabilidade, $P[A] = p$.

A probabilidade do seu contrario é $P[A'] = 1 - p = q$.

Por exemplo, son experiencias dicotómicas as seguintes:

1. *Lanzar unha moeda:* A = CARA, A' = non CARA = CRUZ.

$$p = P[\text{CARA}] = \frac{1}{2} \qquad q = P[\text{CRUZ}] = \frac{1}{2}$$

2. *Lanzar un dado e ver se sae 5 ou non:* $A = \{5\}$, A' = non $\{5\} = \{1, 2, 3, 4, 6\}$.

$$p = P[\text{“5”}] = \frac{1}{6} \qquad q = P[\text{“non 5”}] = \frac{5}{6}$$

3. *Lanzar unha chatola:* A = , A' = 

$p = P[$$] = 0,3$ (por exemplo) $\qquad q = P[$$] = 0,7$

4. *Extraer unha carta dunha baralla española e ver se é figura:*

A = FIGURA = {ÁS, SOTA, CABALO, REI}; A' = NON FIGURA = {2, 3, 4, 5, 6, 7}

$p = P[\text{FIGURA}] = 0,4 \qquad q = P[\text{NON FIGURA}] = 0,6$

5. *Temos unha morea de parafusos fabricados por unha máquina que, por termo medio, produce un 2 % de defectuosos. Extraemos un deles ao chou.* A = *DEFECTUOSO*, A' = *NON DEFECTUOSO.*

$p = P[\text{DEFECTUOSO}] = 0,02 \qquad q = P[\text{NON DEFECTUOSO}] = 0,98$

6. *Nunha pregunta dun test danse 4 posibles respostas e só unha é correcta. Respóndese ao azar unha delas e preguntámonos se se acertará ou non.*

A = *"a resposta é correcta"*, A' = *a resposta é incorrecta".*

$p = P[A] = 0,25 \qquad q = P[A'] = 0,75$

DISTRIBUCIÓN BINOMIAL

Repítese n veces unha mesma experiencia dicotómica. Preguntámonos polo número, x, de éxitos.

A variable x é discreta e pode tomar os valores 0, 1, 2, ..., n.

A distribución de probabilidade da variable x chámase **distribución binomial** e desígnase así: $B(n, p)$.

$p = P[A]$ é a probabilidade de *éxito* en cada unha das experiencias.

n é o número de veces que se repite a experiencia.

A variable nunha $B(n, p)$ é discreta

Nunha distribución $B(n, p)$, a variable x é o *número de éxitos*. Posto que a experiencia se repite n veces, x pode tomar os valores 0, 1, 2, 3,..., n.

É, evidentemente, unha variable discreta.

É importante destacar que se repite n veces a *mesma experiencia*. É dicir, que nas sucesivas repeticións deben darse as mesmas condicións e, polo tanto, a probabilidade de éxito debe ser a mesma en todos os casos.

Como exemplos, vexamos en cada unha das seguintes distribucións se se trata dunha binomial ou non. En caso afirmativo, identifiquemos os valores de n e de p:

1. *Lanzamos 10 moedas e preguntámonos polo número de caras.*

   Supoñendo que as 10 moedas son correctas, trátase dunha distribución binomial con $n = 10$ e $p = 0{,}5 \rightarrow B(10; 0{,}5)$.

2. *Lanzamos 6 dados correctos e preguntámonos polo número de "cincos".*

   É unha distribución binomial con $n = 6$, $p = \frac{1}{6} \rightarrow B\left(6, \frac{1}{6}\right)$.

3. *Deixamos caer ao chan 100 chatolas e contamos cantas caen coa punta cara arriba.*

   Se as chatolas son do mesmo tipo, si é unha binomial con $n = 100$ y $p = P$[].

   Supoñendo que P[] = 0,3, será *B (100; 0,3).*

4. *Extraemos cinco cartas dunha baralla e preguntámonos cantas figuras haberá.*

   Non é unha distribución binomial, pois cada vez que se extrae unha carta, cambia a composición do mazo e modifícase a probabilidade de FIGURA na seguinte extracción. É dicir, as cinco probas sucesivas *non son idénticas.*

5. *Extraemos unha carta dunha baralla española, observamos se é ou non figura e devolvémola ao mazo. Barallamos e volvemos extraer. Repetimos cinco veces a experiencia. É dicir, extraemos cinco cartas con reposición.*

   Si é unha distribución binomial: $n = 5$, $p = 0{,}4 \rightarrow B(5; 0{,}4)$.

6. *Preguntámonos cantos partidos gañará o Betis nos seus próximos dez encontros.*

   Non é binomial, pois a probabilidade de vencer nun encontro é moi distinta da de vencer noutros. É dicir, as dez experiencias non son idénticas.

7. *Unha máquina produce parafusos e, por termo medio, un 2 % é defectuoso. Empaquétanse en caixas de 100 parafusos. Preguntámonos cantos parafusos defectuosos haberá en cada caixa.*

   É unha distribución binomial con $n = 100$ e $p = 0{,}02 \rightarrow B(100; 0{,}02)$.

8. *Nun exame tipo* TEST *hai 20 preguntas e en cada unha delas aparecen 4 posibles respostas. Un estudante non sabe nada e responde todas elas ao azar. Preguntámonos cantos acertos terá.*

   Si é unha distribución binomial: $n = 20$, $p = 0{,}25 \rightarrow B(20; 0{,}25)$.

9. *Nun exame tipo* TEST *hai 20 preguntas e en cada unha delas aparecen 4 posibles respostas. Un estudante sabe responder 8 delas e as restantes contéstaas ao azar. Preguntámonos cantos acertos tería.*

   O número de acertos, x, nas 12 preguntas cuxas respostas ignora, si é unha distribución binomial con $n = 12$ e $p = 0{,}25$, é dicir, $B(12; 0{,}25)$.

   O número total de acertos é $8 + x$.

Aparato de Galton

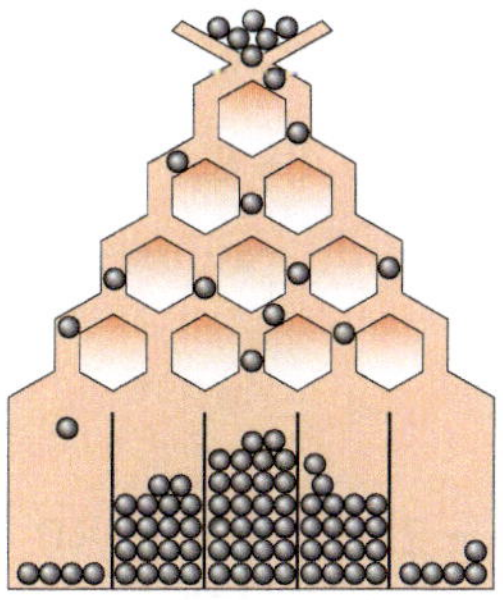

O aparato de Galton compórtase, para cada bóla, como unha distribución binomial B (4, 1/2).

A bóla encontra no seu camiño catro bifurcacións e, en cada unha, a probabilidade de que vaia cara a un lado ou outro é 1/2.

Exercicios propostos

1 Que valores pode tomar a variable x en cada distribución dos exemplos 1, 2, 3, 5 e 7 anteriores?

2 Inventa experiencias parecidas ás dos exemplos 4 e 6, pero que si sexan binomiais.

5 Cálculo de probabilidades nunha distribución binomial

Estudo dun exemplo

A probabilidade de extraer "FIGURA" nunha baralla de 40 cartas é $P[F] = 0{,}4$.

Se **se realizan series de 5 extraccións con reposición,** é dicir, repoñendo cada vez a carta extraída e baralLando, obteremos filas de 5 resultados coas seguintes probabilidades:

$$F, F', F, F, F' \xrightarrow{\text{Prob.}} 0{,}4 \cdot 0{,}6 \cdot 0{,}4 \cdot 0{,}4 \cdot 0{,}6 = 0{,}4^3 \cdot 0{,}6^2$$

$$F', F', F', F, F' \xrightarrow{\text{Prob.}} 0{,}6 \cdot 0{,}6 \cdot 0{,}6 \cdot 0{,}4 \cdot 0{,}6 = 0{,}4 \cdot 0{,}6^4$$

Cálculo da probabilidade de obter tres figuras: P[3 FIGURAS]

Vimos que $P[F, F', F, F, F'] = 0{,}4^3 \cdot 0{,}6^2$

Analogamente: $P[F, F, F, F', F'] = 0{,}4 \cdot 0{,}4 \cdot 0{,}4 \cdot 0{,}6 \cdot 0{,}6 = 0{,}4^3 \cdot 0{,}6^2$

$P[F', F', F, F, F] = 0{,}6 \cdot 0{,}6 \cdot 0{,}4 \cdot 0{,}4 \cdot 0{,}4 = 0{,}4^3 \cdot 0{,}6^2$

En xeral, a probabilidade de obter tres figuras en certa orde, calquera que sexa esta, será:

$$P[3 \text{ FIGURAS en certa orde}] = 0{,}4^3 \cdot 0{,}6^2$$

O número de formas en que podemos ordenar $3F$ e $2F'$ é $\binom{5}{3} = 10$. Así pois, a probabilidade de obter 3 FIGURAS (e, polo tanto, 2 NON FIGURAS) é:

$$P[3F \text{ e } 2F' \text{ en calquera orde}] = \binom{5}{3} \cdot 0{,}4^3 \cdot 0{,}6^2 = 10 \cdot 0{,}4^3 \cdot 0{,}6^2$$

Trátase dunha distribución binomial

Se extraemos, con reposición, 5 cartas dunha baralla de 40 e nos preguntamos polo número de figuras que se obtén, trátase dunha distribución binomial B(5; 0,4).

Vimos que $P[x = 3] = \binom{5}{3} \cdot 0{,}4^3 \cdot 0{,}6^2$.

Analogamente, $P[x = 1] = \binom{5}{1} \cdot 0{,}4^1 \cdot 0{,}6^4$.

Lembra: combinacións

O número de formas en que podemos seleccionar os tres lugares en que colocaremos as F é igual ao número de subconxuntos de 3 elementos que hai no conxunto {1.º, 2.º, 3.º, 4.º, 5.º} e este é o número de **combinacións** de 5 elementos tomados 3 a 3:

$$C_5^3 = \binom{5}{3} = \frac{5 \cdot 4 \cdot 3}{3 \cdot 2 \cdot 1} = 10$$

En xeral,

$$C_m^n = \binom{m}{n} = \frac{m(m-1)\ldots(n \text{ factores})}{n \cdot (n-1) \cdot \ldots \cdot 3 \cdot 2 \cdot 1}$$

Os números $\binom{m}{n}$ chámanse números combinatorios e serven para contar o número de subconxuntos de n elementos que se poden formar con m elementos.

Lembremos algúns resultados sinxelos e importantes:

$$\binom{m}{0} = \binom{m}{m} = 1; \qquad \binom{m}{1} = \binom{m}{m-1} = m$$

Reflexión sobre un caso xeral

Nunha distribución $B(n, p)$, na cal $P[A] = p$, $P[A'] = 1 - p = q$, cal é a probabilidade de k veces A e $n - k$ veces A' en certa orde?

$$P[k \text{ veces } A \text{ e } n-k \text{ veces } A' \text{ en certa orde}] = p^k \cdot q^{n-k}$$

Temos $\underbrace{A, A, \ldots, A}_{k}$ y $\underbrace{A', A', \ldots, A'}_{n-k}$ en calquera orde.

Hai $\binom{n}{k}$ formas de ordenalas. Polo tanto:

$$P[k \text{ veces } A \text{ e } n-k \text{ veces } A' \text{ en calquera orde}] = \binom{n}{k} p^k \cdot q^{n-k}$$

É dicir, nunha distribución binomial $B(n, p)$, a probabilidade de k éxitos é:

$$P[x = k] = \binom{n}{k} p^k \cdot q^{n-k}$$

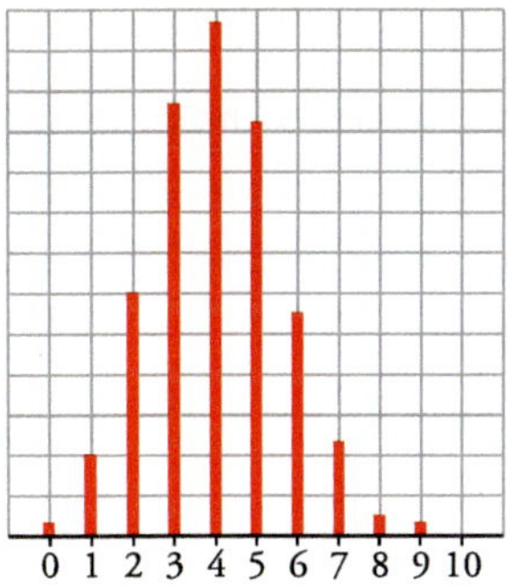

Representación gráfica da binomial $B(10;\ 0{,}4)$

Se x é unha variable que segue unha distribución $B(n, p)$, a probabilidade $P[x = k]$ de obter k éxitos é:

$$P[x = k] = \binom{n}{k} p^k \cdot q^{n-k}$$

Obtense así a seguinte distribución de probabilidade:

VARIABLE x	0	...	k	...	n
PROBABILIDADE $P[x = k]$	$\binom{n}{0}p^0q^n = q^n$	...	$\binom{n}{k}p^kq^{n-k}$	...	$\binom{n}{n}p^nq^0 = p^n$

Os parámetros desta distribución son:

MEDIA .... $\mu = np$

DESVIACIÓN TÍPICA .... $\sigma = \sqrt{npq}$

Exercicios resoltos

1 *Nunha binomial $B(8;\ 0{,}2)$, calcular $P[x = 0]$, $P[x \neq 0]$, $P[x = 2]$, así como os parámetros μ e σ.*

$P[x = 0] = 0{,}8^8 = 0{,}167$ (probabilidade de "ningún éxito")

$P[x \neq 0] = 1 - 0{,}8^8 = 0{,}833$ (probabilidade de "algún éxito")

$$P[x = 2] = \binom{8}{2} 0{,}2^2 \cdot 0{,}8^6 = 28 \cdot 0{,}04 \cdot 0{,}262 = 0{,}29$$

MEDIA .... $\mu = np = 8 \cdot 0{,}2 = 1{,}6$

DESVIACIÓN TÍPICA .... $\sigma = \sqrt{npq} = \sqrt{1{,}28} = 1{,}13$

Faino ti. Nunha binomial $B(12;\ 0{,}25)$, calcula $P[x = 0]$, $P[x \neq 0]$, $P[x = 3]$, así como os parámetros μ e σ.

2 *No proceso de fabricación de lámpadas, o 0,5 % é defectuoso. Comercialízanse en paquetes de 100. Achar as probabilidades de que nun paquete haxa:*

a) Ningunha defectuosa.

b) Algunha defectuosa.

c) Dúas defectuosas.

Achar os parámetros μ e σ desta distribución.

É unha distribución binomial con $n = 100$, $p = 0{,}005$, $q = 0{,}995$

a) P[ningunha defectuosa] $= P[x = 0] = \binom{100}{0} 0{,}005^0 \cdot 0{,}995^{100} = 0{,}606$

b) P[algunha defectuosa] $= 1 - P[x = 0] = 0{,}394$

c) P[dúas defectuosas] $= \binom{100}{2} 0{,}005^2 \cdot 0{,}995^{98} = 0{,}076$

PARÁMETROS:

$\mu = np = 100 \cdot 0{,}005 = 0{,}5$

$\sigma = \sqrt{npq} = \sqrt{100 \cdot 0{,}005 \cdot 0{,}995} = 0{,}705$

Faino ti. Resolver o mesmo problema supoñendo que só o 2% das lámpadas é defectuoso.

Exercicios propostos

1 Nunha distribución binomial $B(10;\ 0{,}4)$, *acha* $P[x = 0]$, $P[x = 3]$, $P[x = 5]$, $P[x = 10]$.

Calcula o valor de cada un dos parámetros μ e σ.

2 Lanzamos 7 moedas. Calcula as probabilidades de 3 caras, 5 caras e 6 caras.

Acha os valores de μ e σ.

6 Axuste dun conxunto de datos a unha distribución binomial

En ocasións, convén saber se é razoable aceptar que unha serie de datos obtidos experimentalmente (distribución empírica) procede dunha distribución binomial (distribución teórica). Vexamos cun exemplo como se procede nestes casos:

Queremos saber se, ao lanzar 5 chatolas calquera de certo modelo e contar o número delas que quedan coa punta cara arriba, se segue unha distribución binomial. Para iso, cada un dos 35 alumnos dunha clase realiza 10 veces a experiencia. Velaquí os resultados:

x_i	f_i
0	60
1	135
2	99
3	45
4	11
5	0
	350

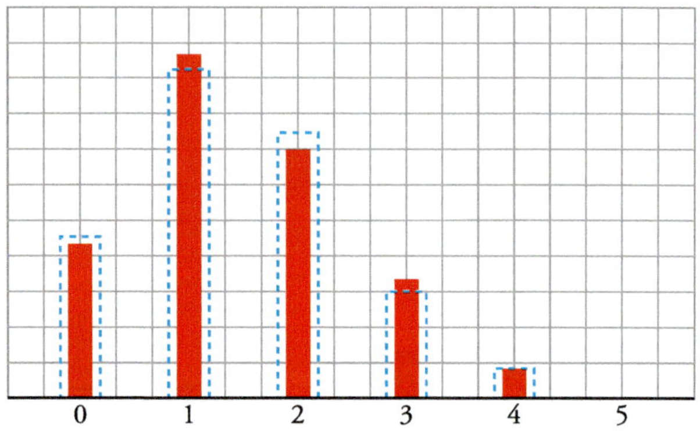

Debemos comparar a distribución empírica dos 350 lanzamentos de cinco chatolas, representada mediante barras vermellas, cunha distribución teórica, binomial (barras azuis), $B(n, p)$, con $n = 5$ e coa mesma media que a distribución empírica.

A comparación, que sobre as gráficas se realizou visualmente, habería que facela numericamente. En definitiva, consistirá en decidir se as diferenzas se poden atribuír ao azar ou non.

Dispoñemos dunha serie de N observacións (no exemplo, os 350 lanzamentos) relativas a n individuos (no exemplo, as 5 chatolas). En cada observación contamos o número, k, deles que cumpre unha determinada condición (o número de chatolas que quedan coa punta cara arriba).

En definitiva, temos unha táboa de frecuencias cuxa variable toma os valores 0, 1, ..., n.

Para estudar se esa serie de N datos que se obtiveron de forma experimental pode provén dunha distribución binomial $B(n, p)$, procedemos do seguinte modo:

- Calculamos a media $\bar{x}$ dos datos e igualámola á media $\mu = np$ da teórica binomial. Así obtemos o valor de p.
- Comparamos a distribución empírica coa teórica. Para iso:
  - — Achamos as probabilidades $P[x = k]$ para $k = 0, 1, \dots, n$ na $B(n, p)$ e multiplicámolas por N para descubrir como se repartirían os N individuos na distribución teórica.
  - — Para cada valor de k, achamos a diferenza entre o valor empírico e o valor teórico.
  - — Segundo a maior das diferenzas sexa suficientemente pequena ou non, aceptamos ou rexeitamos a hipótese de que os datos proceden dunha binomial.

Exercicio resolto

1 *Resolver numericamente o axuste formulado na páxina anterior referente a 350 lanzamentos de 5 chatolas dun mesmo tipo.*

x_i	f_i
0	60
1	135
2	99
3	45
4	11
5	0

Empezamos por calcular a media da variable "número de chatolas que queda coa punta cara arriba".

x_i	f_i	$f_i x_i$
0	60	0
1	135	135
2	99	198
3	45	135
4	11	44
5	0	0
	350	512

MEDIA: $\bar{x} = \frac{512}{350} = 1{,}46$

A media μ da binomial é:

$$\mu = np = 5p$$

Como deben coincidir as dúas medias ($\mu = \bar{x}$), será:

$$5p = 1{,}46 \rightarrow p = \frac{1{,}46}{5} = 0{,}29$$

$$q = 1 - 0{,}29 = 0{,}71$$

Compararemos a distribución empírica cunha distribución binomial $B(5;\ 0{,}29)$. Nesta distribución, a variable x toma os valores 0, 1, 2, 3, 4, 5, cunhas probabilidades $p_i = P[x = x_i]$. O número teórico de lanzamentos nos que hai x_i chatolas coa punta cara arriba é $350 \cdot p_i$.

x_i	$p_i = P[x = x_i]$	$350 \cdot p_i$	NÚMEROS TEÓRICOS	NÚMEROS OBSERVADOS	DIFERENZAS
0	$0{,}71^5 = 0{,}180$	63,00	63	60	3
1	$5 \cdot 0{,}71^4 \cdot 0{,}29 = 0{,}368$	128,80	129	135	6
2	$10 \cdot 0{,}71^3 \cdot 0{,}29^2 = 0{,}301$	105,35	105	99	6
3	$10 \cdot 0{,}71^2 \cdot 0{,}29^3 = 0{,}123$	43,05	43	45	2
4	$5 \cdot 0{,}71 \cdot 0{,}29^4 = 0{,}025$	8,75	9	11	2
5	$0{,}29^5 = 0{,}002$	0,70	1	0	1

As diferenzas son suficientemente pequenas como para supoñer que o axuste é bo, é dicir, que os datos iniciais proviñan dunha distribución binomial.

Atención! O último paso, no cal se decide se as diferenzas son *suficientemente pequenas*, deuse de forma completamente subxectiva. Debemos saber que existen métodos estatísticos para tomar a devandita decisión de xeito obxectivo, aínda que aquí non os aprendamos porque superan o nivel deste curso.

Exercicio proposto

1 Un profesor de idiomas ten unha clase con catro alumnos adultos. Dos 100 días de clase, asisten 4, 3, 2, 1 ou ningún deles, segundo a táboa adxunta. Axusta os datos a unha distribución binomial e di se che parece que o axuste é bo ou non.

x_i	4	3	2	1	0
f_i	23	48	17	9	3

Exercicios e problemas resoltos

1. Cálculo de probabilidades compostas

Extraemos tres bólas dunha urna composta por: 🔴🔴🔴🔴🔴🔵🔵🔵🟢🟢

Calcula a probabilidade de obter:

a) Unha bóla vermella e dúas verdes.

b) Unha bóla vermella, unha azul e unha verde.

Faino ti. Realiza a mesma actividade supoñendo que na urna hai estas bólas: 🔴🔴🟢🟢🟢🔵🔵🔵🔵🔵

a) Sacar tres bólas é o mesmo que extraer primeiro unha, despois outra e logo outra. Hai tres formas de obter unha vermella e dúas verdes: 🔴🟢🟢, 🟢🔴🟢, 🟢🟢🔴. E as tres teñen a mesma probabilidade de acontecer.

P[1 🔴 e 2 🟢] = P[🔴🟢🟢] + P[🟢🔴🟢] + P[🟢🟢🔴] =

$= \frac{5}{10}\cdot\frac{2}{9}\cdot\frac{1}{8} + \frac{2}{10}\cdot\frac{5}{9}\cdot\frac{1}{8} + \frac{2}{10}\cdot\frac{1}{9}\cdot\frac{5}{8} = 3 \cdot P$[🔴🟢🟢] $= 3\cdot\frac{5}{10}\cdot\frac{2}{9}\cdot\frac{1}{8} = \frac{1}{24}$

b) Hai $3! = 6$ formas de extraer unha vermella, unha azul e unha verde e as seis teñen a mesma probabilidade.

P[🔴, 🔵, 🟢] = $6 \cdot P$[1.ª 🔴, 2.ª 🔵, 3.ª 🟢] $= 6\cdot\frac{5}{10}\cdot\frac{3}{9}\cdot\frac{2}{8} = \frac{1}{4}$

2. Cálculo de probabilidades. Diagrama en árbore

Tiramos tres dados. Cal é a probabilidade de obter algún "1" e algún PAR?

Faino ti. Un dado ten 3 caras vermellas, 2 brancas e 1 negra. Lanzamos tres dados con esas características. Que probabilidade hai de obter algunha cara branca e algunha negra?

Consideramos tres posibilidades: "1", PAR = {2, 4, 6} e OUTRO RESULTADO = {3, 5}.

Construímos un diagrama en árbore para seguir o proceso: conseguir polo menos un "1" e un PAR.

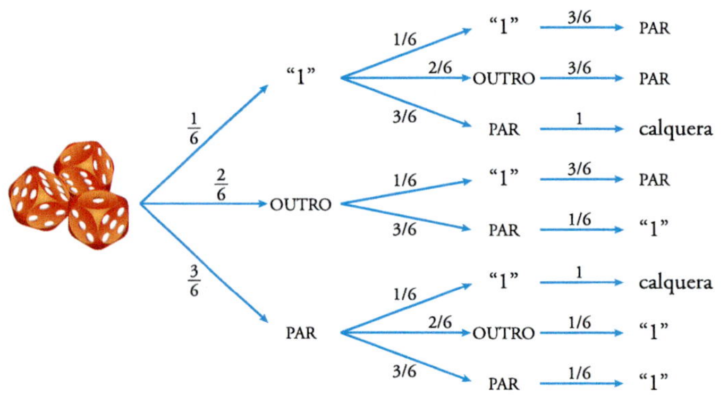

$\frac{1}{6}\cdot\frac{1}{6}\cdot\frac{3}{6} = \frac{3}{216}$

$\frac{1}{6}\cdot\frac{2}{6}\cdot\frac{3}{6} = \frac{6}{216}$

$\frac{1}{6}\cdot\frac{3}{6}\cdot 1 = \frac{3}{36}$

$\frac{2}{6}\cdot\frac{1}{6}\cdot\frac{3}{6} = \frac{6}{216}$

$\frac{2}{6}\cdot\frac{3}{6}\cdot\frac{1}{6} = \frac{6}{216}$

$\frac{3}{6}\cdot\frac{1}{6}\cdot 1 = \frac{3}{36}$

$\frac{3}{6}\cdot\frac{2}{6}\cdot\frac{1}{6} = \frac{6}{216}$

$\frac{3}{6}\cdot\frac{3}{6}\cdot\frac{1}{6} = \frac{9}{216}$

$$P[\text{algún "1" e algún PAR}] = \frac{3}{216}+\frac{6}{216}+\frac{3}{36}+\frac{6}{216}+\frac{6}{216}+\frac{3}{36}+\frac{6}{216}+\frac{9}{216} = \frac{72}{216} = \frac{1}{3}$$

3. Distribución de probabilidade de variable discreta

Lánzase un dodecaedro coas caras numeradas como se mostra no seu desenvolvemento plano:

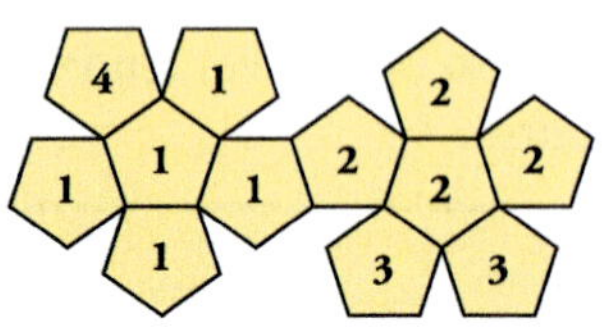

Construír a táboa coa distribución de probabilidade e achar μ *e* σ.

Faino ti. Nun dado irregular,

$P[1] = P[2] = P[3] = 0{,}1$ e

$P[4] = P[5] = 0{,}2$

Descubre $P[6]$ e o valor de μ e σ.

Mirando o desenvolvemento do dodecaedro, observamos que hai:

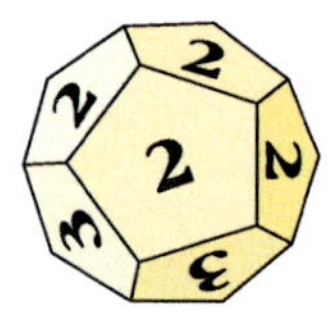

- 5 caras numeradas con 1
- 4 caras numeradas con 2
- 2 caras numeradas con 3
- 1 cara numerada con 4

Con estes datos construímos a distribución de probabilidade. Na táboa engadimos as columnas $p_i x_i$ e $p_i x_i^2$. As sumas destas columnas, $\sum p_i x_i$ e $\sum p_i x_i^2$, serven para calcular os parámetros μ e σ.

x_i	p_i	$p_i\, x_i$	$p_i\, x_i^2$
1	5/12	5/12	5/12
2	4/12	8/12	16/12
3	2/12	6/12	18/12
4	1/12	4/12	16/12
TOTAIS	1	23/12	55/12

$$\mu = \sum p_i x_i = \frac{23}{12} = 1{,}92$$

$$\sigma = \sqrt{\sum p_i x_i^2 - \mu^2} = \sqrt{\frac{55}{12} - 1{,}92^2} = 0{,}95$$

4. Distribución binomial

Ana ten unha probabilidade de 0,72 de encestar unha tripla. Nun concurso de triplas hai que tirar 15 veces. A mellor marca foi a de Raquel, con 13 canastras.

a) Que probabilidade ten Ana de bater a Raquel?

b) Que probabilidade ten Ana de igualar ou mellorar a marca de Raquel?

c) Calcula os parámetros μ e σ correspondentes á variable que describe o número de acertos de Ana en 15 lanzamentos.

Trátase dunha binomial $B(15; 0{,}72)$, xa que a probabilidade que ten Ana de encestar en cada un dos 15 tiros a canastra é a mesma, 0,72.

a) A probabilidade de que Ana supere a marca de Raquel é:

$$P[x > 13] = P[x = 14] + P[x = 15]$$

Calculamos $P[x = 14]$ e $P[x = 15]$ por separado, aplicando a fórmula:

$$P[x = k] = \binom{n}{k} \cdot p^k \cdot q^{n-k}$$

$$\left.\begin{array}{l} P[x = 14] = \binom{15}{14} \cdot 0{,}72^{14} \cdot 0{,}28^1 = 0{,}0423 \\ P[x = 15] = 0{,}72^{15} = 0{,}0072 \end{array}\right\} \rightarrow$$

$$P[x > 13] = P[x = 14] + P[x = 15] = 0{,}0423 + 0{,}0072 = 0{,}0495$$

A probabilidade de que Ana gañe a Raquel é 0,0495; é dicir, menos dun 5 %.

b) A probabilidade de que Ana iguale ou gañe a Raquel é a de gañala mais a de igualala:

$$P[x = 13] = \binom{15}{13} \cdot 0{,}72^{13} \cdot 0{,}28^2 = 0{,}1150$$

$$P[x \geq 13] = P[x = 13] + P[x > 13] = 0{,}1150 + 0{,}0495 = 0{,}1645$$

c) Os parámetros correspondentes a 15 lanzamentos de Ana son:

$$\mu = np = 15 \cdot 0{,}72 = 10{,}8$$

$$\sigma = \sqrt{npq} = \sqrt{3{,}024} = 1{,}74$$

Faino ti. Se Alberte tivese unha probabilidade de 0,93 de encestar unha tripla, que probabilidade tería de gañar a Raquel?

5. Axuste a unha binomial

Quérese estudar a eficacia dunha incubadora nos ovos fecundados con éxito nunha granxa de galiñas. Para iso, tomáronse 1000 caixas de media ducia de ovos. Estes son os resultados

N.° DE ÉXITOS	N.° DE CAIXAS
0	0
1	0
2	1
3	17
4	101
5	348
6	533
TOTAL	1000

Podemos supoñer que estes datos se axustan a unha distribución binomial? Comproba-lo.

A media de "éxitos" é $\bar{x} = \dfrac{5395}{1000} = 5{,}395$. Igualamos a media empírica coa teórica: $6p = 5{,}595 \rightarrow p = 5{,}395 \approx 0{,}9 \rightarrow q = 1 - 0{,}9 = 0{,}1$.

Queremos comprobar se a distribución empírica se pode axustar a unha $B(6; 0{,}9)$.

Comparamos as distribucións:

x_i	$p_i = P[x = x_i]$	$1000 \cdot p_i$	NÚMEROS TEÓRICOS	NÚMEROS OBSERVADOS	DIFERENZAS
0	$0{,}1^6 = 0{,}000001$	0	0	0	0
1	$6 \cdot 0{,}9 \cdot 0{,}1^5 = 0{,}000054$	0,05	0	0	0
2	$15 \cdot 0{,}9^2 \cdot 0{,}1^4 = 0{,}001215$	1,22	1	1	0
3	$20 \cdot 0{,}9^3 \cdot 0{,}1^3 = 0{,}014580$	14,58	15	17	2
4	$15 \cdot 0{,}9^4 \cdot 0{,}1^2 = 0{,}098415$	98,42	98	101	3
5	$6 \cdot 0{,}9^5 \cdot 0{,}1 = 0{,}354294$	354,29	354	348	6
6	$0{,}9^6 = 0{,}531441$	531,44	531	533	2

As diferenzas son moi pequenas, polo que podemos supoñer que segue unha binomial.

Faino ti. Debuxa en vermello o diagrama de barras cos valores empíricos (observados) e en verde, sobre o anterior, o diagrama de barras cos valores teóricos.

1. Cálculo de probabilidades e distribución de probabilidade

Nunha urna hai 12 bólas brancas, 8 vermellas, 3 verdes e 1 amarela. Tómanse tres bólas ao azar e anótase o número delas que son brancas.

a) Facer unha táboa coa distribución de probabilidade.

b) A distribución de probabilidade anterior permítenos calcular a probabilidade de que as tres bólas extraídas sexan verdes? Por que?

c) Calcular a probabilidade de que polo menos dúas bólas sexan brancas.

a) Tes que achar estas probabilidades:

P[0 brancas] = P[non branca en 1.ª] · P[non branca en 2.ª/non BRANCA en 1.ª] · · P[non branca en 3.ª/non BRANCA en 1.ª nin en 2.ª]

P[1 branca] = P[BRANCA na 1.ª e non BRANCA na 2.ª e 3.ª] + + P[non branca na 1.ª e BRANCA na 2.ª e non BRANCA na 3.ª] + + P[non branca na 1.ª e a 2.ª e BRANCA na 3.ª] = = 3 · P[1 branca e 2 non BRANCAS]

P [2 BRANCAS] = … P [3 BRANCAS] = …

$\mu = \sum p_i x_i$ $\sigma = \sqrt{\sum p_i x_i^2 - \mu^2}$

b) Observa que a partir da táboa só podes achar as probabilidades do número de brancas.

c) Hai que calcular P[2 BRANCAS] + P[3 BRANCAS].

Solución:

a)

x_i	0	1	2	3
p_i	5/46	9/23	9/23	5/46

b) Coa táboa non se pode achar o número de bólas verdes extraídas porque só dá información sobre a extracción de bólas brancas.

2. Binomial

Un exame tipo test consta de 10 preguntas, cada unha con catro respostas, das cales só unha é correcta. Se un alumno contesta ao azar:

a) Cal é a probabilidade de que conteste correctamente 4 preguntas?

b) E a de que conteste ben máis de 2 preguntas?

c) Calcular a probabilidade de que conteste mal algunha pregunta.

Trátase dunha distribución binomial? Cal é o valor de n? E o de p?

a) Aplica a fórmula $P[x = k] = \binom{n}{k} p^k q^{n-k}$.

b) $P[x > 2] = 1 - P[x \le 2] = 1 - (P[x = 0] + P[x = 1] + P[x = 2])$

c) $P[x \le 9] = 1 - P[x = 10]$

Solución:

a) 0,146 b) 0,474 c) 0,999999046

3. Binomial

Nunha familia con 6 fillos, cal destas dúas opcións é máis probable?

- *Que haxa tantas rapazas como rapaces.*
- *Que haxa máis pequenas que rapaces.*

A distribución do "número de rapazas" é binomial $B(6, 1/2)$.

- Tantas rapazas como rapaces → $P[x = 3]$
- Máis rapazas que rapaces → $P[x > 3] = P[x = 4] + P[x = 5] + P[x = 6]$

Posto que é igualmente probable que haxa "máis rapazas que rapaces" que "máis rapaces que rapazas", a segunda probabilidade tamén se podería resolver así:

$$P[x > 3] = \frac{P[x \ne 3]}{2} = \frac{1 - P[x = 3]}{2}$$

Solución:

$P[x = 3] = 5/16$; $P[x > 3] = 11/32$. Polo tanto, é máis probable que haxa máis rapazas que rapaces.

Exercicios e problemas propostos

Para practicar

Cálculo de probabilidades

1 Lanzamos tres moedas. Calcula a probabilidade de que:

a) As tres sexan cara.

b) Se obteñan dúas caras e unha cruz.

c) Haxa polo menos unha cara.

2 a) Nun xogo de dominó, temos sobre a mesa a ficha 3-5. Que probabilidade hai de que outra extraída ao azar engrene con ela?

b) E se tivésemos a 5-5?

3 Extraemos tres bólas con reposición desta urna. Calcula a probabilidade de que:

a) Cada unha sexa dunha cor.

b) Non haxa ningunha branca.

c) Se obteñan azuis.

Repite a actividade se a extracción fose sen reposición.

4 Extraemos dúas bólas da seguinte urna:

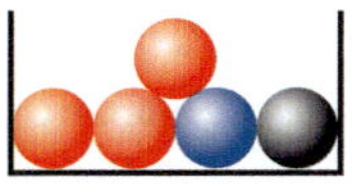

a) Que é máis probable, sacar dúas bólas VERMELLAS con ou sen reposición?

b) Que é máis probable, sacar unha bóla VERMELLA e outra AZUL con ou sen reposición?

Distribucións de probabilidade

5 Completa a seguinte táboa de probabilidades e calcula os seus parámetros μ e σ:

x_i	0	1	2	3
p_i	0,1	0,3	…	0,1

6 Nunha urna hai dez bólas cos números 1, 1, 2, 3, 3, 3, 4, 5, 5, 6. Sacamos unha bóla e anotamos o resultado. Elabora a distribución de probabilidade e calcula μ e σ.

7 Temos dúas moedas, unha correcta e outra defectuosa na que a probabilidade de obter cruz é 0,2. Lanzámolas e anotamos o número de cruces.

Fai unha táboa coa distribución de probabilidade e acha a probabilidade de obter polo menos unha cruz.

8 Extraemos con reposición dúas cartas dunha baralla e anotamos o número de ASES.

a) Cales son os posibles resultados?

b) Cal é a distribución de probabilidade?

c) Calcula a media e a desviación típica.

Distribución binomial

9 Recoñece en cada un dos seguintes casos unha distribución binomial e di os valores de n, p, q, μ e σ.

- Un exame tipo test consta de 50 preguntas, cada unha con tres respostas, das que só unha é correcta. Respóndese ao azar. Cal é o número de preguntas acertadas?
- No exame descrito no apartado anterior, un alumno coñece as respostas de 20 preguntas e responde as restantes ao azar. Preguntámonos cantas delas acertará.
- Unha moeda lánzase 400 veces. Número de caras.
- O 11 % dos billetes de lotería recibe algún tipo de premio, aínda que sexa o reintegro. Nun familia xogan a 46 números. En cantos se obterá premio?
- O 1 % de certas soldaduras é defectuoso e revisamos mil delas. Número de soldaduras defectuosas que hai.

10 Nunha distribución binomial $B(7; 0{,}4)$, determina:

a) $P[x = 2]$ b) $P[x = 5]$ c) $P[x = 0]$

d) $P[x > 0]$ e) $P[x > 3]$ f) $P[x < 5]$

11 Nunha distribución binomial $B(9; 0{,}2)$, calcula:

a) $P[x < 3]$ b) $P[x \geq 7]$ c) $P[x = 0]$

d) $P[x \neq 0]$ e) $P[x \leq 9]$ f) $P[x \geq 9]$

12 Todos os xogadores dun equipo de fútbol A teñen a mesma probabilidade de marcar un penalti, 0,85. Ao final do partido, na quenda de penaltis, cada equipo tira cinco, e sabemos que o equipo contrario B marcou tres:

a) Que probabilidade hai de que gañase o equipo A tras estes cinco lanzamentos? E o B?

b) Cal é a probabilidade de que queden empatados e teñan que lanzar un sexto penalti?

c) Calcula a probabilidade de que o equipo A falle todos os penaltis. Acha tamén a de que os meta todos.

13 Nun almacén hai 5 aparatos de televisión antigos. Sabemos que a probabilidade de que calquera deles teña unha deficiencia é 0,2. Calcula estas probabilidades:

a) P[ningún defectuoso]

b) P[polo menos dous defectuosos]

c) P[algún defectuoso]

14 Nun proceso de fabricación de parafusos sábese que o 2 % é defectuoso. Empaquetámolos en caixas de 50 parafusos. Acha a probabilidade de que nunha caixa haxa este número de parafusos defectuosos:

a) Ningún. b) Un. c) Máis de dous.

Exercicios e problemas propostos

Para resolver

15 Antonio e María teñen dúas barallas de cartas. Cada un extrae unha carta da súa baralla ao azar.

a) Que probabilidade hai de que sexa a mesma carta?

b) Que probabilidade hai de que sexa o mesmo número aínda que teña distinto pau?

c) Que probabilidade hai de que obteñan o mesmo pau?

16 Extráese un naipe dunha baralla e logo tírase un dado. Se sae o 5 ou o 6, devólvese a carta ao mazo; se non, esta retírase. Barállase e vólvese extraer unha carta. Cal é a probabilidade de obter dous ASES?

17 A distribución de probabilidade dunha variable aleatoria discreta vén dada por esta táboa:

x_i	0	1	2	3	4
p_i	0,1	a	b	c	0,2

Sabemos que $P[x \le 2] = 0{,}7$ e que $P[x \ge 2] = 0{,}75$. Acha os valores de a, b e c e calcula μ e σ.

18 Unha caixa contén cinco bólas cun 2, tres cun 1 e dúas cun 0. Sácanse dúas bólas e súmanse os seus números.

a) Constrúe a táboa da distribución de probabilidade e calcula μ e σ.

b) Fai outra táboa supoñendo que se saca unha bóla ao azar, se mira o número, se volve meter na caixa, se repite a operación e se suman os dous números extraídos.

19 Lembra cales son as puntuacións das 28 fichas dun dominó. Se en cada unha delas sumamos os puntos das súas dúas metades, obtemos as posibles sumas 0, 1, 2, ..., 10, 11 e 12 con probabilidades distintas. Fai a táboa coa distribución de probabilidades e calcula μ e σ.

20 Un alumno estudou 12 temas dos 30 que entran nun exame. Elíxense 2 temas ao azar. O alumno puido estudar os dous, un ou ningún.

a) Fai a táboa coa distribución de probabilidade e represéntaa graficamente.

b) Acha μ e σ.

c) Cal é a probabilidade de que polo menos lle toque un tema dos que estudou?

21 Nas familias con 4 fillos, contamos o número de nenas.

a) Determina a distribución de probabilidade supoñendo que a probabilidade de que naza un neno ou unha nena é a mesma.

b) Represéntaa graficamente.

22 Nunha caixa A hai cinco fichas numeradas do 1 ao 5 e noutra caixa B hai catro fichas numeradas do 6 ao 9. Lánzase unha moeda: se sae cara, sácase unha ficha de A, e se sae cruz, sácase de B. Anótase o número obtido.

a) Fai a táboa de distribución de probabilidade, represéntaa e calcula μ e σ.

b) Que probabilidade hai de obter un número maior que 6?

23 A probabilidade de que unha frecha lanzada por un arqueiro dea na diana é 0,6. Se lanza 6 frechas, acha a probabilidade de que:

a) Só unha dea na diana.

b) Polo menos unha dea na diana.

c) Máis da metade alcancen a diana.

24 Un tratamento contra unha enfermidade produce melloría en 8 de cada 10 enfermos aos que se lles aplica. Se se subministra a 5 enfermos, calcula a probabilidade de que:

a) Os cinco pacientes melloren.

b) Polo menos, tres non experimenten melloría.

25 Para controlar a calidade dun produto envasado, elíxense ao azar tres envases dunha caixa con 50 envases. Por termo medio, en cada caixa hai 5 cuxa calidade é deficiente.

a) Acha a probabilidade de que, dos tres, non haxa ningún, un ou dous deficientes.

b) Se o primeiro resulta deficiente, cal é a probabilidade de que, dos tres, haxa un ou dous deficientes?

26 Nun bombo de lotería temos 10 bólas numeradas do 0 ao 9. Cada vez que se extrae unha, devólvese ao bombo. Se sacamos 5 bólas, calcula a probabilidade de que:

a) O 0 saia unha soa vez.

b) Se obtivesen máis de dous uns.

c) Non se obteñan números maiores que 7.

27 Para probar a eficacia dunha vacina, administróuselles unha dose a 100 grupos de 4 irmáns que tiñan risco de contaxio, e os resultados observados foron os da táboa.

N.º DE CONTAXIADOS	N.º DE GRUPOS
0	36
1	14
2	8
3	16
4	26
TOTAL	100

a) Podemos supoñer que segue unha distribución binomial? Compróbao.

b) Debuxa en vermello o diagrama de barras cos valores empíricos (observados) e en verde, sobre o anterior, o diagrama de barras cos valores teóricos.

Cuestións teóricas

28 a) Nunha distribución $B(4;\ 0{,}5)$ comproba esta igualdade: $P[x = 1] = P[x = 3]$

b) Nunha distribución $B(n,\ p)$ cúmprese o seguinte: $P[x = k] = P[x = n - k]$. Canto vale p?

29 Un xadrecista enfróntase a outro de igual mestría. Que é máis probable, que gañe dúas partidas de catro ou que gañe tres de seis partidas? (As táboas non se consideran).

30 Nunha man de póker danse 5 cartas a cada xogador. Preguntámonos pola probabilidade de que un xogador teña k figuras (k = 0, 1, 2, 3, 4 ou 5). Por que non é unha distribución binomial?

31 Sabemos que n é par, que X segue unha $B(n;\ 0{,}5)$ e que Y segue unha $B(n + 1;\ 0{,}5)$. Determina cal das seguintes probabilidades é maior: $P[x = n/2]$ ou $P[y = n/2]$.

32 Verdadeiro ou falso?

a) A distribución binomial $B(7;\ 0{,}2)$ é unha distribución de probabilidade cuxa variable só pode tomar os valores 0, 1, 2, 3, 4, 5, 6 e 7.

b) Sabemos que o 20 % dos mozos utiliza certa rede social. Nunha aula hai 30 mozos. A probabilidade de que o 10 % deles utilice esa rede é $\binom{30}{10} \cdot 0{,}2^{10} \cdot 0{,}8^{20}$.

Para afondar

33 a) Extraemos tres cartas dunha baralla de 40 cartas. Que probabilidade hai de obter algún ás e algunha FIGURAS? (FIGURAS: SOTA, CABALO e REI)

b) Extraemos dúas cartas dunha baralla de 40 cartas. Que probabilidade hai de obter algunha FIGURA e algún OUROS? (*FIGURA de OUROS vale como FIGURA e como OUROS*).

34 Extraemos unha bóla da primeira urna e introducímola na segunda. Logo sacamos unha bóla da segunda urna.

a) Que probabilidade hai de obter C na segunda extracción?

b) Calcula: P[1.ª B e 2.ª B]; P[1.ª C e 2.ª B]

c) Calcula: P[1.ª A e 2.ª A]; P[1.ª B e 2.ª A]; P[1.ª C e 2.ª A] e, en consecuencia, P[2.ª A].

35 Extraemos unha bóla da primeira urna e introducímola na segunda urna. Logo sacamos unha bóla da segunda.

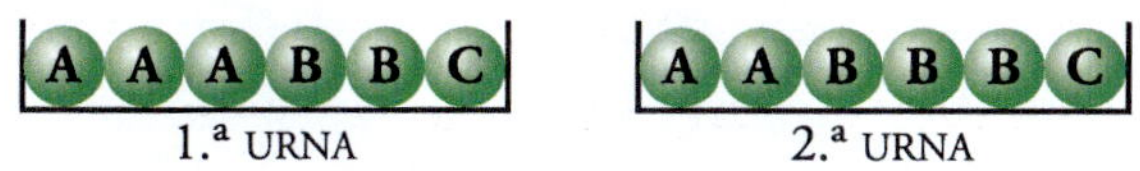

Cal é a probabilidade de obter A da segunda urna?

Autoavaliación

Na web Resolucións destes exercicios.

1 Tiramos un dado. Se sae 5 ou 6, extraemos unha bóla da urna A e se non, extraémola da urna B.

a) Que probabilidade hai de obter un 5 ou un 6 e extraer unha bóla vermella?

b) Que probabilidade hai de obter 4 e bóla verde?

2 Completa esta táboa de distribución de probabilidade:

x_i	5	6	7	8	9	10
p_i	0,1	0,3	0,2	0,1	0,1	…

Acha μ e σ.

3 Temos dúas fichas: A, cun 1 nunha cara e un 2 na outra; e B, cun 2 nunha cara e un 3 na outra.

a) Lanzamos as dúas fichas e sumamos os seus valores. Os posibles resultados son 3, 4 e 5. Elabora a distribución de probabilidade e calcula μ e σ.

b) Lanzamos seis veces as dúas fichas. Que probabilidade hai de obter 5 en tres ocasións? E en máis de tres?

4 Nunha binomial $B(5,\ 1)$, calcula estas probabilidades:

a) $P[x = 5]$ b) $P[x < 5]$ c) $P[x > 3]$

5 Eva é saltadora de lonxitude, e no 80 % dos seus saltos consegue superar os 6 m. Sabendo que nunha competición ten que saltar catro veces, acha a probabilidade de que:

a) En todas supere os 6 m.

b) Non os supere en ningunha.

c) Polo menos o faga en dúas ocasións.

d) Se o seu primeiro salto foi nulo, supere os 6 m en, polo menos, unha ocasión.

6 Nun posto dunha feira, por un tícket déixanche tirar 6 veces a unha canastra. Se coas polo menos dous tiros, levas premio. Supoñe que cada persoa ten unha probabilidade de 0,15 de facer canastra en cada tiro.

a) Que probabilidade hai de que unha persoa gañe un premio cun tícket?

b) Se xogan 1 000 persoas ao longo da semana, cantos, aproximadamente, levarán o premio?

10 Distribucións de probabilidade de variable continua

A distribución normal

A *normal* é a máis importante das distribucións de probabilidade. O primeiro que a describe e a dá a coñecer, en 1733, é **De Moivre** nun breve artigo titulado *Aproximación á suma dos termos do binomio (a + b)ⁿ desenvolvido como unha serie*. Chegou a ela experimentando con moedas e outros instrumentos aleatorios, pero o seu descubrimento caeu no esquecemento, pois a súa aplicación aos xogos daba pouco de si; e naquela época parece ser que era iso o que máis importaba.

Billete de 10 marcos alemán de 1993 no que aparece Gauss xunto á famosa curva á que dá o seu nome.

Carl Friedrich Gauss (1777-1855).

Houbo que esperar máis de medio século para que fose redescuberta por **Laplace** (1749-1827) e **Gauss** (1777-1855) ao estudar a distribución dos erros nas medidas. Por iso se lle chamou "curva de erros".

O matemático **Adolphe Quetelet** (1796-1874) descubriu que moitos resultados de censos, medidas, etc., mostraban inesperadamente unhas distribucións de frecuencia coas mesmas características que a "curva de erros". Esta empezouse a aplicar nos campos máis dispares: demografía, sanidade, xenética, psicoloxía, seguros... O propio Gauss a utilizara nos seus cálculos para a astronomía.

A admiración pola curva normal levou a dicir a **Galton** (1822-1911):

Non coñezo nada que cative de tal xeito a intelixencia como a marabillosa expresión da orde cósmica que encerra a "lei de frecuencia de erro". Se os gregos a chegasen a coñecer, adoraríana como a deus. Reina con serenidade no medio da máis salvaxe confusión.

Pierre-Simon Laplace (1749-1827).

Abraham de Moivre

Abraham de Moivre (1667-1754) foi un gran matemático francés. Exiliado en Londres por cuestións relixiosas, foi membro da máis antiga sociedade científica do Reino Unido, a Royal Society, e amigo de Newton, que o admirou profundamente polos seus coñecementos matemáticos. A pesar diso, viviu pobremente e mesmo se conta que frecuentemente recorría a gañar algo de diñeiro xogando ao xadrez nos cafés.

Ao final da súa vida, De Moivre foi atacado por unha estraña enfermidade que o facía quedar durmido e aletargado durante o día por períodos de tempo cada vez máis prolongados. Decatouse de que cada día quedaba durmido durante 15 minutos máis que o día anterior antes de poder saír do letargo; e así, baseándose no cálculo destes incrementos no tempo de letargo, prognosticou que a súa morte acontecería o 27 de novembro de 1754, día no que quedaría durmido durante 24 horas seguidas e xa non espertaría xamais. E, efectivamente, así aconteceu.

Na web Biografía de De Moivre.

Reunión da Royal Society presidida por Newton.

Resolve

Distribución de idades

As idades dos habitantes dunha poboación distribúense segundo a gráfica adxunta (comproba que baixo esta gráfica hai, exactamente, 100 cadradiños).

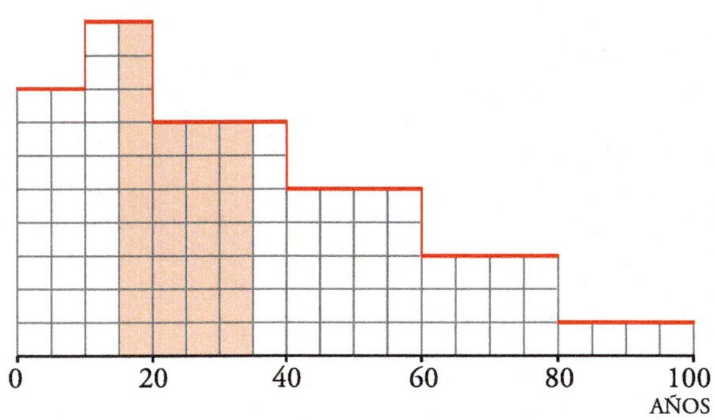

Se eliximos ao azar un habitante desa poboación, a probabilidade de que teña entre 15 e 35 anos é do 31 % (compróbao): $P[15 \le x \le 35] = 0{,}31$

- Acha as seguintes probabilidades e interpreta o que significan:

a) $P[x \le 15]$ b) $P[45 \le x \le 65]$

c) $P[x \le 80]$ d) $P[25 \le x \le 70]$

Tempos de espera

O autobús que nos leva ao traballo é un pouco impuntual. Debe pasar ás 8, pero pode atrasarse ata 20 minutos. Non obstante, é máis probable que chegue preto das 8 h que preto das 8 h e 20 min.

Se chegamos á parada ás 8 en punto, a gráfica adxunta axúdanos a calcular a probabilidade do tempo de espera.

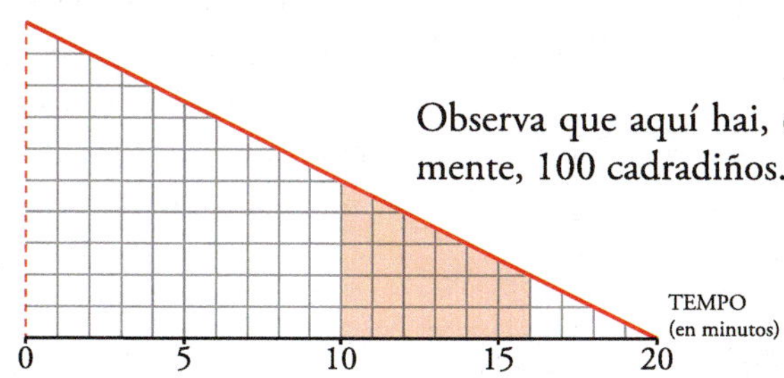

A probabilidade de que teñamos que esperar entre 10 e 16 minutos é do 21 % (compróbao).

É dicir: $P[10 \le x \le 16] = 0{,}21$

- Acha e interpreta estas probabilidades:

a) $P[x \le 2]$ b) $P[5 \le x \le 10]$

c) $P[x \le 10]$ d) $P[5 \le x \le 6]$

1 Distribucións de probabilidade de variable continua

As distribucións de probabilidade de variable continua son idealizacións das distribucións estatísticas de variable continua. Estas obtéñense empiricamente (experimentando ou observando). Aquelas son distribucións teóricas.

Por exemplo, estaturas, pesos, tempos..., son variables continuas.

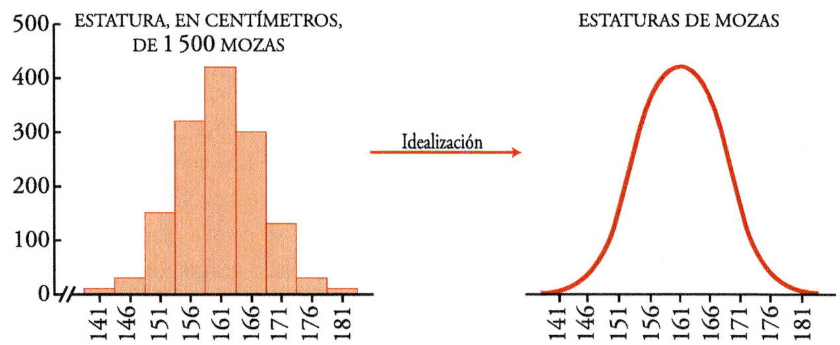

As distribucións de probabilidade de variable continua defínense por medio dunha función, $y = f(x)$, que se chama función de probabilidade ou función de densidade cuxas condicións describimos a continuación.

Para que $f(x)$ sexa a **función de densidade** ou **función de probabilidade** dunha variable aleatoria, é necesario que:

— $f(x)$ sexa non negativa: $f(x) \geq 0$ para todo x.

— A área baixo a curva $y = f(x)$ sexa igual a 1.

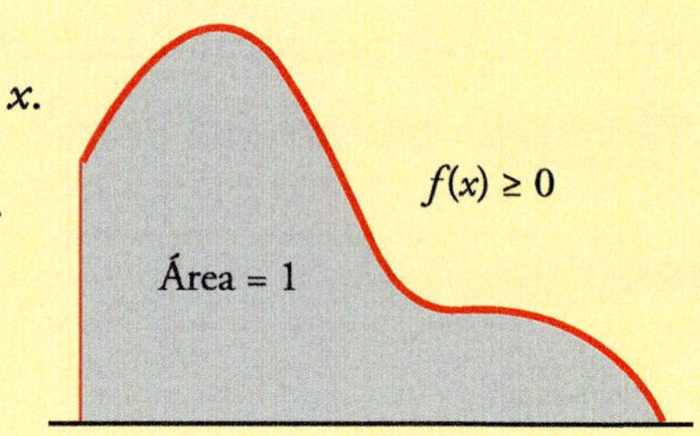

- Para achar a probabilidade $P[a \leq x \leq b]$, obteremos a área que hai baixo a curva no intervalo $[a, b]$:

  $P[a \leq x \leq b]$ = área baixo a curva en $[a, b]$

- As probabilidades de sucesos puntuais son cero:

  $P[x = a] = 0, \quad P[x = b] = 0, \quad \dots$

  Polo tanto:

  $P[a \leq x \leq b] = P[a < x < b]$

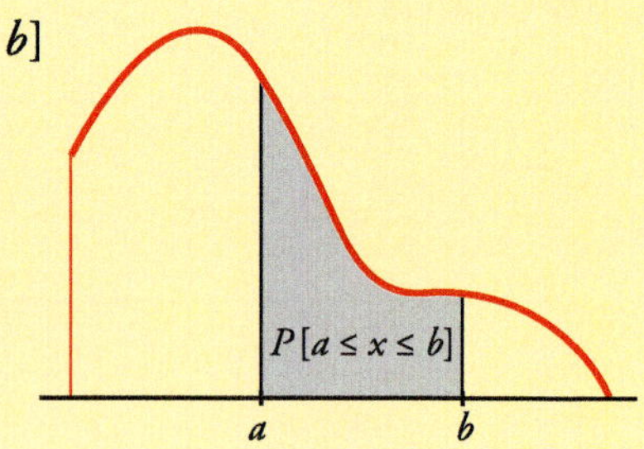

Parámetros

A media, μ, e a desviación típica, σ, teñen os mesmos significados que nas distribucións estatísticas:

MEDIA, μ: centro de gravidade da distribución.

DESVIACIÓN TÍPICA, σ: medida da dispersión. Cuantifica o grao de separación dos valores respecto da media.

Estes parámetros poden ser asignados a ollo, de forma aproximada. Pero o seu cálculo exacto require o dominio dunhas ferramentas matemáticas que aínda non coñeces.

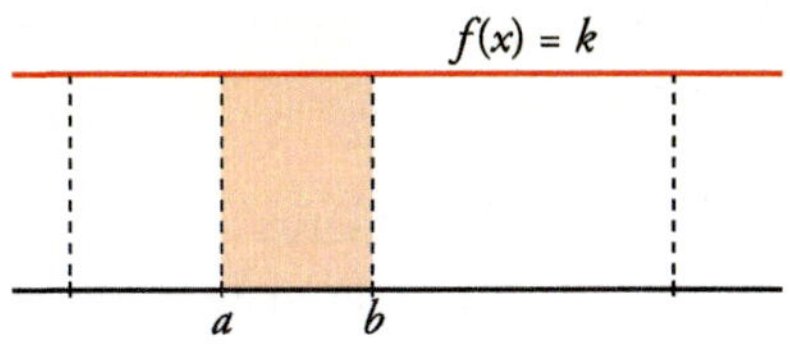

Na web

Ampliación teórica sobre a función de distribución.

Cálculo de probabilidades a partir da función de densidade $y = f(x)$

Xa sabemos que para calcular probabilidades en distribucións de probabilidade de variable continua, hai que achar as áreas baixo a curva que representa a función de densidade $y = f(x)$. Pero como facelo de forma exacta cando $f(x)$ vén dada mediante a súa expresión analítica? Descoñeces aínda o instrumento matemático –o cálculo integral– que permite realizalo. Non obstante, hai distribucións sinxelas para as cales a tarefa é posible. Por exemplo, se a distribución é uniforme $[f(x) = k]$ (gráfica da marxe), a *probabilidade* $P[a \le x \le b]$ é a área dun rectángulo de base $b - a$ e altura k:

$$P[a \le x \le b] = (b - a) \cdot k$$

Exercicios resoltos

1 *Calcular k para que a función*

$$f(x) = \begin{cases} k, & x \in [1, 5] \\ 0, & x \notin [1, 5] \end{cases}$$

sexa unha función de densidade.

Achar a probabilidade:

$P[2 \le x \le 3]$

Recordemos que *a área total baixo a curva debe ser igual a 1.*

$$P[-\infty < x < +\infty] = P[1 \le x \le 5] = 4 \cdot k = 1$$

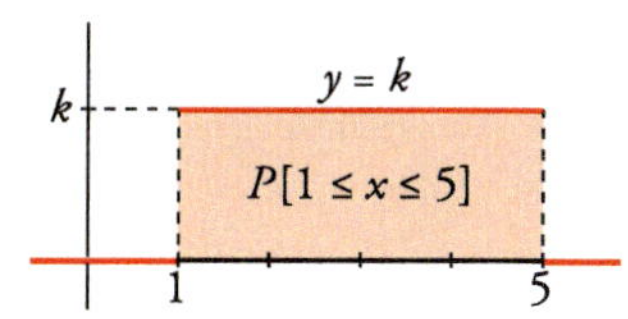

Polo tanto, $k = \frac{1}{4}$. Así podemos calcular a probabilidade pedida:

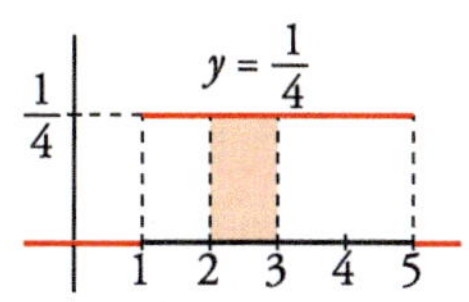

$$P[2 \le x \le 3] = (3 - 2) \cdot \frac{1}{4} = \frac{1}{4}$$

Faino ti. Calcula: a) $P[2 \le x \le 5]$ b) $P[2 \le x \le 2{,}5]$

2 *Calcular m para que a función*

$$f(x) = \begin{cases} mx, & x \in [0, 4] \\ 0, & x \notin [0, 4] \end{cases}$$

sexa unha función de densidade.

Achar $P[2 \le x \le 3]$.

Calculamos m para que a área do triángulo sexa igual a 1.

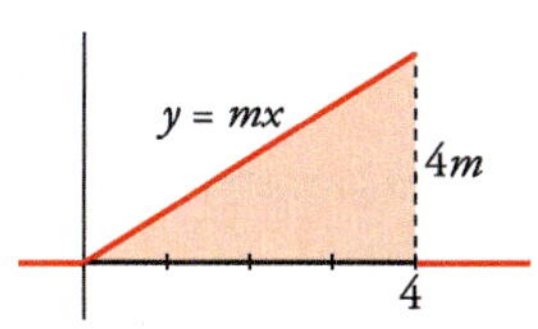

Área do triángulo: $\frac{4 \cdot 4m}{2} = 8m$. Polo tanto:

$$P[-\infty < x < +\infty] = P[0 \le x \le 4] = 8m = 1$$

$$8m = 1 \rightarrow m = \frac{1}{8}$$

A función de densidade é $y = x/8$, $x \in [0, 4]$, $y = 0$ no resto.

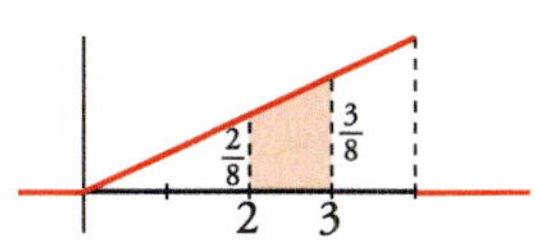

$P[2 \le x \le 3]$ é a área do trapecio vermello.

$$P[2 \le x \le 3] = \frac{(2/8 + 3/8) \cdot 1}{2} = \frac{5}{16}$$

Faino ti. Calcula:

a) $P[0 \le x \le 2]$ b) $P[3 \le x \le 4]$

Exercicios propostos

1 Calcula k para que $f(x) = \begin{cases} k, & x \in [3, 8] \\ 0, & x \notin [3, 8] \end{cases}$ sexa unha función de densidade. Acha as probabilidades:

a) $P[4 < x < 6]$ b) $P[2 < x \le 5]$

c) $P[x = 6]$ d) $P[5 < x \le 10]$

2 Calcula m para que $f(x) = \begin{cases} mx, & x \in [3, 7] \\ 0, & x \notin [3, 7] \end{cases}$ sexa unha función de densidade. Acha as probabilidades:

a) $P[3 < x < 5]$ b) $P[5 \le x < 7]$

c) $P[4 \le x \le 6]$ d) $P[6 \le x < 11]$

2 A distribución normal

A **curva normal** é unha función de probabilidade **continua** e **simétrica,** cuxo máximo coincide coa media, μ.

Esta curva foi descrita polo matemático alemán Carl Friedrich Gauss. Chegou a ela estudando os erros que se producen ao medir reiteradamente certa magnitude. Estas son a súa ecuación e a súa representación gráfica:

$$y = \frac{1}{\sigma\sqrt{2\pi}}\, e^{-\frac{1}{2}\left(\frac{x-\mu}{\sigma}\right)^2}$$

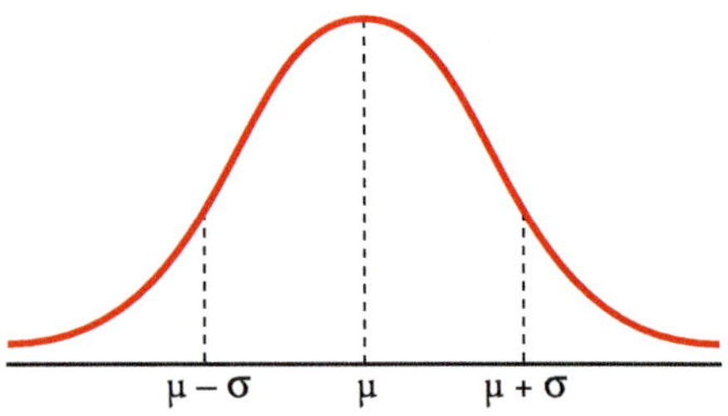

Pola súa forma acampanada, denomínase **campá de Gauss.**

A grande importancia desta distribución débese á enorme frecuencia con que aparece nas situacións máis variadas. Entre as moitas variables que se distribúen *normalmente*, podemos citar:

- Caracteres morfolóxicos de individuos (persoas, animais, plantas) dunha mesma raza. Por exemplo: talles, pesos, envergaduras, etc.
- Caracteres fisiolóxicos. Por exemplo, efectos dunha mesma dose dun fármaco ou dunha mesma cantidade de aboamento.
- Caracteres sociolóxicos. Por exemplo, consumo de certos produtos por individuos dun mesmo grupo humano.
- Caracteres físicos. Por exemplo, resistencia á rotura de pezas aparentemente idénticas.

E, en xeral, calquera característica que se obteña como suma de moitos factores.

Para cada valor de μ (media) e cada valor de σ (desviación típica), hai unha curva normal, que se designa $N(\mu, \sigma)$.

Por exemplo, observemos as distribucións $N(0, 4)$, $N(10, 4)$ e $N(10, 2)$.

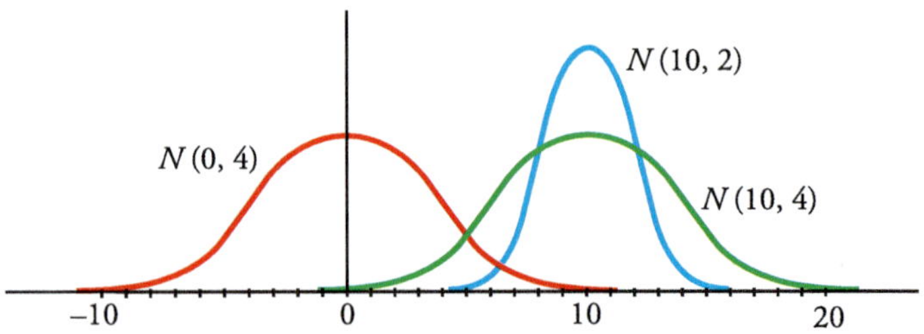

Aparentemente, estas curvas son distintas. Non obstante, a repartición de probabilidades nelas é practicamente idéntica. Só depende dos parámetros μ e σ.

Observamos que dúas curvas normais coa mesma desviación típica son idénticas. E se teñen distinta desviación típica, son similares: iguais salvo un cambio de escala.

Distribución de probabilidades baixo a curva normal

Nunha primeira aproximación, a repartición de probabilidades nunha distribución $N(\mu, \sigma)$ calquera, realízase do seguinte modo:

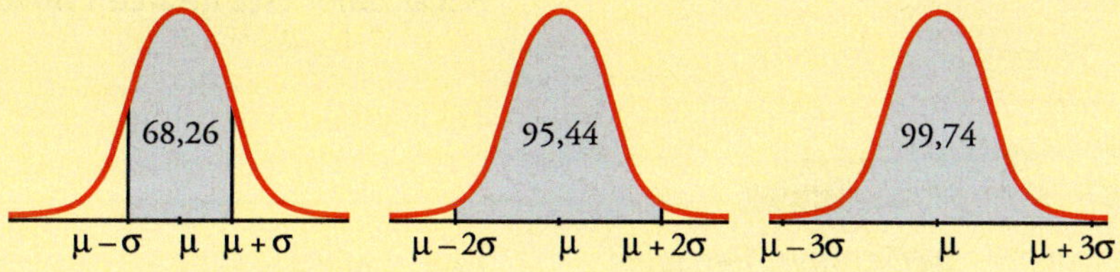

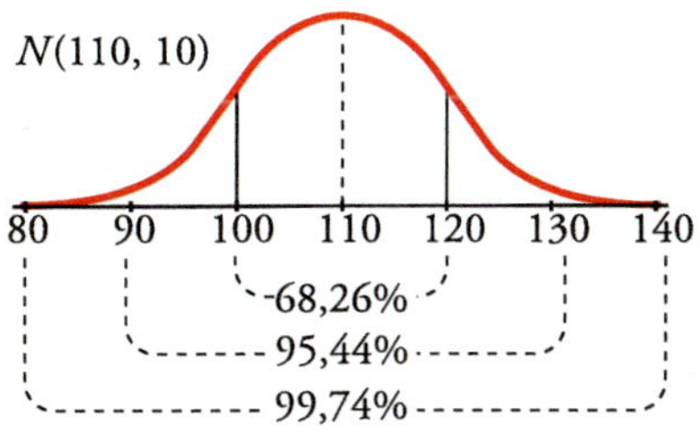

Isto significa que se, por exemplo, o cociente intelectual (CI) dun grupo de persoas distribúese $N(110, 10)$, entón:

— O 68,26 % delas ten un CI entre 100 e 120.

— O 95,44 % delas ten un CI entre 90 e 130.

— O 99,74 % delas ten un CI entre 80 e 140.

Con estes datos, e tendo en conta que a distribución é simétrica, pódense obter probabilidades como as seguintes:

a) $P[x > 130]$ b) $P[100 < x < 130]$

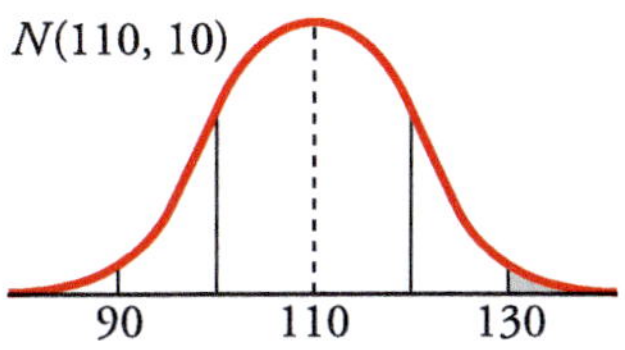

a) $P[90 < x < 130] = 0{,}9544$

$P[x < 90] + P[x > 130] = 1 - 0{,}9544 = 0{,}0456$

Así, $P[x > 130] = \frac{1}{2} \cdot 0{,}0456 = 0{,}0228$

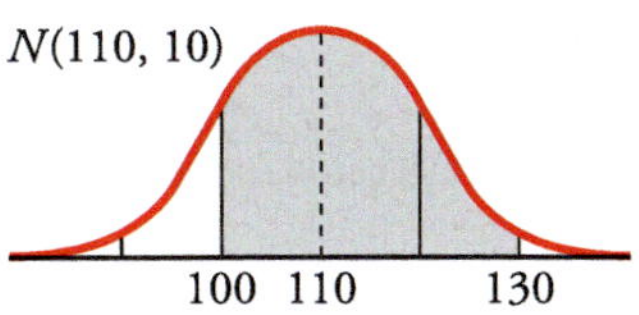

b) $0{,}9544 - 0{,}6826 = 0{,}2718$

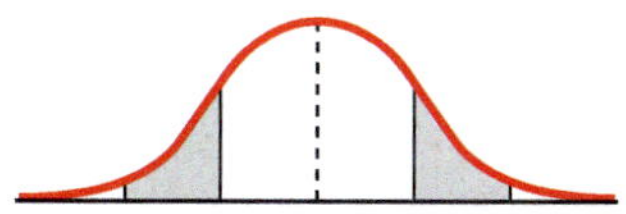

$\frac{1}{2} \cdot 0{,}2718 = 0{,}1359$

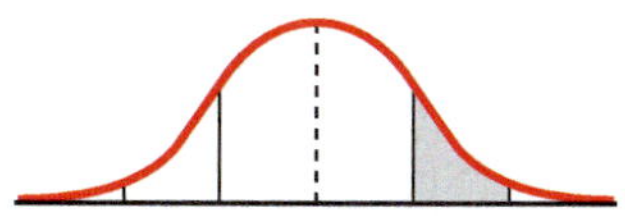

$0{,}6826 + 0{,}1359 = 0{,}8185$

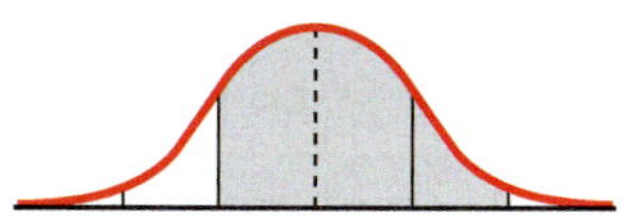

Exercicio proposto

1 Nunha distribución $N(110, 10)$, calcula:

a) $P[x > 110]$

b) $P[110 < x < 120]$

c) $P[110 < x < 130]$

d) $P[120 < x < 130]$

e) $P[90 < x < 100]$

f) $P[90 < x < 120]$

g) $P[x < 100]$

3 Cálculo de probabilidades en distribucións normais

No apartado anterior calculamos probabilidades nunha distribución normal, pero en todos os casos os extremos dos intervalos distaban da media un número enteiro de desviacións típicas, porque os datos que tiñamos só nos permitían chegar ata aí. Para poder obter probabilidades en intervalos non enteiros necesitamos máis datos.

Recalcamos esta idea cun novo exemplo.

Exercicio resolto

1 *Os pesos, en quilogramos, dos soldados dun recrutamento distribúense N(66, 8). Queremos saber que proporción deles pesa:*

a) Máis de 66.

b) Entre 66 e 82.

c) Menos de 58.

d) Menos de 70.

e) Máis de 80.

f) Entre 70 e 80.

Cales delas se poden resolver cos datos que temos?

Para resolvelo, expresaremos os extremos dos intervalos en función de μ e de σ ($\mu = 66$, $\sigma = 8$).

a) Máis de 66 kg $\rightarrow$ $\mu < x$ $\rightarrow$ 50 %

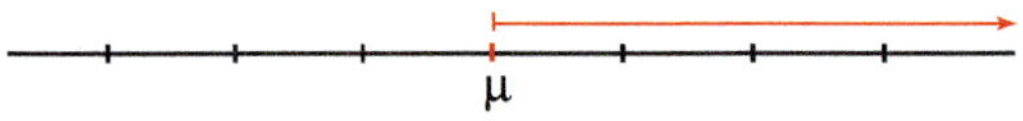

b) Entre 66 e 82 kg $\rightarrow$ $\mu < x < \mu + 2\sigma$ $\rightarrow$ 47,72 %

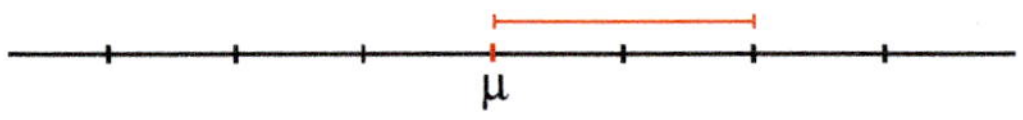

c) Menos de 58 kg $\rightarrow$ $x < \mu - \sigma$ $\rightarrow$ 15,87 %

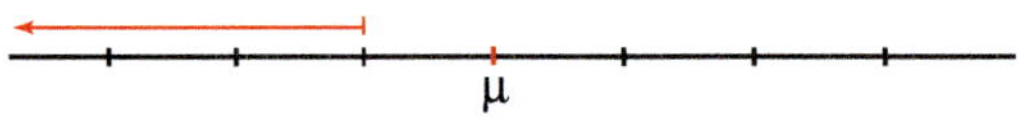

d) Menos de 70 kg $\rightarrow$ $x < \mu + 0{,}5\sigma$

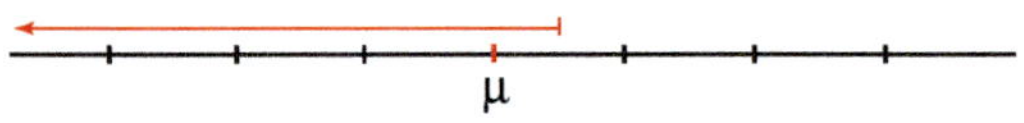

e) Máis de 80 kg $\rightarrow$ $\mu + 1{,}75\sigma < x$

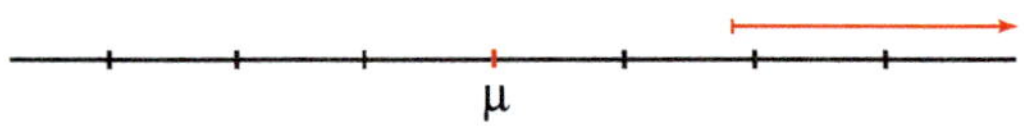

f) Entre 70 e 80 kg $\rightarrow$ $\mu + 0{,}5\sigma < x < \mu + 1{,}75\sigma$

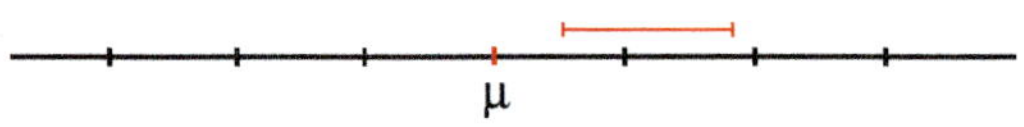

De momento, coa información que temos do apartado anterior, só podemos responder as tres primeiras preguntas.

Para responder aos apartados d), e) e f), necesitariamos coñecer a distribución de probabilidades para intervalos máis pequenos, cuxas amplitudes sexan fraccións de σ.

Na páxina seguinte damos unhas táboas que responden a esa necesidade.

Exercicio proposto

1 Calcula as probabilidades dos apartados a), b) e c) do exercicio resolto anterior.

Estima o valor aproximado das probabilidades d), e) e f) do mesmo exercicio.

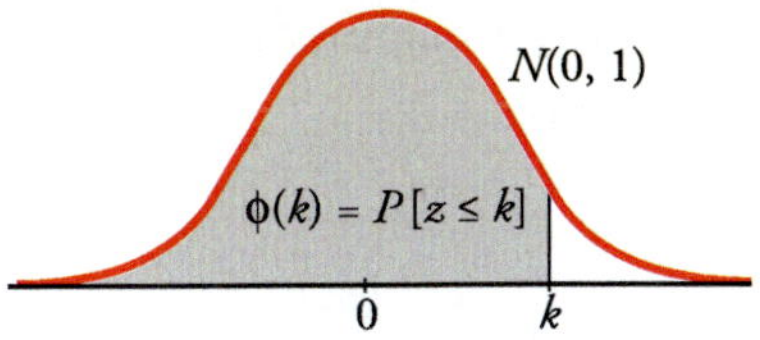

Táboa de áreas baixo a curva normal $N(0, 1)$

Para facilitar as expresións nos cambios de variables que se darán máis adiante, na distribución $N(0, 1)$, a variable adóitase designar pola letra z. A táboa que aparece a continuación dános as probabilidades $P[z \leq k]$ para valores de k de 0 a 3,99, de centésima en centésima. A estas probabilidades chámaselles $\phi(k)$:

$$\phi(k) = P[z \leq k], \quad z \text{ distribúese } N(0, 1)$$

	CENTÉSIMAS									
k	**0**	**1**	**2**	**3**	**4**	**5**	**6**	**7**	**8**	**9**
0,0	0,5000	0,5040	0,5080	0,5120	0,5160	0,5199	0,5239	0,5279	0,5319	0,5359
0,1	0,5398	0,5438	0,5478	0,5517	0,5557	0,5596	0,5636	0,5675	0,5714	0,5754
0,2	0,5793	0,5832	0,5871	0,5910	0,5948	0,5987	0,6026	0,6065	0,6103	0,6141
0,3	0,6179	0,6217	0,6255	0,6293	0,6331	0,6368	0,6406	0,6443	0,6480	0,6517
0,4	0,6554	0,6591	0,6628	0,6664	0,6700	0,6736	0,6772	0,6808	0,6844	0,6879
0,5	0,6915	0,6950	0,6985	0,7019	0,7054	0,7088	0,7123	0,7157	0,7190	0,7224
0,6	0,7258	0,7291	0,7324	0,7357	0,7389	0,7422	0,7454	0,7486	0,7518	0,7549
0,7	0,7580	0,7612	0,7642	0,7673	0,7704	0,7734	0,7764	0,7794	0,7823	0,7852
0,8	0,7881	0,7910	0,7939	0,7967	0,7996	0,8023	0,8051	0,8078	0,8106	0,8133
0,9	0,8159	0,8186	0,8212	0,8238	0,8264	0,8289	0,8315	0,8340	0,8365	0,8389
1,0	0,8413	0,8438	0,8461	0,8485	0,8508	0,8531	0,8554	0,8577	0,8599	0,8621
1,1	0,8643	0,8665	0,8686	0,8708	0,8729	0,8749	0,8770	0,8790	0,8810	0,8830
1,2	0,8849	0,8869	0,8888	0,8907	0,8925	0,8944	0,8962	0,8980	0,8997	0,9015
1,3	0,9032	0,9049	0,9066	0,9082	0,9099	0,9115	0,9131	0,9147	0,9162	0,9177
1,4	0,9192	0,9207	0,9222	0,9236	0,9251	0,9265	0,9279	0,9292	0,9306	0,9319
1,5	0,9332	0,9345	0,9357	0,9370	0,9382	0,9394	0,9406	0,9418	0,9429	0,9441
1,6	0,9452	0,9463	0,9474	0,9484	0,9495	0,9505	0,9515	0,9525	0,9535	0,9545
1,7	0,9554	0,9564	0,9573	0,9582	0,9591	0,9599	0,9608	0,9616	0,9625	0,9633
1,8	0,9641	0,9649	0,9656	0,9664	0,9671	0,9678	0,9686	0,9693	0,9699	0,9706
1,9	0,9713	0,9719	0,9726	0,9732	0,9738	0,9744	0,9750	0,9756	0,9761	0,9767
2,0	0,9772	0,9778	0,9783	0,9788	0,9793	0,9798	0,9803	0,9808	0,9812	0,9817
2,1	0,9821	0,9826	0,9830	0,9834	0,9838	0,9842	0,9846	0,9850	0,9854	0,9857
2,2	0,9861	0,9864	0,9868	0,9871	0,9875	0,9878	0,9881	0,9884	0,9887	0,9890
2,3	0,9893	0,9896	0,9898	0,9901	0,9904	0,9906	0,9909	0,9911	0,9913	0,9916
2,4	0,9918	0,9920	0,9922	0,9925	0,9927	0,9929	0,9931	0,9932	0,9934	0,9936
2,5	0,9938	0,9940	0,9941	0,9943	0,9945	0,9946	0,9948	0,9949	0,9951	0,9952
2,6	0,9953	0,9955	0,9956	0,9957	0,9959	0,9960	0,9961	0,9962	0,9963	0,9964
2,7	0,9965	0,9966	0,9967	0,9968	0,9969	0,9970	0,9971	0,9972	0,9973	0,9974
2,8	0,9974	0,9975	0,9976	0,9977	0,9977	0,9978	0,9979	0,9979	0,9980	0,9981
2,9	0,9981	0,9982	0,9982	0,9983	0,9984	0,9984	0,9985	0,9985	0,9986	0,9986
3,0	0,9987	0,9987	0,9987	0,9988	0,9988	0,9989	0,9989	0,9989	0,9990	0,9990
3,1	0,9990	0,9991	0,9991	0,9991	0,9992	0,9992	0,9992	0,9992	0,9993	0,9993
3,2	0,9993	0,9993	0,9994	0,9994	0,9994	0,9994	0,9994	0,9995	0,9995	0,9995
3,3	0,9995	0,9995	0,9995	0,9996	0,9996	0,9996	0,9996	0,9996	0,9996	0,9997
3,4	0,9997	0,9997	0,9997	0,9997	0,9997	0,9997	0,9997	0,9997	0,9997	0,9998
3,5	0,9998	0,9998	0,9998	0,9998	0,9998	0,9998	0,9998	0,9998	0,9998	0,9998
3,6	0,9998	0,9998	0,9999	0,9999	0,9999	0,9999	0,9999	0,9999	0,9999	0,9999
3,7	0,9999	0,9999	0,9999	0,9999	0,9999	0,9999	0,9999	0,9999	0,9999	0,9999
3,8	0,9999	0,9999	0,9999	0,9999	0,9999	0,9999	0,9999	0,9999	0,9999	0,9999
3,9	1,0000	1,0000	1,0000	1,0000	1,0000	1,0000	1,0000	1,0000	1,0000	1,0000

UNIDADES E DÉCIMAS

O valor de k búscase así:

Unidades e **décimas** na columna da esquerda.

Centésimas na fila de arriba.

O número que nos dá a táboa é o valor de:

$$\phi(k) = P[z \leq k]$$

- Exemplos:

$P[z \leq 0{,}45] = \phi(0{,}45) = 0{,}6736$

$P[z \leq 1{,}2] = \phi(1{,}20) = 0{,}8849$

$P[z \leq 1] = \phi(1{,}00) = 0{,}8413$

Reciprocamente, se coñecemos o valor da probabilidade $\phi(k)$, pódese saber o valor de k.

- Exemplos:

$P[z \leq k] = \phi(k) = 0{,}7190 \rightarrow k = 0{,}58$

$P[z \leq k] = \phi(k) = 0{,}8643 \rightarrow k = 1{,}10$

$P[z \leq k] = \phi(k) = 0{,}5560 \rightarrow k \approx 0{,}14$

Na web

Táboa da normal.

Recordemos que nunha distribución de variable continua as probabilidades puntuais son nulas: $P[x = k] = 0$. Polo tanto, $P[x \leq k] = P[x < k]$.

Exercicios propostos

2 Acha as seguintes probabilidades:

a) $P[z \leq 0{,}84]$ b) $P[z < 1{,}5]$

c) $P[z < 2]$ d) $P[z < 1{,}87]$

e) $P[z < 2{,}35]$ f) $P[z \leq 0]$

g) $P[z < 4]$ h) $P[z = 1]$

3 Di o valor de k en cada caso:

a) $P[z \leq k] = 0{,}7019$ b) $P[z < k] = 0{,}8997$

c) $P[z \leq k] = 0{,}5040$ d) $P[z < k] = 0{,}7054$

4 Di o valor aproximado de k en cada caso:

a) $P[z < k] = 0{,}9533$ b) $P[z \leq k] = 0{,}62$

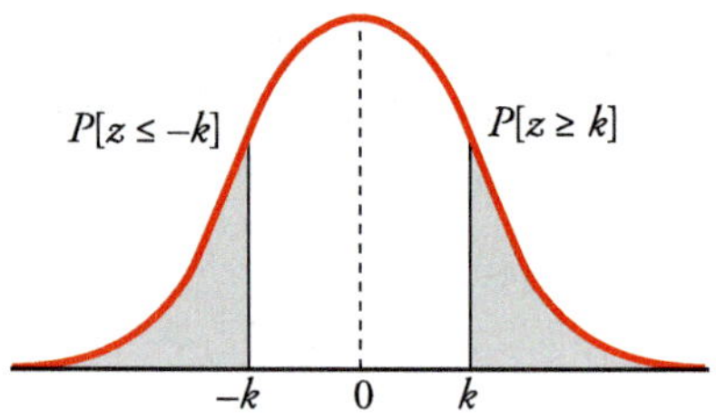

Cálculo de probabilidades nunha distribución *N(0, 1)*

- Se $k \geq 0$, as probabilidades $P[z \leq k] = P[z < k] = \phi(k)$ atópanse directamente nas táboas.
- $P[z \geq k] = 1 - P[z < k] = 1 - \phi(k)$
- Para abscisas negativas (lembra que a curva é simétrica),
  $P[z \leq -k] = P[z \geq k] = 1 - \phi(k)$

As restantes probabilidades pódense obter a partir destas como se ve nos seguintes exemplos:

1. $P[z \geq 1{,}73] = 1 - P[z < 1{,}73] = 1 - \phi(1{,}73) =$
   $= 1 - 0{,}9582 = 0{,}0418$

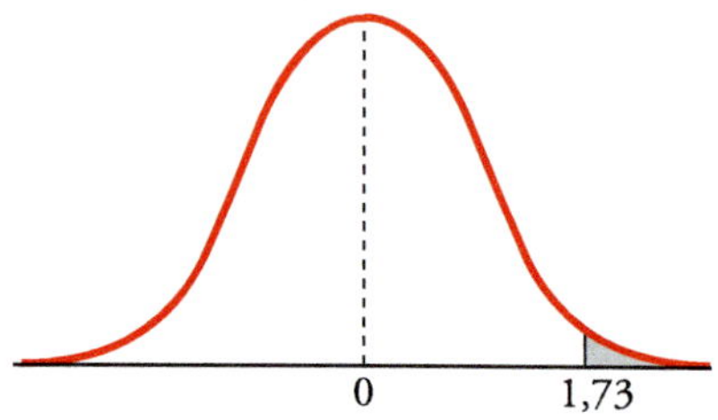

2. $P[0{,}21 < z \leq 1{,}34] = \phi(1{,}34) - \phi(0{,}21) =$
   $= 0{,}9099 - 0{,}5832 = 0{,}3267$

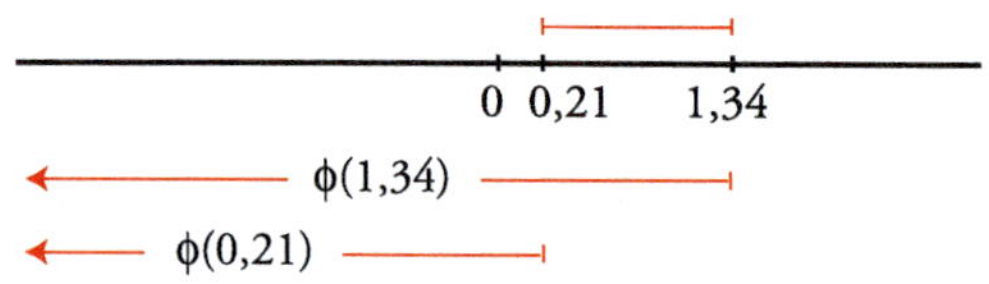

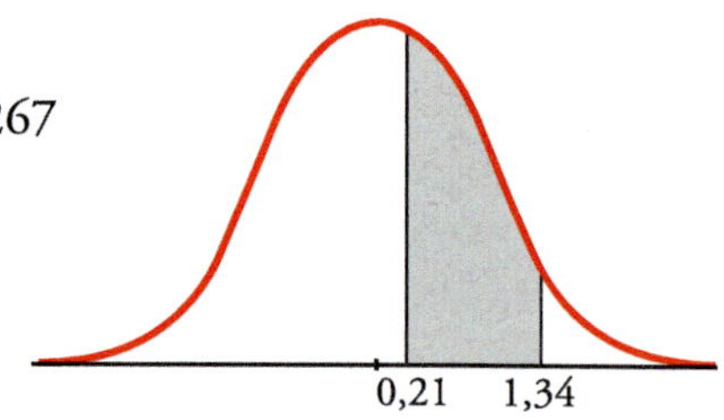

3. $P[-0{,}83 < z \leq 2{,}3] = P[z \leq 2{,}3] - P[z \leq -0{,}83] =$
   $= \phi(2{,}3) - P[z \geq 0{,}83] = \phi(2{,}3) - (1 - \phi(0{,}83)) =$
   $= \phi(2{,}3) + \phi(0{,}83) - 1 = 0{,}9893 + 0{,}7967 - 1 =$
   $= 0{,}7860$

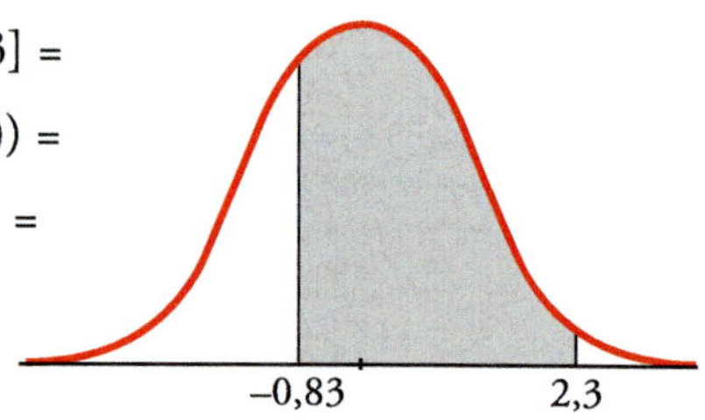

4. $P[-1{,}95 < z < -1] = P[1 < z < 1{,}95] = \phi(1{,}95) - \phi(1) =$
   $= 0{,}9744 - 0{,}8413 = 0{,}1331$

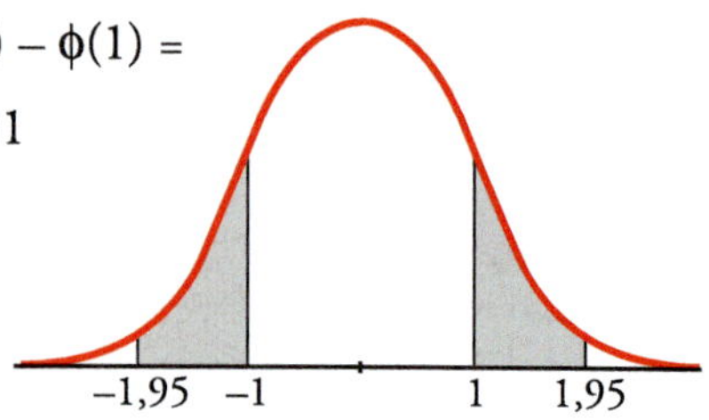

Exercicios propostos

5 Acha:

a) $P[z > 1{,}3]$ b) $P[z < -1{,}3]$ c) $P[z > -1{,}3]$

d) $P[1{,}3 < z < 1{,}96]$ e) $P[-1{,}96 < z < -1{,}3]$

f) $P[-1{,}3 < z < 1{,}96]$ g) $P[-1{,}96 < z < 1{,}96]$

6 Acha, a partir da táboa, as seguintes probabilidades.

a) $P[-1 \leq z \leq 1]$ b) $P[-2 \leq z \leq 2]$

c) $P[-3 \leq z \leq 3]$ d) $P[-4 \leq z \leq 4]$

e) $P[0 \leq z \leq 1]$ f) $P[0 \leq z \leq 4]$

Cálculo de probabilidades nunha distribución $N(\mu, \sigma)$

Como xa sabemos, as probabilidades en dúas distribucións normais calquera repártense de forma análoga. Polo tanto, para calcular probabilidades nunha distribución $N(\mu, \sigma)$, relacionarémola coa $N(0, 1)$, *para a cal dispoñemos do recurso das táboas. Por exemplo:*

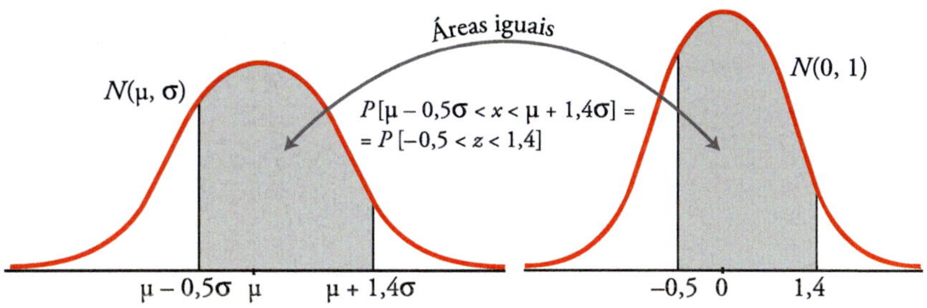

Na web

Animación interactiva na que se compara unha $N(\mu, \sigma)$ cunha $N(0, 1)$.

Para establecer a relación coa $N(0, 1)$, *haberá que expresar os extremos dos intervalos en número de desviacións típicas que se separan da media.* A isto chámaselle **tipificar** a variable.

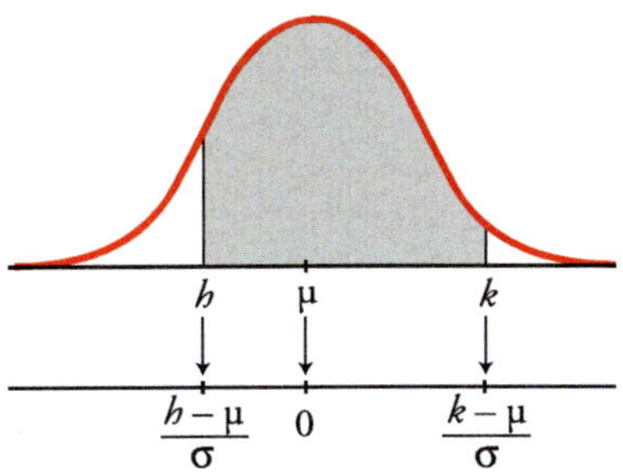

Se x é $N(\mu, \sigma)$, para calcular a probabilidade $P[h < x < k]$ procédese do seguinte xeito:

$$P[h < x < k] = P\left[\frac{h-\mu}{\sigma} < z < \frac{k-\mu}{\sigma}\right]$$

O cambio $k \longrightarrow \dfrac{k-\mu}{\sigma}$ chámase **tipificación da variable.**

A variable xa tipificada, z, segue unha distribución $N(0, 1)$.

ATENCIÓN: Observa que chamamos x á variable dunha distribución $N(\mu, \sigma)$ calquera, e z á variable da distribución $N(0, 1)$. *Así o faremos sempre.*

Exercicio resolto

1 *Nunha N(6, 4), calcular as probabilidades seguintes:*

a) $P[x \le 3]$

b) $P[x \ge 12]$

c) $P[5 \le x \le 8]$

a) $P[x \le 3] = P\left[z \le \frac{3-6}{4}\right] = P[z \le -0{,}75] = 1 - \phi(0{,}75) =$

$= 1 - 0{,}7734 = 0{,}2266$

b) $P[x \ge 12] = P\left[z \ge \frac{12-6}{4}\right] = P[z \ge 1{,}5] = 1 - P[z \le 1{,}5] =$

$= 1 - \phi(1{,}5) = 1 - 0{,}9332 = 0{,}0668$

c) $P[5 \le x \le 8] = P[-0{,}25 \le z \le 0{,}5] = P[z \le 0{,}5] - P[z \le -0{,}25] =$

$= P[z \le 0{,}5] - (1 - P[z \le 0{,}25]) = \phi(0{,}5) + \phi(0{,}25) - 1 =$

$= 0{,}6915 + 0{,}5987 - 1 = 0{,}2902$

Exercicio proposto

7 Nunha distribución $N(173, 6)$, acha as seguintes probabilidades:

a) $P[x \le 173]$ b) $P[x \ge 180{,}5]$ c) $P[174 \le x \le 180{,}5]$ d) $P[161 \le x \le 180{,}5]$ e) $P[161 \le x \le 170]$ f) $P[x = 174]$ g) $P[x > 191]$ h) $P[x < 155]$

Na web Exercicios de cálculo de probabilidades nunha distribución $N(\mu, \sigma)$.

4 A distribución binomial aproxímase á normal

Imos ver que, para certos valores de n e p, as distribucións binomiais teñen un extraordinario parecido coas correspondentes distribucións normais.

Empecemos observando estas distribucións $B\left(n, \frac{1}{2}\right)$ para distintos valores de n:

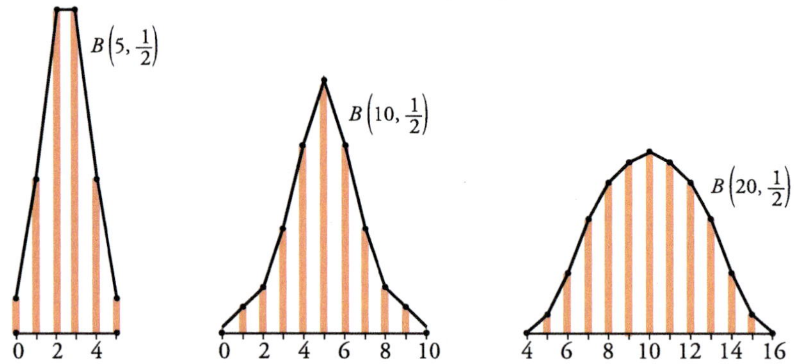

A probabilidade vén marcada polas barras. As liñas que as envolven trazáronse para marcar a súa similitude coa normal, que na segunda é clara, e na terceira, notable.

Podes observar o mesmo efecto con binomiais $B\left(n, \frac{1}{5}\right)$: como ao aumentar n, as curvas se parecen cada vez máis á normal.

Míraas ben. A primeira ($n = 5$) non se parece en nada á curva normal.

Pouco a pouco vanse parecendo a ela máis e máis.

A última, unha binomial $B(50; 0{,}2)$, é case exactamente unha curva normal.

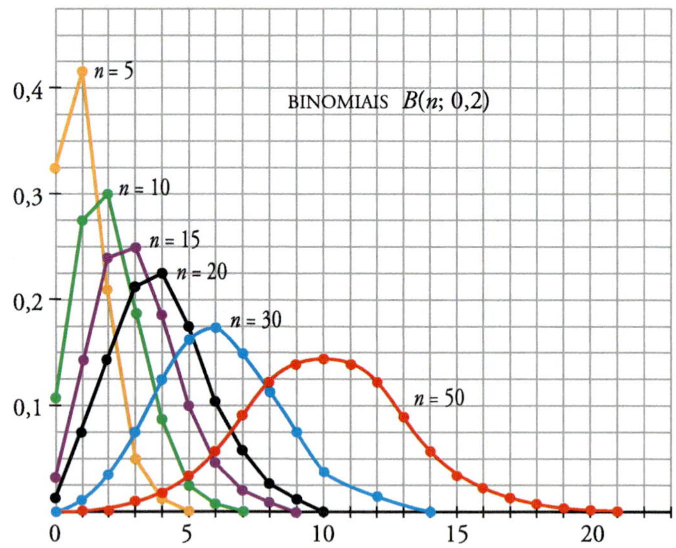

En xeral, unha binomial $B(n, p)$ parécese a unha curva normal máis canto maior é o produto np (ou nq, se $q < p$).

Cando np e nq son ambos os dous maiores que 3, a aproximación é bastante boa. E se superan 5, a aproximación é case perfecta.

Naturalmente, a curva normal á cal se aproxima ten a mesma media e a mesma desviación típica que a binomial, é dicir:

$$\mu = np \qquad \sigma = \sqrt{npq}$$

Importante

Se $n \cdot p \geq 3$ e $n \cdot q \geq 3$, entón:

$$B(n, p) \approx N(np, \sqrt{npq})$$

Nesta similitude non se debe esquecer que a binomial é discreta, e a normal, continua. Na páxina seguinte aténdese a esta importante diferenza.

Ten en conta

Se x é $B(n, p)$ e x' é $N(np, \sqrt{npq})$:

$$P[x = k] = P[k - 0,5 < x' < k + 0,5]$$

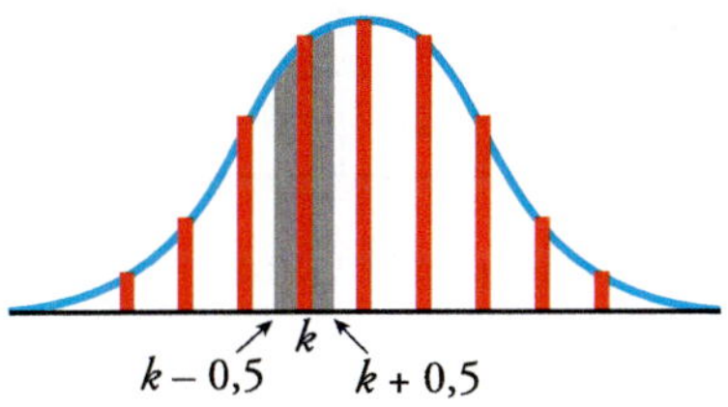

A área da parte gris, de base 1, é practicamente igual á lonxitude da barra vermella.

Regra práctica para calcular probabilidades mediante o paso dunha binomial a unha normal

Se x é $B(n, p)$ se parece moito a x', $N(np, \sqrt{npq})$, o cálculo de probabilidades de x pode facerse a partir de x' do seguinte modo:

$$P[x = k] = P[k - 0,5 < x' < k + 0,5]$$

É dicir, a cada valor puntual de x $(0, 1, 2, \dots, k, \dots, n)$ asóciaselle en x' un intervalo centrado en k e de raio 0,5. Polo tanto:

$$P[a \le x < b] = P[a - 0,5 < x' < b - 0,5]$$

$$P[a < x \le b] = P[a + 0,5 < x' < b + 0,5]$$

$$P[a < x] = P[a + 0,5 < x']$$

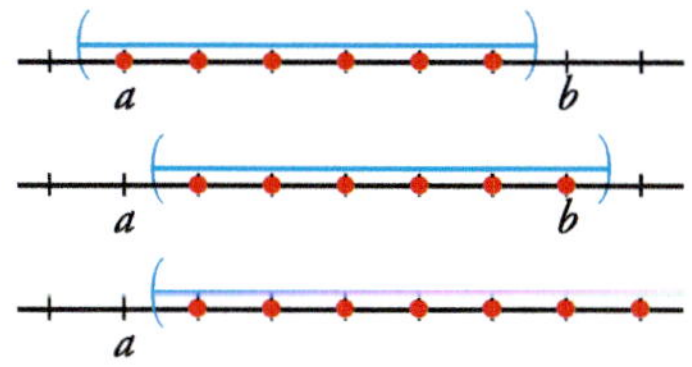

Por exemplo:

- $P[3 < x < 5] = P[x = 4] = P[3,5 < x' < 4,5]$
- $P[3 \le x < 5] = P[x = 3 \text{ ou } x = 4] = P[2,5 < x' < 4,5]$
- $P[3 \le x \le 5] = P[x = 3 \text{ ou } x = 4 \text{ ou } x = 5] = P[2,5 < x' < 5,5]$

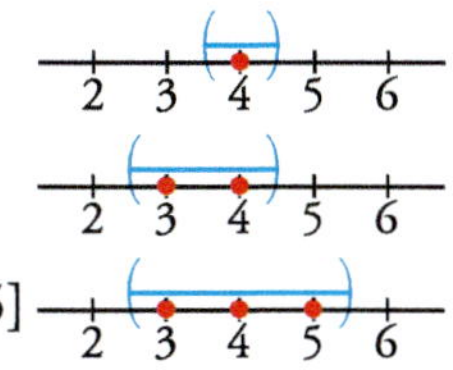

Exercicios resoltos

1 *Nunha distribución B(200; 0,3), calcular P[x ≥ 70].*

$$\left.\begin{aligned}\mu &= 200 \cdot 0,3 = 60\\ \sigma &= \sqrt{200 \cdot 0,3 \cdot 0,7} = 6,48\end{aligned}\right\}$$ Xa vemos que $np > 5$ e é claro que nq tamén.

$$x \text{ é } B(200; 0,3) \;\rightarrow\; x' \text{ é } N(60; 6,48) \;\rightarrow\; z \text{ é } N(0, 1)$$

$$P[x \ge 70] = P[x' > 69,5] = P\left[z > \frac{69,5 - 60}{6,48}\right] = P[z > 1,47] =$$

$$= 1 - P[z \le 1,47] = 1 - \phi(1,47) = 0,0708$$

2 *O 2% dos parafusos fabricados por unha máquina presenta defectos. Nun lote de 2 000 parafusos, cal é a probabilidade de que haxa menos de 50 defectuosos?*

É unha binomial $B(2\,000; 0,02)$, *con* $\mu = np = 40$ e $\sigma = \sqrt{npq} = 6,26$.

Xa vemos que $np = 40 > 5$ e tamén $nq > 5$. Polo tanto, podemos asegurar que se aproxima á normal $N(40; 6,26)$.

$$x \text{ é } B(2\,000; 0,02) \;\rightarrow\; x' \text{ é } N(40; 6,26) \;\rightarrow\; z \text{ é } N(0, 1)$$

$$P[x < 50] = P[x' \le 49,5] = P\left[z \le \frac{49,5 - 40}{6,26}\right] = P[z \le 1,52] =$$

$$= \phi(1,52) = 0,9357$$

A probabilidade pedida é 0,9357.

Exercicio proposto

1 Calcula as probabilidades das seguintes distribucións binomiais mediante a súa correspondente aproximación á normal. En todas elas, ten en conta o axuste de media unidade que hai que facer ao pasar dunha variable discreta a unha continua.

a) x é $B(100; 0,1)$. Calcula $P[x = 10]$, $P[x < 2]$ e $P[5 < x < 15]$.

b) x é $B(1\,000; 0,02)$. Calcula $P[x > 30]$ e $P[x < 80]$.

c) x é $B(50; 0,9)$. Calcula $P[x > 45]$ e $P[x \le 30]$.

5 Axuste dun conxunto de datos a unha distribución normal

Con frecuencia convén saber se pode supoñerse que unha serie de datos obtidos experimentalmente (distribución empírica) provén dalgunha distribución normal (distribución teórica). Como proceder? Vexámolo cun exemplo.

Pasouse unha proba a 119 alumnos e alumnas e obtivéronse os seguintes resultados:

PUNTUACIÓN	1	2	3	4	5	6	7	8	9	10
N.° DE ALUMNOS	2	9	17	22	19	18	20	6	5	1

É razoable supoñer que estes resultados proceden dunha distribución normal?

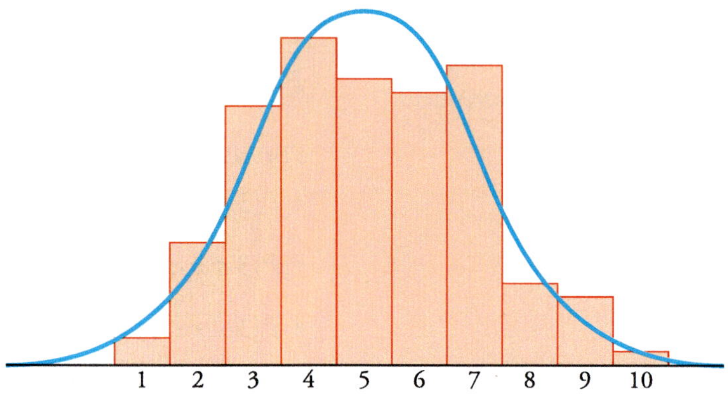

Debemos comparar a distribución empírica, representada mediante un histograma de barras vermellas, cunha distribución teórica, normal, cuxa media e cuxa desviación típica coincidan coas da distribución empírica.

A comparación que sobre a gráfica se realiza visualmente hai que facela numericamente e, en definitiva, consiste en decidir se as diferenzas observadas se poden atribuír ao azar ou non.

Para estudar se unha serie de n datos obtidos experimentalmente pode provir dunha distribución normal, procedemos do seguinte modo:

- Calculamos os parámetros $\bar{x}$ (media) e s (desviación típica) da distribución empírica.
- Comparamos a distribución empírica cunha normal $N(\mu, \sigma)$, con $\mu = \bar{x}$ e $\sigma = s$.
  - Para efectuar a comparación, partimos o percorrido da variable en intervalos, $[x_k, x_{k+1}]$, e descubrimos como se repartirían neses intervalos n individuos dunha distribución $N(\mu, \sigma)$.
  - Achamos a diferenza, en cada intervalo, dos números teórico e empírico.
  - Se a maior das diferenzas é suficientemente pequena, aceptamos(*) a hipótese de normalidade, pois supoñemos que as diferenzas son debidas ao azar.
  - Se a maior das diferenzas é grande, rexeitamos a hipótese de normalidade.

(*) En rigor, se as diferenzas son pequenas, o que se deduce é que "non" hai motivos para rexeitar a hipótese de normalidade". Non obstante, aquí, para simplificar, diremos que "se acepta a hipótese de normalidade".

Exercicio resolto

1 *Resolver numericamente o axuste formulado na páxina anterior referente ás puntuacións de 119 alumnos nunha proba.*

Para resolvelo, damos os seguintes pasos:

- Calculamos os parámetros $\bar{x}$ e s desta distribución. Obtemos: $\bar{x} = 5{,}08$, $s = 1{,}96$.
- Debemos comparar, pois, a distribución empírica cunha normal $N(40; 6{,}26)$. Para iso:
  - Partimos en intervalos ou percorrido da variable: [0,5; 1,5], [1,5; 2,5], [2,5; 3,5], …, [9,5; 10,5] e vemos como se distribuirían 119 individuos dunha teórica $N(5{,}08; 1{,}96)$ nestes intervalos.
  - *Logo compararemos esa distribución coa distribución empírica e avaliaremos as diferenzas.*

EXTREMOS DE INTERVALOS x_k	EXTREMOS TIPIFICADOS z_k	$P[z \le z_k]$	$p_k = P[z_k < z < z_{k+1}]$	$119 \cdot p_k$	NÚMEROS TEÓRICOS	NÚMEROS OBTIDOS	|DIFERENZAS|
0,5	–2,34	0,0096					
			0,0240	2,8	3	2	1
1,5	–1,83	0,0336					
			0,0598	7,1	7	9	2
2,5	–1,32	0,0934					
			0,1156	13,7	14	17	3
3,5	–0,81	0,2090					
			0,1731	20,6	21	22	1
4,5	–0,30	0,3821					
			0,2011	23,9	24	19	5
5,5	0,21	0,5832					
			0,1810	21,5	22	18	4
6,5	0,72	0,7642					
			0,1265	15,1	15	20	5
7,5	1,23	0,8907					
			0,0648	7,7	8	6	2
8,5	1,74	0,9591					
			0,0290	3,5	4	5	1
9,5	2,26	0,9881					
			0,0091	1,1	1	1	0
10,5	2,77	0,9972					

A maior das diferenzas, 5, é suficientemente pequena como para aceptar que os datos empíricos proveñen dunha distribución normal, polo cal as discrepancias son atribuíbles ao azar.

Atención! Observa que o último paso —decidir se as diferenzas son suficientemente pequenas ou non o son— se realizou de xeito subxectivo. Existen métodos estatísticos, de nivel superior ao deste curso, cos cales se toma esta decisión de forma absolutamente rigorosa. Non obstante, seguiremos facéndoo deste xeito, pero sendo conscientes de que o método debe mellorarse.

Exercicio proposto

1 A táboa adxunta corresponde ás estaturas de 1400 rapazas. Estuda se é aceptable considerar que proveñen dunha distribución normal.

EXTREMOS DE INTERVALOS	138,5 - 143,5 - 148,5 - 153,5 - 158,5 - 163,5 - 168,5 - 173,5 - 178,5 - 183,5
FRECUENCIAS	2 25 146 327 428 314 124 29 5

Exercicios e problemas resoltos

1. Función de densidade

a) Calcular o valor de k para que f(x) sexa función de densidade.

$$f(x)=\begin{cases} kx & \text{se } 0\le x\le 2 \\ k & \text{se } 2<x\le 4 \\ 0 & \text{no resto}\end{cases}$$

b) Achar as seguintes probabilidades: $P[x \le 1]$ e $P[1 \le x \le 3]$.

a) Representamos a gráfica en función do parámetro k.

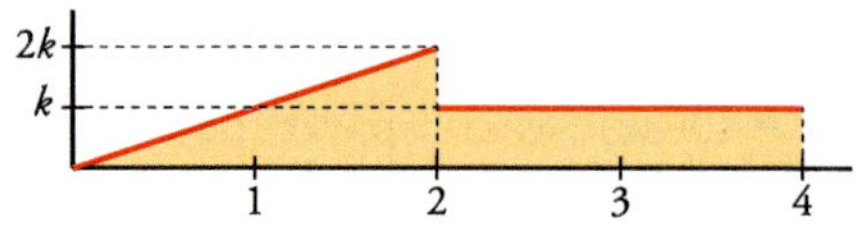

A área do recinto laranxa é $\frac{2\cdot 2k}{2}+2k=4k$. Como a área encerrada baixo a función de densidade debe ser igual a 1, entón: $4k=1 \rightarrow k=1/4$.

b) Representamos a función de densidade co valor de k achado.

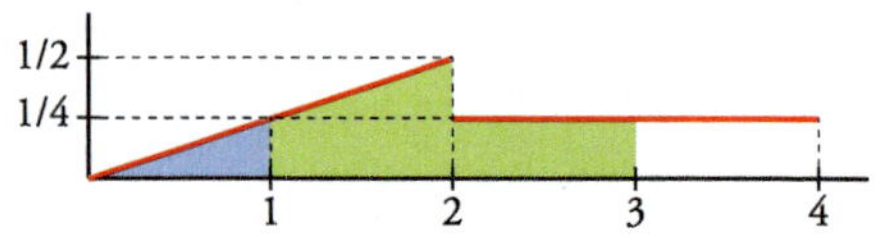

$P[x \le 1]$ é a área do recinto azul, un triángulo de base 1 e altura 1/4:

$$P[x\le 1]=\frac{1\cdot(1/4)}{2}=\frac{1}{8}=0{,}125$$

$P[1 \le x \le 3]$ é a área do recinto verde; é dicir, a área do trapecio rectángulo de bases 1/4 e 1/2 e altura 1 mais a área do rectángulo de base 1 e altura 1/4.

$$P[1\le x\le 3]=\frac{(1/2)+(1/4)}{2}\cdot 1+\frac{1}{4}\cdot 1=\frac{5}{8}=0{,}625$$

Faino ti. Acha o valor de k para que $f(x) = 0{,}4 + kx$, se $x \in [0, 4]$ e 0 no resto, sexa función de densidade. Calcula $P[x \ge 3]$, $P[x \le 1]$ e $P[1 \le x \le 3]$.

2. Manexo da táboa da *N*(0, 1)

Nunha distribución normal N(0, 1), calcular as seguintes probabilidades:

a) $P[z \le 1{,}2]$

b) $P[z \ge 1{,}15]$

c) $P[z \le -0{,}83]$

d) $P[z > -1{,}27]$

e) $P[0{,}7 < z < 1{,}6]$

f) $P[-1 < z < 0{,}35]$

g) $P[-1{,}27 < z < -0{,}83]$

a)

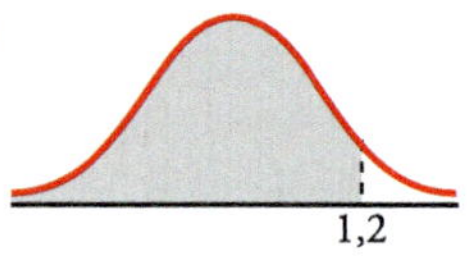

Obtense directamente nas táboas.

$P[z \le 1{,}2] = \phi(1{,}2) = 0{,}8849$

b)

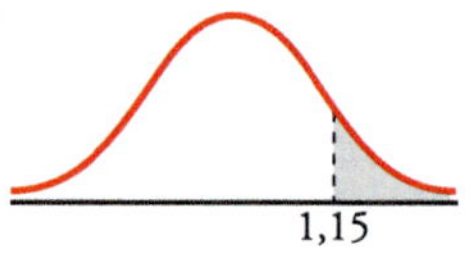

$z \ge 1{,}15$ é o contrario de $z < 1{,}15$

$P[z \ge 1{,}15] = 1 - P[z < 1{,}15] = 1 - \phi(1{,}15) =$
$= 1 - 0{,}8749 = 0{,}1251$

c)

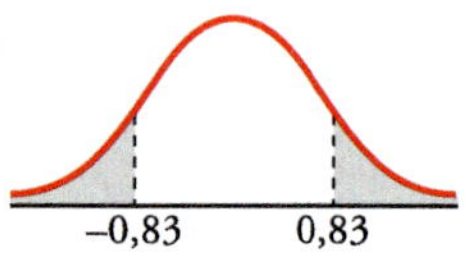

Resólvese por simetría.

$P[z \le -0{,}83] = P[z > 0{,}83] = 1 - P[z \le 0{,}83] =$
$= 1 - \phi(0{,}83) = 1 - 0{,}7967 = 0{,}2033$

d)

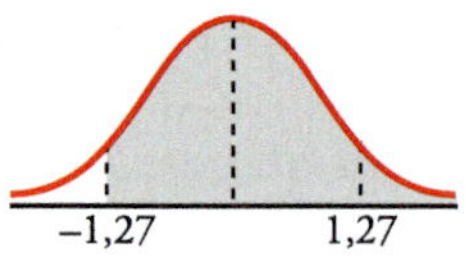

Resólvese por simetría.

$P[z > -1{,}27] = P[z \le 1{,}27] = \phi(1{,}27) = 0{,}8980$

e)

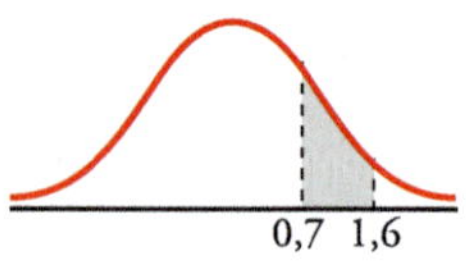

É a diferenza de dúas probabilidades que se obteñen directamente das táboas.

$P[0{,}7 < z < 1{,}6] = P[z \le 1{,}6] - P[z \le 0{,}7] =$
$= \phi(1{,}6) - \phi(0{,}7) = 0{,}9452 - 0{,}7580 = 0{,}1872$

f)

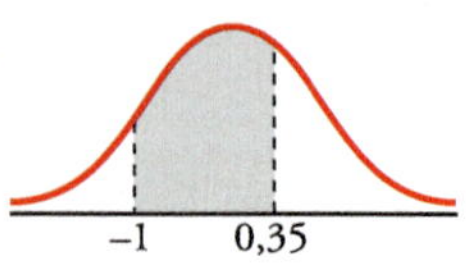

É a diferenza de dúas probabilidades: unha delas obtense nas táboas e a outra resólvese por simetría.

$P[-1 < z < 0{,}35] = P[z \le 0{,}35] - (1 - P[z \le 1]) =$
$= \phi(0{,}35) - [1 - \phi(1)] = 0{,}6368 - 1 + 0{,}8413 = 0{,}4781$

g)

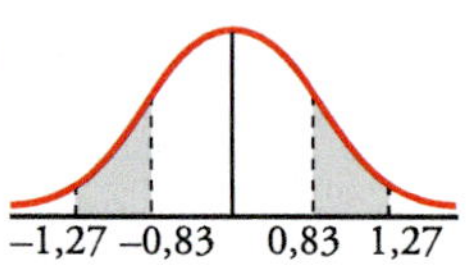

Resólvese por simetría.

$P[-1{,}27 < z < -0{,}83] = P[0{,}83 < z < 1{,}27] =$
$= P[z \le 1{,}27] - P[z \le 0{,}83] = \phi(1{,}27) - \phi(0{,}83) =$
$= 0{,}8980 - 0{,}7967 = 0{,}1013$

Faino ti. Calcula $P[-0{,}83 < z < 0{,}83]$.

3. Distribución normal

A distribución do número de atúns capturados polos barcos pesqueiros que saen a traballar en certa zona é unha normal de media 110. Sábese que, tomando un barco ao azar, a probabilidade de que capture máis de 125 atúns é 0,1587.

a) Calcular a desviación típica da distribución.

b) Considérase que a campaña foi boa se se capturan máis de 100 atúns. Que porcentaxe estimada de barcos non terá unha boa campaña?

c) Cantos atúns debe capturar un barco para estar no percentil 90?

a) Sabemos que x segue unha $N(110, \sigma)$, e chamamos z á variable tipificada $N(0, 1)$.

$$P[x > 125] = P\left[z > \frac{125-110}{\sigma}\right] = P\left[z > \frac{15}{\sigma}\right] = 1 - \phi\left(\frac{15}{\sigma}\right) = 0,1587 \rightarrow$$

$$\rightarrow \phi\left(\frac{15}{\sigma}\right) = 0,8413$$

Miramos a táboa: se $\phi(k) = 0,8413 \rightarrow k = 1$

$$\frac{15}{\sigma} = 1 \rightarrow \sigma = 15$$

b) Calculamos $P[x \le 100]$ e multiplicamos o resultado por 100 para expresalo en tantos por cento.

$$P[x \le 100] = P\left[z \le \frac{100-110}{15}\right] = P[z \le -0,67] = 1 - P[z \le 0,67] =$$

$$= 1 - \phi(0,67) = 1 - 0,7486 = 0,2514$$

A porcentaxe de barcos que non terán unha boa campaña é do 25 %.

c) Temos que calcular o valor da variable que deixa por debaixo del ao 90 % da poboación. Coñecemos o valor da probabilidade e temos que achar k.

$$P[z \le k] = \phi(k) = 0,90$$

Buscamos na táboa o valor máis próximo a 0,90 $\rightarrow$ 0,8997, que corresponde a $k = 1,28$.

Neste caso hai que realizar o proceso oposto á tipificación: coñecemos o valor tipificado e debemos de obter o valor sen tipificar.

$$\frac{k'-110}{15} = 1,28 \rightarrow k = 15 \cdot 1,28 + 110 = 129,2$$

Para estar no percentil 90 hai que capturar 129 atúns.

4. Aproximación da binomial á normal

Nunha clase hai 30 alumnos.

a) Cal é a probabilidade de que polo menos un alumno nacese en decembro?

b) Cal é a probabilidade de que polo menos un terzo da clase nacese en verán?

a) Trátase dunha distribución binomial $B(30, 1/12) = B(30; 0,083)$.

Neste caso non nos interesa aproximar a binomial á normal, xa que é doado resolvelo coa fórmula da binomial. Pero se a resolución o requirise, como $np = 30 \cdot 0,083 = 2,49 < 3$, non poderiamos facelo.

Que polo menos un alumno nacese en decembro é o contrario de que ningún nacese en decembro. Polo tanto:

$$P[x \ge 1] = 1 - P[x = 0] = 1 - 0,917^{30} = 1 - 0,074 = 0,926$$

b) Agora a distribución é binomial $B(30, 1/4) = B(30; 0,25)$.

Como $np = 30 \cdot 0,25 = 7,5 > 3$, podemos aproximar a distribución binomial á normal. Para iso, debemos calcular μ e σ na binomial.

$$\mu = 7,5 \qquad \sigma = \sqrt{30 \cdot 0,25 \cdot 0,75} = 2,37$$

x é $B(30; 0,25) \rightarrow x'$ é $N(7,5; 2,37) \rightarrow z$ é $N(0, 1)$

Para calcular $P[x \ge 10]$ é fundamental interpretar correctamente os extremos do intervalo para x', tendo en conta que x é discreta e x' é continua.

$$P[x \ge 10] = P[x' > 9,5] = P\left[z > \frac{9,5-7,5}{2,37}\right] = P[z > 0,84] = 1 - P[z \le 0,84] =$$

$$= 1 - \phi(0,84) = 1 - 0,7996 = 0,2004$$

Faino ti. a) No primeiro apartado tomamos decembro como 1/12 do ano. Acha a mesma probabilidade tomando decembro como 31 días dos 365 días do ano.

b) Que probabilidade hai de que polo menos 5 alumnos nacesen un domingo?

Exercicios e problemas guiados

1. Funcións de densidade

a) Calcular o valor de a para que f(x) sexa función de densidade.

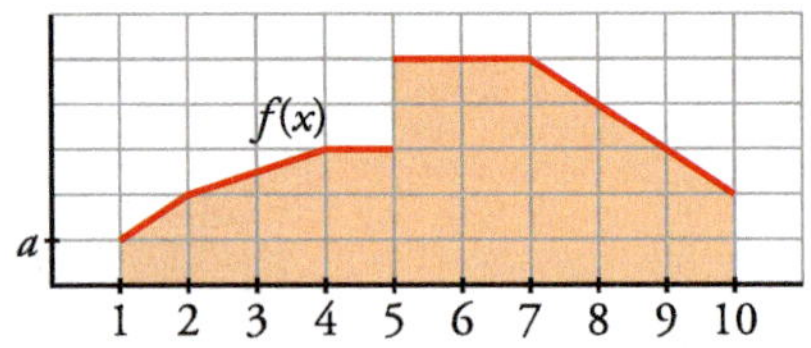

b) Achar as seguintes probabilidades:

P[x <4] P[4 < x <9]

P[1 < x <10] P[x =6]

P[0 < x <2] P[7 < x <15]

a) Descubre a área que hai dentro do recinto contando os rectángulos enteiros e as fraccións de rectángulos. A suma da área de todos eles debe ser igual a 1 (observa que a área dun rectángulo completo é a). Con este resultado podes achar o valor de a.

b) Calcula, en cada caso, a área dos recintos correspondentes. Ten en conta que:

- A probabilidade dun valor puntual é cero.
- A probabilidade dos recintos fóra do intervalo [1, 10] é cero; é dicir, $P[7 < x < 15] = P[7 < x \leq 10]$.

Solución:

a) $a = 1/30$

b) $P[x < 4] = 13/60$; $P[4 < x < 9] = 7/10$; $P[1 < x < 10] = 1$; $P[x = 6] = 0$; $P[0 < x < 2] = 1/20$; $P[7 < x < 15] = 7/20$

2. Tipificación

En certa proba, as puntuacións tipificadas de dous estudantes foron 0,8 e –0,4 e as súas notas reais foron 88 e 64 puntos, respectivamente. Cal é a media e cal a desviación típica das puntuacións do exame?

- Expresa que 0,8 é o resultado de tipificar 88 puntos: $\frac{88 - \mu}{\sigma}$
- Expresa que –0,4 é o resultado de tipificar 64 puntos.
- Resolve o sistema de dúas ecuacións e dúas incógnitas.

Solución:

$\mu = 72$; $\sigma = 20$

3. Axuste dunha distribución empírica a unha normal

Un científico tomou medidas da lonxitude de 1 000 ras dunha determinada especie. Os resultados están na seguinte táboa:

LONXITUDE (EN cm)	N.º DE RAS
(10, 12]	25
(12, 14]	228
(14, 16]	475
(16, 18]	240
(18, 20]	32
TOTAL	1 000

Comproba se os resultados se axustan a unha distribución normal.

- Acha os parámetros $\bar{x}$ e s da distribución.
- Considera a distribución $N(\mu, \sigma)$ con $\mu = \bar{x}$ e $\sigma = s$.
- Calcula a frecuencia teórica correspondente a cada intervalo. Para iso, acha a probabilidade de que x (que segue unha $N(\mu, \sigma)$) pertenza a cada un e multiplícaa por 1 000 (que é o número de individuos).

  Por exemplo: $P[10 < x \leq 12] = 0{,}0303$, polo que o número teórico de ras cuxa lonxitude está entre 10 cm e 12 cm é $1\,000 \cdot 0{,}0303 = 30{,}3 \approx 30$. Sigue así con todos os intervalos.
- Compara numérica e graficamente as frecuencias teóricas coas observadas.
- A partir do resultado, determina subxectivamente se os datos observados se axustan a unha distribución normal. (Para realizar unha valoración rigorosa do axuste requírense métodos superiores aos contidos deste curso).

Solución: $\bar{x} \approx 15{,}1$; $\sigma \approx 1{,}67$

LONXITUDE (EN cm)	NÚMEROS OBTIDOS	NÚMEROS TEÓRICOS	DIFERENZAS
(10, 12]	25	30	5
(12, 14]	228	223	5
(14, 16]	475	458	17
(16, 18]	240	246	6
(18, 20]	32	40	8

As diferenzas son moi pequenas; podemos admitir a hipótese de normalidade. As lonxitudes das ras estudadas seguen unha distribución normal.

Exercicios e problemas propostos

Para practicar

Función de densidade

1 Xustifica se poden ser funcións de densidade as seguintes:

a) $f(x) = 0,5 + 0,5x$ con $x \in [0, 2]$

b) $f(x) = 0,5 - x$ con $x \in [0, 2]$

c) $f(x) = 1 - 0,5x$ con $x \in [0, 2]$

2 Acha o valor de k para que esta función sexa de densidade:

$$f(x) = \begin{cases} kx & \text{se } 0 \le x \le 2 \\ 2k(x-1) & \text{se } 2 < x \le 4 \\ 0 & \text{no resto} \end{cases}$$

Acha estas probabilidades:

$P[1 \le x \le 3]$, $P[x \le 3]$, $P[0 \le x \le 7]$

3 Calcula o valor de a para que esta función sexa de densidade:

$$f(x) = \begin{cases} 1/4 & \text{se } 1 \le x \le a \\ 1/2 & \text{se } a < x \le 4 \\ 0 & \text{no resto} \end{cases}$$

Calcula, ademais, as seguintes probabilidades:

$P[1 \le x \le 2]$, $P[x \le 3]$, $P[x > 2]$

4 Calcula o valor de a para que a seguinte gráfica sexa unha representación dunha función de densidade. Escribe a súa expresión analítica:

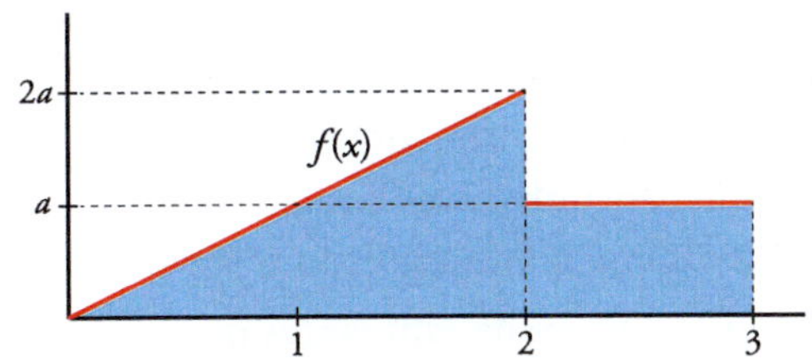

Manexo da táboa N(0, 1)

5 Nunha distribución $N(0, 1)$, calcula estas probabilidades:

a) $P[z = 2]$ b) $P[z \le 2]$

c) $P[z \ge 2]$ d) $P[z \le -2]$

e) $P[z \ge -2]$ f) $P[-2 \le z \le 2]$

6 Nunha distribución $N(0, 1)$, calcula:

a) $P[z \le 1,83]$ b) $P[z \ge 0,27]$

c) $P[z \le -0,87]$ d) $P[z \ge 2,5]$

7 Nunha distribución $N(0, 1)$, calcula estas probabilidades:

a) $P[z = 1,6]$ b) $P[-2,71 \le z \le -1,83]$

c) $P[1,5 \le z \le 2,5]$ d) $P[-1,87 \le z \le 1,25]$

8 Calcula k en cada un dos seguintes casos:

a) $P[z < k] = 0,8365$ b) $P[z > k] = 0,8365$

c) $P[z < k] = 0,1894$ d) $P[-k < z < k] = 0,95$

Tipificación

9 Nun exame tipo test, a media foi 28 puntos e a desviación típica, 10 puntos. Calcula a puntuación tipificada nos alumnos que obtiveron:

a) 38 puntos b) 14 puntos

c) 45 puntos d) 10 puntos

10 Se no exame do problema anterior a puntuación tipificada dun alumno foi 0,8, cantos puntos obtivo? Cantos puntos corresponden ao valor tipificado de –0,2?

11 Os pesos dun grupo de elefantes machos adultos teñen unha media de 6 toneladas. Se o peso tipificado dun exemplar de 7 000 kg é 0,625, cal é a desviación típica da poboación? Que tipificación corresponde a un peso de 5 200 kg?

Cálculo de probabilidades en N(μ, σ)

12 Nunha distribución $N(43, 10)$, calcula cada unha destas probabilidades:

a) $P[x \ge 43]$ b) $P[x \le 30]$

c) $P[40 \le x \le 55]$ d) $P[30 \le x \le 40]$

13 Nunha distribución $N(151, 15)$, calcula:

a) $P[x \le 136]$ b) $P[120 \le x \le 155]$

c) $P[x \ge 185]$ d) $P[140 \le x \le 160]$

14 Nunha distribución $N(22, 5)$, calcula:

a) $P[x \le 27]$ b) $P[x \ge 27]$

c) $P[x \ge 12,5]$ d) $P[15 \le x \le 20]$

e) $P[15 \le x \le 27]$ f) $P[12,5 \le x \le 15]$

Binomial → Normal

15 Se lanzamos un dado mil veces, cal é a probabilidade de que o número de cincos obtidos sexa menor que 100?

16 Unha moeda lánzase 400 veces. Calcula a probabilidade de que o número de caras:

a) sexa maior que 200.

b) estea entre 180 e 220.

17 Lánzase 2 000 veces un dado de 12 caras. Cal é a probabilidade de obter polo menos 180 uns?

Para resolver

18 O tempo necesario para que unha ambulancia chegue a un centro deportivo distribúese segundo unha variable normal de media 17 minutos e desviación típica 3 minutos.

Calcula a probabilidade de que o tempo de chegada estea comprendido entre 13 minutos e 21 minutos.

19 O talle medio das 200 alumnas dun centro escolar é de 165 cm, e a desviación típica, de 10 cm.

Se os talles se distribúen normalmente, calcula a probabilidade de que unha alumna elixida ao azar mida máis de 180 cm.

Cantas alumnas pode esperarse que midan máis de 180 cm?

20 Para aprobar un exame de ingreso nunha escola, necesítase obter 50 puntos ou máis. Por experiencia de anos anteriores, sabemos que a distribución de puntos obtidos polos alumnos é normal, con media 55 puntos e desviación típica 10.

a) Que probabilidade hai de que un alumno aprobe?

b) Se se presentan ao exame 400 alumnos, cantos cabe esperar que ingresen nesa escola?

21 Nunha cidade, as temperaturas máximas diarias durante o mes de xullo distribúense normalmente cunha media de 26 °C e unha desviación típica de 4 °C. Cantos días se pode esperar que teñan unha temperatura máxima comprendida entre 22 °C e 28 °C?

22 Para iluminar o recinto dun estadio deportivo quérense instalar focos. O subministrador asegura que o tempo de vida dos focos é unha variable normal con media de 1 500 h e desviación típica de 200 h.

a) Cal é a probabilidade de que un foco elixido ao azar luza polo menos 1 000 horas?

b) Se compran 2 000 focos, cantos pode esperarse que luzan polo menos 1 000 horas?

23 Os pesos de 2 000 soldados presentan unha distribución normal de media 75 kg e desviación típica 8 kg. Acha a probabilidade de que un soldado elixido ao azar pese:

a) máis de 71 kg.

b) entre 73 e 79 kg.

c) menos de 80 kg.

d) máis de 85 kg.

24 A duración de certo tipo de motor é unha variable normal cunha media de 10 anos e desviación típica de 2 anos. O fabricante garante o bo funcionamento dos motores por un período de 13 anos. Que porcentaxe de motores se espera que non cumpran a garantía?

25 O 20 % dos alumnos con mellor nota dunha escola pode acceder a estudos superiores. Sabemos que as notas medias finais nesa escola se distribúen normalmente con media 5,8 e desviación típica 2. Cal é a nota media mínima que debe obter un alumno se quere facer estudos superiores?

26 Un test de sensibilidade musical dá resultados que se distribúen segundo unha $N(65, 18)$.

Quérese facer un baremo polo cal, a cada persoa, xunto coa puntuación obtida, se lle asigne un dos seguintes comentarios:

- duro de oído,
- pouco sensible á música,
- normal,
- sensible á música,
- extraordinariamente dotado para a música,

de modo que haxa en cada un dos grupos, respectivamente, un 10 %, un 35 %, un 30 %, un 20 % e un 5 % do total de individuos observados.

a) En que puntuacións poñerías os límites entre os distintos grupos?

b) Que comentario se lle faría a unha persoa que obtivese unha puntuación de 80? E a outra que obtivese unha puntuación de 40?

27 Nunha poboación de estudantes comprobouse que a cualificación obtida en inglés segue unha distribución normal de media 5, se se seguiu o método A, e unha normal de media 6, se se seguiu o método B.

Sábese que o 4 % dos alumnos que seguiron o método A obteñen unha cualificación inferior a 3,5 e que o 2 % dos alumnos que seguiron o método B superan o 8.

a) Que porcentaxe de estudantes que seguen o método A non supera a cualificación de 6,5?

b) Que porcentaxe de estudantes do método B obtén unha cualificación comprendida entre 4 e 6?

28 Nun exame psicotécnico, as notas de Brianda e Christian foron, respectivamente, 84 e 78. Sabemos que esas puntuacións tipificadas son 1,75 e 1 respectivamente. Calcula a media e a desviación típica da distribución.

29 As alturas dos alumnos dunha clase seguen unha $N(\mu, \sigma)$. Sonia, con 172 cm, e Begoña, con 167 cm, teñen unhas alturas tipificadas de 1,4 e 0,4, respectivamente.

a) Cal é a altura real de Estefanía se a súa altura tipificada é de –1?

b) Cal é a tipificación da altura de Azucena se mide 165 cm?

30 O diámetro medio das pezas producidas nunha fábrica é de 45 mm.

a) Determina a súa desviación típica sabendo que a probabilidade de que unha peza teña un diámetro maior que 50 mm é igual a 0,0062.

b) Se se analizan 820 pezas, cantas se estima que terán un diámetro comprendido entre 39,7 e 43,5 mm?

31 Unha compañía de autobuses sabe que o atraso na chegada segue unha distribución normal de media 5 min, e que o 68,26 % dos autobuses chega entre 2 e 8 minutos tarde.

a) Cal é a desviación típica?

b) Cal é a probabilidade de que un autobús chegue puntual ou antes da hora?

32 Nun bombo de lotería temos 10 bólas numeradas do 0 ao 9. Cada vez que se extrae unha, devólvese ao bombo. Se facemos 100 extraccións, calcula a probabilidade de que o 0 saia máis de 12 veces.

33 Un xogo consiste en lanzar tres dados. Ganas se obtés tres resultados distintos e a suma dos dous menores é igual ao maior. Que probabilidade hai de gañar polo menos 100 veces de 600 partidas?

34 Nun hospital, o 54 % dos nacementos son nenas. Acha a probabilidade de que de 2 500 nacementos, o número de nenos estea entre 1 200 e 1 400, ambos os dous inclusive.

35 Un exame tipo test ten 50 preguntas e cada pregunta, tres respostas diferentes, só unha das cales é correcta.

Para aprobar, fai falta responder ben 25 preguntas; para sacar un notable, 35; e para un sobresaliente, a 45.

Se se responde ao azar, cal é a probabilidade de aprobar? E a de sacar notable? E sobresaínte?

Cuestións teóricas

36 Que relación gardan dúas curvas da distribución normal con esta media e diferente desviación típica?

E se teñen a mesma desviación típica e diferente media?

37 As notas dun exame seguen unha normal. O 15,87% ten unha nota superior a 7, e o 15,87%, unha nota inferior a 5.

a) Cal é a media do exame?

b) Que porcentaxe de alumnos ten unha nota entre 6 e 7?

Para afondar

38 Na fabricación dunha peza interveñen dúas máquinas. A: produce un trade cilíndrico cuxo diámetro, en milímetros, é $N(23;\ 0{,}5)$. B: secciona as pezas cun grosor que é, en centímentros, $N(11{,}5;\ 0{,}4)$. Ambos os dous pocresos son independentes.

a) Calcula que porcentaxe de pezas ten un trade comprendido entre 20,5 e 24 mm.

b) Encontra a porcentaxe de pezas que ten un grosor comprendido entre 10,5 e 12,7 cm.

c) Supoñendo que só son válidas as pezas cuxas medidas son as dadas en a) e en b), calcula que porcentaxe de pezas aceptables se consegue.

39 Lánzanse dous dados 120 veces e súmanse os puntos:

SUMA	2	3	4	5	6	7	8	9	10	11	12
VECES	3	8	9	11	20	19	16	13	11	6	4

Pódese aceptar que esta distribución provén dunha normal?

Autoavaliación

Na web Resolucións destes exercicios.

1 Comproba que $y = \frac{x}{2} - 1,\ 2 \le x \le 4$ é unha función de densidade. Represéntaa e calcula:

a) $P[x = 3]$ b) $P[x < 3]$

c) $P[x > 3{,}5]$ d) $P[3 \le x < 3{,}5]$

2 Sabemos que unha variable z é $N(0,\ 1)$.

a) Calcula as seguintes probabilidades:

$P[1{,}53 < z < 2{,}1]$ $P[-1{,}53 < z < 2{,}1]$

b) Acha b e k para que se cumpra o seguinte:

$P[z < b] = 0{,}4$ $P[-k < z < k] = 0{,}9$

3 Nun distribución normal de media 15, o dato 17 tipifícase como 1. Acha a desviación típica da distribución.

4 O cociente intelectual (CI) dun colectivo de bombeiros distribúese normal, de media 108 e desviación típica 3,5. Chamamos x ao CI dun deles tomado ao azar. Calcula:

a) $P[x < 100]$ b) $P[x > 115]$ c) $P[100 < x < 115]$

5 O tempo que tardo en chegar á clase segue unha normal de media 20 minutos. Comprobei que o 94,5 % dos días tardo menos de 28 minutos. Se en todo o ano vou 177 días á clase, cantos días podo estimar que tardarei menos dun cuarto de hora en chegar?

6 O 7 % das persoas padece un pequeno defecto anatómico. Nunha empresa traballan 80 persoas. Cal é a probabilidade de que haxa máis de 10 con ese defecto?

1 Observa estas dúas distribucións bidimensionais:

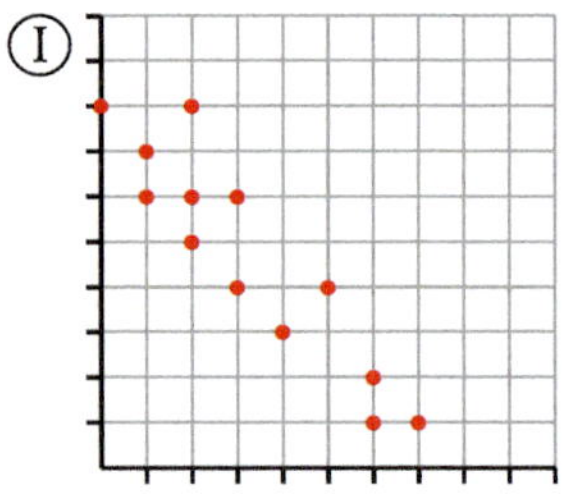

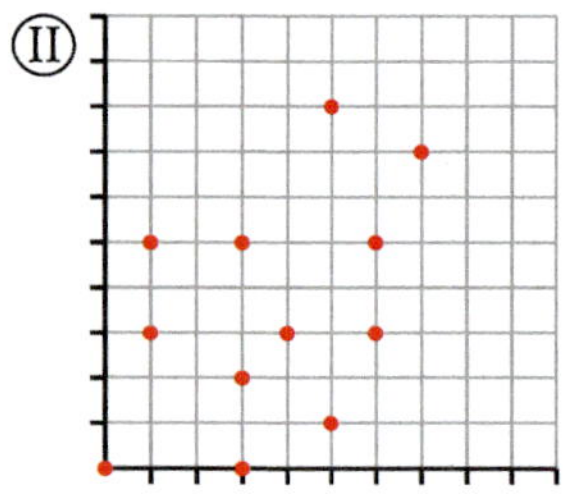

Asigna a cada unha un coeficiente de correlación tomándoo de entre os seguintes valores:

0,11; –0,11; 0,46; –0,46; 0,92; –0,92; 1; –1

Responde razoadamente (observa que non se che pide que fagas operacións, senón que razoes a partir das nubes de puntos).

2 A 10 alumnos dunha clase tómanselles as seguintes medidas:

x = número de faltas de asistencia a clase en 1 mes.

y = nota en matemáticas.

x	0	2	3	3	4	5	5	6	7	9
y	9	6	4	9	6	1	8	3	5	1

a) Representa a distribución mediante unha nube de puntos e calcula: $\bar{x}$, $\bar{y}$, σ_x, σ_y, σ_{xy}.

b) Acha o coeficiente de correlación.

c) Acha a recta de regresión de Y sobre X.

d) Outro alumno da mesma clase que faltase 1 vez, que nota en matemáticas estimas que terá? Cres que é unha boa estimación?

3 Dispoñemos dun dado e de dúas urnas con bólas:

A  B 

Lanzamos o dado; se sae 1, sacamos bóla de B e se sae outra puntuación, sacámola de A. Calcula:

P[🔴/1] N[1 e 🔴] P[⚫/1] N[1 e ⚫]

4 Extraemos dúas bólas con relocalización desta urna:

Calcula a probabilidade de:

a) Sacar unha bóla vermella e outra azul.

b) Extraer dúas bólas verdes.

Repite a mesma actividade no caso de que non haxa relocalización.

5 Extraemos tres cartas dunha baralla española (40 naipes). Calcula a probabilidade de:

a) Obter algún ás e algunha FIGURA (FIGURA: SOTA, CABALO y REI).

b) Extraer algún OURO.

c) Non obter nin FIGURAS nin ESPADAS.

6 a) Calcula k para que a seguinte táboa corresponda a unha distribución de probabilidade:

x_i	11	12	13	14	15	16
p_i	0,15	0,1	0,12	0,17	k	k

b) Acha $P[13 \le x_i \le 15]$.

c) Calcula os parámetros μ e σ.

7 Nunha distribución $B(10; 0{,}4)$ calcula:

a) $P[x = 0]$, $P[x = 1]$, $P[x > 1]$

b) Os parámetros μ e σ.

8 Sabemos que un de cada 20 atúns está contaminado con chumbo e outros residuos. Se hoxe pescamos 60 atúns, cal é a probabilidade de que polo menos tres deles estean contaminados?

9 Nunha distribución $N(0, 1)$, calcula:

a) $P[0{,}25 \le z \le 1{,}45]$ b) $P[-0{,}25 \le z \le 1{,}45]$

c) O valor de k para que $P[-k \le z \le k] = 0{,}90$.

10 Nunha distribución $N(20, 4)$, calcula:

a) $P[x = 21]$ b) $P[x < 21]$

c) $P[19 \le x \le 21]$ d) $P[x > 19]$

e) O valor de k tal que $P[-k \le x \le k] = 0{,}95$.

11 As alturas dos alumnos dun centro de educación secundaria seguen unha distribución normal de media 172 e desviación típica 4. Calcula a probabilidade de que, elixido un alumno ao azar:

a) Mida máis de 178 cm.

b) Mida menos de 168 cm.

c) Mida entre 168 cm e 178 cm.

d) Sabendo que hai 250 alumnos no centro, di, aproximadamente, cantos haberá que midan entre 168 cm e 178 cm.

12 A proporción de persoas nacidas un 29 de febreiro é 1/1461. Xustifica por que.

Cal é a probabilidade de que nunha localidade de 20 000 habitantes haxa menos de 8 persoas nacidas un 29 de febreiro?

Na web Resolucións destes exercicios.

Unidade 1

1 $\mathbb{N}$: $\frac{51}{17}$

$\mathbb{Z}$: $\frac{51}{17}$, $\sqrt[3]{-8}$

$\mathbb{Q}$: $\frac{51}{17}$; $\sqrt[3]{-8}$; $-\frac{58}{45}$; $1,0\widehat{7}$

$\mathbb{R}$: $\frac{51}{17}$; $\sqrt[3]{-8}$; $-\frac{58}{45}$; $1,0\widehat{7}$; $\frac{\pi}{3}$; $\sqrt[5]{2^3}$

2 a) $(-2, 5]$ b) $(-1, 9)$

3 $a^{-1/4} : a^{3/2} = a^{-7/4}$

4 $\frac{16}{3\sqrt{15}} = \frac{16\sqrt{15}}{45}$

5 a) $\frac{(4+\sqrt{6})\sqrt{3}}{6} = \frac{4\sqrt{3}+3\sqrt{2}}{6}$

b) $\frac{2}{3-\sqrt{3}} = \frac{2(3+\sqrt{3})}{9-3} = \frac{3+\sqrt{3}}{3}$

6 $4\sqrt{7}$

7 $2,75 \cdot 10^6$

EA $< 5 \cdot 10^3$ ER $< 0,0018 = 0,18\,\%$

8 a) $x = \frac{1}{3}$ b) $x = 10^2\sqrt{10}$ c) $x = e^2$

9 a) $x = -5,18$ b) $x = 331,68$

10 $A = \frac{45}{4}$

11 1,8

12 $6a^2 = 12 \rightarrow a = \sqrt{2}$

$R = \frac{\sqrt{2}}{2}$

$h = \sqrt{2}$

$A_T = 2\pi\frac{\sqrt{2}}{2}\cdot\sqrt{2} + 2\pi\left(\frac{\sqrt{2}}{2}\right)^2 = 3\pi \text{ cm}^2$

Unidade 2

1 Non superou a proba o 6,9 % das lámpadas.

Testáronse 15 000 lámpadas.

2 Índ. de variac.: 1,04; Porcentaxe de suba: 4 %

3 Índ. de variac. total: 0,48; Prezo final: 24 €.

4 $n = 15$ anos.

5 • Períodos de capitalización mensuais:

TAE = 7,23 %; Capital final: 13 797,93 €

• Períodos de capitalización semestrais:

TAE = 7,12 %; Capital final: 13 769,63 €

6 O pagamento ascenderá a 6 700,48 €.

7 O primeiro ano pagaremos 6 500 €, o segundo, 6 000 € e o terceiro, 5 500 €.

8 $m = 323,93$ €

Unidade 3

1 a) $P(x) = (x+1)(x-2)(x+2)$

Raíces: –2, –1 e 2.

b) $Q(x) = 2x(x-1)(x+(1/2))$

Raíces: –1/2, 0 e 1.

2 a) $\frac{5-x}{(x+5)^3}$ b) $\frac{3x+2}{2x^2+2x}$

3 a) $x_1 = 0,\ x_2 = 4/9$ b) $x_1 = -3,\ x_2 = 3$

c) $x_1 = 1,\ x_2 = 1/2$ d) $x_1 = 4,\ x_2 = -3$

4 a) $x_1 = 2,\ x_2 = -2$ b) $x = 2,\ x_2 = -1$

c) $x = 5$ d) $x = 7$

5 a) Hai dous pares de solucións:

$x_1 = -4/3,\ y_1 = 3/2;\ x_2 = 1,\ y_2 = -2$

b) $x = -2,\ y = -3$

6 a) $x = 1,\ y = -1,\ z = 3$

b) Non ten solución.

7 a) $(-\infty, -5] \cup [0, +\infty)$

b) $(-5, 5)$

c) $[3, 7]$

d) A solución é o recinto sombreado.

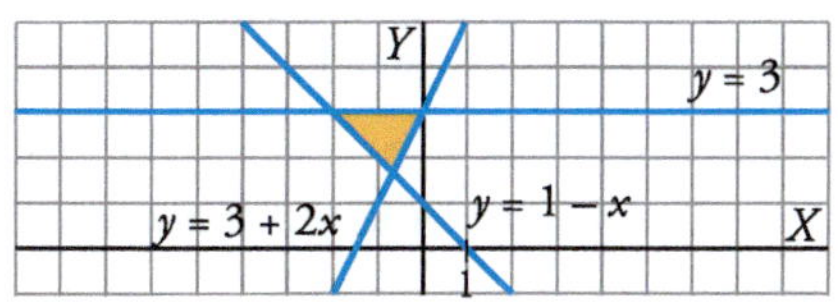

8 O tendeiro comprou 125 kg a 1 €/kg.

Solucións ás autoavaliacións

Bloque I

1 a) Falso. Os números irracionais son números decimais que non se poden expresar como fracción.

b) Verdadeira.

c) Verdadeira. Por exemplo, $\sqrt{2}\cdot\sqrt{2}=2$.

d) Falso. Por exemplo, $1{,}6:2{,}4=0{,}\widehat{6}$.

2 a) $(-2, 6)$ b) $[1, 5]$

3 a) $x = 4,\ x = -1$ b) $x \in (3, 7)$

4 a) $a\sqrt{a}$ b) 30

c) $\sqrt{3}+2\sqrt{2}$ d) $\dfrac{3\sqrt{2}-4\sqrt{6}}{6}$

5 a) $-3, 9$ b) 1,3 c) $-3{,}3$

6 a) $x=\dfrac{1}{4}$ b) $x=\dfrac{3}{e^2}$

7 $3{,}70\cdot 10^{11}$

EA $< 5\cdot 10^8$

ER $< 0{,}00135 < 0{,}14\,\%$

8 O leite subiu, en total, un 8,56 %.

9 a) 6 067,76 € b) 6 073,60 €

c) TAE = 6,14 % para períodos trimestrais, e TAE = 6,17 % para períodos mensuais.

10 Disporñerá de 130 683,62 € no momento da súa xubilación.

11 Tárdase 4 anos en liquidar a débeda.

12 967,45 €

13 a) $x(x+3)(x-3)$ b) $x^2(x+1)(x-2)(3x-1)$

14 a) $\dfrac{x^4+3x^2+2x}{x^4+2x^2+1}$ b) 2

15 a) $x_1 = 0,\ x_2 = -2$ b) $x_1 = \sqrt{2},\ x_2 = -\sqrt{2}$

c) $x_1 = 0,\ x_2 = -1,\ x_3 = 2,\ x_4 = 1/3$

d) $x = 1$ e) $x = 3$

f) $x = 4$. Compróbase que a solución $x=\dfrac{400}{9}$ non é válida.

g) $x_1 = 1,\ x_2 = -1$ h) $x = 1$

i) $x = 2$. As solucións $x = 0$ e $x = -2$ non son válidas porque non existe o logaritmo dunha cantidade nula ou negativa.

l) $x_1=\sqrt{e+1},\ x_2=-\sqrt{e+1}$

16 a) $x_1 = 0,\ y_1 = 3;\ x_2 = 4,\ y_2 = -1$

b) $x = 9,\ y = 1$

c) $x = 1,\ y = 2,\ z = 3$

d) $x = 1,\ y = -1,\ z = 2$

17 a) $x \in (-\infty, -2) \cup (3, +\infty)$

b) $x \in (-\infty, -1] \cup [1, 2]$ c) $x \in (2, 5]$

d) A solución é o conxunto de puntos pertencentes á zona sombreada en laranxa mais os puntos da semirrecta azul que a delimita.

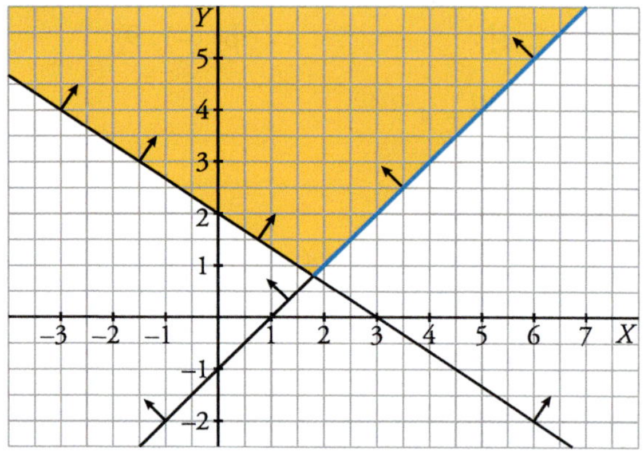

18 A tarda 6 horas e B, 3 horas.

19 Vendéronse 5 tortas de nata, 10 de chocolate e 12 de queixo.

Unidade 4

1 a) $\mathbb{R}$ b) $\mathbb{R}-\{3\}$

c) $(-\infty, 2]$ d) $[0, 5]$

2 a)

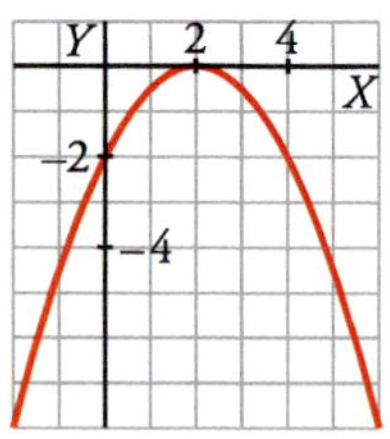

b)

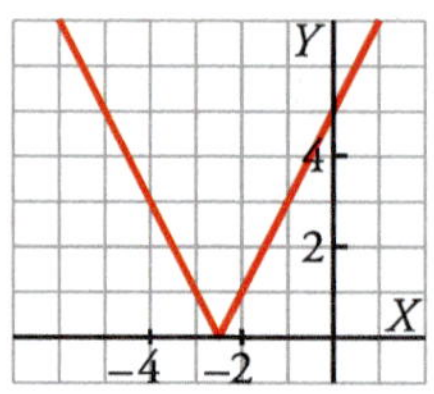

c)

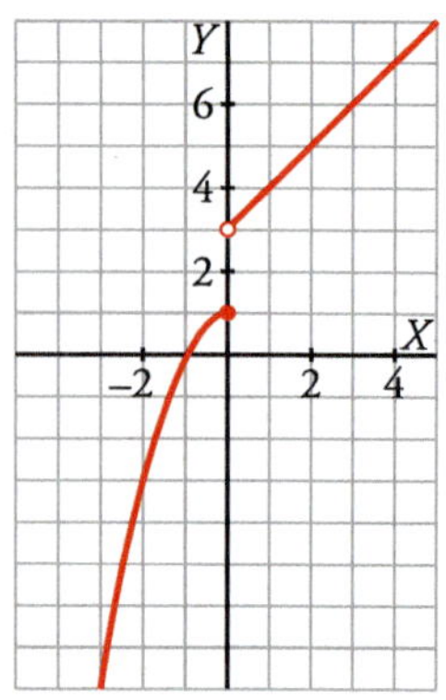

3 a)

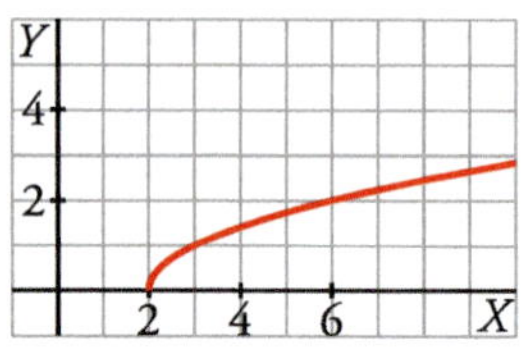

b)

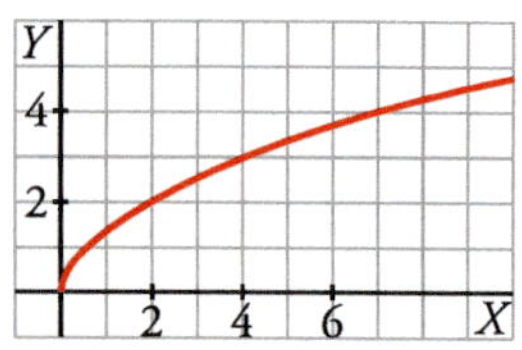

c)

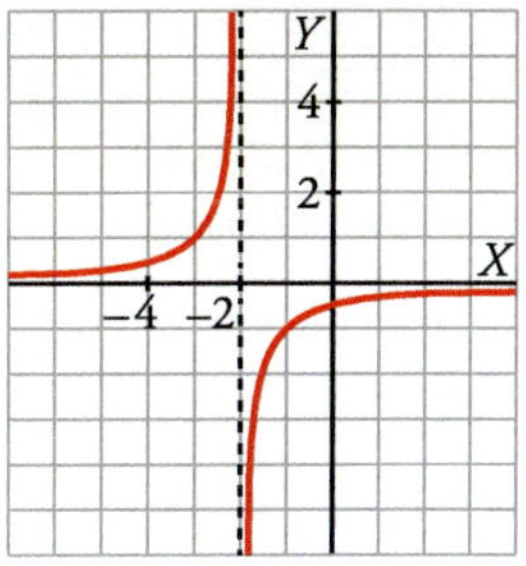

d)

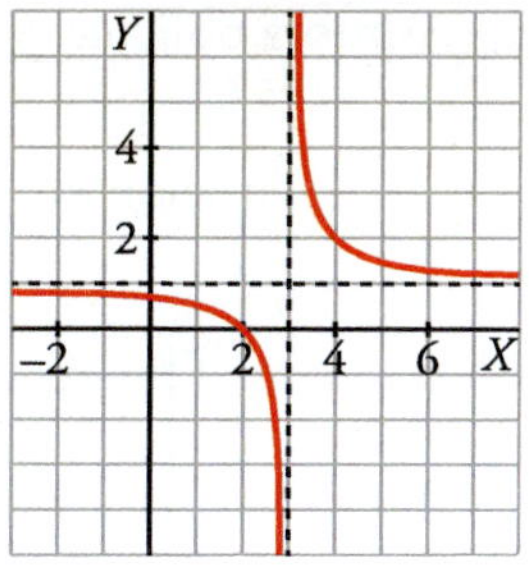

4 $y = 36x + 30$; $x = 10 \rightarrow y = 390$ €

5

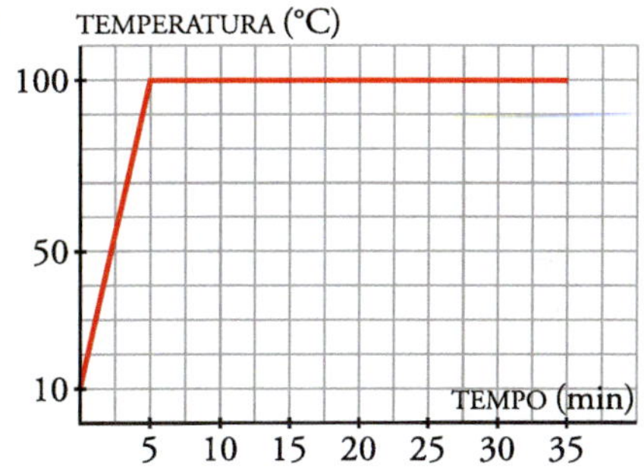

$$f(x) = \begin{cases} 18x + 10 & \text{se } 0 \le x \le 5 \\ 100 & \text{se } 5 < x \le 35 \end{cases}$$

6 a) 500 000 €

b) $I(x) = -0{,}01x^2 + 15x$

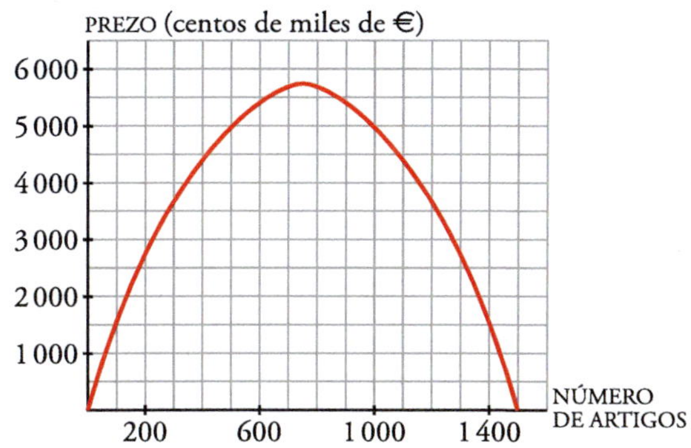

c) $x = 750$

Unidade 5

1 a) $f[g(2)] = 0$ b) b) $g[f(15)] = 1$

c) $f \circ g(x) = \sqrt{\dfrac{1}{x-3} + 1} = \sqrt{\dfrac{x-2}{x-3}}$

d) $g^{-1}(x) = \dfrac{1}{x} + 3$

2

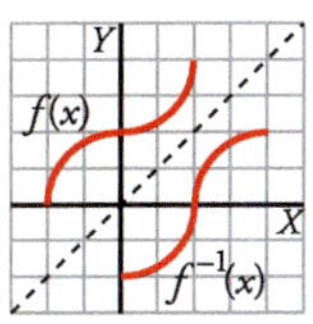

3 $a = 2$, $b = -1$. É unha función decrecente porque ao aumentar o x, diminúe o y.

4 9 anos.

5 $y = 50 \cdot 1{,}8^t$. Tardará 8 h.

6 a)

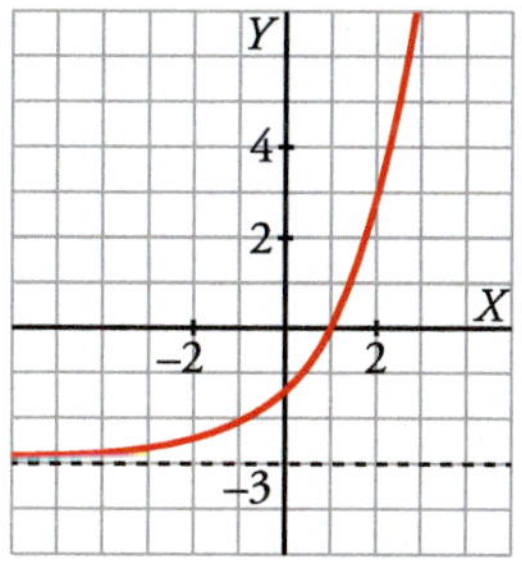

b)

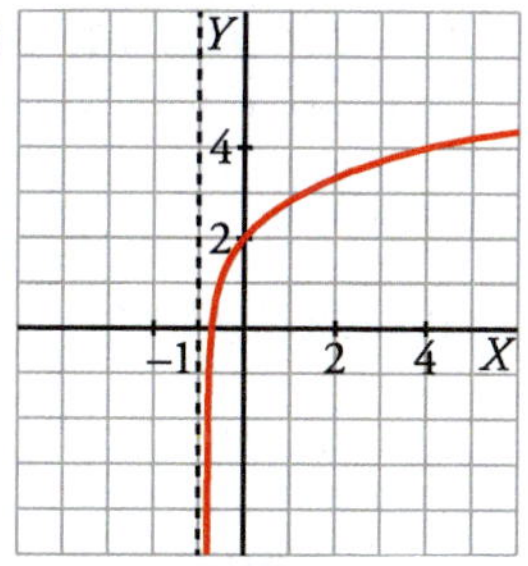

a) $f^{-1}(x) = log_2\left(\dfrac{x+3}{1{,}5}\right) = log_2\left(\dfrac{2x+6}{3}\right)$

b) $f^{-1}(x) = 1 + e^{x-2}$

7 Corresponde a $y = cos\, 2x$. O seu período é π.

$\left(\dfrac{5\pi}{6}, -\sqrt{3}\right)$ $\left(\dfrac{4\pi}{3}, -1\right)$ $\left(-\dfrac{\pi}{4}, \sqrt{2}\right)$

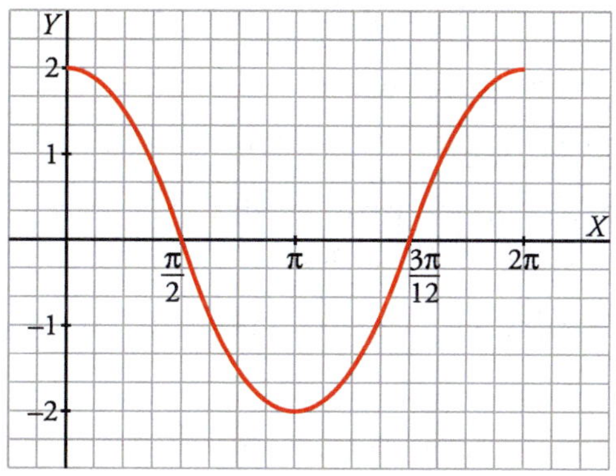

Unidade 6

1 $\lim\limits_{x \to 0} f(x) = -5$

$\left.\begin{array}{l} \lim\limits_{x \to 3^+} f(x) = -1 \\ \lim\limits_{x \to 3^-} f(x) = 1 \end{array}\right\}$ Non coinciden. Non existe $\lim\limits_{x \to 3} f(x)$.

$\lim\limits_{x \to 5} f(x) = 13$

A función é continua en $x = 0$ e en $x = 5$. Non é continua en $x = 3$.

2 a) $\lim\limits_{x \to 0} 2^{x-1} = \dfrac{1}{2}$ b) $\lim\limits_{x \to 5} \dfrac{1}{\sqrt{x+4}} = \dfrac{1}{3}$

c) $\lim\limits_{x \to 4} \dfrac{x}{(x-4)^2} = +\infty$

3 a) $\lim\limits_{x \to 3^+} f(x) = -\infty$, $\lim\limits_{x \to 3^-} f(x) = +\infty$ } Non coinciden. Non existe $\lim\limits_{x \to 3} f(x)$.

$\lim\limits_{x \to 2} f(x) = 1$

$\lim\limits_{x \to +\infty} f(x) = 0$

$\lim\limits_{x \to -\infty} f(x) = +\infty$

b) $\lim\limits_{x \to 3} f(x) = 0$

$\lim\limits_{x \to 2^+} f(x) = 1$, $\lim\limits_{x \to 2^-} f(x) = 3$ } Non coinciden. Non existe $\lim\limits_{x \to 2} f(x)$.

$\lim\limits_{x \to +\infty} f(x) = -\infty$

$\lim\limits_{x \to -\infty} f(x) = 3$

4

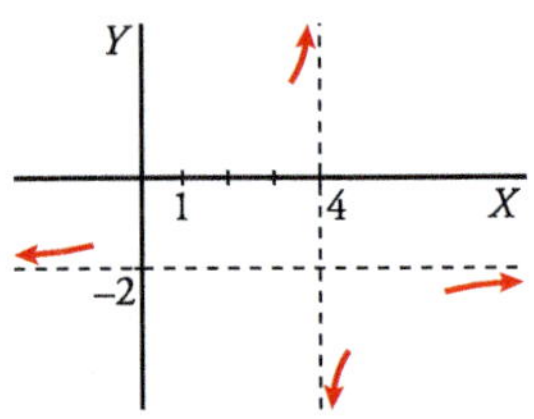

5 Se $a = 2$, a función é continua en $\mathbb{R}$.

6 $\lim\limits_{x \to 3} f(x) = 9$

$\lim\limits_{x \to 2} f(x) = \pm\infty$:

$\lim\limits_{x \to 2^+} f(x) = +\infty$

$\lim\limits_{x \to 2^-} f(x) = -\infty$

$\lim\limits_{x \to +\infty} f(x) = +\infty$

$\lim\limits_{x \to -\infty} f(x) = -\infty$

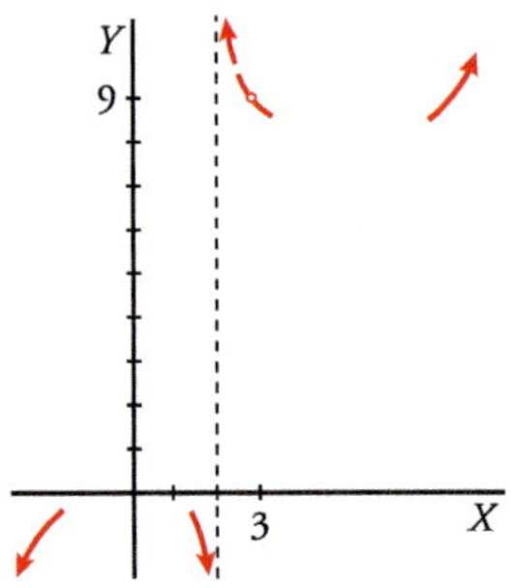

7

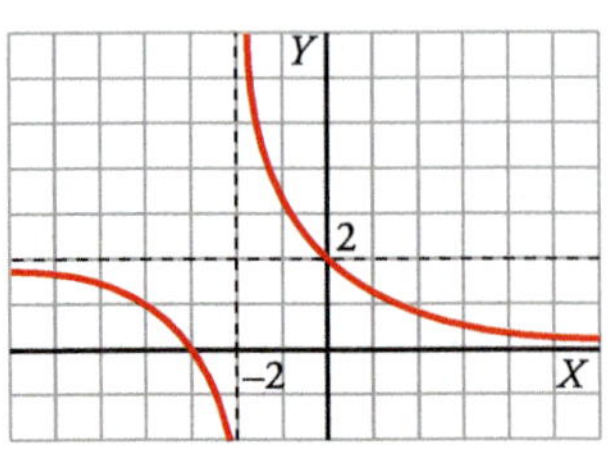

8 Asíntota vertical: $x = 2$

Posición: Se $x \to 2^-$, $f(x) \to -\infty$; Se $x \to 2^+$, $f(x) \to +\infty$

Asíntota oblicua: $y = x + 2$

Posición: Se $x \to +\infty$, $f(x) > y$; Se $x \to -\infty$, $f(x) < y$

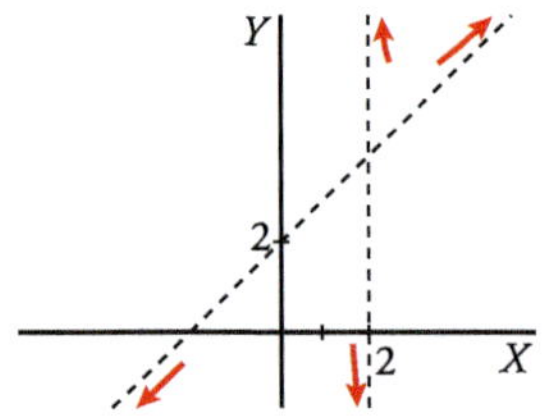

Unidade 7

1 a) TVM $[0, 3] = -1/2$ TVM $[-4, -2] = 2$

b) Si, $P(-2, 4)$

c) Se $x < -2$, $f'(x) > 0$

2 $f'(2) = \lim\limits_{h \to 0} \dfrac{f(2+h) - f(2)}{h} = \lim\limits_{h \to 0} \dfrac{h^2 + h}{h} =$

$= \lim\limits_{h \to 0} (h + 1) = 1$

3 a) $y' = \dfrac{1}{3\sqrt[3]{x^2}} - \dfrac{4}{x^3}$

b) $y' = \dfrac{1}{x} - 1$

c) $y' = 6x \cos(\pi + x) - 3x^2 \operatorname{sen}(\pi + x)$

d) $f'(x) = \dfrac{3x^4(x^2 - 4x)}{(x - 2)^4}$

4 $y = -1 - x$

5 $P(0, 0)$, $Q(2, -2)$

6 a) Asíntotas verticais: $x = 2$, $x = -2$

$x = 2$: Se $x \to 2^-$, $f(x) \to -\infty$; Se $x \to 2^+$, $f(x) \to +\infty$

$x = -2$: Se $x \to -2^-$, $f(x) \to +\infty$; Se $x \to -2^+$, $f(x) \to -\infty$

Asíntota horizontal: $y = 4$

$y = 4$: Se $x \to +\infty$, $f(x) > 4$; Se $x \to -\infty$, $f(x) > 4$

b) Máximo en (0, 2).

Crece en $(-\infty, -2) \cup (-2, 0)$

Decrece en $(0, 2) \cup (2, +\infty)$

7

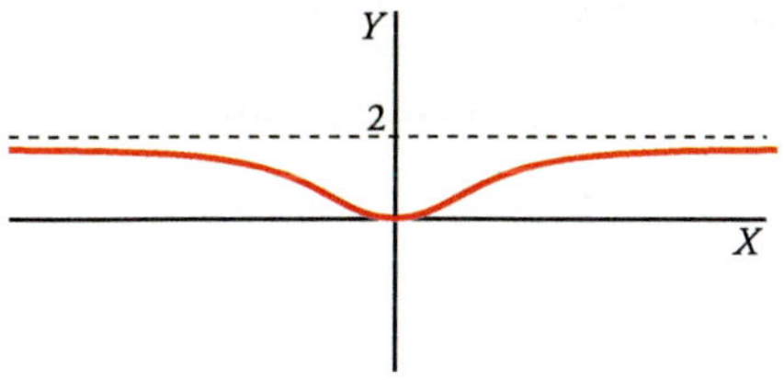

Corresponde a c) $f(x) = \dfrac{2x^2}{x^2+1}$.

8 a) Se $x \to +\infty$, $f(x) \to +\infty$

Se $x \to -\infty$, $f(x) \to -\infty$

Máximo en $(-2, 22)$.

Mínimo en $(2, -10)$.

b)

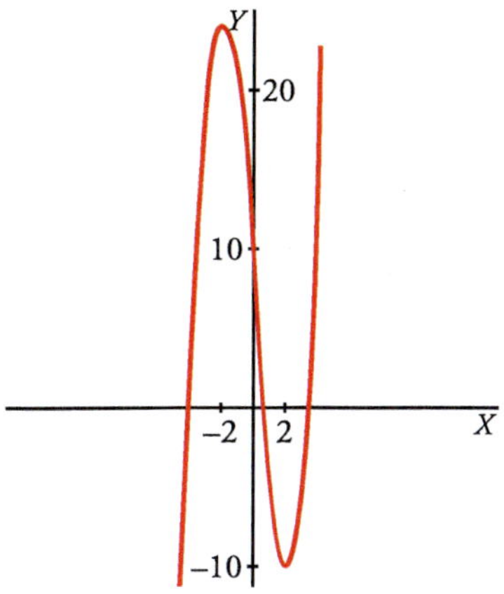

b) $\lim\limits_{x \to -\infty} f(x) = -\infty$

$\lim\limits_{x \to 1} f(x) = 4$

$\lim\limits_{x \to +\infty} f(x) = 4$

3 a)

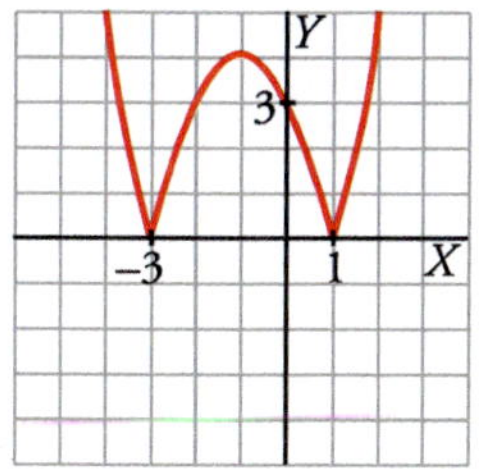

b)

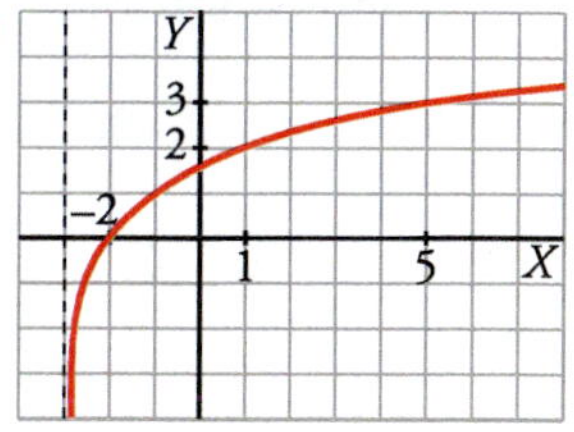

4 a) $a = 3$; $b = -4$

b) Ás. vertical: $x = -4$; Ás. horizontal: $y = 3$

c) É descontinua en $x = -4$, punto no que a función non está definida.

5 a) $t = 20$ meses

b) $t = 40$ meses

c) Aos 83 meses.

6 $p(x) = (f \circ g)(x)$; $q(x) = (g \circ f)(x)$; $r(x) = (g \circ g)(x)$

7 a) $+\infty$ b) 0 c) $+\infty$ d) $-\infty$

8 a) 0 b) 0

9 a) $b = 1$

b) $\lim\limits_{x \to 2} f(x) \neq f(2)$

Polo tanto, $f(x)$ non é continua en $x = 2$.

10 a) $\dfrac{1 - \ln x}{x^2}$ b) $\dfrac{28x - 70}{(x+1)^3}$

c) $\dfrac{2x^2 + 6x + 2}{(x^2 - 1)(2x + 3)}$ d) $\dfrac{4x + 1}{2\sqrt{2x^2 + x + 1}}$

e) $e^{\sqrt{x}}\left(\dfrac{sen\, x}{2\sqrt{x}} + cos\, x\right)$ f) $\dfrac{1}{4\sqrt{x}\sqrt{1+\sqrt{x}}}$

11 $y = 9 - x$

12 Puntos singulares: $(0, -5)$, $(2, 11)$ e $(-2, 11)$

Máximos: $(2, 11)$ e $(-2, 11)$

Mínimo: $(0, -5)$

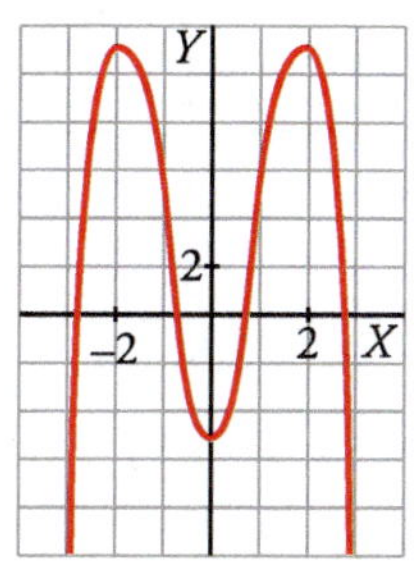

Bloque II

1 a) $Dom\, f = (-\infty, 3]$; $Percorrido\, f = (-\infty, 0]$

b)

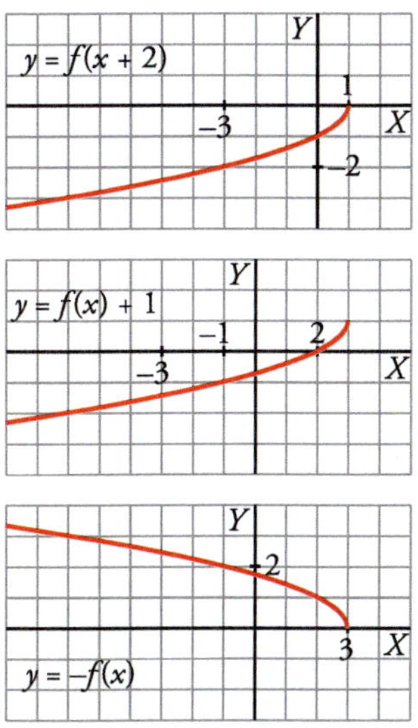

c)

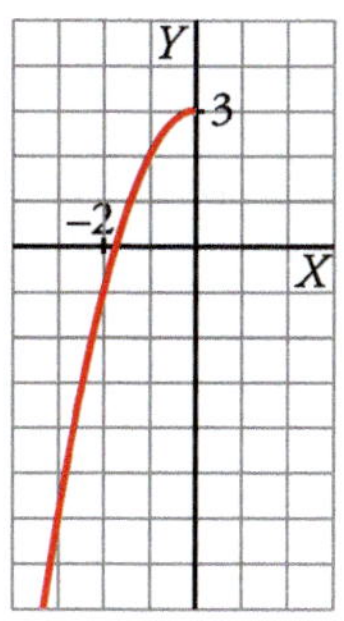

2 a) $f(x) = \begin{cases} \dfrac{4}{3}(x+2) & \text{se } x < 1 \\ 4 & \text{se } x \geq 1 \end{cases}$

13 a) f crece en $(-\infty, -2) \cup (2, +\infty)$.

f decrece en $(-2, 2)$.

b) f é crecente en todo o seu dominio: $\mathbb{R} - \{0\}$

14 a) Asíntotas verticais: $x = 1$, $x = 3$

Asíntota horizontal: $y = 1$

b) Mínimo: $(0, 0)$; Máximo: $\left(\frac{3}{2}, -3\right)$

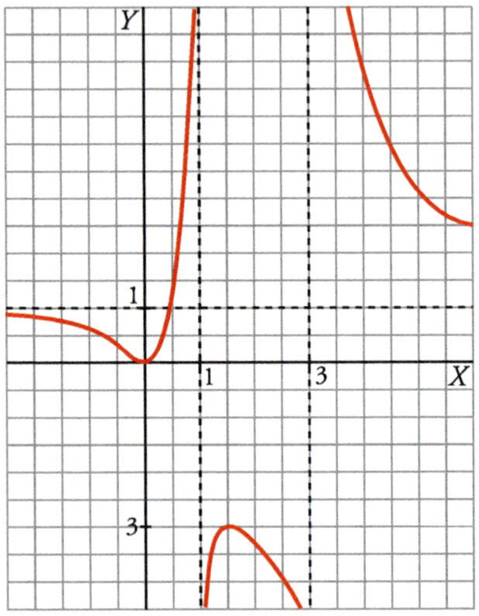

15 Ten asíntota oblicua $y = \frac{4 + 2x^2}{x} = \frac{4}{x} + 2x$.

A asíntota é $y = 2x$.

Se $x \to +\infty$, curva > asíntota

Se $x \to -\infty$, curva < asíntota

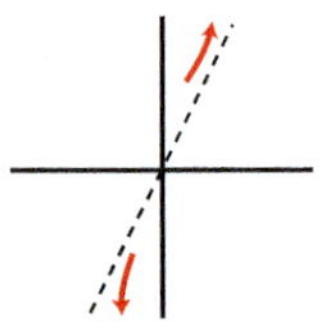

16 $a = -12$, $b = 17$

Unidade 8

1 a) 0,6 b) −0,7 c) −0,9 d) 0,2

2

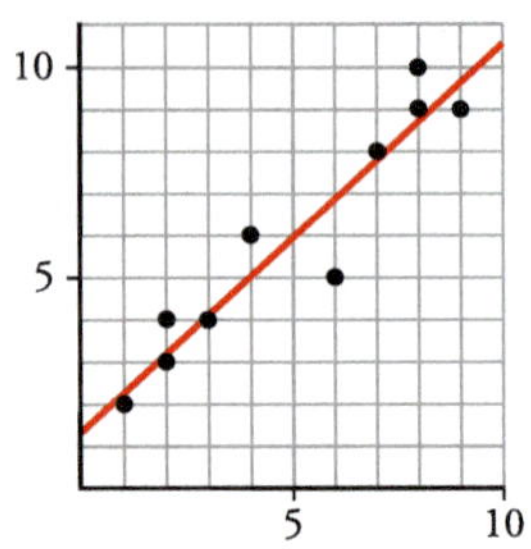

a) $\bar{x} = 5$; $\bar{y} = 6$

$\sigma_x = 2,8$; $\sigma_y = 2,7$; $\sigma_{xy} = 7,1$

b) $r = 0,95$

c) $y = 0,91x + 1,45$

d) $\hat{y}(5) = 6$; $\hat{y}(10) = 10,55$

As estimacións son moi fiables porque o valor de $r = 0,95$ é moi alto.

3 a) $\bar{y} = 13$

b) $\hat{y}(12) = 16,2$; $\hat{y}(50) = 77$

A primeira estimación é aceptable, pois 12 está próximo a $\bar{x} = 10$ e o coeficiente de correlación é alto (0,8).

A segunda estimación é pouco significativa, pois 50 sepárase demasiado de $\bar{x}$.

c) $y = 13 + 2,5(x - 10)$

4 a) $y = 0,80 + 0,41x$ b) $r = 0,93$

c) $\hat{y}(4,4) = 2,6$ miles de kWh por habitante

d) $9 = 0,80 + 0,41\hat{x}(9) \rightarrow \hat{x}(9) = 20$.

Estímase unha renda per cápita de 20 000 €.

e) Na primeira estimación (apartado c), o valor $x = 4,4$ é próximo aos valores da táboa. Como o coeficiente de correlación é alto (0,93), a estimación é razoablemente fiable.

Na segunda estimación (apartado d), o valor $y = 9$ é afastado dos da táboa. Polo tanto, a estimación é pouco fiable.

Unidade 9

1 a) $P[\{5, 6\}$ e ●$] = P[\{5, 6\}] \cdot P[$● en $A] = \frac{1}{3} \cdot \frac{1}{2} = \frac{1}{6}$

b) $P[\{4\}$ e ●$] = P[4] \cdot P[$● en $B] = \frac{1}{6} \cdot \frac{3}{8} = \frac{3}{48} = \frac{1}{16}$

2

x_i	5	6	7	8	9	10
p_i	0,1	0,3	0,2	0,1	0,1	0,2

$\mu = 7,4$ $\sigma = 1,69$

3 a)

x_i	3	4	5
p_i	1/4	1/2	1/4

$\mu = 4$ $\sigma = 0,707$

b) É unha distribución binomial $B\left(6, \frac{1}{4}\right)$.

$$P[x = 3] = \binom{6}{3}\left(\frac{1}{4}\right)^3\left(\frac{3}{4}\right)^3 = \frac{135}{1024} = 0,1318$$

$P[x = 4] = 0,0330$; $P[x = 5] = 0,0044$

$P[x = 6] = 0,0002 \rightarrow P[x > 3] = 0,0376$

4 a) $P[x = 5] = 1$; $P[x \neq 5] = 0$ (sempre sae éxito).

Polo tanto:

b) $P[x < 5] = 0$

c) $P[x > 3] = 1$

5 $p = 0,8$. É unha distribución $B(4; 0,8)$.

a) $P[x = 4] = 0,8^4 = 0,4096$

b) $P[x = 0] = 0,2^4 = 0,0016$

c) $P[\text{polo menos } 2] = P[x \geq 2] = 1 - P[x < 2] =$

$= 1 - P[x = 0] - P[x = 1]$

$P[x = 1] = 4 \cdot 0,8 \cdot 0,2^3 = 0,0256$

$P[x \geq 2] = 0,9728$

d) $P[\text{ningunha}] = 0,2^3 = 0,008$

$P[\text{algunha}] = 1 - 0,008 = 0,992$

6 $B(6; 0,15)$

a) $P[x \geq 2] = 1 - P[x < 2] = 1 - P[x = 0] - P[x = 1] = 0,224$

b) 224 persoas, aproximadamente.

Unidade 10

1 É función de densidade: é non negativa e contén área 1.

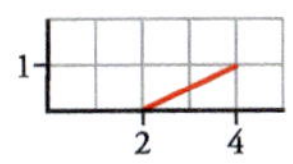

a) 0 b) 0,25 c) 0,4375

d) $0,75 - 0,4375 = 0,3125$

2 a) $P[1,53 < z < 2,1] = 0,0451$

$P[-1,53 < z < 2,1] = 0,9191$

b) $b = -0,25$; $k = 1,65$

3 $\dfrac{17-15}{\sigma} = 1 \rightarrow \sigma = 2$

4 a) 0,0113

b) 0,0228

c) 0,9659

5 $P[z < k] = 0,945 \rightarrow k = 1,60$

$\dfrac{28-20}{\sigma} = 1,60 \rightarrow \sigma = 5$

x é $N(20, 5)$, $P[x < 15] = P[z = -1] = 0,1587$

$0,1587 \cdot 177 = 28$

Aproximadamente, 28 días.

6 A probabilidade é de 0,0158.

Bloque III

1 I é forte e negativa. O seu valor é –0,92.

II é positiva pero débil. O seu valor é 0,46.

2 a)

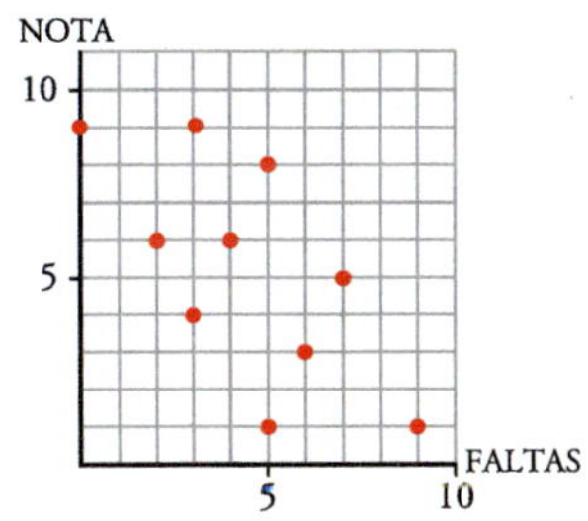

$\bar{x} = 4,4$

$\bar{y} = 5,2$

$\sigma_x = 2,46$

$\sigma_y = 2,82$

$\sigma_{xy} = -4,68$

b) $r = -0,68$

c) $y = -0,77x + 8,59$

d) $\hat{y}(1) = 7,82$. A estimación é mala.

3 $P[●/1] = \dfrac{1}{5}$ $P[1 \text{ e } ●] = \dfrac{1}{30}$

$P[●/1] = \dfrac{4}{5}$ $P[1 \text{ e } ●] = \dfrac{2}{15}$

4 • Con reposición:

a) $\dfrac{3}{10}$ b) $\dfrac{1}{25}$

• Sen reposición:

a) $\dfrac{1}{3}$ b) $\dfrac{1}{45}$

5 a) 0,5891 b) 0,1346 c) 0,1506

6 a) $k = 0,23$ b) 0,52 c) $\mu = 13,92$; $\sigma = 1,74$

7 a) $P[x = 0] = 0,0060$; $P[x = 1] = 0,0403$;

$P[x > 1] = 0,9537$

b) $\mu = 4$ e $\sigma = 1,55$

8 0,58257

9 a) 0,3278 b) 0,5252 c) $k \approx 1,64$

10 a) 0 b) 0,5987

c) 0,1974 d) 27,84

11 a) 0,0668 b) 0,1587

c) 0,7745 d) Aproximadamente, 194

12 a) "29 de febreiro" hai cada 4 anos, 1 461 días.

b) A probabilidade é 0,0475.